本书出版得到国家重点文物保护
专项补助经费资助

◎ "十五"期间吉林省重点考古项目
　　——"吉林省境内渤海都城址研究"学术课题组成部分

◎ 2002 年度"全国十大考古新发现"

◎ 2003 年度全国哲学社会科学基金项目（03BKG004）
　　——《中国唐代渤海国中京显德府故址研究》结项成果（20060266）

西 古 城

——2000~2005年度渤海国中京显德府故址
田野考古报告

吉林省文物考古研究所
延边朝鲜族自治州文化局
延边朝鲜族自治州博物馆　　编著
和 龙 市 博 物 馆

主　编　宋玉彬
副主编　王志刚　全仁学

文物出版社

责任印制　张道奇
责任编辑　张广然

图书在版编目（CIP）数据

西古城：渤海国中京显德府故址田野考古报告／吉林
省文物考古研究所等编.—北京：文物出版社，2007.9
ISBN 978-7-5010-2118-5

Ⅰ.西...　Ⅱ.吉...　Ⅲ.古城遗址（考古）—发掘报告—
延边朝鲜族自治州—唐代　Ⅳ.K878.05

中国版本图书馆CIP数据核字（2007）第014263号

西　古　城

——2000～2005年度渤海国中京显德府故址田野考古报告

吉 林 省 文 物 考 古 研 究 所
延 边 朝 鲜 族 自 治 州 文 化 局　编著
延 边 朝 鲜 族 自 治 州 博 物 馆
和 龙 市 博 物 馆

文 物 出 版 社 出 版 发 行

（北京市东直门内北小街2号楼　邮政编码 100007）

http://www.wenwu.com

E-mail:web@wenwu.com

北 京 文 博 利 奥 印 刷 有 限 公 司 制 版
北 京 市 达 利 天 成 印 刷 有 限 责 任 公 司 印 刷
新 华 书 店 经 销
889×1194　1/16　印张：27.5　插页：11
2007年9月第1版　2007年9月第1次印刷
ISBN 978-7-5010-2118-5　定价：320元

目　录

图　版

插图目录

图版目录

前　言

　　西古城城址位于吉林省延边朝鲜族自治州和龙市西城镇城南村，西南距和龙市约24公里，东北距延吉市约42公里[①]。地理坐标为东经129°08′56.39″，北纬42°42′35.23″[②]（图一）。

　　城址地处长白山北坡余脉丘陵河谷地带，平均海拔320米，其南约1.5公里处为图们江最大支流海兰江的中游区段，海兰江自西向东横贯头道平原，城址就坐落在头道平原的西北部，城址所在区域地势北高南低，其北约0.2公里处为丘陵区，其南为头道平原开阔区域。

　　西古城城址又名北古城城址，在东北亚历史、考古学界久负盛名，是中国唐代渤海国时期（公元698～926年）的重要城址，该城址名称的由来均为相对方位地名概念。在西古城城址以东约15公里处的和龙市东城镇，与西古城城址略呈东西向相对存在一座辽金时期的城址。基于此，两座城址被当地居民分别俗称为东古城城址[③]、西古城城址。在西古城城址以南约4.5公里处的和龙市八家子镇，与西古城城址略呈南北向相对存在一座渤海时期的城址。出于同样的原因，两座城址被当地居民分别俗称为河南屯古城（"虚莱城"）[④]、北古城（西古城）。

　　西古城城址由内城、外城两部分组成，内城、外城处于南北向同一中轴线上，两者的平面均呈南北向纵向长方形，内城处于外城的北半部居中位置。城址方向南偏东10度，总面积约0.46平方公里。其中，外城北墙长632米，南墙长628.2米，东墙长734.2米，西墙长725.7米，周长2720.1米；内城北墙长187米，南墙长187.9米，东墙长311.1米，西墙长306.8米，周长992.8米[⑤]。目前，地表之上仍然可见内、外城城垣轮廓。外城南、东、北垣保存较好，残高一般在1.5～2.5米左右，最高处可达4米。西垣虽已成为村级道路，但仍明显高于耕地。由于城内存在居民，外城东垣偏南部、北垣偏西部各被辟开一个城垣缺口，成为村民日常行走的村路。内城城垣仅残存基部，西垣、南垣现为村路，东垣、北垣则已变成水田池埂旁的荒地（图版一、二）。

　　2004年以前，省级公路——延（延吉）和（和龙）公路曾紧邻西古城外城北垣外侧通过。2004～2005年，在对该公路实施一级公路的拓宽改建时，为了更好地保护西古城城址，在国家文物主管部门与地方政府的共同努力下，经由西古城区段的新的一级公路进行了北移处理。2005年，竣工后的新路将原有线路向北迁移了140～180米。

　　长期以来，西古城内一直居住着62户农户，其中内城6户，外城56户。这些农户在城址内形成了一个自然村落，城址的其他区域则均已辟为农田，其中绝大部分为水田。在内城的水田区域，如果仔细观察可以看出，水田稻池没有遵循由高而低的坡状区划，一些稻池不合常理的明显高出周围的稻池。经考古清理，地势相对较高的稻池区域均埋藏有渤海时期的建筑基址。

　　2006年，在实施西古城城址大遗址保护规划时，将城址内的村落整体迁移到延和一级公路北侧的山岗之下。同时，将内城的土地全部征用为保护、展示用地，外城的水田则全部改为旱田耕作。

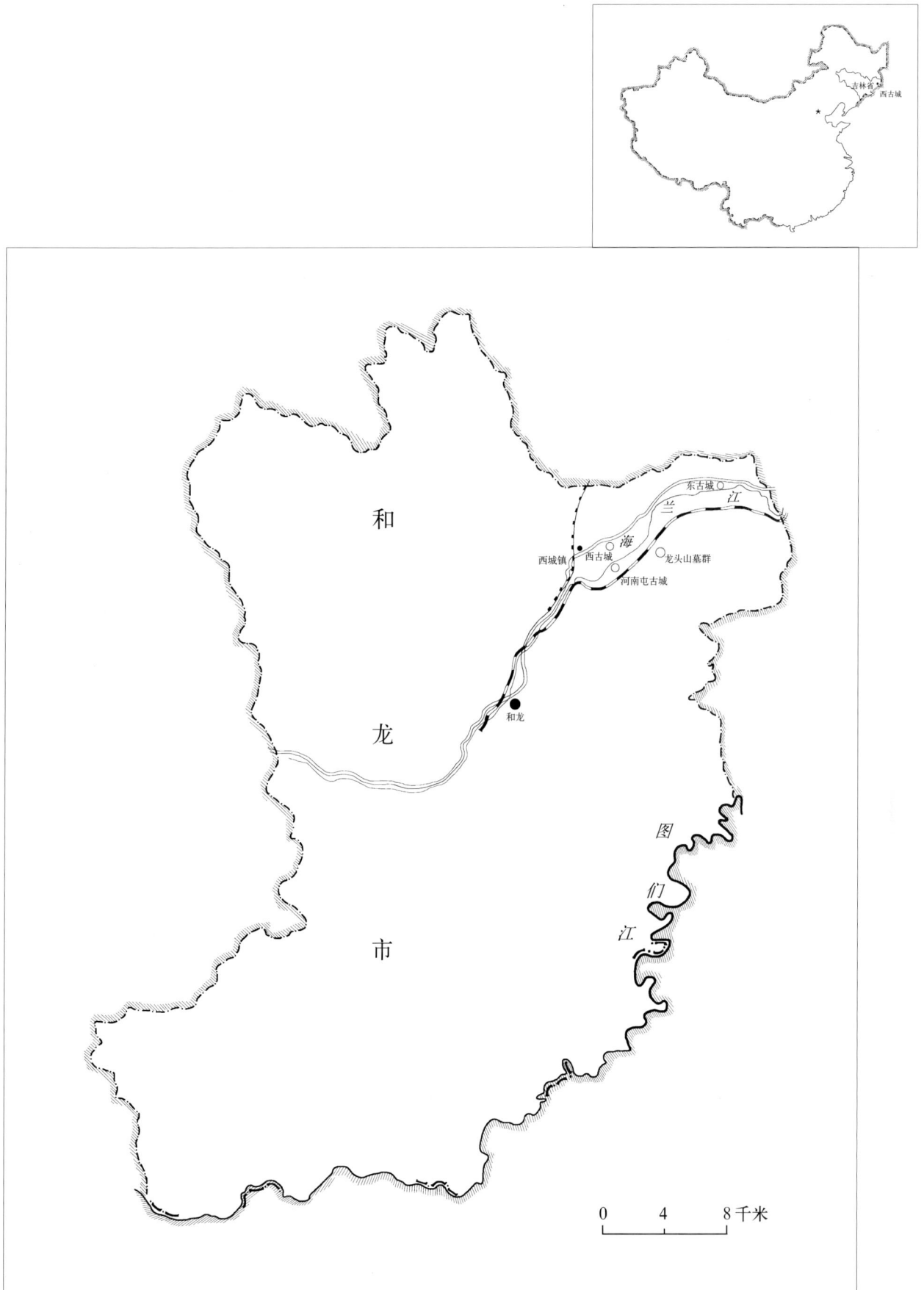

和

龙

市

西城镇 西古城
龙头山墓群
河南屯古城

和龙

东古城

海 兰 江

图 们 江

0 4 8千米

图一 西古城城址地理位置图

2000～2002年、2004～2005年，吉林省文物考古研究所、延边朝鲜族自治州文化局文物处、延边朝鲜族自治州博物馆、和龙市博物馆等单位对西古城城址进行了长达五年的考古发掘。其中，2001年发掘入选《2001中国重要考古发现》[6]，2000～2002年发掘入选"2002年度全国十大考古新发现"[7]。

2000年9月13日～11月2日，对外城南门址区域进行了发掘[8]。参加工作人员：宋玉彬、李强、朴润武、刘载学、朴钟镐、李明宏、崔永日、尹仁九。

2002年8月，对外城南门址西侧的城墙豁口进行了清理。参加工作人员：朴润武、王志刚、朴钟镐。

2001～2002、2004～2005年对内城区域进行了发掘。

2001年5月11日～11月18日，对内城的一号宫殿址及其西侧廊庑进行了发掘[9]。参加工作人员：宋玉彬、王志刚、李强、朴润武、全仁学、刘载学、朴钟镐、赵昕、王丽、张雪、潘晶琳、谷德平、崔永日、李明宏、张玉春。

2002年5月23日～11月20日，对内城一号宫殿址东侧廊庑、二号宫殿址区域、三号宫殿址、内城东城墙进行了发掘[10]。参加工作人员：宋玉彬、王志刚、全仁学、朴润武、刘载学、朴钟镐、赵昕、李明宏、谷德平、张玉春、张小辉、赵明星。

2004年7月25日～10月25日，对四号宫殿址区域进行了发掘。参加工作人员：宋玉彬、王志刚、全仁学、朴钟镐、朴润武、张玉春、谷德平、张立新、贾莹、刘洋。

2005年5月19日～10月10日，对五号宫殿址、四号宫殿址西侧的水井、内城北部东西向隔墙中部的门址进行了发掘。10月11日～12月10日，考古队对5年的发掘资料进行了全面整理。参加工作人员：宋玉彬、王志刚、全仁学、朴钟镐、朴润武、谷德平、任蕾、张玉春、王新胜、李丹、张立新、刘洋、李明宏。

2005年10月16日～27日，北京特种工程设计研究院杨林春等同志完成了西古城城址的测绘工作。

由于西古城城址发掘历时五年，其间也陆续撰文发表了一些阶段性的学术认识[11]。本报告囊括了五年田野发掘所获取的全部资料，因此，此次所提供的数据和观点是有关发掘情况最为客观的学术认识。

需要说明的是，由于种种客观原因，未能实现所有探方统一编号的初衷。在一些章节的后部，附加了带有※号标志的论述，该部分内容纯属个人观点与推测，仅供研究参考。在探方的编号方面，开头的数字代表发掘的年度，HX代表和龙西古城，W代表外城，N代表内城。在介绍出土遗物时，对一些建筑构件的定名与解释，参阅了《中国古建筑术语词典》、《中国古代建筑辞典》。此外，为节省版面，对插图部分器物号进行了简缩处理。

注　释
① a. 西古城城址原隶属于和龙县西城镇古城村，1993年和龙撤县设市，2003年3月西城镇城南村、前进村、古城村合并为城南村。
　 b. 西古城城址至和龙、延吉的距离依据的是新启用的延吉—和龙一级公路的里程。
② 该数据测于西古城城址的中心点——内城南门址。
③ 吉林省文物志编委会：《和龙县文物志》"东古城"词条，1984年。
④ 吉林省文物志编委会：《和龙县文物志》"河南屯古城"词条，1984年。
⑤ 由于测量技术手段的不同，在以往的文献中，关于西古城城垣的长度公布了几组不同的数值。此次公布的西古城内、

外城墙数值，依据于2005年北京特种工程设计研究院利用全站仪测得的数据。

⑥《吉林和龙西古城城址》，国家文物局主编：《2001中国重要考古发现》，文物出版社，2002年。

⑦ a.《2002年度全国十大考古新发现》，《中国文物报》，2003年4月18日。

　　b.《第13届全国十大考古新发现（2002年度）》，《文物天地》2003年第5期。

⑧《和龙市西古城城址》，《中国考古学年鉴·2001》，文物出版社，2001年。

⑨《吉林和龙西古城城址》，国家文物局主编：《2001中国重要考古发现》，文物出版社，2002年。

⑩ 宋玉彬、全仁学、王志刚：《延边和龙西古城城址发掘廓清历史悬案》，《中国文物报》，2003年1月10日。

⑪ a.《和龙市西古城城址》，《中国考古学年鉴·2001》，文物出版社，2001年。

　　b.《吉林和龙西古城城址》，国家文物局主编：《2001中国重要考古发现》，文物出版社，2002年。

　　c. 宋玉彬、全仁学、王志刚：《延边和龙西古城城址发掘廓清历史悬案》，《中国文物报》，2003年1月10日。

　　d. 宋玉彬、王志刚、全仁学：《渤海中京显德府故址——西古城城址研究简史》，《边疆考古研究》第3辑，科学出版社，2004年。

第一章 西古城城址研究简史

第一节 20世纪50年代以前开展的工作

根据目前所能查阅到的文献资料，有关西古城城址的著录，最早见于1908年由清朝帮办吉林边务陆军协统衔军政参领吴禄贞撰写的《延吉边务报告》之中[①]。吴禄贞在《延吉边务报告》第一章"延吉厅疆域之历史"中写道："按金代之海兰路即以延吉厅之海兰河得名，其地自当在海兰河流域。……又按延吉厅西南一百十里处有古城二，一曰东古城，一曰西古城。附近海兰河适当图们北岸之要冲，近年土人于此处获古印三，一曰大定三年知审计院事印，一曰上京路万户钮字号印，一曰副都统所印，皆金代之故物也。则此二城者，其为金代海兰路总管府开府之故地无疑。"按照今天的学术眼光审视上文所述不难看出，吴禄贞在没有仔细甄别古印确切出土地点的情况下，将东古城、西古城笼统地界定为金代城址，其错误是显而易见的[②]。随着考古学研究的介入，西古城城址已经被学术界确认为是一座单纯中国唐代渤海时期文化内涵的城址。

20世纪初叶，伴随着日本军国主义势力对我国东北地区的侵略，日本文人对东北地区文物古迹进行了掠夺式的考察，其中包括西古城城址。

1923年，日本文人鸟山喜一首次考察了西古城城址，西古城城址开始进入渤海文化研究的学术视野[③]。随后，以鸟山喜一为主的日本人在"受满洲国文教部的委托"的名义下，分别于1937、1942、1943、1945年对西古城城址实施了盗掘。其中，1937年的盗掘资料刊发于《间岛省古迹调查报告》[④]；1942、1943、1945年盗掘活动的具体情况则没有正式的报告发表，只是在当年参与者撰写的文章中简略提及，学术界不解其详。因此，日本人对西古城城址的盗掘活动成为学术界开展西古城城址研究乃至整个渤海文化研究中的一桩历史悬案。

透过已经公布的有关西古城城址的材料，可以扑捉到一些日本人当年盗掘西古城城址的信息。

1942年，在鸟山喜一、藤田亮策发表的《间岛省古迹调查报告》中，公布了日本人于1937年针对西古城城址开展工作获取的资料。该报告刊发了藤田亮策绘制的 "西古城子土城平面实测图"（原报告图版第二十六），这是迄今为止可查到的最早的西古城城址平面图（图二）。在藤田亮策绘制的实测图上，标注西古城城址内城存在5座宫殿址。1937年，鸟山喜一等人对第二号宫殿址以及连接第一、第二号宫殿址之间的廊道进行了发掘，文中发表了该部分发掘区域的平面图（图三）。需要指出的是，藤田亮策在图中对宫殿址的标号与鸟山喜一文中描述的宫殿址的编号存在矛盾。"西古城子土城平面实测图"标注的5座宫殿址，南北向分布的3座依次编号为第Ⅰ、第Ⅱ、第Ⅴ号宫殿址；第Ⅱ号宫殿址的东

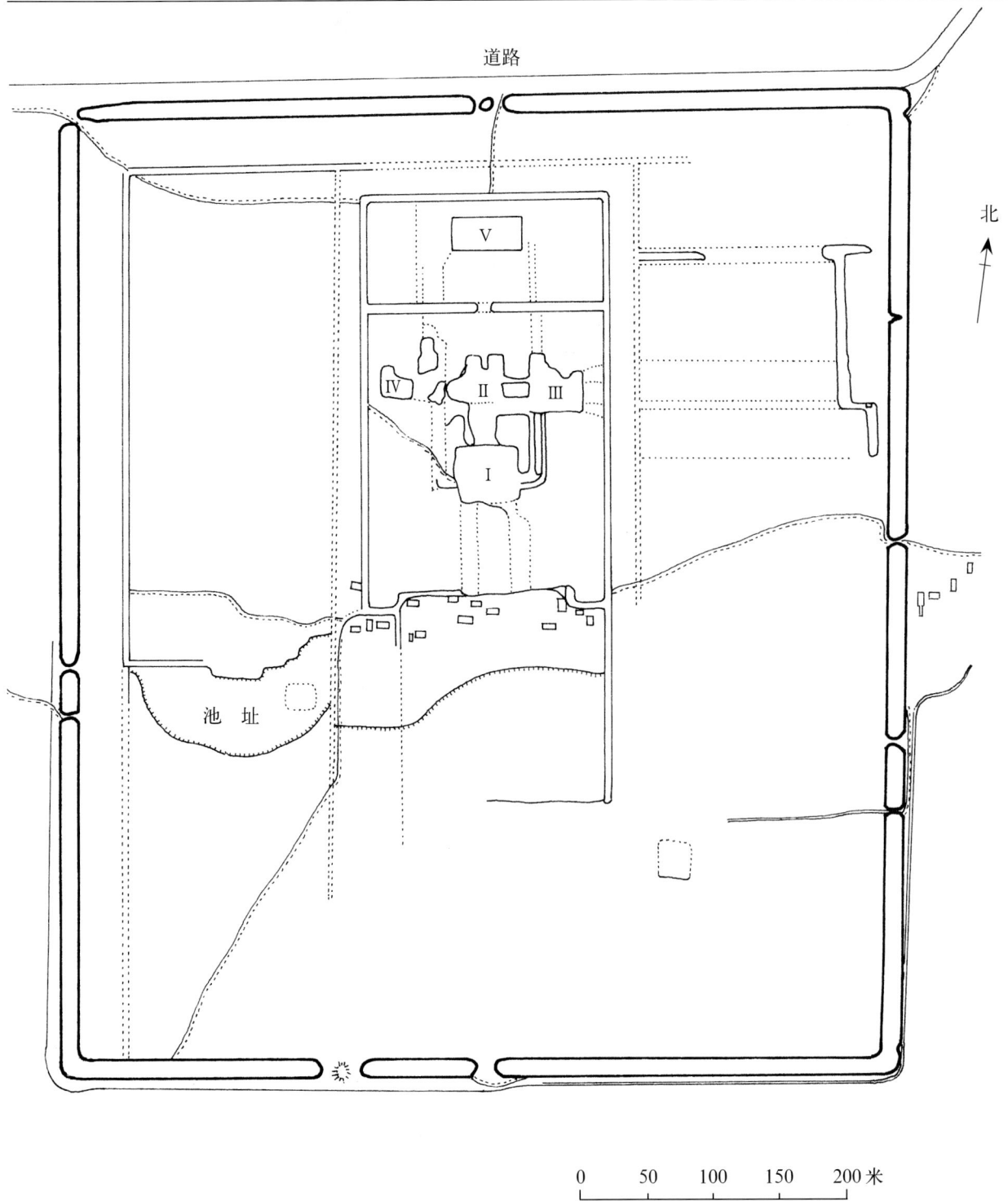

道路

北

V

IV II III

I

池 址

0　　50　　100　　150　　200 米

图二　1937 年版西古城平面图

（原载《间岛省古迹调查报告》）

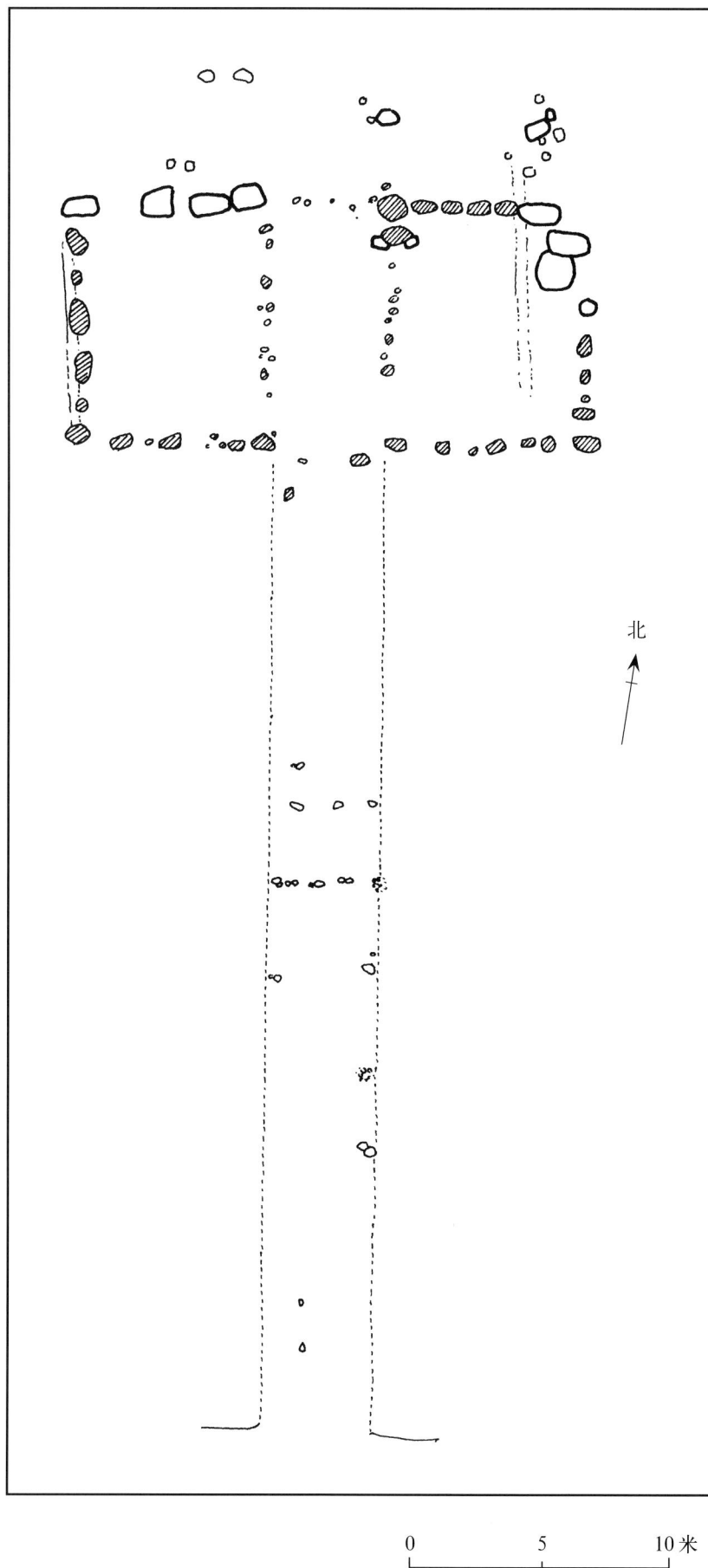

北

0　　　　　5　　　　　10米

图三　西古城二号宫殿址础石略测图（原载《间岛省古迹调查报告》）

北

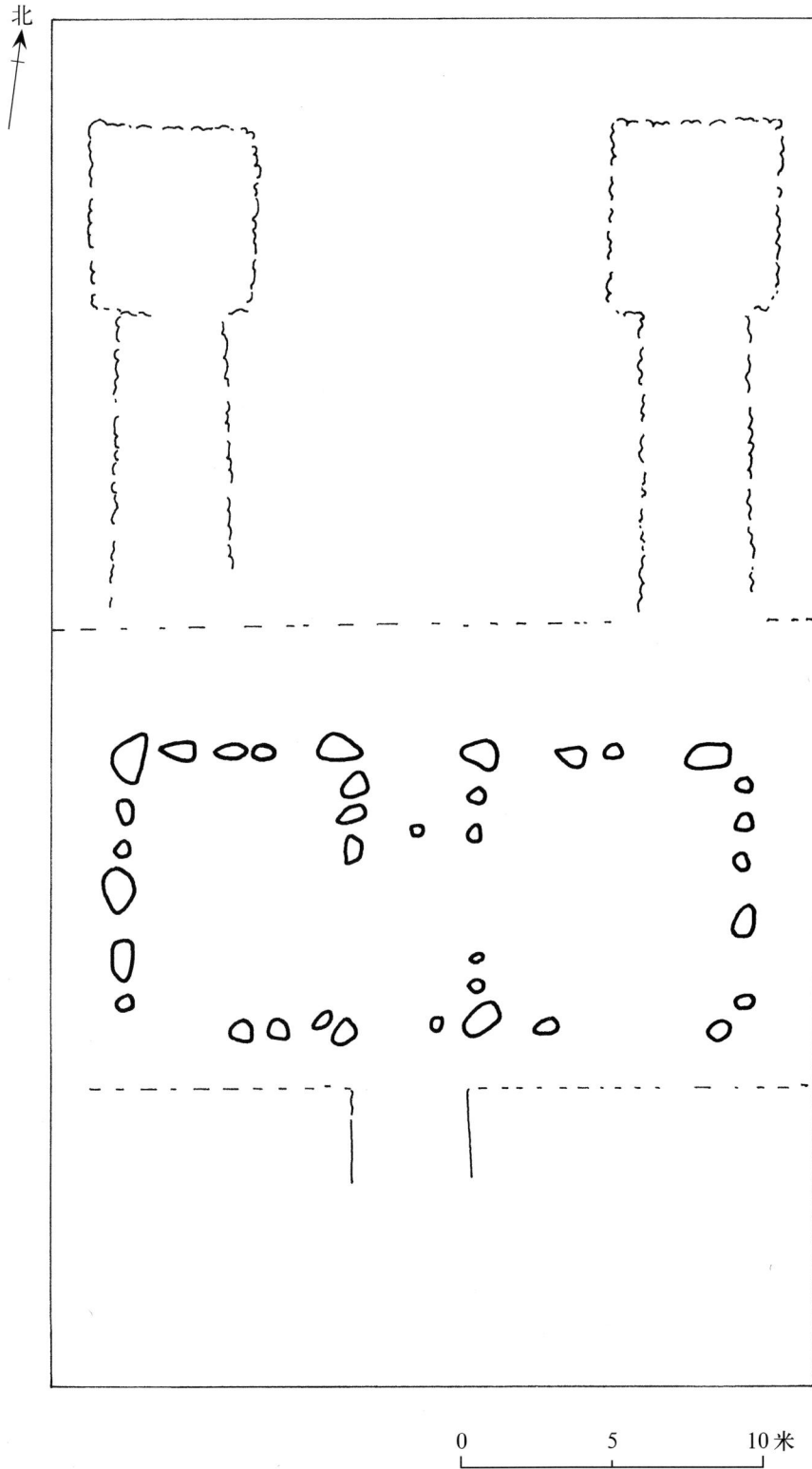

图四　西古城二号宫殿址平面图之二（原载《渤海中京考》）

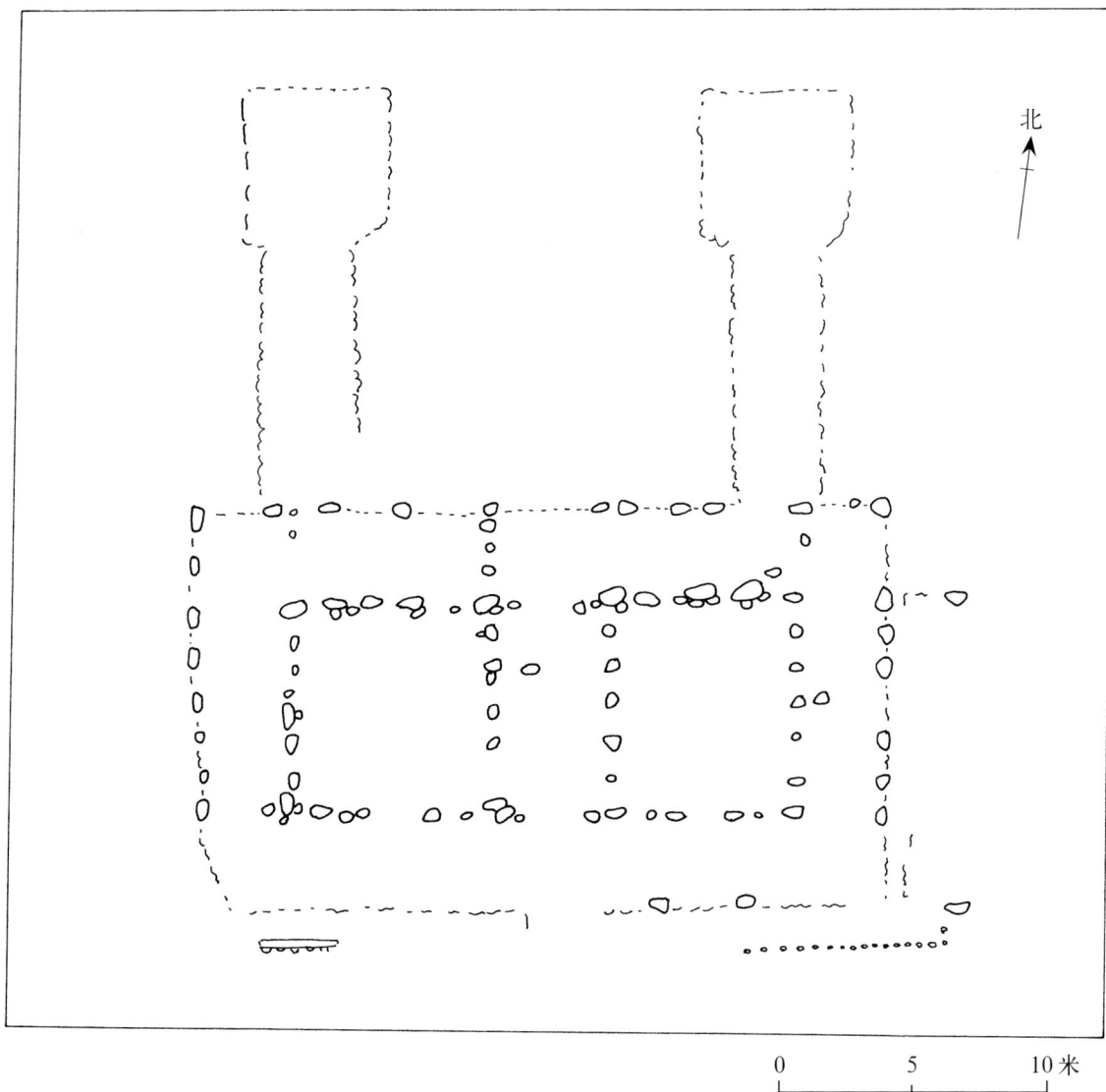

图五　西古城二号宫殿址平面图之三（原载《渤海史上的诸问题》）

西两侧各分布着1座宫殿址，其中东侧的宫殿址编号为Ⅲ号，西侧的宫殿址编号为Ⅳ号。鸟山喜一则将南北向分布的3座宫殿址，由南向北依次编号为第一、第二、第三号宫殿址。因此，报告中描述的第三号宫殿址应该是图中标注的Ⅴ号宫殿址。大概，由于我国从事渤海研究的学者多数没有仔细阅读原文，鸟山喜一与藤田亮策之间文、图编号的疏漏，一直没有得到学术界的纠正。考虑到目前学术界更多使用的是"西古城子土城平面实测图"标注的5座宫殿址的编号，在本报告的编写中也遵循于此。

1944年，鸟山喜一在日本《考古学杂志》第34卷第1号上发表了《渤海中京考》一文⑤，文中再次公布了西古城城址内城第二号宫殿址平面图，图中二号宫殿址增补了新的迹象内容（图四）。根据此图可以看出，《间岛省古迹调查报告》发表的第二号宫殿址平面图只是该宫殿基址内部结构的局部迹象图。

1968年，船木胜马整理出版了鸟山喜一生前未能定稿的《渤海史上的诸问题》一书⑥。在该书所附"渤海文化遗迹探索"中，披露了鸟山喜一等人1943、1945年发掘西古城城址内城第二、第三号宫殿址的简略情况。文中公布了更为完整的西古城城址内城第二号宫殿址平面图（图五），同时，在没有发表平面图的情况下，记述了第三号宫殿址（《间岛省古迹调查报告》图版第二十六上的第Ⅴ号宫殿址）："第三殿址东西34米，南北24米的设计，为面阔十一间、进深五间的大型建筑。内阵为面阔九间、进深三间。只有南侧中央一间开门户，其他似均砌以墙壁，地面铺有坚固的河卵石。建筑方法与半拉城第二殿址异曲同工，均为大型建筑，据此推断二者的性质十分相似。"

1985年，三宅俊成在其所著《在满二十六年遗迹探查和我的人生回想》一书中[⑦]，只言片语谈及1942年与鸟山喜一等人发掘了西古城城址外城的南、北二门，但文中没有涉及南、北二门的具体情况。关于内城的二号宫殿、三号宫殿（《间岛省古迹调查报告》图版第二十六上的第Ⅴ号宫殿址），三宅俊成的描述与鸟山喜一有所不同："第二殿址有东西约40、南北约25米的建筑址，可分成三个区划。第三殿在旱田上，可以全面发掘，为一座东西48、南北24米的大型建筑。地面敷卵石，其上垫黏土。据础石间隔推测，建筑为 11 × 5 间的规模。"

2006年，小嶋芳孝在其所著《斋藤优的渤海遗迹发掘照片》一文中披露，斋藤优曾于1942年对西古城内城的四号宫殿址进行了发掘[⑧]。

在以往的研究中，我国学术界一般认为，日本人在1922～1945年期间对西古城城址内城的第二至第五号宫殿址均进行了盗掘[⑨]。通过查阅资料，上述观点一是时间上有误，二是掌握的信息不准确[⑩]。

第二节　20世纪50年代以后开展的工作

20世纪50年代以后，各级人民政府对西古城城址采取了以保护为主的文物政策，通过实施有效的保护措施逐步提高了西古城城址的文物保护级别。

1960年，延边文物普查队在全州范围内进行了文物普查，其中包括西古城城址[⑪]。通过此次普查，开始建立起西古城城址独立的文物档案。

1964年，中朝联合考古队对西古城进行了调查，但此次专业性很强的考察并没有公开发表其有关调查情况的报告[⑫]。

1981年，吉林省人民政府将西古城公布为吉林省重点文物保护单位，并公布了保护范围。

1984年，为编写《和龙县文物志》，延边朝鲜族自治州文物普查队和龙分队对西古城进行了全面的调查和测量（图六）。在《和龙县文物志》西古城条目中，对城址进行了较为全面的记述[⑬]。其后，1988年出版的《延边文物简编》、1991年出版的《吉林省省志·文物志》、1993年出版的《中国文物地图集·吉林分册》分别收入了"西古城城址"词条[⑭]。

1996年，西古城被国务院公布为第四批全国重点文物保护单位。

1997年，吉林省文物考古研究所、延边朝鲜族自治州文物管理委员会办公室、延边朝鲜族自治州博物馆联合组队重新实测了西古城城址（图七）[⑮]。

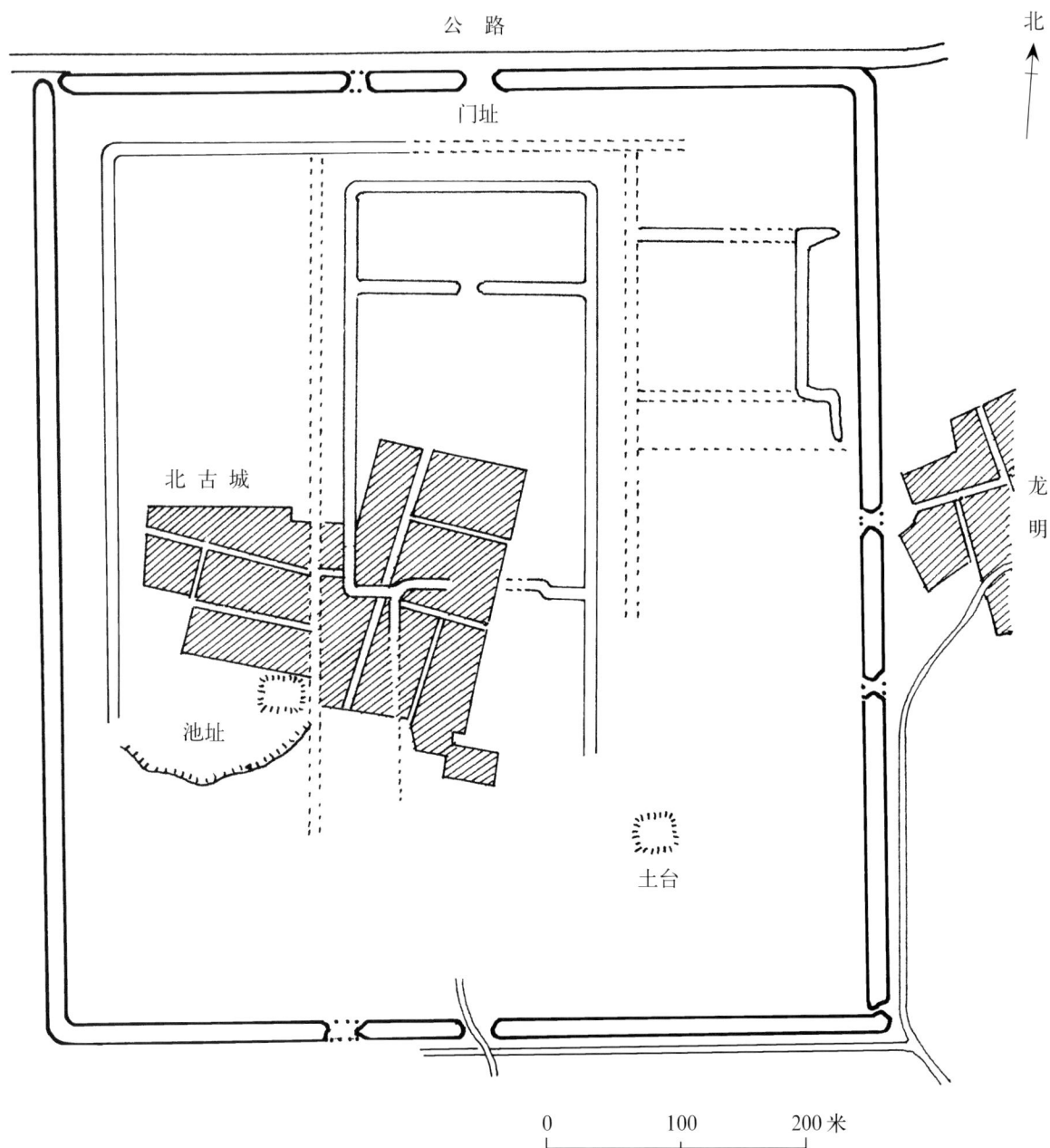

图六　1984 年版西古城平面图（原载《和龙县文物志》）

1997 年，日本学者小嶋芳孝发表了题为《中国吉林省和龙县西古城周围的航空照片——斋藤优收藏品调查报告（1）》的学术研究文章。根据伪满时期拍摄的西古城航空照片并结合 1937 年绘制的西古城平面图，小嶋芳孝完成了西古城城址合成图、西古城城址推想图（图八）[⑯]。

2000～2002 年，根据吉林省"十五"考古规划中"吉林省境内渤海都城址研究"课题的工作安排，吉林省文物考古研究所、延边朝鲜族自治州文化局文物处、延边朝鲜族自治州博物馆、和龙市博物馆联合组队对西古城实施了为期三年的考古发掘[⑰]。

2003 年，为实施西古城城址大遗址保护规划，清华大学对城址现状进行了测绘（图九）。

北

门　址

居民区

台　地

高地

水　池

水　池

0　　　50　　　100 千米

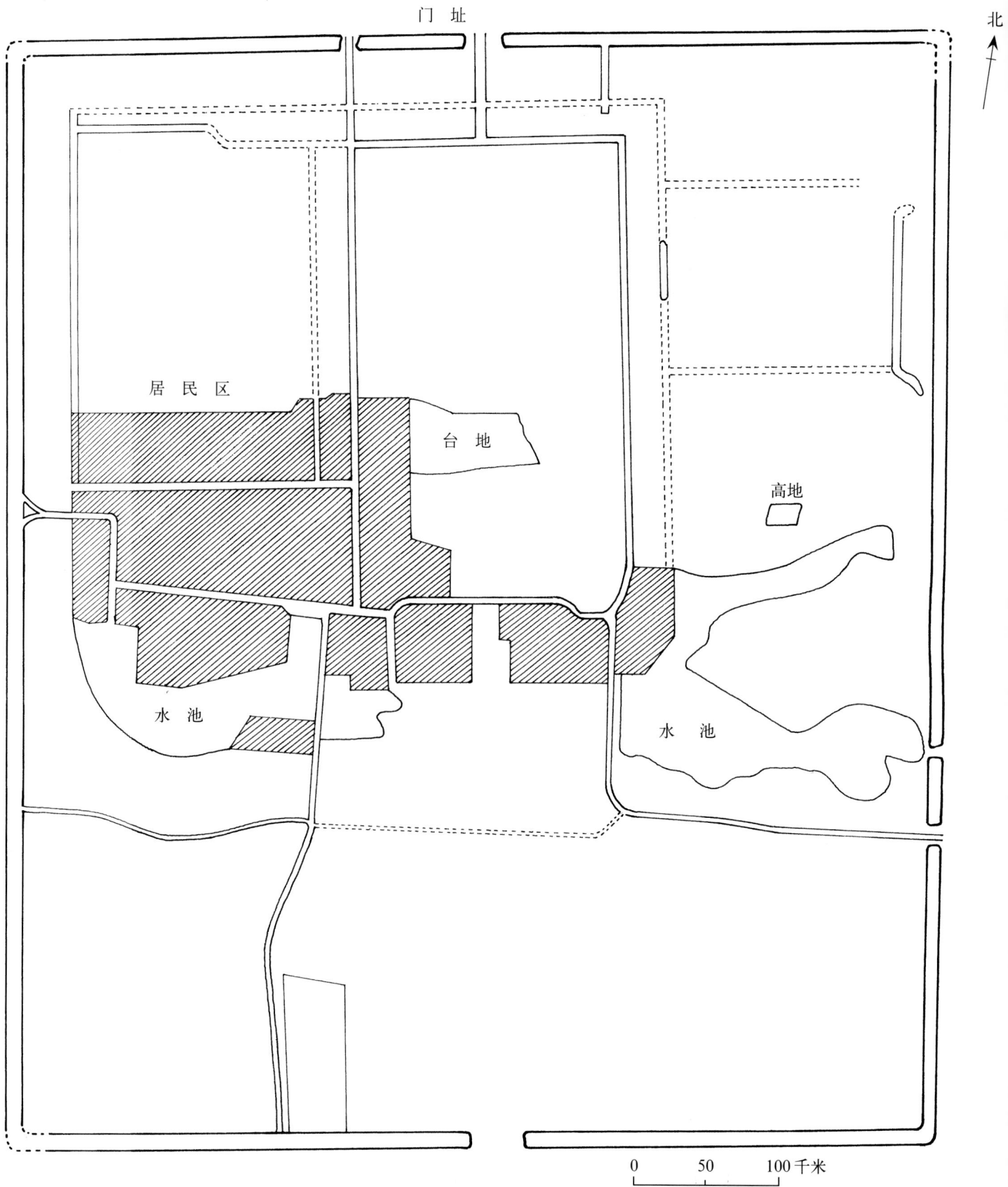

图七　1997 年版西古城平面图（吉林省文物考古研究所测绘资料）

北

（1）
（2）
（3）
（4）

3
2
1

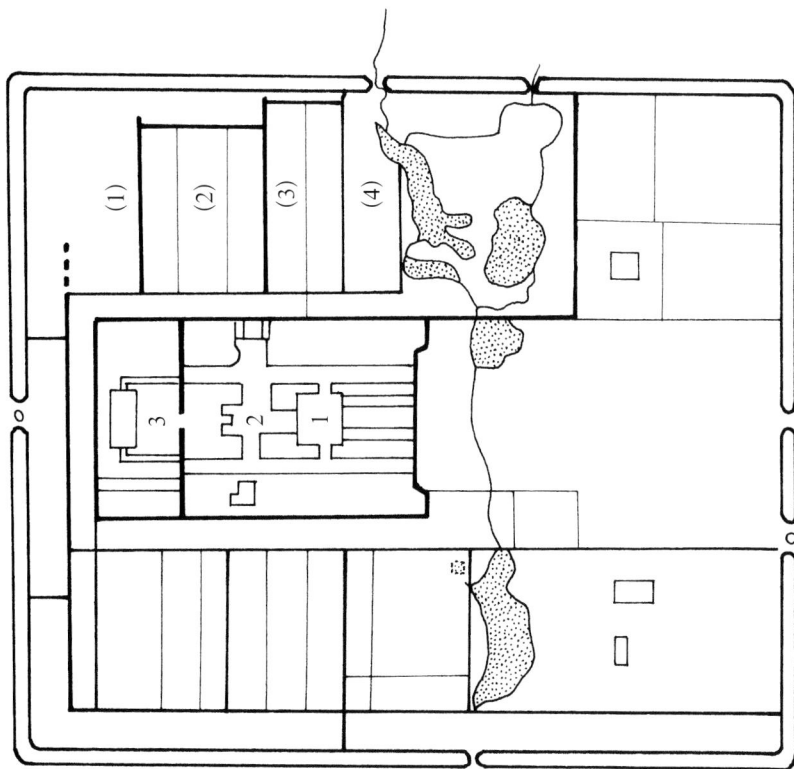

西古城推想图

北

道　路

Ⅴ

Ⅲ
Ⅱ
Ⅰ
Ⅳ

池　址

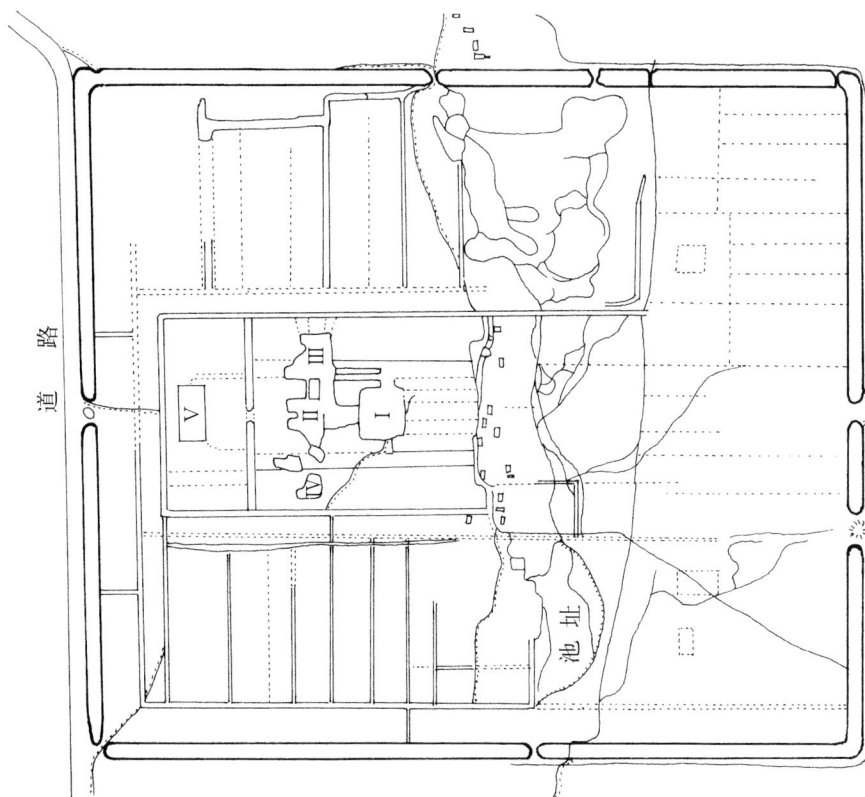

西古城合成图

0　　50　　100　　150 米

图八　1997 年小嶋芳孝完成的西古城合成图、西古城推想图

北

新

村

龙 明

水 塘

水 塘

旱田

城南村

0   100   200米

图九 2003 年版西古城平面规划图

2004～2005年，为更好地落实西古城城址大遗址保护规划，吉林省文物考古研究所等单位再次对西古城城址进行了为期两年的发掘。

2005年11月，在西古城城址考古发掘结项之际，北京特种工程设计研究院对西古城城址进行了测绘（图一○）。

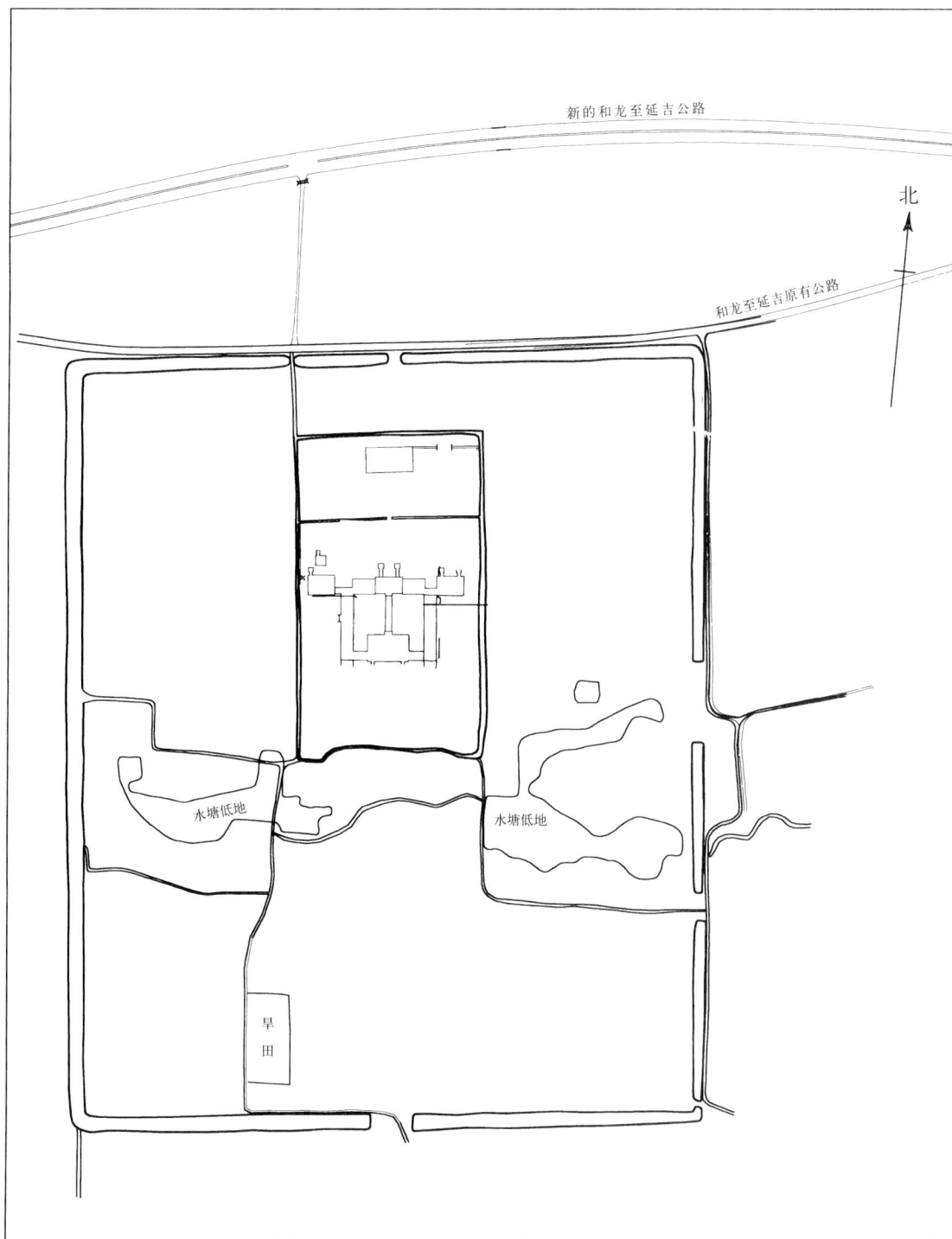

图一○　2005年版西古城平面图

第三节　学术界有关西古城城址性质的讨论

根据文献记载，渤海国（公元698～926年）时期实行了五京制度。关于渤海五京的初置时间，学术界倾向性的学术认识认为，大祚荣创建渤海政权之初并没有实施五京制度，渤海五京是大祚荣之后的渤海王推行的政治制度。

渤海政权的都城情况，从文献史籍中能够获取的只有以下信息：

1．大祚荣"据东牟山，筑城以居之"[18]，该段文字记载了渤海政权最初的王都所在。

2．"显州，天宝中王所都"[19]，表明在唐王朝纪年的天宝中期，渤海政权的王都设在显州。

3．"天宝末，钦茂徙上京，直旧国三百里"[20]，这既是文献中有关渤海政权王都治所变化的记载，也是渤海五京称谓在文献中的初次出现，同时增加了一个引发后世诸多讨论的"旧国"概念。

4．"贞元时，东南徙东京。钦茂死，……华玙为王，复还上京"[21]。

大华玙将都城复迁上京后，文献中不再见有关渤海政权都城迁徙的记载。因此，渤海政权直至为契丹所亡，一直以上京为都。

纵观上述引文，渤海政权曾以四地为都，其中涉及到五京中的上京、东京。至于中京、西京、南京，虽然位居五京之列，但未见为都的记载。渤海五京的具体建置，明确记载于《新唐书·渤海传》中[22]。

由于至今流传于世的文献史籍之中，有关渤海国的记载过于简略，从而导致了现在的诸多学术研究陷于不解与困惑。关于上京、东京故址的所在，目前学术界已经形成趋同性意见，即黑龙江省宁安县东京城城址是上京龙泉府故址，吉林省珲春市八连城城址是东京龙原府故址。

由于在文献史籍中未能获取有关渤海政权最初建置五京时间的明确记载，从而导致学术界在讨论中京的性质与具体位置的问题时，产生了较多的学术争论。在文献所载的五京中，显州归中京所辖。渤海曾一度以显州为都，按照常制，显州应为中京的首州。然而，在文献所载的中京的辖州中，卢州位列中京的首州，显州则排在卢州之后居于次席。因此，学术界在讨论渤海都城的问题时，学术分歧的焦点集中在显州与中京的关系方面。分歧与争论围绕设置中京的时间而展开，主张显州、中京同治的学说倾向于五京建制于大钦茂时期，即显州、中京基本同时出现；力主显州、中京异地的观点认为五京的设置是大钦茂之后的渤海王所为，即渤海政权设置中京是在其以显州为都之后世的事情。问题的产生源于文献的记载，在认识上未能达成共识的症结则在于文献的匮乏。因此，借助考古学研究手段获取新的例证材料已经成为最终解决问题的关键。

考古学研究手段介入渤海史探索之前，围绕渤海中京显德府治所的讨论基本上属于历史地理学范畴的考证，主要经历了如下阶段：

1．"旧国"、显州、中京显德府同处一地[23]。

2．"旧国"与显州、中京显德府并非一地[24]。

第二阶段的学术认识虽较第一阶段前进了一步，但对中京显德府治所的看法却存在较大的分歧。由于各种观点的倡导者所使用的研究手段更多地依托于历史地理学理念，故而未能达成趋同性共识。

自20世纪30年代起，日本人先后对黑龙江省宁安县东京城城址⑤、吉林省珲春县八连城城址⑤、吉林省和龙县西古城城址实施了盗掘活动。鸟山喜一利用其在西古城城址获取的资料，通过与东京城、八连城盗掘材料加以比较，于1944年在其《渤海中京考》一文中，提出了西古城城址为渤海中京显德府故址的观点，成为公开倡导西古城城址为渤海中京显德府故址学说的第一人。

需要说明的是，曾从事八连城城址盗掘的斋藤优，于1942年实地考察了西古城城址。在西古城城址，斋藤优看到了鸟山喜一等人盗掘后没有回填的遗迹现场，同时对内城的四号宫殿址进行了 2×10 平方米的发掘。该年，斋藤优自己印刷发行了《间岛的史迹》一书，在该书中他提出了西古城是渤海中京显德府故址的学术观点。但是，由于这本书只发行了350部，只有少数研究者得到了此书。因此，他的观点鲜为人知⑦。

1954年斋藤优对其所著的《间岛的史迹》略作修改，以《间岛省海兰平原的渤海遗迹》为题发表在日本《考古学杂志》第40卷第1号上，公开提出了西古城渤海中京显德府学说⑧。

依据文献记载，中京显德府所辖的六府中卢州是首府，显州在六州中位居次席，排在卢州之后。按照常规定制，中京显德府应设在卢州。因此，鸟山喜一在考证西古城城址是渤海中京显德府故址的同时，指出中京显德府治于其所辖六州中的首州——卢州，即西古城城址与"天宝中王所都"的显州无关，显州的所在需要另地寻找。在船木胜马整理出版的《渤海史上的诸问题》一书中，鸟山喜一提出吉林省安图县大甸子城址（万宝古城）是渤海显州故址。

需要说明的是，鸟山喜一借助于考古学材料、通过考古迹象提出的西古城城址渤海中京显德府学说，其所参照的例证材料是作为都城定位的渤海上京、东京的研究成果。鸟山喜一忽略了一个重要的问题：他是以渤海都城的定位认定中京的性质的，但现存文献中却找不到有关中京为都的明确记载。因此，鸟山喜一是在一种先入为主的主观意识支配下得出的结论。如果充分尊重文献的记载，鸟山喜一将西古城城址比定为显州应该更为合适。其后，围绕中京显德府的讨论，学术界同样忽略了这一问题。

鸟山喜一关于西古城渤海中京学说一经提出，便逐步得到了大多数研究者的认同，但鸟山喜一引发的疑问也促使学术界展开了新一轮次的讨论，即"天宝中王所都"的显州是否就是中京显德府。

李健才、陈相伟是较早提出显州与中京显德府同治的学者，他们借助考古调查并结合西古城城址周围陆续发现确认的包括贞孝公主墓在内的一批重要渤海遗迹，为西古城渤海中京学说补充了依据。同时，通过界定大甸子城址为辽金时期古城而否定了该城为显州的推断，并在此基础上利用引证文献得出显州与中京显德府同处一地的结论㉙。

魏存成、刘晓东通过一系列著述，从渤海都城营建理念、宫殿布局发展演进历程的学术视角，考证显州与中京显德府同处一地——西古城城址㉚。显州等同于中京显德府的学说未能在学术界达成共识的原因，主要是源于可资利用的考古学资料相对还比较薄弱。

至于其他有关显州与中京显德府各有治所的论点，其立论的前提是，渤海五京的设置时间是"天宝中"以后的事情，但各自提出的显州之地则往往由于缺少考古发掘资料作为学术支撑而令人难以适从㉛。

近年来，学术研究有了新的进展，田村晃一于2001、2002年连续发表了两篇论文：《关于渤海瓦当花纹的若干考察》、《关于渤海瓦当的再考察》㉜，通过对渤海瓦当进行类型学研究，利用考古学材料对显州与中京显德府同治学说提出了新的质疑。田村晃一在其著述中，首先以渤海上京龙泉府故址出土的瓦当为基础进行了类型学排序，然后将八连城、西古城出土的瓦当与其排序结果加以对照比较，得出的结论是，八连城、西古城出土的瓦当晚于渤海上京瓦当的早期型式，故而西古城城址与显州无关，只能是中京显德府故址。

众所周知，考古层位学是考古类型学研究的基础。利用在建筑基址废弃倒塌堆积中出土的瓦当建立起来的类型学排序，与根据遗址不同层位中出土的日常生活用器而进行的类型学研究相比，所得出的学术结论相对薄弱，不能作为唯一的论据加以使用。瓦当作为建筑材料，属于房屋建筑的屋檐用器，在房屋的使用过程中，屋顶用瓦可能存在多次的替换与增补，但这种情况在废弃倒塌堆积中难以甄别出来，只有在其所处的建筑基址上存在大规模的翻修改建的层位关系或不同式样的瓦当分别置身于已经明确早晚关系的不同建筑上，才有可能将之作为探索遗存早晚关系的依据而加以使用。因此，审视田村晃一得出的学术结论，可以提出疑问的是，在没有弄清渤海上京城址城市建设的发展轨迹的前提下，依据建筑址中出土的缺乏明确早晚层位关系的瓦当而得出的类型学早晚序列难以令人信服。

本报告汇总了西古城城址 2000～2002、2004～2005 年历时 5 年考古发掘所取得的科学资料，希望此次公布的基础性数据不但可以有助于学术界了解认识西古城城址的性质与内涵，而且能够拓展学术界有关渤海国中京显德府学术研究的视野。

注 释

① 吴禄贞：《延吉边务报告》，延边朝鲜族自治州博物馆馆藏本。
② 吉林省文物志编委会：《和龙县文物志》，1984 年。《和龙县文物志》"东古城"词条："有关资料记载，东古城曾出土铜印三方，以为刻有大定三年年号的'知审计院事印'（金世宗年号）；二为贞佑二年的'上靖庐万户钮字号印'（金宣宗年号）；三为'副都统印'，年号不详。铜印皆以散失"。
③ （日）鸟山喜一：《渤海中京考》，《考古学杂志》第 34 卷第 1 号，日本考古学会，1944 年。中译本刊于《历史与考古信息·东北亚》2004 年第 1 期。
④ （日）鸟山喜一、藤田亮策：《间岛省古迹调查报告》，1942 年，延边朝鲜族自治州博物馆馆藏本。
⑤ 同②。
⑥ （日）鸟山喜一、船木胜马：《渤海史上の诸问题》，风间书房，1968 年。
⑦ （日）三宅俊成：《在满二十六年·遗迹探查と我が人生の回想》，三宅中国古代文化调查室，1985 年，东京。
⑧ （日）小嶋芳孝：《斋藤优の渤海遗迹发掘写真》，藤井一二编：《北东アジアの交流と经济·文化》，金沢星稜大学共同研究报告，桂书房，2006 年。
⑨ a. 吉林省文物志编委会：《和龙县文物志》，1984 年。
　　b. 严长录：《和龙县西古城及其附近渤海遗迹调查》，《博物馆研究》，1984 年第 1 期。
　　c. 《延边文物简编》，延边人民出版社，1988 年。
⑩ a. 据鸟山喜一所著《渤海中京考》，日本人对西古城的考察始于 1923 年。
　　b. 2002 年的发掘情况表明，西古城城址的第Ⅲ殿可能未曾遭受日本人的盗掘。
⑪ ⑫ 和龙市博物馆档案资料。
⑬ 吉林省文物志编委会：《和龙县文物志》，1984 年。
⑭ a. 《延边文物简编》，延边人民出版社，1988 年。
　　b. 吉林省地方志编纂委员会：《吉林省志·文物志》，吉林省人民出版社，1991 年。
　　c. 国家文物局主编：《中国文物地图集·吉林分册》，中国地图出版社，1993 年。
⑮ 吉林省文物考古研究所档案资料。
⑯ （日）小嶋芳孝：《中国吉林省和龙县西古城周边の航空写真》，《古代学研究》第 138 号，古代学研究会，1997 年。
⑰ a. 《和龙市西古城城址》，《中国考古学年鉴·2001》，文物出版社，2001 年。
　　b. 《吉林和龙西古城城址》，国家文物局主编：《2001 中国重要考古发现》，文物出版社，2002 年。
　　c. 宋玉彬、全仁学、王志刚：《延边和龙西古城城址发掘廓清历史悬案》，《中国文物报》，2003 年 1 月 10 日。

⑱　《旧唐书·渤海靺鞨传》。

⑲　《新唐书·地理志》。

⑳ ㉑　《新唐书·渤海传》。

㉒　据《新唐书·渤海传》："以肃慎故地为上京，曰龙泉府，领龙、湖、渤三州。其南为中京，曰显德府，领卢、显、
　　铁、汤、荣、兴六州。秽貊故地为东京，曰龙原府，亦曰栅城府，领庆、盐、穆、贺四州。沃沮故地为南京，曰南
　　海府，领沃、晴、椒三州。高丽故地为西京，曰鸭渌府，领神、桓、丰、正四州。"

㉓　（日）松井浪八：《渤海五京考》，《史学界》第1卷第7号，1899年。

㉔　清《吉林通志》卷十。

㉕　（日）东亚考古学会：《东京城——渤海国上京龙泉府址的发掘报告》，东方考古学丛刊，甲种第五典，1939年。

㉖　（日）斋藤优：《半拉城——渤海遗迹的调查》，（珲春公署）综合报告书，1942年。

㉗　a.（日）小嶋芳孝：《斋藤优の渤海遗迹发掘写真》，藤井一二编：《北东アジアの交流と経済·文化》，金沢星稜大学
　　共同研究报告，桂书房，2006年。

　　b.（日）小嶋芳孝：《中国吉林省和龙县西古城周辺の航空写真》，《古代学研究》第138号，古代学研究会，1997年。

㉘　（日）斋藤优：《间岛省海兰平野の渤海遗跡》，《考古学杂志》第40卷第1号，日本考古学会，1954年。

㉙　李健才、陈相伟：《渤海的中京和朝贡道》，《北方论丛》1982年第1期。

㉚　a．魏存成：《关于渤海都城的几个问题》，《史学集刊》1983年第3期。

　　b．刘晓东、魏存成：《渤海上京城营筑时序与形制渊源研究》，《中国考古学会第六次年会论文集》，文物出版社，
　　　1987年。

　　c．刘晓东、魏存成：《渤海上京城主体格局的演变》，《北方文物》1991年第1期。

　　d．魏存成：《渤海都城的布局发展及其与隋唐长安城的关系》，《边疆考古研究》第2辑，科学出版社，2004年。

㉛　除鸟山喜一认为显州在大甸子古城外，其他的观点主要包括：

　　a．驹井和爱认为显州或为苏密城，或为大甸子古城，参见其所著《中国都城·渤海研究》，雄山阁，1977年。

　　b．朴龙渊认为显州可能在安图县松江镇一带，参见其所著《关于渤海中京问题的商榷》，《延边文物资料汇编》1983
　　　年。

　　c．孙进己认为显州在敦化大蒲柴河西才浪河古城，参见其所著《渤海疆域考》，《北方论丛》1982年第4期。

　　d．田村晃一认为显州在和龙河南屯古城，参见其所著《渤海の瓦当文样に関する若干の考察》，《青山史学》第19
　　　号，2001年。中译文载《历史与考古信息·东北亚》2003年第1期。

㉜　（日）田村晃一：《渤海の瓦当文样に関する若干の考察》，《青山史学》第19号，青山学院大学史学研究室，2001
　　年；中译文载《历史与考古信息·东北亚》2003年第1期。

㉝　（日）田村晃一：《渤海瓦当论再考》，《早稲田大学大学院文学研究科纪要》第47辑第四分册，2002年。中译文载
　　《历史与考古信息·东北亚》2003年第2期。

第二章　西古城外城

第一节　外城城墙

一、城墙本体

城址外城呈纵向长方形轮廓，方向南偏东10度，总面积约0.46平方公里。城墙夯土构筑，其中，外城北墙长632米，南墙长628.2米，东墙长734.2米，西墙长725.7米，周长2720.1米。

北墙　残高1.5米左右，墙基宽约10.5~12米，顶宽1.5~3米。北墙中央辟有门址，门址区域现已成为宽约12.92米的豁口。北城墙东段（北墙门址以东区段）相对保存较好，现存城墙表面覆盖以自然杂生的植被，人为破坏痕迹较少；北城墙西段（北墙门址以西区段）保存较差，虽然墙体表面覆盖以自然杂生的植被，但存在多处由于人为取土破坏而形成的凹坑。在北墙门址西侧约95米处，存在一个宽约12.88~15.52米的墙体豁口，该豁口形成于20世纪60年代，为城内村民人为辟路所致。

西墙　西城墙早年即已成为村间道路，随着经济的发展，机动车辆频繁往来于西城墙基址之上，成为城墙受损的主要因素。通过维修道路使路面越修越宽，目前依附于西城墙而形成的路面最宽处达7.5~8米，墙基宽约16~17米，而路面则仅比城内地坪高0.4~0.5米。西城墙可能曾存在门址，但由于村间道路的缘故，门址区域已不见城墙豁口。

南墙　残高2~2.5米左右，墙基宽约12.7~14米，顶宽2~2.5米。南墙中央与北墙门址位置对应处辟有门址，门址区域现已成为宽约42.3米的豁口。南城墙西段（南墙门址以西区段）的墙体表面存在人工种植的杨树，但由于人工取土破坏而形成多处凹坑，在门址豁口以西约87米处存在一个宽约40米的豁口；南城墙东段（南墙门址以东区段）保存较好，该区段保存有西古城城址现存最为完好的城垣，最高处高约4米，墙体表面覆盖以自然杂生的植被，在城墙的外侧（南侧）存在人工种植的杨树。南城墙东段外侧与城墙平行的水渠，可能借用了原有的城墙壕沟遗迹。

东墙　残高2~2.5米，墙基宽约13~14米，顶宽2~4米。东城墙存在两处较大的城墙豁口，其中，位于城墙中部的豁口可能是一处门址所在，该豁口宽约77.44米；在其南侧距其144.56米处，另外一处豁口宽约26.24米。除此之外，城墙其他区段的墙体保存较好，其表面覆盖以自然杂生的植被。在城墙中段的东侧，分布着一个自然屯——东明屯，其中2户农户的住房坐落在城脚下。在东城墙的外侧（东侧），存在一条与城墙平行、呈南北走向通往东明屯的村路。在东明屯南部，与村路平行存在一条壕沟，由于未予清理，不清楚是否为原有的城壕遗迹。

二、外城城墙的墙体结构

2000年，对外城南门址进行清理时，在南门址的东侧对外城南城墙的墙体进行了解剖，了解了外城南墙的墙体结构（详见第二节第三部分"门址东侧外城南城墙的墙体结构"）。

第二节 南门址

发掘前，西古城城址外城南门址区域的地貌已经成为一处荒芜的城墙豁口。豁口区域东西向长约42.3米，地表之上看不出任何城门址的迹象。目前，在豁口的中部偏东处，形成了一条当地村民耕作时使用的村路。据当地村民介绍，早年南城墙外侧曾有护城壕痕迹，现已被水田的引水渠所取代。

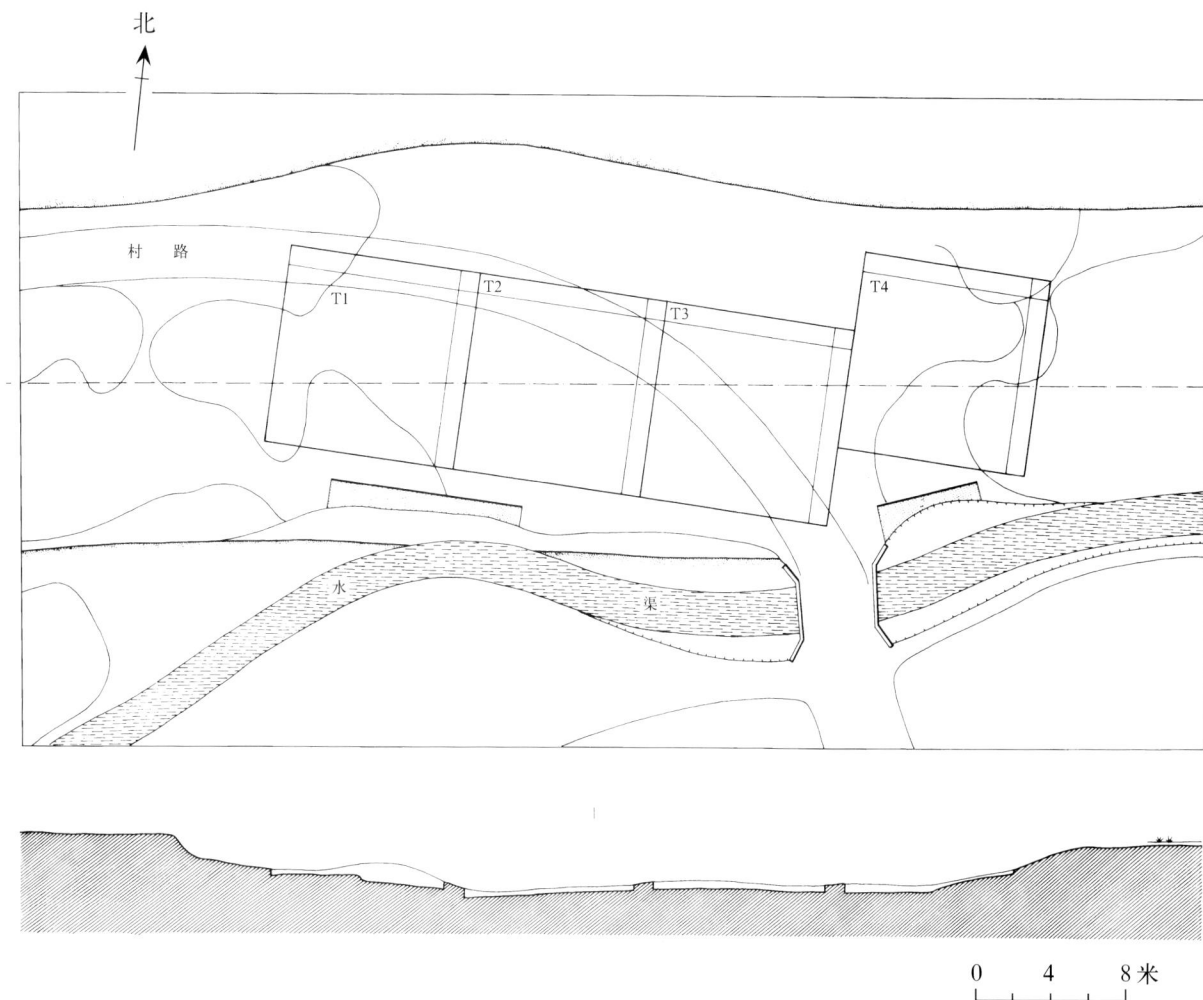

图一一 西古城外城南门址发掘区域探方平、剖面图

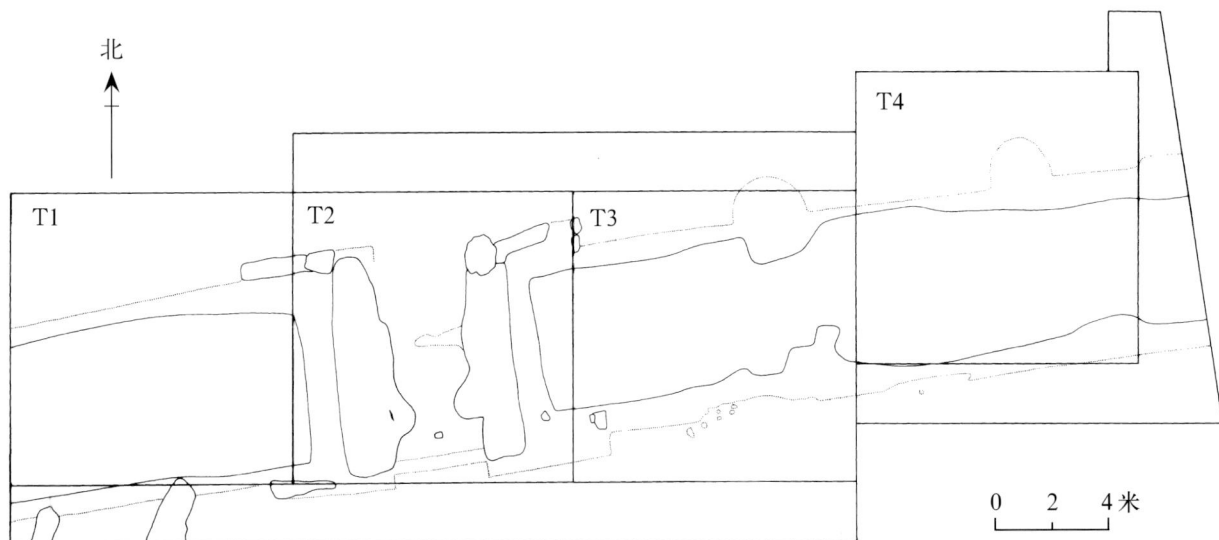

图一二　西古城外城南门址遗迹平面图

2000年9月13日～11月2日，对南门址区域进行了发掘。为了完整揭露城门遗迹，同时了解城门址东西两侧城墙的构筑方式，整个豁口区域全部被纳入了发掘规划之中。为此，在豁口区域由西向东布正南北向10×10米探方4个，由西向东依次编号为2000HXWT1～T4。为了顾及城墙的走向，2000HXWT4并没有同2000HXWT1～T3处于同一条直线上，位置北移了4米（图一一）。同时，根据遗迹的实际情况，各个探方相应进行了扩方处理，总计发掘面积543平方米（图一二）。

一、地层堆积

第1层：表土层，厚约20厘米。

第2层：扰土层，厚约10厘米，其中混杂有一些白灰墙面残块。

第3层：渤海时期的地面。城墙、城门遗迹坐落在该层层面上，其中，城门遗迹主要分布于2000HXWT2探方之中，在其他探方内清理出残损的城墙遗迹。

为了保护城门遗迹，除个别解剖地点外，③层以下的堆积未予清理。

二、城　门

城门址破损严重，残存迹象表明，外城南门是一处单一门道结构的城门。门道两侧残存门墩、城墙基础残迹，城门东西两侧门墩与城墙的连接方式为，门墩包裹城墙（图一三，图版三）。

（一）门道

门道直接借用了当时的地面，未作特殊的处理。在门道的中部、南部分别清理出横向的条带状坑体迹象，由于坑体仅留存坑底痕迹，未能辩明它们是后世扰动所致还是原有设施已被起走。此外，在门道的南部中央，清理出1块近长方形的石块。

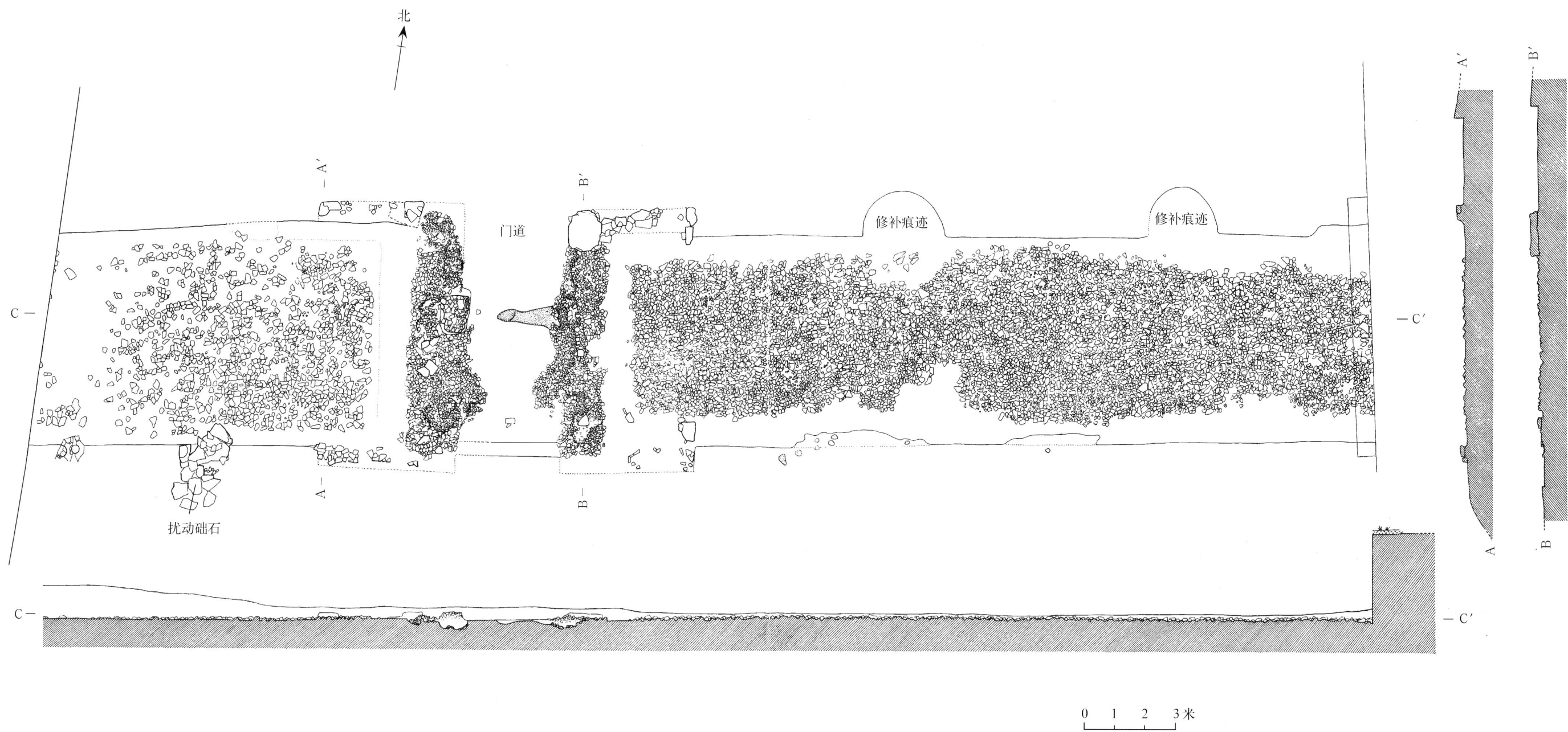

北

A'

B'

A'

B'

C —

门道

修补痕迹

修补痕迹

— C'

A — A'

B — B'

扰动础石

C —

— C'

0 1 2 3 米

图一三 西古城外城南门址遗迹平、剖面图

在门道两侧东、西门墩河卵石基础的南部近端处，分别面向门道延伸出一个舌状河卵石堆积台面，台面之间门道的宽度缩小至1.44米，其性质未能辨明。

根据门道东西两侧残存的门墩迹象推断，门道长约8.4、宽约3.36米（图版四，1）。

（二）门墩

在门道两侧的东西门墩位置处，仅留存有使用河卵石构筑的门墩基础，清理出来的迹象呈纵向长方形轮廓。东西门墩的南北向长度均约为8.4米，其各自的东西向宽度略有差异，其中，门道西侧门墩的河卵石墙体基础较宽，宽约4.36~4.68米；东侧门墩的河卵石墙体基础较窄，宽约4.16~4.36米。

在东、西门墩河卵石层基础的层面上存在一些较大的不规则石块，由于无规律可循，无法判断其是否与础石有关。

利用河卵石构筑的门墩墙体基础，在其外缘端点处分别使用了较大的石块构筑基础。

在东侧门墩的西北端角处，原位留存有一块略呈长方形的石块，该础石的顶面较平，其底部没有铺垫河卵石层，础石长约128、宽约108厘米（图版四，2）。

在西侧门墩西北端角处，石块的外露端面（立面）上抹有一层白灰，表明门墩的墙表曾抹有白灰墙面。

经过局部解剖得以确认，构筑门墩时，挖有地下基槽，基槽采用夯土层、河卵石层交替构筑的方式营建而成。

三、门址东侧外城南城墙的墙体结构

在门道、门墩以外的城墙豁口区域的扰土层下，分别叠压着城墙墙体、渤海时期的地面。在渤海时期的地面之上，留存有两层城墙墙体堆积：上层夯土墙体，下层河卵石层垫层。其中，大部分区域的夯土层已遭破坏。经过清理与解剖，城墙的营建方式为：在当时的地面以下筑有基槽；地面以上首先铺垫了一层河卵石基础，然后逐层夯筑了土质墙体。地面之上的河卵石垫层，其所用河卵石的规格明显大于门墩底部的河卵石。

大体上，现存城墙墙体的层位关系为：

第1层→第2层→夯土墙体→河卵石垫层→地下基槽→第3层（渤海地面）。

在门墩两侧清理出来的城墙河卵石基础，其宽度略有差异，西侧门墩以西的城墙河卵石基础的宽度约为6米，东侧门墩以东的城墙河卵石基础的宽度约为4.8米。

在城墙豁口的东缘得以确认城墙主体墙体的夯筑方式，由于南门址区域是按正方向布的探方，而城址整体上南偏东10度，因此在2000HXWT4探方的东壁上，城墙墙体的剖面只是得到了局部体现（图一四）。为了获得完整的城墙剖面，在2000HXWT4探方的东侧，按照城墙的走向进行了斜向扩方处理，从而得以了解完整的城墙墙体剖面（图一五，图版五，2）。

在完整城墙墙体剖面的西侧，贴靠剖面对城墙墙体河卵石层以下区域进行了局部解剖。通过解剖得以确认，城墙墙体存在地下基槽。由于城墙南北两侧区域均已辟为水田，从而导致该区域的地下水位较高，因此在进行解剖时，未及清理到基槽的底部便已出现渗水现象，故而没有弄清基槽的深度。

城墙墙体的地下基槽，呈口大、底小的倒梯形。基槽坑口的宽度略大于地表之上城墙墙体的宽度，

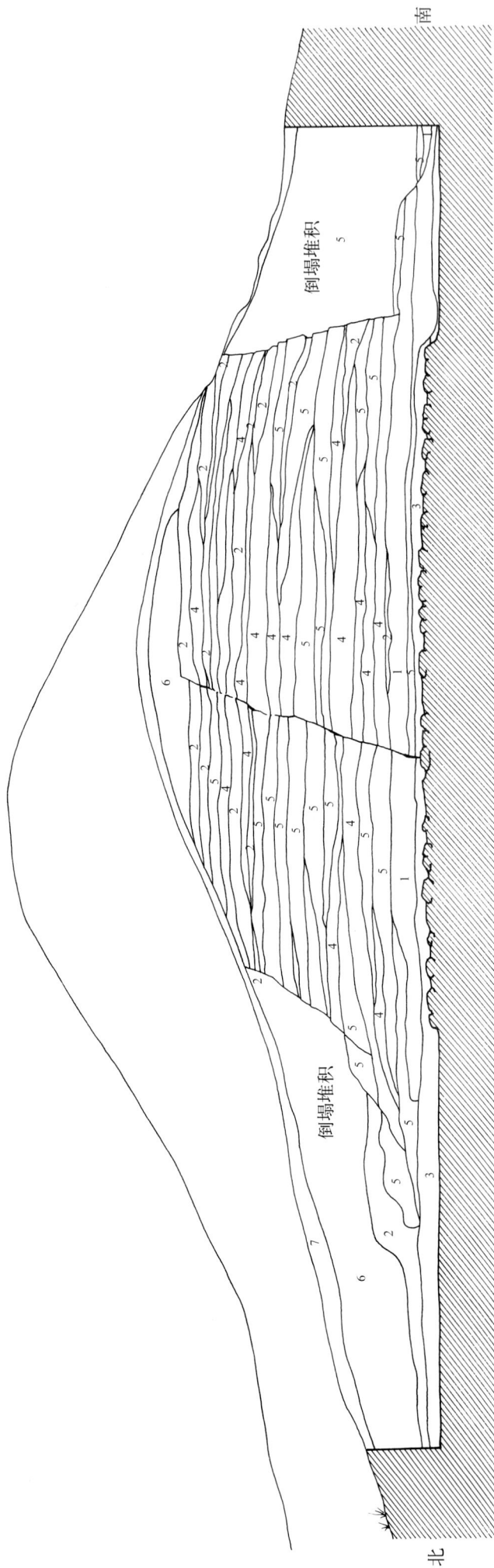

南

北

东 壁

倒塌堆积 5

倒塌堆积

图一四 西古城 2000HXWT4 东壁剖面图

1. 浅红褐色山体风化土 2. 黄褐土 3. 灰褐色黏土 4. 黄褐、灰褐、黑褐混杂土 5. 黄褐黏土 6. 黄褐土 7. 表土

北—

倒塌堆积

夯土城墙本体

—南

水渠

6

倒塌堆积

7

水渠

该区域未进行解剖清理

0   1   2 米

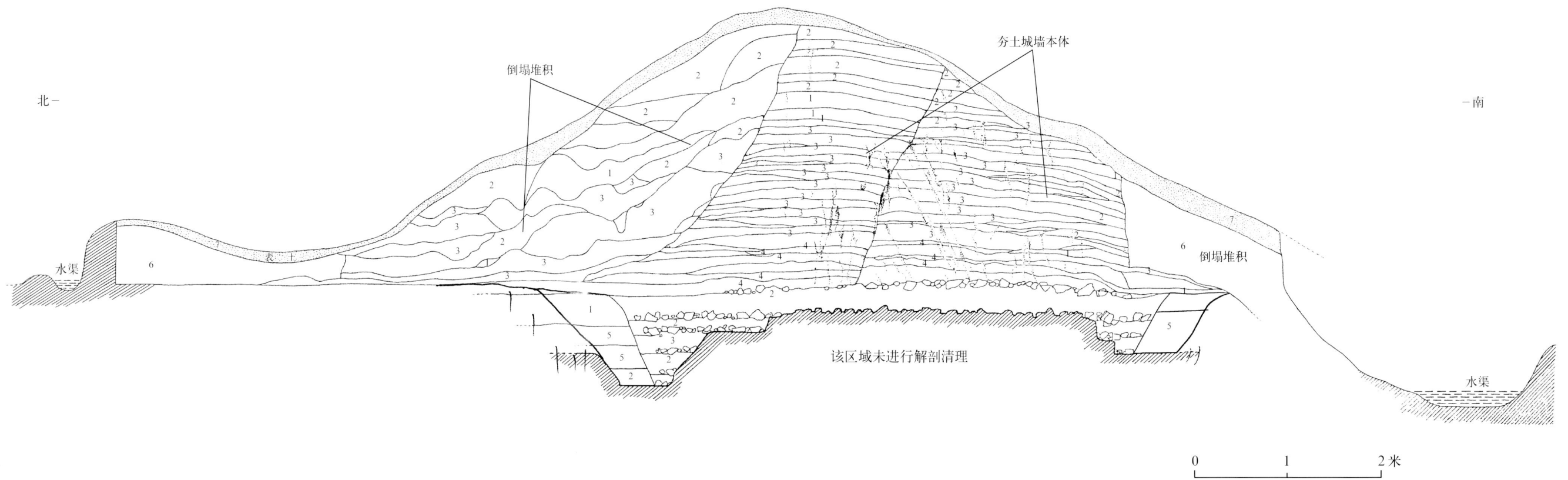

图一五　西古城外城南门址东侧城墙剖面图

1. 浅红褐色山体风化土　2. 黄褐土　3. 灰褐色黏土　4. 黄褐、灰褐、黑褐混杂土　5. 黄褐土　6. 黄褐土　7. 表土

其中，基槽坑口的内边与城墙内缘墙面的位置大体吻合，城墙的外缘墙面则坐落于坑体之上，没有达到基槽坑口的外缘[①]。

在解剖地点对基槽的南北坑口区域进行了局部解剖，北部坑口区域基槽内的构筑方式为，自下而上交替填充了 5 层河卵石、5 层夯土。

在解剖地点与东侧门墩之间的大部分区域，城墙墙体仅留存下河卵石垫层。在河卵石垫层的南北两侧，存在城墙地下基槽坑口线迹象。在距东侧门墩西北角以东约 9.36、15.88 米处，城墙基槽的坑口分别存在一个向北外延的半圆形坑体。经解剖确认，坑内填充夯土，但性质不明，似为修补痕迹。此外，在南侧基槽坑口线的破断处，清理出几个小形凹坑，坑内黄褐色堆积中含有灰烬。

城墙的墙体剖面表明，表土层下的城墙由墙体本身以及墙体的倒塌堆积两部分组成。

在城墙墙面的两侧，存在由于墙体倒塌而形成的堆积。其中，内缘墙面一侧，塌落的墙体堆积较多，该部分的倒塌堆积几乎占据了现存墙体的三分之一。现存城墙的最高点位于墙体的倒塌堆积上，该点距渤海时期地表的高度约为 3 米。

城墙内缘墙面坡度较缓，外缘墙面坡度较陡。以当时的地面为基点，城墙墙体底边宽约 6.94 米，城墙墙体夯筑到 0.34 米后，外缘墙面明显内收（内收约 1.06 米），墙体宽度缩减到 5.36 米。其后，墙体的宽度虽然随着墙体的增高而渐趋变窄，但变化的幅度较小。内缘墙面的残存高度同时也是该处城墙的最大残存高度，高约 2.82 米，外缘墙面的残存高度约为 1.32 米。

在 2000HXWT4 探方东壁的城墙局部剖面上，以及通过扩方完整揭露的城墙剖面上，两处墙体剖面的中部均存在一道斜向的夯筑分界线。在该分界线的左右两侧，同一种土质的夯层在层高上存在明显的错位。据此可以确认，该区域的城墙，其横向墙体是分两次同步夯筑而成（图版五，1）。

墙体中部的夯筑分界线，自内向外倾斜（由北向南），由此可知，在逐层夯筑墙体时，应该是先夯筑外侧夯层，然后再夯筑层高相近的内侧夯层。

在夯土分界线的两侧，夯层均呈现出厚薄不一的特点，表明在夯筑墙体时，对夯层的厚度没有明确的规定。最薄的夯层，夯层最薄处仅 2 厘米；最厚的夯层，层厚约 20 厘米。此外，在靠近墙体的内、外缘墙面处，存在一些楔形夯土夹层。这些楔形夯层，其土质与上、下层的夯土存在差异。

清理出来的墙体剖面存在 27 层夯土，以墙体横断面北侧夯层为例，大体上，残存的城墙自上而下使用四种土夯筑而成。

第 1～6 层：黄褐土，颗粒结构，厚 0.6～0.7 米

第 7～9 层：浅红褐色山体风化土，颗粒结构，外运土源，厚 0.3～0.4 米。

第 10～22 层：灰褐色黏土，土质黏重、坚硬，厚 1.2～1.3 米。

第 23～27 层：黄褐、灰褐、黑褐混杂土，土质坚硬，厚 0.2～0.4 米。

墙体剖面北缘 7 层楔形夹层，黄褐土，颗粒结构，同于 1～6 层。

墙体外缘的倒塌堆积为浅红褐色山体风化土、灰褐色黏土。

四、门墩与城墙的连接方式

上文已经简略提及，门墩与城墙的连接方式为门墩包裹城墙。门道两侧留存的处于当时地表以上

的门墩的河卵石基层，其南北向的长度大于城墙河卵石垫层的纵向宽度。大体上，在营建西古城外城南墙时，首先构筑了城门两侧的城墙墙体，其后在预留的门址区域修建了门墩设施。并且，以门墩南北两侧外露墙面包裹城墙的方式，完成了门墩与城墙的连接。需要说明的是，构筑门墩基层与城墙基层的河卵石垫层没有直接相连，其间存在明显的分界线。

经过解剖得以确认，门墩与城墙均构筑有地下基槽，但门墩的地下基槽并没有与城墙的地下基槽直接水平贯通，两者之间以浅槽相连，浅槽内填充夯土。

依据门址区域残存的底层基础，目前难以推断南门区域的具体建筑形制。

※　　　　※　　　　※

1942年，日本人鸟山喜一、三宅俊成等人对西古城外城南门址进行了盗掘②。在2000年发掘区域的扰土层中，见有日本人当年遗留的日本产的啤酒瓶残片。此外，在2000HXWT1扩方的南部，清理出一些较大的不规则石块，它们可能是被扰动移走的门墩础石。

第三节　南门西侧城墙豁口及城内水塘

一、城墙豁口

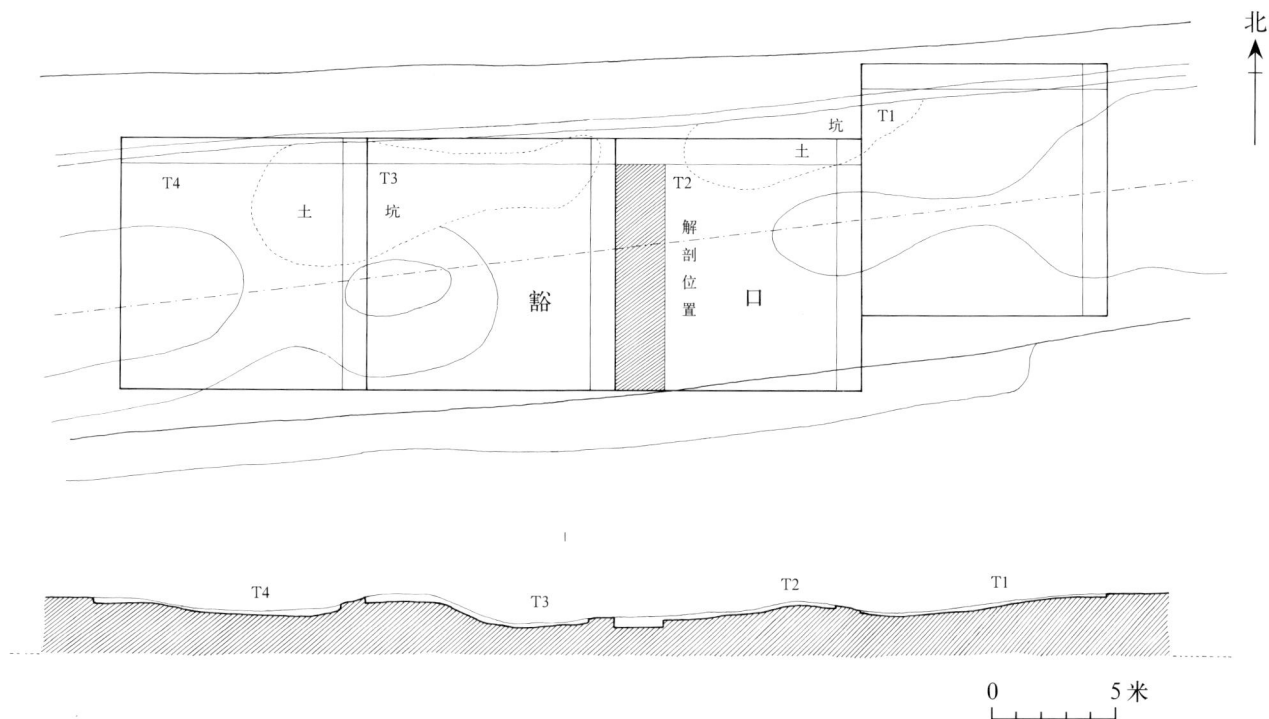

图一六　西古城外城南墙豁口区域探方平面图

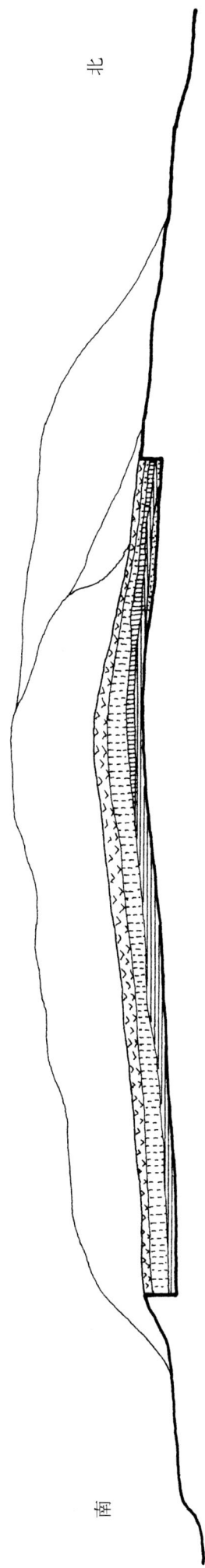

北

南

2 米

1

0

黑褐土（表土）

黄褐土（夯土）

红褐土（夯土）

黄褐土

灰褐土（夯土）

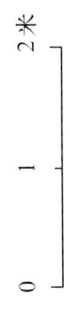

图一七 西古城外城南墙豁口剖面图

西古城城址外城南门址西侧存在一个城垣豁口，该豁口的东西向宽度约为22米。在现有资料中，该豁口最早著录于《间岛省古迹调查报告》（图版二十六《西古城子土城平面实测图》），其后问世的西古城城址平面图也多标注了这一豁口。在以往的学术研究中，有的学者曾将其作为外城南门西侧的一处偏门加以论述③。

为了弄清豁口的性质，２００２年在豁口区域由东向西布10×10米探方4个，依次编号为2002HXNWT1～T4。其中，2002HXNWT1东北角至2000HXWT1西北角的距离为87米。为了顾及城墙的走向，布方时2002HXNWT1与其相邻的2002HXNWT2略显错位（图一六）。

通过清理得以确认，在豁口区域的表土层下是连贯的高于渤海时期地面的夯土城墙，未见城门迹象（图一七）。这一结果表明，城墙豁口当为后世取土破坏所至。《间岛省古迹调查报告》标注了该豁口的存在，表明在日本人实施盗掘之前，该段城墙已经遭到了破坏。

二、城内水塘

位于西古城内城南侧的东南部、西南部区域，在已经辟为水田的稻池之间，目前尚保留有两处不规则形水塘，两处水塘的位置大体上呈东西向对称，学术界一般认为该两处水塘是西古城发挥城市功能时期的水苑。其中，位于东南部的水域的北端，目前地表之上留存有一个面积约为200平方米的土台，该土台被学术界推测为水苑的亭阁式建筑遗迹。由于此次发掘未能涉及水塘及土台区域，因此，上述区域的功能与性质只能寄希望于通过未来的考古工作加以解决。

注　释

① 这里需要说明的是，城墙底部的外缘墙面坐落在基槽坑口之外，其主体夯土墙体的外缘墙面则没有到达坑口的外边。
② （日）三宅俊成：《在满二十六年·遗跡探查と我が人生の回想》，三宅中国古代文化调查室，1985年，东京。
③ 刘晓东：《"车书本一家"的考古学诠释——论渤海文化与中原唐文化的趋同性 》，《北方文物》2002年第1期。

第三章 西古城内城

内城位于外城的北半部居中位置。同外城一样，内城也呈纵向长方形轮廓，方向南偏东10度，面积约为5800平方米。城墙夯土构筑，其中北墙长187米，南墙长187.9米，东墙长311.1米，西墙长306.8米，周长992.8米。

2001～2002、2004～2005年，先后对内城的一至五号宫殿址、内城隔墙、一号房址、水井进行了发掘。大体上，内城的地层堆积情况如下。

第1层：表土层，耕土层，厚约15～20厘米。

第2层：近现代扰乱层，厚约10厘米。近现代居民在城内耕作和开辟水田平整土地形成的堆积。

第3层：渤海时期建筑遗迹废弃、倒塌堆积层，堆积中以瓦砾为主，夹杂有白灰墙面残块。该层堆积主要分布于渤海时期的建筑基址之上及其附近区域①。

清理区域的③层堆积以下为渤海时期的建筑基址，或为渤海时期地面。

为了保护渤海时期遗迹，渤海时期地面以下堆积未予清理。

因此，内城地层的层位关系为：

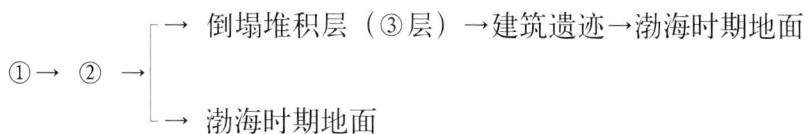

$$①→②→\begin{cases}→ 倒塌堆积层（③层）→建筑遗迹→渤海时期地面\\\\→渤海时期地面\end{cases}$$

第一节 内城城墙

一、城 墙

内城东、西、北三面城墙呈直线轮廓。南城墙呈曲线轮廓，城墙的中部为直线墙体，东、西两端为弧线墙体。在南墙中部城门址的位置处，现今地表之上已经看不出任何城门迹象。

内城的西墙、南墙现已辟为城内的村路，路面高出城内地坪0.25～0.35米。坐落在西墙、南墙墙体上的路面，其宽度明显宽于原有墙体宽度。

东墙、北墙成为水田池埂之间的荒地，高出城内地坪0.2～0.3米。

目前，西城墙已经成为外界出入城址的主要道路。据当地村民介绍，20世纪60年代以前，村民进入城内村落的路线，首先是经外城北墙的城门豁口到达内城的北墙，借道北墙西段，然后再转至西墙进入城内。60年代末，为了行走方便，居住在内城里的村民在外城北墙与内城城墙西北角相对应的位置处，人为开辟了一个城墙豁口，并在豁口与西城墙之间铺垫了道路，形成了一条出入城址的直线道路。从此，外城北墙城门豁口荒置，不再作为道路的路口。

二、内城东墙解剖

（一）位置

2002年，为了解内城城墙的建筑结构与营建方式，同时为了弄清内城宫殿区域东延的排水设施的走向，对内城东墙进行了解剖。解剖地点位于内城东墙中部，南距内城东南角139米，西距三号宫殿址约13米。解剖地点的探方位置，是基于内城一号宫殿址东侧廊庑排水设施所排泄的废水流经内城东墙的方位而进行的选择。

清理时，横断南北走向的东墙，布东西长8米、南北宽3米探沟1条，发掘面积24平方米。依据2002年内城发掘的探方编号，编号为2002HXNⅡT19（图一八）。

（二）墙体结构

内城东墙的左右两侧均已辟为水田，水田的引水渠沟除对东墙个别区段形成一定的破坏外，作为荒地的墙垣明显高于周围水田，整体轮廓依稀可辨。城垣上野草丛生，去除表层植被土，直接裸露出夯土结构的墙体。

通过清理得以确认，内城东墙的营建方式，首先是对当时的地面进行了下挖，构建城墙的地下基槽，然后在地面之上构筑城墙的主体部分。基槽部分采用夯土层、河卵石层交替构筑而成。城墙主体使用夯土逐层夯筑而成，但其构筑方式不同于外城南墙，其横向墙体为一次夯筑而成（图一九）。

透过城墙剖面可以看出，其西缘墙面坡度较缓，东缘墙面坡度较陡。地面以上的墙体，底部宽约2.65米，残高0.52~0.58米。自下而上残存9层夯土层。

第1层：浅褐色黏土，土质黏重，厚3~8厘米。

第2层：深褐色土，土质黏重程度弱于第1层，厚15~17厘米。

第3层：黑褐色土，土层较薄，类似垫土层，厚2~4厘米。

第4层：褐色土，土色略泛红，厚3~10厘米。

第5层：黑褐色土，同于第3层，厚2~5厘米。

第6层：褐色土，厚5~10厘米。

第7层：黑褐土，同于第3层，厚0~3厘米。

第8层：灰褐色土，厚3~8厘米。

第9层：黑褐色沙壤土，厚3~17厘米。

第3、5、7层土质、厚度相近，仿佛是其各自上下层夯土之间的夹层或垫层。在第9层夯土的东西两侧，覆盖一层褐色土堆积，该层堆积土质疏松呈颗粒结构且一直延续到渤海时期的地表，应该是倒塌的城垣墙体形成的堆积（图版七）。

解剖地点的墙体与其地下基槽略显错位，地面墙体没有完全坐落在地下基槽之上。地面墙体的西部直接坐落于当时的地面之上，基槽的东端则延出了墙体东端之外。基槽剖面略呈倒梯形，上宽、下窄，斜直坑壁，平底。坑口宽2.45米，基底宽2.1米，深约0.7~0.8米。基槽内自下而上使用6层河

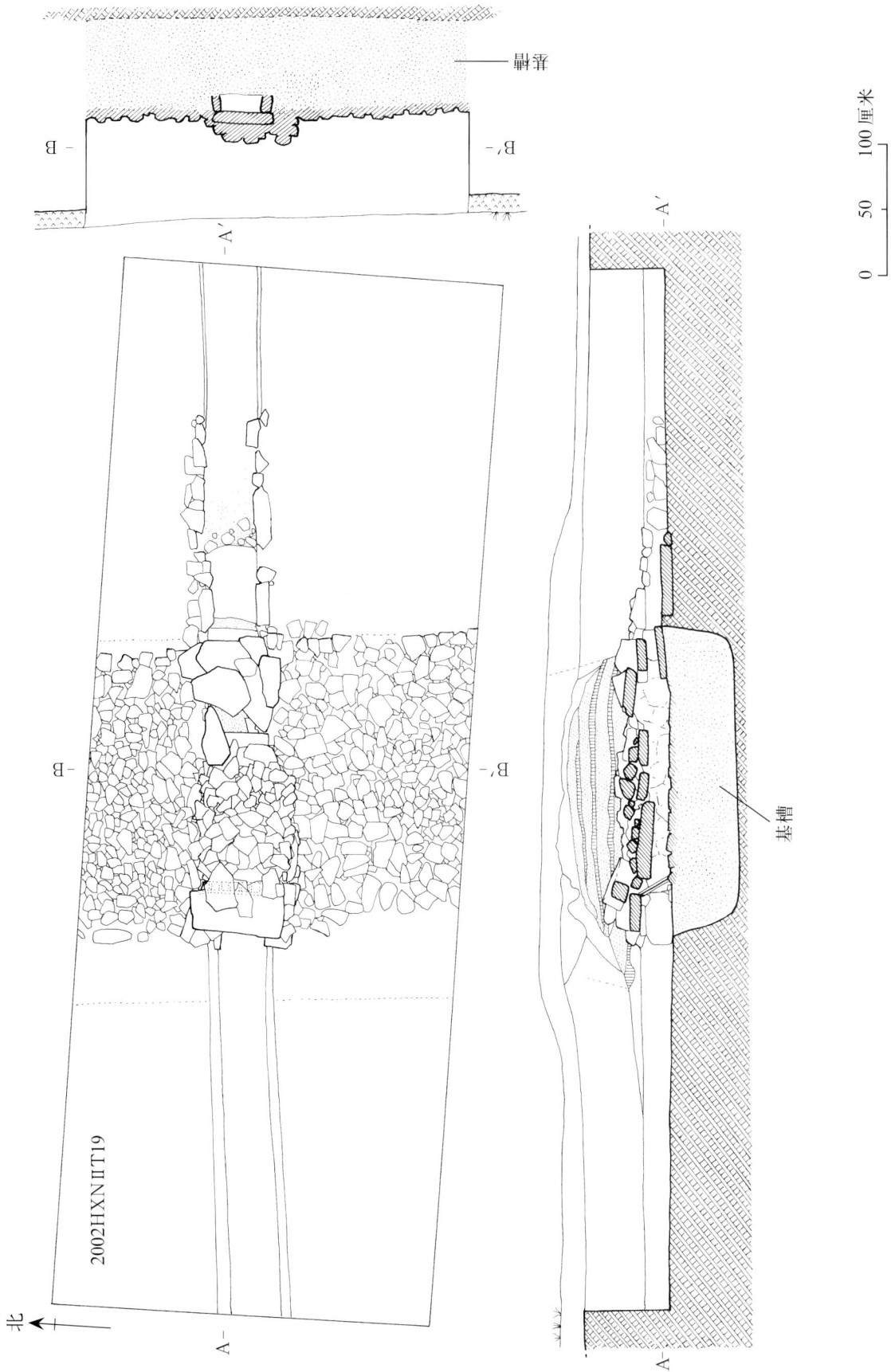

图一八 西古城内城东墙解剖地点平、剖面图

东

西

表土

倒塌堆积

倒塌堆积

1
2
3
4
5
6
7
8
9
10
11
12
13
14
15
16
17
18
19

0　10　20　30　40　50厘米

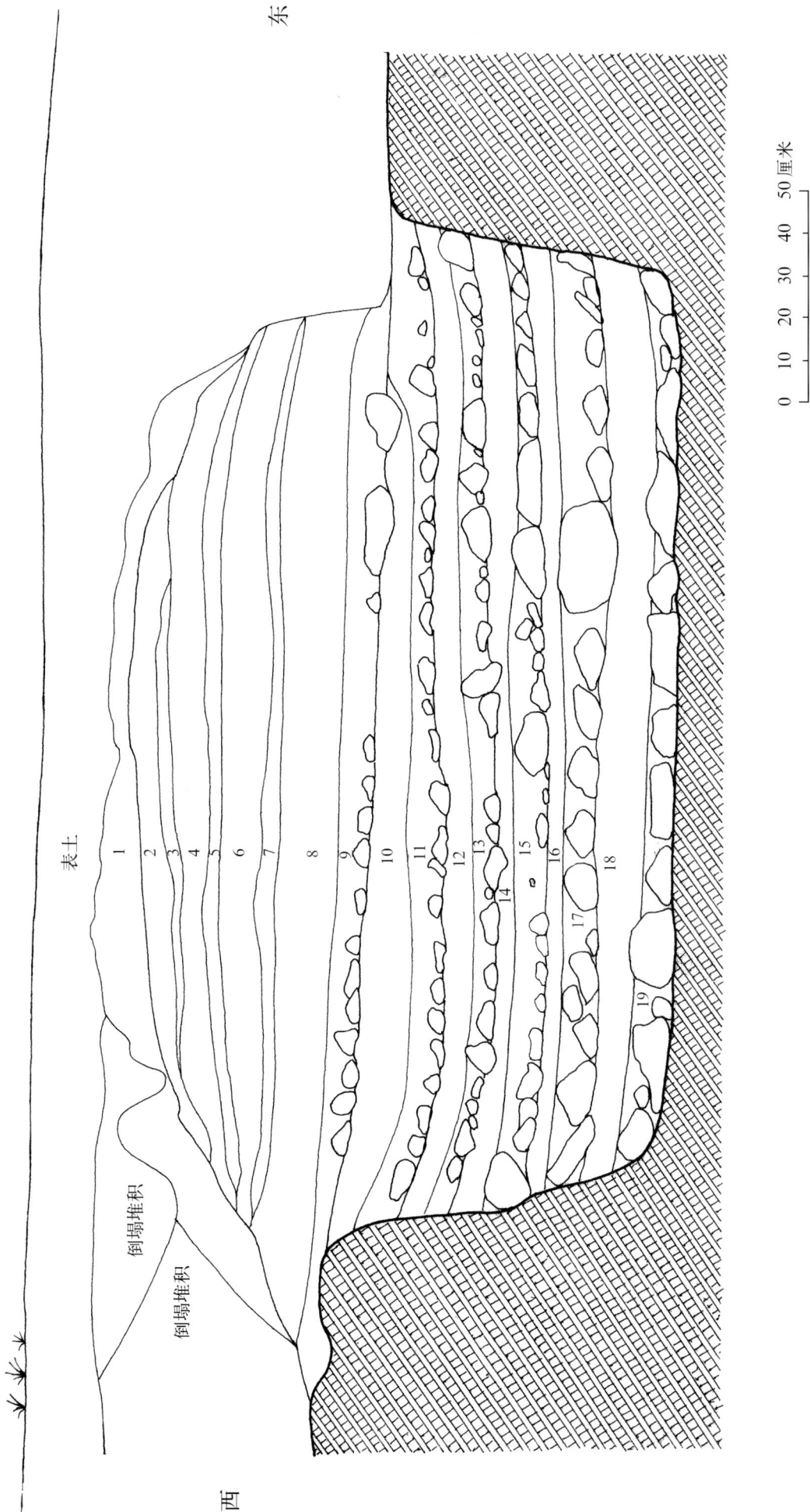

图一九　西古城内城东墙解剖地点城墙剖面图

1．浅褐色黏土　2．深褐色土　3．黑褐色土　4．褐色土　5．黑褐色土　6．褐色土　7．黑褐色土　8．灰褐色土　9．黑褐色沙壤土　10．灰褐色土　11．黄褐色土　12．灰褐色土　13．黄褐色土　14．黑褐色土　15．灰褐色土　16、17．黄褐色土　18．黑褐色土　19．灰褐色土

卵石、5 层夯土交替构筑而成，各层河卵石的体量有所差异，自下而上各层河卵石的体量逐渐有所加大。

（三）墙体排水涵洞

内城宫殿区由西向东的排水系统，通过解剖地点墙体基部的排水涵洞将废水排出内城之外。

排水涵洞修建在墙体基槽之中，两者为一体建筑。涵洞的入水口与出水口处使用略作修整的石块垒砌了洞壁，涵洞的中部直接利用基槽河卵石作为洞壁。涵洞的顶部覆盖板石，有些盖石已经断裂，在盖石的上部加盖了一层河卵石。涵洞出口处的底部放置了 2 块板石，其他区段涵洞底部没有铺石，直接利用了墙体基槽河卵石层作为涵洞底部。

排水涵洞长约 2.4 米，涵洞入口处洞体宽约 0.32、高约 0.24 米（图版六，1）。

涵洞已经塌陷，其内部填满淤土及墙体塌落堆积。在距离排水涵洞西侧入口处 0.4 米的涵洞内部，清理出 1 个镶嵌立放的铁质护栏网。其作用在于，防止随水排出的废物堵塞涵洞。由于涵洞顶部盖石断裂塌陷而形成的挤压，导致护栏网略显变形且向外倾斜（图版六，2）。

在排水涵洞出口处东侧，清理出一段使用河卵石垒砌沟壁的沟体残迹，该段残存沟体的宽度与涵洞相仿，残长约 1.7 米，未见顶部盖石。城墙的东西两侧，残存有连接排水涵洞的排水沟槽，沟内填满松软的黑褐土。

清理出来的迹象表明，经由内城东墙基部的排水涵洞设施与东墙为一体同期构筑，排水涵洞是西古城城市整体营建规划的组成部分。由于仅对城墙解剖地点进行了发掘，排水沟在外城区域的走向未能确定。

（四）出土遗物

鉴于西古城城址揭露的建筑遗迹的规模均比较庞大，为了客观反映出土遗物在遗迹中所处的具体位置，在介绍遗物标本时没有按照遗迹单位编号，而是根据其所在的探方的层位予以编号，下同。

1. 瓦当

Ab 型，萼形间饰六瓣莲纹瓦当，1 件[②]。

标本 2002HXN Ⅱ T19 ②：2，器残，边轮宽 1.2、边轮高 0.5 厘米（图二〇，1）。

2. 铁器

铁质护栏网，1 件。

标本 2002HXN Ⅱ T19 ②：1，使用 8 根长条形铁片穿接而成，整体形状略呈长方形。首先，在 2 根作为横梁的条形铁上，分别打凿出 6 个等距的长方形透孔，然后，利用透孔固定住 6 根纵向排列的条形铁。

清理出来的护栏网，处于其底部横梁位置的条形铁已经变形，其两端向上翘起，位于纵向边框位置的 2 根条形铁的下部端头脱离了透孔，向内弯曲。

护栏网横向网宽 50、纵向网高 32 厘米；条形铁宽 2.4、厚 0.9 厘米（图二〇，2；图版五二，1）。

第二节　内城隔墙及门址

在《间岛省古迹调查报告》中，在由藤田亮策绘制的西古城城址平面图上，标注了内城隔墙的位置，表明鸟山喜一、藤田亮策考察西古城城址时，当时的地表之上应该存在一定的隔墙的标识性迹

1

2

1.　┗0　　8　　16厘米┛　　　　2.　┗0　　12　　24厘米┛

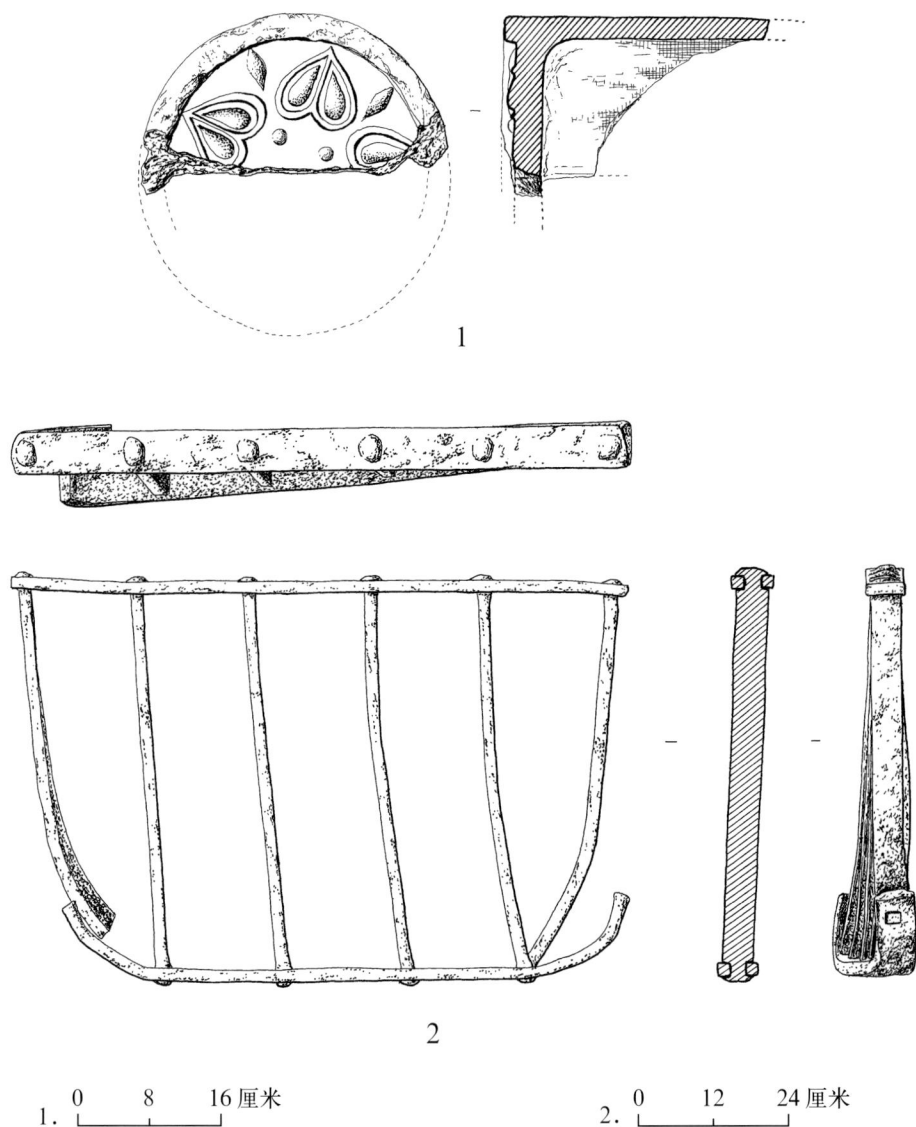

图二〇　西古城内城东墙解剖地点出土遗物

1. Ab型瓦当（02ⅡT19②：2）　2. 铁质护栏网（02ⅡT19②：1）

象③。目前，在推测隔墙所在的区域内，一个明显的人为迹象是，此处的稻池池埂比较齐整的呈东西向一线横贯内城东西两墙之间。

　　为了证实内城隔墙的存在，同时进一步探明隔墙的门址情况，2005年9月12～25日，在西古城内城对位于二号宫殿、三号宫殿、四号宫殿与五号宫殿之间的横贯内城东西两墙的稻池池埂进行了解剖。在西古城南北向中轴线与稻池池埂交叉位置处，布10×10米探方1个，探方编号为2005HXNT25（图二一）。

　　发掘期间，根据遗迹的具体走向，对2005HXNT25进行了南扩2米处理。此外，为了解隔墙的基础结构，在2005HXNT25以东10米处，布南北向4×2米探沟1条，编号为20005HXNT26（图二二）。隔墙区域总计发掘面积128平方米，通过对两个小型区域的清理，不但弄清了内城隔墙的具体位置、结构与走向，而且明确了隔墙中部门址的基本结构（图二三；图版七，2）。

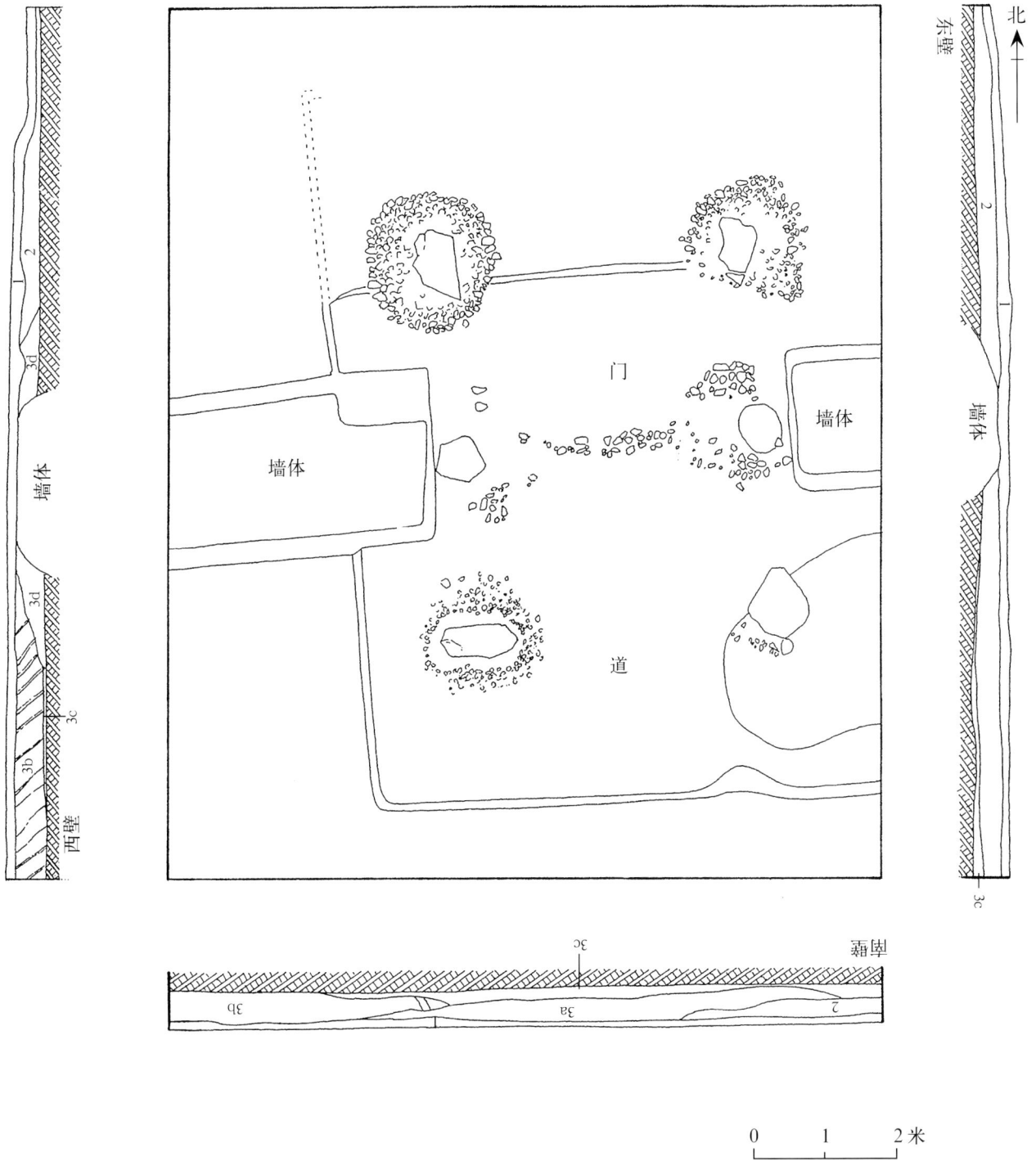

图二一 内城隔墙区域探方平、剖面图

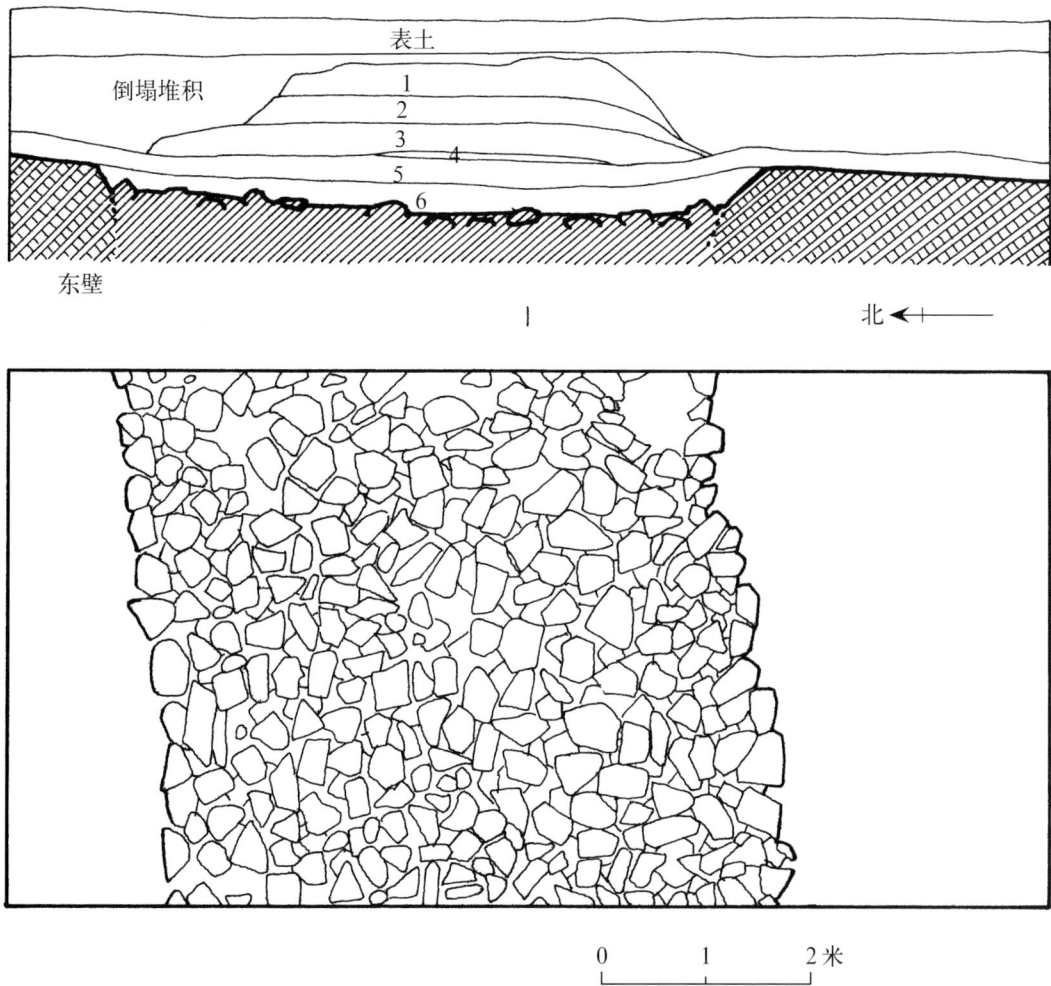

图二二　内城隔墙墙体剖面及地下基础平、剖面图

1~3. 黄褐土　4. 灰褐土　5. 黑褐土　6. 黄褐土

一、地层堆积

第1层：黑褐色耕土层，土质疏松，厚15~20厘米。

第2层：扰土层，土质较杂，黄褐土中夹杂少量红褐土、黑褐土，厚0~25厘米。

第3层：墙体与门址倒塌形成的堆积层，厚0~50厘米。根据成因的不同，该层可以分为4个亚层。

3a层：黑褐土、瓦砾、白灰块混合堆积层，分布于门址的南侧，厚约0~0.35厘米。堆积西高东低呈坡状分布，其范围东西向长约7米，南北向清理长度长约4.3米。

该层堆积属于被扰动过的倒塌堆积且所受的扰动较大，其内包含的瓦砾碎块较小，出土的白灰块则为墙面残存物。

3b层：墙体倒塌堆积层，分布于2005HXNT25探方的西南部1/4区域，厚约0~0.45米。在该部

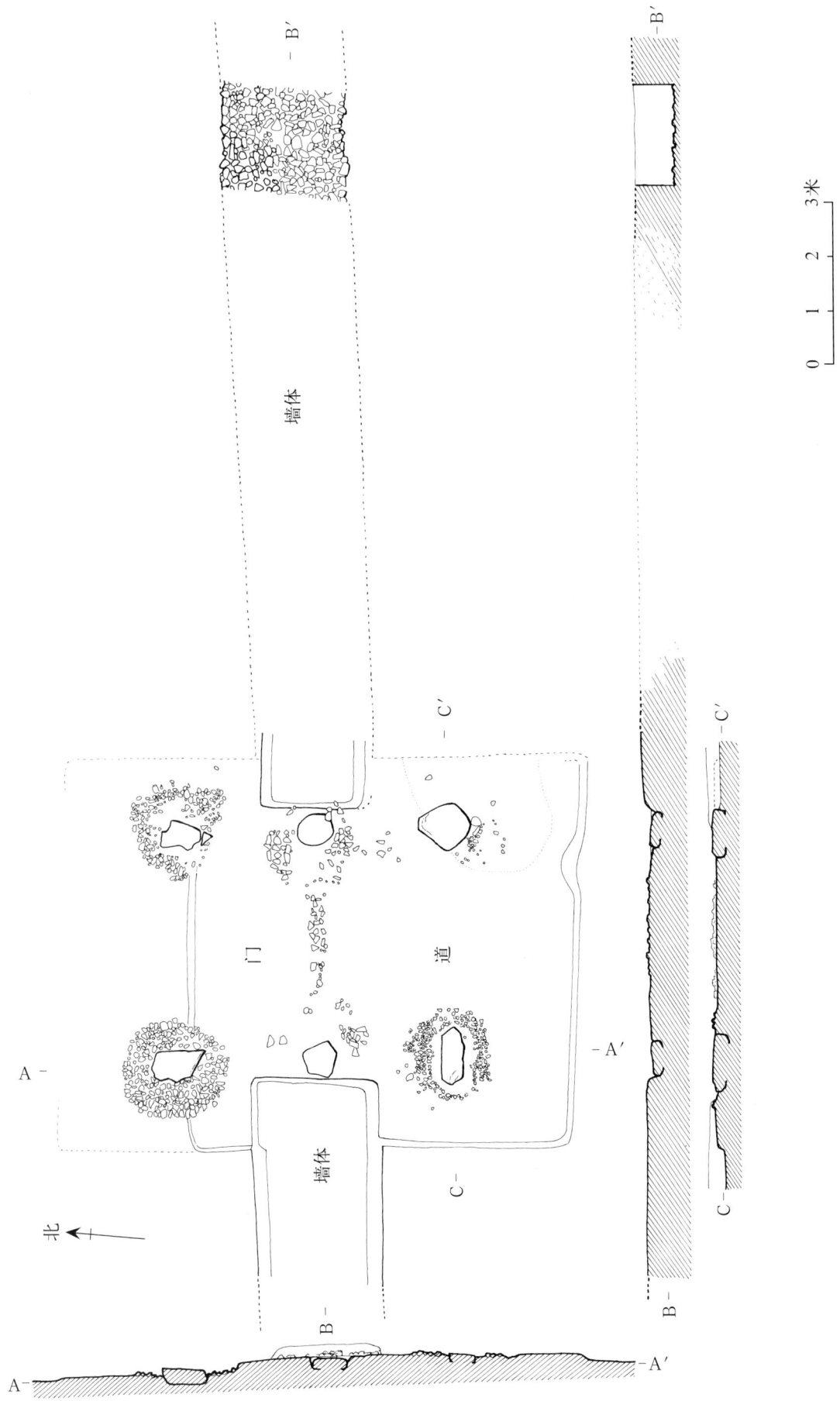

图二三 内城隔墙门址区域遗迹平、剖面图

分区域的探方平面以及探方的西壁剖面上，可以清楚地观察到，该层堆积土质坚硬、纯净且横向分层明显。种种迹象表明，该堆积应该是门址西侧墙体整体向南倒塌后形成的迹象。

3c层：灰褐土、瓦砾堆积层，分布于探方的南部，堆积中间厚、东西两侧低，厚约3~20厘米。瓦砾中可复原的瓦件较多，应是门址地上设施的倒塌堆积。

3d层：灰褐土，颗粒结构、土质坚硬，墙体塌落形成的堆积，里高外低呈漫坡状分布于门址西侧墙体的南北两侧。

第4层：渤海时期地面。

隔墙墙体坐落在渤海时期地面之上，其地下基槽则打破了渤海时期地面。

根据清理区域堆积的层位关系推断，隔墙门址及其东西两侧的墙体废弃后而形成的倒塌堆积主要是向南塌落。在隔墙的北侧，仅发现了少量的倒塌堆积迹象（图二三）。

二、门　址

（一）位置

门址位于内城隔墙的中部，其所处的位置恰好坐落在城址的南北向中轴线上，其南至二号宫殿址台基北缘的距离约为57.17米，其北至五号宫殿址台基南缘的距离约为42.77米[④]。

（二）门址结构

门址构筑在地面夯土台基之上，台基破损较重。残存迹象表明，台基呈纵向长方形轮廓。夯土台基的南部区域相对保存较好，尚可辨识其大致轮廓；其北部区域受损严重。台基迹象已难辨其形。

台基使用单层黄褐土夯筑而成，夯筑之前似曾在地面之上铺垫了一层黑褐土。现存台基东西宽约7.3米，南北残长约7.45米，推测南北长约9.8米。清理出来的台基迹象，其北部区域基本与当时地面同高，南部区域则高出当时的地面。台基的西南角区域相对保存略好，残高约0.12米。

在台基之上，清理出两排南北向纵向础石，每排3块，总计6块。两排础石之间，东西向位置对称。每排础石纵向间距约为2.5米，两排础石横向间距约为4.25米。础石均为未经修琢但顶面较平的不规则石块，其规格略有差异，长径介于0.6~1米之间，短径介于0.4~0.85米之间。础石周围铺垫了一圈河卵石，但有些础石外围的河卵石已经遗失。

柱础呈纵向两排排列的迹象特点表明，隔墙门址为单一门道结构。在台基南侧的门址倒塌堆积中，清理出一些瓦砾残片，表明隔墙中门存在瓦檐门楼建筑。

在两排纵向排列的门址础石中，其各自的居中础石，当为门柱础石，居于南北两侧的础石则为门址檐柱础石。在两块居中础石之间，存在一道类似地栿性质的东西向河卵石堆积。

台基高于当时的地面，表明该门址是步行通道。在埋藏高度上，纵向两排础石各自的北起第1块础石的台面较其南侧的另外2块础石的台面略低，高差约为0.1米。这种情况表明，门址台基可能存在台阶。在清理台基区域时，出土了1件移位的砖钉，说明门址台基层构建有散水设施[⑤]。

根据门址纵向两排础石的横向间距推断，门道的宽度约为4.25米。在台基的南北两侧，没有发现与门道相接的路土迹象。

三、隔墙墙体

在门址两侧的2005HXNT25发掘区域内，清理出隔墙墙体处于渤海时期地面以上的残存迹象。为了解墙体自身的结构与营建方式，在2005HXNT25东侧10米处，沿着隔墙的走向布4×2米探沟1条（编号为2005HXNT26），对隔墙墙体进行了解剖清理。

（一）营建方式

在发掘区域内，清理出隔墙墙体、门址台基及门址迹象，它们的层位关系是，隔墙墙体叠压门址台基。

2005HXNT25、2005HXNT26的清理结果表明，门址两侧的隔墙墙体叠压在门址夯土台基之上。门址、隔墙墙体的营建次序为，首先构筑门址的夯土台基，然后在夯土台基之上构建门址，最后在门址两侧修筑了具有墙体基槽的隔墙墙体⑥。

约有7.25米长的门址西侧墙体处于发掘区域之内，通过清理得以确认，该墙体东端约有1.2米长区段的墙体叠压在门址台基之上。残存墙体顶面宽约1.9米，基部宽约2.2米，残存高度约为0.25米。

门址东侧墙体的清理长度为1.3米，大体上，清理区段的墙体全部坐落在门址台基之上。残存墙体顶面宽约1.25米，基部宽约2米，残存高度约为0.2～0.25米。

门址东西两侧墙体的中线与门址中间2块础石略成一线。

（二）墙体结构

墙体结构分为地下基槽、地上墙体两部分。

地下基槽口大底小，斜直坑壁。其开口宽度约为6.5米，该宽度大于墙体基底宽度。清理时仅对地下基槽的表层夯土以及其下叠压的河卵石铺垫层进行了清理，基槽的具体深度及底部宽度不详。

基槽表层灰褐色夯土，厚约0～10厘米。其下为密实填充的河卵石层，河卵石规格相近，长径约为15厘米。

隔墙墙体夯土构筑，每层夯土一次性夯筑而成。在夯筑墙体前，在基槽之上铺垫了一层黑褐土。以2005HXNT26东壁剖面为例，隔墙墙体残高约0.3米，留存3层夯土层。

第1层：黄褐土，厚0～18厘米。

第2层：浅黄褐土，厚0～10厘米。

第3层：黄褐、灰褐混杂土，厚0～12厘米。

四、出土遗物

（一）文字瓦　10件标本。

1. 板瓦类标本

（1）模印文字

"左李"，阴刻阳文，字外有框，楷书。1件，标本2005HXNT25③：20（图二四，6）。

"保"，阴刻阳文，字外有框，楷书，字体呈魏碑风格。1件，标本2005HXNT25③：21（图二四，7）。

"计"，阴刻阳文，字外无框，楷书。1件，标本2005HXNT25③：22（图二四，1）。

符号"𝖀"，1件，标本2005HXNT25③：29（图二四，8）。

（2）刻划文字

"吉"，刻划文字。1件，标本2005HXNT25③：23（图二四，10）。

2．筒瓦类标本

（1）模印文字

"男"，阴刻阳文，字外有框，带有隶意的楷书。1件，标本2005HXNT25③：24（图二四，5）。

"须（?）"，阴刻阳文，字外无框，楷书。1件，标本2005HXNT25③：25（图二四，9）。

"一"，阴刻阳文，字外无框。3件，标本2005HXNT25③：26（图二四，2）、标本2005HXNT25③：27（图二四，3）、标本2005HXNT25③：28（图二四，4）。

（二）板瓦

1．单面指印纹板瓦

1件可复原标本。当板瓦处于瓦坯状态时，在板瓦宽边端面的边沿上（凸面一侧），施有指印纹，印纹凹槽里留存有较为清晰的指纹痕迹（下同）。

标本2005HXNT25③：36，瓦体窄边、宽边的左角均残断。瓦体纵向长41、窄边残宽17.2、宽边残宽21.4、施纹端面宽2.6厘米（图二五，9）。

2．檐头板瓦

1件可复原标本。当板瓦处于瓦坯状态时，在板瓦宽边端面上使用施纹工具施有复合纹饰的板瓦称之为檐头板瓦（下同）。

标本2005HXNT25③：35，瓦体近窄边处残断，檐面磨损严重，圆圈纹接近A型。瓦体宽边宽约

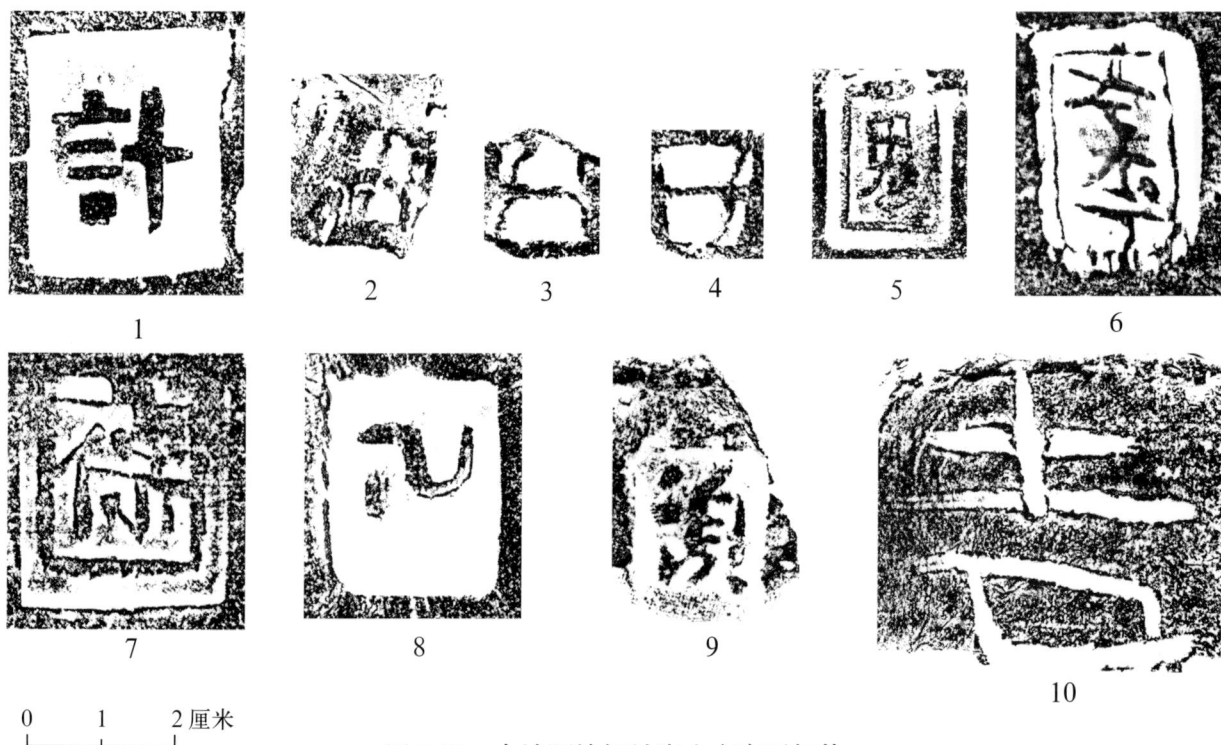

0   1   2厘米

图二四 内城隔墙门址出土文字瓦拓片

1.05T25③：22 2.05T25③：26 3.05T25③：27 4.05T25③：28 5.05T25③：24
6.05T25③：20 7.05T25③：21 8.05T25③：29 9.05T25③：25 10.05T25③：23

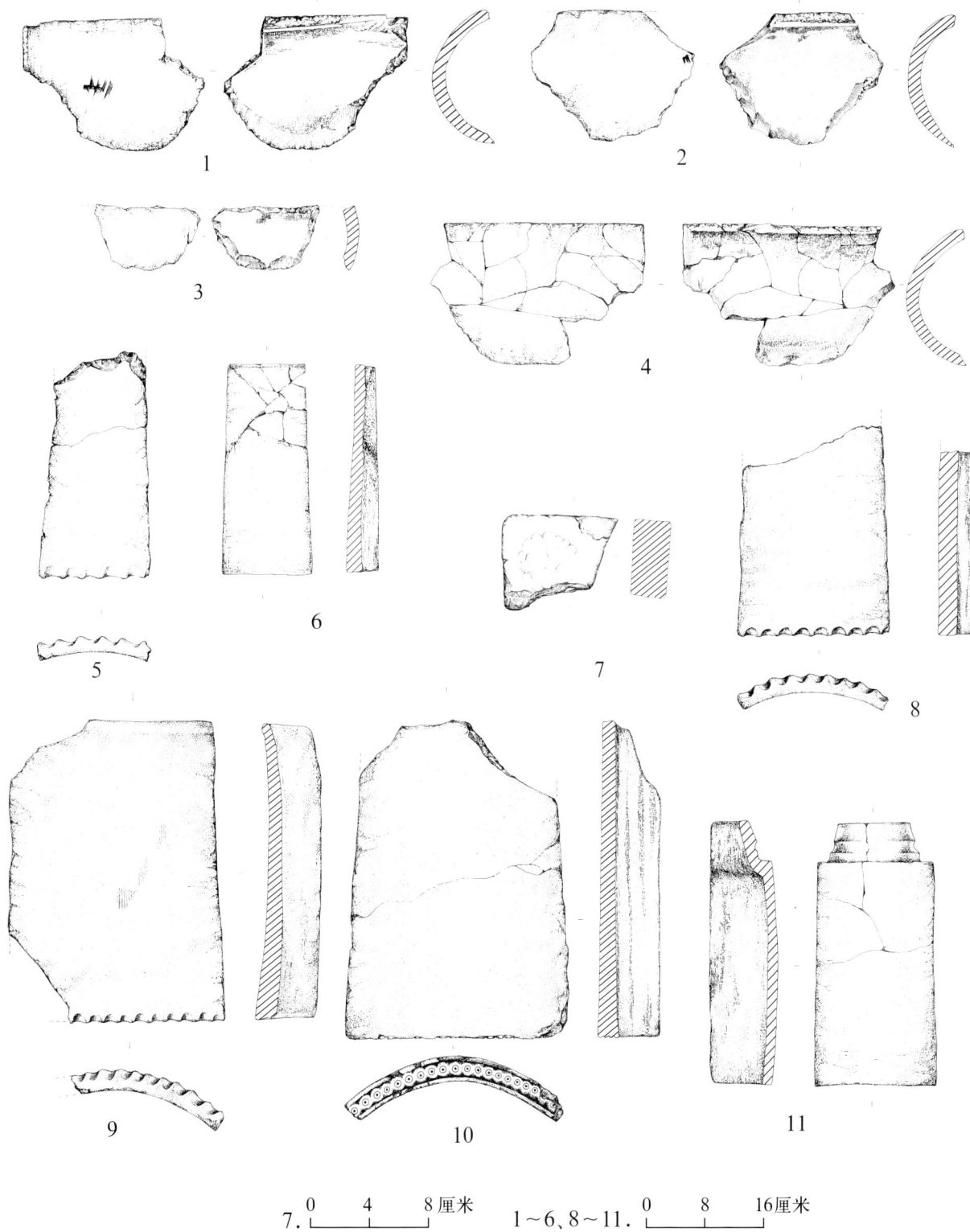

图二五 内城隔墙门址出土筒瓦、板瓦、当沟

1~4. 当沟 (05T25③:15、05T25③:14、05T25③:16、05T25③:32)　5、6、8. 压当条 (05T25③:19、05T25③:37、05T25③:18)
7. 花纹砖 (05T25②:1)　9. 单面指印纹板瓦 (05T25③:36)　10. 檐头板瓦 (05T25③:35)

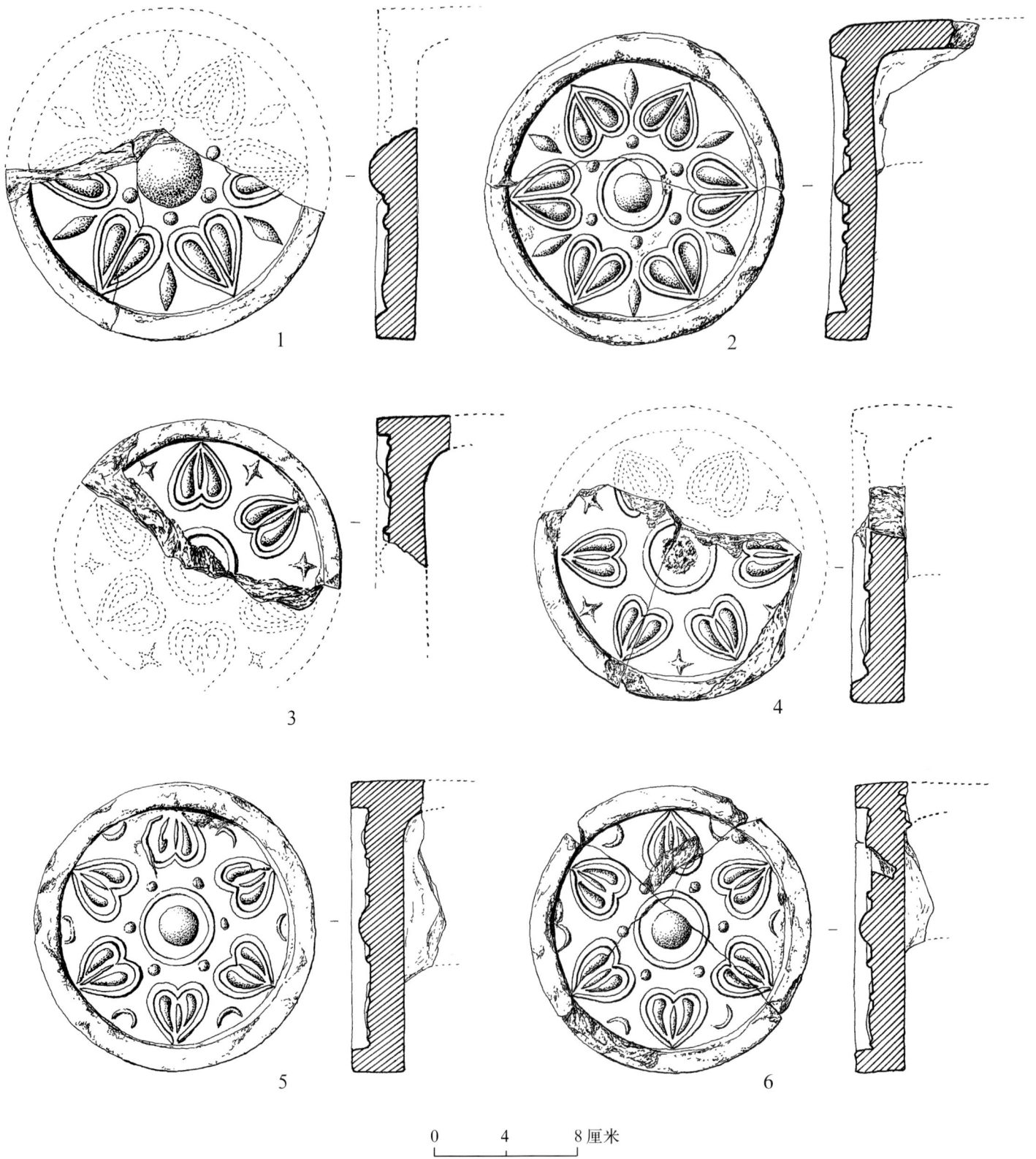

0　　　4　　　8厘米

图二六　内城隔墙门址出土瓦当

1. Ab型（05T25③：10）　2. Aa型（05T25③：7）　3、4. Ba型（05T25③：6、05T25③：5）
5、6. C型（05T25③：3、05T25③：33）

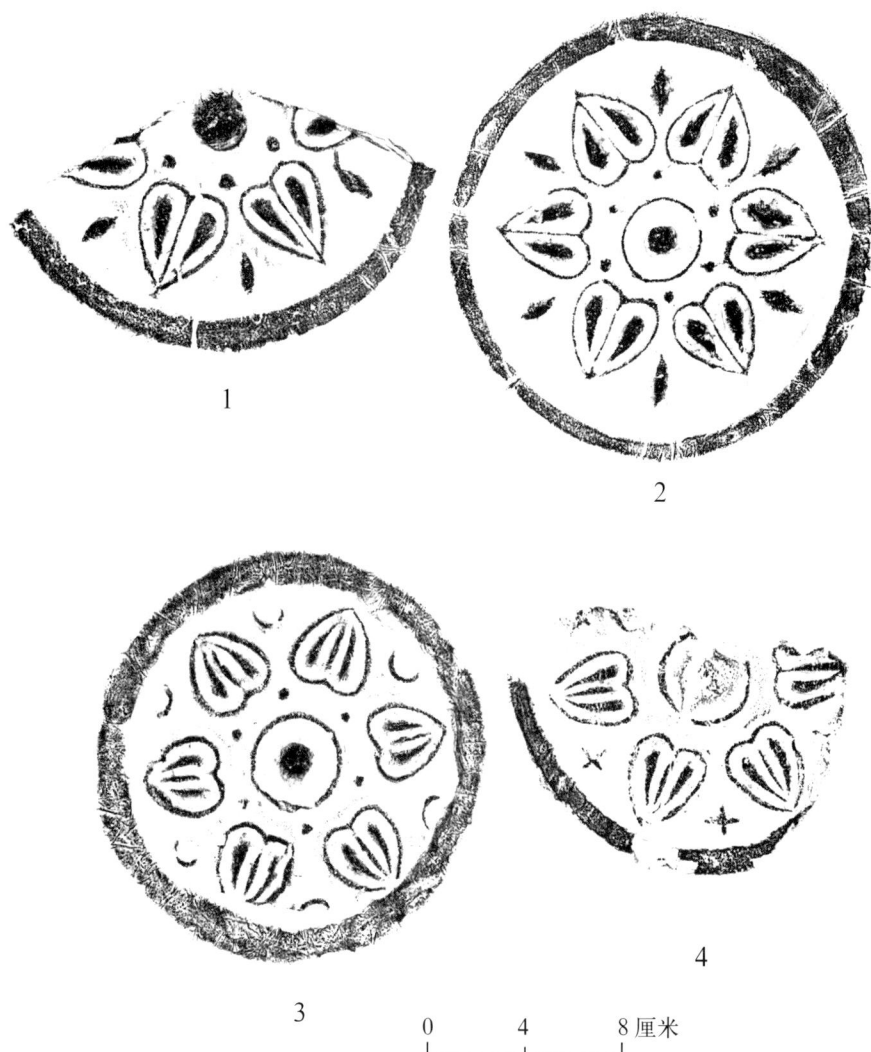

图二七　内城隔墙门址出土瓦当拓片

1. Ab 型（05T25 ③：10）　　2. Aa 型（05T25 ③：7）
3. C 型（05T25 ③：3）　　4. Ba 型（05T25 ③：5）

30、檐头端面宽 3.4 厘米（图二五，10）。

（三）筒瓦

曲节形瓦唇筒瓦，1 件完整个体。

当筒瓦处于瓦坯状态时，在筒瓦的瓦唇上压印有横向凹槽（下同）。

标本 2005HXNT25 ③：34，完整。瓦体通长 35、瓦唇长 5.2 厘米，瓦唇下瓦体窄边宽 16、宽边宽 16.8 厘米（图二五，11）。

（四）瓦当

1．A 型　萼形间饰六瓣莲纹瓦当

Aa 型　乳突外环绕同心圆凸棱线纹、联珠纹。

出土的 8 件标本中，有 2 件基本完整。

标本 2005HXNT25 ③：7，瓦当直径 16.2、乳突直径 2、乳突高 0.8、同心圆直径 4、边轮宽 1～1.2、边轮高 1 厘米（图二六，2；图二七，2；图版三四，5）。

Ab 型　乳突外环绕联珠纹

出土的标本中，可以确认 2 件个体。

标本 2005HXNT25 ③：10，器残，瓦当直径约 18、乳突直径 3.6、乳突高 1、边轮宽 1.2、边轮高 0.6 厘米（图二六，1；图二七，1）。

2．Ba 型　十字形间饰六瓣莲纹瓦当

出土的标本中，可以确认 5 件个体。

标本 2005HXNT25 ③：5，器残，瓦当直径约 16.2 厘米，乳突脱落，其直径约 2、同心圆直径 4、边轮宽 1、边轮高 1 厘米（图二六，4；　图二七，4）。

标本 2005HXNT25 ③：6，器残，当面残存两瓣莲纹、3 枚十字形间饰（图二六，3）。

3．C 型　弯月形间饰六瓣莲纹瓦当

出土的标本中，可以确认 13 件个体，其中 3 件基本完整。

标本 2005HXNT25 ③：3，瓦当直径 15.8、乳突直径 2、乳突高 0.6、同心圆直径 4、边轮宽 1.2～1.4、边轮高 0.8～1 厘米（图二六，5；　图二七，3；图版三七，6）。

标本 2005HXNT25 ③：33，瓦当直径 15.6、乳突直径 2、乳突高 0.8、同心圆直径 4、边轮宽 1.2、边轮高 0.8~1 厘米（图二六，6）。

（五）当沟

安放于正脊或垂脊之下，扶脊木的两旁、瓦陇之间的瓦件。其中，安放于正脊之下的瓦陇间瓦件，叫正当沟；安放于垂脊下瓦陇之间的瓦件，叫斜当沟⑦。西古城城址出土的当沟均为正当沟。

在内城隔墙门址区域，出土了 6 件个体。

标本 2005HXNT25 ③：15，器身上部右侧近端部残断。正面（凸面）素面，凹面布满布纹。舌形轮廓的底边基本完整，其边沿切割痕迹明显。器身顶部边沿残长 19.4、舌形底边长约 14.6、器身宽 17.8、弦高 8.2、器壁厚 1.5 厘米（图二五，1）。

标本 2005HXNT25 ③：14，器身顶边、底边均残。正面（凸面）素面，凹面布满布纹。舌形轮廓的底边边沿切割成尖沿。器身顶部边沿残长 10.4、舌形底边残长约 10、器身宽 17.6、弦高 6.4、器壁厚 1.4 厘米（图二五，2）。

标本 2005HXNT25 ③：32，器身顶边、底边均残。正面（凸面）素面，凹面布满布纹。舌形轮廓的底边边沿切割得比较光滑。器身顶部边沿残长 27.4、舌形底边残长约 12.4、器身宽 18.8、弦高 8、器壁厚 1.8 厘米（图二五，4）。

标本 2005HXNT25 ③：16，残存舌形轮廓器身。正面（凸面）素面，凹面布满布纹。舌形轮廓的底边破损严重。器身舌形底边长约 10、器壁厚 1.4 厘米（图二五，3）。

（六）压当条

又名压带条，安装在正脊、垂脊、戗脊、角脊等的正当沟或斜当沟之上，是增加各种脊条线的构件⑧。压当条是利用处于瓦坯状态的板瓦、筒瓦切割而成。

在内城隔墙门址区域出土的 39 件个体中，板瓦类压当条 27 件，筒瓦类压当条 12 件，多数标本残断。

标本 2005HXNT25 ③：37，板瓦类压当条，器身平面呈窄长条形，略残。器身长 28.2、宽 10.6~12.1 厘米（图二五，6）。

标本 2005HXNT25 ③：19，板瓦类压当条，器身平面呈窄长条形，残，一侧窄边边沿施有指印纹。器身长 28、施纹窄边边长 21 厘米（图二五，5）。

标本 2005HXNT25 ③：18，板瓦类压当条，器身平面呈窄长条形，残，一侧窄边边沿施有指印纹。器身残长 30.4、施纹窄边边长 15 厘米（图二五，8）。

（七）花纹砖

一件。标本 2005HXNT25 ②：1，夹砂灰陶，残存砖体一角，器表留存浅浮雕造型的模印莲纹，花纹受损严重。砖体残长 15.6、残宽 12.5、厚 4.9 厘米（图二五，7）。

（八）砖钉

1 件。标本 2005HXNT25 ③：38，夹砂灰陶，一侧器身施有绳纹。器体纵长约 21.2、底边宽约 8.4、厚约 2.6 厘米（图二八，3；图版三九，5）。

（九）铁钉

2 件。标本 2005HXNT25 ③：64，小型铁钉，锻制。圆形钉帽，直体使用，器身截面近方形。器体通长 4.1、器身截面边长 0.6 厘米（图二八，1）。

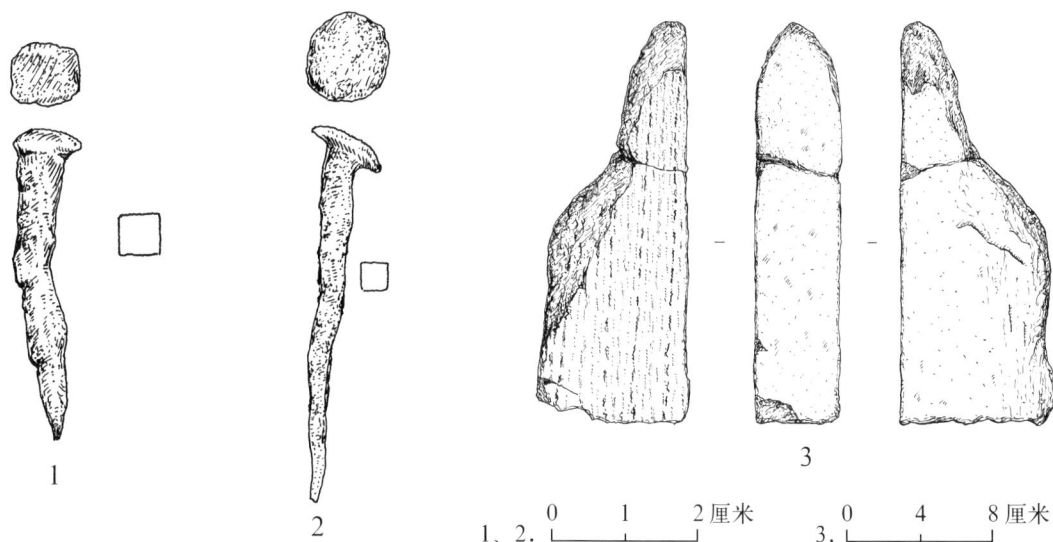

图二八　内城隔墙门址出土铁钉、砖钉

1、2. 铁钉（05T25③：64、05T25③：65）　　3. 砖钉（05T25③：38）

标本 2005HXNT25③：65，小型铁钉，锻制。平头钉帽，直体使用，器身截面近方形。器体通长5、器身截面边长 0.35 厘米（图二八，2）。

第三节　一号宫殿址及其东西廊庑

一号宫殿址区域是一种复合式建筑格局，整体布局包括一号宫殿主殿及其东西两侧对称分布的廊庑。

发掘前，一号宫殿址主殿所处的位置是内城地势最高的区域，同时也是内城留存的唯一一块旱田区域。

1937 年鸟山喜一等人着手盗掘西古城时，一号宫殿址区域已经堆满了修建小学校舍的建筑材料，为此鸟山喜一放弃了发掘一号宫殿址的念头⑨。该校舍建成后一直沿用到 1972 年，停止使用后校舍废弃荒芜（图片一）。

图片一　20 世纪 30 年代修建的小学校舍的资料照片

1975 年，当时的所在地生产队为了增加收入，决定利用废置荒芜的校址区域修建队办养猪场，为此动用推土机平整了土地。修建养猪场的想法最终未能实现，平整后的土地因其地势相对较高而被辟为菜地（图片二）。

图片二　发掘前由南向北拍摄的一号宫殿址区域的地貌状况

　　2001 年发掘了一号宫殿主殿、西侧廊庑。针对发掘区域的实际情况，首先由东向西布 10×10 米探方 27 个，依次编号为 2001HXNT1～T27。在清理过程中，根据遗迹的走向，在 2001HXNT27 的西北部错位布 10×10 米探方 3 个，依次编号为 2001HXNT28～T30。此外，为了完整揭露遗迹现象而进行的扩方，均按其相邻探方的扩方加以编号，2001 年总计发掘面积 3600 平方米（图二九）。

一、主　殿

（一）位置

　　一号宫殿主殿位于内城南部，其位置正好处于由外城南北城门构成的西古城南北向中轴线上，清理出来的一号宫殿台基南缘至内城南墙的距离约为 82.13 米（图版八，1）。

（二）层位关系

　　2001 年度的发掘，绝大部分区域内第 1、2 层堆积下直接叠压着建筑遗迹或渤海时期的地面层，在一些区域清理出一号宫殿的部分倒塌堆积。倒塌堆积主要分布于一号宫殿台基的北部以及东南角区域，即 2001HXNNT3、T7～8、T11～12、T15～16、T19～20 探方内。

（三）台基的形状与结构

　　一号宫殿修建在地面台基之上，台基主体呈横向长方形轮廓，在台基的南、北两侧存在外延的门道（图三〇，图版八，2）。由于未对台基进行解剖，故而无法辨明其地表以下是否存在基槽。该台基所在区域的地势北高南低，施工时虽然没有平整土地，但注意到了这种情况，修建的台基南高北低，以确保主体建筑的平稳。

　　清理出来的台基，东西向长约 41 米，南北向宽约 22.5～25.5 米，其南部最高处残高约 0.95～1.05 米，其北部最高处残高约 0.7 米。台基的南缘破损较重，在破损处可以观察到台基的营建方式。台基由夯土层、河卵石层交替构筑而成，台基的大部分区域现残存 6 层夯土层、5 层河卵石层（图版九，1）。

　　各层夯土使用了红褐土、黑褐土、黄褐土。其中，红褐土为外运山体风化土，黑褐土、黄褐土为本地土源。夯土层与河卵石层的厚度相近，均 10 厘米左右，夯土层厚的地方可达 18 厘米。

　　台基的南北两侧存在用单一夯土构筑的门址。其中，北侧一门，位于台基北缘的中央；南侧二门，位于台基南缘的东西两侧，两者距台基东南端角、西南端角的距离均约为 3.5 米，两者之间的距离约为 27.2 米。

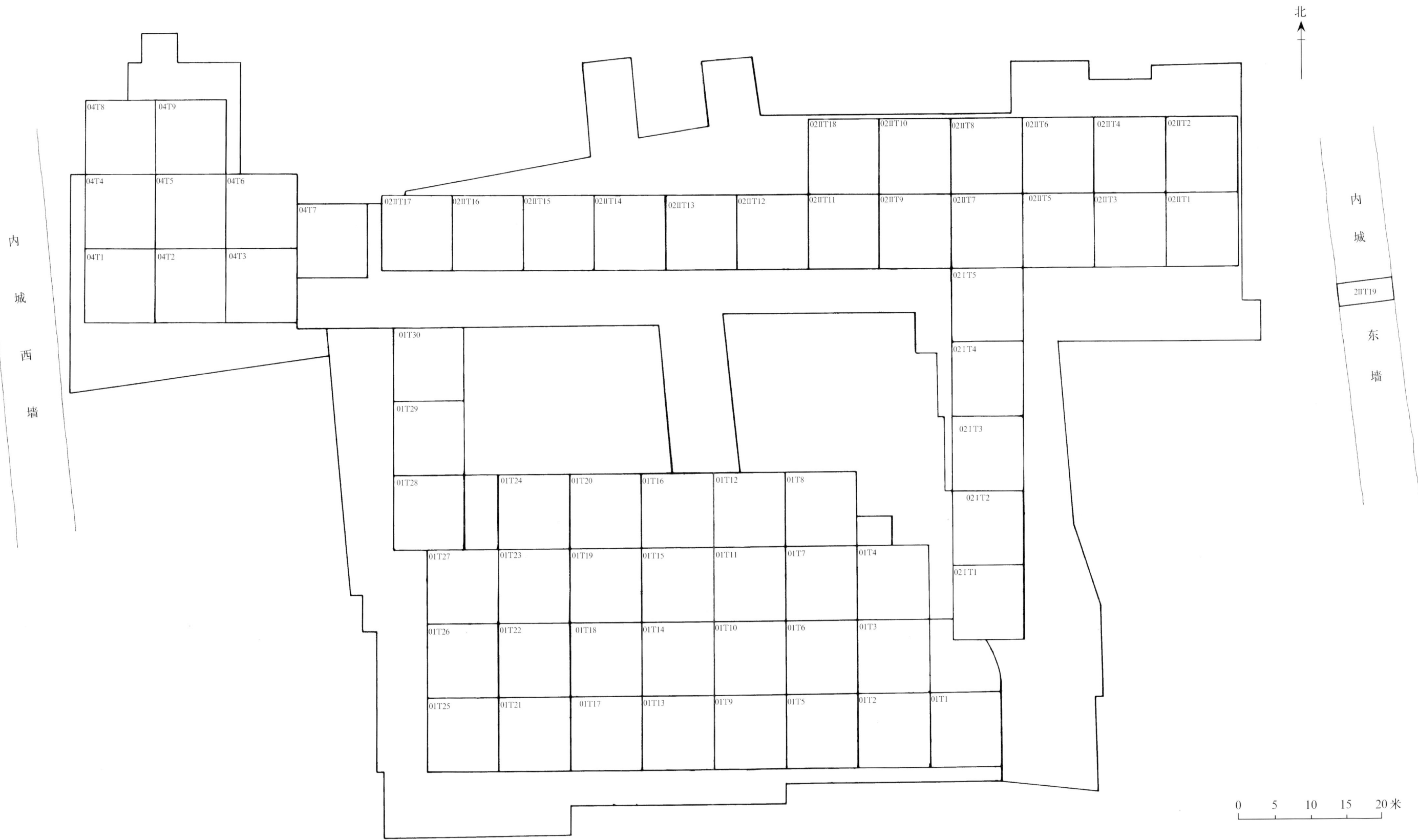

图二九　2001～2004 年度西古城城址内城发掘区域探方平面图

北

台基的四周曾构筑有"土衬石"、地面散水等设施,但留存下来的迹象较少。在台基的西缘外侧,清理出1块扰动移位的 "土衬石",该石是一块经过人工修整的长方形条石,其规格为长0.55、宽0.45、厚0.1米。在台基的东缘外侧,原位保存下1块用于固定散水的石钉。石钉与台基之间存在1米宽的空隙,这一宽度应是当时铺设"土衬石"、散水设施的实际宽度。

在北门东西两侧的一号宫殿台基北缘区域,清理出一些散乱的条石、残砖,它们可能是"土衬石"、散水设施的残存迹象。由于现代扰沟的破坏,依据清理结果难以辨明"土衬石"及散水设施的原始铺设状况。

（四）主体建筑的格局

1. 柱网

在一号宫殿台基外缘的西北部,清理出部分原位埋藏的一号宫殿建筑的倒塌堆积,但台基上部的表层夯土以及体现主体建筑格局的柱网础石已经荡然无存。揭露的种种迹象表明,1975年平整土地时,破坏了一号宫殿台基上部曾经留存的设施,其中包括大部分的表层夯土以及由础石构成的柱网。在台基外侧东北部发现的一些较大石块,应是被推土机推掉的础石。在一号宫殿台基东北角处清理出来的表层夯土层上部,存在一个由小河卵石构成的石头圈,可能是一号宫殿主体建筑位于台基东北角处的柱础位置。除此之外,柱网的格局已经无迹可寻。

2. 门址

北门基址的保存状况相对略好,其夯台残存高度与主体建筑台基的残存高度持平,该门基址宽约7.2、长约2.9米。在门址夯土基址的上部,存在一处直径约为1.3米的河卵石圈残迹,根据其所处的位置判断,可能是门址西侧的立柱所在。

一号宫殿北门基址的北侧与一、二号宫殿之间的廊道相接,根据遗迹本身的形制特点以及北门基址东北角外侧留存的石钉迹象,确定了一号宫殿北门基址与其北廊道的界限,与门址相比,廊道台基变窄,其宽度约为6.2米（图三一）。

一号宫殿南侧二门台基的规格、形制相同,但破损较重。两处门址台基的上部均已残缺,基址宽度约为3.1~3.2米,残存高度0.25~0.28米,南缘西门基址清理长度3米,东门基址清理长度2.5米。

在一号宫殿北门基址东北角外侧留存的排列整齐的石钉迹象表明,北门基址的外缘地表层存在散水设施（图版九,2）。

（五）一号宫殿与其东西两侧廊庑之间的廊道

在一号宫殿台基的东西两缘,距台基东南角、西南角各约1米处,分别清理出一道向东、向西横向延伸的宽约8.8米的廊道。经过考古清理确认,通过该廊道,一号宫殿与其东西两侧的廊庑相接。

清理出来的两条廊道台基的长度略有差异,东廊台基长14、西廊台基长15米。虽然廊道台基的表层均已遭到破坏,但根据一号宫殿东西两侧廊庑台基明显低于一号宫殿台基的情况判断,一号宫殿与东西廊庑之间的廊道具有一定的坡度。由于破坏严重,未能确认是单纯的斜坡式廊道还是渐次变低的阶梯式廊道。廊道基址与一号宫殿基址一样,也是夯土层、河卵石层交替构筑而成。

清理出来的迹象表明,东、西廊道与一号宫殿是同期一体建筑。

1. 东侧廊道　东侧廊道基址保存状况相对略好,台基的大部分区域留存有表层夯土堆积,仅在临近台基南缘区段裸露出下层河卵石层,台基呈西高东低走势,西部的残存高度与一号宫殿台基基本持平。廊道上留存下3块原位埋藏的础石,三者的位置关系似乎有规律可循。按其所处的位置推算,东

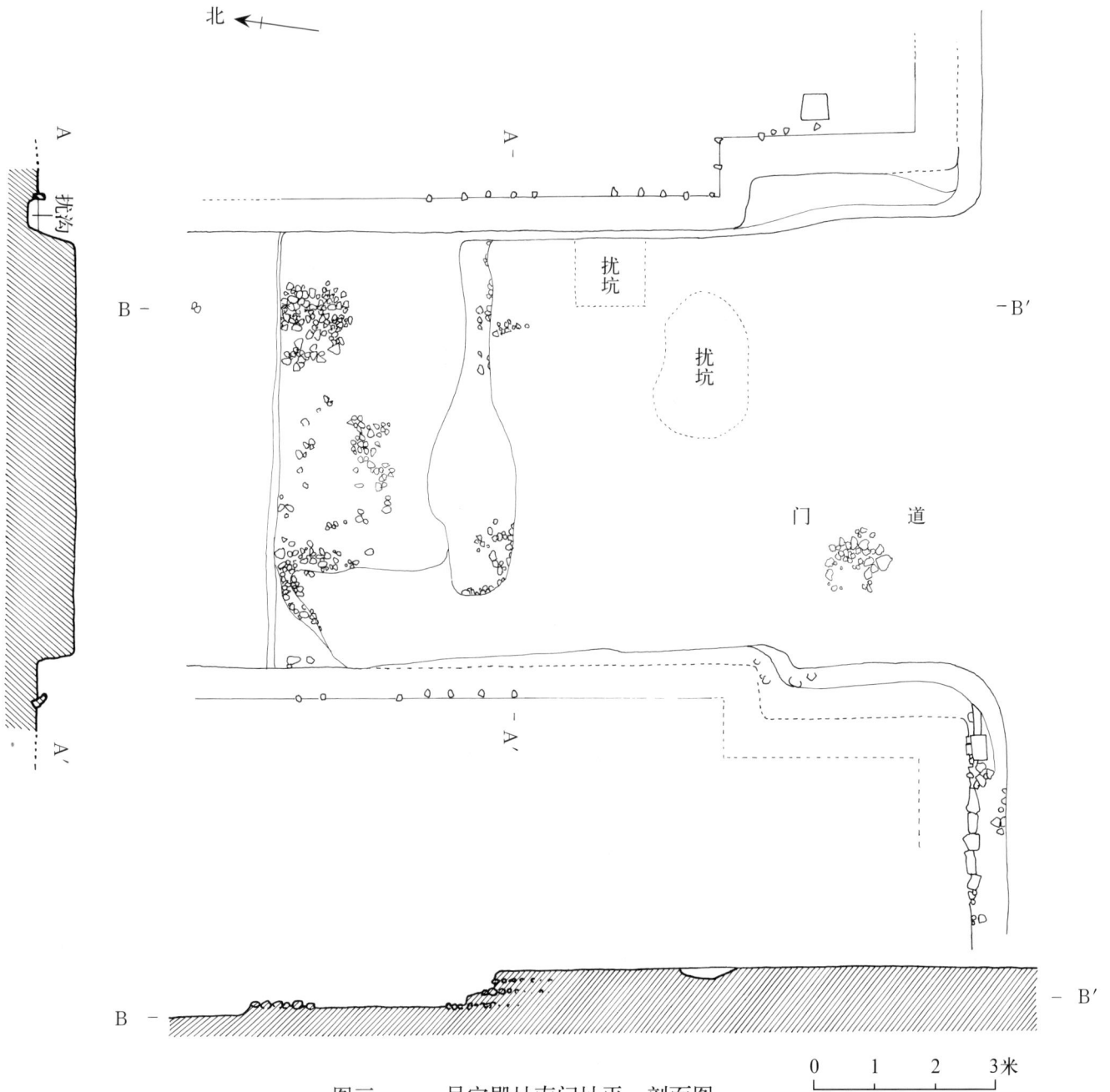

图三一　一号宫殿址南门址平、剖面图

　　侧廊道曾经存在南、北两排础石，每排4块础石。留存下的3块础石，南排残存2块础石，沿东西向一线排列，居东础石的位置临近廊道的东端，该础石与其西侧础石的间距约为4米；北排残存1块础石，如果该础石东侧4米处存在1块与其东西向一线排列的础石，则该础石恰好与廊道南侧居西位置的础石南北相对。北排础石至廊道西端的距离约为5米，其间存在安置1块间距4米础石的空间；北排础石至廊道东端的距离约为10米，其间存在安置两块间距4米础石的空间。南排居西位置的础石至廊道西端的距离约为9米，其间存在安置两块础石的空间。据此推断，东侧廊道上可能曾分布有南北两排东西向位置对应分布的础石，其中每排4块础石，础石的间距为4米，两排础石南北向间距约为5米。

　　2．西侧廊道　西侧廊道基址保存情况相对较差，其所留存下的上层堆积为河卵石层，台基呈东高西低走势。由于破损较重，在其层面上未能辨别出础石痕迹。

二、一号宫殿址出土遗物

一号宫殿址出土的遗物以建筑材料为主，其中绝大部分是瓦类遗物。根据质地的不同，出土的建筑构件可以分为釉陶器、陶器、铁器三大类别。

釉陶质建筑构件包括筒瓦、鸱尾、兽头、套兽、柱围；陶质建筑构件包括板瓦、筒瓦、当沟、压当条；铁器主要是铁钉。

釉陶质的建筑构件，其器表施墨绿釉、淡绿釉，胎体呈红褐色。

陶质的板瓦、筒瓦均为模制，采用内切的方式定型。当沟是利用筒瓦的坯体加工而成，压当条则利用了板瓦或筒瓦的坯体加工而成。板瓦、筒瓦瓦体上留存的切割痕迹表明，出模时半切半掰。在瓦体的纵向侧边端面上可以观察到，在瓦体侧边靠近其凹面边沿处留存下整齐光滑的切割痕迹，靠近瓦体凸面的侧面边沿则表现为不规则的掰痕毛边。掰痕应该是在瓦坯快要干透的情况下实施的，在板瓦凹面的两侧边端一般见有两个或四个两两对称的指纹，它们应该是制瓦工匠从模具中提取瓦坯时所留下的痕迹。多数情况下，瓦坯是由两名工匠从坯模中取出的。

板瓦、筒瓦的凸面经抹光处理，其凹面则留存下瓦衬的布纹痕迹。板瓦的凹面多经拍打处理，部分布纹得以保留。

板瓦、筒瓦均为夹砂陶质，烧制火候较高，陶质坚硬。陶色多为灰色或青灰色，有的呈黄褐、灰褐色。

很多板瓦、筒瓦的凸面上施有文字或符号，发掘时对所有文字瓦标本进行了收集。在以往的学术研究中，学术界习惯于将渤海遗存中出土的施有文字或符号的板瓦、筒瓦统称为文字瓦。

板瓦、筒瓦上的文字或符号分为模印文字、刻划文字（或符号）两种。文字或符号是在瓦件处于泥坯状态时施纹的，主要施于板瓦的窄边近端处或筒瓦的瓦唇部位，少数筒瓦类文字瓦的文字施于瓦唇后部的瓦身上，同时也存在个别将文字施于板瓦宽边近端处的标本。

在介绍文字瓦标本时，除注明瓦的类别外（板瓦或筒瓦），重点强调文字或符号的类别，瓦体的形制、尺寸则忽略不计。

在以后各章节有关文字瓦遗物的描述中，将不再重复上述概述性文字。

为了行文和读者使用的方便，在介绍各个地点出土的板瓦、筒瓦、瓦当等遗物时按照全文统一的类型划分加以定性。至于这些遗物的类型学划分标准，在第四章《西古城城址出土建筑材料的类型学考察》中作了具体描述。

（一）陶质建筑构件

1. 文字瓦

在一号宫殿址发掘区域，采集文字瓦标本1229件。其中，依据施纹瓦体统计，板瓦标本794件、筒瓦标本435件；依据施纹方式统计，模压文字（或符号）标本1168件，刻划文字（或符号）标本60件。在模压文字瓦标本中，板瓦标本738件，筒瓦标本430件。在刻划文字瓦标本中，板瓦类刻划文字（或符号）标本55件，筒瓦类刻划文字标本5件。就文字或符号而言，1228件标本包含76个文字、26个不识字或符号。其中，板瓦、筒瓦共同使用的模印文字包括：德、仁、成、土、艮、赤、盖、汤、手、素、市、多、十二、十三六、十三七、十三八；板瓦、筒瓦共同使用的刻划文字包括：本、吉；板瓦单独使用的模印文字包括：切、石、信、俳、保、可、二、顺、尖、则、羌（?）、李文、左李、文、昌、乌（?）、诺、音、计、典、述、捒、隆、珍、河、光、屈、十三五；筒瓦单独使用的模印文字包括：自、夫、大、男、明、仇、寸、安、钵、优、主、须（?）、开（?）、贞、古、英、今、泰；板瓦单独使用的刻划文字包括：川、大、韦、十、述。板瓦单独使用的无法释读的模压字体包括："⿻"、"⿻"、"⿱"、"⿰"、"⿰"、"⿳"、"⿰"、"⿰"、"⿰"；板瓦单独使用的无法释读的刻划字体包括："⿰"；筒瓦单独使用的无法释读的模压字体包括："⿰"、"⿰"、"⿰"、"⿰"、"⿰"、"⿰"、"⿰"、"⿰"、"⿰"、"⿰"；板瓦、筒瓦共同使用的无法释读的模压字体："⿰"。

（1）板瓦类文字瓦

A．模压文字标本

"切"，阴刻阳文，楷书，字外有框。两种字体：

a．字体较粗，18件同印个体，标本2001HXNT3扩③：17（图三二，1）。

b．字体较细，2件同印个体，标本2001HXNT9②：1（图三二，5）。

"石"，阴刻阳文，楷书，四种字体：

a．字外有框，13件同印个体，标本2001HXNT3③：83（图三二，9；图版四〇，1）。

b．字外有框，1件，标本2001HXNT12③：1（图三二，6）。

c．字外有框，正刻反印，1件，标本2001HXNT3扩③：23（图三二，2）。

d．字外无框，1件，标本2001HXNT3扩③：26（图三二，3）。

"信"，阴刻阳文，楷书，字外有框，4件同印个体，标本2001HXNT8③：18（图三二，4）。

"俳"，阴刻阳文，楷书，字外有框。两种字体：

a．笔画清晰，27件同印个体，标本2001HXNT11③：10（图三二，11）。

b．笔画连笔，19件同印个体，标本2001HXNT11③：12（图三二，7）。

"保"，阴刻阳文，楷书，字外有框。两种字体：

a．字体呈魏碑风格，2件同印个体，标本2001HXNT3③：76（图三二，10；图版四一，5）。

b．2件同印标本，标本2001HXNT1②：19（图三二，13）。

"可"，阴刻阳文，楷书，字外有框，26件同印个体，标本2001HXNT4③：9（图三二，12）。

"成"，阴刻阳文，楷书，字外有框。两种字体：

a．22件同印个体，标本2001HXNT8③：43（图三二，19；图版四一，2）。

b．3件同印个体，标本2001HXNT8③：44（图三二，17）。

"盖"，阴刻阳文，楷书，字外有框，4件同印个体，标本2001HXNT12③：7（图三二，16）。

"二"，阴刻阳文，楷书，字外双框，2件同印个体，标本2001HXNT3扩③：22（图三二，15）。

"顺"，阴刻阳文，楷书，字外有框，4件同印个体，标本2001HXNT16③：1（图三二，8）。

"⿰"，不识，阴刻阳文，楷书，字外有框，6件同印个体，标本2001HXNT1②：7（图三二，14）。

"⿰"，不识，阴刻阳文，楷书，字外有框，6件同印个体，标本2001HXNT15③：45（图三二，18）。

"尖"，阴刻阳文，楷书。三种字体：

a．字外有框，字体较大，2件同印个体，标本2001HXNT15③：20（图三三，1）。

b．字外有框，字体较小，1件，标本2001HXNT3③：1（图三三，15）。

图三二　一号宫殿址出土文字瓦拓片（一）

1. 01T3扩③：17　2. 01T3扩③：23　3. 01T3扩③：26　4. 01T8③：18　5. 01T9扩②：1　6. 01T12③：1　7. 01T11③：12
8. 01T16③：1　9. 01T3③：83　10. 01T3③：76　11. 01T11③：10　12. 01T4③：9　13. 01T1②：19　14. 01T1②：7　15. 01T
扩③：22　16. 01T12③：7　17. 01T8③：44　18. 01T15③：45　19. 01T8③：43

　　c. 字外无框，4件同印个体，标本2001HXNT3③：63（图三三，10）、标本2001HXNT3③：6
（图三三，8）。

　　"多"，阴刻阳文，楷书。三种字体：

a．字外无框，字体较粗，2件同印个体，标本2001HXNT9③：12（图三三，14）。

b．字外无框，1件，标本2001HXNT15③：34（图三三，11）。

c．字外无框，1件，标本2001HXNT16③：62（图三三，3）。

"手"，阴刻阳文，楷书。两种字体：

a．字外有框，1件，标本2001HXNT8③：30（图三三，5）。

b．字外无框，正刻反印，3件同印个体，标本2001HXNT13扩③：10（图三三，4）。

"则"，阴刻阳文。三种字体：

a．字外有框，字体较小，楷书，4件同印个体，标本2001HXNT8③：46（图三三，16）。

b．字外有框，字体较大，楷书，4件同印个体，标本2001HXNT11③：38（图三三，19）。

c．字外无框，4件同印个体，标本2001HXNT4③：8（图三三，6；图版四一，6）。

""，不识，阴刻阳文，字外有框，楷书，1件，标本2001HXNT3扩③：31（图三三，7）。

"羌（?）"，阴刻阳文，楷书。三种字体：

a．字外有框，字体较大，3件同印个体，标本2001HXNT3③：38（图三三，18）。

b．字外有框，字体较小，9件同印个体，标本2001HXNT16③：9（图三三，13）。

c．字外无框，3件同印个体，标本2001HXNT3③：87（图三三，21）。

"李文"，纵书，阴刻阳文，正刻反印，楷书，9件同印个体，标本2001HXNT12③：36（图三三，9）。

"左李"，纵书，阴刻阳文，楷书，18件同印个体，标本2001HXNT12③：32（图三三。12）。

""，不识，阴刻阳文，楷书，两种字体：

a．字外有框，4件同印个体，标本2001HXNT3③：70（图三三，20）。

b．字外无框，1件，标本2001HXNT19③：1（图三三，17）。

"文"，阴刻阳文，楷书。多种字体：

a．字外有框，12件同印个体，标本2001HXNT8③：38（图三四，3）。

b．字外无框，1件，标本2001HXNT8③：42（图三四，11）。

c．字外无框，32件同印个体，字体均略显差异，标本2001HXNT4③：11（图三四，7）、标本2001HXNT12③：5（图三四，8）、标本2001HXNT19③：12（图三四，1）、标本2001HXNT15③：24（图三四，13）。

"昌"，阴刻阳文，楷书。四种字体：

a．字外有框，楷书，1件，标本2001HXNT12③：39（图三四，12；图版四一，3）。

b．字外有框，字体有隶风，30件同印个体，标本2001HXNT3③：3（图三四，18）。

c．字外有框，30件同印个体，标本2001HXNT3③：4（图三四，21）。

d．字外无框，2件同印个体，标本2001HXNT12③：2（图三四，16）。

"鸟（?）"，阴刻阳文，楷书。四种字体：

a．字外有框，3件同印个体，标本2001HXNT12③：38（图三四，6）。

b．字外无框，字体粗大，1件，标本2001HXNT18①：1（图三四，22）。

c．字外无框，字体居中，3件同印个体，标本2001HXNT3扩③：21（图三四，2）。

d．字外无框，字体较小，3件同印个体，标本2001HXNT12③：41（图三四，5）。

图三三　一号宫殿址出土文字瓦拓片（二）

1. 01T15③：20　2. 01T16③：61　3. 01T16③：62　4. 01T13扩③：10　5. 01T8③：30　6. 01T4③：8　7. 01T3扩③：31　8. 01T3③：6　9. 01T12③：36　10. 01T3③：63　11. 01T15③：34　12. 01T12③：32　13. 01T16③：9　14. 01T9③：12　15. 01T3③：1　16. 01T8③：46　17. 01T19③：1　18. 01T3③：38　19. 01T11③：38　20. 01T3③：70　21. 01T3③：87

"诺"，阴刻阳文，楷书。三种字体：

a．字外有框，2件同印个体，标本2001HXNT8③：7（图三四，19）。

b．字外无框，字体较粗，2件同印个体，标本2001HXNT8③：92（图三四，14）。

c．字外无框，字体较细，4件同印个体，标本2001HXNT11③：13（图三四，15）。

"土"，阴刻阳文，字外无框，楷书，两种字体：

a．字体较大，6件同印个体，标本2001HXNT9③：13（图三四，17）。

b．字体较小，5件同印个体，标本2001HXNT16③：63（图三四，20）。

"𩰚"，不识，阴刻阳文，字外无框，楷书，3件，标本2001HXNT8③：57（图三四，4）、标本2001HXNT3③：49（图三四，9）、标本2001HXNT3③：50（图三四，10）。

"音"，阴刻阳文，楷书，字外有框，4件同印个体，标本2001HXNT6②：10（图三五，13）。

"计"，阴刻阳文，楷书，字外无框，两种字体：

a．字体较粗，1件，标本2001HXNT16③：13（图三五，2）。

b．字体较细，9件同印个体，标本2001HXNT12③：48（图三五，4）。

"汤"，阴刻阳文，楷书，字外无框，五种字体：

a．不规则形印，7件同印个体，标本2001HXNT3扩③：1（图三五，1）。

b．字体瘦长，2件同印个体，标本2001HXNT3③：45（图三五，15）。

c．字体较宽，5件同印个体，标本2001HXNT12③：8（图三五，6；图版四一，9）。

d．字体居中，6件同印个体，标本2001HXNT12③：50（图三五，7）。

e．字体较小，7件同印个体，标本2001HXNT11③：34（图三五，3）。

"典"，阴刻阳文，楷书，字外无框。三种字体：

a．7件同印个体，标本2001HXNT15③：32（图三五，5）。

b．8件同印个体，标本2001HXNT8③：58（图三五，8）。

c．1件，标本2001HXNT15③：45（图三五，9）。

"赤"，阴刻阳文，楷书，字外无框。六种字体：

a．1件，标本2001HXNT15③：50（图三五，12）。

b．9件同印个体，标本2001HXNT19③：11（图三五，10）。

c．1件，标本2001HXNT7③：6（图三五，14）。

d．1件，标本2001HXNT1②：6（图三五，17）。

e．7件同印个体，标本2001HXNT3扩③：20（图三五，11）。

f．1件，标本2001HXNT2②：11（图三五，16）。

"述"，阴刻阳文，楷书，字外无框。四种字体：

a．1件，标本2001HXNT8③：51（图三六，16）。

b．2件同印个体，标本2001HXNT16③：6（图三六，11）。

c．2件同印个体，标本2001HXNT11③：39（图三六，1；图版四一，8）。

d．3件同印个体，标本2001HXNT12③：46（图三六，2）。

"捺"，阴刻阳文，楷书。三种字体：

图三四 一号宫殿址出土文字瓦拓片（三）

1. 01T19③：12 2. 01T3扩③：21 3. 01T8③：38 4. 01T8③：57 5. 01T12③：41 6. 01T12
③：38 7. 01T4③：11 8. 01T12③：5 9. 01T3③：49 10. 01T3③：50 11. 01T8③：42
12. 01T12③：39 13. 01T15③：24 14. 01T8③：92 15. 01T11③：13 16. 01T12③：2 17. 01T9
③：13 18. 01T3③：3 19. 01T8③：7 20. 01T16③：63 21. 01T3③：4 22. 01T18①：1

a. 字外有框，4件同印个体，标本2001HXNT8③：13（图三六，14）。

b. 字外无框，字体较细，6件同印个体，标本2001HXNT8③：32（图三六，15）。

c. 字外无框，字体较粗，2件同印个体，标本2001HXNT8③：52（图三六，12）。

图三五　一号宫殿址出土文字瓦拓片（四）

1. 01T3扩③:1　2. 01T16③:13　3. 01T11③:34　4. 01T12③:48　5. 01T15③:32　6. 01T12③:8
7. 01T12③:50　8. 01T8③:58　9. 01T15③:45　10. 01T19③:11　11. 01T3扩③:20　12. 01T15③:50
13. 01T6②:10　14. 01T7③:6　15. 01T3③:45　16. 01T2②:11　17. 01T1②:6

图三六　一号宫殿址出土文字瓦拓片（五）

1. 01T11③：39　2. 01T12③：46　3. 01T8③：2　4. 01T19③：9　5. 01T15③：39　6. 01T3③：93　7. 01T3③：39　8. 01T12③：26　9. 01T12③：3　10. 01T15③：21　11. 01T16③：6　12. 01T8③：52　13. 01T15③：38　14. 01T8③：13　15. 01T8③：32　16. 01T8③：51　17. 01T8③：37　18. 01T2①：3　19. 01T15③：44

"隆"，阴刻阳文，字外无框。三种字体：

a．楷书，5 件同印个体，标本 2001HXNT15 ③：44（图三六，19）。

b．椭圆形印，带有隶意的楷书，7 件同印个体，标本 2001HXNT8 ③：37（图三六，17）。

c．椭圆形印，带有隶意的楷书，1 件，标本 2001HXNT2 ①：3（图三六，18；图版四一，1）。

"德"，阴刻阳文，楷书，字外无框，4 件同印个体，标本 2001HXNT19 ③：9（图三六，4）。

"利"，不识，阴刻阳文，楷书，字外无框。两种字体：

a．字体较大，1 件，标本 2001HXNT3 ③：93（图三六，6）。

b．字体较小，1 件，标本 2001HXNT15 ③：39（图三六，5）。

"雩"，不识，字外无框，1 件，标本 2001HXNT8 ③：2（图三六，3）。

符号"\"，字外无框。三种字体：

a．10 件同印个体，标本 2001HXNT3 ③：39（图三六，7）。

b．5 件同印个体，标本 2001HXNT12 ③：26（图三六，8）。

c．6 件同印个体，标本 2001HXNT12 ③：3（图三六，9）。

符号"\"，字外无框，4 件同印个体，标本 2001HXNT15 ③：21（图三六，10）。

符号"\"，字外无框，1 件，标本 2001HXNT15 ③：38（图三六，13）。

"艮"，阴刻阳文，楷书，字外无框。两种字体：

a．字体较粗，2 件同印个体，标本 2001HXNT16 ③：10（图三七，8）。

b．字体较细，6 件同印个体，标本 2001HXNT11 ③：15（图三七，1）。

"仁"，阴刻阳文，楷书，字外无框。四种字体：

a．字体粗大，6 件同印个体，标本 2001HXNT11 ③：53（图三七，9）。

b．字体瘦长，3 件同印个体，标本 2001HXNT12 ③：33（图三七，10）。

c．字体居中，3 件同印个体，标本 2001HXNT8 ③：34（图三七，4）。

d．字体较小，22 件同印个体，标本 2001HXNT3 ③：54（图三七，11）。

"珍"，阴刻阳文，带有隶意的楷书，字外无框，13 件同印，标本 2001HXNT11 ③：29（图三七，5）。

"河"，阴刻阳文，楷书，字外无框，1 件，标本 2001HXNT7 ②：3（图三七，6）。

"光"，阴刻阳文，楷书，字外无框，24 件同印个体，标本 2001HXNT7 ③：1（图三七，12）。

"素"，楷书。三种字体：

a．阴刻阳文，字外有框，4 件同印个体，标本 2001HXNT3 ③：41（图三七，3）。

b．阳刻阴文，字外无框，21 件同印个体，标本 2001HXNT8 ③：36（图三七，21）。

c．阳刻阴文，字外无框，11 件同印个体，标本 2001HXNT12 ③：34（图三七，18；图版四〇，7）。

"市"，阳刻阴文，楷书，字外无框。五种字体：

a．15 件同印个体，标本 2001HXNT15 ③：42（图三七，7）。

b．1 件，标本 2001HXNT3 ③：85（图三七，13）。

c．1 件，标本 2001HXNT11 ③：22（图三七，2）。

d．5 件同印个体，标本 2001HXNT11 ③：24（图三七，20）。

e．12 件同印个体，标本 2001HXNT3 ③：98（图三七，19）。

图三七　一号宫殿址出土文字瓦拓片（六）

1. 01T11③：15　2. 01T11③：22　3. 01T3③：41　4. 01T8③：34　5. 01T11③：29　6. 01T7②：3　7. 01T15③：42　8. 01T16③：10　9. 01T11③：53　10. 01T12③：33　11. 01T3③：54　12. 01T7③：1　13. 01T3③：85　14. 01T12③：56　15. 01T4扩②：5　16. 01T1 5③：43　17. 01T16③：2　18. 01T12③：34　19. 01T3③：98　20. 01T11③：24　21. 01T8③：36

"屈"，阳刻阴文，楷书，字外无框。四种字体：

a. 1件，标本2001HXNT15③：43（图三七，16）。

b. 1件，标本2001HXNT16③：2（图三七，17）。

c. 1件，标本2001HXNT12③：56（图三七，14）。

d. 1件，标本2001HXNT4扩②：5（图三七，15）。

"十二"，纵书，阳刻阴文，字外无框。17件个体，字体均存在细微的差异，标本2001HXNT11③：40（图三八，1）、标本2001HXNT4②：10（图三八，2）、标本2001HXNT1②：10（图三八，3）、标本2001HXNT11③：55（图三八，4）。

"十三五"，纵书，阳刻阴文，字外无框。5件个体，字体存在差异，标本2001HXNT3③：103（图三八，5）、2001HXNT12③：40（图三八，6）、标本2001HXNT3③：110（图三八，11）。

"十三六"，纵书，阳刻阴文，字外无框。

"六"字两种书写方式：

a. "六"字笔画完整，15件个体，字体存在细微差异，标本2001HXNT11③：28（图三八，8）、标本2001HXNT11③：12（图三八，7）、标本2001HXNT16③：58（图三八，16）、标本2001HXNT15③：37（图三八，20；图版四一，4）、标本2001HXNT8③：85（图三八，10）、标本2001HXNT8③：96（图三八，9）。

b. "六"字缺笔，3件个体，标本2001HXNT8③：40（图三八，17）。

"十三七"，纵书，阳刻阴文，字外无框。19件个体，字体存在细微差异，标本2001HXNT3③：111，瓦身存在纵向两排"十三七"且字体不同（图三八，15）、标本2001HXNT16③：56（图三八，14）、2001HXNT12③：4（图三八，12）、标本2001HXNT16③：57（图三八，18；图版四一，7）。

"十三八"，纵书，阳刻阴文，字外无框。3件个体，字体存在细微差异，2001HXNT15③：26（图三八，13）、2001HXNT18②：5（图三八，21）、标本2001HXNT3扩③：37（图三八，19）。

B．刻划文字标本

"本"，3件个体，笔画书写顺序存在差异，标本2001HXNT15③：13（图三九，1）、标本2001HXNT12③：54（图三九，9）、标本2001HXNT3③：86（图三九，25）。

"吉"，12件个体，笔画书写顺序存在差异，标本2001HXNT3③：16（图三九，23）、标本2001HXNT15③：41（图三九，28）、标本2001HXNT16③：60（图三九，22）、标本2001HXNT3③：7（图三九，26）、标本2001HXNT3③：8（图三九，20）。

"川"，隶书风格，9件个体，标本2001HXNT15③：31（图三九，19）、标本2001HXNT16③：55（图三九，6）、标本2001HXNT19③：14（图三九，7）。

"大"，1件，标本2001HXNT8③：80（图三九，11）。

"韦"，1件，标本2001HXNT3③：64（图三九，24）。

"述"，10件个体，标本2001HXNT18①：2（图三九，12）、标本2001HXNT12③：103（图三九，10）、标本2001HXNT16③：40（图三九，21）、标本2001HXNT9③：9（图三九，8）、标本2001HXNT6②：10（图三九，15）。

"土"，3件个体，标本2001HXNT7③：10（图三九，14）、标本2001HXNT8③：90（图三九，

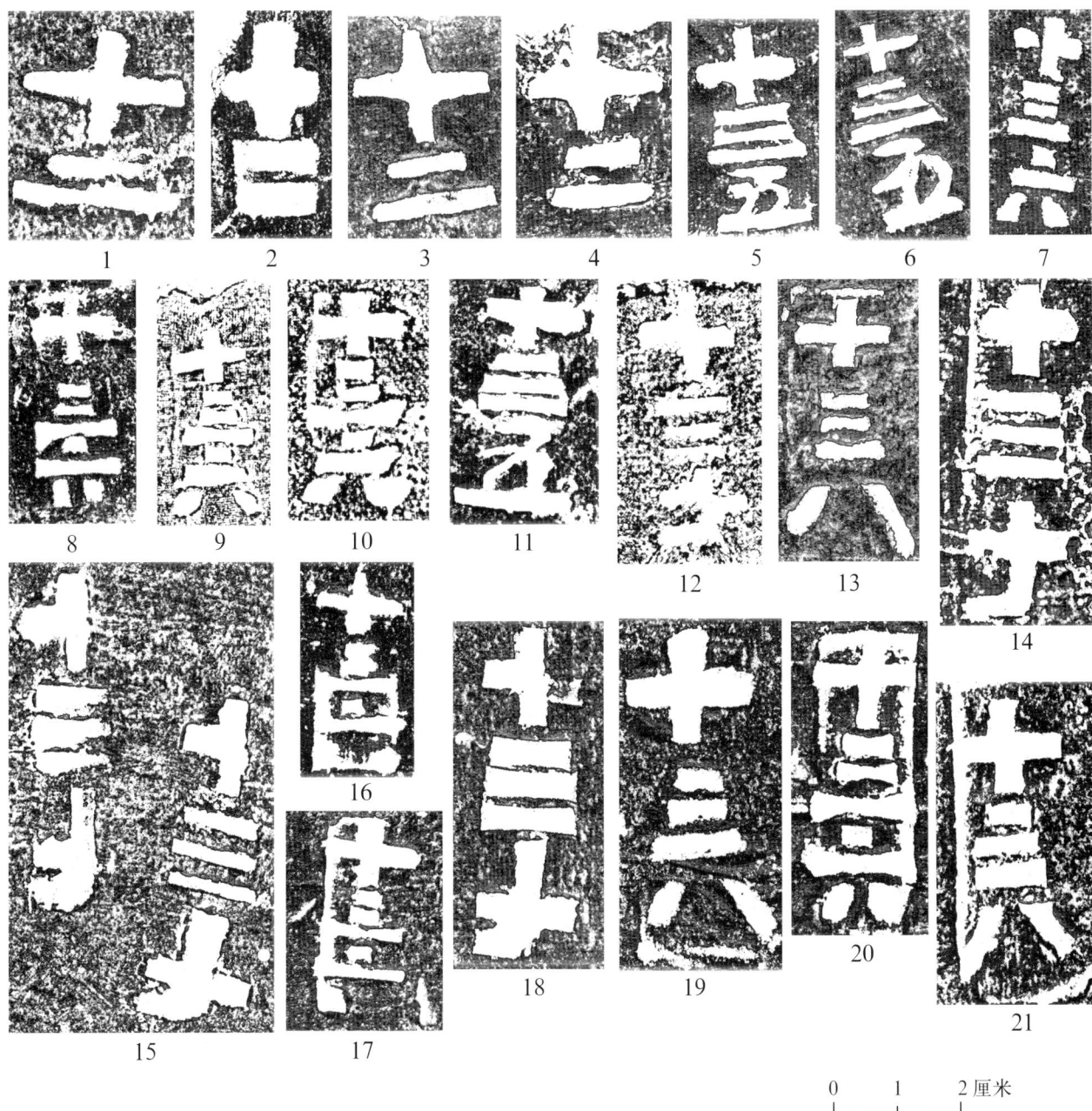

图三八　一号宫殿址出土文字瓦拓片（七）

1. 01T11③：40　2. 01T4②：10　3. 01T1②：10　4. 01T11③：55　5. 01T3③：103　6. 01T12③：40　7. 01T11③：12　8. 01T11③：28　9. 01T8③：96　10. 01T8③：85　11. 01T3③：110　12. 01T12③：4　13. 01T15③：26　14. 01T16③：56　15. 01T3③：111　16. 01T16③：58　17. 01T8③：40　18. 01T16①：57　19. 01T3扩③：37　20. 01T15③：37　21. 01T18②：5

27)；标本 2001HXNT16③：58（图三九，18）。

　　"十"，1件，标本 2001HXNT12③：55（图三九，5）。

　　"叁"不识，1件，标本 2001HXNT3③：104（图三九，13）。

　　C．刻划符号

图三九　一号宫殿址出土文字瓦拓片（八）

1. 01T15③：13　2. 01T11③：46　3. 01T1②：1　4. 01T16③：41　5. 01T12③：55　6. 01T16③：55
7. 01T19③：14　8. 01T9③：9　9. 01T12③：54　10. 01T12③：103　11. 01T8③：80　12. 01T18①：2
13. 01T3③：104　14. 01T7③：10　15. 01T6②：10　16. 01T15③：31　17. 01T15③：30　18. 01T16③：58
19. 01T15③：31　20. 01T3③：8　21. 01T16③：40　22. 01T16③：60　23. 01T3③：16　24. 01T3③：64
25. 01T3③：86　26. 01T3③：7　27. 01T8③：90　28. 01T15③：41　其中2~4，16、17为筒瓦标本

三角纹，1件，标本2001HXNT15③：36（图四〇，3）。

圆圈纹，两种形制：3个小圆圈组合纹，3件，标本2001HXNT8③：91（图四〇，9）、标本2001HXNT3扩③：34（图四〇，10）；大圆圈纹，1件，标本2001HXNT3③：80（图四〇，13；图版四二，3）。

划线纹，9件，形制各异，标本2001HXNT15③：35（图四〇，1；图版四二，4）、标本2001HXNT9②：10（图四〇，2）、标本2001HXNT3③：73（图四〇，4）、标本2001HXNT11③：9（图四〇，5；图版四二，5）、标本2001HXNT11③：35（图四〇，6）、标本2001HXNT3③：9（图四〇，7）、标

本 2001HXNT3 ③：43（图四〇，8；图版四二，2）、标本 2001HXNT3 ③：81（图四〇，11）、标本 2001HXNT3 ③：75（图四〇，12）、标本 2001HXNT8 ③：28（图四〇，14）。

（2）筒瓦类标本

A. 模印文字标本

"多"，字外有框，2 件同印个体，标本 2001HXNT16 ③：61（图三三，2；图版四三，8）。

"自"，阴刻阳文，楷书。五种字体：

a. 字外有框，字体较大，4 件同印个体，标本 2001HXNT11 ③：16（图四一，26）。

b. 字外有框，字体较小，9 件同印个体，标本 2001HXNT3 扩③：13（图四一，20）。

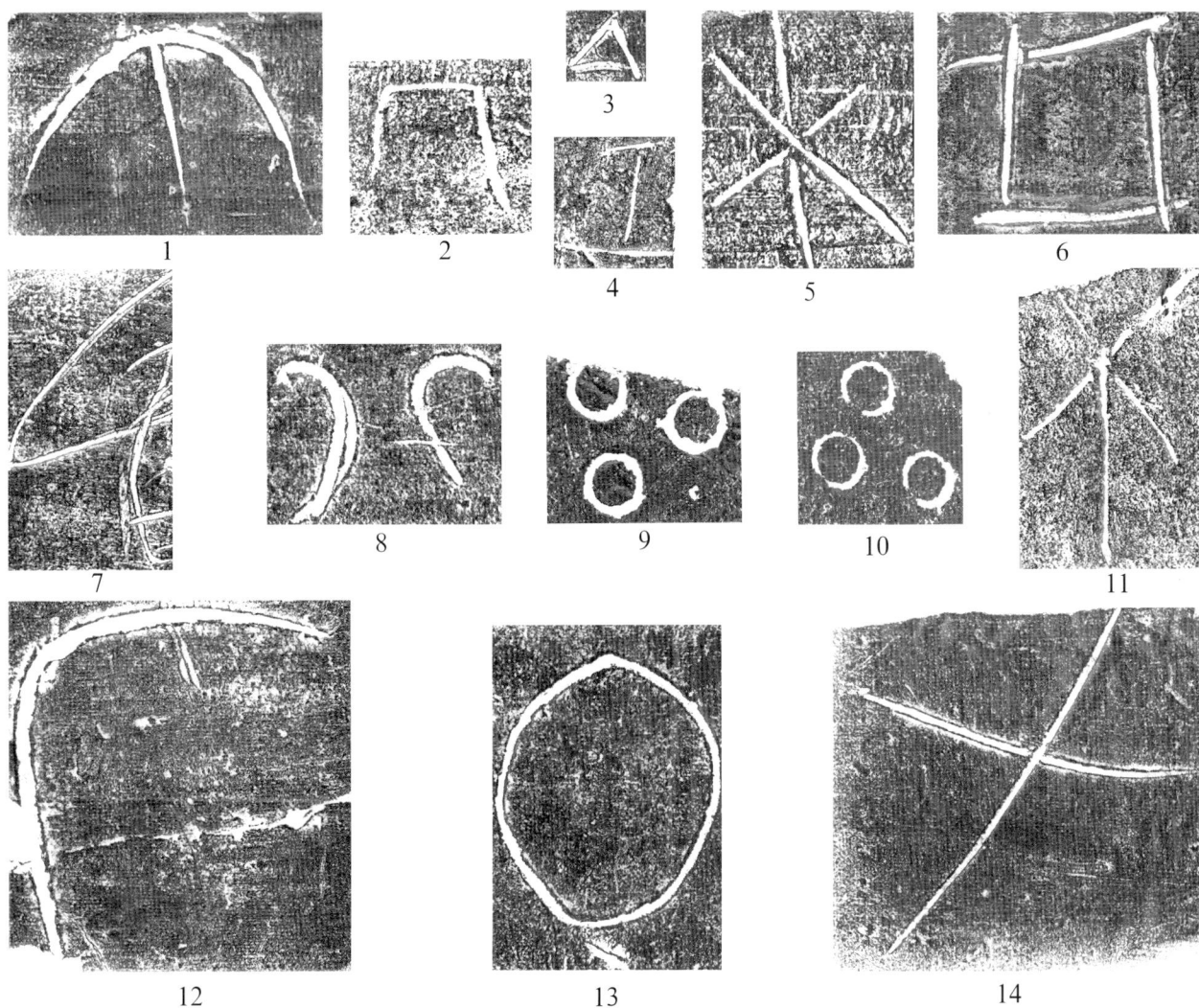

图四〇　一号宫殿址出土文字瓦拓片（九）

1. 01T15 ③：35　2. 01T9 ②：10　3. 01T15 ③：36　4. 01T3 ③：70　5. 01T11 ③：9　6. 01T11 ③：35　7. 01T3 ③：9　8. 01T3 ③：43　9. 01T8 ③：91　10. 01T3 扩③：34　11. 01T3 ③：81　12. 01T3 ③：75　13. 01T3 ③：80　14. 01T8 ③：28

c．字外无框，20件同印个体，标本2001HXNT3③：42（图四一，3）。

d．字外无框，17件同印个体，标本2001HXNT3③：10（图四一，4）。

e．正刻反印，字外无框，1件，标本2001HXNT11③：59（图四一，32）。

"德"，阴刻阳文，楷书，字外无框。两种字体：

a．字体较小，43件同印个体，标本2001HXNT19③：10（图四一，5）。

b．字体较大，2件同印个体，标本2001HXNT11③：26（图四一，6）。

"夫"，阴刻阳文，楷书，字外有框，1件，标本2001HXNT3扩③：30（图四一，7）。

"仁"，阴刻阳文，楷书。两种字体：

a．字外有框，10件同印个体，标本2001HXNT4②：9（图四一，16）。

b．字外无框，4件同印个体，标本2001HXNT3扩③：16（图四一，8）。

"成"，阴刻阳文，楷书，字外有框，6件同印，标本2001HXNT12③：49（图四一，9）。

"大"，阴刻阳文，楷书。两种字体：

a．字外有框，3件同印个体，标本2001HXNT3③：79（图四一，10）。

b．字外无框，1件，标本2001HXNT3③：92（图四一，33）。

"男"，带有隶意的楷书，三种字体：

a．字体较小，字外有框，4件同印个体，标本2001HXNT3③：96（图四一，11）。

b．字体较大，字外有框，29件同印个体，标本2001HXNT3③：97（图四一，27）；

c．字体较大，字外无框，1件，标本2001HXNT1②：5（图四一，25）。

"土"，阴刻阳文，楷书，字外有框，3件同印个体，标本2001HXNT12③：114（图四一，13）。

"明"，阴刻阳文，两种字体：

a．字外有框，2件同印个体，标本2001HXNT16③：21（图四一，14）。

b．字外无框，正刻反印，6件同印个体，标本2001HXNT15③：46（图四一，19）。

"仇"，阴刻阳文，楷书，字外有框，12件同印个体，标本2001HXNT15③：23（图四一，17）、标本2001HXNT3扩③：12（图四一，18）。

"寸"，阴刻阳文，楷书，字外有框。三种字体：

a．椭圆形印，3件同印个体，标本2001HXNT3③：95（图四一，22）。

b．4件同印个体，标本2001HXNT12③：51（图四一，21）。

c．3件同印个体，标本2001HXNT11③：21（图四一，24）。

"安"，阴刻阳文，楷书，字外有框。两种字体：

a．1件，标本2001HXNT18②：2（图四一，28；图版四三，9）。

b．1件，标本2001HXNT9南扩①：2（图四一，31）。

"钵"，阴刻阳文，楷书，字体有汉金风韵，字外无框，1件，标本2001HXNT12③：110（图四一，30；图版四三，6）。

"优"，阴刻阳文，楷书，字外无框，两种字体：

a．11件同印个体，标本2001HXNT3扩③：29（图四一，35）。

b．13件同印个体，标本2001HXNT19③：6（图四一，36）。

图四一　一号宫殿址出土文字瓦拓片（十）

0　1　2厘米

1. 01T3③：47　2. 01T3③：12　3. 01T3③：42　4. 01T3③：10　5. 01T19③：10　6. 01T11③：26　7. 01T3扩③：30　8. 01T3扩③：16　9. 01T12③：49　10. 01T3③：79　11. 01T3③：96　12. 01T3扩③：36　13. 01T12③：114　14. 01T16③：21　15. 01T12③：111　16. 01T4②：9　17. 01T15③：23　18. 01T3扩③：12　19. 01T15③：46　20. 01T3扩③：13　21. 01T12③：51　22. 01T3③：95　23. 01T3③：11　24. 01T11③：21　25. 01T1②：5　26. 01T11③：16　27. 01T3③：97　28. 01T18②：2　29. 01T11③：60　30. 01T12③：110　31. 01T9南扩①：2　32. 01T11③：92　33. 01T3③：92　34. 01T12③：112　35. 01T3扩③：29　36. 01T19③：6　37. 01T11③：37　38. 01T3扩③：19

"主"，阴刻阳文，楷书，字外无框。三种字体：

a．15件同印个体，标本2001HXNT11③：37（图四一，37）。

b．9件同印个体，标本2001HXNT3扩③：19（图四一，38）。

c．1件个体，标本2001HXNT11③：60（图四一，29）。

"㫖"，不识，阴刻阳文，字外有框，3件，标本2001HXNT12③：111（图四一，15）。

"㿟"，不识，阴刻阳文，字外无框，32件同印个体，标本2001HXNT12③：112（图四一，34），该标本在瓦唇上模印了两次。

符号"ㅈ"，阴刻阳文，字外有框，三种字体：

a．10件同印个体，标本2001HXNT3③：47（图四一，1）。

b．1件，标本2001HXNT3扩③：36（图四一，12）。

c．5件同印个体，标本2001HXNT3③：11（图四一，23）。

符号"ㅈ"，阴刻阳文，字外有框，1件，标本2001HXNT3③：12（图四一，2）。

"须（?）"，阴刻阳文，楷书，字外无框。三种字体：

a．8件同印个体，标本2001HXNT15③：28（图四二，1）。

b．7件同印个体，标本2001HXNT4③：7（图四二，2）。

c．8件同印个体，标本2001HXNT18③：7（图四二，3）。

"开（?）"，阴刻阳文，楷书，字外无框，3件同印个体，标本2001HXNT18②：3（图四二，4）。

"艮"，阴刻阳文，楷书，字外无框，1件，标本2001HXNT3③：78（图四二，7）。

"贞"，阴刻阳文，楷书，字外无框。三种字体：

a．1件，标本2001HXNT8③：27（图四二，8）。

b．3件同印个体，标本2001HXNT3③：94（图四二，9）。

c．3件同印个体，标本2001HXNT3③：13（图四二，19）。

"赤"，阴刻阳文，楷书，字外无框。两种字体：

a．1件，标本2001HXNT12③：9（图四二，10）。

b．1件，标本2001HXNT16③：16（图四二，16）。

"盖"，阴刻阳文，楷书，字外无框，1件，标本2001HXNT18②：4（图四二，18；图版四三，7）。

"汤"，阴刻阳文，楷书，1件，标本2001HXNT16③：42（图四二，11）。

"古"，阴刻阳文，楷书，字外无框，4件同印个体，标本2001HXNT12③：29（图四二，21）。

"英"，阴刻阳文，楷书，字外无框，3件同印个体，标本2001HXNT16③：19（图四一，23）。

"今"，阴刻阳文，楷书，字外无框，9件同印个体，标本2001HXNT16③：14（图四二，24）。

"泰"，阴刻阳文，楷书，字外无框，7件同印个体，标本2001HXNT3③：61（图四二，26）。

"手"，阴刻阳文，楷书，字外无框，1件，标本2001HXNT3扩③：24（图四二，27）。

"㒸"，不识，阴刻阳文，楷书，字外无框，9件同印个体，标本2001HXNT9扩①：5（图四二，5）、标本2001HXNT8③：49（图四二，6）。

"秌"，不识，阴刻阳文，字外无框，25件同印个体，标本2001HXNT3③：89（图四二，17）。

"用"，不识，阴刻阳文，楷书，字外无框，1件，标本2001HXNT3③：101（图四二，12）。

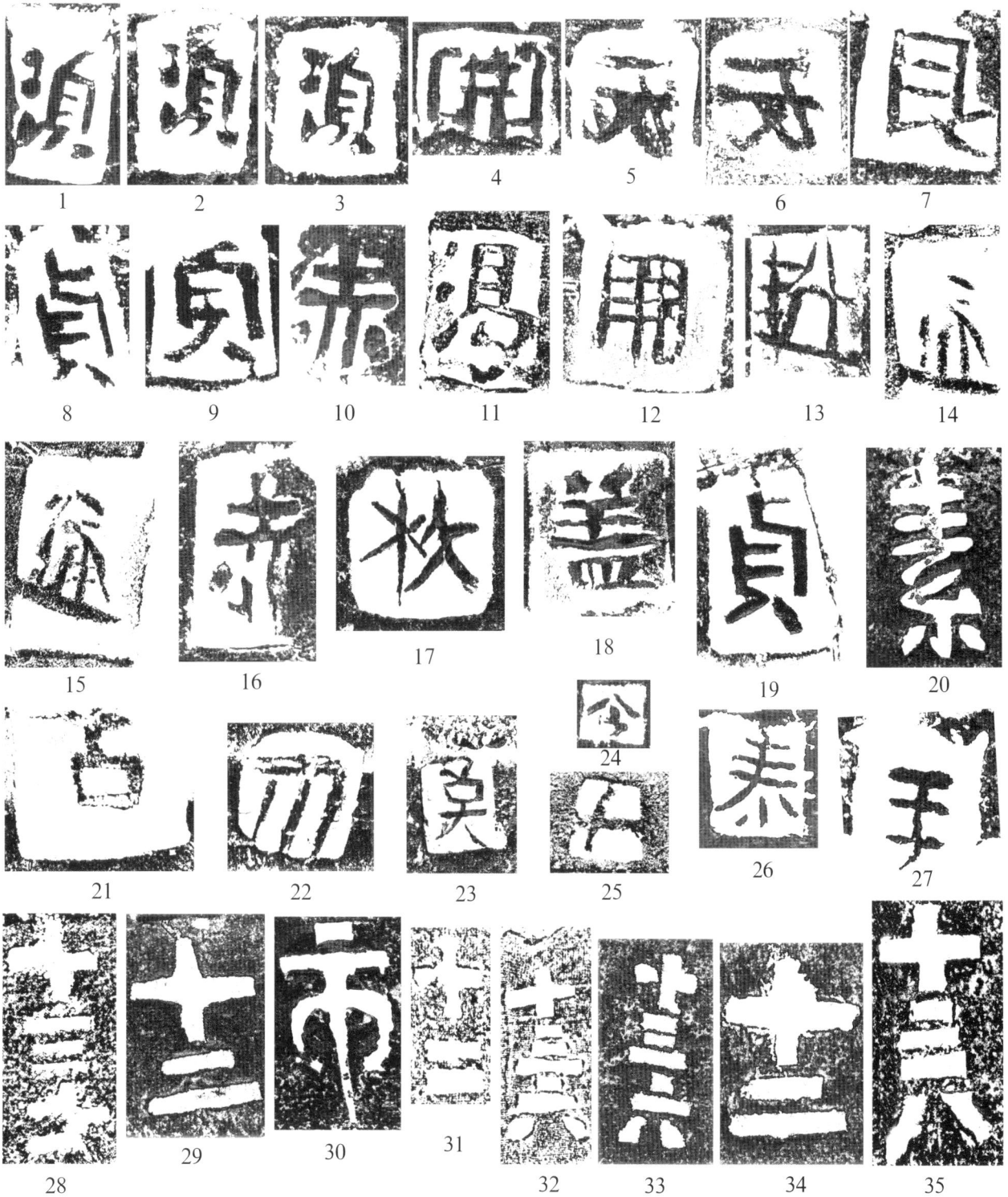

图四二　一号宫殿址出土文字瓦拓片（十一）

1. 01T15③：28　2. 01T4③：7　3. 01T18③：7　4. 01T18②：3　5. 01T9扩①：5　6. 01T8③：49　7. 01T3③：78　8. 01T8③：27　9. 01T3③：94　10. 01T12③：9　11. 01T16③：42　12. 01T3③：101　13. 01T19③：7　14. 01T11③：45　15. 01T11③：6　16. 01T16③：16　17. 01T3③：89　18. 01T18②：4　19. 01T3③：13　20. 01T11③：8　21. 01T12③：29　22. 01T3③：55　23. 01T16③：19　24. 01T16③：14　25. 01T11③：42　26. 01T3③：61　27. 01T3扩②：24　28. 01T11③：48　29. 01T4②：10　30. 01T18②：1　31. 01T12③：113　32. 01T11③：47　33. 01T16③：12　34. 01T12③：24　35. 01T3③：43

"𢆡"，不识，阴刻阳文，楷书，字外无框，6件同印个体，标本2001HXNT19③：7（图四二，13）。

"𧥛"，不识，阴刻阳文，楷书，字外无框，2件同印个体，标本2001HXNT11③：45（图四二，14）。

"𧥴"，不识，阴刻阳文，楷书，字外无框，2件同印个体，标本2001HXNT11③：6（图四二，15）。

符号"𠁅"，阴刻阳文，字外无框，1件，标本2001HXNT3③：55（图四二，22）。

符号"𠆢"，阴刻阳文，字外无框，1件，标本2001HXNT11③：42（图四二，25）。

"素"，阳刻阴文，楷书，字外无框，印于直节形瓦唇筒瓦的瓦唇上，7件同印个体，标本2001HXNT11③：8（图四二，20）。

"市"，阳刻阴文，楷书，字外无框，印于直节形瓦唇筒瓦的瓦唇上，5件同印个体，标本2001HXNT18②：1（图四二，30；图版四三，5）。

"十二"，纵书，阳刻阴文，5件，字体存在细微差异，标本2001HXNT4②：10（图四二，29）、标本2001HXNT12③：113（图四二，31）、标本2001HXNT12③：24（图四二，34）。

"十三六"，纵书，阳刻阴文，8件，字体存在细微差异，标本2001HXNT11③：48（四二，32）、标本2001HXNT16③：12（四二，33）。

"十三七"，纵书，阳刻阴文，2件，字体存在细微差异，标本2001HXNT11③：47（图四二，28）。

"十三八"，纵书，阳刻阴文，2件，字体存在细微差异，标本2001HXNT3③：43（图四二，35）。

B．刻划文字标本

"本"，2件，标本2001HXNT11③：46（图三九，2）、标本2001HXNT1②：1（图三九，3）。

"吉"，3件，标本2001HXNT15③：31（图三九，16）、标本2001HXNT15③：30（图三九，17）、标本2001HXNT16③：41（图三九，4）。

2．板瓦　采集112件标本，多数完整或可以复原。

（1）普通板瓦　47件标本。

标本2001HXNT16③：26，略残。在瓦体窄边下部、瓦身凸面中线偏右的位置施有模压阴文"市"字。瓦体纵向长37.5、窄边边长24.6、宽边边长30厘米（图四三，4）。

标本2001HXNT3扩③：6，完整。在瓦体窄边下部、瓦身凸面中线偏右的位置施有模压阳文"汤"字。瓦体纵向长36.3、窄边边长28.2、宽边边长31.5厘米（图四三，3）。

（2）指压纹板瓦

A．单面指压纹板瓦　43件标本。

标本2001HXNT15③：17，瓦体窄边左角残断，瓦体窄边下部瓦身凸面中线偏右位置施有模压阳文"俳"字。瓦体纵向长42、窄边残长17.7、宽边边长32.4、施纹端面宽1.8厘米（图四三，2）。

标本2001HXNT15③：15，瓦体窄边右角残断。瓦体纵向长36.6、窄边残长18.6、宽边边长25.5、施纹端面宽1.8厘米（图四三，1）。

B．双面指压纹板瓦　仅见少量残片，没有完整器形。

（3）檐头板瓦　瓦体宽边顶部端面施有横向带状戳印纹饰，22件标本。

A．A型檐头板瓦　14件标本。

瓦体宽边顶部端面施有三组纹饰，中央的圆圈形纹饰带使用"宀"状尖头工具戳印而成，其上下两组纹饰为压印的同向斜线纹，三组纹饰之间存在压印凹槽界格。该型瓦的尺寸规格存在差异。

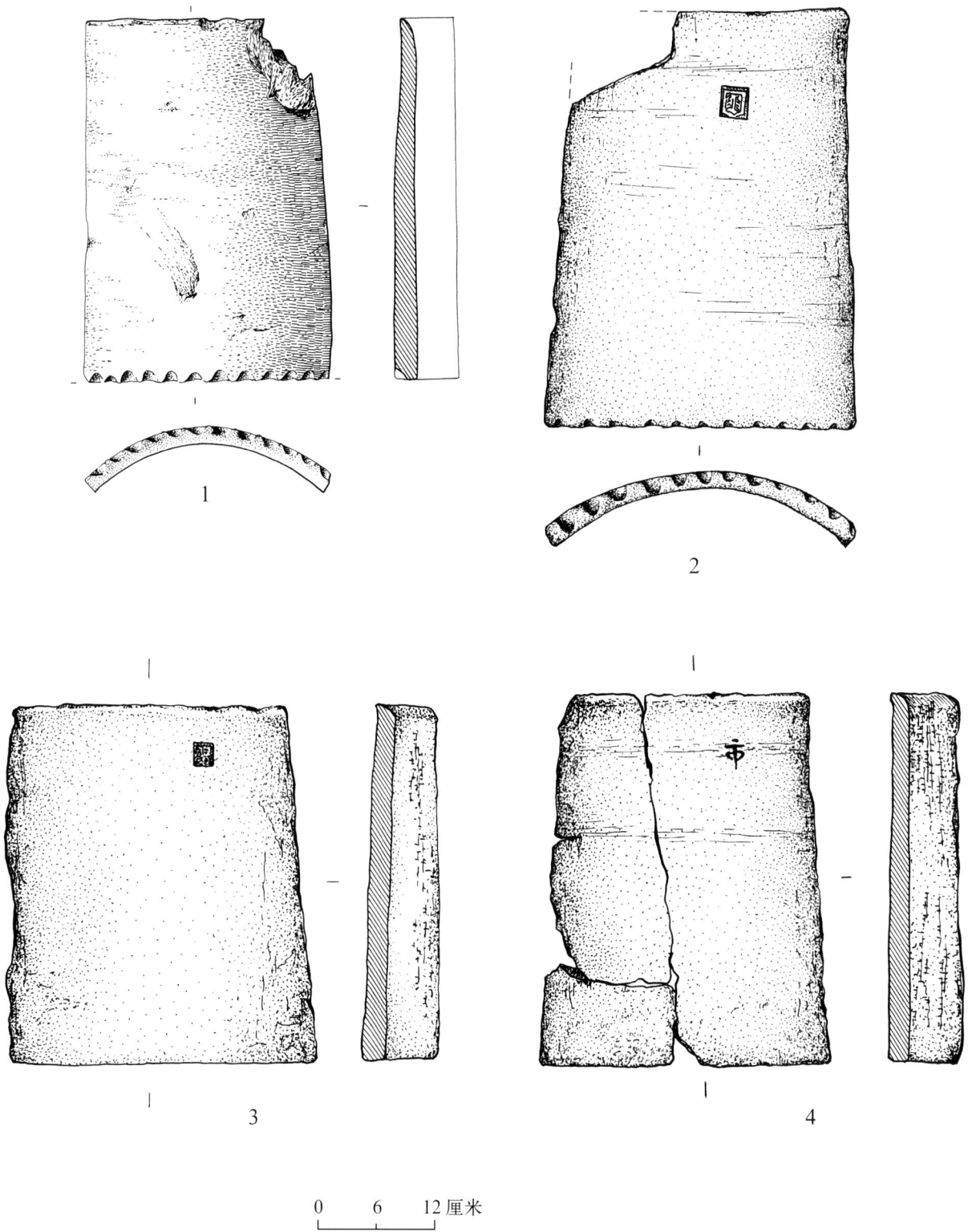

图四三　一号宫殿址出土板瓦

1、2. 单面指压纹（01T15③：15、01T15③：17）　3、4. 普通板瓦（01T3扩③：6、01T16③：26）

标本2001HXNT16③：52，完整，瓦体凹面侧边隐现4个取瓦指纹。瓦体纵向长45.4、窄边边长28.4、檐头边长32.2、檐头端面宽2.4厘米（图四四，4）。

标本2001HXNT15③：14，瓦体顶端略残，瓦体凹面侧边留存4个清晰的取瓦指纹。瓦体纵向长38、窄边边长23、檐头边长约25、檐头端面宽2.3厘米（图四四，2）。

标本2001HXNT8③：86，瓦体檐头边长29、檐头端面宽2.3厘米（图四五，4）。

B．B型檐头板瓦　1件标本。

该型瓦与A型瓦的差异在于，瓦体宽边顶部端面施有两组纹饰，即圆圈形纹饰带的一侧没有施斜线纹。

标本2001HXNT16③：34，瓦体宽边宽31、檐头宽3.2厘米（图四五，6；图版四四，3）。

C．C型檐头板瓦　3件标本。

瓦体宽边顶部端面中央的圆圈形纹饰带使用空心管状工具戳印而成，其上下两组纹饰施压印的反向斜线纹，三组纹饰之间存在压印凹槽界格。

标本2001HXNT16③：49，残，瓦体檐头残长19、檐头端面宽3厘米（图四五，3）。

标本2001HXNT3③：59，残，瓦体檐头残长20.6、檐头端面宽3.2厘米（图四五，8）。

D．D型檐头板瓦　4件标本。

瓦体宽边顶部端面中央的圆圈形纹饰带使用棍状工具戳印而成，其上下两组纹饰为压印的同向斜线纹，三组纹饰之间存在压印凹槽界格。该型瓦的尺寸规格存在差异。

标本2001HXNT16③：28，纵向一侧边缘略残，瓦体凹面侧边留存3个取瓦指纹。瓦体纵向长46.6、窄边残长24、檐头边长33.8、檐头端面宽2.8厘米（图四四，3）。

标本2001HXNT3③：36，瓦体檐头边长31.4、檐头断面宽2.4厘米（图四五，2；图版四四，5）。

标本2001HXNT16③：46，瓦体凹面留存指纹，檐头边长32.6、檐头端面宽2.6厘米（图四五，5）。

标本2001HXNT11③：4，纵向一侧边缘略残，瓦体檐头边长33、檐头端面宽2.8厘米（图四五，7）。

E．E型檐头板瓦　2件标本。

与D型檐头板瓦相比，瓦体宽边顶部端面中央的圆圈形纹饰带使用更为细小的棍状工具戳印而成，其上下两组纹饰压印的同向斜线纹更为密集，三组纹饰之间存在压印凹槽界格。该型瓦的尺寸规格存在差异。

标本2001HXNT16③：22，完整，瓦体凹面侧边隐现4个取瓦指纹。瓦体纵向长38.8、窄边边长27.8、檐头边长30、檐头端面宽3厘米（图四四，1）。

标本2001HXNT16③：51，瓦体檐头边长32.6、檐头端面宽2.6厘米（图四五，1）。

3．筒瓦　129件标本。

（1）直节形瓦唇筒瓦

该型筒瓦的瓦唇为单纯的凸面造型，22件标本。

标本2001HXNT16③：38，瓦唇略残，在直节形瓦唇中央施有刻划"本"字，瓦体修长。瓦体通长44.6、瓦唇长4.6厘米，瓦唇下瓦体窄边宽13.2、宽边宽14厘米（图四六，1；图版四七，3）。

标本2001HXNT3③：43，瓦唇、器身略残，在瓦唇下部的凸面瓦身上，使用同一模具施有左右对称的纵向两行模压阴文"十三八"。瓦体通长35.8、瓦体宽15.8、瓦唇长3.3厘米，瓦唇下瓦体窄边

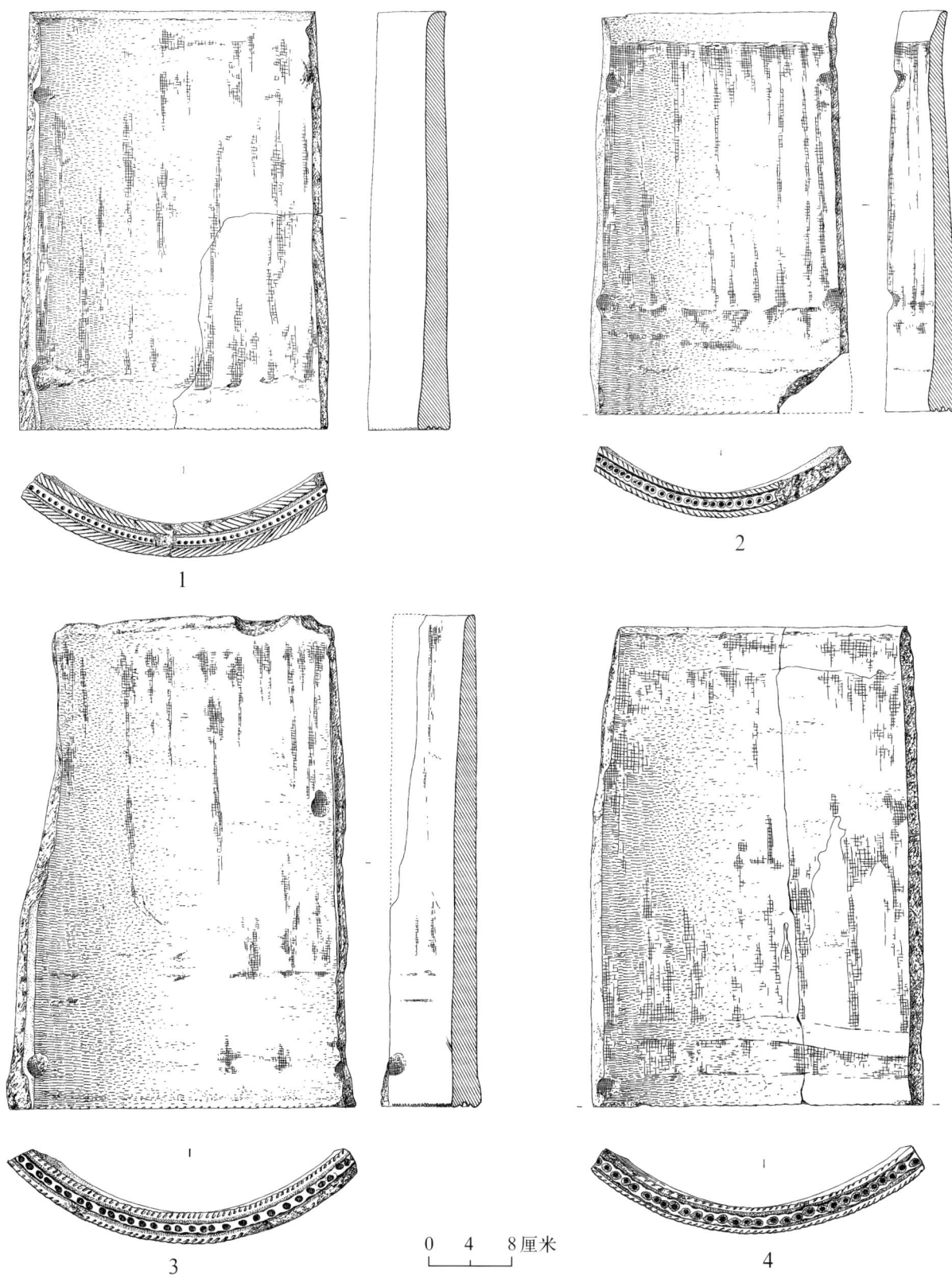

图四四　一号宫殿址出土檐头板瓦

1. E型（01T16③：22）　2、4. A型（01T15③：14、01T16③：52）　3. D型（01T16③：28）

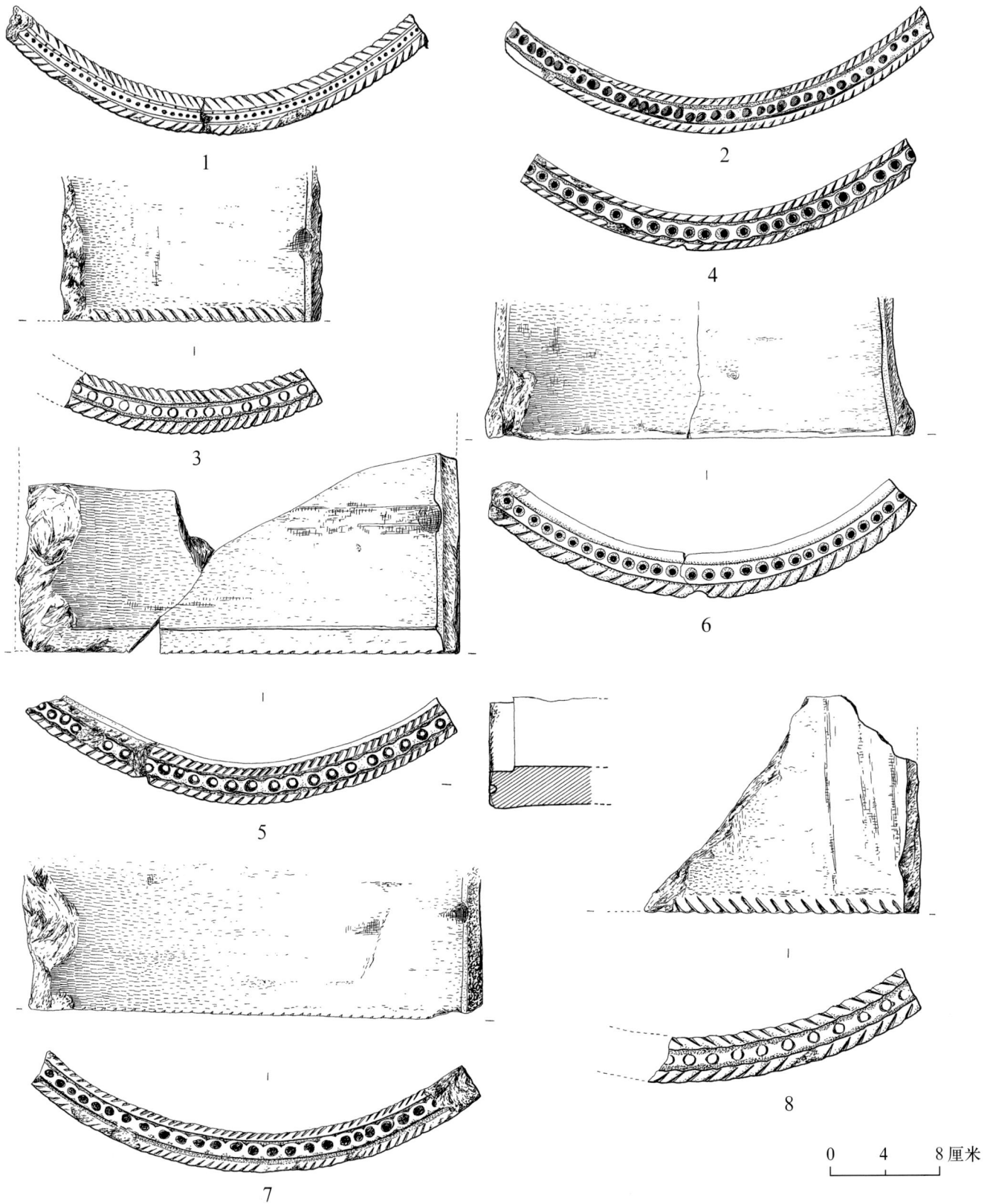

图四五 一号宫殿址出土檐头板瓦

1. E 型（01T16③：51）　　2、5、7. D 型（01T3③：36、01T16③：46、01T11③：4）　　3、8. C 型（01T16③：49、01T3③：59）
4. A 型（01T8③：86）　　6. B 型（01T16③：34）

宽 15.2、宽边宽 16 厘米（图四六，2）。

标本 2001HXNT16③：36，瓦唇略残，瓦体修长。瓦体通长 45.8、瓦唇长 6 厘米，瓦唇下瓦体窄边宽 14、宽边宽 14.2 厘米（图四六，3）。

标本 2001HXNT12③：24，瓦身近端处略残，直节形瓦唇凸面上施有纵向模压阴文"十二"两字。瓦体通长 33.5、瓦唇长 5 厘米，瓦唇下瓦体窄边宽 15.2、宽边宽 16 厘米（图四六，4）。

（2）曲节形瓦唇筒瓦

该型筒瓦瓦唇的凸面中部有 1 个横向的压制凹槽，整个瓦唇呈曲节状，87 件标本。

标本 2001HXNT15③：12，瓦身残，瓦体较短。瓦体通长 28.4、瓦唇长 5.2、瓦唇下瓦体窄边宽 13.6 厘米（图四七，1）。

标本 2001HXNT3③：29，完整，曲节形瓦唇凸面中部施有模压阳文"自"字。瓦体通长 39.6、瓦唇长 6.2 厘米，瓦唇下瓦体窄边宽 16.6、宽边宽 17.2 厘米（图四七，3）。

标本 2001HXNT3③：20，完整。瓦体通长 37、瓦唇长 5.6、瓦唇下瓦体窄边宽 15.6、宽边宽 17.8 厘米（图四七，5）。

（3）檐头筒瓦　19 件标本。

A．直节形瓦唇檐头筒瓦　2 件。

标本 2001HXNT16③：6，Eb 型瓦当接直节筒瓦，瓦当略残，瓦唇凸面中央有 1 个圆形透孔，透孔一侧有模压阳文"艮"字。瓦体通长 41.8、瓦唇长 3.6、透孔直径 0.8 厘米；瓦唇下瓦体窄边宽 12.6、瓦当直径 11.8、乳突直径 1.6、乳突高 0.5、小同心圆直径 3.2、大同心圆直径 4.4、边轮宽 0.8~1、边轮高 1 厘米（图四八，1；图五〇，1；图版四八，6）。

标本 2001HXNT16③：37，Eb 型瓦当接直节筒瓦，瓦唇凸面中央有 1 个圆形透孔，透孔处有模压阳文，由于模压文字施纹在前，穿孔在后，故文字已难以辨认。瓦体通长 42、瓦唇长 3、透孔直径 0.6 厘米；瓦唇下瓦体窄边宽 11.8、瓦当直径 12、乳突直径 1.2、乳突高 0.4、小同心圆直径 2、大同心圆直径 4、边轮宽 1、边轮高 0.8 厘米（图四八，2；图五〇，2）。

B．曲节形瓦唇檐头筒瓦　6 件完整及可复原个体。该类檐头筒瓦瓦唇凸面的中部有 1 个横向压制凹槽，整个瓦唇呈曲节状，在凹槽的中部一般有 1 个穿钉透孔。

标本 2001HXNT15③：10，Aa 型瓦当接曲节形瓦唇筒瓦，瓦当残存二分之一当面。筒瓦完整，瓦唇的中央有 1 个圆形透孔。瓦体通长 39.8、瓦唇长 5、瓦当直径 16.4 厘米（图四八，3）。

标本 2001HXNT4③：1，Aa 型瓦当接曲节形瓦唇筒瓦，瓦唇的中央有 1 个圆形透孔，唇沿上施有模印阳文"德"字，印面磨损严重。瓦体通长 39.8、瓦唇长 5、透孔直径 1 厘米；瓦唇下瓦体窄边宽 14.8、瓦当直径 16、乳突直径 2.4、乳突高 1、同心圆直径 4.4、边轮宽 1.3、边轮高 1.2 厘米（图四九，1；图五〇，3；图版四八，4）。

标本 2001HXNT12③：28，Aa 型瓦当接曲节形瓦唇筒瓦。瓦体通长 33.8、瓦唇长 5.6 厘米；瓦唇下瓦体窄边宽 15.8、瓦当直径 16、乳突直径 2.8、乳突高 1、同心圆直径 4.2、边轮宽 1.3、边轮高 0.9 厘米（图四九，2；图五〇，4）。

标本 2001HXNT3③：17，Aa 型瓦当接曲节形瓦唇筒瓦，瓦当残存二分之一当面。筒瓦完整，瓦唇的中央有 1 个圆形透孔。瓦体通长 42、瓦唇长 6、瓦唇下瓦体窄边宽 15.4、瓦当直径 17.2（图五一，2）。

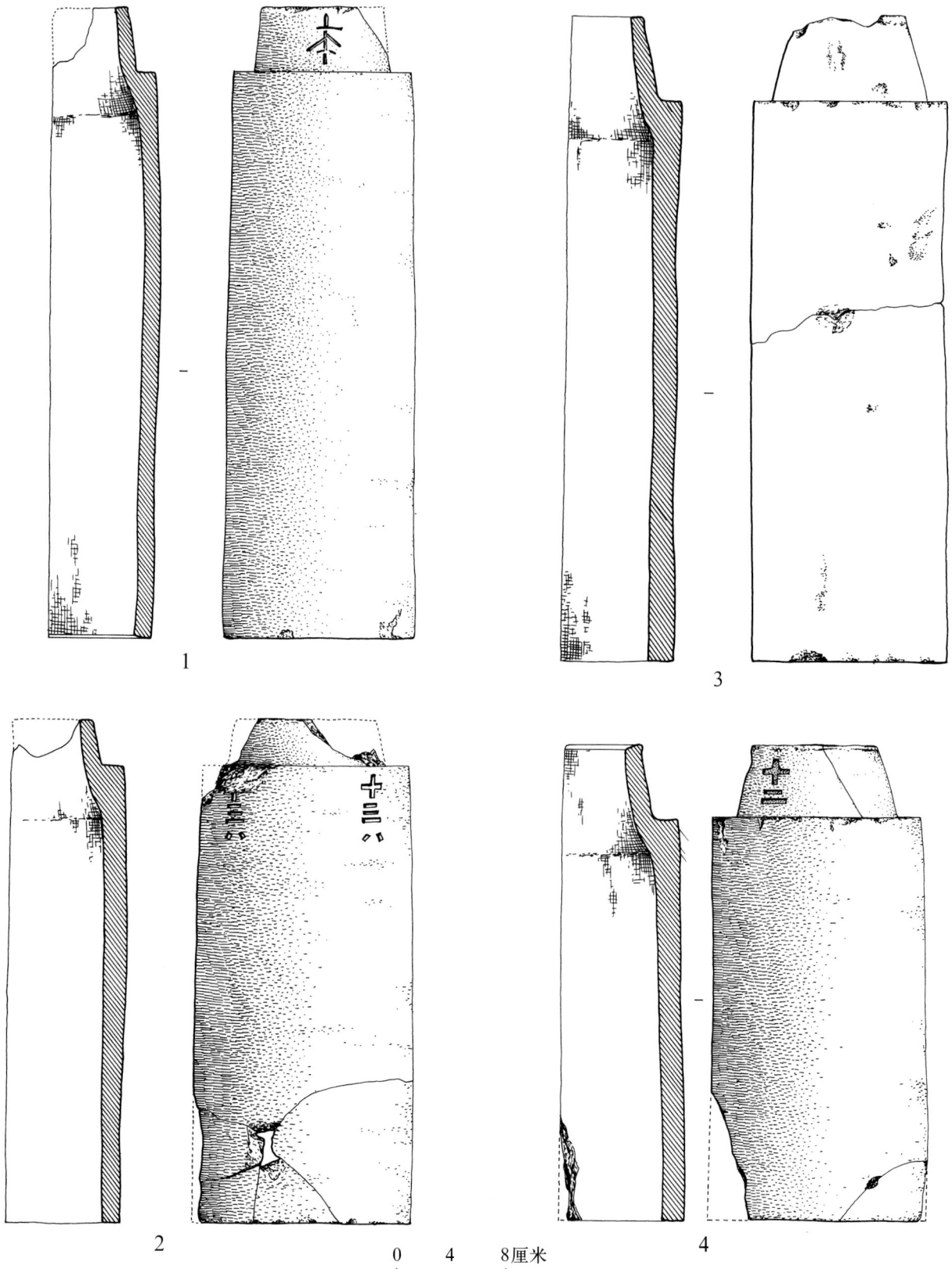

图四六　一号宫殿址出土直节形瓦唇筒瓦

1. 01T16③：38　2. 01T3③：43　3. 01T16③：36　4. 01T12③：24

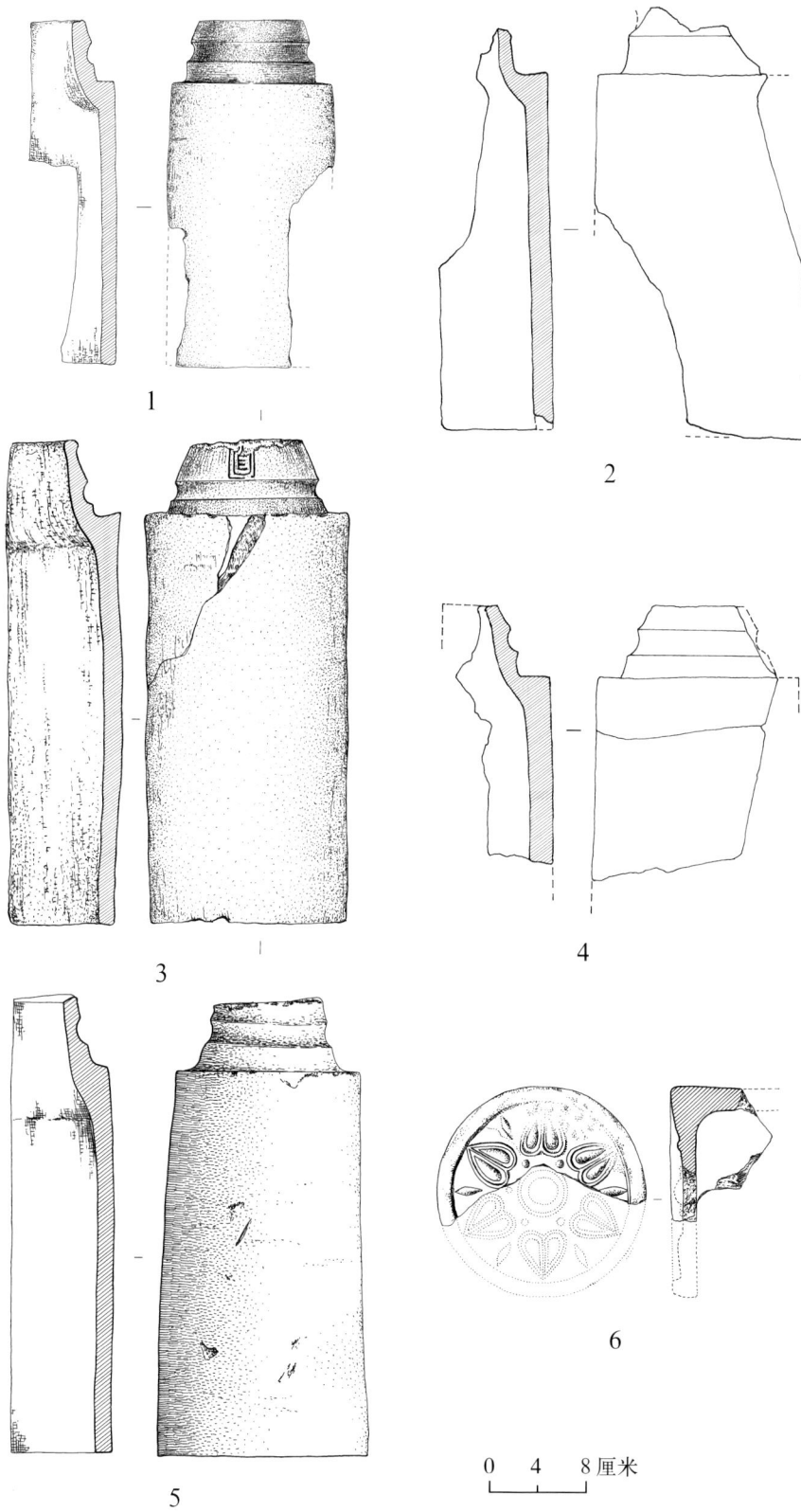

图四七　一号宫殿址出土筒瓦、绿釉筒瓦、绿釉檐头筒瓦

1、3、5. 筒瓦（01T15③：12、01T3③：29、01T3③：20）　　2、4. 绿釉筒瓦（01T15③：11、01T3③：15）　　6. 绿釉檐头筒瓦（01T15③：6）

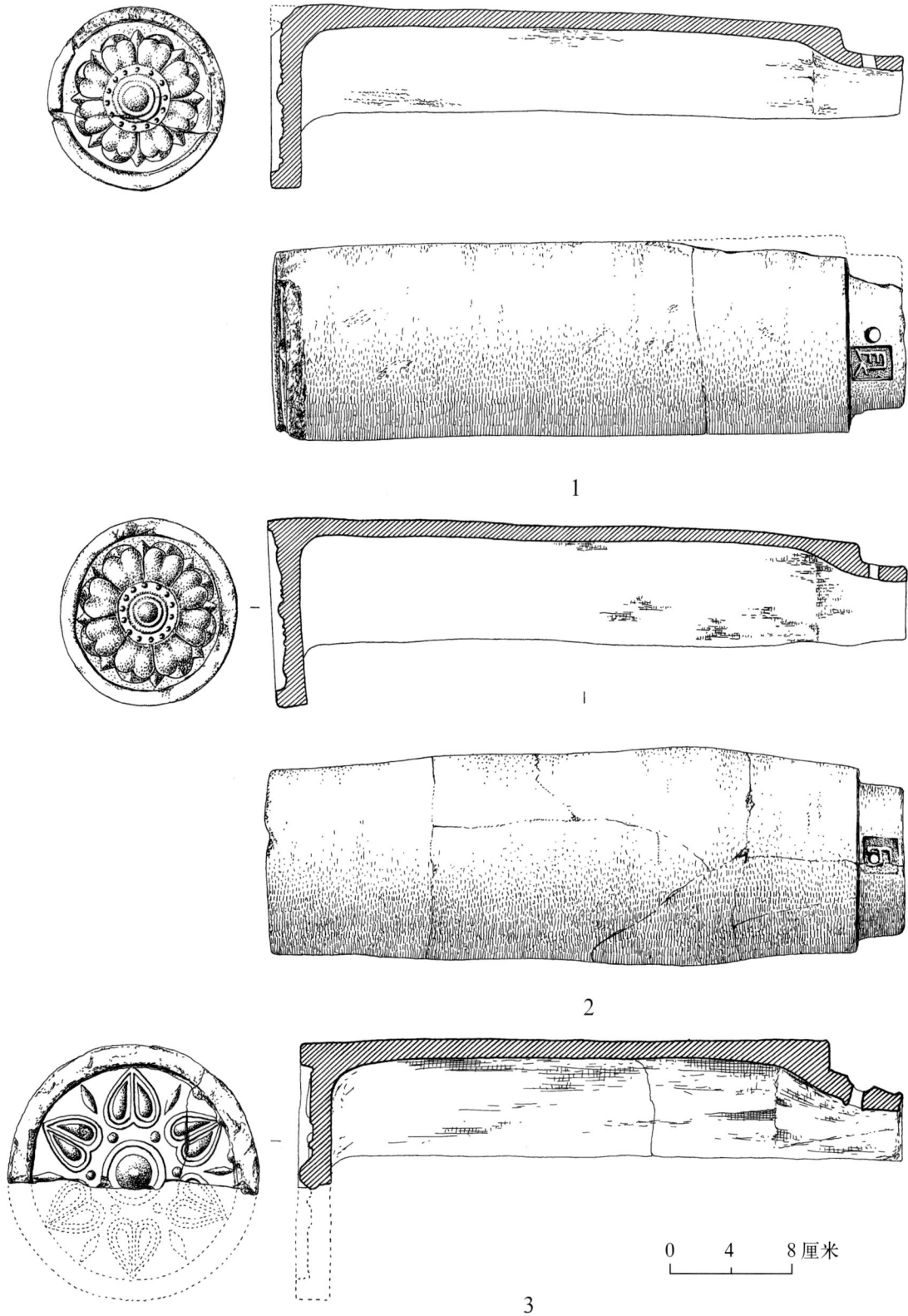

0　　4　　8厘米

图四八　一号宫殿址出土直节形瓦唇檐头筒瓦

1、2. 直节瓦唇（01T16③∶6、01T16③∶37）　　3. 曲节瓦唇（01T15③∶10）

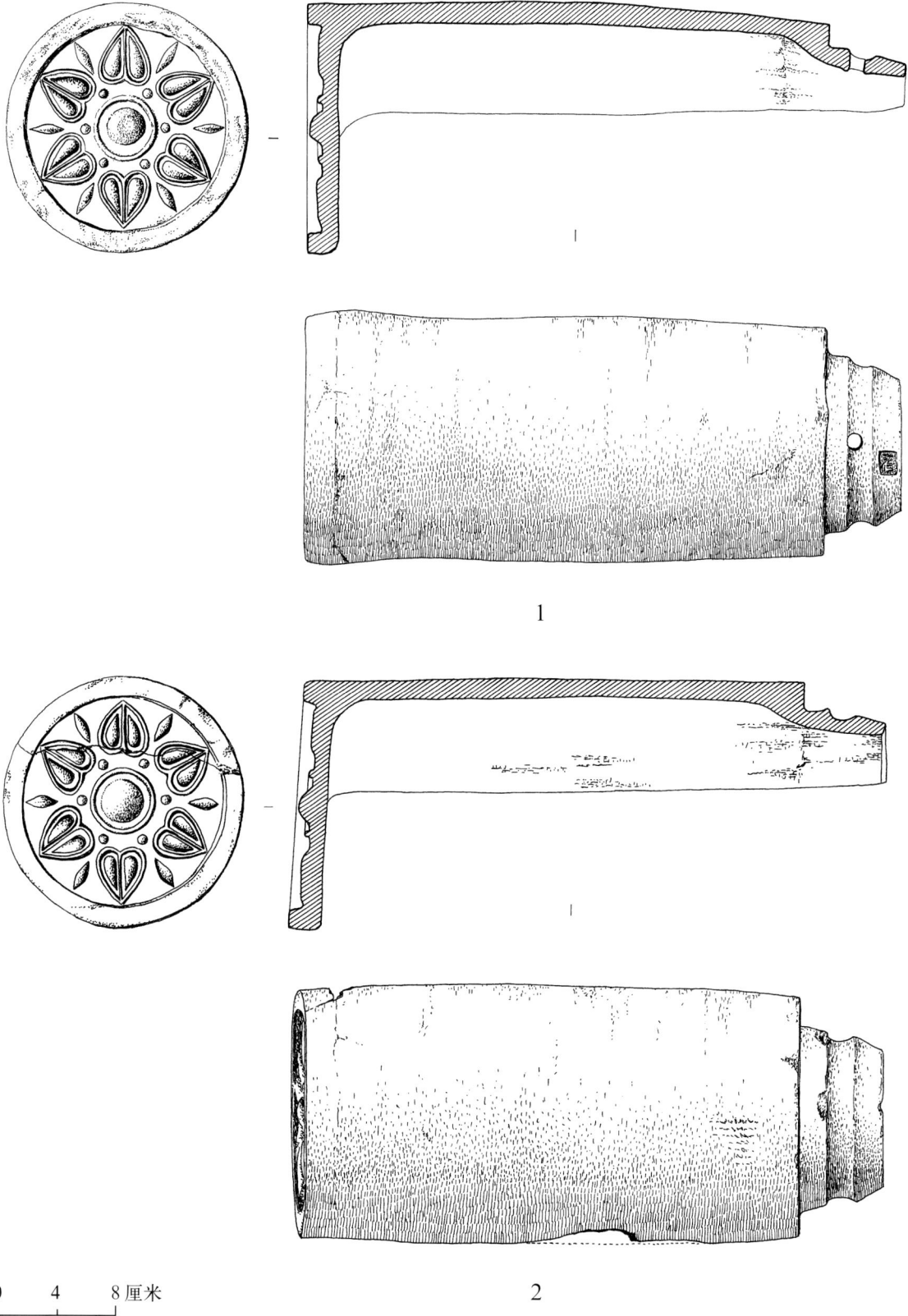

0　　4　　8厘米

图四九　一号宫殿址出土曲节形瓦唇檐头筒瓦
1. 01T4③：1　2. 01T12③：28

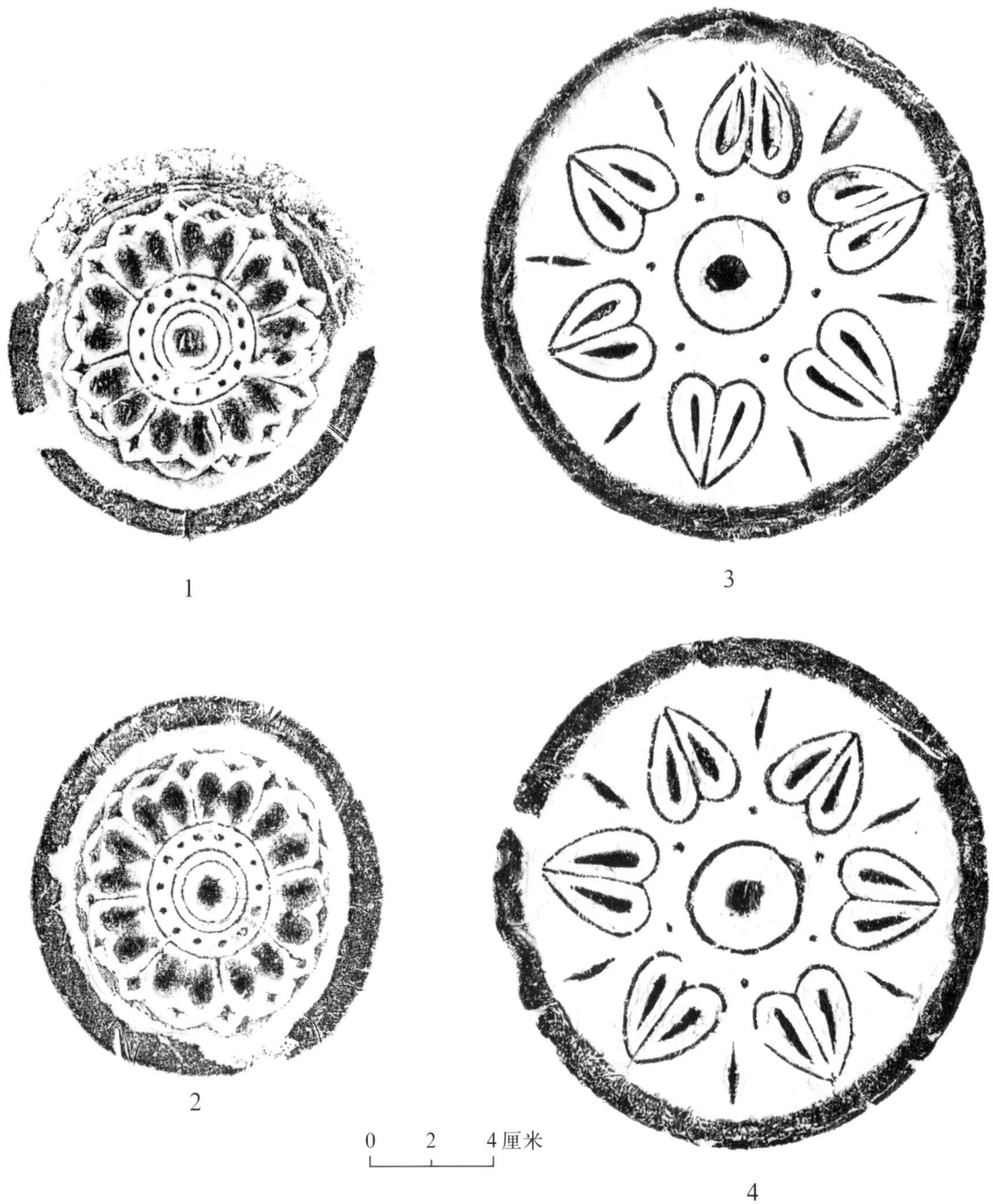

图五〇　一号宫殿址出土瓦当拓片

1. 01T16③:6　2. 01T16③:37　3. 01T4③:1　4. 01T12③:28

标本 2001HXNT16③:20，Ba 型瓦当接曲节形瓦唇筒瓦，瓦当残，瓦唇中央有 1 个圆形透孔。瓦体通长 39.8、瓦唇长 6、透孔直径 0.8～1 厘米；瓦唇下瓦体窄边宽 15.6、瓦当直径 15.2、乳突直径 1.6、乳突高 0.6、同心圆直径 2.8、边轮宽 1.2、边轮高 1 厘米（图五一，1）。

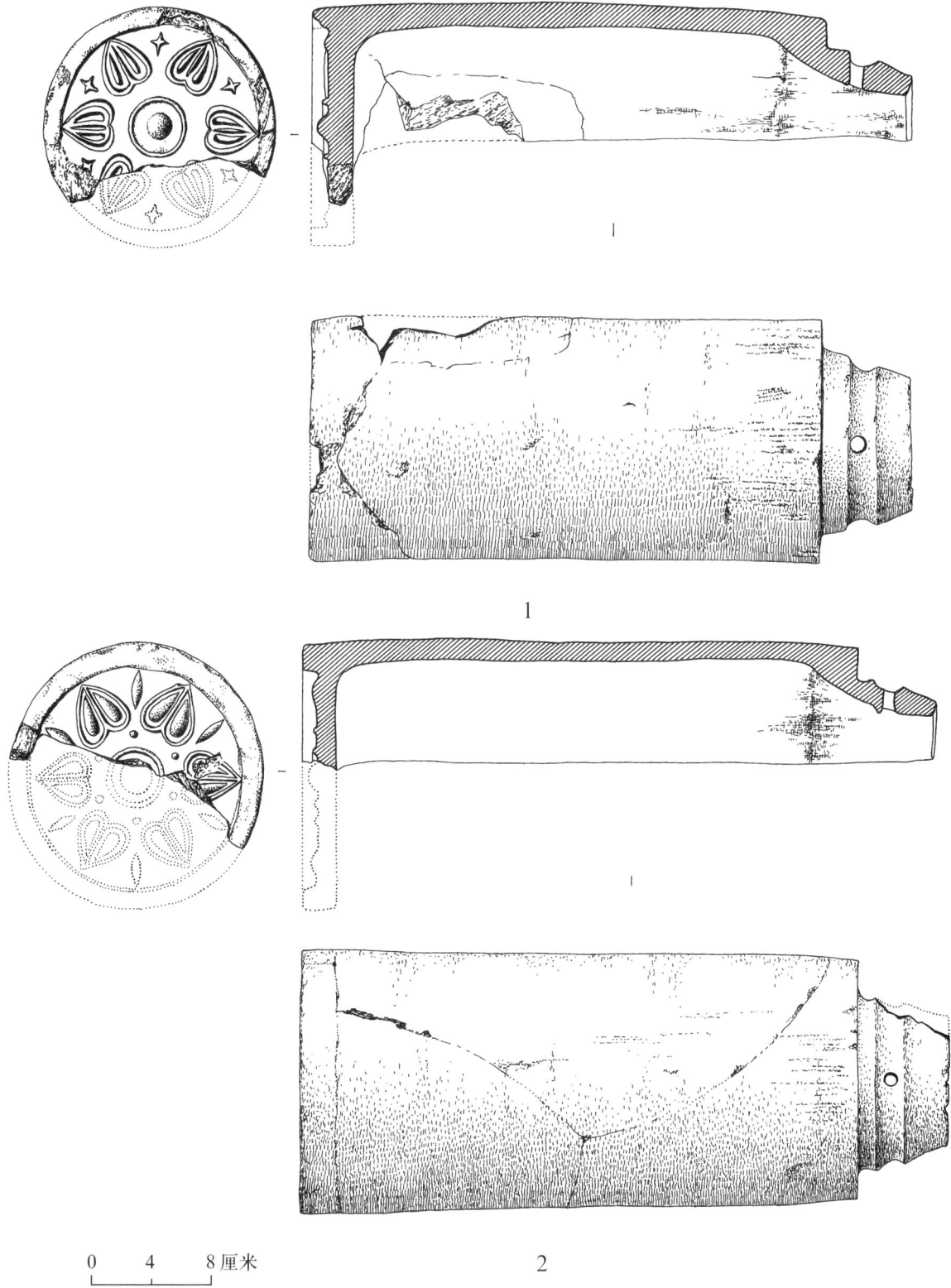

0　　4　　8厘米

1

2

图五一　一号宫殿址出土曲节形瓦唇檐头筒瓦
1. 01T16 ③：20　2. 01T3 ③：17

C．曲背檐头筒瓦

与瓦当相连的筒瓦呈曲背造型（下同），出土了5件，均残，其中包括3件曲背筒瓦器身残片，另见2件瓦当部位残片，均无法复原完整器形。

标本2001HXNT3③：5，器残，残存局部曲背筒瓦器身。曲节形瓦唇，瓦唇的近中央位置有1个圆形透孔，唇沿上施有模压阳文"秋"字。瓦体残长约20、瓦唇长7.2、透孔直径1.2厘米（图五二，3）。

标本2001HXNT12③：20，器残，曲背筒瓦器身基本完整。曲节形瓦唇，瓦唇的中央有1个圆形透孔。瓦体侧边近端处各有1个近圆形透孔，其性质不明。瓦体残长约23.5、瓦唇长4.8、瓦唇透孔直径07、近圆形透孔直径约3.4厘米（图五二，4；图版四九，1）。

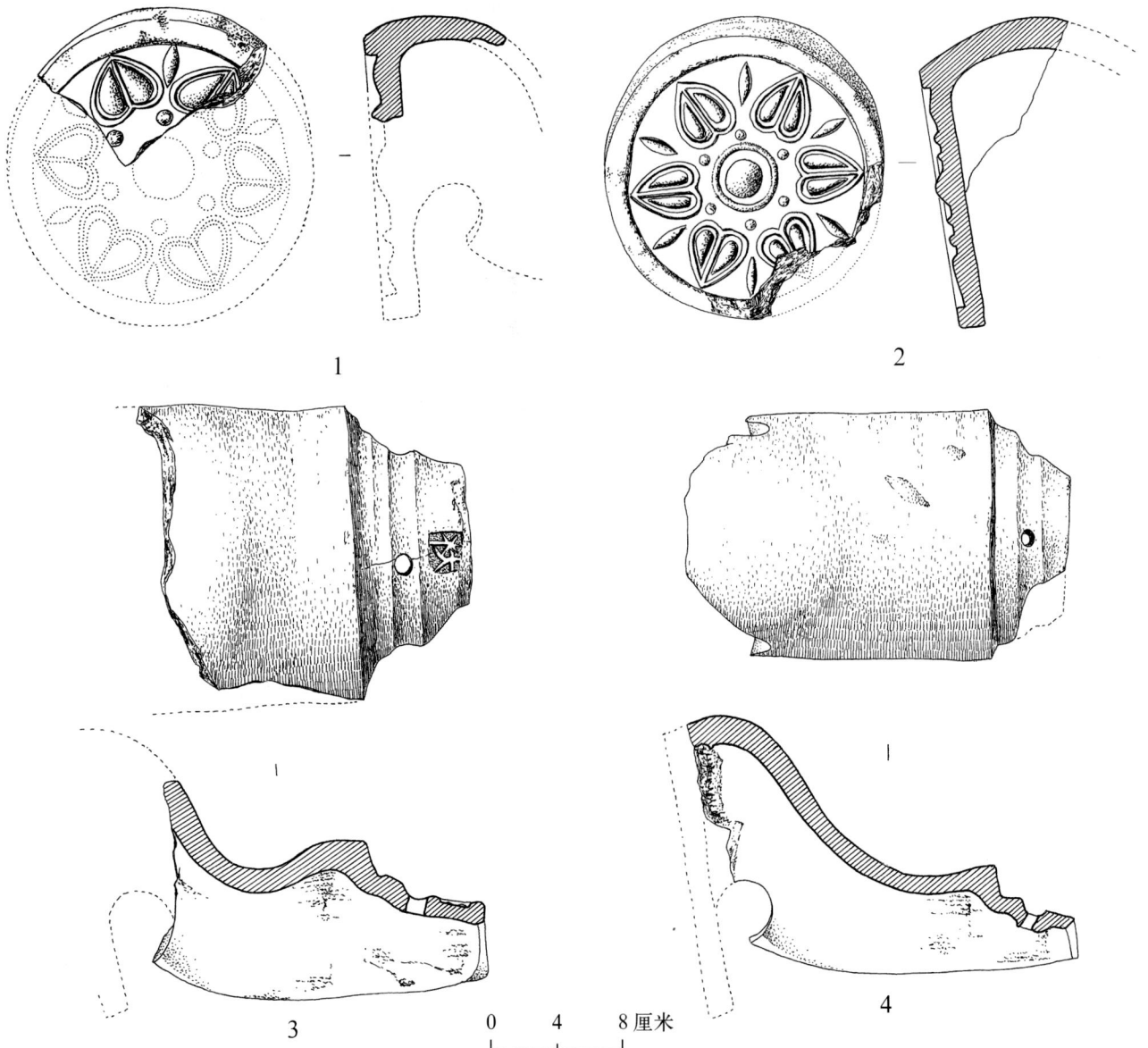

图五二　一号宫殿址出土曲背檐头筒瓦

1. 01T3③：14　2. 01T13南扩③：21　3. 01T3③：5　4. 01T12③：20

标本2001HXNT13南扩③：21，残存Aa型瓦当，曲背筒瓦器身残断。瓦当直径15.4、乳突直径2.2、乳突高0.8、同心圆直径4、边轮宽1～1.2、边轮高0.6厘米（图五二，2）。

标本2001HXNT3③：14，残存局部Ab型瓦当当面（图五二，1）。

（4）截角檐头筒瓦

与瓦当相接部位的筒瓦器身进行了截角处理（下同）。

一号宫殿址出土了1件瓦当部位标本，无法复原完整器形。

标本2001HXNT8③：88，Bb型瓦当残存近二分之一当面，接截角筒瓦。瓦当直径约13、边轮宽1、边轮高0.6厘米（图五九，2）。

4．瓦当

瓦当是檐头筒瓦的重要组成部件，由于在制作檐头筒瓦时普通筒瓦与瓦当是处于瓦坯的状态下黏合在一起的，故而该部位也是檐头筒瓦最容易断裂的地方，因此出土了大量的瓦当。

（1）A型　萼形间饰六瓣莲纹瓦当，100件标本。

A．Aa型　乳突环绕同心圆凸棱线纹、联珠纹，65件。

瓦当中央为半球体乳突，乳突的高度低于边轮高度。乳突之外由里及外依次环绕凸棱纹同心圆、6颗等距联珠纹、主体纹饰。

当面的主体图案为6瓣心形花瓣，花瓣呈凸棱线外轮廓，心尖朝外，心窝朝内，心尖与心窝之间以凸棱线作为界格将花瓣分为两个部分，界格的两侧各填充一瓣水滴形花肉。相邻两朵花瓣之间饰以萼形花纹，其数量与花瓣相同。

标本2001HXNT8③：21，瓦当直径16.8、乳突直径2、乳突高0.8、同心圆直径4、边轮宽1.2～1.4、边轮高1厘米（图五三，3；图五四，3）。

标本2001HXNT8③：3，瓦当直径16.8～17、乳突直径2、乳突高0.8、同心圆直径4.2、边轮宽1.1、边轮高0.9厘米（图五三，4；图五四，4；图版三四，4）。

B．Ab型　乳突环绕联珠纹瓦当，32件。

瓦当中央为半球体乳突，乳突高出边轮，其外由里及外依次环绕6颗等距联珠纹、主体纹饰，该型瓦当主体纹饰同于Aa型，但花瓣造型略显丰满。

标本2001HXNT16③：33，瓦当直径17.6、乳突直径3、乳突高1.2、边轮宽1.2、边轮高0.6～1厘米（图五三，5；图五四，5；图版三五，5）。

标本2001HXNT3③：2，瓦当直径17.6、乳突直径2.6、乳突高1.5、边轮宽1.4、边轮高0.8厘米（图五三，6；图五四，6）。

C．Ac型　与Ab型瓦当相比，两者纹饰相近，差异在于：一是该型瓦当形体变小，二是瓦当中央半球体乳突明显变小。1件。

标本2001HXNT12③：18，瓦当直径13.8、乳突直径1.1、乳突高3、边轮宽1、边轮高0.4厘米（图五三，1；图五四，1）。

D．Ad型　瓦当中央为半球体乳突，其外由里及外依次环绕8颗等距联珠纹、凸棱纹同心圆、主体纹饰。主体图案心形花瓣的外轮廓线线条纤细，水滴形花肉丰满。1件。

标本2001HXNT15③：9，瓦当残存近二分之一当面，瓦当直径约14、乳突直径约2.2、乳突高

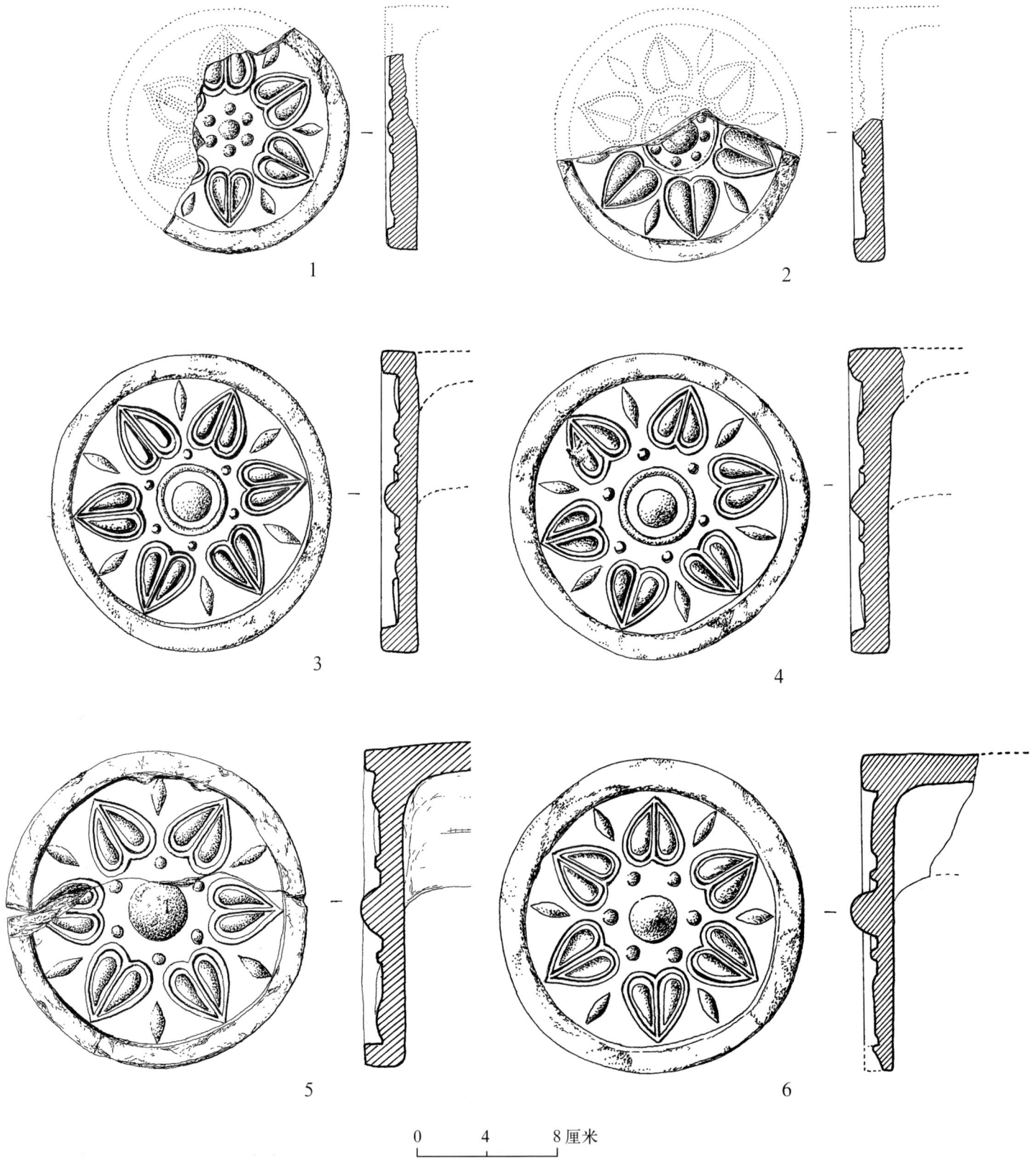

图五三　一号宫殿址出土瓦当

1. Ac型（01T12③∶18）　2. Ad型（01T15③∶9）　3、4. Aa型（01T8③∶21、01T8③∶3）　5、6. Ab型（01T16③∶33、01T3③∶2）

0.6、同心圆直径约4.2、
边轮宽0.8~1、边轮高
0.6厘米（图五三，2；图
五四，2）。

（2）B型　十字形间
饰六瓣莲纹瓦当，47件
标本。

A．Ba型　大型十字
形间饰六瓣莲纹瓦当，9
件。

瓦当中央为半球体乳
突，其外由里及外依次环
绕凸棱纹同心圆、主体纹
饰。瓦当的主体图案是6
瓣心形花瓣，心形花瓣中
央未见界格，花瓣内填充
3瓣水滴形花肉，花肉较
为纤细。相邻两朵花瓣之
间饰以十字纹，其数量与
花瓣相同。该型瓦当的直
径介于15.5~16厘米之
间，瓦当中央乳突与同心
圆的间隔较大。

标本2001HXNT12
③:17，瓦当直径15.7、乳
突直径1.8、乳突高0.6、
同心圆直径3.8、边轮宽
1.2、边轮高1厘米（图五
五，5；图五六，5；图版
三六，5）。

B．Bb型　小型十字
形间饰六瓣莲纹瓦当，38
件。

该型瓦当与Ba型的
差异在于：一是形体较
小，二是花瓣造型同于A

图五四　一号宫殿址出土瓦当拓片
1. 01T12③:18　2. 01T15③:9　3. 01T8③:21
4. 01T8③:3　5. 01T16③:33　6. 01T3③:2

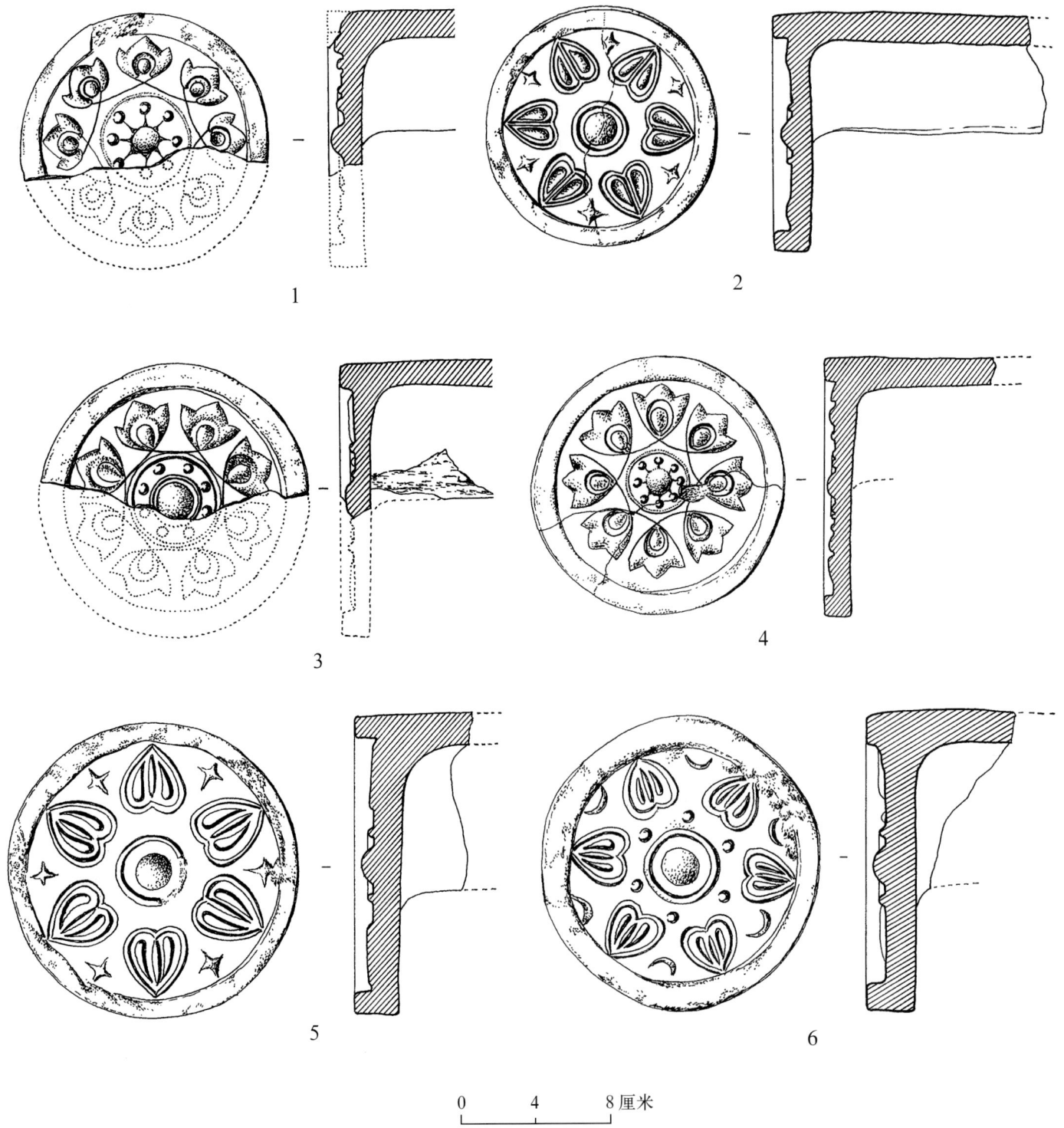

0　　　4　　　8厘米

图五五　一号宫殿址出土瓦当

1. Da 型（01T16③：4）　2. Bb 型（01T16③：32）　3. Dc 型（01T11③：1）
4. Db 型（01T16③：5）　5. Ba 型（01T12③：17）　6. C 型（01T12③：16）

型瓦当。该型瓦当的直径介于13～13.2厘米之间，瓦当中央乳突与同心圆的间隔较小。

标本2001HXNT16③：32，瓦当直径12.6、乳突直径1.8、乳突高0.5、同心圆直径3.2、边轮宽1～1.2、边轮高0.8厘米（图五五，2；图五六，2；图版三六，4）。

（3）C型　弯月形间饰莲纹瓦当，15件标本。

瓦当中央纹饰造型同于Aa型瓦当。主体图案是6瓣心形花瓣，心形花瓣造型同于Ba型瓦当，其中央未见界格，花瓣内填充3瓣水滴形花肉，花肉较为纤细。相邻两朵花瓣之间饰以弯月纹，其数量与花瓣相同。6轮弯月纹中，5轮月钩朝外，1轮月钩朝内。

标本2001HXNT12③：16，瓦当直径15.8、乳突直径2、乳突高0.6、同心圆直径4.2、边轮宽1.4、边轮高0.8～1厘米（图五五，6；图五六，6；图版三七，4）。

（4）D型　八朵单体连枝莲纹瓦当，5件标本。

A．Da型　乳突利用放射线纹连接联珠纹，1件。

瓦当中央区域相对较大。瓦当中央为半球体乳突，乳突利用放射线纹向外连接8颗等距联珠纹，其外环绕凸棱线纹同心圆。

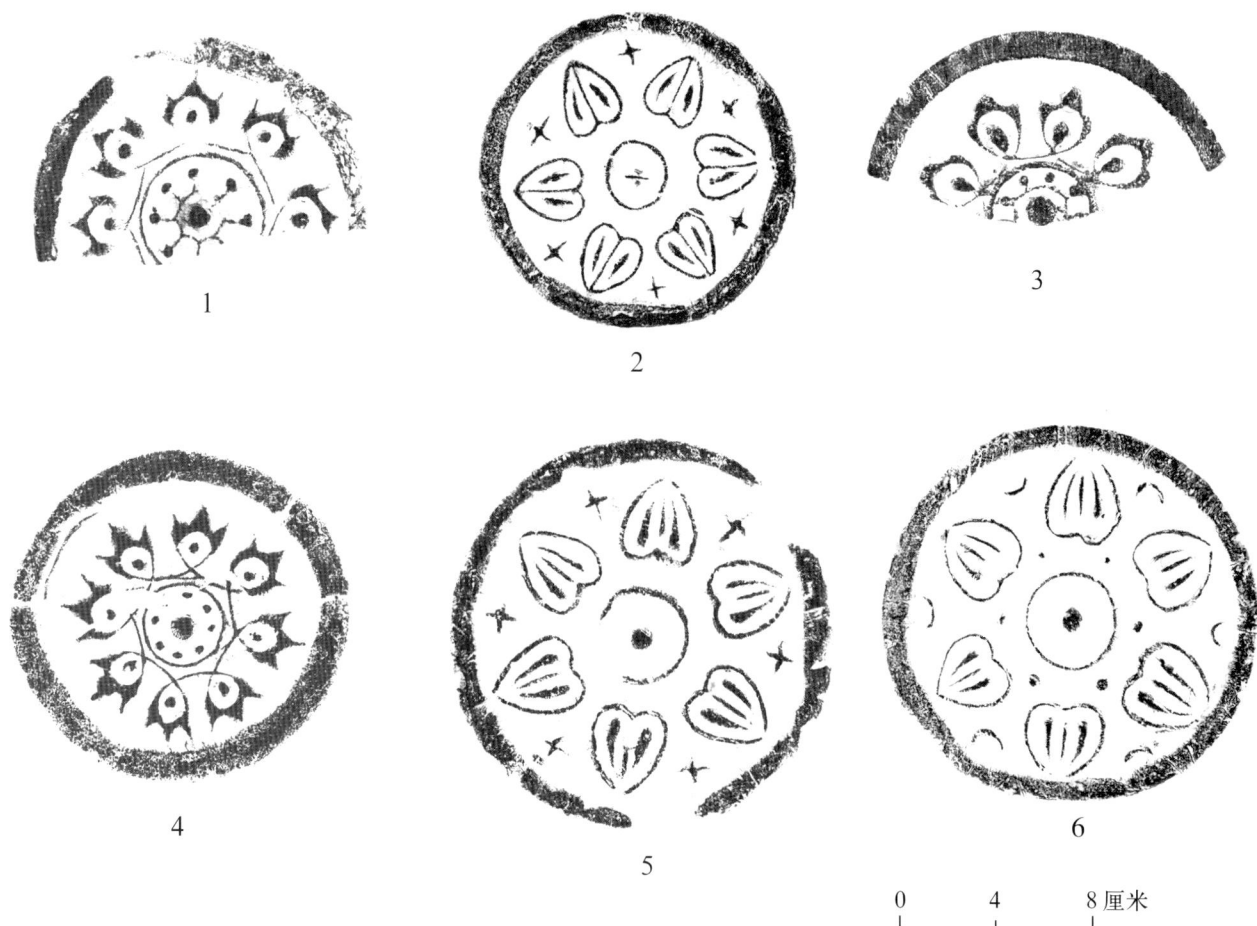

图五六　一号宫殿址出土瓦当拓片

1. 01T16③：4　2. 01T16③：32　3. 01T11③：1　4. 01T16③：5　5. 01T12③：17　6. 01T12③：16

瓦当的主体图案是8朵侧视莲纹，每朵莲纹与其左右两侧的莲纹相互交枝相连。该型瓦当8朵侧视莲纹图案，花瓣肥厚，标本2001HXNT16③:4，瓦当直径13.4、乳突直径1.4、乳突高0.6、同心圆直径5、边轮宽1、边轮高0.8厘米（图五五，1；图五六，1）。

B．Db型　乳突利用直线连接联珠纹，1件。

瓦当中央为半球体乳突，乳突利用直线向外连接8颗等距联珠纹，其外环绕凸棱线纹同心圆。

该型瓦当主体图案的8朵侧视莲纹图案，花瓣纤长，瓦当中央区域相对较小。

标本2001HXNT16③:5，瓦当直径13.5~14、乳突直径1.3、乳突高0.4、同心圆直径3.7、边轮宽1.2~1.4、边轮高0.5厘米（图五五，4；图五六，4；图版三八，1）。

C．Dc型　乳突外环绕两周同心圆，3件。

瓦当中央为半球体乳突，其外环绕两圈凸棱纹同心圆，在同心圆之间饰有8颗等距联珠纹。

该型瓦当主体图案的8朵侧视莲纹图案，花瓣纤长，造型同于Db型。

标本2001HXNT11③:1，残，残存近二分之一当面。瓦当直径14.2、乳突直径2、乳突高0.4、小同心圆直径2.8、大同心圆直径5.2、边轮宽1.2、边轮高0.8厘米（图五五，3；图五六，3）。

（5）E型　八瓣连体莲纹瓦当，7件标本。

A．Ea型　瓦当中央为半球体乳突，其外环绕两圈凸棱纹同心圆，同心圆之间饰以联珠纹。1件。

瓦当的主体图案是8瓣截体心形莲纹，花瓣心窝朝外，心尖没有显现。该型瓦当的花瓣在心形凸棱轮廓线内饰以同形花肉，花瓣之间有萼形花纹。

标本2001HXNT12③:15，瓦当直径12.4、乳突直径2、乳突高0.6、小同心圆直径2.8、大同心圆直径4.8、边轮宽1、边轮高0.6厘米（图五七，2；图五八，2；图版三八，4）。

B．Eb型　瓦当中央为半球体乳突，其外环绕3圈凸棱纹同心圆，在外两圈同心圆之间饰以14颗联珠纹，6件。

该型瓦当的主图图案的花瓣没有凸棱纹外轮廓线，花瓣外围饰以弧线、折角线形花萼。

标本2001HXNT13扩③:1，瓦当直径12.6、乳突直径2、乳突高0.6、小同心圆直径3.2、大同心圆直径4.6、边轮宽1、边轮高0.6厘米（图五七，1；图五八，1）。

（6）F型　六枝单体花草纹瓦当，5件标本。

A．Fa型　单纯花草纹瓦当，4件。

瓦当中央为半球体乳突，其外环绕两圈凸棱纹同心圆，在同心圆之间饰有8颗等距联珠纹。

瓦当的主体图案是6朵侧视花草纹，花草纹造型由花茎向左右两侧各漫展出3片花叶，上层花叶中间烘托出1朵3瓣花蕾。

标本2001HXNT16③:65，瓦当直径约15.2、乳突直径1.8、乳突高0.8、小同心圆直径1.6、大同心圆直径4.8、边轮宽1、边轮高0.6厘米（图五七，6；图五八，5）。

标本2001HXNT12③:3，瓦当直径约15、乳突直径2、小同心圆直径3、大同心圆直径5.2、边轮宽1.5、边轮高0.6厘米（图五七，7；图五八，6；图版三九，2）。

B．Fb型　心形间饰花草纹瓦当，1件。

该型瓦当仅见1件个体的局部残块，在八连城城址出土了该型瓦当的完整个体，在六朵花草纹之间饰心形纹饰[①]。

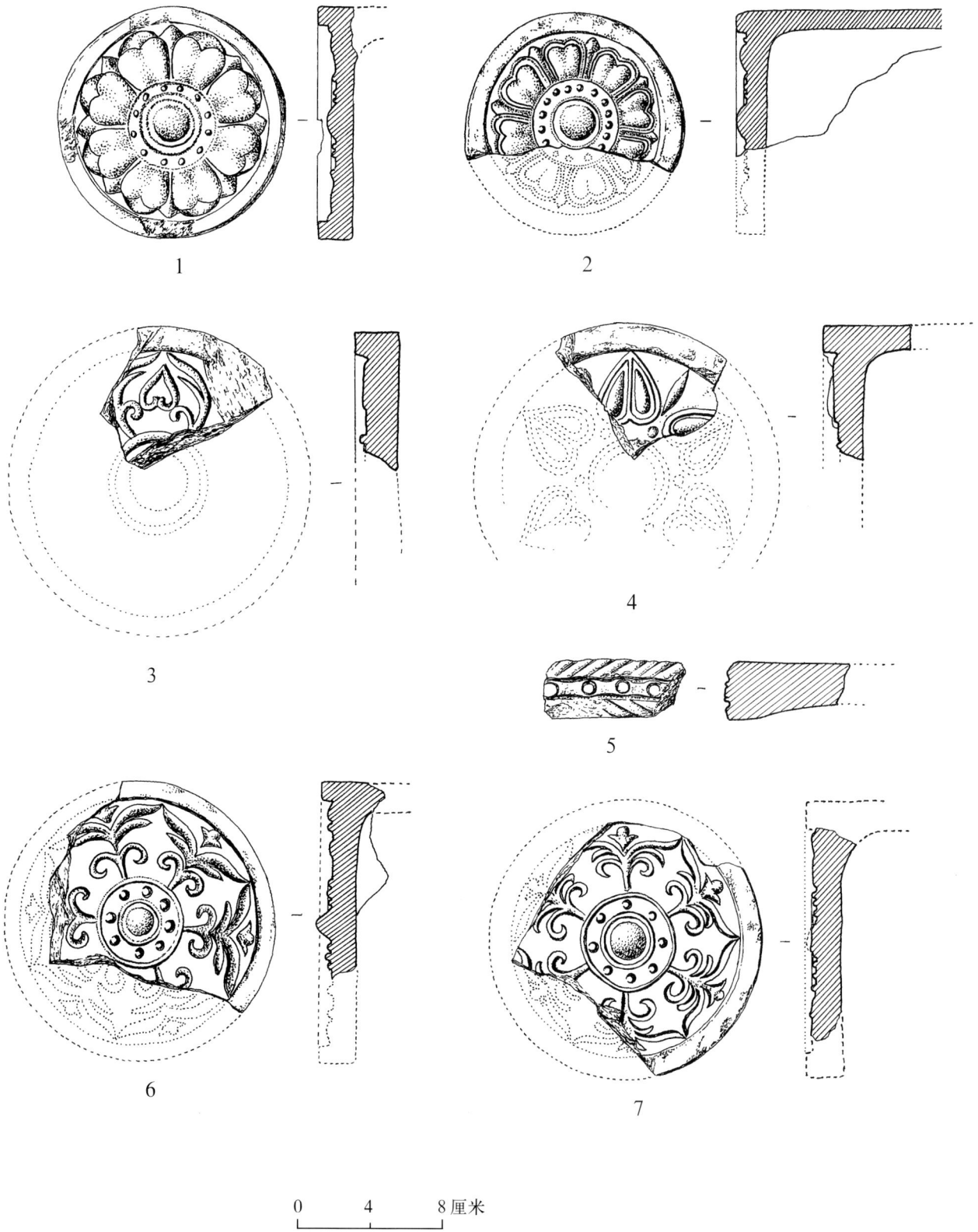

0　　　4　　　8厘米

图五七　一号宫殿址出土瓦当、红褐陶檐头板瓦

1．Eb型瓦当（01T13扩③：1）　2．Ea型瓦当（01T12③：15）　3．Fb型瓦当（01T12③：13）　4．红褐陶A型瓦当（01T2②：5）　5．红褐陶C型檐头板瓦（01T1①：10）　6、7．Fa型瓦当（01T16③：65、01T12③：3）

标本 2001HXNT12 ③：13，残存近六分之一当面，边轮宽 1.2、边轮高 0.6 厘米（图五七，3；图五八，3；图版三九，4）。

（7）红褐陶瓦当、檐头板瓦

在一号宫殿址区域，出土了 4 件红褐陶质地的檐头筒瓦、檐头板瓦残片，其中包括 3 件瓦当残片、1 件檐头板瓦残片。它们是西古城城址历时 5 年发掘中仅见的红褐陶建筑构件，在灰陶占绝对优势的情况下，其所占的比例不足千分之一。

3 件瓦当标本均属 A 型萼形间饰六瓣莲纹瓦当。

标本 2001HXNT4 ③：2，器残，当面仅残存 1 瓣莲纹、1 瓣萼形间饰，边轮宽 1.4、边轮高 0.6 厘米。

标本 2001HXNT3 扩 ③：2，器残，当面见有萼形间饰，但未能留存完整莲纹，边轮宽 1.6、边轮高 0.6 厘米。

标本 2001HXNT2 ②：5，器残，当面仅残存 1 瓣莲纹、1 瓣萼形间饰、1 颗联珠纹，边轮宽 1.4、边轮高 0.8 厘米（图五七，4；图五八，4；图版三九，3）。

C 型檐头板瓦，标本 2001HXNT1 ①：10，檐头残长 7.8、檐头端面宽 3.2 厘米（图五七，5）。

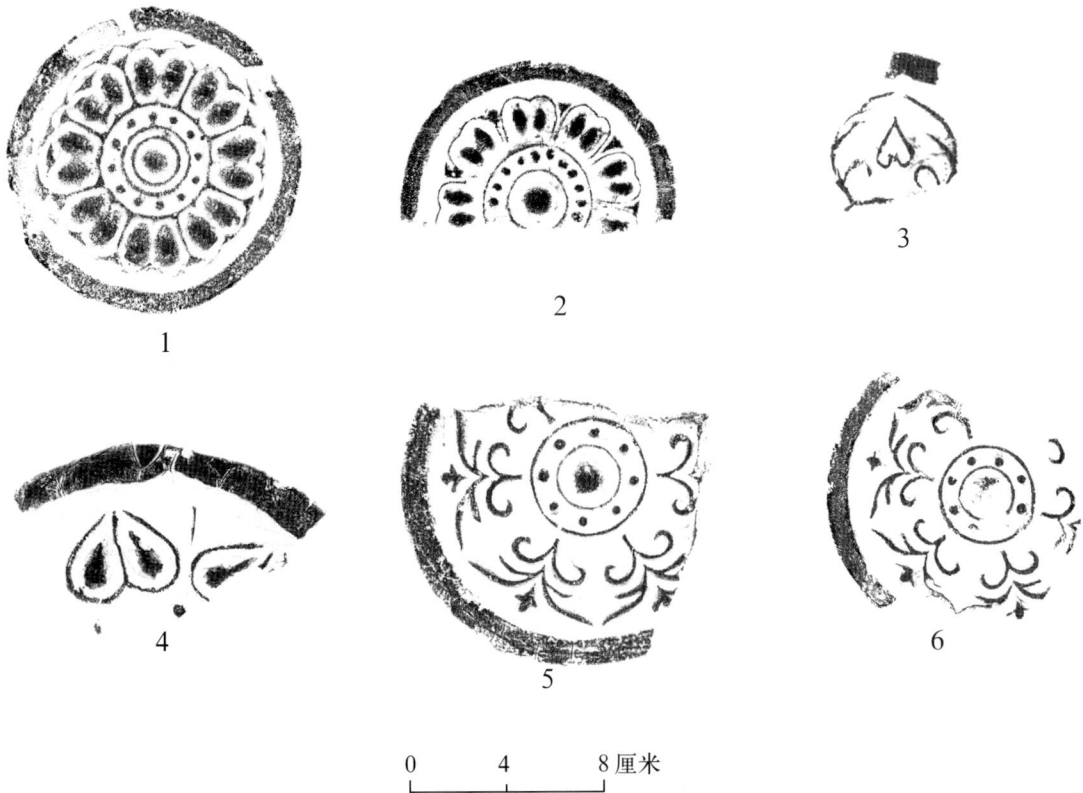

图五八　一号宫殿址出土瓦当拓片

1. 01T13扩③：1　2. 01T12③：15　3. 01T12③：13　4. 01T2②：5　5. 01T16③：65　6. 01T12③：3

5．当沟①

标本2001HXNT16③：32，器残。器身形状是在筒瓦轮廓的基础上加工而成，制坯时未做瓦唇，并对横向器体下部进行了舌状加工。器身正面（凸面）左侧上部近端处施模压阳文"今"字，凹面布满布纹，舌形轮廓的边沿切割得比较光滑。器身顶边残长28.2、舌状底边残长14、器身宽18.4、器身弦高8.2、器壁厚1～1.2厘米（图五九，3；图版四九，6）。

6．压当条

标本2001HXNT19③：20，器身顶端一角残断，舌状底边，使用板瓦瓦坯加工而成，在器身凸面左上角处施有模压阳文"光"字。器体纵向长40、顶边残宽5、底边宽14厘米（图五九，1；图版五〇，6）。

（二）釉陶质建筑构件

1．绿釉曲节形瓦唇筒瓦　1件，可复原。

标本2001HXNT15③：11，瓦唇、瓦身略残。曲节形瓦唇未施釉，瓦身凸面通体施釉，红褐色胎体。瓦体残长32.8、瓦身宽约18、瓦唇残长5.4厘米（图四七，2）。

标本2001HXNT3③：15，瓦身残断，瓦唇长5.8、瓦体残长22.8厘米（图四七，4）。

2．绿釉檐头筒瓦　1件。

标本2001HXNT15③：6，筒瓦器身残缺，残存Aa型瓦当，瓦当当面残存3瓣莲纹，局部烧制变形。瓦当直径约17.4、边轮宽1.2、边轮高1厘米（图四七，6；图版三三，1）。

3．屋脊装饰物　屋脊装饰物包括兽头、鸱尾、套兽。

（1）兽头　建筑物垂脊或戗脊之上的装饰形瓦件。一号宫殿址出土的兽头均破损严重，出土的残件中包括5件兽头底座的残块，表明该建筑至少装饰有5件兽头。

标本2001HXNT8③：14，雕塑造型，器表施墨绿色釉，器残，残存右眼及嘴部的局部器身，在器体的残断处显现泥质红陶胎体。

眼部，半椭圆体眼球明显突出于眼眶，眼皮呈叶状，上眼皮三层叶片弧状相叠，下眼皮单层叶片，制作时是利用眼球后部的锥状根部将其插入叶状眼皮之中的。

口部残存局部下颌牙床，下颌牙床呈折尺形，利用"十"字形刻划纹表现牙齿，獠牙之间有近似"米"字形刻划纹饰。

兽头器体最大残宽约18、最大残高约15.6厘米（图六〇，1）。

标本2001HXNT11③：3，雕塑造型，器表施墨绿色釉，器残，器体残存眼睛、鼻子及嘴部，在器体的残断处显现泥质红陶胎体。

兽头的眼部，半椭圆体眼球明显突出于眼眶，眼皮呈叶状造型，上眼皮三层叶片弧状相叠，下眼皮单层叶片，制作时是利用眼球后部的锥状根部将其插入叶状眼皮之中的。

鼻子位于两眼之间，鼻子的顶部略高于眼睛。鼻梁斜向朝上，鼻梁中部有脊，鼻孔呈横向通孔。

口部残存局部下颌牙床。下颌牙床呈折尺形，下颌牙床用"十"字形刻划纹表现牙齿。

兽头眼部器体的最大残宽27.6、鼻部至底座的残高23.4厘米（图六〇，2；图版二九，2）。

标本2001HXNT13扩③：10，雕塑造型，器表施墨绿色釉，器残，残存嘴部下颌牙床的局部器身，在器体的残断处显现泥质红陶胎体。在器身的后部，残存穿钉透孔。

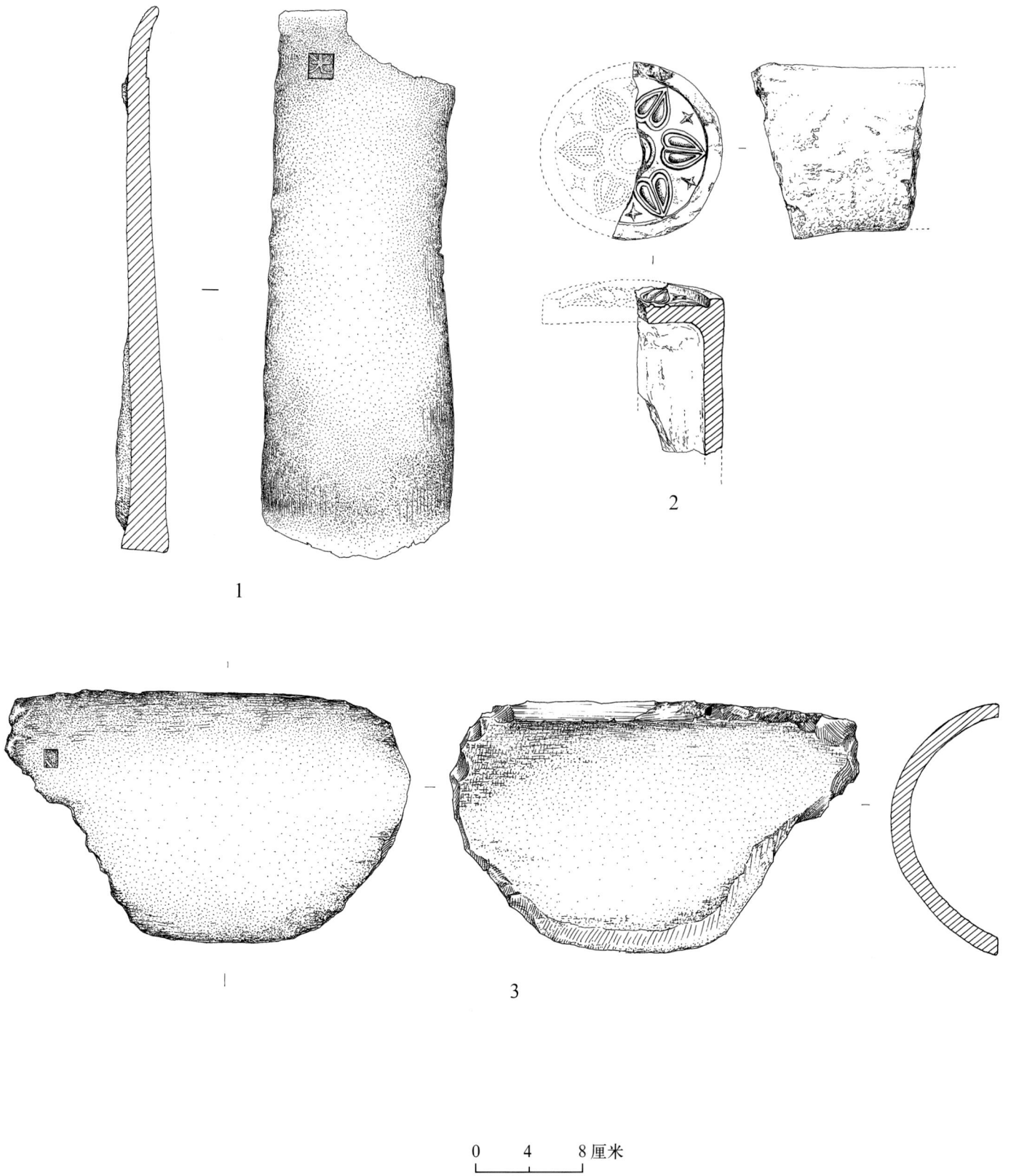

0　　4　　8厘米

图五九　一号宫殿址出土截角檐头筒瓦、当沟、压当条

1. 压当条（01T19③∶20）　2. 截角檐头筒瓦（01T8③∶88）　3. 当沟（01T16③∶32）

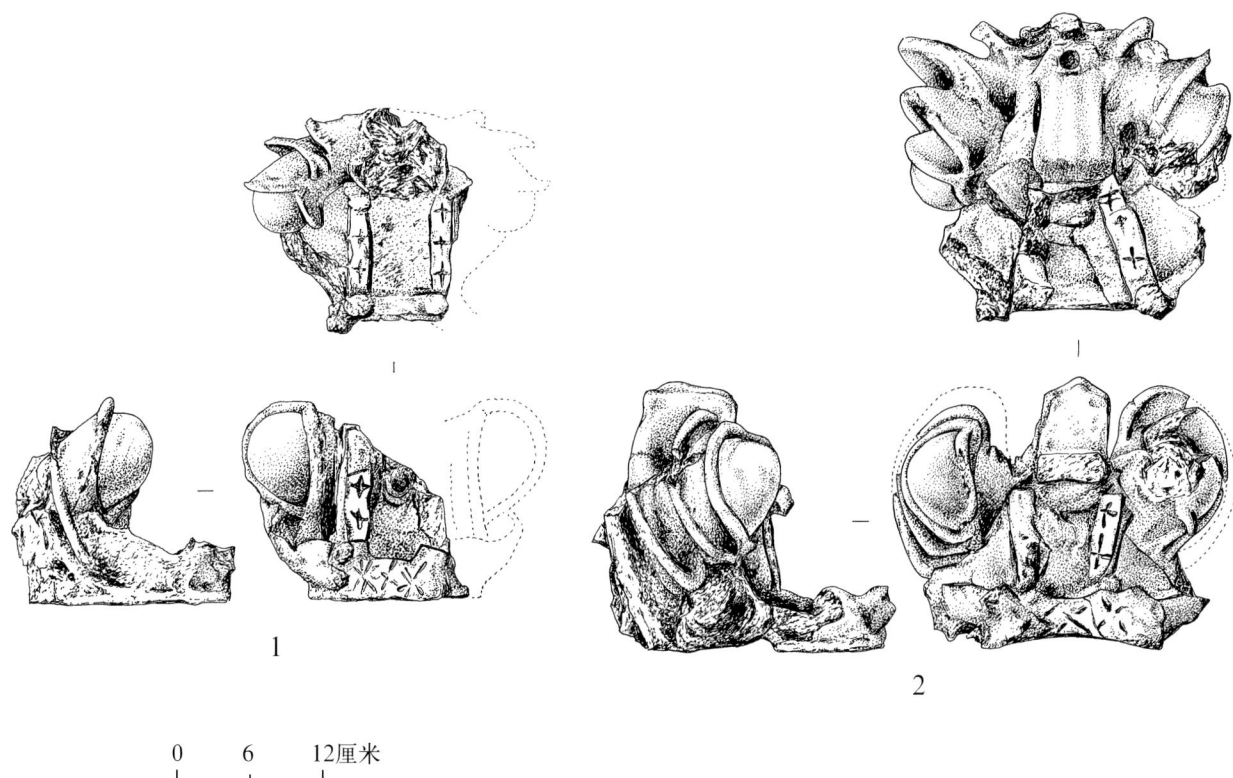

图六〇　一号宫殿址出土绿釉兽头

1. 眼部、下颌（01T8 ③：14）　　2. 眼部、鼻子、下颌（01T11 ③：3）

下颌牙床残存纵向两排牙床，各留存2颗"十"字形刻划纹牙齿。在下颌牙床的前部，留存2颗下颌獠牙的根部。兽头的底座略显内凹。

兽头器体横向最大残宽约26.6、纵向最大残高约9.2厘米（图六一，1）。

标本2001HXNT13扩③：11，雕塑造型，器表施墨绿色釉，器残，残存嘴部下颌牙床的局部器身，在器体的残断处显现泥质红陶胎体。

下颌牙床呈折尺形，残存的纵向两排牙床，使用横、纵线刻划纹表现牙齿。獠牙残断，留存下2颗獠牙的根部，在2颗獠牙之间，用3条纵向刻划线纹表现牙齿。

在下颌右侧獠牙的右侧，留存1个扇形的嘴唇。兽头底座略显内凹。

兽头器体横向最大残宽约17、纵向最大残高约8厘米（图六一，5）。

标本2001HXNT16 ③：31，雕塑造型，器表施墨绿色釉，器残，残存嘴部下颌牙床的局部器身，在器体的残断处显现泥质红陶胎体。

该标本的残存状况与标本2001HXNT13③：11基本相同，造型风格也基本相同，其2颗獠牙之间，有8条纵向刻划线纹。

兽头器体横向最大残宽约16、纵向最大残高约8厘米（图六一，4）。

标本2001HXNT15 ③：4，雕塑造型，器表施墨绿色釉，器残，残存鼻子后部的竖鬃、扇面形装

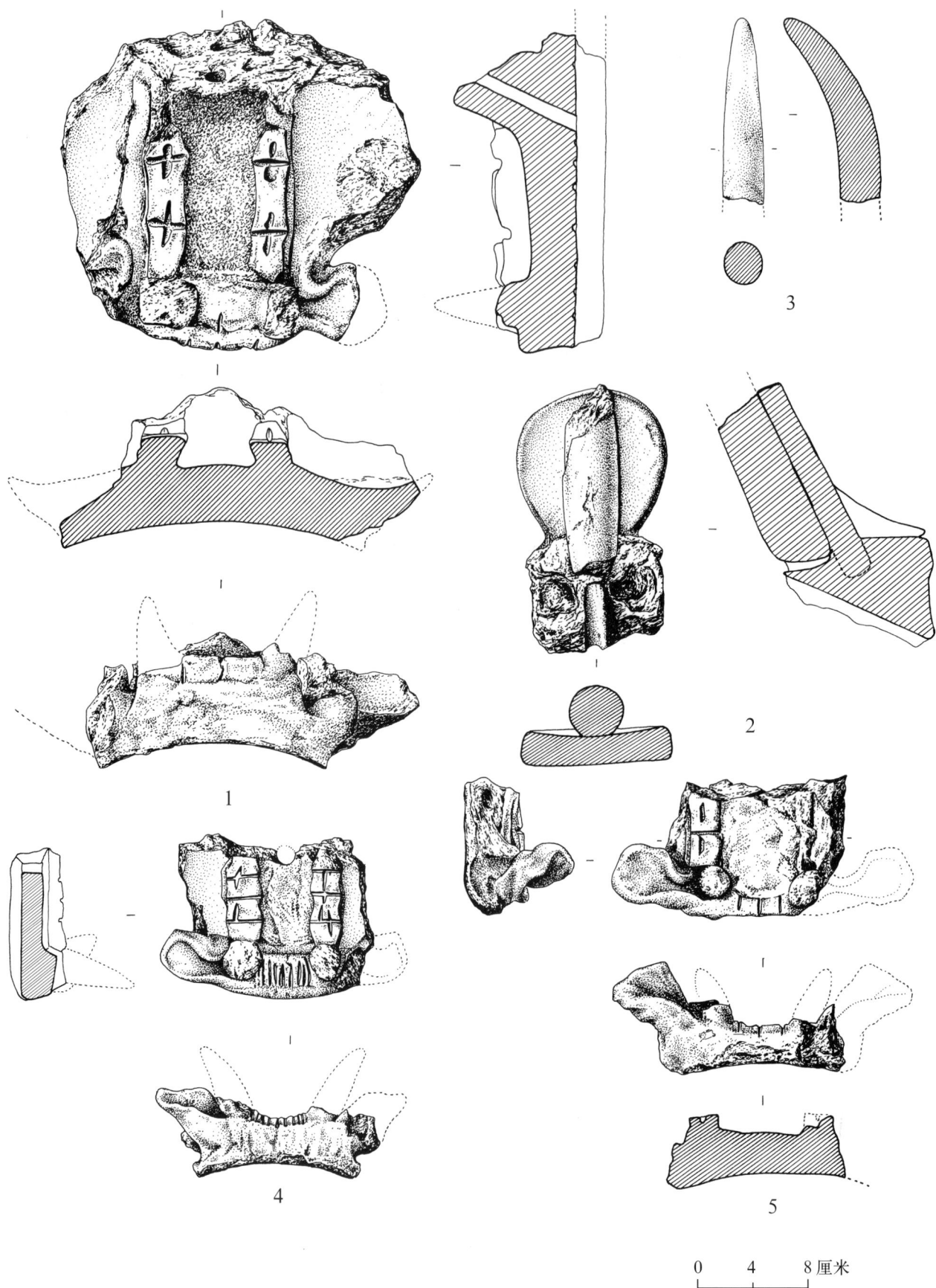

图六一 一号宫殿址出土绿釉兽头

1、5. 下颌 (01T13扩③：10、01T13扩③：11)　　2. 竖鬃、扇面形装饰 (01T15③：4)　　3. 竖鬃 (01T20扩③：9)　　4. 嘴部、下颌 (01T16③：31)

饰，在器体的残断处显现泥质红陶胎体。竖鬃残存下半部器身，扇面形装饰完整。

器体横向残宽11、纵向残高19.2厘米（图六一，2）。

标本2001HXNT20扩③：9，墨绿釉，兽头竖鬃，根部残断，其残断处显现泥质红陶胎体。

竖鬃弧线锥状造型，残长13、最大截面直径约3厘米（图六一，3）。

标本2001HXNT13南扩③：5，兽头獠牙，器身残断处显现泥质红陶胎体，器表施墨绿色釉。

獠牙呈弧线锥体造型，根部残断。残长10.2、截面最大直径3.2厘米。

（2）鸱尾　建筑物正脊两端之装饰形瓦件。一号宫殿址出土了1件鸱尾残块。

标本2001HXNT16③：30，雕塑造型，器身上部残缺。整个器体由5个独立制作的部分组成，烧制时将其黏接成器。5个部件是，正面器身、背面器身，连接正、背面器身的3个构件：正、背面器身之间的上部拱形器身，正、背面器身之间的前端挡板，正、背面器身之间的内侧隔板。器身的残断处显现出夹砂黄褐陶胎体，器表施墨绿釉，多处器表因泛铅锈而呈灰白或黄褐色。

鸱尾装饰于正脊的两端，其正面器身与背面器身具有相同的纹饰图案。正视鸱尾，形如鱼尾。器身前部素面，纹饰图案位于器身的后部，利用凸起的纹饰图案表现鳍身、鳍刺。在距器身前端44厘米处有凸棱线纹的鳍身图案，其上部残缺。在两条凸棱线纹鳍身内部，残存3个纵向排列的半球体装饰图案，半球体装饰是后贴附于器身的。在鳍身的后部，残存11条呈横排纵向排列的凸棱纹斜向弧线鳍刺。

鸱尾器身内空。鸱尾底座的各种构件的中央各有1个位置对应的略呈长方形的镶嵌凹槽，以便于将鸱尾固定在屋脊的梁木上。此外，在隔板底部凹槽的上部另见有一个不规则圆形透空，用于由上而下穿钉固定鸱尾。

正视鸱尾，底边边长30、器身残高59.2厘米；底座左侧端面，底边边长23.2、高14、镶嵌凹槽宽5.6、高4.8厘米；鳍身宽12、半球体直径6.4、高2.4厘米（图六二；图版三〇，4）。

标本2001HXNT15③：5，鳍身部位的半球体残片，半球体的外缘环绕有联珠纹，半球体的直径8厘米（图六四，2）。

（3）套兽　安装于建筑物正面和侧面屋顶斜坡相交处，也就是垂脊处的装饰形瓦件[12]。一号宫殿址出土的套兽，除标本2001HXNT21③：6基本可以复原外，另见一些残损的套兽部件，其中包括左耳3个、右耳3个、左眼3个、鼻子2个，综合上述残件，表明一号宫殿屋脊上至少安装有4件套兽。

标本2001HXNT21③：6，雕塑造型，略残。器身残损处显现灰白、浅红褐色胎体。器表通体施釉，但不同部位所使用的釉料有所差异。大体上，胡须、毛发、眼部施浅绿釉，釉体剥落较重，多处器表因泛铅锈而呈灰白色；鼻部、嘴部施酱黄釉，牙齿剥釉严重。该套兽的造型，生动、形象。

浓眉、大眼。眉弓呈波浪状突起，用梳状工具刻划出弧线眉毛。眼部造型的侧视效果明显。其正面视角几乎被鼻部造型遮挡，其眼睛呈叶状造型，眼角上翘，椭圆形眼球略显外凸。

挺鼻、阔嘴。鼻梁平直，卵形鼻孔。嘴部造型夸张，以弓形凸棱线表现嘴唇。上下颌牙齿咬合在一起且牙龈外露，正面视角观察，上下颌各显露两颗獠牙，其间各有4颗门齿；侧面视角观察，正面可视的獠牙后部各有1颗略小的獠牙，其后是依次渐小的4颗牙齿。

脸部四周装饰有缕状造型的卷曲胡须、毛发，下颌正中为1缕下垂的胡须，其左右两侧各有3缕下垂的胡须；腮部及眉弓后部有3缕横向毛发，其后部的毛发没有分缕，用梳状工具刻划而成的横向

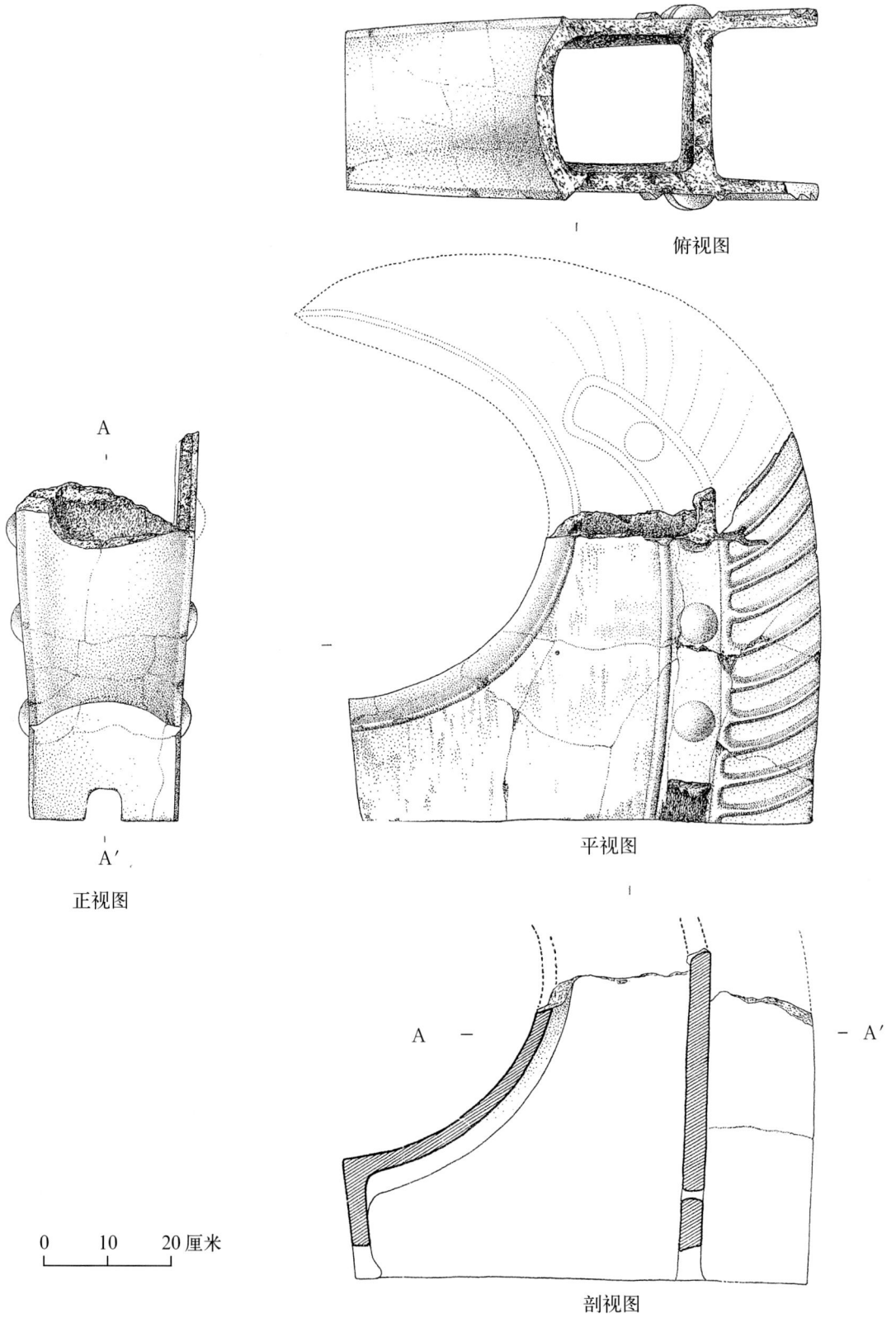

俯视图

A

A′

正视图

平视图

0 10 20厘米

A — — A′

剖视图

图六二 一号宫殿址出土绿釉鸱尾（01T16 ③：30）

划纹加以表现。

顶部中央施有一道纵向贯穿器身的压印凹槽，兽头后部有5个圆形透孔，顶部中央1个，侧面各有两个。

兽头后端为抹斜平面，中部内空，表明该兽头在安装时是套在屋脊梁木上的，5个圆形透孔则应该用于穿钉。

正视套兽，底边宽34.4、器身残高20.6厘米；侧视套兽，底边宽20.2，器身残高22.8厘米；后视套兽，器身中部透空最大宽度10.4、高13厘米（图六三；图版三一，3）。

标本2001HXNT13南扩③：12，器残，残存鼻子和正面上、下颌獠牙之间的牙齿。上下颌獠牙咬合在一起，獠牙之间上、下颌各有4颗排列整齐的牙齿。其中，上颌牙齿的造型大于下颌牙齿。

残存器体最大宽度15.4、最大高度8.6厘米（图六四，6；图版三一，1）。

标本2001HXNT9②：5，残存局部下颌胡须，器宽16.8、残高11.2厘米（图六四，9）。

标本2001HXNT9②：4，残存眼部器片（图六四，3）。

标本2001HXNT9②：6，残存左侧兽耳，残长11.8、残高6.6厘米。

4．绿釉柱围　5件。在地面之上装饰柱础的构件。柱围的器表施墨绿釉、淡绿釉，内壁不挂釉呈红褐色胎体颜色⑬。

标本2001HXNT12③：19，残，弧壁，顶部圆唇，底部平沿。残长约14、高10、壁厚1.6厘米；合围后的顶面直径约28.8厘米（图六五，4）。

标本2001HXNT12③：11，残，弧壁，顶部尖唇，底部平沿。残长约18.8、高8.8、壁厚3.2厘米；合围后的顶面直径约30.4厘米（图六五，5；图版三二，4）。

标本2001HXNT15③：8，残，弧壁，顶部尖唇，底部平沿。残长约8.8、高6.8、壁厚2.8厘米；合围后的顶面直径约28厘米（图六〇，6）。

标本2001HXNT9③：8，残，弧壁，顶部圆唇，底部平沿。残长约8.8、高8.2、壁厚1.2厘米；合围后的顶面直径约28.4厘米（图六五，7）。

标本2001HXNT7③：7，残，弧壁，顶部尖唇，底部抹斜平沿。残长约11.6、高7.6、壁厚2厘米；合围后的顶面直径约27.2厘米（图六五，8）。

5．未名釉陶建筑构件　残，未能确定器形、用途。

标本2001HXNT13南扩③：16，黄褐釉，残存器片呈折角莲瓣造型。残高7.6、壁厚2.2厘米（图六四，4）。

标本2001HXNT13南扩③：17，黄褐釉，残存器片呈折角莲瓣造型。残高11、壁厚3.8厘米（图六四，7）。

标本2001HXNT8③：1，绿釉，残存器片的中央施有刻划的倒三角形纹饰。壁厚约2.8厘米（五九，5）。

标本2001HXNT11③：43，器身上部残，底部平沿。器表有三角形凹槽，其内施纵向刻划线纹。凹槽内挂墨绿釉，器表施淡绿釉。残高17.8、壁厚3.6厘米（图六四，8）。

6．器皿

（1）黄绿釉陶缸　残存腹身上部浅浮雕纹饰带部位的器片⑭。

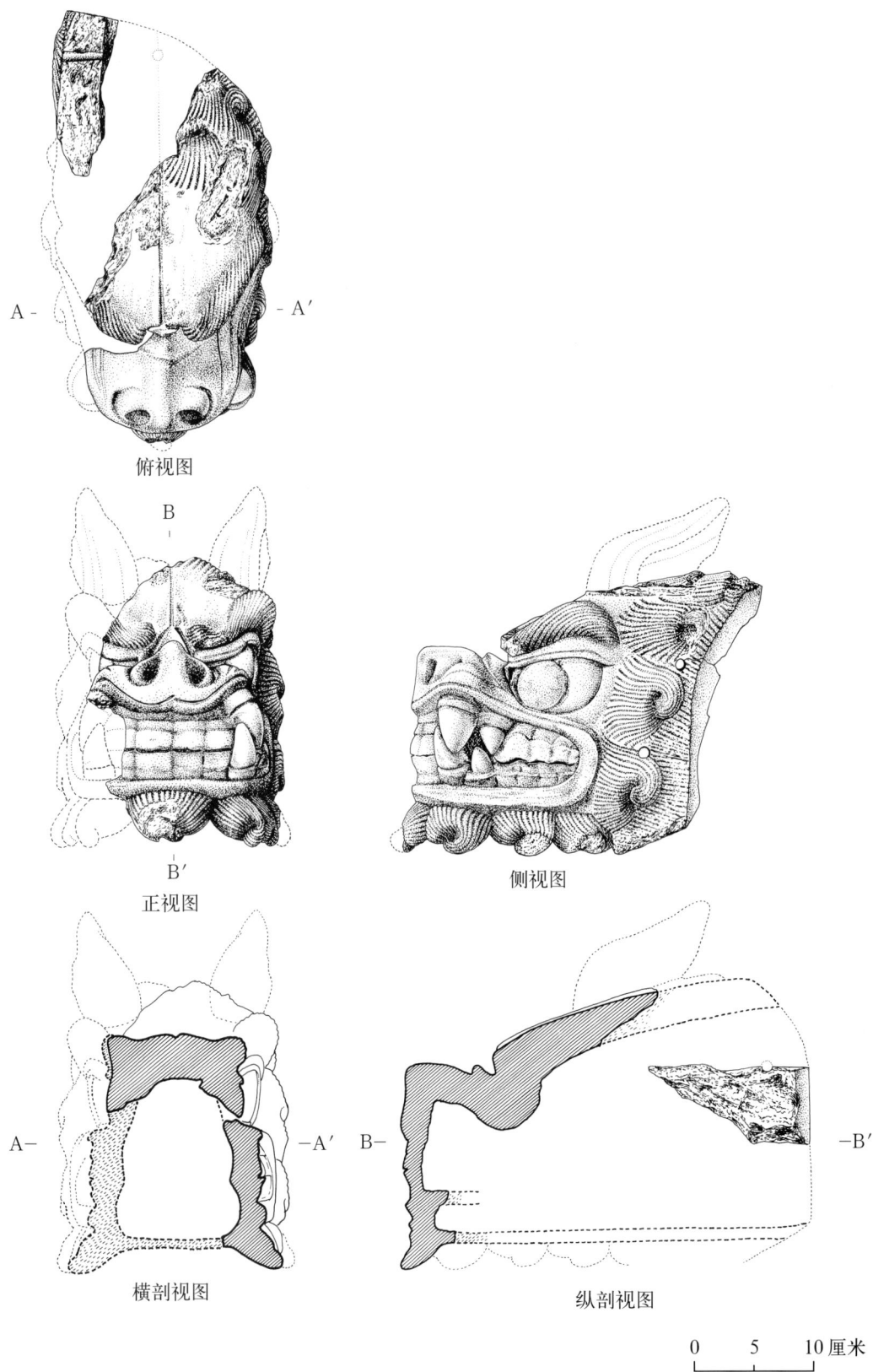

俯视图

正视图

侧视图

横剖视图

纵剖视图

0　　5　　10厘米

图六三　一号宫殿址出土绿釉套兽（01T21 ③∶6）

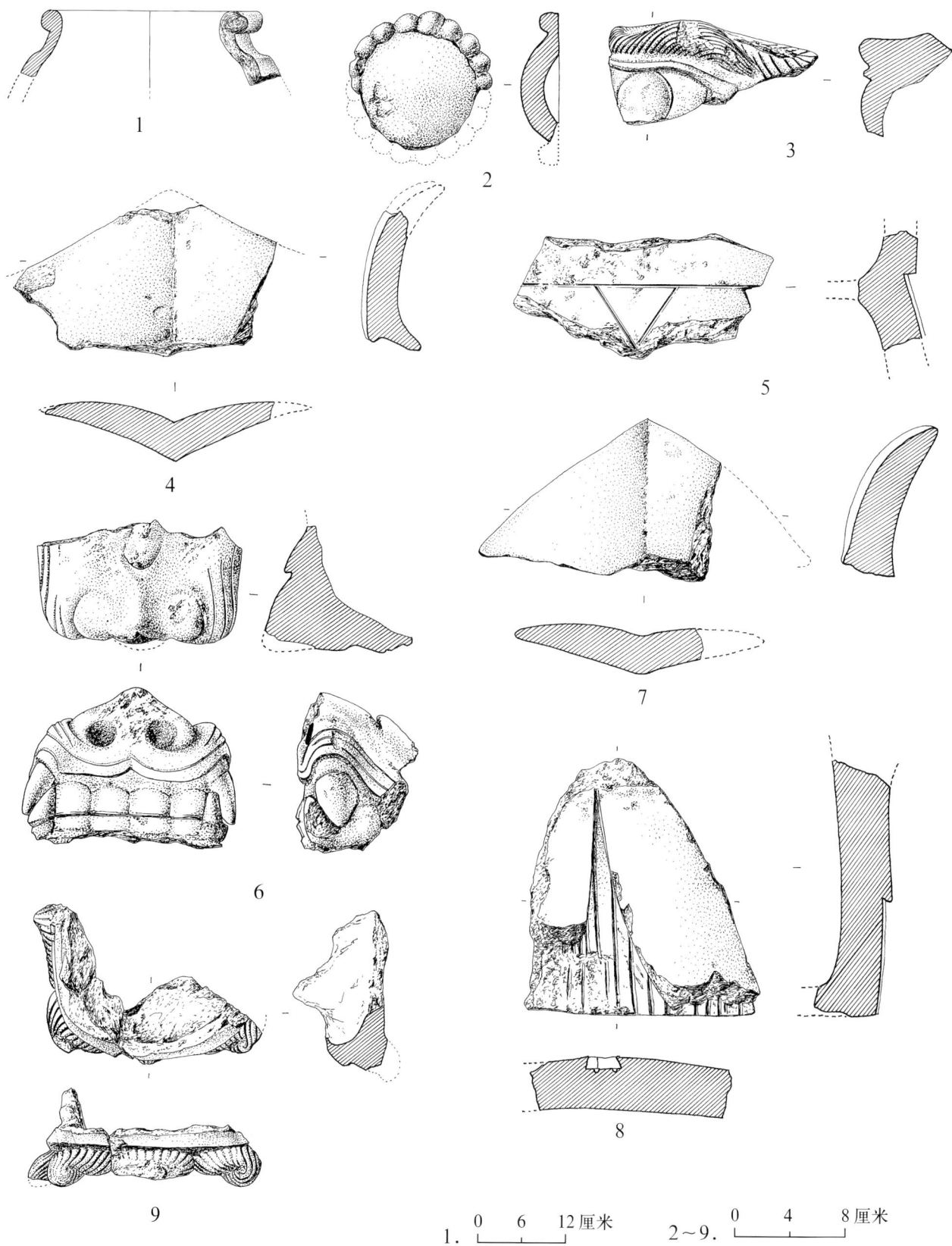

图六四　一号宫殿址出土绿釉套兽、绿釉陶罐、绿釉饰件

1. 绿釉陶罐（01T12③：12）　2. 鳍身（01T15③：5）　3. 眼部（01T9②：4）　5. 绿釉饰件（01T8③：1）　6. 獠牙（01T13南扩③：12）
9. 下颌胡须（01T9②：5）　4、7、8. 绿釉饰件（01T13南扩③：16、01T13南扩③：17、01T11③：43）

标本 2001HXNT12 ③：10，夹砂陶质，灰白色胎体，器表剥釉现象较重。在 2 条附加堆纹界格线内，残存浅浮雕造型的忍冬纹。纹饰带宽 7.2 厘米（图六五，1）。

标本 2001HXNT11 ③：2，夹砂陶质，灰白色胎体，器表剥釉现象较重。在 2 条附加堆纹界格线内，残存浅浮雕造型的宝相花、忍冬纹。纹饰带残长 12、宽 6.8 厘米；缸胎厚 2.8、纹饰带区域胎体厚 3.6 厘米（图六五，2；图版三二，5）。

标本 2001HXNT15 ③：3，夹砂陶质，灰白色胎体，器表剥釉现象较重。在 2 条附加堆纹界格线内，残存浅浮雕造型的忍冬纹。纹饰带宽 7 厘米（图六五，3；图版三二，6）。

（2）绿釉陶罐

标本 2001HXNT12 ③：12，残存口部器片，器表施绿釉，灰白色胎体。侈口、圆卷沿，斜弧颈，鼓腹。口径 31.2 厘米（图六四，1；图版三二，1）。

（三）铁器

1. 环首铁刀　1 件。锻制，锈蚀，略残。

标本 2001HXNT15 ③：1，平背、弧刃，直柄，环首为柄部末端弯曲而成。刀身略宽于柄身，其截面呈倒三角形。刀身最宽处宽约 1.15、器身残长 11.1 厘米（图六六，5；图版五二，4）。

2. 铁钉　均为锻制，锈蚀较重。器体呈方锥体轮廓，其器身截面呈扁长方形，器体下端锻打出钉尖，顶端锻打出 1 个平折的钉帽。根据铁钉出土时的形状推断，可以把它们分为直体、曲体、折体三种使用方式。纵观西古城城址出土的铁钉，可以将其分为大（通长 20 厘米以上）、中（10～20 厘米）、小（10 厘米以下）三种规格。

在三种规格的铁钉中，中型者数量居多（未标注者均为中型标本）。

标本 2001HXNT3 ③：115，直体使用，钉尖折曲，器身截面近方形。器体通长 12、截面边长 0.6 厘米（图六六，3）。

标本 2001HXNT3 ③：117，顶帽残断，直体使用，器身截面近方形。器体通长 13.2、截面边长 0.8 厘米（图六六，9）。

标本 2001HXNT3 ③：121，小型铁钉，直体使用，器身截面呈长方形。器体通长 9.1、器身截面边长 0.7、截面宽 0.5 厘米（图六六，11）。

标本 2001HXNT3 ③：119，小型铁钉，直体使用，器身截面近方形。器体通长 5.2、器身截面边长 0.3～0.4 厘米（图六六，7；图版五三，8）。

标本 2001HXNT3 ③：120，小型铁钉，曲体使用，器身下部弧曲，器身截面呈长方形。器体通长 6.1、器身截面边长 0.8、截面宽 0.35 厘米（图六六，4）。

标本 2001HXNT9 ①：11，曲体使用，器身下部弯曲，器身截面近方形。器体通长 14.2、截面边长 0.9 厘米（图六六，6）。

标本 2001HXNT3 ③：118，钉帽残断，曲体使用，器身下部弯曲且尖部上翘，器身截面呈长方形。器体通长 16.5、器身截面边长 0.8、截面宽 0.5 厘米（图六六，8；图版五四，2）。

标本 2001HXNT3 ③：114，折体使用，器身上部、下部均弯折，器身截面呈长方形。器体通长 17.5、器身截面边长 0.9、截面宽 0.6 厘米（图六六，10；图版五四，3）。

标本 2001HXNT3 ③：122，小型铁钉，直体使用，器身截面近方形。器体通长 4.7、截面边长

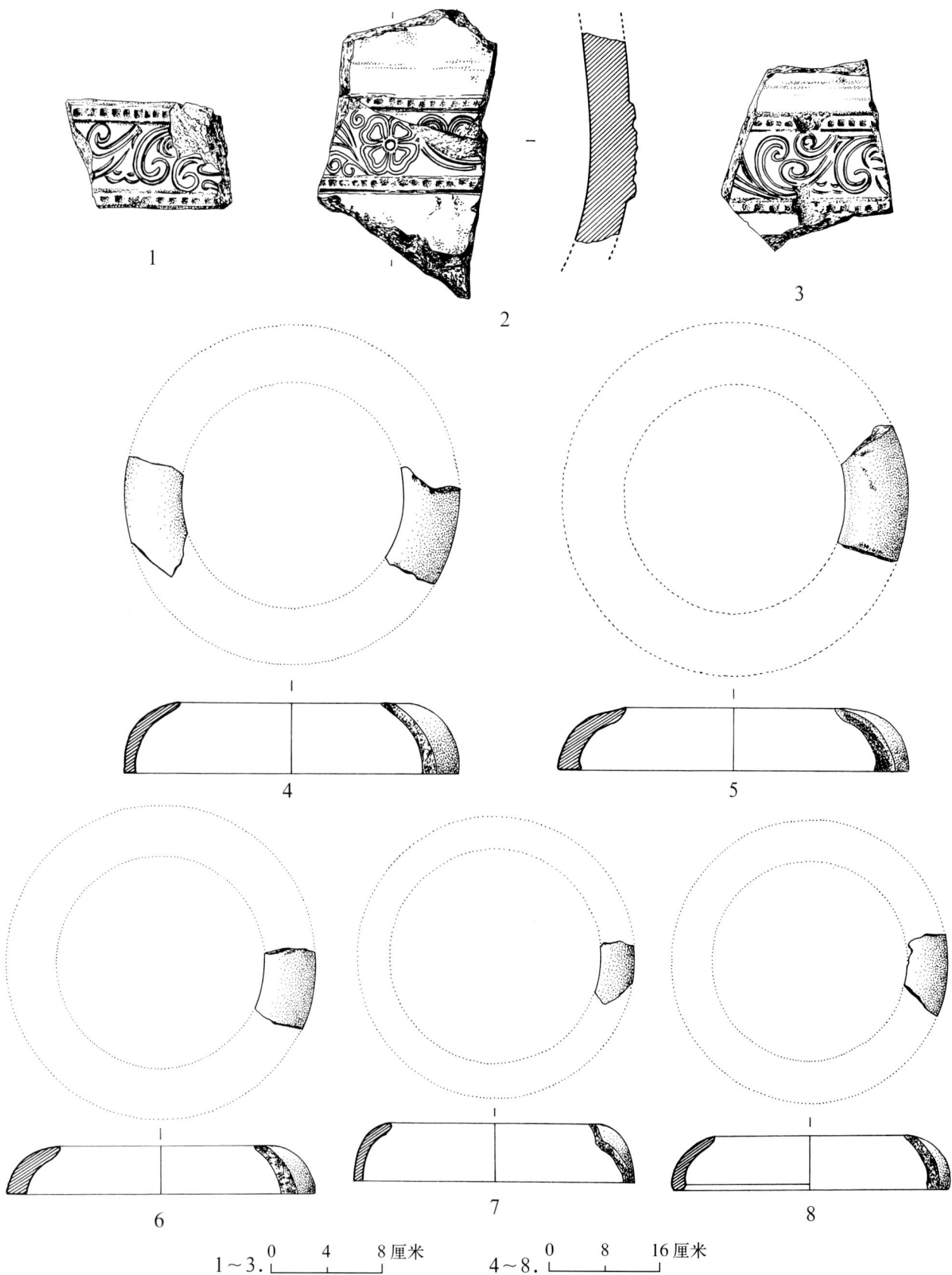

图六五　一号宫殿址出土绿釉陶缸、绿釉柱围

1~3. 黄绿釉陶缸（01T12 ③：10、01T11 ③：2、01T15 ③：3）

4~8. 绿釉柱围（01T12 ③：19、01T12 ③：11、01T15 ③：8、01T9 ③：8、01T7 ③：7）

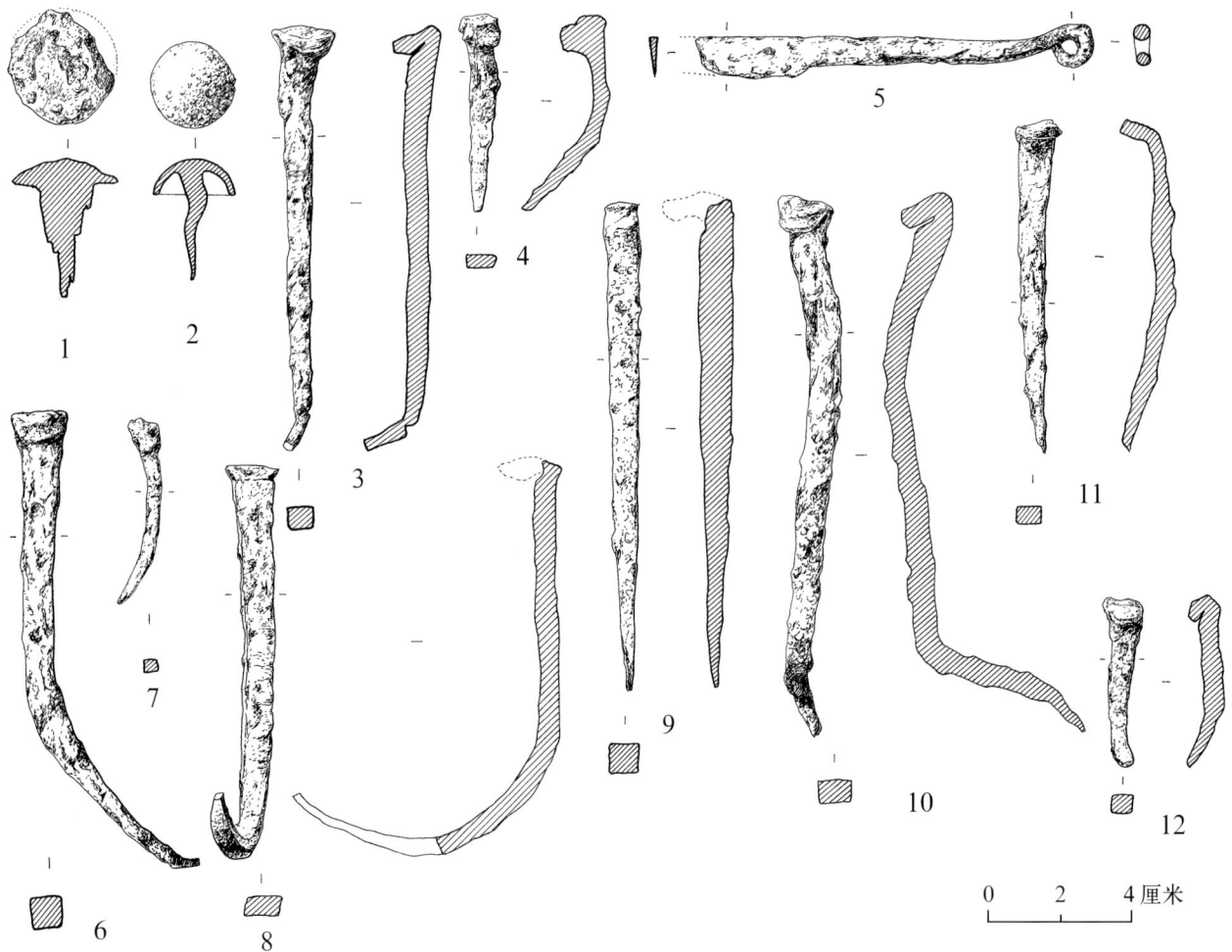

图六六　一号宫殿址出土铁器

1、2. 铁泡钉（01T5②：1、01T18②：23）　4、6、8. 曲体铁钉（01T3③：120、01T9①：11、01T3③：118）　3、7、9、11、12. 直体铁钉（01T3③：115、01T3③：119、01T3③：117、01T3③：121、01T3③：122）　5. 环首铁刀（01T15③：1）　10. 折体铁钉（01T3③：114）

0.5~0.6厘米（图六六，12）。

3. 铁泡钉

标本2001HXNT5②：1，残，锈蚀严重。器体通长3.7、钉帽直径2.9、钉帽高0.7厘米（图六六，1）。

标本2001HXNT18②：23，完整，锈蚀，钉身弯曲。器体通长3.3、钉帽直径2.3、钉帽高1厘米（图六六，2）。

三、西侧廊庑

（一）位置

一号宫殿的主殿通过其西延的廊道与西侧廊庑相接，一号宫殿与西侧廊庑台基的南缘基本持平，两者间距15米（图版一○，1）。

（二）台基的形状与结构

西侧廊庑主体建筑的台基呈纵向长方形轮廓，台基南北向长61米，东西向宽12.6~12.9米（图六七）。

清理出来的迹象表明，西侧廊庑台基的主体部分为夯土构筑而成，残存两层夯土。在廊庑南端区段，基址的结构有所不同，残存的基址底层为夯土，上层为河卵石层，河卵石层与一号殿主殿西延廊道的上层河卵石层融为一体。

台基之上的主体建筑使用了暗础，柱础坐落在底层夯土之上。构筑完底层夯土之后，营建了柱础、立柱设施，然后夯筑上层夯土。西侧廊庑台基的表层夯土已遭破坏，但绝大部分的柱础得以保存下来。

清理出来的台基由于残损而厚薄不一，台基西缘的残存高度介于12~45厘米，其东缘的残存高度介于15~30厘米。

台基东缘的个别区段原位留存有少量的"土衬石"迹象，这种情况表明，台基曾使用"土衬石"护坡。在台基的北部近端处，辟有横贯东西的排水沟；在台基西缘的偏北位置，存在西延的夯土台基迹象。

在排水沟以南20.5米、47米处的台基东缘上，分别残存有"土衬石"迹象。

在20.5米处，残存一段长3.6米的"土衬石"墙体，留存有10块"土衬石"。这些石块的外露部分经过人工修琢，其中外侧立面呈规整的长方形，顶面外端则仅修琢出12厘米宽的边沿。根据"土衬石"顶面等宽的边沿推断，其上部边沿内侧应该覆盖有上一层"土衬石"，起护坡作用的"土衬石"逐层内收（图六八，3；图版一〇，2）。

石块一，外露立面和顶面外露部分修琢平整，石块长44、宽19~15、厚（立面高）14.5、顶面修琢部分宽10.5厘米（图六八，3）。

石块二，外露立面和顶面外露部分修琢平整，石块长39.5、宽32.5、厚（立面高）14.5、顶面修琢部分宽12.5厘米（图六八，2）。

石块三，外露立面和顶面外露部分修琢平整，石块长33、宽25、厚（立面高）15、顶面修琢部分宽12.5厘米（图六八，1）。

在47米处断续留存下4块"土衬石"，石块的加工方式与上文所述相同。

（三）主体建筑的格局

在残存的西侧廊庑的台基上，未能确认该建筑台面以上设施的迹象，但绝大部分柱础得以原位保存下来，这些柱础成为了解认识主体建筑格局的重要的基础依据。

在廊庑台基上的南端区域因破坏较重，未能确认柱础迹象，除此之外的其他区域清理出来的柱础，横、纵向均等距排列，柱础间的横、纵向间距均为4.5米左右，柱网分布规矩有序。因此，虽有少数础石遗失，但根据它们的排列规律并结合台基的规模可以推断出，台基上的柱网具有横向14排（东西向）、纵向3排（南北向）的建筑格局。

多数础石置于由河卵石构成的石头圈之中，其营建方式为：在夯筑完台基的底层夯土后，先铺垫略呈圆形的河卵石圈，然后在其中间置入承重的础石，立柱之后夯筑上层夯土，营建理念较为明确。所有础石除表面较平整外，未作有意的人工修琢，形状均不规则。大的础石长径约1米，短径0.8米；小的础石长径0.7米，短径0.5米。河卵石圈的直径约1.4~2.4米，所用石块的尺寸大小不一。

清理过程中，一个有意思的现象是，在一些柱网础石之间或存在小的础石、或存在河卵石构成的墙体基础。为便于描述，现将一号宫殿西侧廊庑纵向的3排础石由东向西依次编号为XD（西侧廊庑东排）、XZ（西侧廊庑中排）、XX（西侧廊庑西排），每排础石由南向北依次为1~14。

在东排础石XD1~XD14中，除XD1、XD6、XD9遗失外（XD6、XD9残存河卵石圈遗迹），其他础石基本原位留存（图版一三，4）。

在中排础石XZ1~XZ14中，除XZ1、XZ3、XZ4、XZ5遗失外（XZ3、XZ5残存河卵石圈遗迹），XZ5、XZ6、XZ7础石向东移位（图版一三，3）。

在西排础石XX1~XX14中，除XX1~XX5遗失外（XX1~XX3残存河卵石圈遗迹），XX6~XX8础石向东移位（图版一三，1、2）。

此外，在XD、XZ两排础石之间，XD2与XZ2之间靠近XZ2一侧存在1块础石；XD12与XZ12之间存在3块等距小础石。在XZ、XX两排础石之间，XZ10与XX10之间存在3块等距小础石。

在中排础石XZ1~XZ14中，情况比较复杂。XZ2与XZ3之间靠近XZ2一侧存在1块小础石；XZ6与XZ7之间存在2块小础石；XZ7与XZ8之间靠近XZ7一侧存在1块小础石；XZ8与XZ9之间存在2块小础石；XZ9~XZ11之间不但各自存在2块小础石，而且三者之间存在河卵石构成的墙体；XZ11与XZ12之间存在2块小础石；XZ12与XZ13之间靠近XZ13一侧存在1块小础石。

大、小础石的厚度不同，但它们的台面基本持平，由此表明在构筑台基时，它们被放置在不同的夯层之中。

在对廊庑基址的清理过程中，个别区域出土了白灰墙面残块，表明西侧廊庑建筑以白灰饰面。

（四）排水沟遗迹

在西侧廊庑的北部近端处，即南起横向第14排础石以北辟有横贯台基的排水沟。清理结果表明，排水沟与廊庑基址是同期一体建筑，即在修建廊庑时已经确定了排水沟的位置。首先利用平面的石板铺垫了排水沟的底石，接着立砌石块构筑沟壁，在此基础上夯筑廊庑基址，最后铺盖排水沟顶部石板。排水沟东、西两侧的端口处残存有排水沟的顶部盖石，中部绝大部分区段的沟体未见石质构件。在沟壁上部的边沿处，一般铺垫有河卵石（图版一一，2）。相对而言，东侧端口处的沟体无论是在工序方面，还是用料选材方面，均较为精细（图版一二，1）；西侧端口处沟体的各个方面则略显粗糙（图版一二，2）。

东侧端口处的沟底铺石与沟壁砌石利用人工打凿而成的沟槽咬合在一起，该处残存两层沟壁石块，所用石块的外露端面修琢得较为平整。据端口1.5米处残存有一块沟顶盖石，据此得出该处沟体的规格，沟体宽0.65、深约0.3米（图六九）。

在排水沟南侧的廊庑台基东缘区域立砌两块条石，它们应该是残存的"土衬石"迹象。

西侧端口处的沟底铺石与沟壁砌石没有采用沟槽的方式咬合在一起，端口处的两块沟壁砌石略呈外撇的"八字形"，沟口的宽度0.55米。

由于大部分区段的沟底铺石已经遗失，故而在排水沟沟体内部未见淤土层，沟内填满废弃后形成的堆积，内含少量瓦砾碎块。

在排水沟东、西端口的外侧，清理出使用河卵石铺垫而成的流水槽。流水槽所使用的河卵石经过挑选，形体较为均匀，直径约6厘米。东侧端口外的流水槽呈曲线形，西侧端口的流水槽呈直线形。流水槽略低于当时的地面，其宽度与沟体大体相当，槽深约10厘米。

在XZ14础石以北，在排水沟的北侧，位置与XZ14相对应，清理出一处带有河卵石圈的柱础迹象。

北

100 米

0

道

廊

A

A'

B'

B'

C'

C'

B

B

C

C

A'

A

A'

8 米

4

0

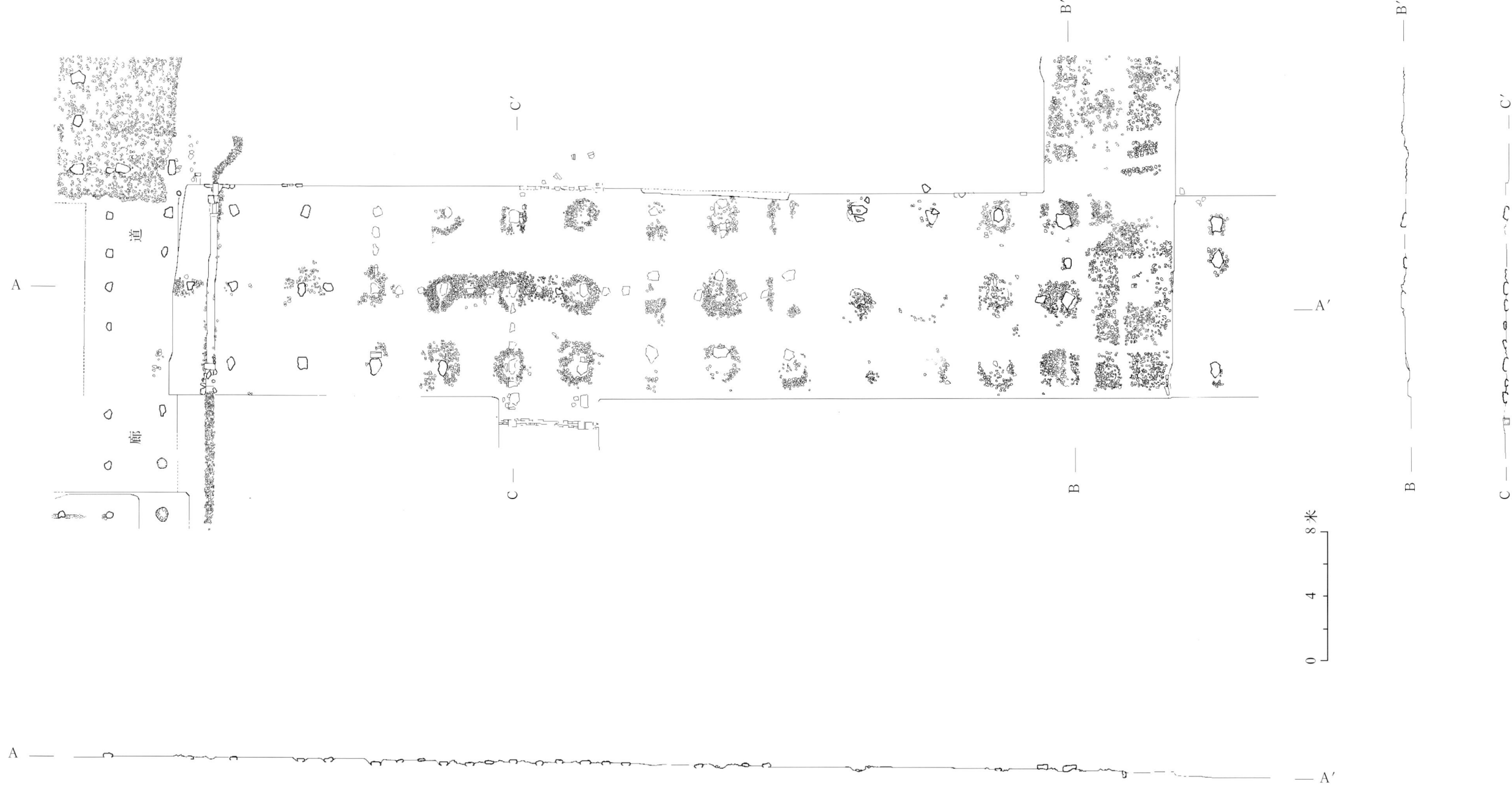

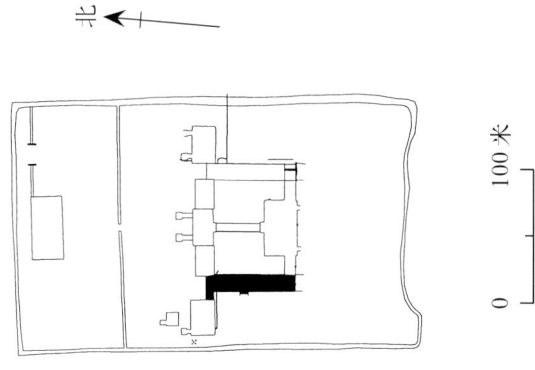

图六七 一一号宫殿址西侧廊庑平、剖面图

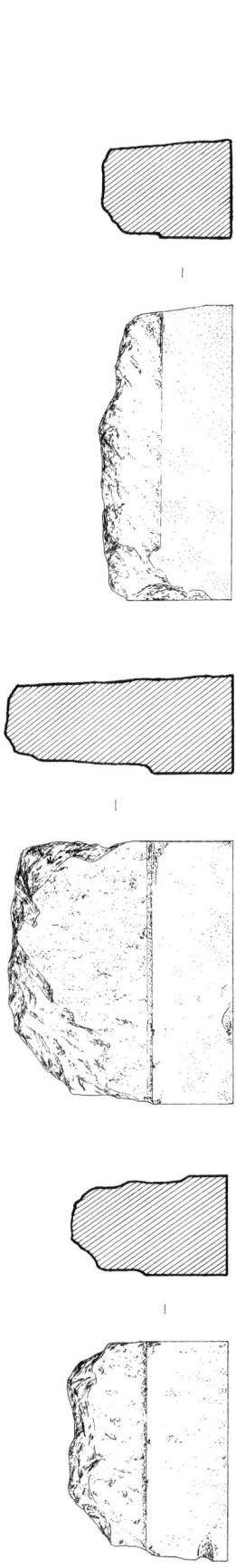

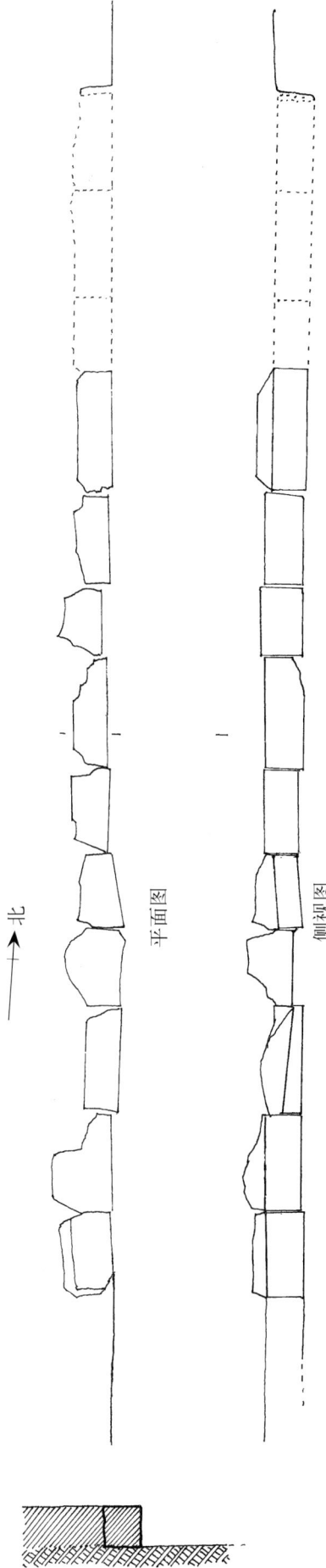

3. 石块一

2. 石块二

1. 石块三

↑ 北

平面图

侧视图

4

1~3. 0 ___ 1米

4. 0 ___ 1米

图六八　一号宫殿址西侧廊庑东缘 "土衬石" 遗迹平、剖面图

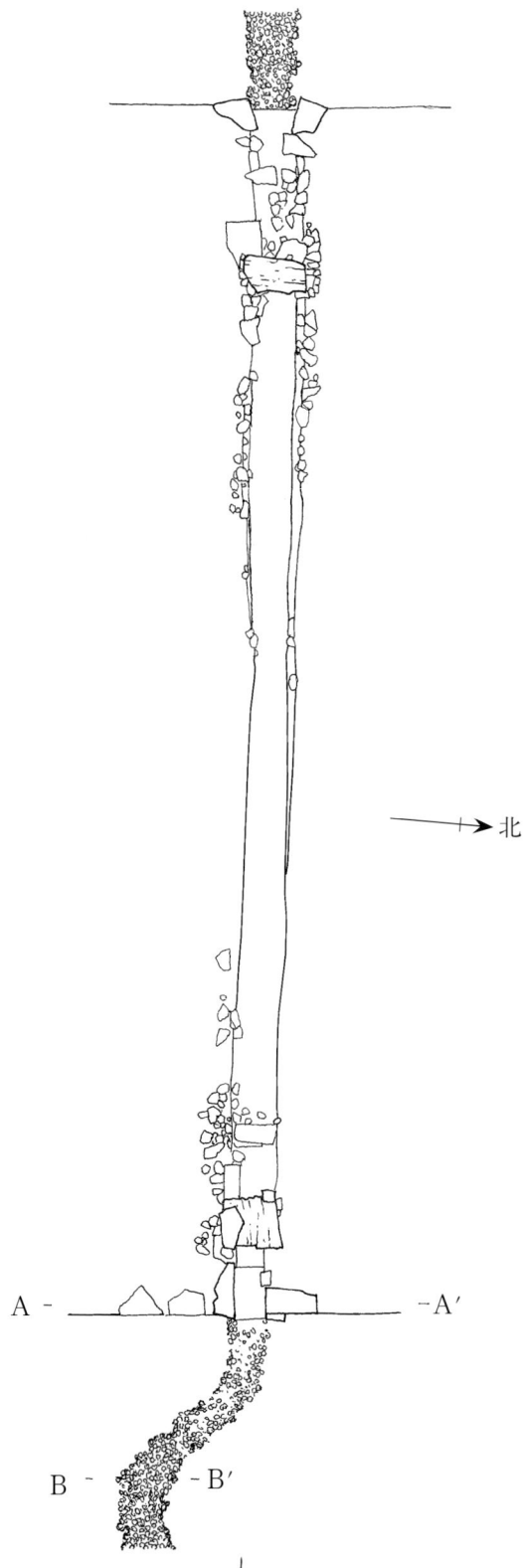

→ 北

A —　　　　　　— A′

B —　　　— B′

A　　　　A′

B　　　B′

0　　1　　2米

图六九　一号宫殿址西侧廊庑排水沟
遗迹平、剖面图

其在西侧廊庑建筑中所起的作用未能辩明。

（五）台基西缘西延的夯土台基（门址？廊道？）

在廊庑台基西缘中部偏北位置处，即廊庑西排柱础XX9、XX10的西侧，廊庑台基出现西延的迹象。由于该处临近现代农户的院落，未能对西延的台基进行全面的清理。台基宽约6.5米，清理长度约2.54米。西延台基与廊庑台基属于同期一体建筑，限于清理长度未能确定遗迹的性质（图六六；图版一一，1）。

在西延台基与廊庑交接处，即台基西排柱础XX9、XX10以西约2米处，位置与XX9、XX10东西向对应，分别存在1个柱础。础石为不规则石块，其规格与廊庑础石相仿，直接坐落在残存台基的表层之上。在两块础石的外缘，分别存在一些散乱的小石块。

在西延台基的中部，清理出南北向横贯基址的排水沟设施。排水沟与基址为同期一体构筑，其施工工序是，先构筑沟体、后营建夯土基址。排水沟砖砌而成，沟底没有铺砖，沟壁、顶部均为单砖构筑，沟壁立砌，顶部平铺。留存下来的排水沟顶部盖石，与残存的门道基址台面基本持平。排水沟北侧端口呈梯形，底宽0.32、顶宽0.22米。除北侧端口处的沟体基本保持原样外，其南侧的沟体由于夯土台基向内挤压而变形内收。

排水沟设施所使用的青砖，长、宽尺寸相当，接近方砖。沟顶留存的3块青砖三种规格，由北向南，砖一：长50、宽44厘米；砖二：长50、宽40厘米；砖三：长46、残宽34厘米。砖厚约6厘米。

排水沟沟体内部填满淤土，但未见遗物。在排水沟的南北两侧，未发现流水沟槽迹象（图七〇）。

（六）其他

西侧廊庑台基的北端直接连接一号宫殿区域、二号宫殿区域、四号宫殿三者之间的单纯廊道。

在西侧廊庑台基的南端，夯土台基继续向南延伸并存在柱础迹象，但延伸部分的台基及柱础层面较廊庑台基层面已明显变低，约降低了0.2~0.25米。延伸部分的台基未能得以全面发掘，清理长度约6.5米。在距廊庑台基南端3米处清理出3处东西向一线排列的柱础遗迹，础石周围残存类似河卵石圈性质的遗迹。该3处柱础中，东础、西础分别与廊庑的东排、西排柱础沿一线排列，另一处柱础位于东础以西2米处。

四、西侧廊庑出土遗物

（一）陶质遗物

1. 文字瓦

在西侧廊庑发掘区域，出土文字瓦标本29件。其中，依据施纹瓦体统计，板瓦标本15件、筒瓦标本14件；依据施纹方式统计，29件标本均为模压文字（或符号）标本。就文字或符号而言，29件标本包含16个文字或符号。其中，板瓦、筒瓦共同使用的模印文字包括：光；板瓦使用的文字包括：俳、信、昌、市、切、羌（?）、昌（?）、仁大、左李；筒瓦使用的文字包括：须（?）、贞、德、自。板瓦单独使用的无法释读的模压字体包括："ᴎ"。

（1）板瓦类文字瓦　均为模压文字标本。

"俳"，阴刻阳文，楷书，字外有框，1件，标本2001HXNT28③：1（图七一，2）。

北

0 ——————— 1 米

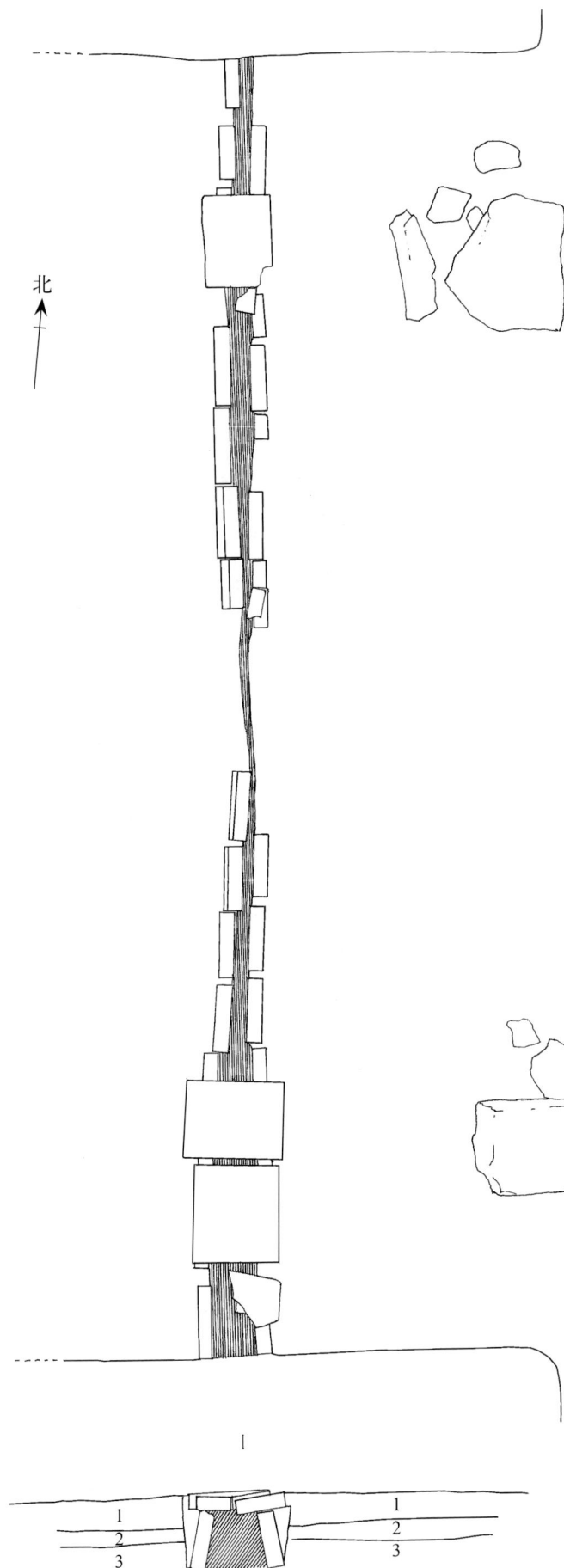

图七〇　一号宫殿址西侧廊庑（门址？廊道？）
平、剖面图
1. 黄褐土（夯）2. 黑褐土（夯）　3. 红褐土（夯）

"信"，阴刻阳文，楷书，字外有框，1件，标本 2001HXNT28 扩③：1 (图七一，3)。

"昌"，阴刻阳文，楷书，字外有框，1件，标本 2001HXNT28 扩③：2 (图七一，6)

"光"，阴刻阳文，楷书，字外无框，3件同印个体，标本 2001HXNT25 扩③：1 (图七一，10)。

"市"，阴刻阳文，楷书，字外无框，1件，标本 2001HXNT28 扩③：2 (图七一，13)。

"切"，阴刻阳文，楷书，字外有框，1件，标本 2001HXNT25 扩③：2 (图七一，12)。

"羌 (?)"，阴刻阳文，楷书，字外有框，2件同印个体，标本 2001HXNT28 扩③：3 (图七一，16)。

"昌 (?)"，阴刻阳文，楷书，字外有框，1件，标本 2001HXNT30 ③：2 (图七一，14)。

图七一 一号宫殿址西侧廊庑出土文字瓦拓片

1．01T28 扩③：3 2．01T28 ③：1 3．01T28 扩③：1 4．01T28 ③：5 5．01T25 扩③：6 6．01T28 扩③：2 7．01T25 扩③：7 8．01T25 扩③：8 9．01T25 扩③：3 10．01T25 扩③：1 11．01T28 扩③：4 12．01T25 扩③：2 13．01T28 扩③：2 14．01T30 ③：2 15．01T21 ③：43 16．01T28 扩③：3

符号"𝓷"，阴刻阳文，字外无框，1件，标本2001HXNT28扩③：3（图七一，1）。

"仁大"，纵书，阴刻阳文，正刻反印，楷书，字外无框，1件，标本2001HXNT21③：43（图七一，15）。

"左李"，纵书，阴刻阳文，楷书，字外有框，2件同印个体，标本2001HXNT28扩③：4（图七一，11）。

（2）筒瓦类标本　均为模压文字标本。

"须（?）"，阴刻阳文，楷书，字外无框，1件，标本2001HXNT28扩③：5（图七一，4）。

"贞"，阴刻阳文，楷书，字外无框，1件，标本2001HXNT25扩③：6（图七一，5）。

"德"阴刻阳文，楷书，字外无框，10件同印个体，标本2001HXNT25扩③：7（图七一，7）。

"自"阴刻阳文，楷书，字外无框，1件，标本2001HXNT25扩③：3（图七一，9）。

"光"，阴刻阳文，楷书，字外无框，1件，标本2001HXNT25扩③：8（图七一，8）。

2．板瓦

（1）普通板瓦　1件。

标本2001HXNT30③：18，完整。瓦体纵向长43.8、窄边边长25.8、宽边边长32厘米（图七二，4）。

（2）单面指按纹板瓦　1件。

标本2001HXNT30③：15，略残，瓦体窄边下部瓦身凸面中线偏右位置施有模压阳文"羌（?）"字。瓦体纵向长43.5、窄边边长27、宽边边长33、施纹端面宽2.1厘米（图七二，5）。

（3）檐头板瓦　6件标本。

A．A型檐头板瓦　4件标本。

标本2001HXNT28西扩③：14，瓦体窄端一角残断，瓦身凹面侧边留存3个清晰的取瓦指纹。瓦体纵向长43.8、窄边边长26.6、宽边边长28、檐头端面宽2.6厘米（图七三，1）。

标本2001HXNT28西扩③：17，瓦体宽边边长30.8、檐头端面宽3厘米（图七三，3；图版四四，1）。

标本2001HXNT28西扩③：16，瓦体宽边边长30.4、檐头端面宽2.8厘米（图七三，4；图版四四，2）。

B．D型檐头板瓦　2件标本。

标本2001HXNT28③：13，瓦体宽边边长34.8、檐头端面宽3厘米（图七三，6）。

标本2001HXNT21②：1，圆点纹的一侧没有斜向刻划线纹。瓦体宽边残长16.4、檐头端面宽3厘米（图七三，2）。

C．E型檐头板瓦　2件标本。

标本2001HXNT30③：14，瓦体宽边边长30、檐头端面宽2.6厘米（图七三，5）。

3．筒瓦

（1）曲节形瓦唇筒瓦　1件，可复原。

标本2001HXNT28西扩③：19，瓦唇、瓦身近端处略残，瓦唇外沿施有两个模压文字，但因印面模糊文字均未能辨识。瓦体通长36.3、瓦体宽16.4、瓦唇长5.6、瓦唇下瓦体宽16.4厘米（图七二，1）。

（2）曲节型瓦唇檐头筒瓦　4件。

标本2001HXNT21③：32，Aa型瓦当与曲节筒瓦钝角相接，瓦唇上的圆形透孔未处于中央，唇沿上施有模压阳文"自"字。瓦体通长40.6、瓦唇长5、透孔直径1.2厘米；瓦唇下瓦体窄边宽14.6、瓦当直径16.2、乳突直径2.4、乳突高0.8、同心圆直径4、边轮宽1.2、边轮高1厘米（图七四，1；

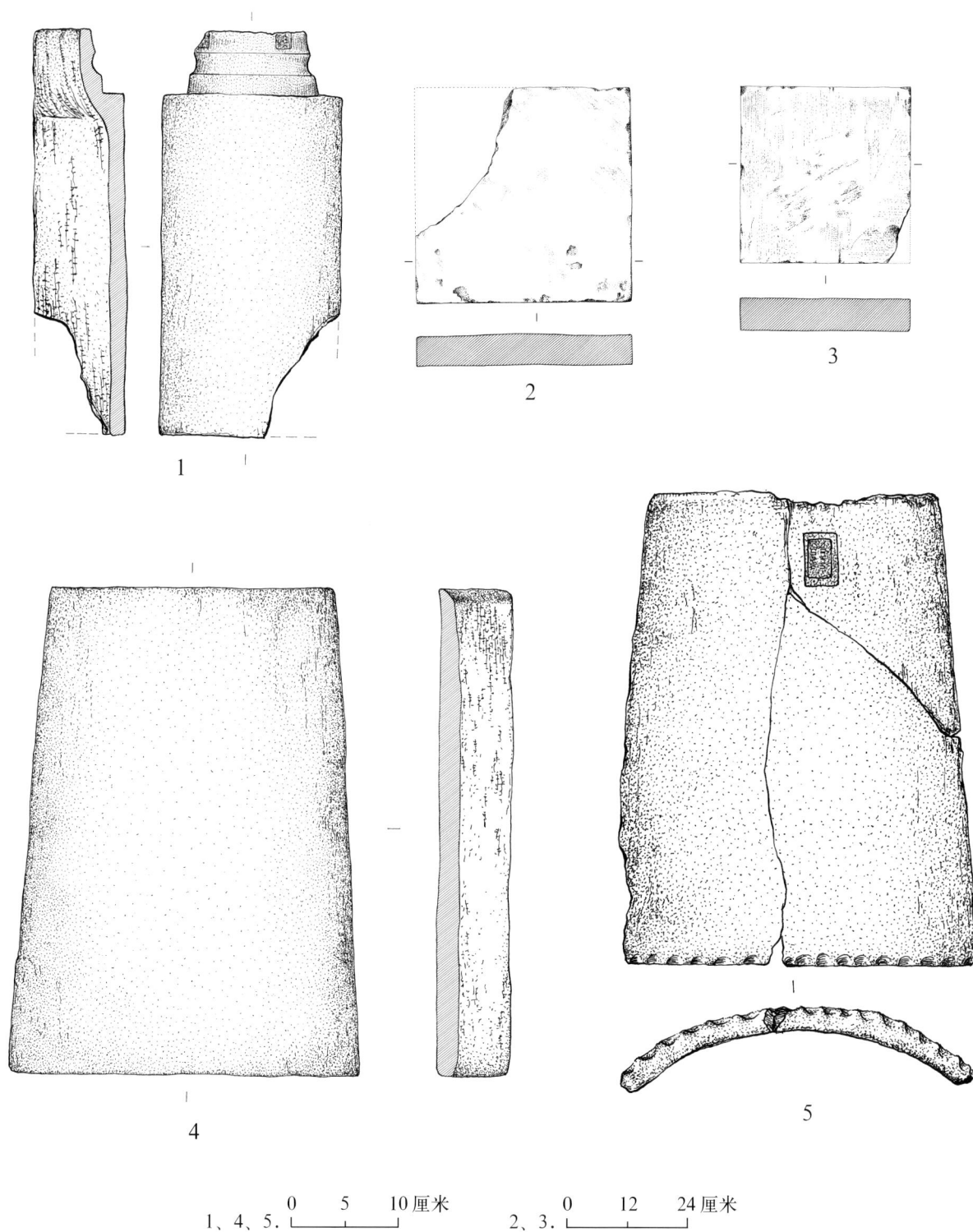

图七二　一号宫殿址西侧廊庑出土板瓦、筒瓦、灰砖

1. 曲节形瓦唇筒瓦(01T28西扩③∶19)　2、3. 灰砖（01T30③∶19、01T28西扩③∶22）

4. 板瓦(01T30③∶18)　5. 单面指按纹板瓦(01T30③∶15)

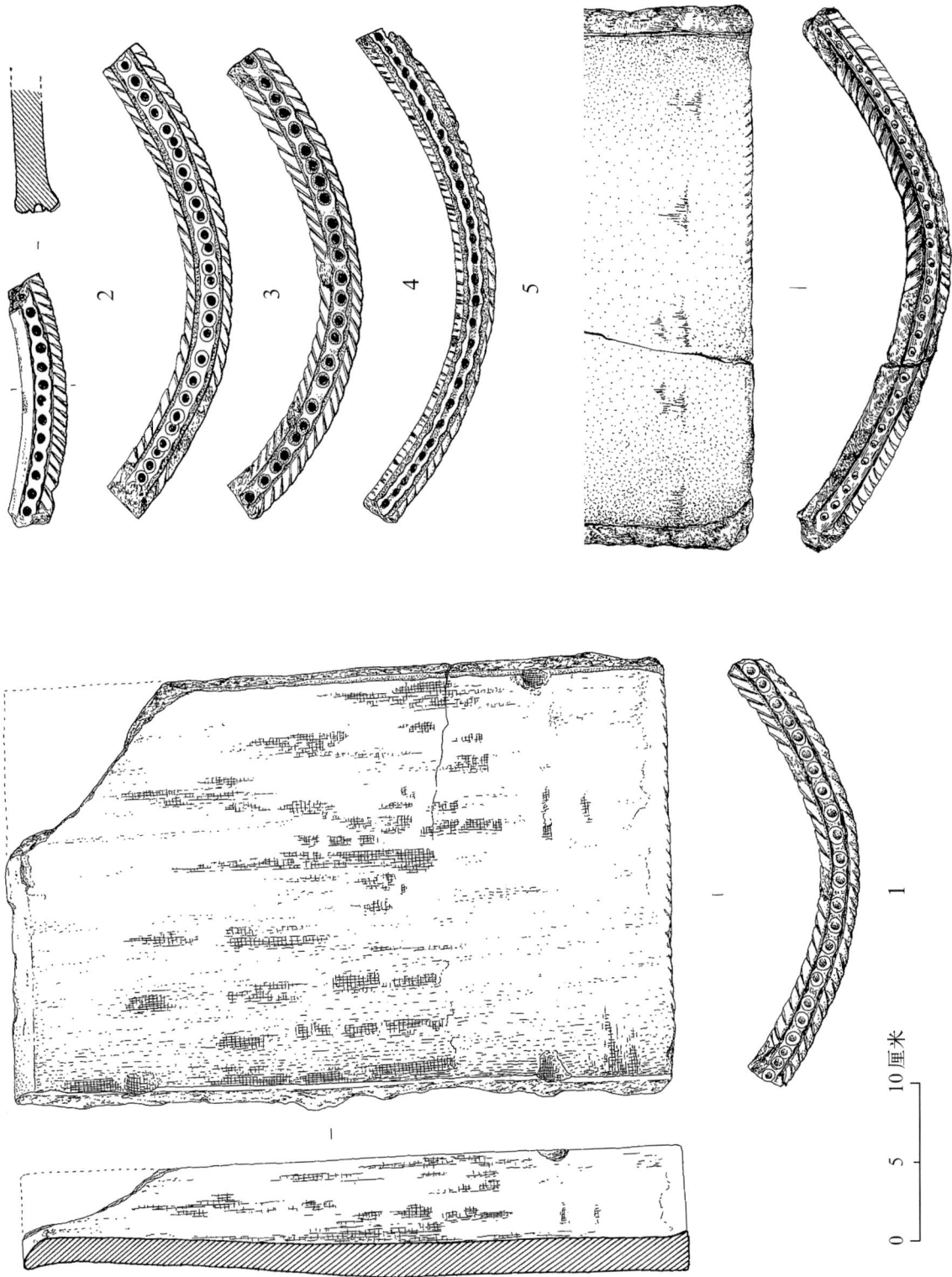

图七三　一号宫殿址西侧廊庑出土檐头板瓦

1、3、4. A型（01T28西扩③：14、01T28西扩③：16）　2. D型（01T21②：1）　5. E型（01T30③：14）　6. D型（01T28③：13） 　7. 01T28西扩③：17、01T28西扩③：14

图版四八，2）。

标本2001HXNT21③：30，Aa型瓦当接曲节筒瓦，瓦唇中央有1个圆形透孔，唇沿上施有字体朝下的模压阳文"泰"字。瓦体通长40.4、瓦唇长5、透孔直径1厘米；瓦唇下瓦体窄边宽15.2、瓦当直径16.2、乳突直径2、乳突高0.6、同心圆直径4.2、边轮宽1.2、边轮高1厘米（图七四，2）。

标本2001HXNT21③：31，Aa型瓦当接曲节筒瓦，瓦唇上的圆形透孔未处于中央，唇沿上施有模压阳文"泰"字。瓦体通长41.2、瓦唇长5.4、透孔直径1厘米；瓦唇下瓦体窄边宽16.2、瓦当直径16.2、乳突直径2.2、乳突高1、同心圆直径4.2、边轮宽1.2、边轮高1厘米（图七五，2；图版四八，1）。

标本2001HXNT21③：33，C型瓦当接曲节筒瓦，瓦唇中央有1个圆形透孔，瓦唇透孔中保存有铁钉残件。瓦体通长39.4、瓦唇长5、透孔直径约0.9厘米；瓦当直径16.2、乳突直径2、乳突高0.9、同心圆直径4.2、边轮宽1、边轮高1厘米（图七五，1）。

4．瓦当

（1）A型　萼形间饰六瓣莲纹瓦当

A．Aa型　乳突环绕同心圆凸棱线纹、联珠纹，29件。

标本2001HXNT21③：37，瓦当直径16.6、乳突直径2.2、乳突高0.8、同心圆直径4.4、边轮宽1.2、边轮高1厘米（图七六，5；图七七，5；图版三四，1）。

B．Ab型　乳突环绕联珠纹，2件。

标本2001HXNT21③：45，瓦当直径16.8、乳突直径4、乳突高1.6、边轮宽1.4、边轮高0.6厘米（图七六，4；图七七，4）

（2）B型　十字形间饰六瓣莲纹瓦当

Ba型　大型十字形间饰六瓣莲纹瓦当，1件。

标本2001HXNT21③：27，瓦当直径15.6、乳突直径1.6、乳突高0.6、同心圆直径4、边轮宽1.2、边轮高0.8厘米（图七六，2；图七七，2；图版三六，6）。

（3）C型　弯月形间饰六瓣莲纹瓦当，5件。

标本2001HXNT21③：28，从瓦当与筒瓦接点的残断处可以观察到很多人为形成的戳痕，以便于使瓦当和筒瓦更好地固结在一起。瓦当直径15.4～15.7、乳突直径2、乳突高0.6、同心圆直径4.4、边轮宽1.2、边轮高1厘米（图七六，3；图七七）。

（4）D型　八朵单体连枝莲纹瓦当

Dc型　乳突外环绕两周同心圆，1件。

标本2001HXNT21③：34，残，残存近二分之一当面。瓦当直径约14.2、乳突直径1.8、内圈同心圆直径2.4、外圈同心圆直径约4、边轮宽1.2、边轮高0.6厘米（图七六，1；图七七，1）。

5．灰砖

标本2001HXNT30③：19，近方形，一角略残。长边边长42.9、短边边长41.7、厚5.7厘米（图七二，2）。

标本2001HXNT28西扩③：22，方形，一角略残，一侧平面残存绳纹痕迹。边长33.9、厚6.15

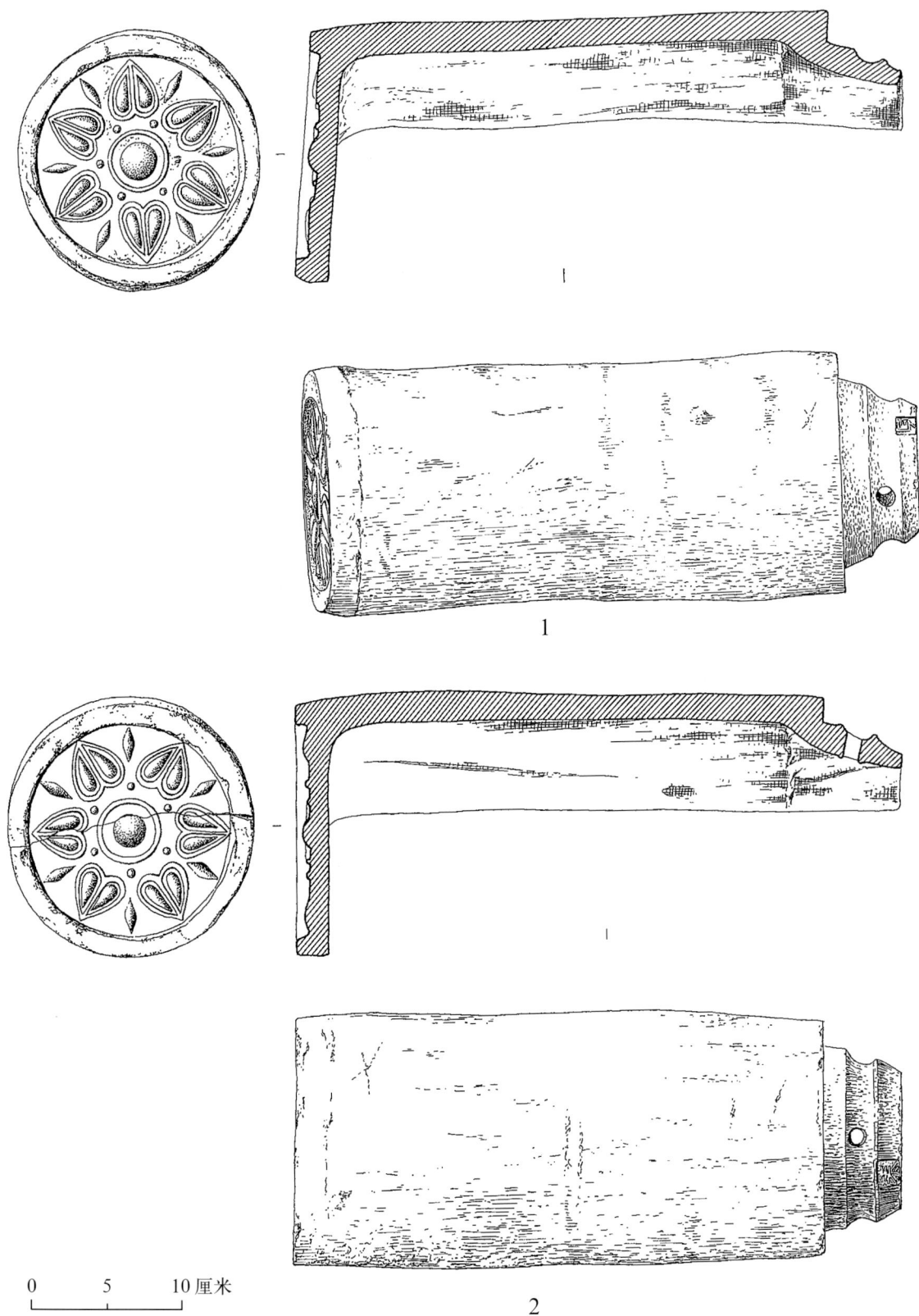

0　　　5　　　10厘米

图七四　一号宫殿址西侧廊庑出土曲节形瓦唇檐头筒瓦

1. 01T21 ③：32　2. 01T21 ③：30

1

2

0　　5　　10厘米

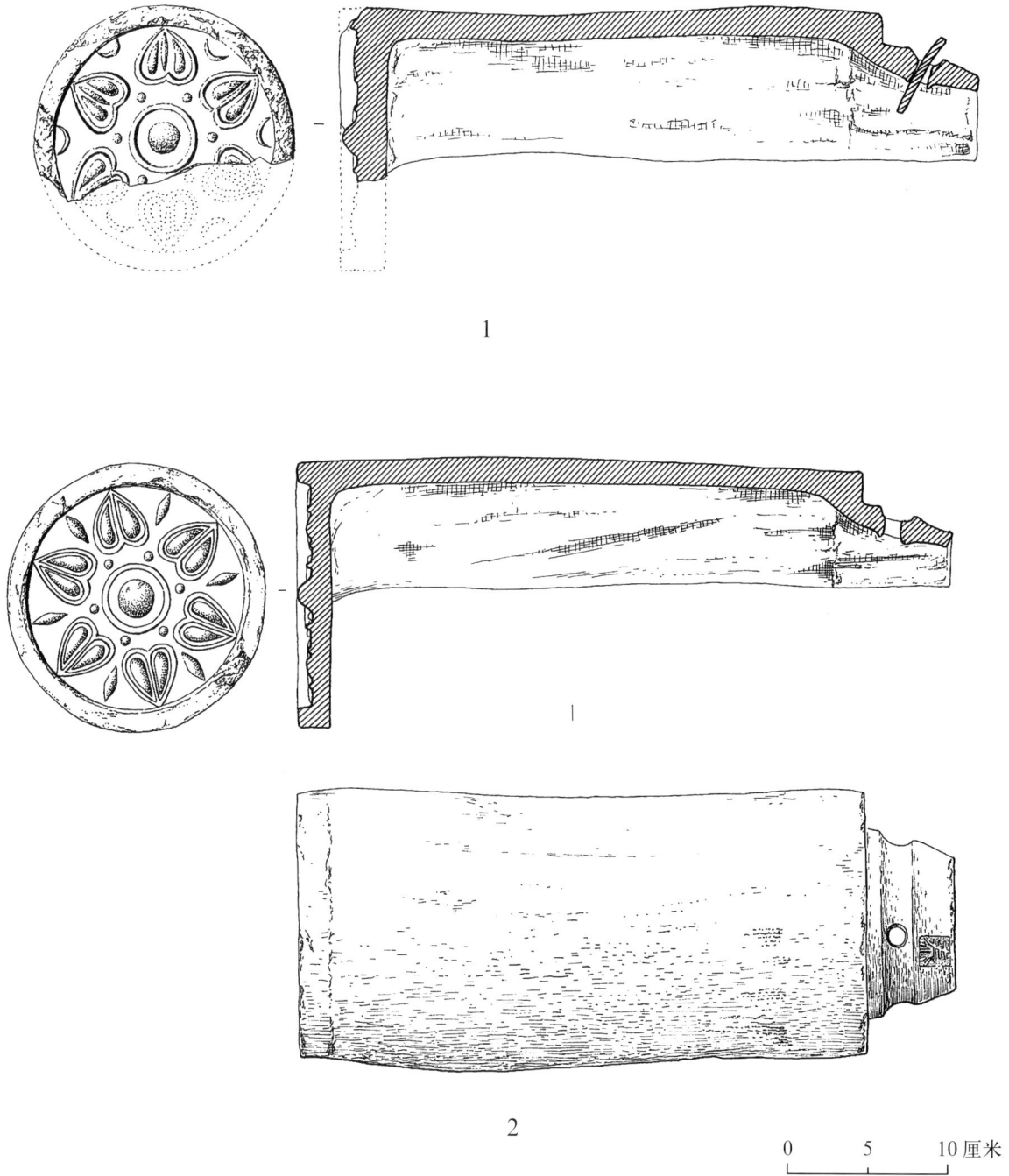

图七五　一号宫殿址西侧廊庑出土曲节形瓦唇檐头筒瓦

1. 01T21 ③：33　2. 01T21 ③：31

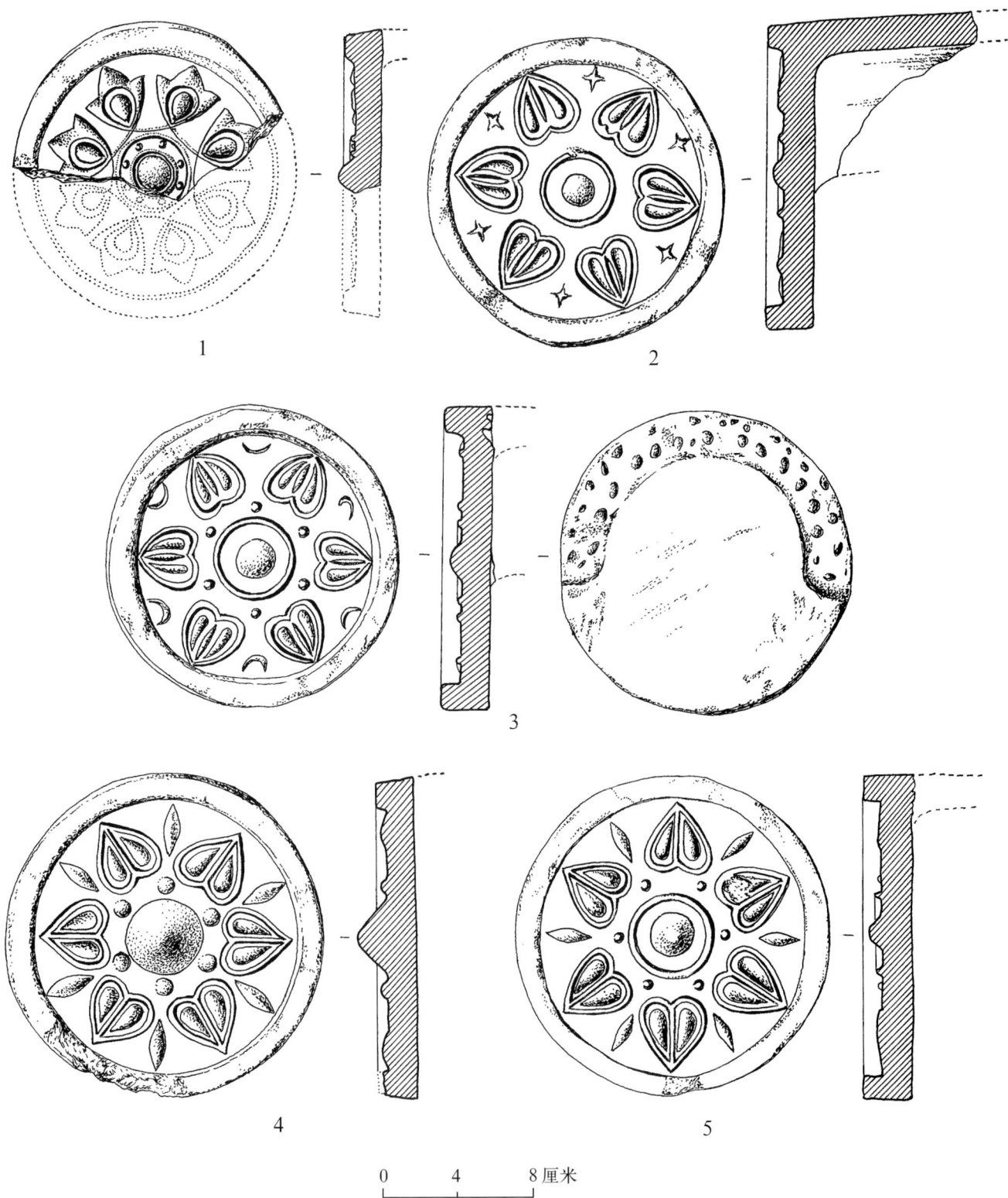

图七六 一号宫殿址西侧廊庑出土瓦当

1. Dc 型(01T21 ③：34) 2. Ba 型(01T21 ③：27) 3. C 型(01T21 ③：28) 4. Ab 型(01T21 ③：45) 5. Aa 型(01T21 ③：37)

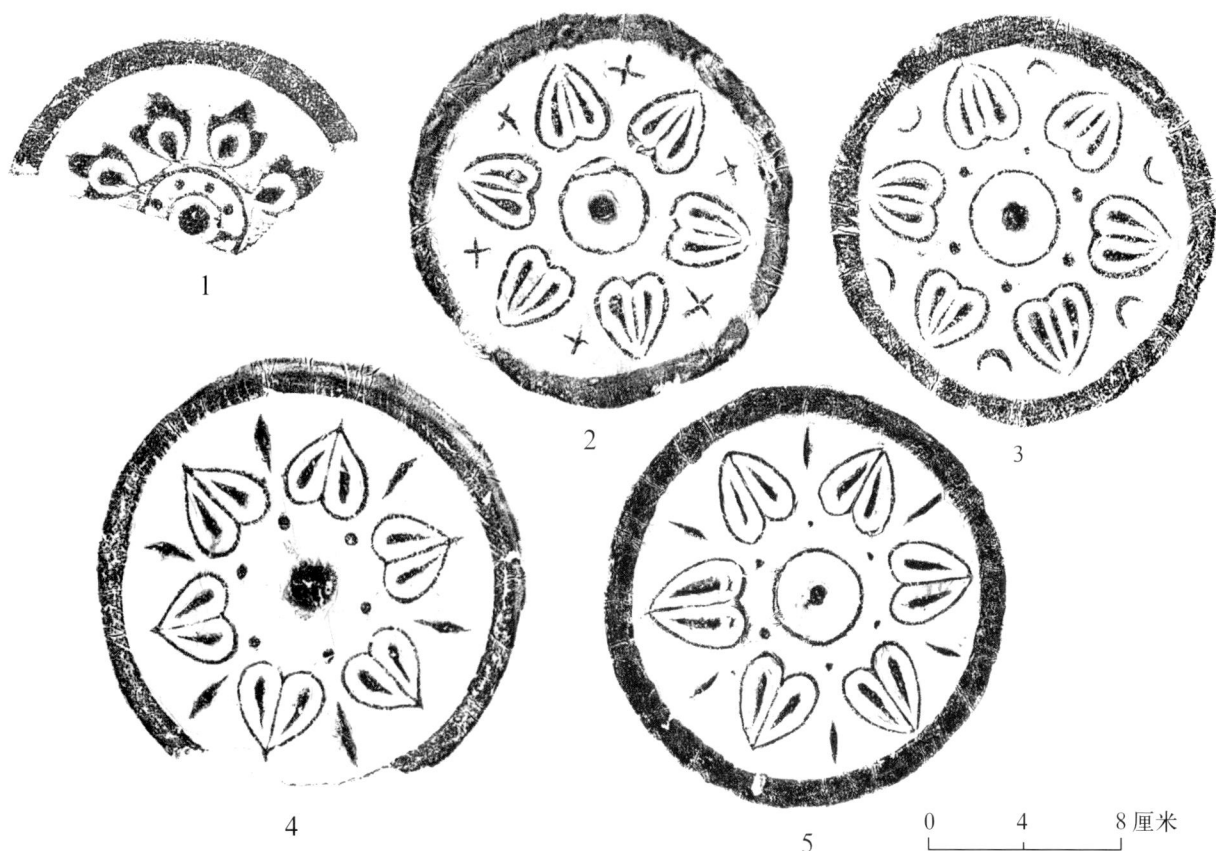

图七七　一号宫殿址西侧廊庑出土瓦当拓片

1. 01T21③：34　2. 01T21③：27　3. 01T21③：28　4. 01T21③：45　5. 01T21③：37

厘米（图七二，3）。

（二）釉陶质遗物

1.兽头

标本2001HXNT30③：40，雕塑造型，器残。兽头的主要部位基本齐全。器身残断处显现泥质红陶胎体，器表施墨绿色釉。

眼部半椭圆体眼球明显突出于眼眶，眼皮呈叶状造型，上眼皮三层叶片弧状相叠，下眼皮单层叶片，制作时是利用眼球后部的锥状根部将其插入叶状眼皮之中的。

鼻子位于两眼之间，鼻梁斜向朝上，鼻梁中部有脊，鼻部整体高于眼睛，鼻根与眼球的水平高度持平，鼻孔呈横向通孔造型。

阔口，吐舌。上颌部表现为上翻的嘴唇及两颗向前平伸的锥体獠牙；下颌部造型较为复杂，下嘴唇残缺（根据其他残片推断，下颌嘴唇分为左右对应的两个部分，每侧前部为一个小扇面造型，后侧为一个大扇面造型），下颌牙床呈折尺形，前端为两颗斜向朝上的锥体獠牙，其位置与上颌獠牙相对，两牙之间施四条纵向刻划线，两颗獠牙后部各有3颗用"十"字形刻划纹表现的牙齿。舌头呈弯曲状，舌身整体裸露，自口中水平而出，舌体前部下垂但舌尖翘起。

竖耳，双耳分别位于两眼后部，耳身顶端是兽头的最高点。每只耳朵的主体为纵向长条形器身，外接弧线形耳轮，耳身中央形成椭圆形透孔。耳体正面器身内凹，背面器身较平。

根据其他残片推断，兽头耳部后侧的中间处有斜向竖鬃，一般多为三根锥体竖鬃。

兽头的底座略显内凹，在鼻身的后部有一个纵贯器体的斜向透空，以便于用铁钉将兽头固定在屋脊上。

正视兽头，最大残宽28.4、最大残高31.6厘米；侧视兽头，最大残宽27.8厘米（图七八；图版二九，3）。

标本2001HXNT28西扩③：6，雕塑造型，残存兽头下颌部位局部器身，右侧獠牙残存局部牙根，左侧獠牙自根部残断，獠牙之间有刻划纹饰。器表施墨绿色釉，器身残断处显现泥质红陶胎体。两颗獠牙的间距4.2厘米（图七九，3）。

标本2001HXNT23西扩③：14，兽头獠牙，器身残断处显现泥质红陶胎体，器表施墨绿色釉。

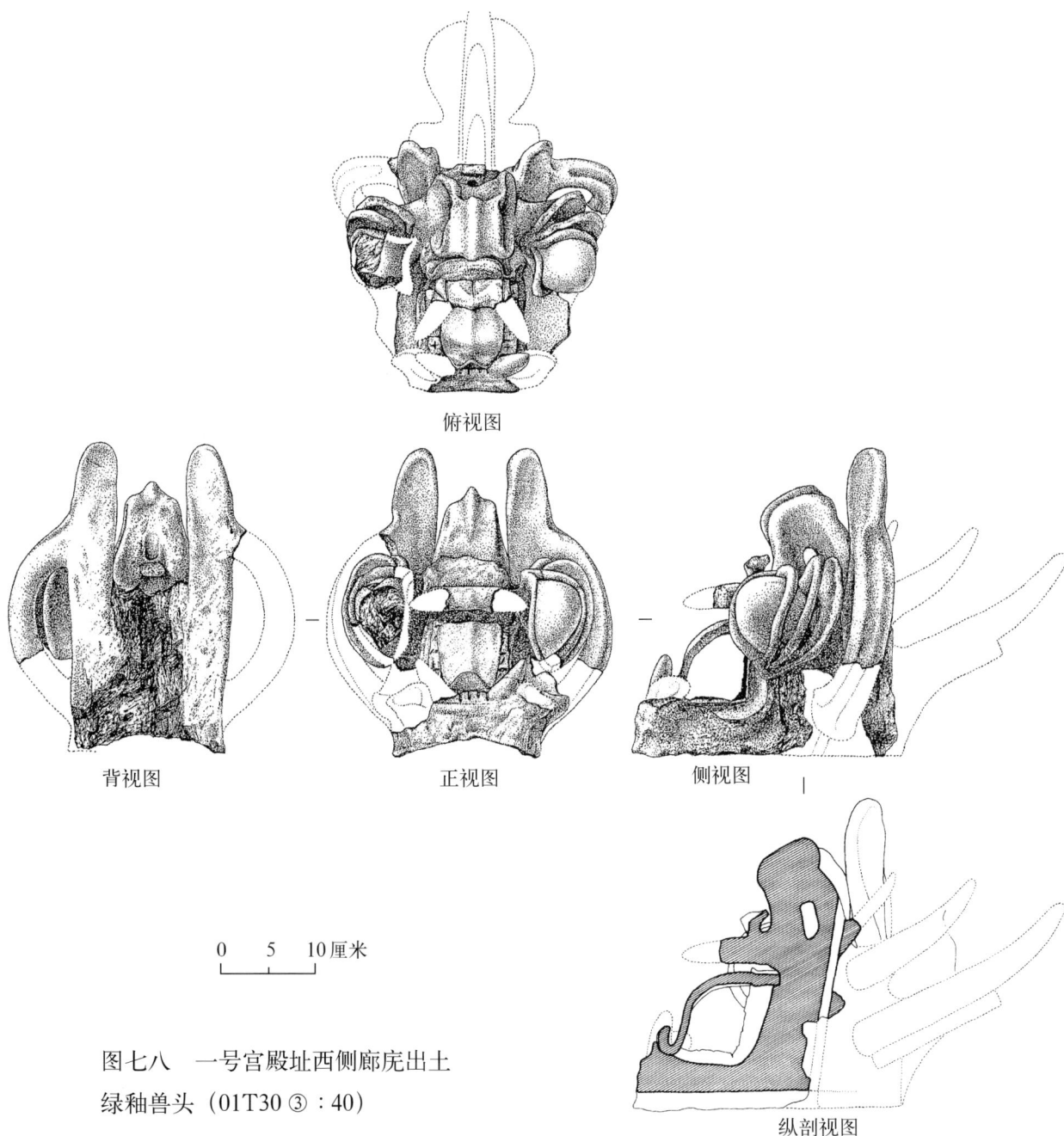

俯视图

背视图　　　　　正视图　　　　　侧视图

0　5　10厘米

图七八　一号宫殿址西侧廊庑出土
绿釉兽头（01T30③：40）

纵剖视图

獠牙弧线锥体造型，根部残断。残长9.2、截面最大直径3厘米（图七九，6）。

2．套兽

标本2001HXNT21③：48，残存右侧兽耳，残长11.6、残高6.6厘米（图七九，1）。

标本2001HXNT28③：7，残存右侧兽耳，残长11.6、残高4.4厘米（图七九，2）。

标本2001HXNT28扩③：11，残存鼻部局部器片，鼻梁中央是纵向刻划线纹。最大残宽9、残高8.8厘米（图七九，5）。

标本2001HXNT21③：47，器残，残存器身底座部位的胡须、毛发及右侧脸颊的局部嘴唇、牙齿。该件标本的形体略大于标本2001HXNT21③：6，右侧脸颊的口部残存上、下颌的各3颗牙齿，左右脸颊嘴部以下的侧面各装饰有4缕胡须。

器体残存区域的最大宽度约22.4、最大残存高度10.4厘米（图七九，8）。

标本2001HXNT25西扩③：4，器残，残存器身左侧局部眉弓及其后部的毛发部位，器表施绿釉，器身残断处裸露灰褐色胎体。残存器身横向宽17.4、纵向高11.4厘米（图七九，7）。

标本2001HXNT25西扩③：5，器残，残存器身左侧局部嘴唇、牙齿及脸颊下部胡须，器表施绿釉，器身残断处裸露灰褐色胎体。上、下颌各残存7颗牙齿，下颌处残存2缕胡须。残存器身横向宽14.6、纵向高12.4厘米（图七九，4；图版三一，2）。

（三）铁器

均为铁钉。

标本2001HXNT30③：1，完整，大型铁钉，直体使用，器身截面呈扁长方形。器体通长33.6、截面边长1.65、截面边宽0.9厘米（图八○，12；图版五三，4）。

标本2001HXNT21③：20，直体使用。器体通长12.7、器身截面长0.9、截面宽0.7厘米（图八○，1）。

标本2001HXNT21③：10，曲体使用，其身下部弯曲。器体通长15.3、器身截面边长0.9、界面宽0.7厘米（图八○，5）。

标本2001HXNT21③：2，曲体使用，其身下部弯曲。器体通长18.2、器身截面长1、截面宽0.5厘米（图八○，6）。

标本2001HXNT21③：9，曲体使用，器身下部弯曲且尖部上翘。器体通长16.4、器身截面边长0.9、截面宽0.6厘米（图八○，11）。

标本2001HXNT21③：15，折体使用，器身上部向下弯折。器体通长16.2、器身截面边长0.9、截面宽0.7厘米（图八○，7）。

标本2001HXNT21③：16，折体使用，器身上部、下部均弯折。器体通长14、器身截面边长0.8、截面宽0.6厘米（图八○，2；图版五四，5）。

标本2001HXNT21③：23，折体使用，器身上部弯折。器体通长15、器身截面边长1、截面宽0.6厘米（图八○，4）。

标本2001HXNT21③：13，折体使用，器身弯折成"∪"形。器体通长13.8、器身截面边长0.9、截面宽0.6厘米（图八○，10；图版五三，2）。

标本2001HXNT21③：22，器身上部弯曲。器体通长15.5、截面边长0.8、截面边宽0.6厘米（图

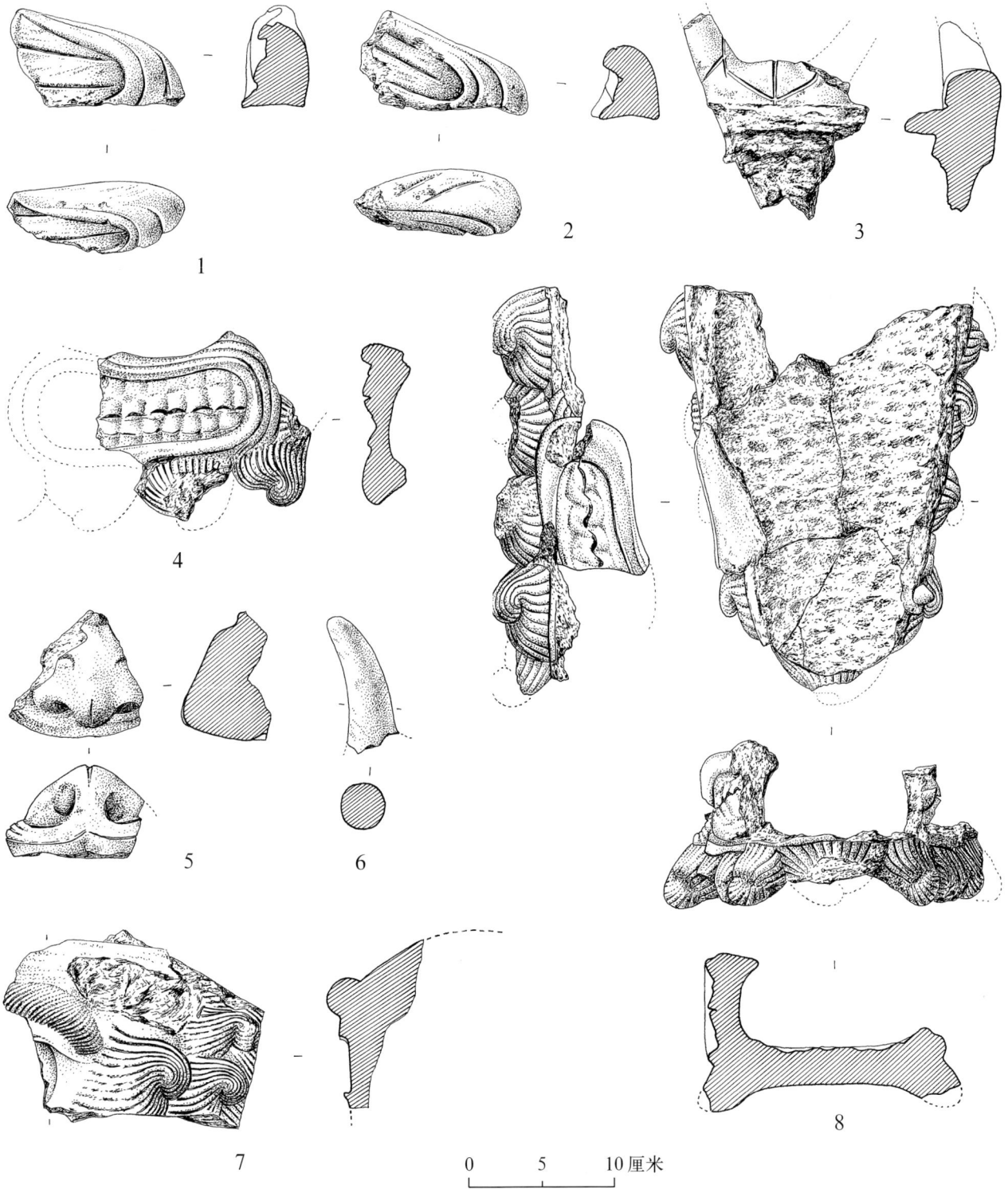

0　　　5　　　10厘米

图七九　　一号宫殿址西侧廊庑出土绿釉套兽

1、2. 兽耳（01T21③：48、01T28③：7）　3. 下颌（01T28西扩③：6）　4. 嘴唇、牙齿（01T25西扩③：5）

5. 鼻部（01T28扩③：11）　6. 獠牙（01T23西扩③：14）　7. 眉弓、毛发（01T25西扩③：4）　8. 底座（01T21③：47）

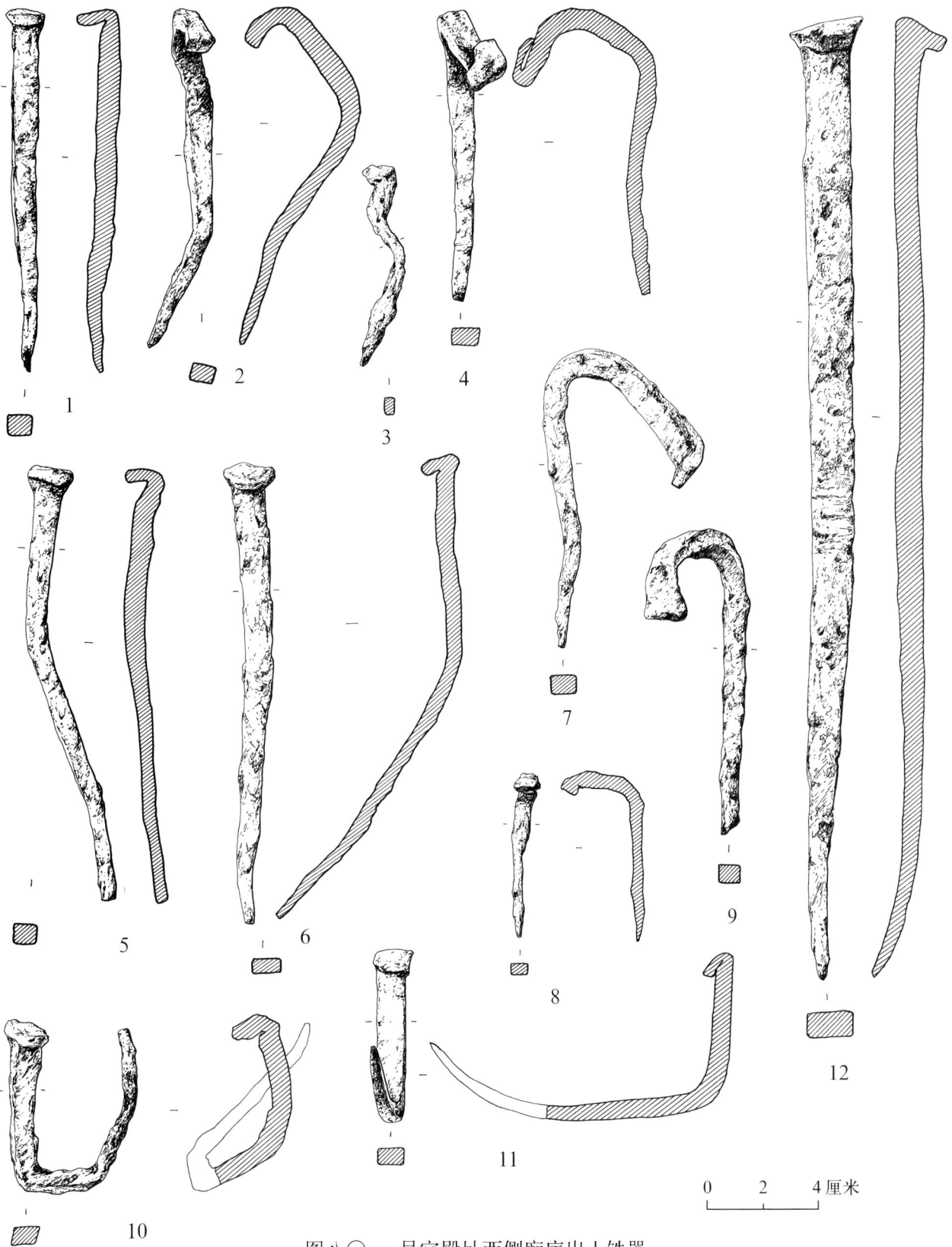

图八〇　一号宫殿址西侧廊庑出土铁器

1、12. 直体铁钉（01T21③：20、01T30③：1）　　3、8、9. 铁钉（01T21③：3、01T21③：17、01T21③：22）　　5、6、11. 曲体铁钉（01T21③：10、01T21③：2、01T21③：9）　　2、4、7、10. 折体铁钉（01T21③：16、01T21③：23、01T21③：15、01T21③：13）

八○，9）。

标本 2001HXNT21 ③：17，小型铁钉，器身上部弯曲。器体通长 8、截面边长 0.6、截面边宽 0.4 厘米（图八○，8）。

标本 2001HXNT21 ③：3，小型铁钉，器身扭曲。器体通长 7.3、截面边长 0.6、截面边宽 0.35 厘米（图八○，3）。

五、东侧廊庑

2002 年的发掘分为两个区域，一区主要是针对一号宫殿址东侧廊庑进行的发掘，在 2001HXNNT1 的东北侧由南向北布 10×10 米探方 5 个，依次编号为 2002HXNNⅠT1～T5，每一探方的东西两侧相应进行了扩方处理，总发掘面积 1200 平方米（图八一）。

（一）位置

一号宫殿通过其东延的廊道与东侧廊庑相接，一号宫殿与东侧廊庑台基的南缘基本持平，两者间距 14 米。

（二）台基的形状与结构

东侧廊庑主体建筑台基的轮廓及其营建方式与西侧廊庑相同，台基南北向长约 63 米，东西向宽约 12.5 米（图版一四，1）。

廊庑台基的上层夯土也遭到了破坏，使得主体建筑所使用的暗础裸露于残损台基的表层之上。东侧廊庑柱网的保存状况略好于西侧廊庑，清理出来的台基高度介于 10～40 厘米之间。

在台基的北部，辟有东西向横贯基址的排水沟设施。根据排水沟北侧台基西缘残存的"土衬石"迹象推断，东侧廊庑的台基也使用"土衬石"护坡。在台基东缘偏南处，清理出一段延出台基的东西向"墙体"堆积。

（三）主体建筑的格局

同西侧廊庑一样，东侧廊庑主体建筑的柱网也是东西向横向 14 排、南北向纵向 3 排的排列格局。除台基南端的一排横向础石全部遗失外，其他柱础均有迹可循，柱础的横、纵间距均约为 4.5 米。

东侧廊庑的础石的周缘多有河卵石圈迹象，柱础之间虽然没有如西侧廊庑一样发现河卵石墙体，但存在诸多小础石。为便于描述，将一号宫殿东侧廊庑纵向的 3 排础石由东向西依次编号为 DD（东侧廊庑东排）、DZ（东侧廊庑中排）、DX（东侧廊庑西排），每排础石由南向北依次为 1～14。

在东排础石 DD1～DD14 中，DD3 与 DD4 之间、DD4 与 DD5 之间分别存在 2 块纵向等距排列的小础石；DD5 与 DD6 之间居中位置存在 1 块小础石；DD6 与 DD7 之间存在 3 块纵向等距小础石；DD11 与 DD12 之间靠近 DD12 一侧存在 1 块小础石；东侧廊庑的排水沟由 DD12 与 DD13 之间通过，排水沟的南北两侧各有 1 块小础石；DD13 与 DD14 之间靠近 DD13 一侧存在 1 块小础石（图版一六，4）。

在中排础石 DZ1～DZ14 中，DZ2～DZ9 之间虽未发现小础石，但发现有小河卵石圈遗迹。其中，DZ2 与 DZ3 之间、DZ7 与 DZ8 之间 1 处，其他柱础之间 2 处（图版一六，2、3）。

在西排础石 DX1～DX14 中，DX3、DX4、DX6、DX8～DX10 础石的东侧各存在 1 块修琢较为规整的条石，这些条石可能是维修时添加的（图版一六，1）。这种情况也见于西侧廊庑的西排 XX12。

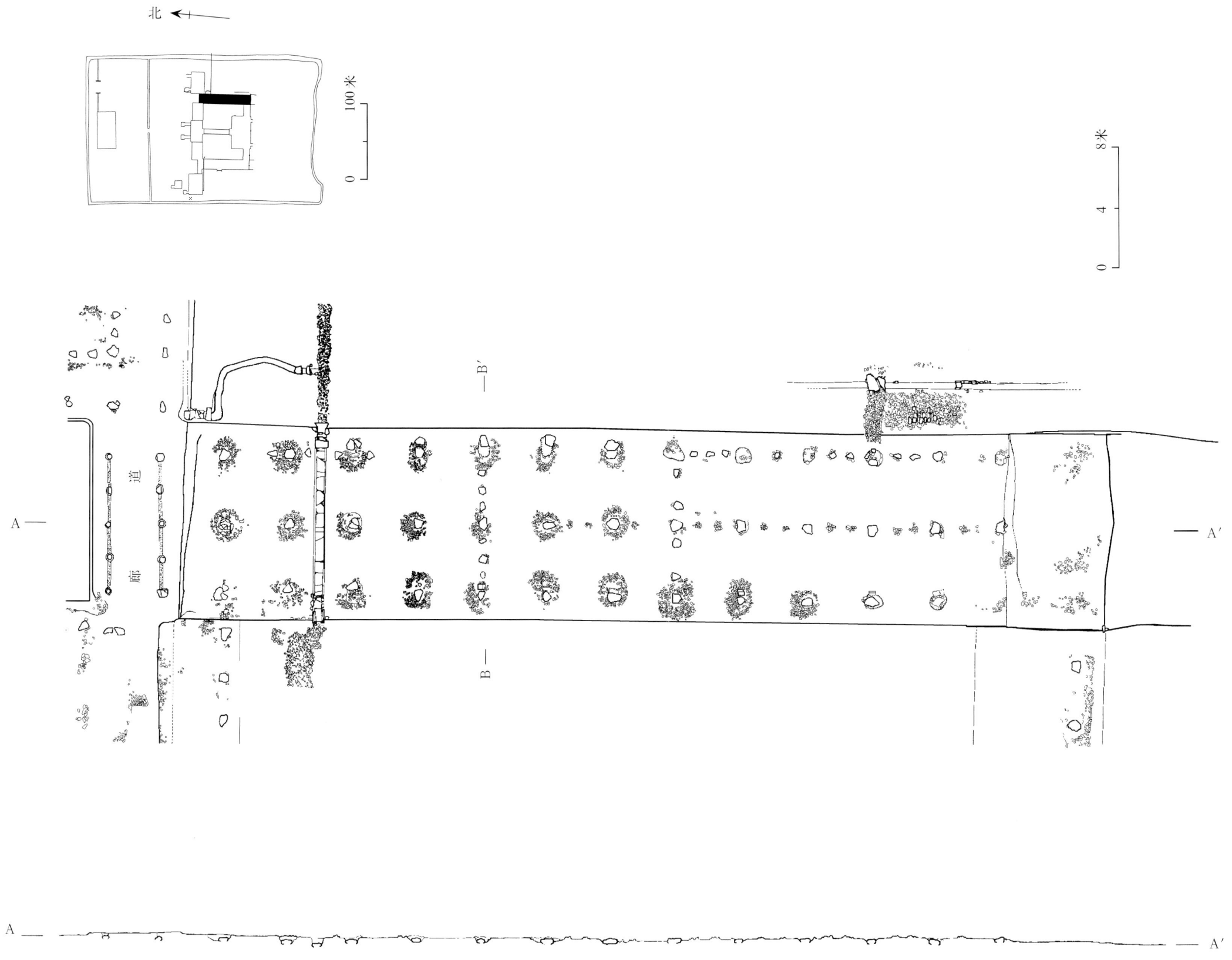

北

100 米

8米

4

0

道

廊

A

A'

B'

B'

B

B

A

A'

图八一 一号宫殿址东侧廊庑平、剖面图

此外，在DD7、DZ7、DX7之间，DD10、DZ10、DX10之间存在东西向小础石。前者两础之间存在2块小础石，后者两础之间存在3块小础石。

下面，对3处柱础的具体埋藏情况加以介绍：

DD13，础石坐落在夯土之中，其周缘的河卵石圈所处的层面高于础石的台面。在DD13南北两侧的台基平面上，各存在1块规格略小的不规则础石（图八二，3）。

DD9，该础石呈倾斜状偏离了原位，其外缘残存西半侧河卵石圈（图八二，1）。

DX8，该础石的台面基本上与台基残存的夯土层面持平，在DX8的东侧并排存在1块修琢规整的长方形条石，两者的外围环绕着河卵石圈，河卵石的层面略高出础石（图八二，2）。

（四）排水沟遗迹

排水沟位于东侧廊庑台基南起横向第12排、第13排柱础之间，北至台基北端的距离约为9米。同西侧廊庑排水沟的营建方式相同，该排水沟与夯土台基也是同期一体构筑。处于廊庑台基之上的排水沟沟底铺垫的石板得以完整的保存下来，石板较大，其长度均近1米。石板顶面平整、排列密实，一些石板存在断裂现象。在两端沟口处，留存有沟壁立石及顶部盖石迹象。其中，西端沟口构筑得比较精细，东端沟口则明显粗糙。在沟体中部，除了沟底铺石，未见沟壁立石、顶部盖石（图八三；图版一五，1）。

西端沟口没有与廊庑台基的西缘持平，向外（向西）延出了0.3米。由于该端沟体直接裸露于外，沟口立石与沟底铺石军进行了十分精细的修琢。沟口两侧各使用1块修琢规整的折尺形条石作为沟壁立石，该立石的前端与修琢精细的凹形沟底铺石前端利用扣合沟槽接合得非常规整、美观。沟口北侧折尺形立石的后面残存3块沟壁立石，沟口南侧折尺形立石的后面断续残存2块立石，这些立石作为沟壁的立面以及其顶面均修琢平整。沟口处的沟壁立石上没有发现沟顶盖石，该处仅发现了1块移位的盖石。西端沟口处，沟体宽0.5米，沟深约0.3米（图版一五，2）。

东端沟口处残存的沟壁立石与台基的东缘持平，沟口外端的沟底铺石则外延（向东）了近0.3米。该块沟底铺石呈梯形，宽边朝外，其宽度明显大于沟体宽度。沟壁立石的立面较平，但未作修整。距东端沟口约0.8米处的沟体上部原位保存有1块沟顶盖石，其下未见沟壁立石，表明除沟口两端存在沟壁立石外，沟体中部没有构筑沟壁立石。排水沟中部的沟体呈口大底小的梯形，上口宽约0.6米。沟内填满松软的黑褐土堆积，堆积中出土有完整的板瓦、筒瓦（图版一五，3）。

在排水沟东西端口的外侧，清理出利用碎瓦残块铺成的流水槽。西侧端口外的流水槽呈曲线形，其宽度明显宽于沟体，最宽处近1米；东侧端口的流水槽呈直线形，其宽度大体与沟体相当。流水槽略低于当时的地面，槽深约10厘米。

排水沟东侧的流水槽直线向东延伸，并通过与之东西向位置相对处的内城东墙底部的排水涵洞延出内城之外。

流水槽所使用的碎瓦，大小相近，其中包含板瓦、筒瓦、瓦当残块。在所用的板瓦残片中，见有刻划纹"天"、"述"等文字瓦瓦片。在瓦当碎块中，可以分辨出A型萼形间饰六瓣莲纹瓦当、C型弯月形间饰六瓣莲纹瓦当、D型八瓣单体连枝莲纹瓦当。

排水沟西端沟口北部留存有廊庑台基西缘的"土衬石"残迹，其构筑方式与西侧廊庑同类遗迹相同。

北

1

2

3

0　　　　　　　　　1 米

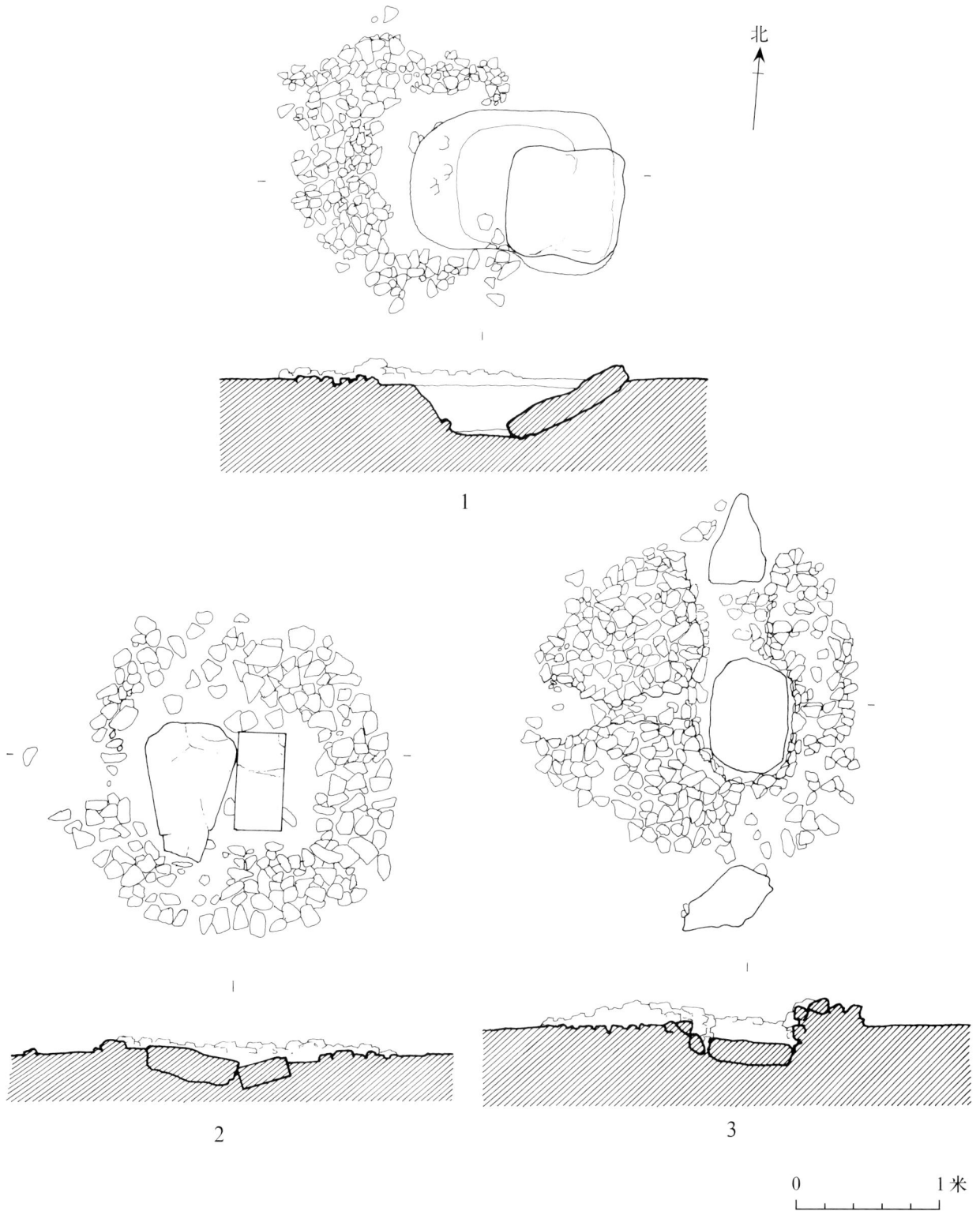

图八二　一号宫殿址东侧廊庑部分柱础平、剖面图

1. DD9　2. DX8　3. DD13

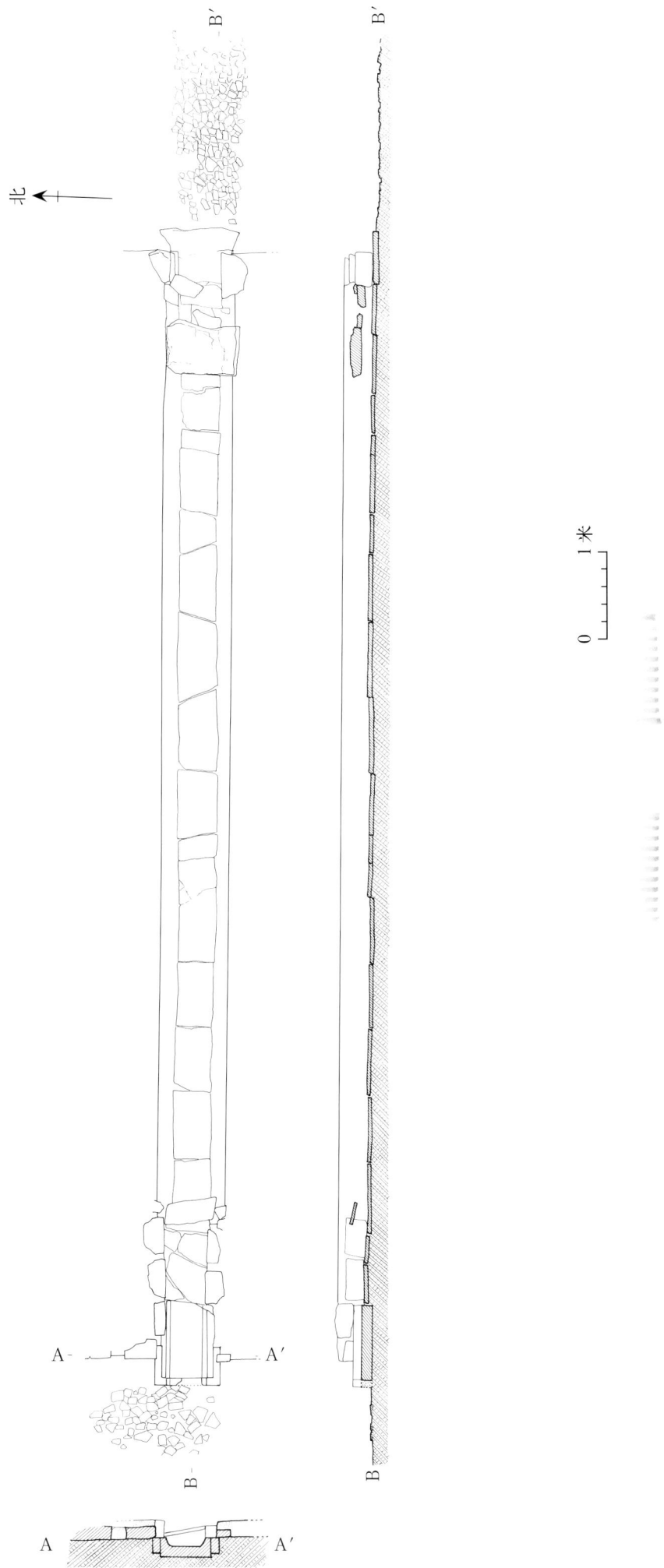

北

0 1 米

图八三 一号宫殿址东侧廊庑排水沟遗迹平、剖面图

（五）横向"墙体"堆积

在东侧廊庑东排柱础 DD4 的东侧，清理出一道从台基的边缘向东横向延伸的"墙体"堆积残迹。该"墙体"土石混筑而成，其西端叠压在廊庑台基之上。"墙体"的清理长度 4.3 米，宽约 1.2 米，残存高度约 0.45 米。其中，位于台基上的区段长 0.5 米，该部分的厚度为 0.2 米。

清理部分"墙体"的东端铺垫有 2 块厚约 0.2 米的不规则石块，一条与廊庑台基平行、略呈南北走向的排水沟从石块之下通过（图八四，1）。

种种迹象表明，横向"墙体"是在构筑完廊庑台基之后形成的，但其使用的时间可能与廊庑同时，因为在其周边区域未发现晚期遗物。根据现有清理区域所揭露的迹象，目前尚难以具体确定其性质。

（六）其他

东侧廊庑台基的北端直接连接一号宫殿区域、二号宫殿区域、三号宫殿三者之间的单纯廊道（图版一四，2）；同西侧廊庑一样，台基的南端也存在向南延伸的迹象。

六、东侧廊庑出土遗物

（一）陶质遗物

1. 文字瓦

在一号宫殿东侧廊庑发掘区域，采集文字瓦标本 189 件。其中，依据施纹瓦体统计，板瓦标本 119件、筒瓦标本 70 件；依据施纹方式统计，模压文字（或符号）标本 182 件，刻划文字（或符号）标本 7 件，6 件板瓦类刻划文字（或符号）标本，1 件筒瓦类刻划文字标本。就文字或符号而言，189 件标本含 45 个文字、15 个不识字或符号。其中，板瓦、筒瓦共同使用的模印文字包括：仁、素、土、十三六；板瓦单独使用的模印文字包括：尖、文、切、手、石、顺、昌、昌（?）、俳、左李、可、保、则、珍、计、音、羌（?）、光、捺、诺、隆、典、市、十二、中（?）；筒瓦单独使用的模印文字包括：自、明、德、男、优、须（?）、开（?）、仇、钵、安（?）、寸、主、古、贞；板瓦、筒瓦共同使用的刻划文字包括：本；板瓦单独使用的刻划文字包括：吉、天天；板瓦单独使用的无法释读的模压字体包括："𠃌"、"𥝢"、"乚"、"亠"、"冃"；板瓦单独使用的刻划符号包括："〵"、"〳"、"〴"；筒瓦单独使用的无法释读的模压字体包括："查"、"秋"、"𠤏"；板瓦、筒瓦共同使用的无法释读的模压字体："⺙"。

（1）板瓦类文字瓦

A．模压文字标本

"尖"，阴刻阳文，楷书，字外有框，5 件同印个体，标本 2002HXNⅠT1 东扩②∶1（图八五，1）。

"文"，阴刻阳文，楷书，字外有框，2 件同印个体，标本 2002HXNⅠT1 南扩②∶1（图八五，2）。

"切"，阴刻阳文，楷书，字外有框，3 件同印个体，标本 2002HXNⅠT1 南扩②∶2（图八五，3）。

"手"，阴刻阳文，楷书，字外有框，2 件同印个体，标本 2002HXNⅠT5 东扩②∶1（图八五，4）。

"石"，阴刻阳文，楷书，字外有框，1 件，标本 2002HXNⅠT4②∶3（图八五，5）。

"顺"，阴刻阳文，楷书，字外有框，1 件，标本 2002HXNⅠT2②∶8（图八五，6）。

"昌"，阴刻阳文，楷书。两种字体：

a. 字外有框，16 件同印个体，标本 2002HXNⅠT1 东扩②∶2（图八五，7）。

北

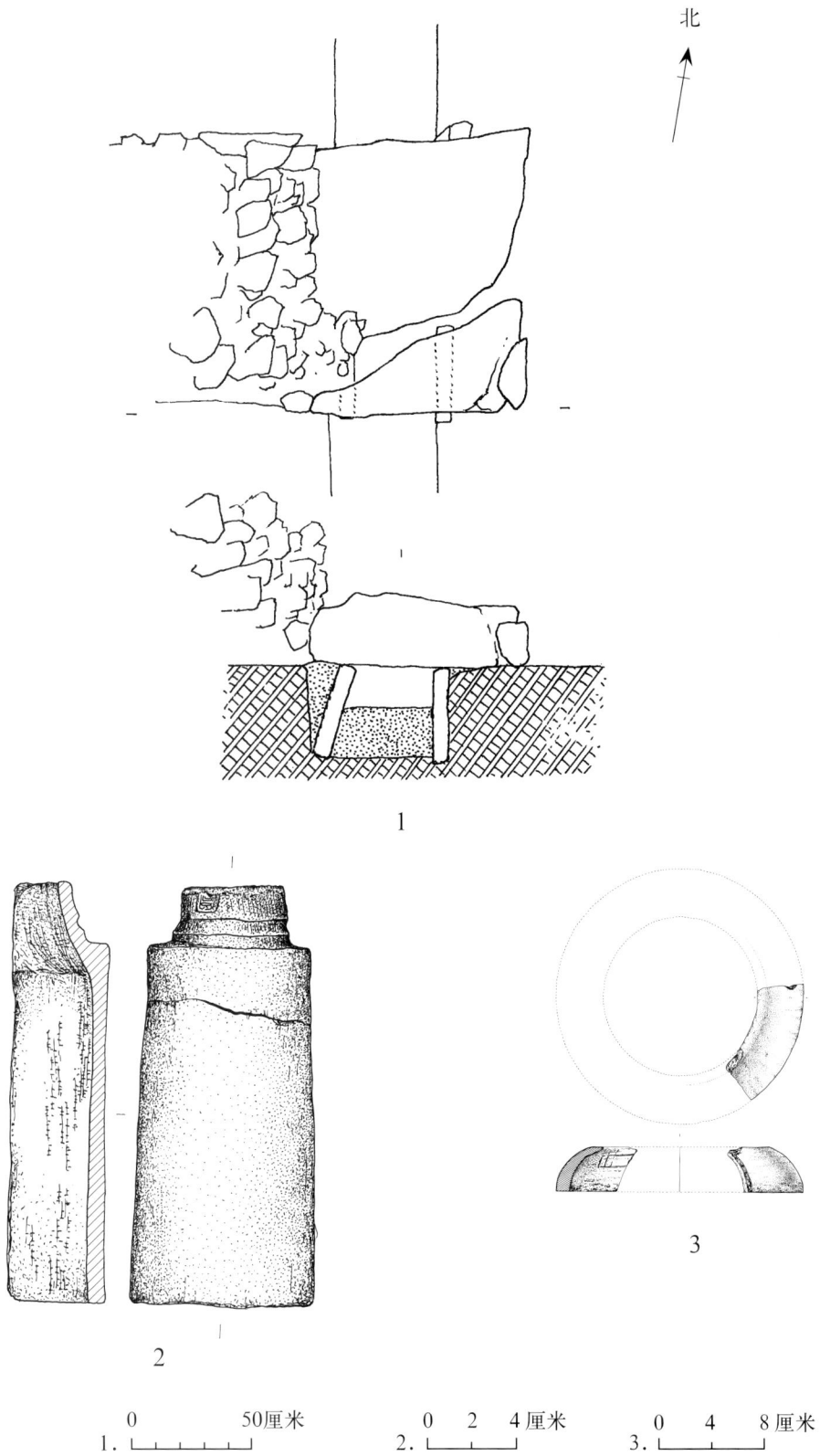

1

2

3

0　　　50厘米
1. |__|__|__|__|

0　2　4厘米
2. |__|__|__|

0　4　8厘米
3. |__|__|__|

图八四　一号宫殿址东侧廊庑东侧排水沟平、剖面图及出土筒瓦、绿釉柱围

1. 排水沟　2. 筒瓦（02ⅠT1东扩②：8）　3. 绿釉柱围（02ⅠT4东扩②：20）

图八五　一号宫殿址东侧廊庑出土文字瓦拓片（一）

1. 02ⅠT1东扩②：1　2. 02ⅠT1南扩②：1　3. 02ⅠT1南扩②：2　4. 02ⅠT5东扩②：1　5. 02ⅠT4②：3
6. 02ⅠT2②：8　7. 02ⅠT1东扩②：2　8. 02ⅠT5②：4　9. 02ⅠT1东扩②：3　10. 02ⅠT5东扩②：4
11. 02ⅠT5东扩②：5　12. 02ⅠT5②：10　13. 02ⅠT2②：3　14. 02ⅠT1东扩②：9　15. 02ⅠT2东扩②：1
16. 02ⅠT1东扩②：11　17. 02ⅠT1东扩②：12　18. 02ⅠT1南扩②：4　19. 02ⅠT1东扩②：7

b．字外有框，1件，标本2002HXNⅠT2②：3（图八五，13）。

"昌（?）"，阴刻阳文，字外有框，楷书。1件，标本2002HXNⅠT1南扩②：4（图八五，18）。

"俳"，阴刻阳文，楷书，字外有框。两种字体：

a．笔画清晰，2件同印个体，标本2002HXNⅠT5②：4（图八五，8）。

b．笔画连笔，5件同印个体，标本2002HXNⅠT1东扩②：3（图八五，9）。

"左李"，纵书，阴刻阳文，楷书，8件同印个体，标本2002HXNⅠT5东扩②：4（图八五，10；图版四〇，6）。

"可"，阴刻阳文，楷书，字外有框，7件同印个体，标本2002HXNⅠT5东扩②：5（图八五，11；图版四〇，3）。

"保"，阴刻阳文，楷书，字外有框。两种字体：

a．字体呈魏碑风格，1件，标本2002HXNⅠT5②：10（图八五，12）。

b．1件，标本2002HXNⅠT1东扩②：7（图八五，19）。

"仁"，阴刻阳文，楷书。六种字体：

a．字外有框，2件同印个体，标本2002HXNⅠT1东扩②：9，模印文字的右侧存在1个刻划模仿的带框"仁"字（图八五，14；图版四〇，4）。

b．字外无框，1件，标本2002HXNⅠT4②：5（图八六，3）。

c．字外无框，1件，标本2002HXNⅠT4②：6（图八六，4）。

d．字外无框，1件，标本2002HXNⅠT4②：7（图八六，6）。

e．字外无框，1件，标本2002HXNⅠT5东扩②：6（图八六，7）。

f．字外无框，1件，标本2002HXNⅠT4②：8（图八六，14）。

"𥆟"，不识，阴刻阳文，楷书，字外有框，1件，标本2002HXNⅠT2东扩②：1（图八五，15；图版四〇，8）。

"则"，阴刻阳文，书，字外有框，1件，标本2002HXNⅠT1东扩②：11（图八五，16）。

"𥝱"，不识，阴刻阳文，楷书，字外有框，1件，标本2002HXNⅠT1东扩②：12（图八五，17）。

"珍"，阴刻阳文，带有隶意的楷书，字外无框，1件，标本2002HXNⅠT4②：9（图八六，5）。

"计"，阴刻阳文，楷书，字外无框。两种字体：

a．字体较小，2件同印个体，标本2002HXNⅠT5东扩②：7（图八六，9）。

b．字体较大，2件同印个体，标本2002HXNⅠT1东扩②：13（图八六，11）。

"音"，阴刻阳文，楷书，字外有框，2件同印个体，标本2002HXNⅠT1东扩②：14（图八六，12；图版四〇，5）。

"羌（?）"，阴刻阳文，楷书，字外有框。两种字体：

a．字体较小，1件，标本2002HXNⅠT5②：5（图八六，13）。

b．字体较大，1件，标本2002HXNⅠT1东扩②：15（图八六，21；图版四〇，9）。

"光"，阴刻阳文，楷书，字外无框，3件同印个体，标本2002HXNⅠT4②：10（图八六，15）。

"捺"，阴刻阳文，楷书，字外无框。两种字体：

a．1件，标本2002HXNⅠT1南扩②：5（图八六，17）。

图八六　一号宫殿址东侧廊庑出土文字瓦拓片（二）

1. 02ⅠT1南扩②：6　2. 02ⅠT4②：12　3. 02ⅠT4②：5　4. 02ⅠT4②：6　5. 02ⅠT4②：9　6. 02ⅠT4②：7　7. 02ⅠT5东扩②：6　8. 02ⅠT5②：12　9. 02ⅠT5东扩②：7　10. 02ⅠT5②：13　11. 02ⅠT1东扩②：13　12. 02ⅠT1东扩②：14　13. 02ⅠT5②：5　14. 02ⅠT4②：8　15. 02ⅠT4②：10　16. 02ⅠT2②：2　17. 02ⅠT1南扩②：5　18. 02ⅠT5②：11　19. 02ⅠT5②：26　20. 02ⅠT5②：14　21. 02ⅠT1东扩②：15　22. 02ⅠT4②：11

b．1件，标本2002HXNⅠT5②：26（图八六，19）。

"诺"，阴刻阳文，楷书，字外无框，1件，标本2002HXNⅠT5②：11（图八六，18）。

"隆"，阴刻阳文，带有隶意的楷书，字外无框，2件同印个体，标本2002HXNⅠT4②：11（图八六，22）。

符号"𠃊"，字外无框，2件，标本2002HXNⅠT1南扩②：6（图八六，1）。

"利"，不识，楷书，字外无框，2件同印个体，2002HXNⅠT4②：12（图八六，2）。

"𡉅"，不识，楷书，字外有框。两种字体：

a．字体较大，2件同印个体，标本2002HXNⅠT5②：12（图八六，8）。

b．字体较小，3件同印个体，标本2002HXNⅠT5②：13（图八六，10）。

符号"𠃌"，字外无框，3件同印个体，标本2002HXNⅠT2②：2（图八六，16）。

符号"𠆢"，字外无框，1件，标本2002HXNⅠT5②：14（图八六，20）。

"典"，阴刻阳文，楷书，字外无框，5件同印个体，标本2002HXNⅠT4②：13（图八七，4）。

"土"，阴刻阳文，楷书，字外无框，1件，标本2002HXNⅠT5东扩②：8（图八七，6）。

"素"，楷书，三种字体：

a．阴刻阳文，字外有框，1件，标本2002HXNⅠT5西扩②：1（图八七，12）。

b．阳刻阴文，字外无框，字体较窄，1件，标本2002HXNⅠT1西扩②：3（图八七，7）。

c．阳刻阴文，字外无框，字体较宽，2件同印个体，标本2002HXNⅠT5东扩②：9（图八七，8）。

"市"，阴刻阳文，楷书，字外无框，1件，标本2002HXNⅠT5②：15（图八七，9）。

"十二"，纵书，阳刻阴文，字外无框。两种字体：

a．1件，标本2002HXNⅠT4东扩②：3（图八七，2）。

b．1件，标本2002HXNⅠT5东扩②：10（图八七，3）。

"十三六"，纵书，阳刻阴文，字外无框。两种字体：

a．1件，标本2002HXNⅠT4②：15（图八七，5）。

b．1件，标本2002HXNⅠT5东扩②：11（图八七，16）。

"中（?）"，字外无框，1件，标本2002HXNⅠT4西扩②：4（图八七，11）。

"用"，不识，阳刻阴文，字外无框，1件，标本2002HXNⅠT4②：16（图八七，1）。

B．刻划文字标本

"本"，1件，标本2002HXNⅠT4东扩②：10（图八七，10）。

"吉"，1件，标本2002HXNⅠT4②：17（图八七，15）。

"天天"，1件，标本2002HXNⅠT1②：4（图八七，18；图版四二，1）。

刻划符号"🐟"，1件，标本2002HXNⅠT2②：3（图八七，13）。

刻划符号"🗡"，1件，标本2002HXNⅠT1东扩②：17（图八七，14）。

刻划符号"👤"，1件，标本2002HXNⅠT1东扩②：16（图八七，17）。

（2）筒瓦类标本

A．模印文字标本

"自"，阴刻阳文，楷书。三种字体：

图八七　一号宫殿址东侧廊庑出土文字瓦拓片（三）

1. 02ⅠT4②:16　2. 02ⅠT4扩②:3　3. 02ⅠT5东扩②:10　4. 02ⅠT4②:13　5. 02ⅠT4②:15
6. 02ⅠT5东扩②:8　7. 02ⅠT1西扩②:3　8. 02ⅠT5东扩②:9　9. 02ⅠT5②:15　10. 02ⅠT4东
扩②:10　11. 02ⅠT4西扩②:4　12. 02ⅠT5西扩②:1　13. 02ⅠT2②:3　14. 02ⅠT1东扩②:17
15. 02ⅠT4②:17　16. 02ⅠT5东扩②:11　17. 02ⅠT1东扩②:16　18. 02ⅠT1②:4

a．字外有框，字体较大，1件，标本2002HXNⅠT2②：4（图八八，23）。

b．字外有框，字体较小，2件同印个体，标本2002HXNⅠT5东扩②：11（图八八，29）。

c．字外无框，2件同印个体，标本2002HXNⅠT1东扩②：18（图八八，2）。

"明"，阴刻阳文，楷书。两种字体：

a．字外有框，1件，标本2002HXNⅠT4②：19（图八八，13）。

b．字外无框，正刻反印，2件同印个体，标本2002HXNⅠT4②：20（图八八，3）。

"德"，阴刻阳文，楷书，字外无框，13件同印个体，标本2002HXNⅠT4东扩②：15（图八八，5）。

"仁"，阴刻阳文，楷书。三种字体：

a．字外有框，2件同印个体，标本2002HXNⅠT5②：16（图八八，9）。

b．字外有框，2件同印个体，标本2002HXNⅠT4②：21（图八八，10）。

c．字外无框，2件同印个体，标本2002HXNⅠT1东扩②：19（图八八，7）。

"男"，阴刻阳文，带有隶意的楷书，字外有框，两种字体：

a．字体较小，4件同印个体，标本2002HXNⅠT5②：20（图八八，8）。

b．字体较大，2件同印个体，标本2002HXNⅠT4②：22（图八八，30）。

"优"，阴刻阳文，楷书，字外无框，3件同印个体，标本2002HXNⅠT4东扩②：16（图八八，11）。

"须（?）"，阴刻阳文，楷书，字外无框，7件同印个体，标本2002HXNⅠT4②：23（图八八，12）。

"素"，阳刻阴文，楷书，字外无框，字印在直节形筒瓦的瓦唇上，2件同印个体，标本2002HXNⅠT1东扩②：21（图八八，15）。

"开（?）"，阴刻阳文，楷书，字外无框，1件，标本2002HXNⅠT1东扩②：23（图八八，16）。

"仇"，阴刻阳文，楷书，字外有框，1件，标本2002HXNⅠT1东扩②：24（图八八，18）。

"土"，阴刻阳文，楷书，字外有框，1件，标本2002HXNⅠT1东扩②：25（图八八，19）。

"钵"，阴刻阳文，楷书，字体有汉金风韵，字外无框，1件，标本2002HXNⅠT4②：24（图八八，20）。

"安（?）"，阴刻阳文，楷书，字外有框，4件同印个体，标本2002HXNⅠT3②：1（图八八，21）。

"寸"，阴刻阳文，楷书，字外有框，两种字体：

a．1件，标本2002HXNⅠT4东扩②：4（图八八，22）。

b．椭圆形印，1件，标本2002HXNⅠT1东扩②：26（图八八，28）。

"主"，阴刻阳文，楷书，字外无框，2件同印个体，标本2002HXNⅠT4②：25（图八八，24）。

"古"，阴刻阳文，楷书，字外无框，2件同印个体，标本2002HXNⅠT4②：26（图八八，26）。

"贞"，阴刻阳文，楷书，字外无框，1件，标本2002HXNⅠT4②：27（图八八，31）。

"十三六"，纵书，阳刻阴文，字外无框，1件，标本2002HXNⅠT1东扩②：27（图八八，27）。

"🔣"，不识，阴刻阳文，楷书，1件，标本2002HXNⅠT5东扩②：32（图八八，1）。

"🔣"，不识，阴刻阳文，楷书，字外无框，1件，标本2002HXNⅠT4②：1（图八八，14）。

"🔣"，不识，阴刻阳文，楷书，3件同印，标本2002HXNⅠT5东扩②：18（图八八，25）。

符号"🔣"，阴刻阳文，楷书，字外有框。三种字体：

a．1件，标本2002HXNⅠT2东扩②：2（图八八，4）。

图八八　一号宫殿址东侧廊庑出土文字瓦拓片（四）

1. 02ⅠT5东扩②：32　2. 02ⅠT1东扩②：18　3. 02ⅠT4②：20　4. 02ⅠT2东扩②：2　5. 02ⅠT4东扩②：15　6. 02ⅠT5②：21　7. 02ⅠT1东扩②：19　8. 02ⅠT5②：20　9. 02ⅠT5②：16　10. 02ⅠT4②：21　11. 02ⅠT4东扩②：16　12. 02ⅠT4②：23　13. 02ⅠT4②：19　14. 02ⅠT4②：1　15. 02ⅠT1东扩②：21　16. 02ⅠT1东扩②：23　17. 02ⅠT4②：28　18. 02ⅠT1东扩②：24　19. 02ⅠT1东扩②：25　20. 02ⅠT4②：24　21. 02ⅠT3②：1　22. 02ⅠT4东扩②：4　23. 02ⅠT2②：4　24. 02ⅠT4②：25　25. 02ⅠT5东扩②：18　26. 02ⅠT4②：26　27. 02ⅠT1东扩②：27　28. 02ⅠT1东扩②：26　29. 02ⅠT5东扩②：11　30. 02ⅠT4②：22　31. 02ⅠT4②：27

b．1件，标本2002HXNⅠT5②：21（图八八，6）。

c．1件，标本2002HXNⅠT4②：28（图八八，17）。

B．刻划文字标本

"本"，刻划在直节形筒瓦的瓦唇上，1件，标本2002HXNⅠT1②：5。

2．板瓦　采集37件标本。

（1）普通板瓦　7件标本。

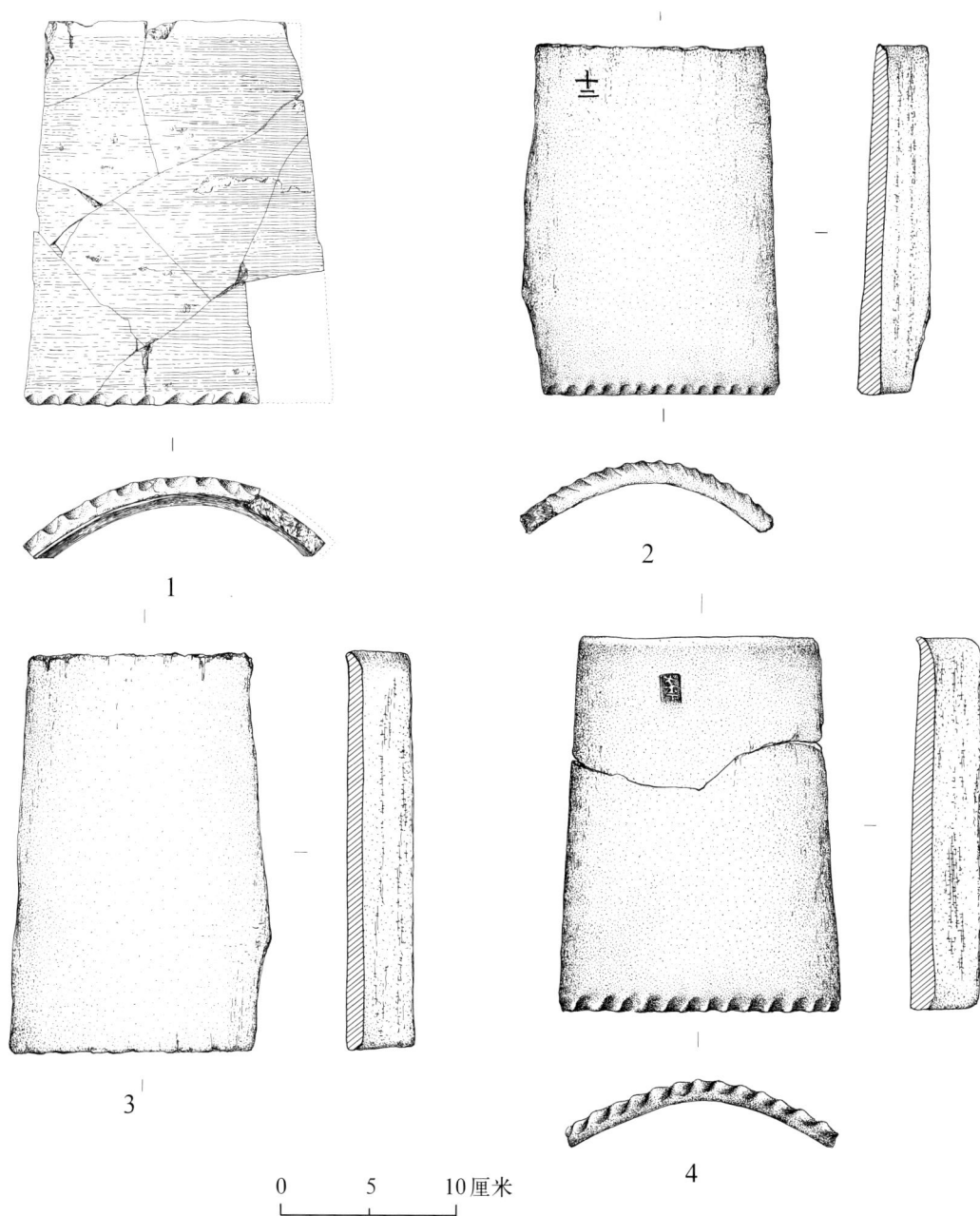

图八九　一号宫殿址东侧廊庑出土板瓦

1、2、4．单面指印纹板瓦（02ⅠT1东扩②：28、02ⅠT1东扩②：22、02ⅠT1东扩②：35）　3．板瓦（02ⅠT1东扩②：20）

标本2002HXNⅠT1东扩②：20，瓦体宽边一角残断。瓦体纵向长44.6、窄边边长27.6、宽边残长27.8厘米（图八九，3）。

（2）单面指印纹板瓦　20件标本。

标本2002HXNⅠT1东扩②：22，瓦体宽边左角残断，瓦体窄边下部瓦身凸面中线偏左位置纵向施有模压阴文"十二"两字。瓦体纵向长49、窄边边长26.2、宽边残长26.4、施纹端面宽2.4厘米（图八九，2）。

标本2002HXNⅠT1东扩②：35，完整，瓦体窄边下部瓦身凸面中线偏左位置纵向施有模压阳文"左李"两字。瓦体纵向长42、窄边边长27、宽边残长31.8、施纹端面宽2.3厘米（图八九，4）。

标本2002HXNⅠT1东扩②：28，褐陶板瓦，瓦体宽边右角残断、窄边右角略残，瓦身凸面施压弦纹。瓦体纵向长43、窄边残长26.8、宽边残长31.8、施纹端面宽2厘米（图八九，1；图版四五，6）。

（3）檐头板瓦　采集10件标本。

A．C型檐头板瓦　4件标本。

标本2002HXNⅠT2②：5，器残。瓦体宽边边长33.8、檐头端面宽3.2厘米（图九〇，1）。

B．D型檐头板瓦　5件标本。

标本2002HXNⅠT5②：17，器残。瓦体宽边边长32.6、檐头端面宽3厘米（图九〇，2）。

（4）截角檐头板瓦　1件，残。

当板瓦处于瓦坯状态时，对其宽边进行了截角处理，然后在截面上施纹（下同）。

标本2002HXNⅠT1东扩②：51，该瓦的整体形状，是将普通板瓦的纵向宽边抹斜截去右角，然后在截面上施纹，成为截角檐头板瓦。瓦体凸面较为平整光滑，凹面经拍打处理，拍打痕迹将凹面的布纹多数抹平。

截面施檐头板瓦的A型纹，施纹端面宽1.2厘米（图九二，3；图版四六，4）。

3．筒瓦

（1）曲节形瓦唇筒瓦　1件完整个体。

标本2002HXNⅠT1东扩②：8，瓦唇上施有模印阳文"自"字。瓦体通长35.4、瓦唇长5.4厘米，瓦唇下瓦体窄边宽14.8、宽边宽16.8厘米（图八四，2）

（2）曲节形瓦唇檐头筒瓦　3件，可复原。

标本2002HXNⅠT3②：13，Aa型瓦当接曲节筒瓦，瓦当残存不足二分之一当面，瓦唇中央有1个圆形透孔。瓦体通长41、瓦唇长5、透孔直径约0.8厘米；瓦当直径约17、边轮宽1.2、边轮高0.8厘米（图九一，3）。

标本2002HXNⅠT3②：21，Aa型瓦当接曲节筒瓦，瓦当残存不足二分之一当面，瓦唇中央有1个圆形透孔。瓦体通长42、瓦唇长5.6、透孔直径约1.6～1厘米；瓦当直径约15.6、边轮宽1.2、边轮高1厘米（图九一，2）。

标本2002HXNⅠT1东扩②：6，Ab型瓦当接曲节筒瓦，瓦当残存约二分之一当面，瓦唇中央有1个圆形透孔。瓦体通长41.2、瓦唇长4.6、透孔直径约1.2～1厘米；瓦当直径约17.2、边轮宽

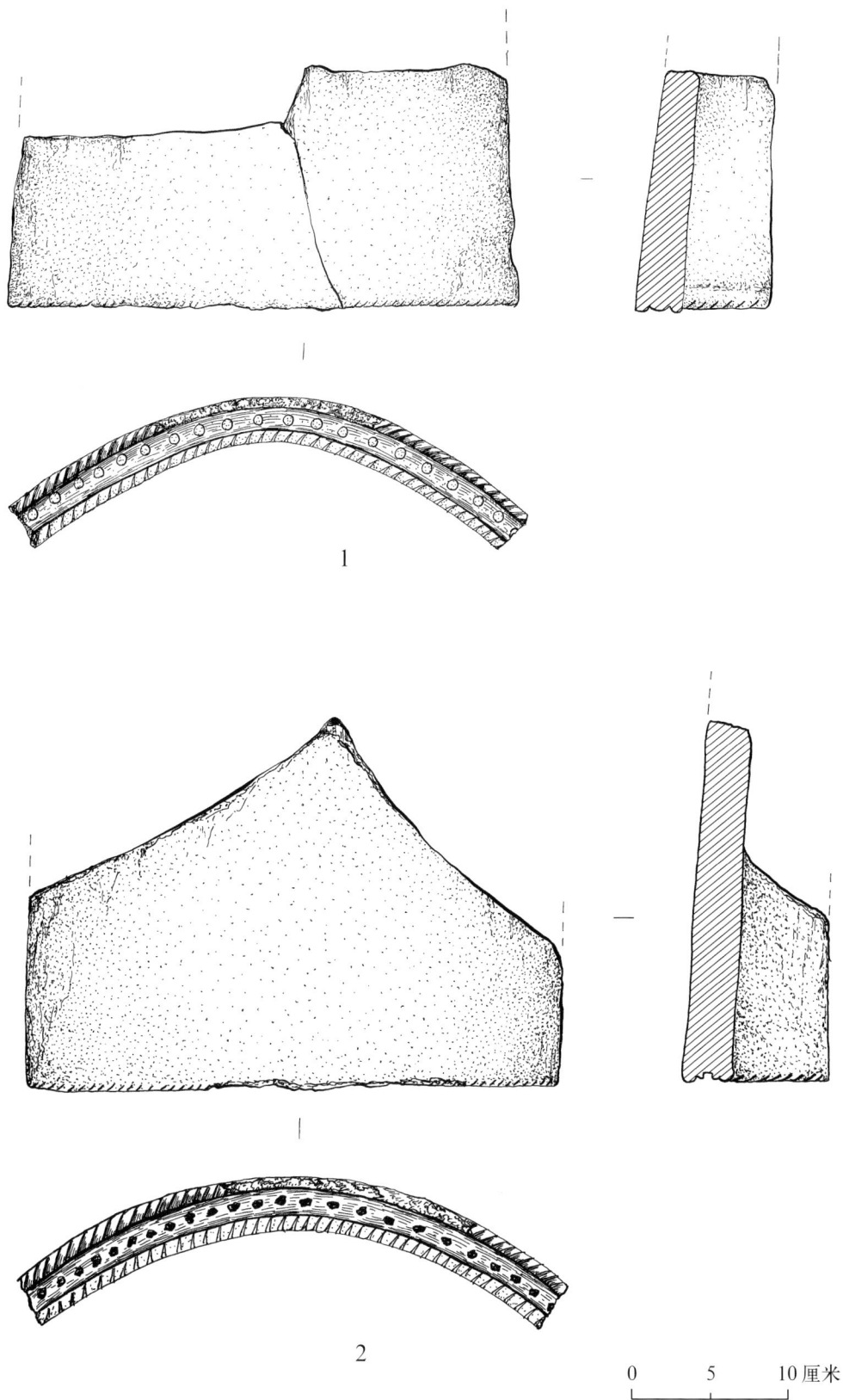

图九〇　一号宫殿址东侧廊庑出土檐头板瓦
1. C型（02 I T2②：5）　2. D型（02 I T5②：17）

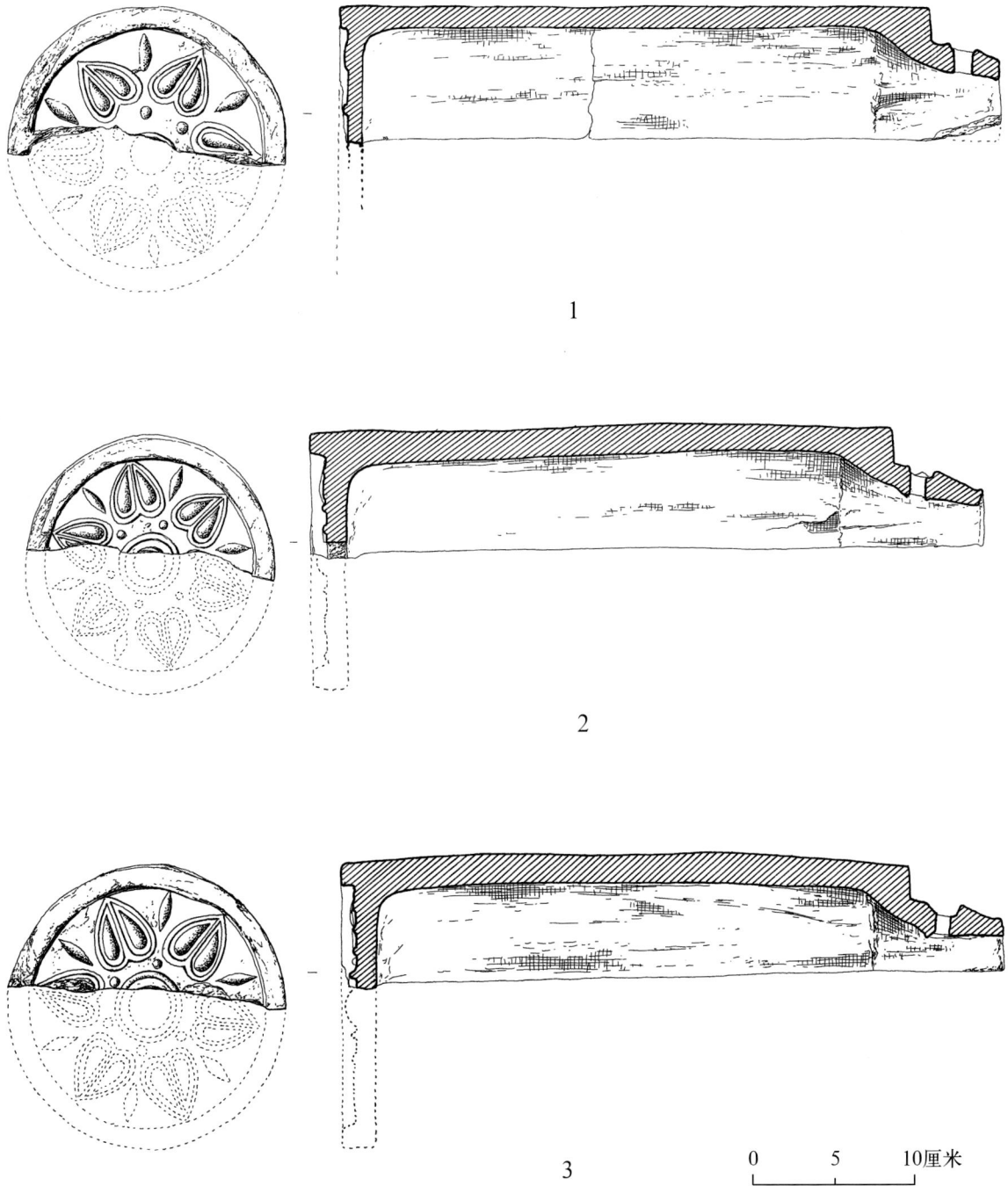

图九一　一号宫殿址东侧廊庑出土曲节形瓦唇檐头筒瓦

1. 02 I T1 东扩②:6　2. 02 I T3②:21　3. 02 I T3②:13

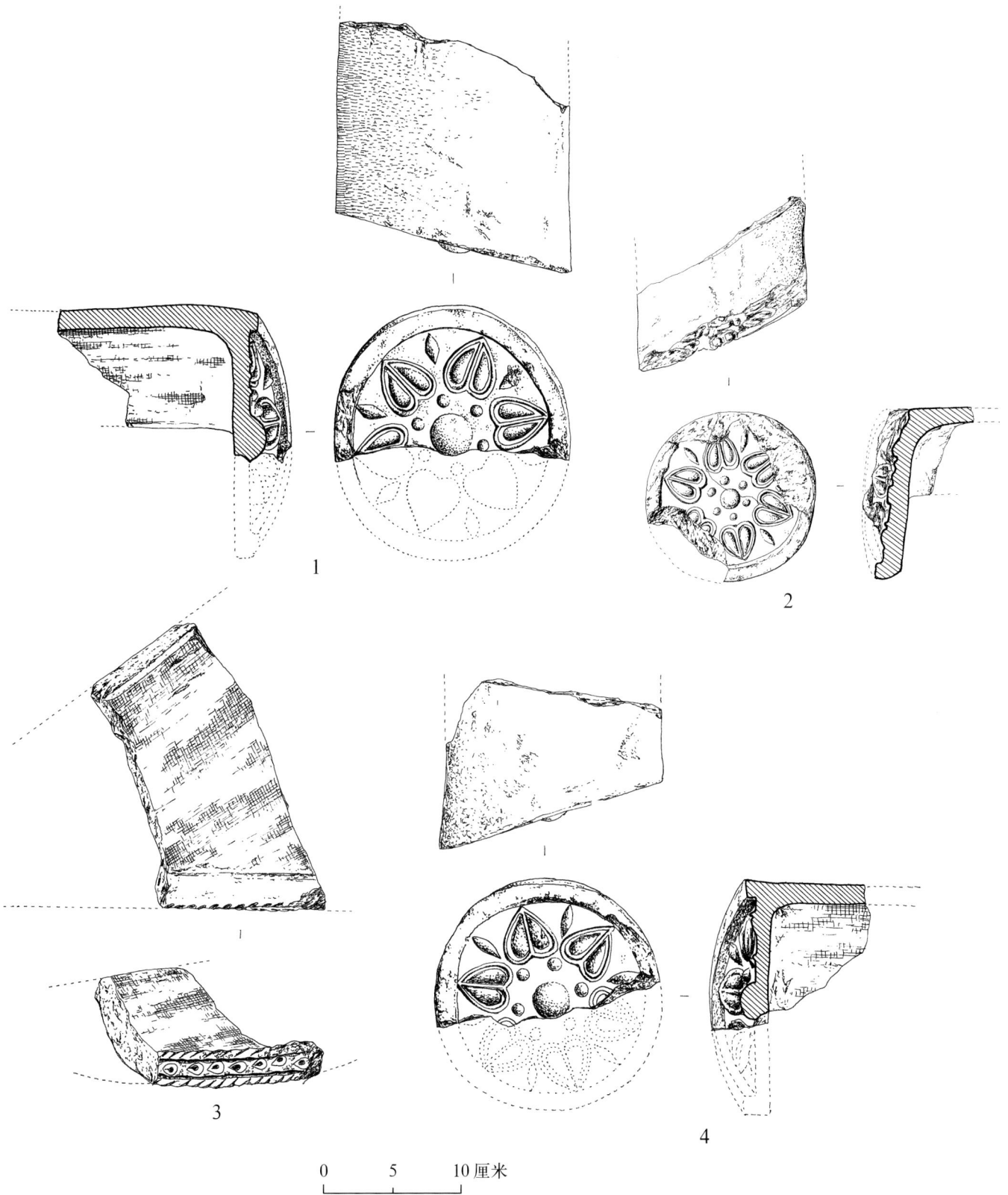

图九二 一号宫殿址东侧廊庑出土截角檐头板瓦、截角檐头筒瓦

1、2、4. 截角檐头筒瓦（02ⅠT4东扩②：14、02ⅠT1西扩②：1、02ⅠT5②：22） 3. 截角檐头板瓦（02ⅠT1东扩②：51）

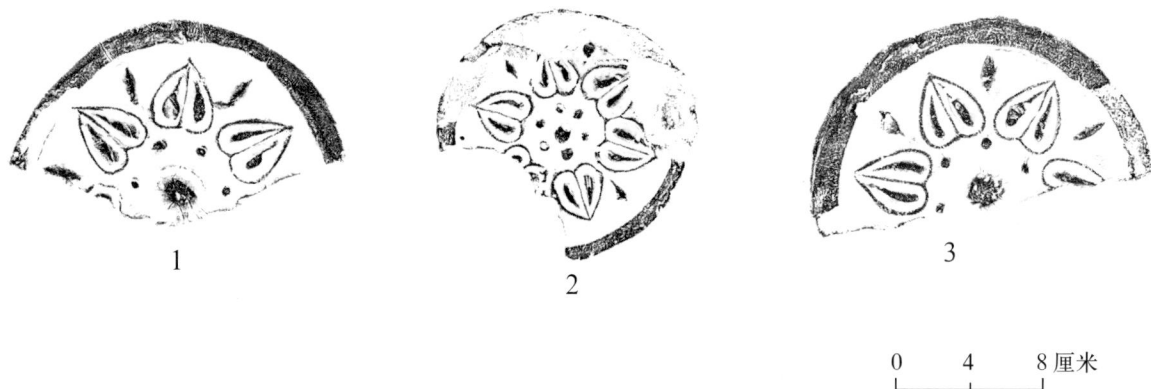

0　　4　　8厘米

图九三　一号宫殿址东侧廊庑出土截角檐头筒瓦瓦当拓片

1. 02ⅠT4东扩②：14　2. 02ⅠT1西扩②：1　3. 02ⅠT5②：22

1.2、边轮高0.6厘米（图九一，1）。

（3）截角檐头筒瓦　出土了3件瓦当部位标本，未能复原完整器形。

标本2002HXNⅠT4东扩②：14，Ab型瓦当接截角筒瓦，瓦当残存近二分之一当面，筒瓦截左角。瓦当直径16.6、乳突直径2.6、乳突高1、边轮宽1.2、边轮高0.6厘米（图九二，1；图九三，1）。

标本2002HXNⅠT5②：22，Ab型瓦当接截角筒瓦，瓦当残存近二分之一当面，筒瓦截右角。瓦当直径17.2、乳突直径3、乳突高1.2、边轮宽1.2、边轮高0.6厘米（图九二，4；图九三，3）。

标本2002HXNⅠT1西扩②：1，Ac型瓦当接截角筒瓦，瓦当略残，筒瓦截右角。瓦当直径13.6、乳突直径1.4、乳突高0.4、边轮宽1、边轮高0.5厘米（图九二，2；图九三，2；图版三七，2）。

4. 瓦当

（1）A型　萼形间饰六瓣莲纹瓦当

A. Aa型　乳突外环绕同心圆凸棱线纹、联珠纹，29件。

标本2002HXNⅠT2②：1，瓦当直径16.9、乳突直径1.9、乳突高0.7、同心圆直径3.9、边轮宽1、边轮高0.8厘米（图九四，3；图九五，3）。

标本2002HXNⅠT4东扩②：12，瓦当直径17.6、乳突直径2、乳突高0.6、同心圆直径2.2、边轮宽1、边轮高0.5厘米（图九四，4；图九五，4）。

B. Ab型　乳突外环绕联珠纹，11件。

标本2002HXNⅠT1②：1，瓦当直径17.4、乳突直径2.6、乳突高1、边轮宽1.4、边轮高0.4厘米（图九四，6；图九五，6）。

标本2002HXNⅠT5②：19，瓦当直径18.2、乳突直径3.2、乳突高1.4、边轮宽1、边轮高0.4~0.6厘米（图九四，5；图九五，5；图版三五，2）。

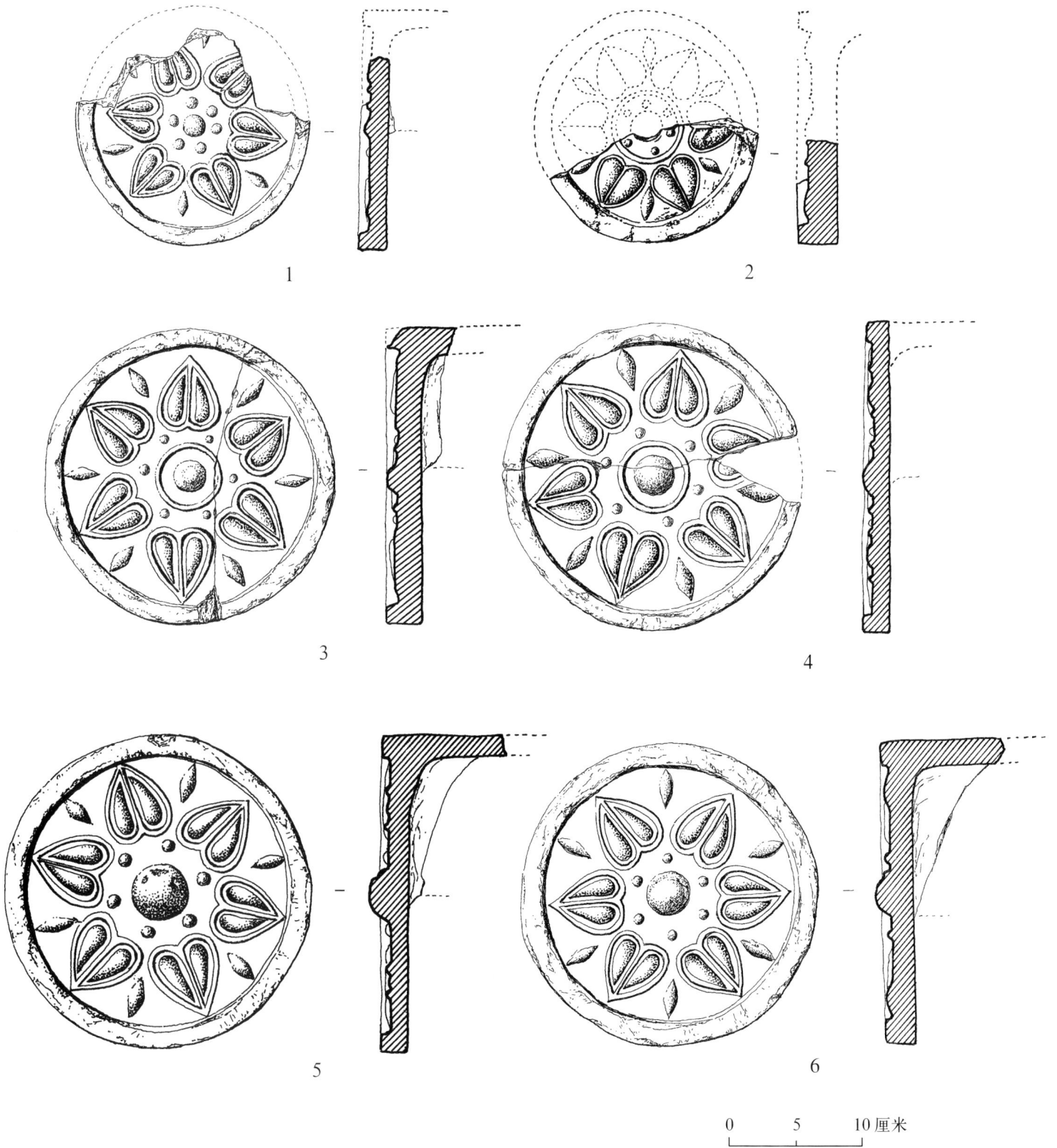

图九四　一号宫殿址东侧廊庑出土瓦当

1. Ac型（02 I T1西扩②：2）　2. Ad型（02 I T4②：29）　3、4. Aa型（02 I T2②：1、02 I T4东扩②：12）
5、6. Ab型（02 I T5②：19、02 I T1②：1）

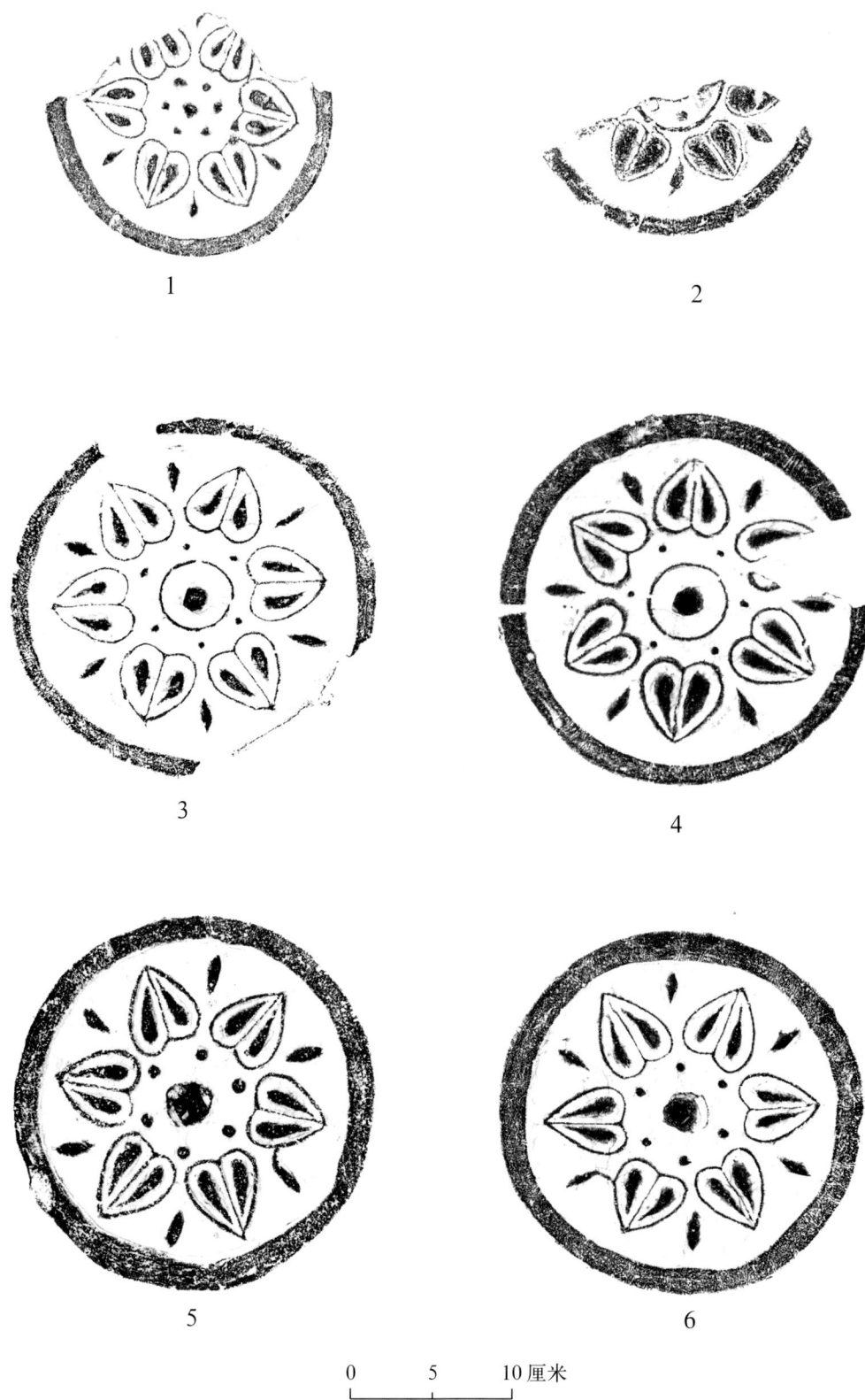

图九五　一号宫殿址东侧廊庑出土瓦当拓片

1. 02ⅠT1西扩②：2　2. 02ⅠT4②：29　3. 02ⅠT2②：1　4. 02ⅠT4东扩②：12　5. 02ⅠT5②：19　6. 02ⅠT1②：1

C．Ac型 乳突外环绕联珠纹，与Ab型瓦当的差异在于，乳突明显变小。2件。

标本2002HXNⅠT1西扩②：2，器残，瓦当直径13.6、乳突直径1.2、乳突高0.4、边轮宽0.8、边轮高0.6厘米（图九四，1；图九五，1）。

D．Ad型 乳突外环绕联珠纹、凸棱线纹同心圆，1件。

标本2002HXNⅠT4②：29，残，残存不足二分之一当面（图九四，2；图九五，2）。

（2）B型 十字形间饰六瓣莲纹瓦当

A．Bb型 小型十字形间饰六瓣莲纹瓦当，1件。

标本2002HXNⅠT4东扩②：18，残，残存大半当面。瓦当直径12.8、乳突直径1.7、乳突高0.6、同心圆直径3、边轮宽1.1、边轮高0.5～0.9厘米（图九六，2；图九七，2）。

（3）C型 弯月形间饰六瓣莲纹瓦当，4件。

标本2002HXNⅠT5东扩②：31，瓦当直径16.4、乳突直径2、乳突高0.6、同心圆略呈椭圆形直径4.4～5、边轮宽1、边轮高1厘米（图九六，4；图九七，4）。

（4）D型 八朵单体连枝莲纹瓦当

A．Dc型 乳突外环绕两周同心圆，1件。

标本2002HXNⅠT5②：3，器残，瓦当直径13.6、乳突直径1、乳突高0.4厘米，两周同心圆直径分别为2、4厘米，边轮宽0.8、边轮高0.5厘米（图九六，3；图九七，3；图版三八，3）。

（4）E型 八瓣连体莲纹瓦当

Eb型 瓦当中央为半球体乳突，其外环绕3圈凸棱纹同心圆，在外两圈同心圆之间饰以14颗联珠纹，1件。

标本2002HXNⅠT5东扩②：2，器残，瓦当直径约12、乳突直径1.2、乳突高0.4厘米，三周同心圆直径分别为2、2.6、4.4厘米，边轮宽0.8、边轮高0.6厘米（图九六，1；图九七，1）。

（二）釉陶质遗物

1．兽头

标本2002HXNⅠT5东扩②：1，雕塑造型，器残，残存眼部、鼻部以下的局部器身。器表施墨绿色釉，在器体的残断处显现泥质红陶胎体。

眼部，右眼基本完整，左眼残存眼球。半椭圆体眼球明显突出于眼眶，眼皮呈叶状，上眼皮三层叶片弧状相叠，下眼皮单层叶片，制作时是利用眼球后部的锥状根部将其插入叶状眼皮之中的。

鼻部完整，鼻子位于两眼之间，鼻梁斜向朝上，鼻梁中部有脊，鼻部整体高于眼睛，鼻根与眼球的水平高度持平，鼻孔成横向通孔造型。

口部舌头残缺，下颌嘴唇分为左右对应的两个部分，每侧前部为一个小扇面造型，后侧为一个大扇面造型。

残存局部下颌牙床，下颌牙床呈折尺形，利用"十"字形刻划纹表现的牙齿，獠牙残断，獠牙之间存在4条纵向刻划线纹。

器身后部的耳朵、竖鬃部位仅残存根部，鼻子后部有穿钉透孔。

器身底部中央向上内凹。

兽头器体最大残宽约28.2、最大残高约32厘米（图九八；图版二九，1）。

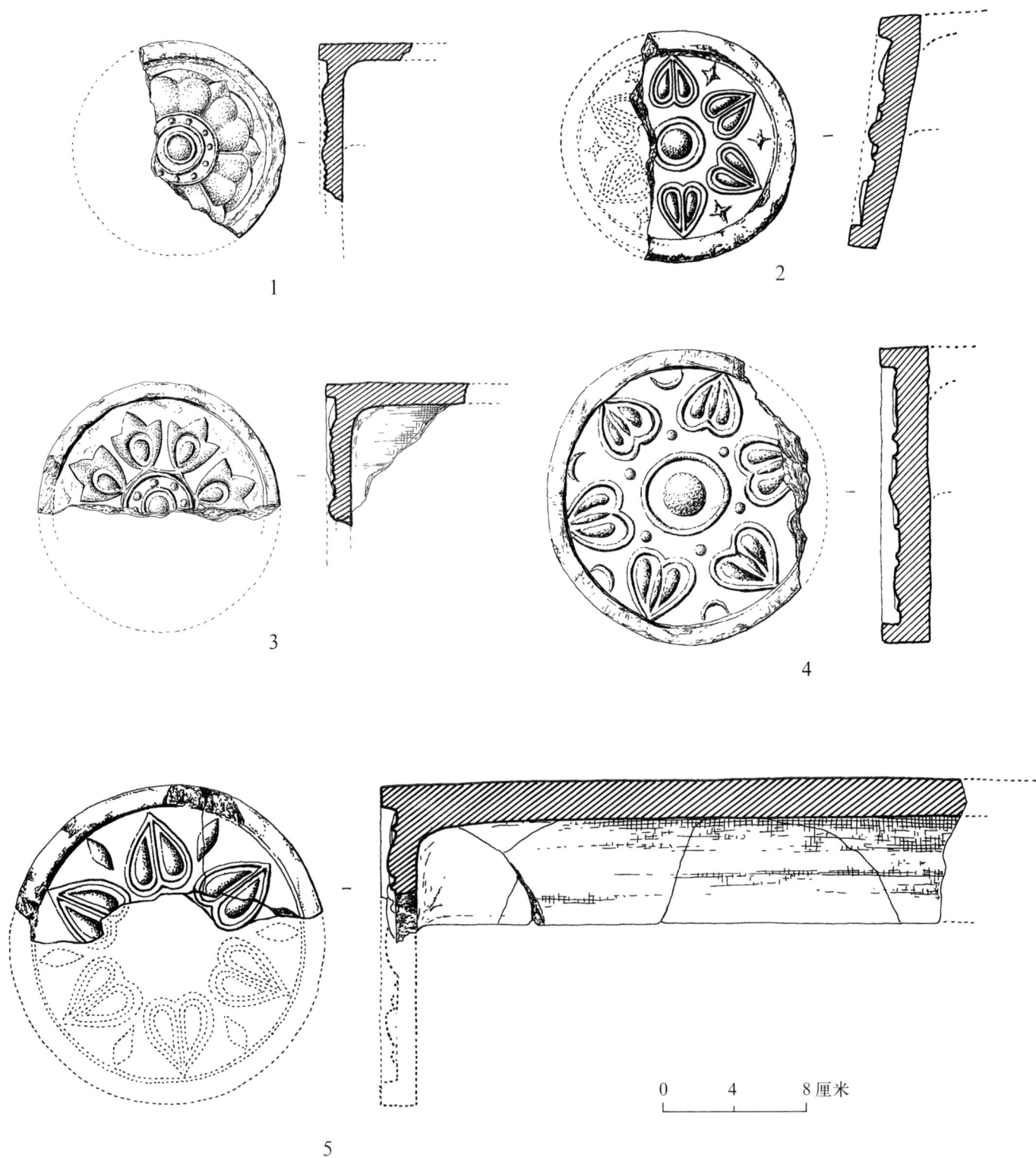

图九六　一号宫殿址东侧廊庑出土瓦当

1. Eb型（02 I T5东扩②：2）　2. Bb型（02 I T4东扩②：18）　3. Dc型（02 I T5②：3）
4. C型（02 I T5东扩②：31）　5. 绿釉檐头筒瓦（02 I T5②：7）

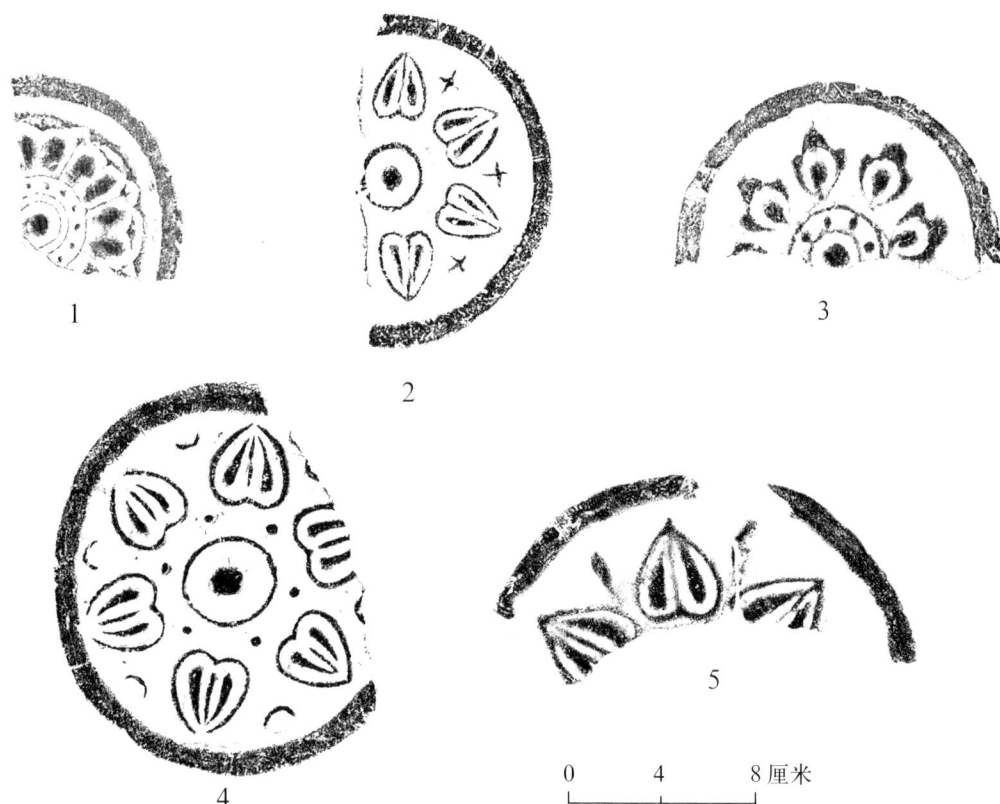

图九七 一号宫殿址东侧廊庑出土瓦当拓片

1. 02ⅠT5东扩②：2 2. 02ⅠT4东扩②：18 3. 02ⅠT5②：3 4. 02ⅠT5东扩②：31 5. 02ⅠT5②：7

2. 绿釉曲节檐头筒瓦 1件标本，器残，筒瓦接A型瓦当。

标本2002HXNⅠT5②：7，瓦当当面残存3瓣莲纹，未能辨识其具体亚型，筒瓦瓦唇区段器身残缺。瓦当直径约为17.8、边轮宽1.2、边轮高1厘米；瓦体残长33.4厘米（图九六，5；图九七，5；图版三三，4）。

3. 绿釉柱围

标本2002HXNⅠT4东扩②：20，器残，弧壁，顶部尖唇，底部平沿。残长18.6、高6.6、壁厚2厘米；合围后顶面直径约22.8厘米（图八四，3）。

（三）铁器

1. 铁钉 锻制，124件。

标本2002HXNⅠT1南扩②：2，大型铁钉，直体使用。器体通长33.5、截面边长1.4、截面边宽1.2厘米（图九九，14）。

标本2002HXNⅠT4东扩②：9，大型铁钉，顶头残断，折体使用，器身截面近方形。器体通长22、截面边长0.5厘米（图九九，1）。

标本2002HXNⅠT6②：29，直体使用，器身截面呈方形。器体通长17.8、截面边长0.6厘米（图

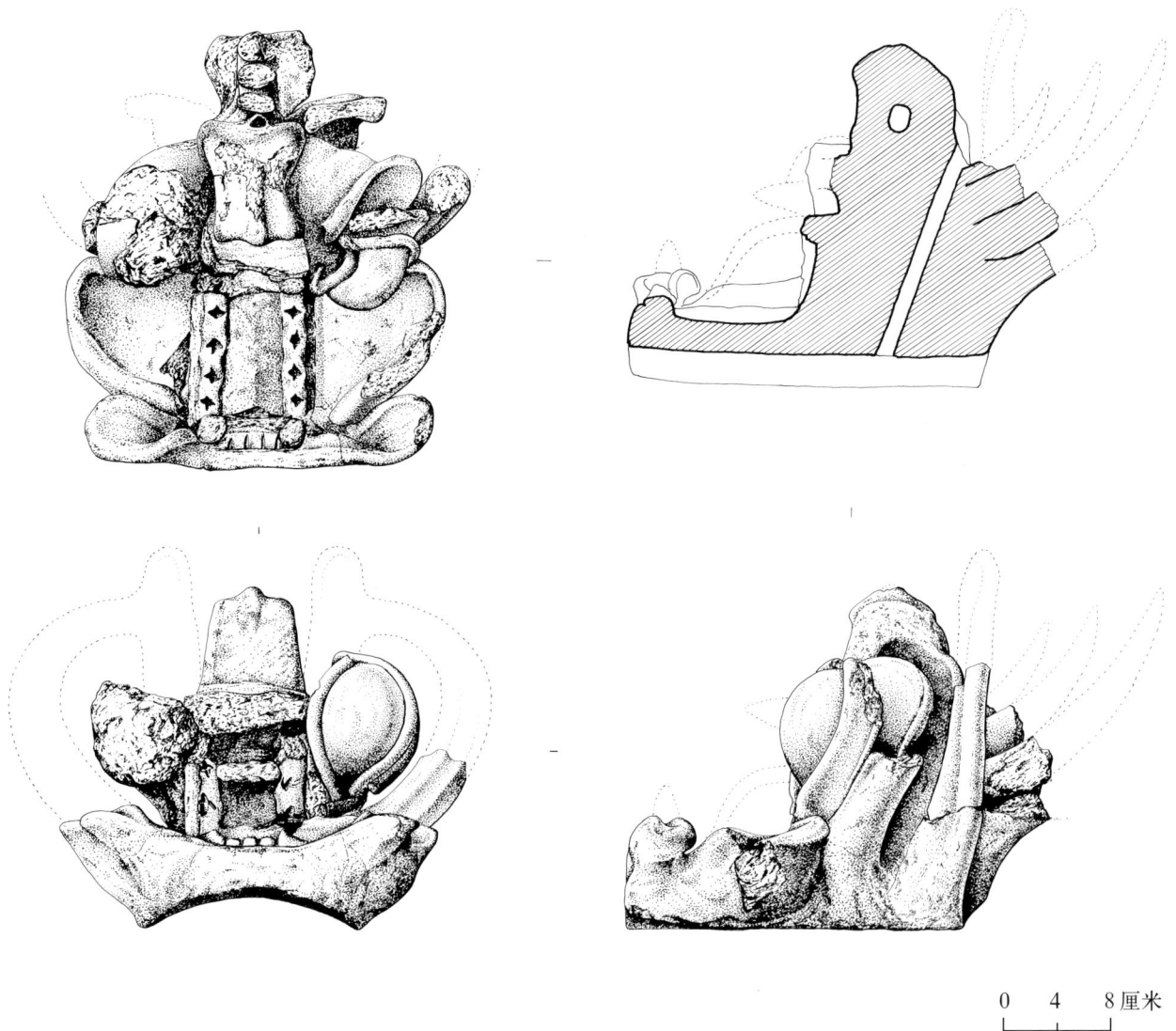

0　　4　　8厘米

图九八　一号宫殿址东侧廊庑出土绿釉兽头（02ⅠT5东扩②：1）

九九，10）。

　　标本2002HXNⅠT4②：4，顶头残断，直体使用。器体通长17.8、截面边长0.6、截面边宽0.5厘米（图九九，2）。

　　标本2002HXNⅠT2东扩②：13，直体使用。器体通长11.5、截面边长0.5、截面边宽0.3厘米（图九九，4）。

　　标本2002HXNⅠT2②：7，钉尖折曲使用。器体通长17.8、截面边长0.9、截面边宽0.6厘米（图九九，3；图版五三，7）。

　　标本2002HXNⅠT5②：24，钉身下部弯曲成挂钩形，器身截面近方形。器体通长12.3、截面边

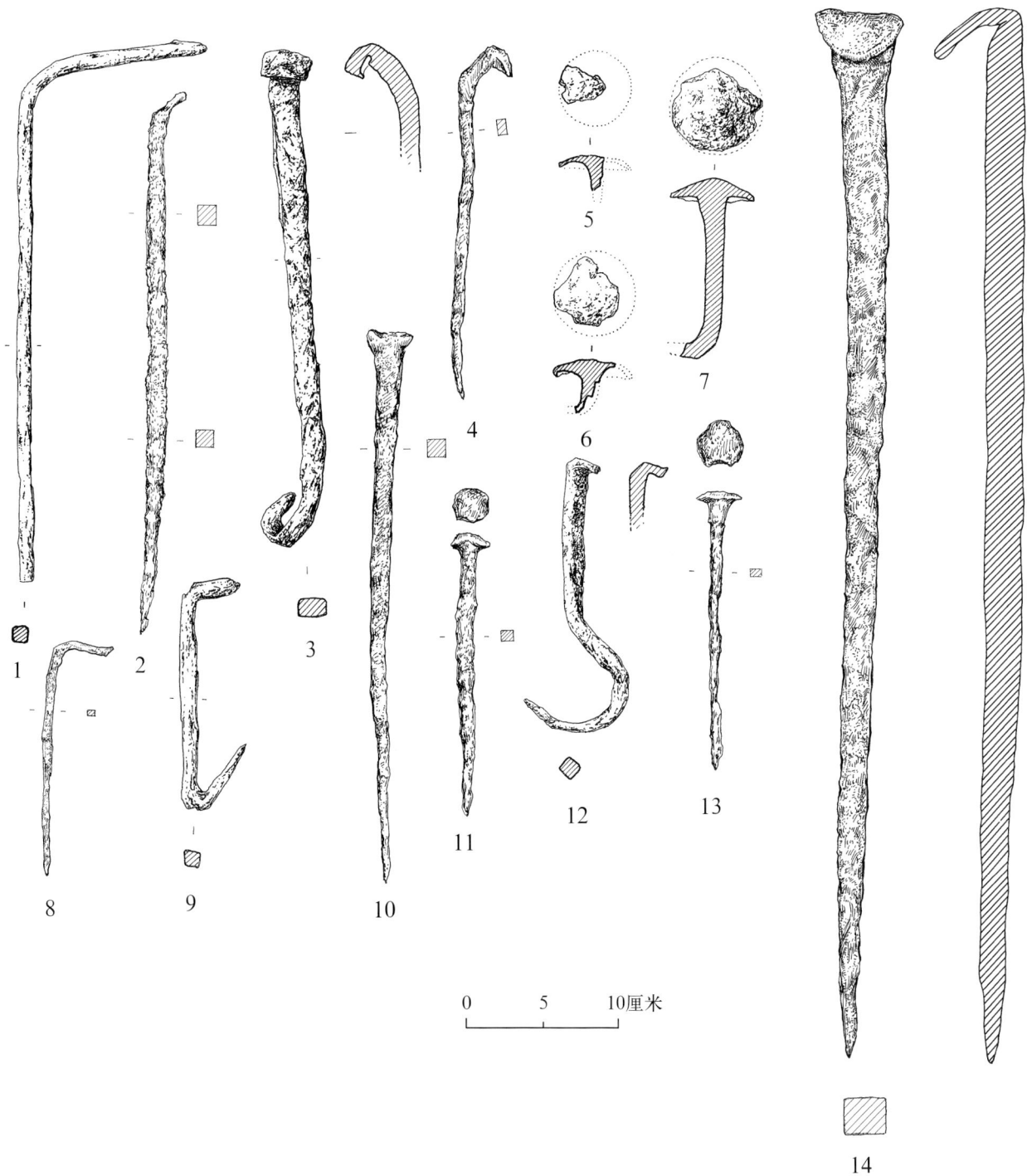

图九九　一号宫殿址东侧廊庑出土铁钉

1、3、8、12. 折体铁钉（02ⅠT4东扩②：9、02ⅠT2②：7、02ⅠT4②：23、02ⅠT5②：24）　5、6. 铁泡钉（02ⅠT4②：2、02ⅠT4②：1）　2、4、7、9、10、11、13、14. 直体铁钉（02ⅠT4②：4、02ⅠT2东扩②：13、02ⅠT3东扩②：3、02ⅠT4东扩②：32、02ⅠT6②：29、02ⅠT5②：21、02ⅠT3东扩②：4、02ⅠT1南扩②：2）

长0.5厘米（图九九，12；图版五二，8）。

标本2002HXNⅠT4东扩②：32，折体使用，器身截面近方形。器体通长11、截面边长0.5厘米（图九九，9；图版五三，1）。

标本2002HXNⅠT4②：23，小型铁钉，钉头折体使用。器体通长9.2、截面边长0.4～0.5厘米（图九九，8）。

标本2002HXNⅠT3东扩②：4，小型铁钉，直体使用。器体通长9、截面边长0.4、截面边宽0.3厘米（图九九，13）。

标本2002HXNⅠT5②：21，小型铁钉，直体使用。器体通长8.9、截面边长0.35、截面边宽0.2厘米（图九九，11）。

标本2002HXNⅠT3东扩②：3，小型铁钉，圆形钉帽，直体使用。器体残长5.8、钉帽直径2.8、钉帽高0.6厘米（图九九，7；图版五四，6）。

2. 铁泡钉

标本2002HXNⅠT4②：1，残，锈蚀严重。器体残长1.8、钉帽直径约2.6、钉帽高约0.5厘米（图九九，6；图版五三，1左）。

标本2002HXNⅠT4②：2，残，锈蚀严重。器体残长1.1、钉帽直径约2.4、钉帽高约0.4厘米（图九九，5；图版五三，1右）。

七、其　他

在东侧廊庑东侧未发掘区域的稻田地中，存在5块直接裸露于地面之上的不规则石块。5块石块呈南北向一线排列，西距东侧廊庑东缘的距离约为35.5米。石块的规格虽大小不一，但与东、西廊庑所使用的础石基本相仿。其中，北起第1、第2块础石的间距约为4.3米，东侧廊庑西延的排水沟槽在两者中间穿过；第2、第3块础石的间距约为8米；第3、第4块础石的间距约为14米；第4、第5块础石的间距约为14米（图一九六）。

由于上述石块处于水田之中，无法开展钻探工作，故而未能确定它们的功能与用途。

※　※　※　※　※

结合八连城城址[⑮]、渤海上京城址的发掘资料[⑯]，西古城城址内城一号宫殿址在内城宫殿布局中所处的位置，相当于八连城城址内城的一号宫殿址、渤海上京宫城的三号宫殿址。并且，三者的形制、建筑格局大体相同。渤海上京宫城三号宫殿址的遗迹相对保存较好，可以作为复原西古城城址一号宫殿址柱网格局的参考数据。此外，在八连城城址一号宫殿址、渤海上京城址三号宫殿址的东西两侧，其与廊庑相接的廊道均发现了南、北向的踏步。由于西古城城址一号宫殿址东西两侧的廊道受损较重，故而未能清理出踏步迹象。

第四节　二号宫殿址及其东西配殿

2002年发掘的二区，主要是针对二号宫殿址区域、三号宫殿以及连接一、二号宫殿的廊道进行的发掘。依据三号宫殿所处的高台稻田区域为基点，由东向西布10×10米探方17个，依次编号为2002HXNNⅡT1～T17，其中2002HXNNⅡT7与2002HXNNⅠT5相接，位于2002HXNNⅠT5的正北侧。在清理过程中，随着遗迹的走向，多数探方进行了扩方处理，2002年度二区的发掘面积3700平方米（图二九）。

通过发掘得以确认，二号宫殿址区域是一种复合式建筑格局，整体布局包括二号宫殿主殿及其东西两侧的配殿（图一〇〇）。

20世纪30～40年代，日本人曾对二号宫殿区域进行过盗掘活动。日本人为了解建筑布局所采取的解剖式发掘，不但没有弄清遗迹的整体结构，而且严重损坏了遗迹的完整性。同时，由于日本人没有对其盗掘现场予以回填保护，使得裸露于外的遗迹现象受到了无法弥补的自然、人为因素的破坏。

现将本次发掘清理出来的遗迹现象介绍如下。

一、主　殿

（一）位置

二号宫殿的主殿位于一号宫殿的北部，在其台基南缘居中位置辟有门道，该门道通过其南延的廊道与一号宫殿北门相连。因此，同一号宫殿主殿一样，二号宫殿主殿也处于西古城的南北向中轴线上。

（二）层位关系

在整个二号宫殿址区域未发现建筑遗迹的倒塌堆积，即第2层扰土层下直接叠压着建筑遗迹或渤海时期的地面。

（三）台基的形状与结构

主殿的主体建筑构筑在平面呈横向长方形轮廓的台基上，该台基存在地表以下的建筑基槽。在台基的南缘中央辟有门道，该门道通过南北向的廊道与一号宫殿主殿的北门相接。在台基北缘外侧临近台基东北端角、西北端角处，分别向北延伸出1个位置左右对称的"凸"形设施（图版一七，1）。

主体建筑台基的上部遭到了严重破坏，清理出来的残损台基，东西长约27～27.5米、南北宽约15～15.5米，台基的残存高度约为0.15～0.3米。

位于渤海地面以上的二号宫殿台基基址，采用的也是夯土层、河卵石层交替构筑的营建方式。清理出来的主殿台基上层夯土为黑褐色沙壤土，土质松软。该层下部叠压的河卵石层中混杂有土质较黏的褐色土，石块大小均匀，长径一般在6～15厘米。

台基残存的上层黑褐色沙壤土夯土层仅仅留存于局部区域，台基的大部分区域清理出来的是分属上下两个层面的河卵石层垫层：上层，河卵石呈带状环绕台基的外缘，使台基出现了一个宽约2.5～3.5米的"外框"；下层，台基中部裸露的河卵石层，层面明显低于"外框"。在下层河卵石层面上，存在两横一纵3条带状扰沟。从台基裸露的断面上可以观察到，两层河卵石之间，存在一层黑褐色沙壤土。

（四）主体建筑的格局

由于破坏严重，台基上部的柱网设施全部遗失，因此依据清理出来的迹象已经难以推断二号宫殿主殿主体建筑的格局。在台基的南北两侧，沿着台基边缘存在1条深0.6、宽0.8~1米的近现代扰沟（沟内堆积包含煤渣与现代铁钉），该扰沟不但破坏了二号宫殿主殿的南门、同时也破坏了二号宫殿主殿北侧两个"吊"形设施与台基的连接区域。在两条扰沟的外侧，分别清理出呈横向排列、与台基南北缘平行的石钉遗迹，它们应该是主殿外侧地面之上固定散水设施的遗物。

在距现存台基北缘外侧约2米处，清理出19颗东西向一线排列的石钉。石钉下部器身嵌入地下，在渤海时期地面以上裸露出形近舌状的截面半球体器身。这些石钉分布于两个"吊"形设施之间，沿东西向略呈一线排列。大体上，相邻两颗石钉的间距不超过0.5米，但在与台基南门址相对应的位置处，石钉间存在宽约2米的间隔。根据清理出来的残存迹象，未能辨明该处是空白区域还是石钉已经遗失（图版一七，2）。

在现存台基南缘外侧约3米处清理出27颗石钉，留存的石钉，主要分布于台基南门址的东侧，该部分石钉基本上得以完整保存下来；在台基南门址的西侧，仅留存下6颗石钉。石钉的间距，0.2~0.4米不等。

南门址东侧原位留存有21颗石钉，其中15颗石钉由东向西一线排列，并且东端的2颗石钉分布于台基东南角之外。在西起第2颗石钉的南侧，另外6颗石钉呈折尺形排列。在规格上，前排石钉形体较小。

南门址西侧原位留存有6颗折尺形排列的石钉，在位置上，它们与东侧折尺形排列的石钉左右对称。

（五）南门址

二号宫殿主殿台基的南缘区域被1条东西走向的近现代扰沟破坏，扰沟不但造成二号宫殿南门址的迹象已经无迹可循，而且致使连接一、二号宫殿的廊道在二号宫殿主殿残存台基南侧形成一段长约2.5米的豁口。由于廊道的存在，可以推断台基与廊道的豁口处曾经存在二号宫殿主殿的门址。

（六）"吊"形设施

在台基的北侧，残存有2个位置左右对称的"吊"形设施。遗憾的是，由于近现代扰沟的破坏，已经无法推断该设施与台基的连接方式，即未能辨识两者是一体建筑还是先后营建的。根据清理出来的迹象判断，"吊"设施的主体部分使用夯土构筑而成，夯土中包含黄褐土、黑褐土、褐色土，土质较杂。夯土部分的外缘存在用河卵石、不规则石块垒砌的护坡墙体。在"吊"设施附近，均清理出杂乱的墙皮白灰堆积，表明"吊"设施的墙表曾抹有白灰。

"吊"形设施南北向总长约17米，南侧长方形部分长约11、宽约4米，北侧方形部分边长约6米。

西侧"吊"设施与台基之间存在长约1.3~1.4米的豁口，现存高度基本上与主殿台基持平，其外缘北部的石质墙体塌落严重，南部墙体已经遗失。

东侧"吊"设施与台基之间存在长约2米的豁口，现存高度基本上与主殿持平，其残存部分的南部被另外一条扰沟所破坏，该设施外缘的石质墙体相对保存较好。

二、二号宫殿址出土遗物

由于20世纪30~40年代鸟山喜一等人曾开展过工作，故二号宫殿址区域出土的遗物较少。

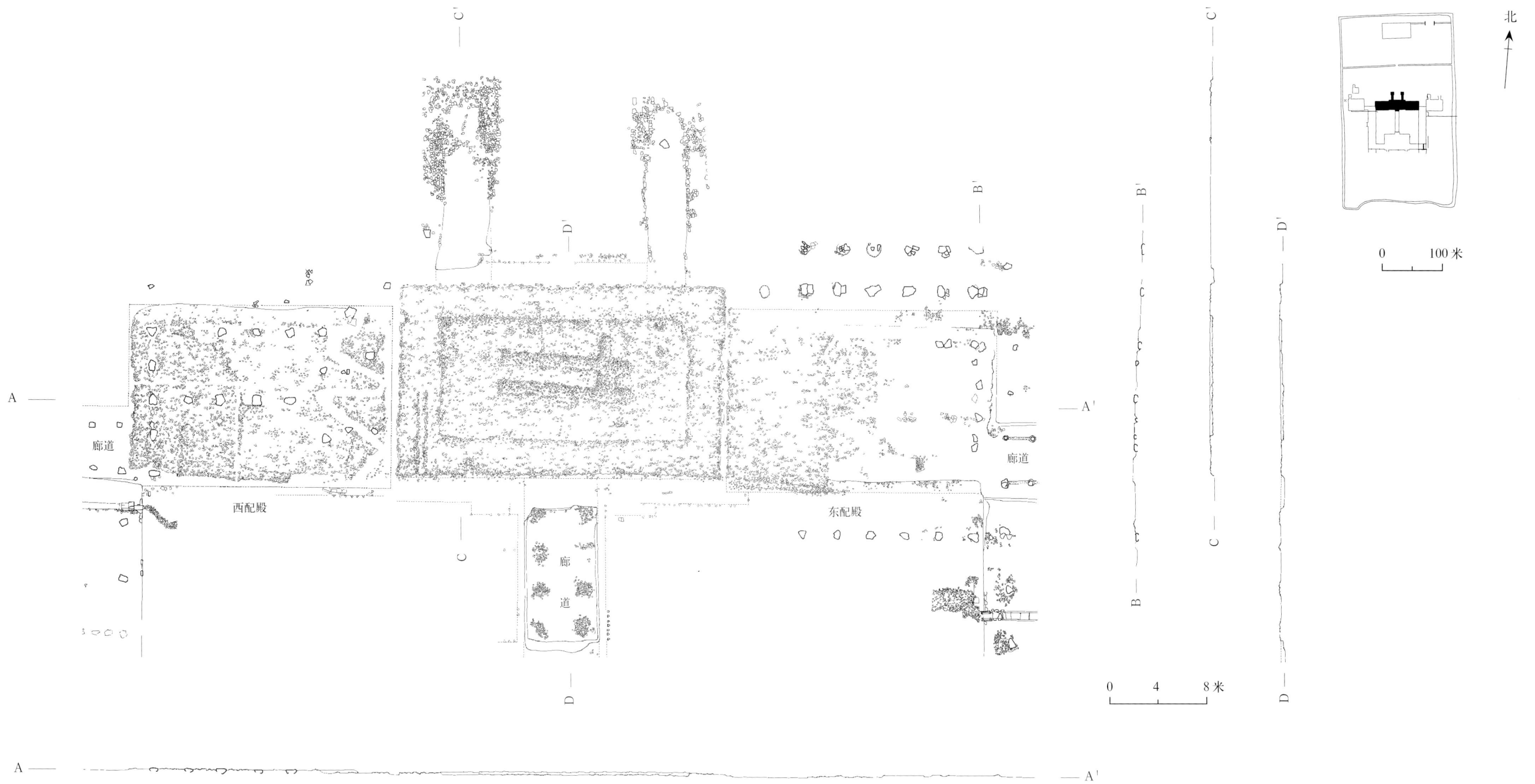

图一〇〇　二号宫殿址及其东、西配殿平、剖面图

（一）陶质遗物

1. 筒瓦

在二号宫殿址区域堆积中，见有曲节型瓦唇筒瓦的瓦唇残片。

2. 瓦当

A 型　萼形间饰六瓣莲纹瓦当

（1）Ab 型，乳突外环绕联珠纹，2 件。

标本 2002 Ⅱ T14 北扩②：2，瓦当直径 17、乳突直径 3.4、乳突高 1.2、边轮宽 1~1.2、边轮高 0.8 厘米（图一〇一，3；图一〇一，4）。

（2）Ac 型　乳突外环绕联珠纹，2 件。

标本 2002 Ⅱ T14 北扩②：1，器残，瓦当直径 13.6、乳突直径 1.1、乳突高 0.6、边轮宽 0.9、边轮高 0.5 厘米（图一〇一，1；图一〇一，2）。

（二）绿釉圈足碗

标本 2002 Ⅱ T13②：13，残存圈足器底。器身内壁施黑釉；外壁施墨绿釉，施釉不到底，近底部裸露灰白色胎体。底径 6.8 厘米（图一〇一，6）。

（三）石质构件

石钉　2 件。铺设于地面、用于固定散水的石质建筑构件。石钉的使用，其大部分器身埋入地下，地表裸露部分呈截面半球体轮廓。石钉的制作以打制为主，置入地下部分的器身粗糙打制成型，地面裸露部分经过打磨处理。

标本 2002 Ⅱ T13 北扩②：1，正面（面向散水一侧）、底座加工平整，截面半球体钉头打磨光滑。器体通高 21.2、钉头高 5 厘米（图一〇一，9）。

标本 2002 Ⅱ T13 北扩②：2，地表裸露部分加工规整、光滑，置入地下部分仅作粗略加工。器体通高 17、钉头高 5 厘米（图一〇一，7）。

（四）铁器

铁刀　1 件，锻制，锈蚀，器形基本完整。

标本 2002 Ⅱ T14 北扩②：4，直柄，刀身略有弧度。平背，刀身截面呈倒三角形。器身通长约 12.4、刃身长约 7 厘米（图一〇一，5；图版五二，5）。

※　　　※　　　※

当年主持西古城盗掘的鸟山喜一在其著述中先后三次公布了二号宫殿址主殿的平面图，并且按照其著文时间的先后顺序，3 张平面图上的遗迹现象不断得到了补充。这种情况表明，二号宫殿址可能先后经历了三次发掘。结合 2002 年清理出来的二号宫殿主殿基址情况判断，鸟山喜一第一次公布的平面图所展示的二号宫殿遗迹区域，应该与 2002 年发掘揭露的二号宫殿基址台基中央的河卵石层面部分相吻合，即不包括 2002 年发掘揭露的二号宫殿基址的"外框"部分。根据鸟山喜一此次公布的平面图可以看出，二号宫殿基址原本保存有较为完整的柱网。鸟山喜一第三次公布的平面图则表明，二号宫殿主殿与本报告第五节将要介绍的三号宫殿的建筑结构基本相同。

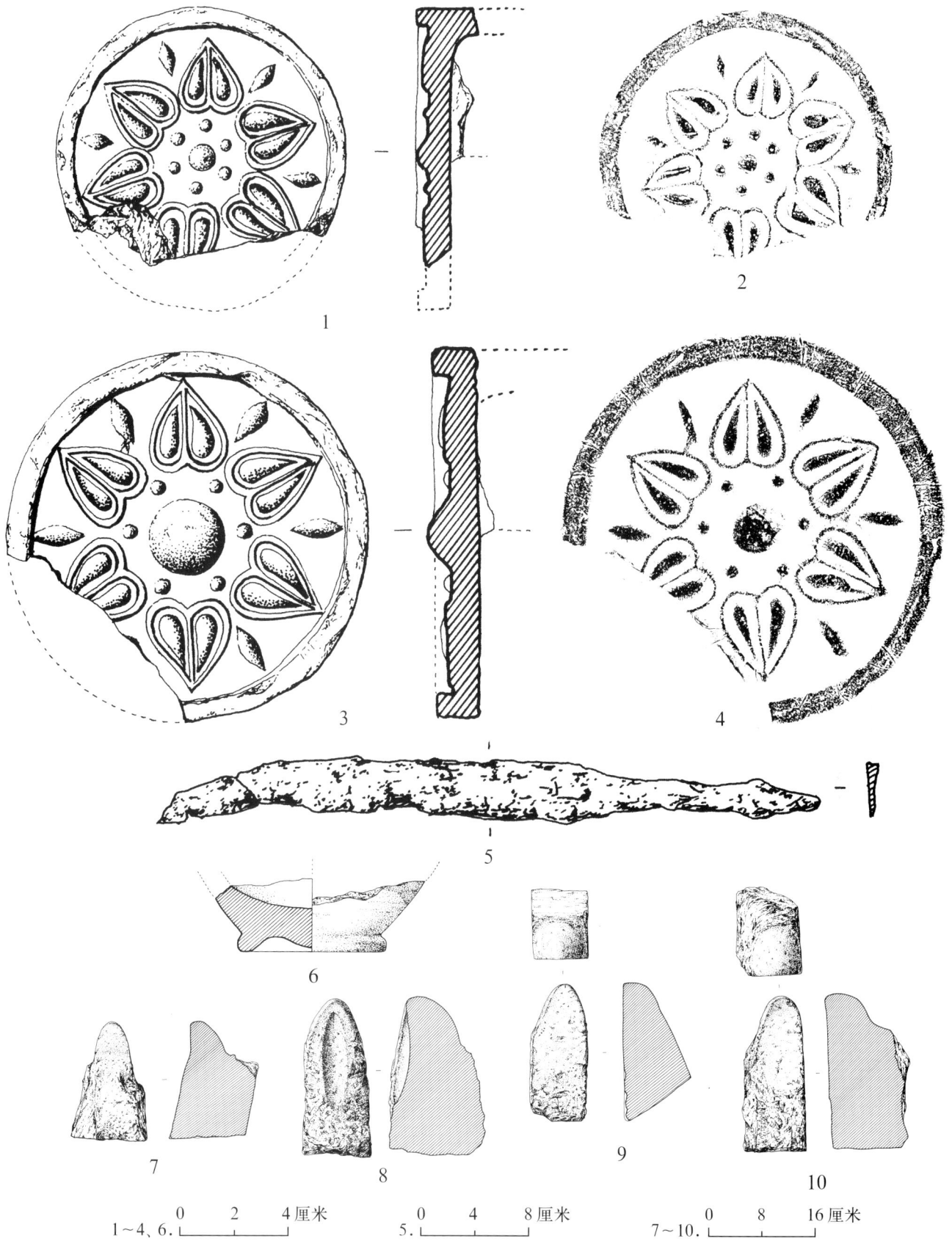

图一〇一　二号宫殿址出土遗物

1. Ac 型（02 Ⅱ T14 北扩②：1）　　2. 02 Ⅱ T14 北扩②：1 拓片　　3. Ab 型（02 Ⅱ T14 北扩②：2）　　4. 02 Ⅱ T14 北扩②：2
5. 铁刀（02 Ⅱ T14 北扩②：4）　　6. 圈足碗（02 Ⅱ T13②：13）　　7、9. 石钉（02 Ⅱ T13 北扩②：2、02 Ⅱ T13 北扩②：1）
8、10. 石钉（02 Ⅱ T18②：32、02 Ⅱ T15 南扩②：1）

在《渤海史上的诸问题》一书所附的《渤海文化遗迹探索》一文中，鸟山喜一写道："……第二殿的设计与东京城址第二殿及上京城址的第五殿极为相似，各殿址的设计均为殿的中央有由前殿延伸出的步廊贯通其南北，东西两侧别有几乎相同规格的二室。从此二室的北侧伸出廊道，廊道的北端建有小室的形式。……在此殿址中，发掘出与上京第二殿址出土的有名的花纹方砖相同的残片。……第二殿址东西28米，南北15米。其平面上有宽3米的外廊环绕，推测中部为东西20米、南北9米的室。外侧柱间距按外廊宽度推测，仅为3米，只有南侧中央的一间与由前殿延伸过来的步廊同宽为4米。据此推测，该建筑应是面阔九间、进深五间。"

通过上述引文可以纠正我国学术界的一个误传，过去一直认为，除了一号宫殿址，伪满时期日本人对西古城城址内城的另外四座宫殿址均进行了盗掘。由船木胜马整理出版的鸟山喜一的遗著《渤海史上的诸问题》一书中，鸟山喜一在列举西古城二号宫殿的例证材料时没有提及西古城三号宫殿址，这一情况表明，鸟山喜一没有了解掌握西古城三号宫殿址的具体建筑格局情况，即其当年的盗掘活动可能没有波及西古城的三号宫殿址。

此外，在《渤海史上的诸问题》一书中，收录了四张西古城二号宫殿的遗迹照片，这些照片使我们得以通过图片资料了解当年盗掘活动揭露的遗迹现象。在三张反映柱网结构的照片上，础石均明显凸出于台基之上（图片三）。然而，根据2001~2002、2004~2005年发掘所揭露的建筑基址的结构情

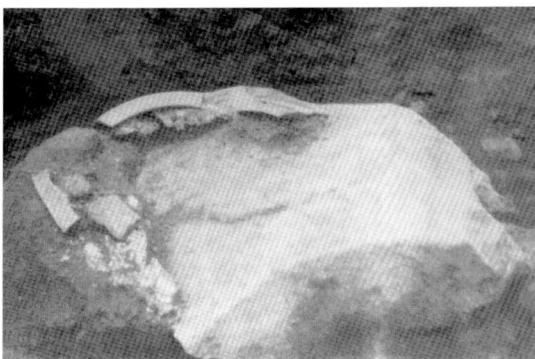

1. 二号宫殿址留存有柱围的础石

2. 二号宫殿址的础石

3. 二号宫殿址的础石

图片三　鸟山喜一公布的二号宫殿址础石照片

况，西古城内城大型台基建筑的柱础均为暗础，即础石均坐落在夯土之中。照片上所反映的础石情况表明，当年日本人在没有弄清二号宫殿基址建筑结构的情况下，错误地将台基的表层夯土全部当作地层堆积加以清理，从而造成了础石凸出于台基的情况。因此，他们的盗掘活动本身已经对二号宫殿台基造成了一定程度的破坏。另外一张反映二号宫殿步廊的遗迹照片，则表明当年日本人盗掘时，二号宫殿台基的周缘还留存有石质遗迹。2002年度在对二号宫殿址进行考古清理时未能找到相关的迹象，说明照片上的遗迹现象在日本人盗掘之后已经被破坏殆尽。在鸟山喜一公布的文字材料以及遗迹图中，虽然没有明确指出四张照片石质遗迹的具体位置，但这些照片可以作为了解二号宫殿柱础以及台基周缘土衬石、散水结构的重要依据。

依据目前可以查阅的日本人的盗掘资料，结合2002年揭露的二号宫殿址遗迹现象，完成了1张二号宫殿址遗迹的合成图（图一〇二）。

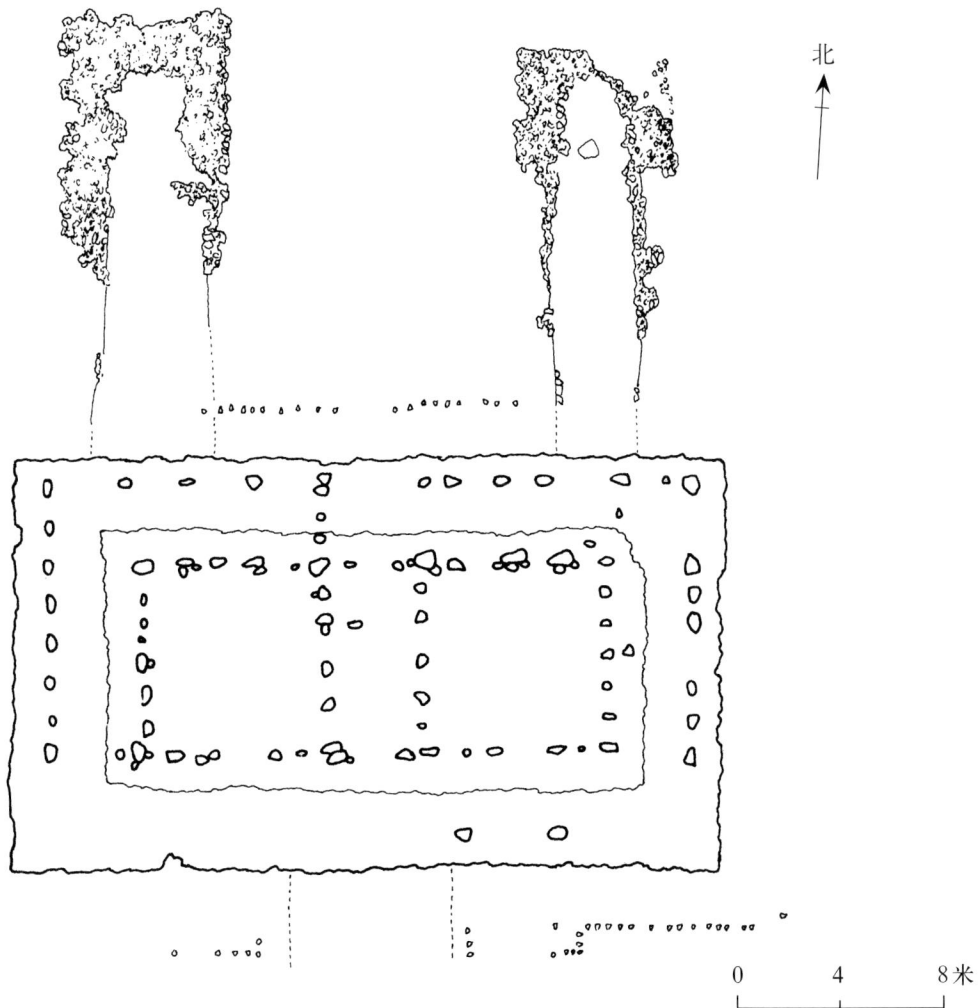

图一〇二　二号宫殿址遗迹合成图

三、西侧配殿

（一）台基的形状与结构

西侧配殿的台基呈横向长方形轮廓，台基的西部区域相对保存较好，东部区域破损较重并存在一条近代曲线扰沟。现存台基也是夯土层、河卵石层交替构筑而成，由上而下存在 4 个层面：a. 红褐色夯土层；b. 河卵石层；c. 黑褐色沙壤土夯层；d. 河卵石层。在台基东侧的残断面上可以观察到，二号宫殿主殿台基与西侧配殿台基各自第 3 层黑褐色沙壤土层为同期连贯夯筑而成。因此可以确定，二号宫殿西侧配殿的台基与主殿的台基是同期一体建筑。由于后世的扰乱，现难以区分开两座建筑的分界线。西侧配殿的残存台基，东西向残长 22 米（台基西端至主殿西端的距离），南北向残长 14 米，台基残高约 0.2 米（图版一八，1）。

（二）主体建筑的格局

在西侧配殿台基上，部分柱础得以留存下来，柱础均为暗础，使用的石材均为顶面较平的不规则石块。础石坐落在红褐色夯土之中，即在构筑红褐土夯层之前，按照预先规划的柱网位置放置了础石，然后立柱、夯筑红褐土。

红褐土夯土层应该是该建筑的表层夯土，其层面与主殿台基的残存高度持平。据此推断，西侧配殿台基的原有高度明显低于主殿台基。

在西侧配殿的残存台基上，清理出 16 块原位埋藏的础石。其中有 10 块础石属于该建筑柱网的外框部分，它们呈"┏"形折尺状分布于台基的北缘、西缘内侧。为便于描述，如果以台基西北角内缘处留存的础石为基点，则可以看出，以该础石为起点分别沿台基的北缘内侧、西缘内侧，由西向东等距排列 6 块础石、由北向南等距排列 5 块础石，础石的间距均为 3 米。此外，另外 6 块础石的分布情况是，首先，以台基西缘内侧南北向纵排础石的北起第 3 块础石为起点，留存有由西向东一线等距排列的础石 5 块。该排础石把现存台基分为南北两等分，并且，该排础石与台基北缘内侧东西向排列的础石南北向位置相对。其次，以台基北缘内侧东西向横排础石的西起第 6 块础石为起点，留存有由北向南一线排列的础石共有 3 块，其北起第 2 块、第 3 块础石，在位置上分别与西缘内侧的北起第 2、第 4 块础石东西相对。

大体上，根据残存础石的柱网排列，只能推断西侧配殿为进深两间的建筑格局。

在东排南北向础石的东侧，清理出几块扰动过的础石，但已无法确认其原有埋藏位置。

在残存台基东南角的外侧，清理出"土衬石"迹象。"土衬石"由外及里使用石钉、窄条石、宽条石筑成，根据清理出来的迹象判断，"土衬石"逐层垒砌，现仅残存部分底层窄条石、宽条石及窄条石外缘镶嵌的石钉。底层条石半埋入渤海时期地面之下，窄条石单层立砌，顶面修琢平整；宽条石平砌，其顶面横向外端裸露部分修琢平整，内侧被上层宽条石覆盖部分未经修琢。石钉扣合于相邻两块窄条石交接处的外缘，以防止条石移位。原位清理出 6 颗石钉、4 块窄条石、4 块宽条石，在"土衬石"迹象的东侧，另有 2 颗石钉处于移位状态（图一〇三；图版一七，3）。

"土衬石"与台基之间存在宽约 1.1 米的空白地带，推测该处应为已遭破坏的台基区域。

在残存台基北侧的当时地面上，与台基北缘内侧横排西起第 1~5 块础石位置相对，清理出 5 个大小不一的圆坑，其中东侧两个圆坑里见有压碎的板石，它们可能是修缮西侧配殿时增补的立柱痕迹。

北 ←—

西侧配殿

0   1米

现 代 壕 沟

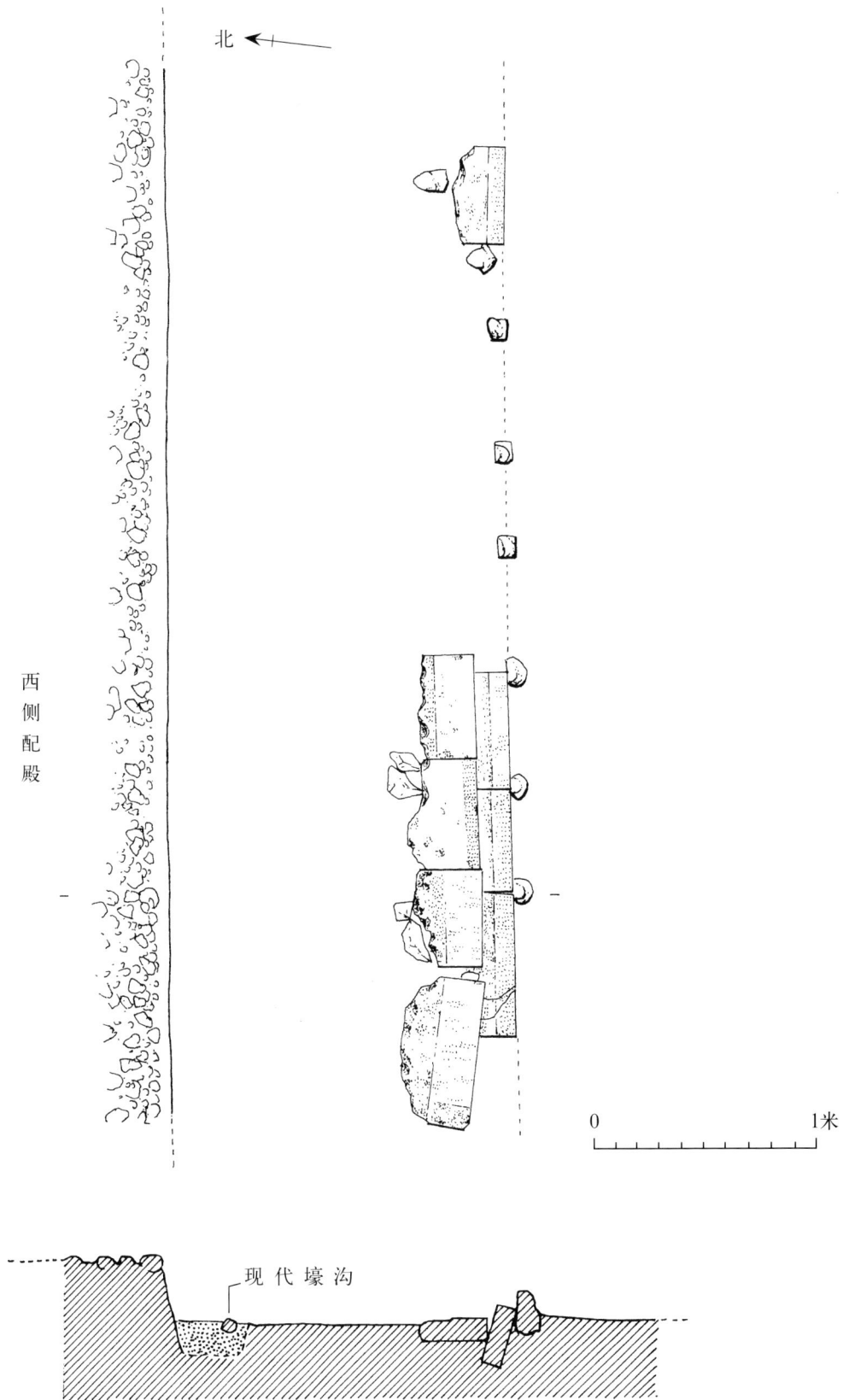

图一〇三　二号宫殿址西侧配殿南缘散水设施遗迹平、剖面图

（三）二号殿主殿与西侧配殿的地下基槽

为了解二号宫殿主殿及其西侧配殿的地下基槽情况，在两者北部交界处（二号宫殿的西北角、西侧配殿的东北角）开辟了一条折尺形探沟，对二号宫殿主殿及其西侧配殿进行了局部解剖。折尺形探沟沟宽 1.5、南北长 5.5、东西宽 3.6 米。解剖深度 0.84～0.64 米。

从解剖地点观察到的二号宫殿主殿地下基槽情况是，基槽没有按照统一深度进行整体下挖。台基的北部区域挖有深槽，并且，基槽的北边坑口宽出台基北缘 1.3 米。基槽深约 0.8 米，自下而上使用 5 层河卵石层、5 层夯土层交替构筑而成。台基的中部仅挖有浅槽，基槽深约 0.32～0.12 米，夯土构筑而成。由于未对台基进行纵向整体解剖，故而难以断言二号宫殿台基的基槽是否为南北两端深、中间浅的结构。

在西侧配殿解剖地点观察到的地下基槽情况是，基槽的范围小于台基的规模。台基的北部区域挖有深槽，槽深约 0.54 米，自下而上使用 4 层夯土、4 层河卵石交替构筑而成。深槽南部为浅槽区域，与二号宫殿主殿的浅槽相贯通，表明两者为同时构建。

四、西侧配殿出土遗物

（一）陶质遗物

1. 文字瓦

在二号宫殿西侧配殿区域，仅获取了 2 件文字瓦标本，均为板瓦类模压文字瓦标本。

图一〇四　二号宫殿址东、西侧配殿出土文字瓦拓片

1. 02 Ⅱ T9 ② : 3　2. 02 Ⅱ T10 ② : 11　3. 02 Ⅱ T9 ② : 2　4. 02 Ⅱ T17 ② : 3　5. 02 Ⅱ T17 ② : 6
6. 02 Ⅱ T10 ② : 1　7. 02 Ⅱ T10 ② : 2　8. 02 Ⅱ T10 ② : 15

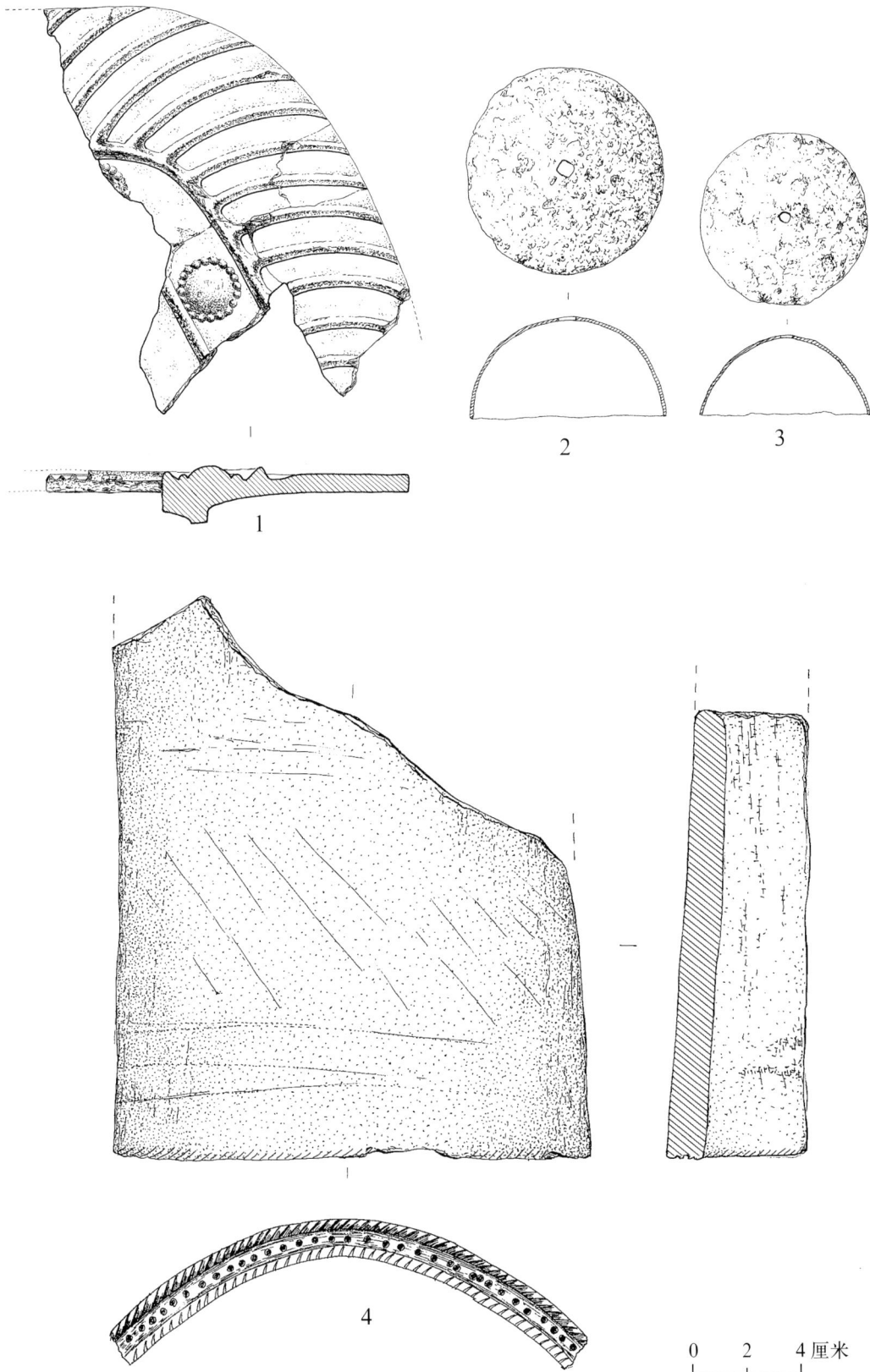

图一〇五　二号宫殿址西侧配殿出土绿釉鸱尾、檐头板瓦、铁质风铃

1. 鸱尾（02ⅡT17②：10）　2、3. 铁风铃（02ⅡT17②：11、02ⅡT17②：12）　4. E型檐头板瓦（02ⅡT17②：9）

"毛"，阴刻阳文，楷书，字外有框，1件，标本2002ⅡT17②：3（图一〇四，4；图版四〇，2）。

"多"，阴刻阳文，楷书，字外无框，1件，标本2002ⅡT17②：6（图一〇四，5）。

2．板瓦

E型檐头板瓦　1件。

标本2002ⅡT17②：9，残，瓦体宽边边长34.4、檐头端面宽3厘米（图一〇五，4）。

3．筒瓦

二号宫殿西侧配殿区域未能复原完整的筒瓦标本，出土的筒瓦残片中，存在直节形瓦唇、曲节形瓦唇筒瓦。在瓦当标本中，包含1件曲背檐头筒瓦——标本2002ⅡT17②：1。

4．瓦当

（1）A型　萼形间饰六瓣莲纹瓦当

A．Aa型　乳突外环绕同心圆凸棱线纹、联珠纹，2件。

标本2002ⅡT17②：2，瓦当直径17.6、乳突直径2、乳突高0.8、同心圆直径4、边轮宽1～1.2、边轮高0.6厘米（图一〇六，5；图一〇七，5）。

标本2002ⅡT17②：1，该瓦当接曲背筒瓦，瓦当直径17.4、乳突直径1.8、乳突高0.8、同心圆直径4、边轮宽1、边轮高0.6厘米（图一〇六，2；图一〇七，2；图版三四，6）。

B．Ac型　乳突外环绕联珠纹，1件。

标本2002ⅡT17②：5，器残，当面仅残存2瓣莲纹（图一〇六，3；图一〇七，3）。

（2）D型　八朵单体连枝莲纹瓦当

Da型　乳突利用放射线纹连接联珠纹，1件。

标本2002ⅡT17②：13，器残，瓦当直径13.8、乳突直径1.5、乳突高1、同心圆直径4.8、边轮宽1、边轮高1厘米（图一〇六，1；图一〇七，1；图版三八，5）。

（3）F型　六枝单体花草纹瓦当

Fa型　单纯花草纹瓦当，1件。

标本2002ⅡT17②：4，器残，瓦当直径15.6、乳突直径1.6、乳突高0.8、两周同心圆直径分别为3、4.2、边轮宽1、边轮高0.6厘米（图一〇六，4；图一〇七，4；图版三九，1）。

（二）釉陶质遗物

鸱尾　1件，残。

标本2002ⅡT17②：10，墨绿釉，残存鳍身、鳍刺弧转区域的局部正面器身。在2条凸棱线纹造型的鳍身内部，残存2个半球体装饰图案，其中1个完整，半球体装饰后贴附于器身，其外缘环绕有一周20颗联珠纹；另1个仅残存3颗联珠纹。在鳍身后部的鳍刺区域，残存13条纵向排列的凸棱线纹斜向弧线鳍刺。

鳍身内半球体直径6、高2厘米；半球体外缘联珠纹直径1.2、高0.8厘米；鳍身凸棱线纹间距13.6、凸棱线高1.2厘米（图一〇五，1；图版三〇，2）。

（三）石质构件

石钉　2件。

标本2002ⅡT15南扩②：1，正面（面向散水一侧）加工平整，斜面底座，截面半球体钉头光滑。

图一〇六　二号宫殿址西侧配殿出土瓦当

1. Da型（02ⅡT17②：13）　2、5. Aa型（02ⅡT17②：1、02ⅡT17②：2）

3. Ac型（02ⅡT17②：5）　4. Fa型（02ⅡT17②：4）

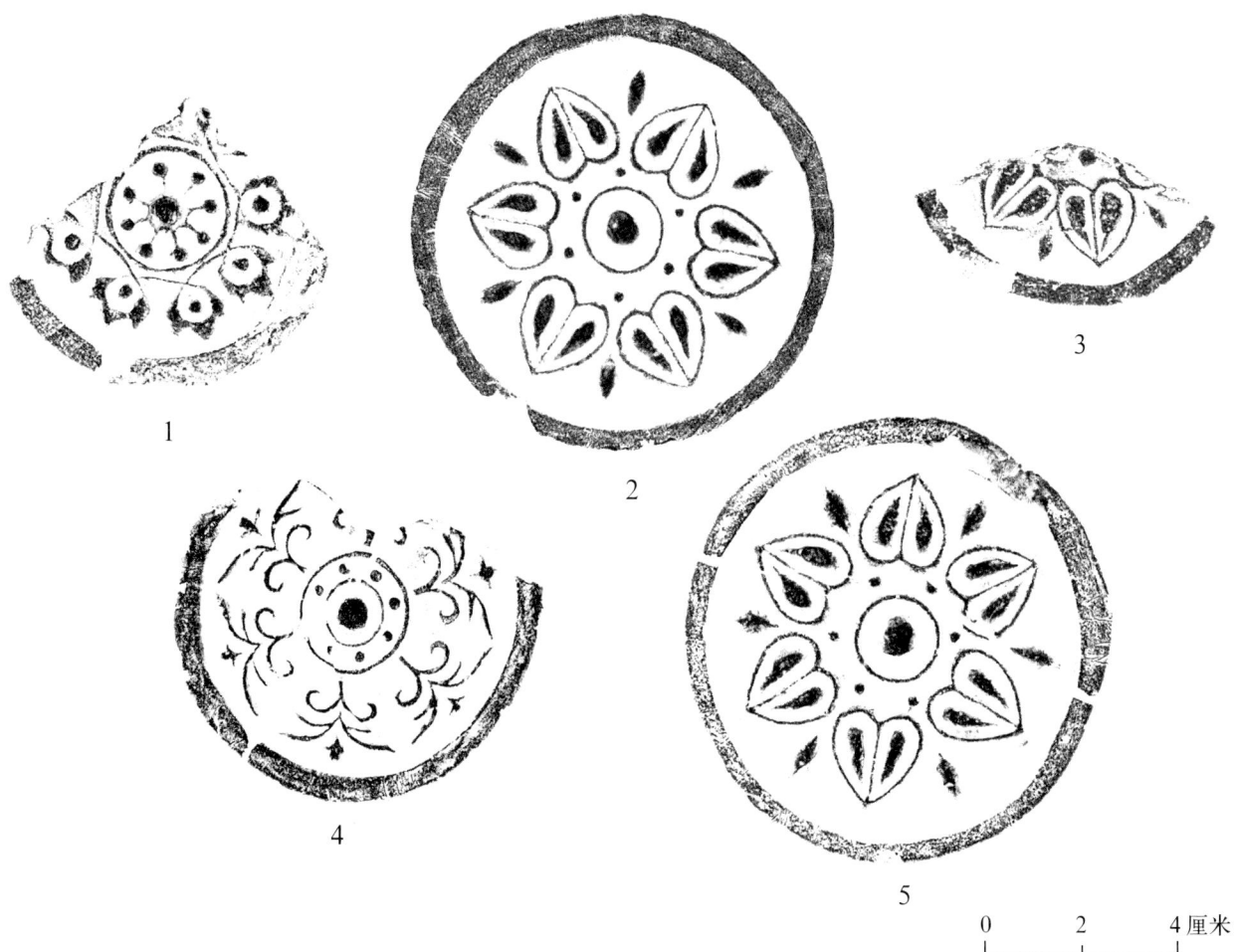

图一〇七　二号宫殿址西侧配殿出土瓦当拓片

1. 02ⅡT17②：13　2. 02ⅡT17②：1　3. 02ⅡT17②：5　4. 02ⅡT17②：4　5. 02ⅡT17②：2

器体通高20、顶头高约6厘米（图一〇一，10）。

标本2002ⅡT18②：32，用于散水地转角处，正面（面向散水一侧）存在打磨凹槽，底座平整，截面半球体钉头光滑。器体通高22.8、顶头高约7厘米（图一〇一，8）。

（四）铁器

铁风铃　2件，锻制，锈蚀，器形完整。

标本2002ⅡT17②：11，半圆形器身，薄壁，顶部中央有1个不规则圆形透孔。底口直径7.2、壁厚0.1～0.2、通高3.5厘米；透孔孔径约为0.65厘米（图一〇五，2；图版五二，2）。

标本2002ⅡT17②：12，形制同于标本2002ⅡT17②：11，形体略小。底口直径6.2、壁厚0.1～0.15、通高2.8厘米；透孔孔径约为0.35厘米（图一〇五，3；图版五二，3）。

五、东侧配殿

（一）台基的形状与结构

由于近现代扰沟的破坏，使得本已保存状况较差的台基显得更加支离破碎。大体上，东侧配殿的台基呈横向长方形轮廓。现存台基也是采用夯土层、河卵石层交替构筑的方式营建而成，残存的迹象由上而下存在 2 个层面：a. 红褐色夯土层；b. 河卵石层。台基的西半部区域直接裸露河卵石层，其上被一条近现代曲线扰沟打破。东半部区域残存红褐色夯土层，其上被几条横、纵向扰沟打破。二号殿主殿残存台基与东侧配殿残存台基之间存在 0.2~0.5 米的空隙，其间为黑褐色沙壤土层。东侧配殿现存台基，东西向长约 22.5、南北宽约 13.5 米，台基残高约 0.21 米（图版一八，2）。

（二）主体建筑的格局

东侧配殿台基的东部区域留存有部分柱础迹象，柱础为暗础，使用的均为顶面较平的不规则石块，其上覆盖的的红褐土夯土层面，略低于主殿台基的残存高度。据此推断，东侧配殿台基的原有高度明显低于主殿台基。

在东侧配殿的残存台基上，清理出 9 块础石。这些础石作为柱网的残存部分，一纵一横呈"┐"形折尺状分布于台基的北缘、东缘内侧。在台基的东缘内侧，由南向北一线分布有 7 块础石。其中，南起第 3、第 5 块础石由于扰坑的破坏而略显移位。位于台基东北角的南起第 7 块础石，同时又是台基北缘内侧东西向一线排列的东起第 1 块础石，该排础石由东向西共有 3 块。其中，东起第 2、第 3 块础石并排排列。

依据现存的柱网残迹，难以推断东侧配殿的建筑格局。

（三）东侧配殿北缘外部的础石迹象

在东侧配殿台基北部的当时地面上，与东侧配殿平行，清理出两排呈东西向横向排列的柱础迹象。留存下的柱础，每排 6 块，总计 12 块。每排础石均为等距排列，相邻两块础石的间距约为 2.8~3 米。两排础石在位置上南北向相应，南北两排的间距约为 3.2 米。南排柱础与台基北缘的间距约为 3 米。这些柱础的构筑方式，首先在当时的地面挖出础坑，然后利用不规则石块作为础石，础石的规格均较大，长约 1、宽约 0.8 米。有的柱础础石已经遗失，仅留存下础坑痕迹，一些础石的周围往往还辅助以板石。

限于发掘面积，未能确定上述 12 处柱础是完整的柱网还是局部迹象，故而其建筑性质不明。

（四）东侧配殿南缘外部的础石迹象

在东侧配殿台基南部的当时地面上，与东侧配殿平行，清理出一排呈东西向横向排列的 6 块柱础迹象。该排柱础与台基南缘的间距约为 3.5 米，相邻两块础石的间距约为 2.8~3 米。柱础的构筑方式与台基北侧的柱础相同，但没有发现辅助性板石。此外，需要指出的是，东侧配殿台基南、北两侧地面之上的柱础，在位置上，南北向对应。

限于发掘面积，和东侧配殿北缘外部的础石迹象一样，未能辨明东侧配殿南缘外部础石迹象的建筑性质。

（五）二号宫殿主殿与其东西配殿的整体建筑格局

二号宫殿主殿与其东西配殿的夯土台基虽然受损较重，但通过它们各自残存的台基可以看出以下特点：其一，二号宫殿台基明显高于东西配殿台基；其二，三座建筑台基的前后缘端面并没有处于同一条直线上。东、西配殿台基南、北缘端面的位置东西对应处于同一条直线上，但较二号宫殿主殿台基南、北缘端面明显南移。通过上述迹象特点得出的学术认识是，二号宫殿建筑的高度高于东、西配殿，东、西配殿主体建筑的正面较二号宫殿主体建筑的正面略显凸前。

六、东侧配殿出土遗物

（一）陶质遗物

1. 文字瓦

在二号宫殿东侧配殿区域，出土了8件文字瓦标本。其中，板瓦标本6件、筒瓦标本2件；依据施纹方式统计，模压文字（或符号）标本6件，刻划文字标本2件，就文字或符号而言，8件标本含4个识读文字，2个未辨识文字，刻划文字（或符号）均发现于板瓦之上；板瓦单独使用的无法释读的模压字体包括："𦔉"；筒瓦单独使用的无法释读的模压字体包括："𠦚"。

（1）板瓦类文字瓦

A. 模压文字标本

"昌"，阴刻阳文，字外有框，2件同印个体，标本2002HXNⅡT9②∶3（图一〇四，1）。

"𦔉"，不识，似为纵书两字，字外有框，1件，标本2002HXNⅡT10②∶1（图一〇四，6）。

"十三六"，纵书，阳刻阴文，字外无框，1件，标本2002HXNⅡT18②∶23，（图一〇八，1）。

B. 刻划文字标本

"川"，隶书风格，字体大小有异，2件，标本2002HXNⅡT10②∶2（图一〇四，7）、标本2002HXNⅡT10②∶15（图一〇四，8）。

（2）筒瓦类模压文字标本

"男"，阴刻阳文，带有隶意的楷书，字外有框，1件，标本2002HXNⅡT10②∶11（图一〇四，2）。

"𠦚"，不识，字外无框，1件，标本2002HXNⅡT9②∶2（图一〇四，3）。

2. 板瓦　采集9件标本。

（1）单面指印纹板瓦　1件，可复原。

标本2002HXNⅡT18②∶23，瓦体窄边左角、宽边两角残断，瓦体窄边下部凸面瓦身中线偏左位置纵向施有模压阴文"十三六"三字。瓦体纵向长40、窄边残长21.4、宽边残长12、施纹端面宽2.2厘米（图一〇八，1）。

（2）双面指印纹板瓦　当板瓦处于瓦坯状态时对其宽边端面的上、下边沿均压印了指印纹（下同）。1件，可复原。

标本2002HXNⅡT10②∶7，略残，瓦身凸面通体施纵向绳纹。瓦体纵向长44.8、窄边边长28、宽边边长29、施纹端面宽2.2厘米（图一〇八，2；图版四五，4）。

（3）檐头板瓦　7件标本。

A. D型檐头板瓦　2件完整及可复原个体。

标本2002HXNⅡT10②∶4，完整，瓦身凸面窄边下部左右近边端处，各有1个模压阳文"昌"字，圆圈纹上下部施同向斜线纹。瓦体纵向长44.6、窄边边长28.8、宽边边长32.8、檐头端面宽3厘米（图一〇八，3）。

标本2002HXNⅡT10②∶6，略残。瓦体纵向长43.6、窄边残长约20、宽边边长32、檐头端面宽3厘米（图一〇八，4）。

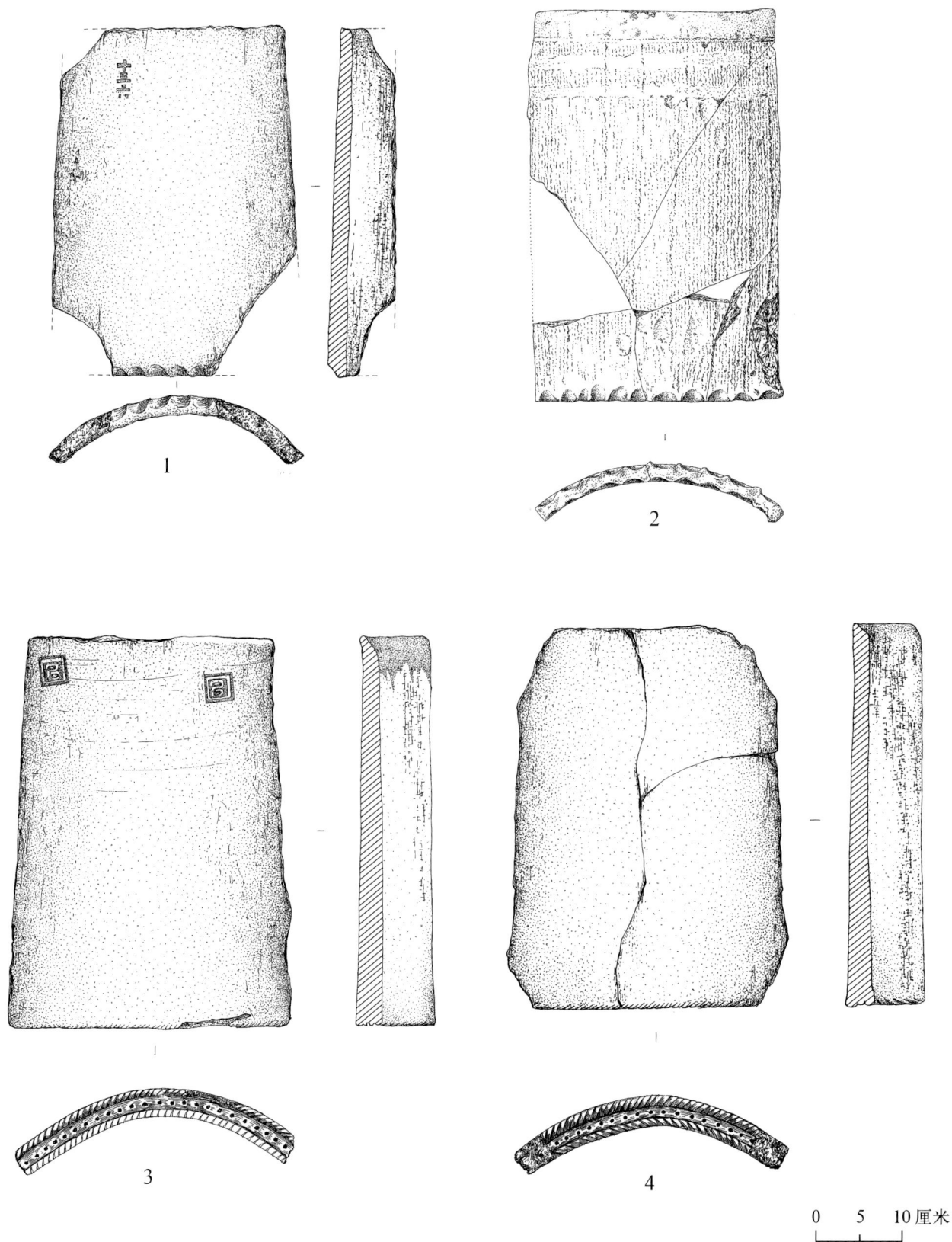

图一〇八　二号宫殿址东侧配殿出土板瓦、檐头板瓦

1. 单面指印纹板瓦（02ⅡT18②：23）　2. 双面指印纹板瓦（02ⅡT10②：7）　3、4. D型檐头板瓦（02ⅡT10②：4、02ⅡT10②：6）

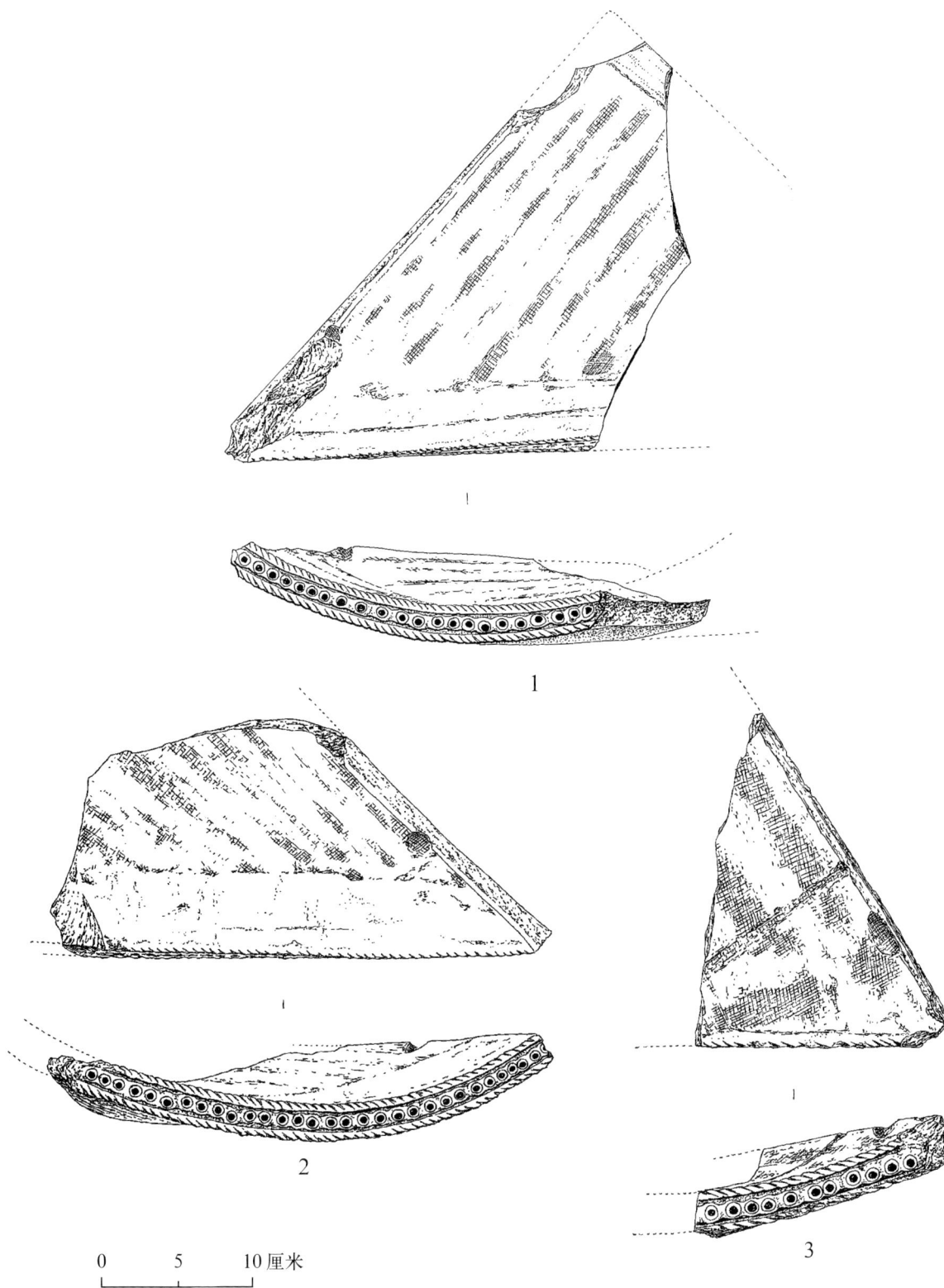

图一〇九　二号宫殿址东侧配殿出土截角檐头板瓦

1. 02 Ⅱ T18②：22　　　2. 02 Ⅱ T18②：20　　　3. 02 Ⅱ T18②：21

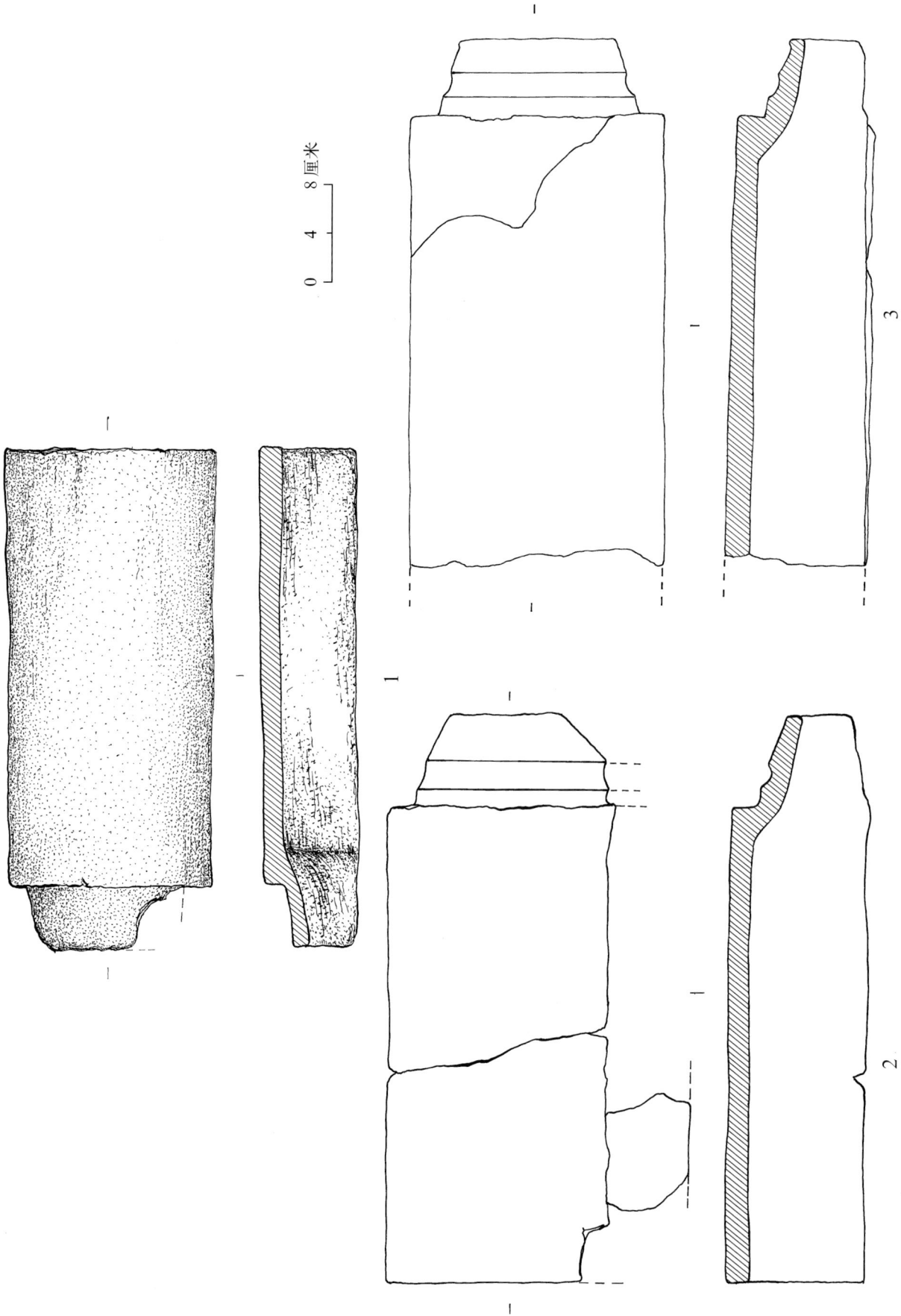

图一一〇　二号宫殿址东侧配殿出土筒瓦、绿釉筒瓦

1. 直节形瓦唇筒瓦（02ⅡT18②：15）　2、3. 绿釉曲节形瓦唇筒瓦（02ⅡT18②：35、02ⅡT10②：8）

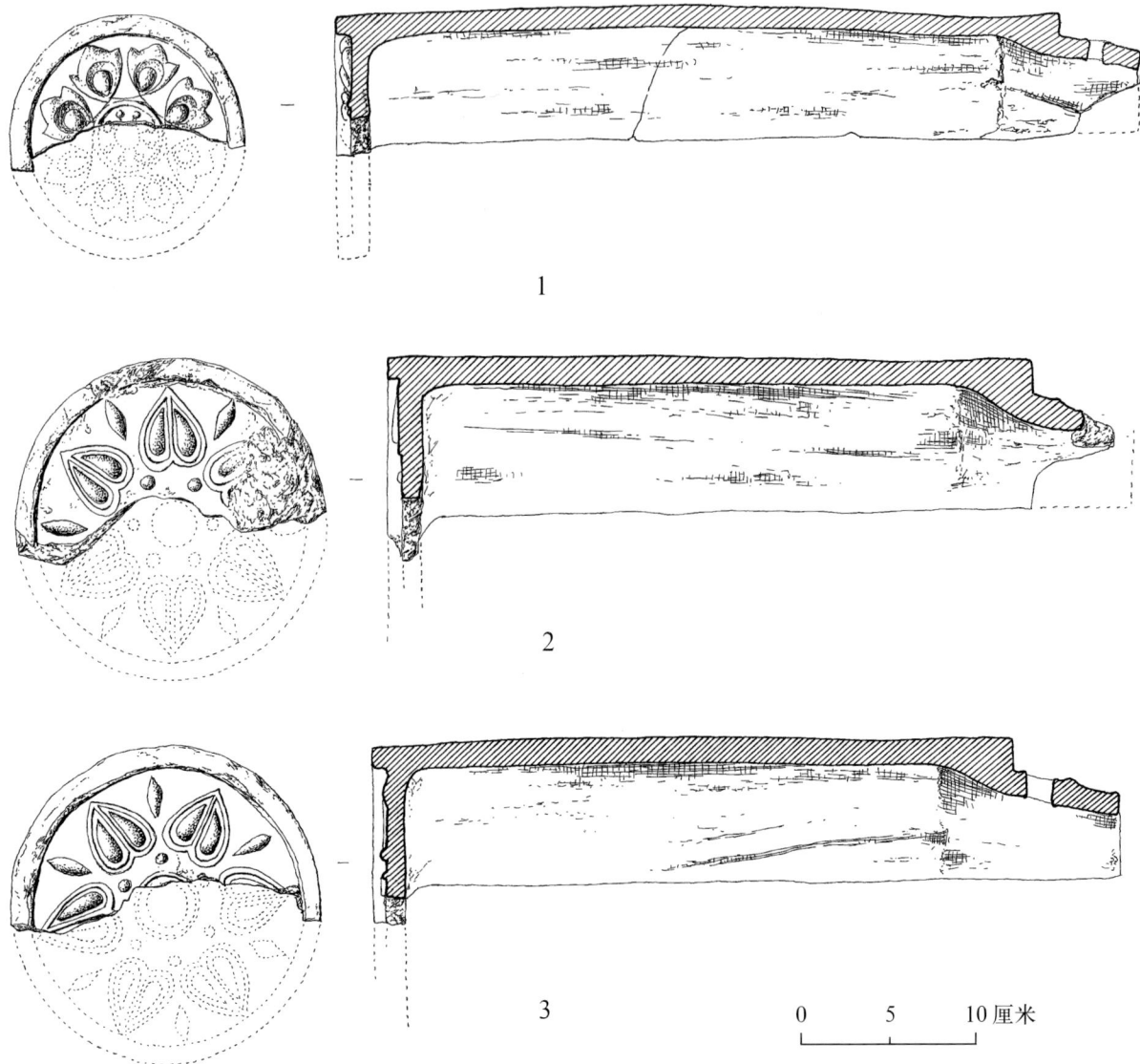

图一一一　二号宫殿址东侧配殿出土檐头筒瓦

1. 直节形瓦唇檐头筒瓦（02ⅡT18②：2）　　2、3. 曲节形瓦唇檐头筒瓦（02ⅡT10②：5、02ⅡT12北扩②：30）

B. 截角檐头板瓦　采集4件标本。

标本2002HXNⅡT18②：22，残，当板瓦处于瓦坯状态时，首先对其宽边右角进行了截角处理，然后在截面上施A型纹饰。板瓦长约19.2、施纹端面宽1.2厘米（图一〇九，1；图版四六，5）。

标本2002HXNⅡT18②：20，残，当板瓦处于瓦坯状态时，首先对其宽边左角进行了截角处理，然后在截面上施A型纹饰。板瓦施纹端面宽1.2厘米（图一〇九，2；图版四六，3）。

标本2002HXNⅡT18②：21，残，当板瓦处于瓦坯状态时，首先对其宽边左角进行了截角处理，然后在截面上施A型纹饰。板瓦施纹端面宽1.2厘米（图一〇九，3；图版四六，1）。

3. 筒瓦　采集6件标本。

（1）直节形瓦唇筒瓦　1件，可复原。

标本2002HXNⅡT18②：15，瓦体通长35.6、瓦唇长4.6、瓦唇下瓦体窄边宽14.6、宽边宽

15.2 厘米（图一一〇，1）。

（2）直节形瓦唇檐头筒瓦　1件，可复原。

标本 2002ⅡT18②：2，D 型瓦当连接曲节形瓦唇筒瓦，瓦当残存近二分之一当面。瓦体通长 46.4、瓦体宽 13.6、瓦唇长 4.6 厘米（图一一一，1）。

（3）曲节形瓦唇檐头筒瓦　2件，可复原。

标本 2002ⅡT12北扩②：30，Aa 型瓦当接曲节形瓦唇筒瓦，瓦当残存近二分之一当面，曲节瓦唇中央有1个圆形透空。檐头筒瓦通长、瓦唇长6厘米；瓦当直径约17.6、边轮宽约1.2、边轮高 0.8厘米（图一一一，3）。

标本 2002HXNⅡT10②：5，Ab 型瓦当接曲节形瓦唇筒瓦，瓦当残存近二分之一当面，瓦唇残。瓦体残长约41.8、瓦唇残长约4.8厘米；瓦当直径约17.8、边轮宽1.2、边轮高0.6厘米（图一一一，2）。

（4）曲背檐头筒瓦　出土了2件瓦当部位标本，未见曲背筒瓦，均无法复原。

标本 2002ⅡT12北扩②：1，Ba 型瓦当接曲背檐头筒瓦（图一一四，5）。

标本 2002ⅡT12北扩②：2，C 型瓦当接曲背檐头筒瓦（图一一三，3）。

（5）曲节形瓦唇截角檐头筒瓦　2件，其中1件可复原器形。

标本 2002HXNⅡT18②：1，Bb 型瓦当接斜面筒瓦，筒瓦截左角。器体通长32.2~29.2、器体宽 12.2、瓦唇长4.2厘米；瓦唇下瓦体窄边宽12.6、瓦当直径12.6厘米（图一一二，4；图版四八，5）。

标本 2002HXNⅡT18②：18，器残，残存不足二分之一当面，Bb 型瓦当接斜面筒瓦，筒瓦截右角（图一一二，3）。

4．瓦当

（1）A 型　萼形间饰六瓣莲纹瓦当，6件标本。

A．Aa 型　乳突外环绕同心圆凸棱线纹、联珠纹，4件。

标本 2002HXNⅡT18②：5，瓦当直径17.4、乳突直径1、乳突高0.8、同心圆直径4、边轮宽 0.8~1、边轮高1厘米（图一一三，5；图一一四，5）。

标本 2002HXNⅡT18②：23，瓦当直径17.2、乳突直径1、乳突高0.8、同心圆直径3.8、边轮宽0.8、边轮高0.6厘米。

B．Ab 型　乳突外环绕联珠纹，2件。

标本 2002HXNⅡT12北扩②：6，瓦当直径17.6、乳突直径3.6、乳突高1.2、边轮宽1~1.2、边轮高1厘米（图一一三，6；图一一四，6）。

C．Ac 型　1件。

与 Ab 型瓦当相比，两者纹饰相近，差异在于：一是该型瓦当形体变小，二是瓦当中央半球体乳突明显变小。

标本 2002HXNⅡT12北扩②：9，瓦当直径13.6、乳突直径1.8、乳突高0.6、边轮宽0.6~1、边轮高0.8~1厘米（图一一三，2；图一一四，2；图版三七，1）。

D．Ad 型　1件。

心形花瓣的外轮廓线线条纤细，水滴形花肉丰满。瓦当中央为半球体乳突，其外环绕8颗等距联

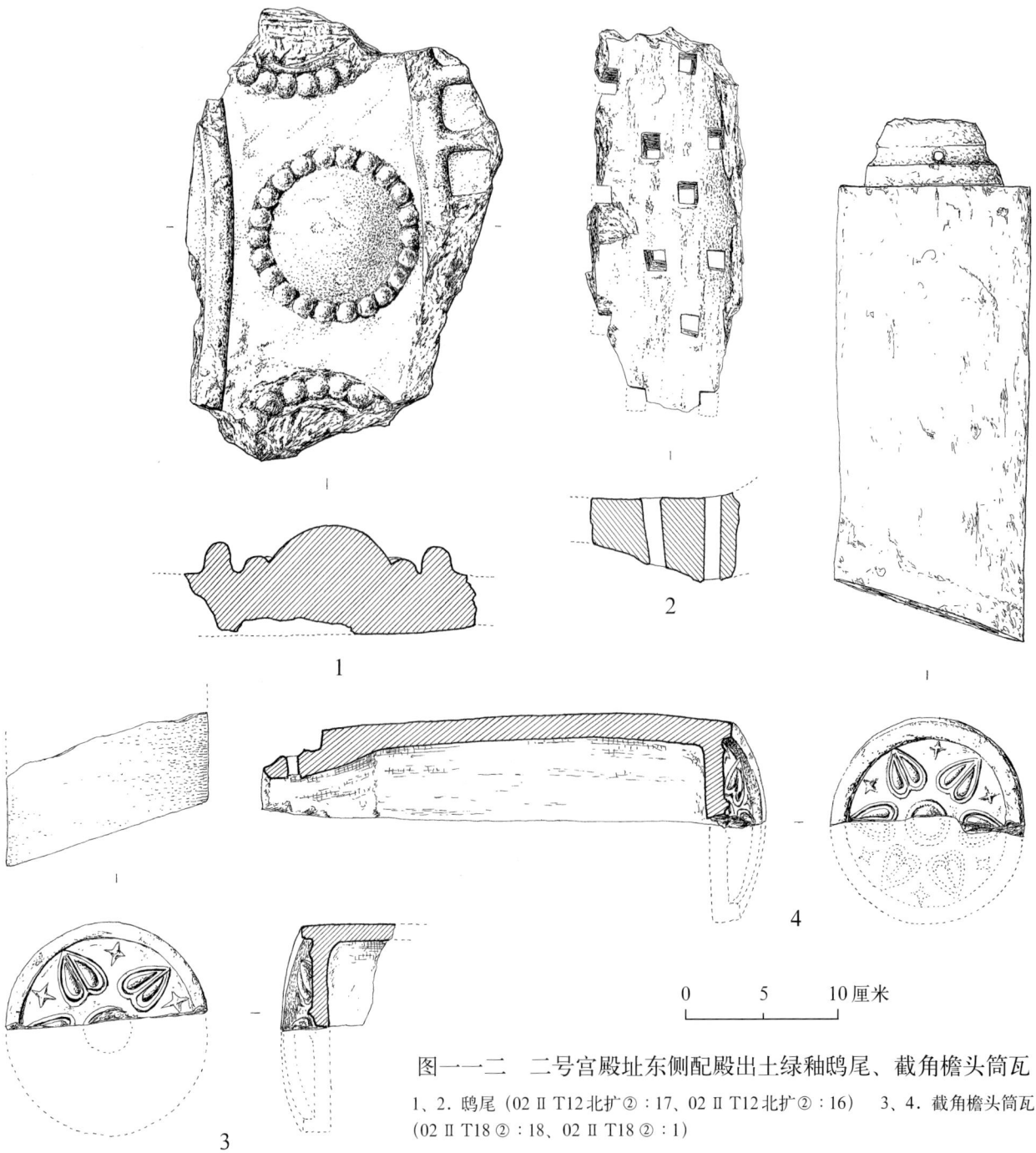

图一一二　二号宫殿址东侧配殿出土绿釉鸱尾、截角檐头筒瓦

1、2. 鸱尾（02ⅡT12北扩②：17、02ⅡT12北扩②：16）　3、4. 截角檐头筒瓦
（02ⅡT18②：18、02ⅡT18②：1）

珠纹，再次为凸棱纹同心圆。

标本2002HXNⅡT10②：9，瓦当直径14、乳突直径1.8、乳突高0.6、同心圆直径4.2、边轮宽1、边轮高0.6厘米（图一一三，1；图一一四，1；图版三七，3）。

（2）B型　十字形间饰六瓣莲纹瓦当，8件标本。

A．Ba型　大型十字形间饰六瓣莲纹瓦当，4件。

标本2002HXNⅡT18②：6，局部边轮略显变形，瓦当直径15.6、乳突直径1.6、乳突高0.6、同心圆直径4、边轮宽1（局部达2.6）、边轮高1厘米（图一一五，6；图一一六，6）。

0   4   8厘米

图一一三 二号宫殿址东侧配殿出土瓦当

1. Ad型（02ⅡT10②：9）　2. Ac型（02ⅡT12北扩②：9）　3、4. C型（02ⅡT12北扩②：2、02ⅡT10②：3）
5. Aa型（02ⅡT18②：5）　6. Ab型（02ⅡT12北扩②：6）

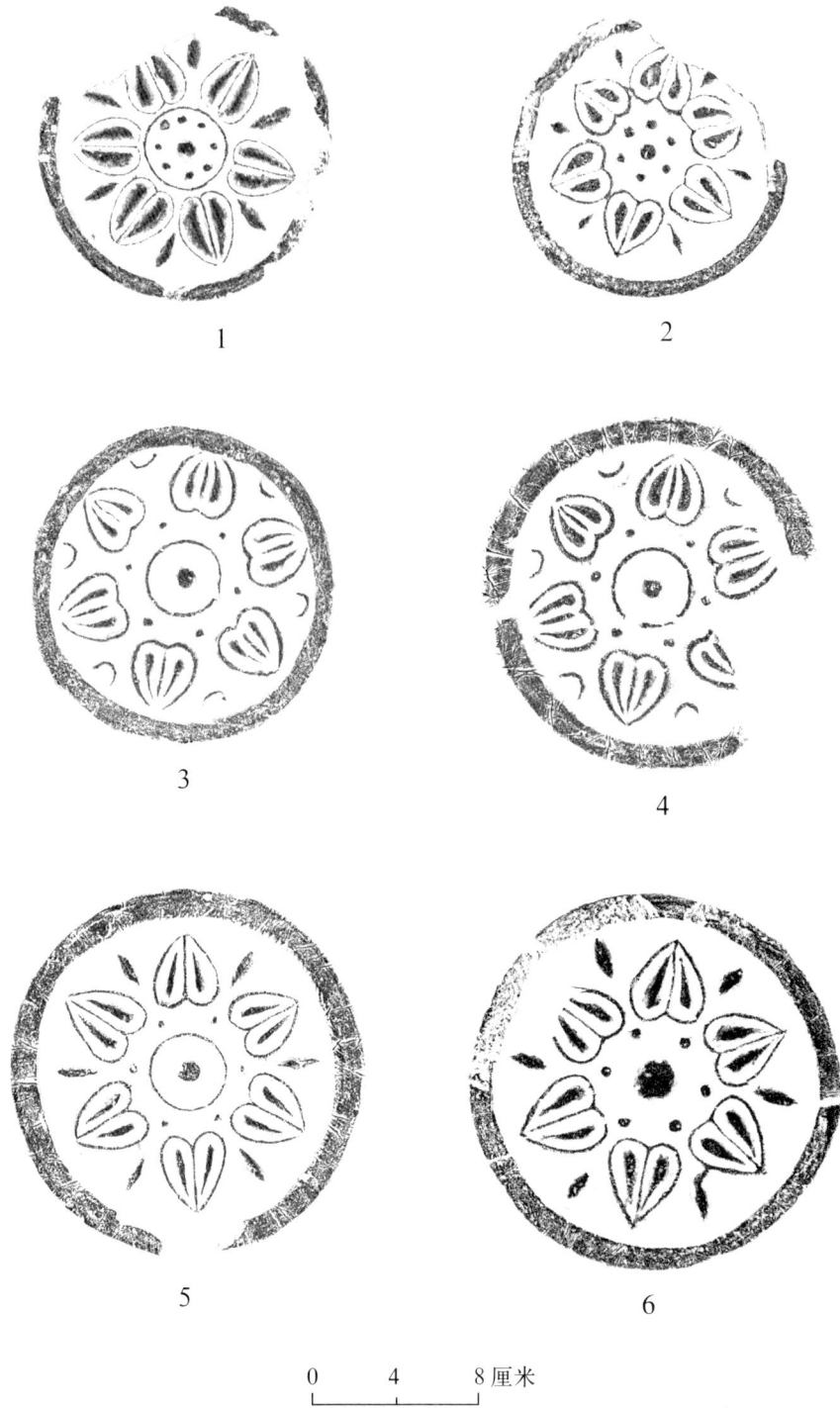

图一一四　二号宫殿址东侧配殿出土瓦当拓片

1. 02ⅡT10②：9　2. 02ⅡT12北扩②：9　3. 02ⅡT12北扩②：2　4. 02ⅡT10②：3
5. 02ⅡT18②：5　6. 02ⅡT12北扩②：6

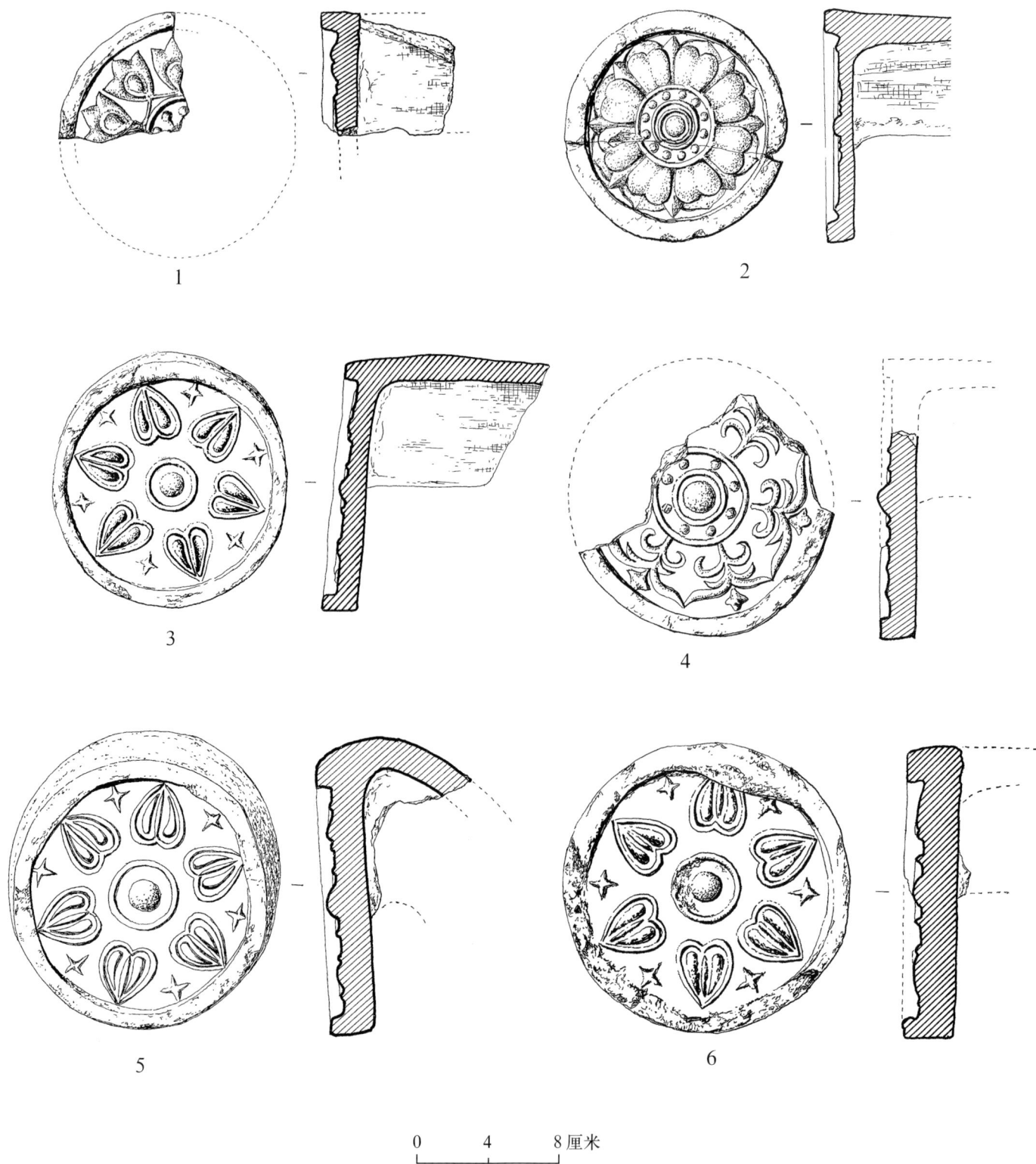

图一一五　二号宫殿址东侧配殿出土瓦当

1. Dc 型（02 Ⅱ T18②：11）　　2. Eb 型（02 Ⅱ T12 北扩②：12）　　3. Bb 型（02 Ⅱ T18②：17）
4. Fa 型（02 Ⅱ T18②：13）　　5、6. Ba 型（02 Ⅱ T12 北扩②：1、02 Ⅱ T18②：6）

标本 2002 ⅡT12 北扩②：1，接曲背筒瓦，瓦当直径 15.2、乳突直径 1.8、乳突高 0.6、同心圆直径 4、边轮宽 1～1.2、边轮高 1 厘米（图一一五，5；图一一六，5）。

标本 2002HXN ⅡT18②：24，瓦当直径 15.2、乳突直径 1.6、乳突高 0.6、同心圆直径 4、边轮宽 1、边轮高 1 厘米。

B．Bb 型　小型十字形间饰六瓣莲纹瓦当，4 件。

标本 2002HXN ⅡT18②：17，瓦当直径 13、乳突直径 1.2、乳突高 0.4、同心圆直径 2.8、边轮宽 0.6、边轮高 0.8 厘米（图一一五，3；图一一六，3；图版三六，3）。

（3）C 型　弯月形间饰六瓣莲纹瓦当，13 件。

标本 2002HXN ⅡT10②：3，器残，瓦当与筒瓦钝角相接。瓦当直径 16、乳突直径 0.8、乳突高 0.7、同心圆直径 4、边轮宽 0.8、边轮高 1 厘米（图一一三，4；图一一四，4）。

标本 2002HXN ⅡT12 北扩②：2，瓦当直径 15、乳突直径 1.6、乳突高 0.5、同心圆直径 4、边轮宽 1～1.2、边轮高 0.7 厘米（图一一三，3；图一一四，3）。

（4）D 型　八朵单体连枝莲纹瓦当，1 件。

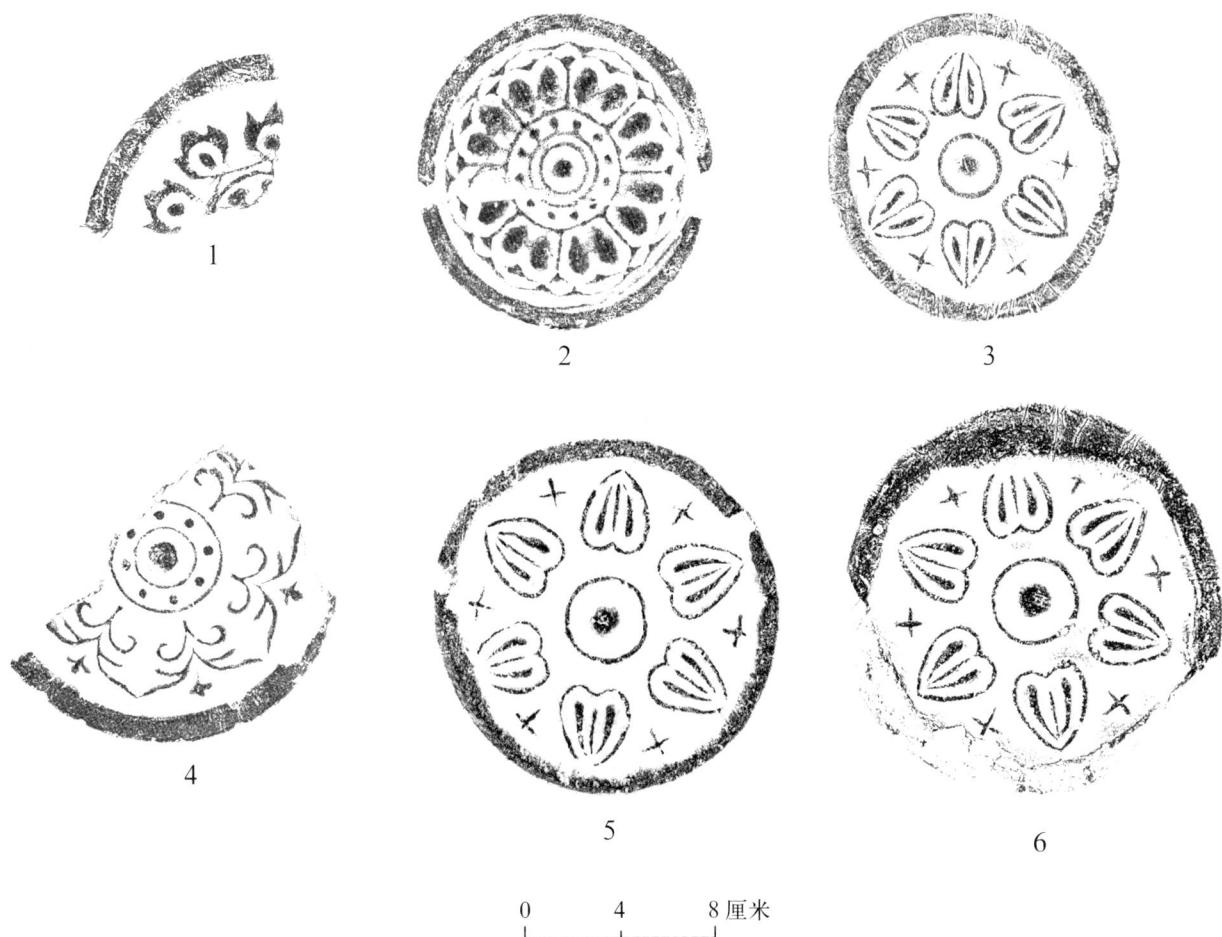

图一一六　二号宫殿址东侧配殿出土瓦当拓片

1．02 ⅡT18②：11　2．02 ⅡT12 北扩②：12　3．02 ⅡT18②：17　4．02 ⅡT18②：13
5．02 ⅡT12 北扩②：1　6．02 ⅡT18②：6

Dc型　乳突外环绕两周同心圆，1件。

标本2002HXNⅡT18②∶11，器残，当面仅残存3朵莲纹。边轮宽1、边轮高1厘米（图一一五，1；图一一六，1）。

（5）F型　六枝单体花草纹瓦当，1件。

Fa型　单纯花草纹瓦当，1件。

标本2002HXNⅡT18②∶13，器残。瓦当直径15.2、乳突直径1.8、乳突高1厘米，两周同心圆直径分别为3.2、5.6厘米，边轮宽1、边轮高0.6厘米（图一一五，4；图一一六，4）。

（6）E型　八瓣连体莲纹瓦当，1件。

Eb型　瓦当中央为半球体乳突，其外环绕3圈凸棱纹同心圆，在外两圈同心圆之间饰以14颗联珠纹，1件。

标本2002ⅡT12北扩②∶12，瓦当直径12.8、乳突直径1.2、乳突高0.5厘米，三周同心圆直径分别为2、2.8、4.5厘米，边轮宽1、边轮高0.8厘米（图一一五，2；图一一六，2）。

（二）釉陶质遗物

1．绿釉陶曲节形瓦唇筒瓦　2件标本。

标本2002HXNⅡT18②∶35，器残，曲节形瓦唇未施釉，瓦身凸面通体施釉，红褐色胎体。瓦体通长40.2、瓦体宽22、瓦唇长6.6厘米（图一一〇，2）。

标本2002HXNⅡT10②∶8，器身近端处残，曲节形瓦唇未施釉，瓦身凸面通体施釉，红褐色胎体。瓦体残长约37、瓦体宽18.6、瓦唇长5.6厘米（图一一〇，3）。

2．鸱尾　1件，残。

标本2002ⅡT12北扩②∶17，墨绿釉，残存鳍身弧转前局部区域的正面器身。在2条凸棱线纹鳍身区域内，残存3个纵向排列的半球体装饰图案。其中，中间1个图案完整，半球体后贴于器身，其外缘环绕有22颗联珠纹；另外2个残缺，均仅留存6颗联珠纹。在鳍身的后部，残存3条呈纵向横排排列的凸棱线纹鳍刺残断。

鳍身凸棱线纹间距18、高0.8厘米；半球体直径8、高2.2厘米；联珠纹直径1.2、高0.8厘米（图一一二，1）。

标本2002ⅡT12北扩②∶16，正面器表施墨绿釉，该标本为鸱尾正面器身与背面器身之间的后部隔板的残存物。器身残存4排方形透孔，按照该标本在鸱尾上所处的位置，4排透孔呈横排排列，位置略呈隔排对称，透孔是烧制前用梯形截面条状物穿透而成。隔板外壁经过抹平处理，略显内凹。内壁未作处理，壁面留存有透孔时形成的孔边凸起。施釉时，透孔也进行了挂釉处理。

透孔边长约1.2、横向间距5.8~7厘米（图一一二，2）。

根据出土地点判断，标本2002ⅡT12北扩②∶16与标本2002ⅡT12北扩②∶17可能同属于1件鸱尾。

（三）铁器

1．铁钉　10件。

标本2002HXNⅡT10②∶14，钉身下部弯体使用，器身截面呈扁长方形。器体通长15.4、截面边长0.6、截面边宽0.35厘米（图一一七，1）

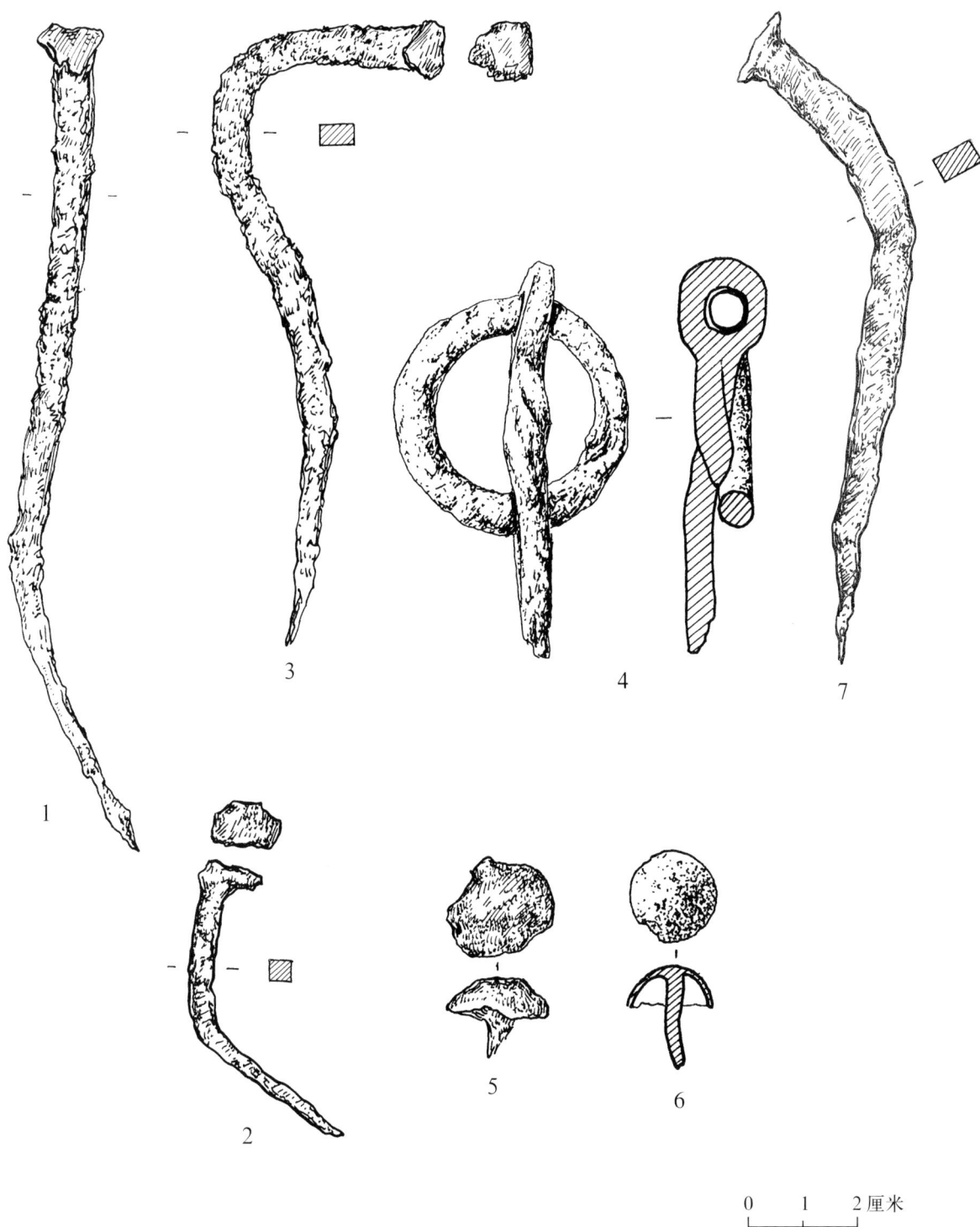

图一一七　二号宫殿址东侧配殿出土铁器

1、2、3、7. 铁钉（02ⅡT10②：14、02ⅡT10②：12、02ⅡT10②：10、02ⅡT10②：13）　4. 铁环（02ⅡT9②：1）
5、6. 铁泡钉（02ⅡT11②：2、02ⅡT11②：1）

标本 2002HXN Ⅱ T10②：10，钉身上部弯体使用，器身截面呈扁长方形。器体通长 14、截面边长 0.6、截面边宽 0.4 厘米（图一一七，3）

标本 2002HXN Ⅱ T10②：13，钉身上部弯体使用，器身截面呈扁长方形。器体通长 12.2、截面边长 0.8、截面边宽 0.5 厘米（图一一七，7）

标本 2002HXN Ⅱ T10②：12，小型铁钉，钉身下部弯体使用，器身截面近方形。器体通长 6.3、截面边长 0.4 厘米（图一一七，2）

2. 铁泡钉　2 件。

标本 2002HXN Ⅱ T11②：2，残，锈蚀严重。残长 1.4、钉帽直径 1.9、钉帽高 0.7 厘米（图一一七，5）。

标本 2002HXN Ⅱ T11②：1，略残，锈蚀。残长 1.8、钉帽直径 1.6、钉帽高 0.7 厘米（图一一七，6）。

3. 铁环　1 件。

标本 2002HXN Ⅱ T9②：1，残，锻制，铁环上套接一段铁条。铁环直径 4.3、铁环截面直径 0.6 厘米（图一一七，4；图版五二，7）。

※　　　　　※　　　　　※

在《间岛省古迹调查报告》中，鸟山喜一写道："现在，第二殿址的大小无法确定，其东西界限均遭破坏。但是，可以推测出第二殿址的东西两侧存在各自独立的建筑物。"透过上述引文可以看出，鸟山喜一于 1937 年进行的盗掘活动不仅包括二号宫殿主殿，而且波及二号宫殿东西两侧的配殿。

据八连城城址[⑰]、渤海上京城址发掘资料[⑱]，西古城内城二号宫殿及其配殿在内城宫殿布局中的位置相当于八连城城址内城的二号宫殿及其配殿、渤海上京宫城的四号宫殿及其配殿，并且三者的形制、建筑格局相同。渤海上京宫城四号宫殿区域的遗迹相对保存较好，可以作为复原西古城城址内城二号宫殿区域柱网格局的参考数据。

第五节　一、二号宫殿之间的廊道

一号宫殿址北门与二号宫殿址南门之间以廊道相接，廊道所处的位置恰好坐落在西古城的南北向中轴线上。由于二号宫殿址的南门址区域已遭破坏，故而在未能确认二号宫殿南门址具体长度的情况下，也未能确定该廊道的长度，一号宫殿址残存台基北缘与二号宫殿址残存台基南缘的间距约为 39 米。

在一号宫殿、二号宫殿台基之间的居中位置，断续清理出两段呈南北向一线排列的夯土台基迹象。其中，南段台基与一号宫殿主殿的北侧门道相连，该段廊道的长度约为 8.1 米；北段台基与南段台基之间存在长约 13.5 米的豁口，由于二号宫殿主殿的南门已遭破坏，北段台基与二号宫殿主殿台基之间

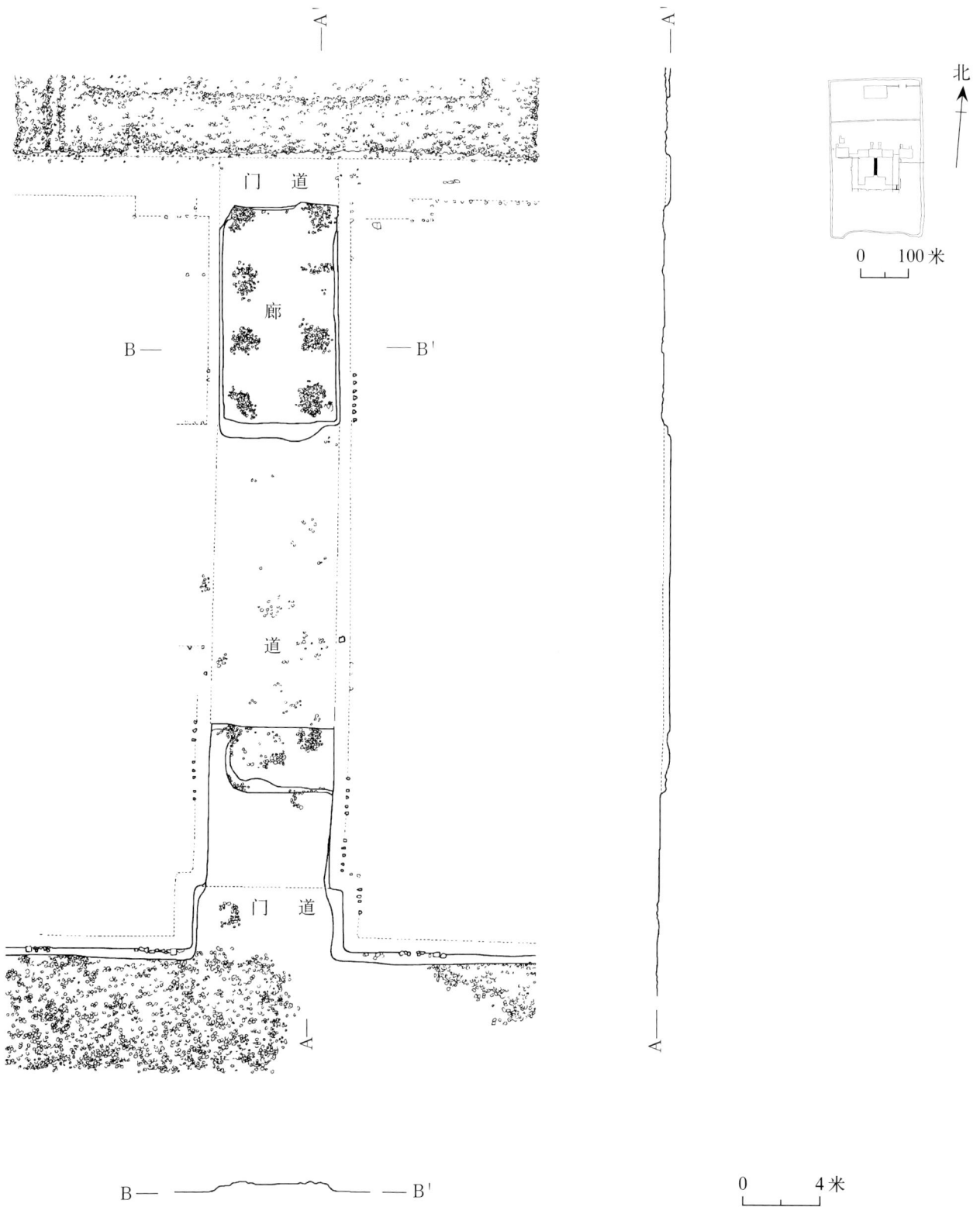

图一一八　一、二号宫殿址之间廊道平、剖面图

存在长约 2.5 米的残断豁口。根据台基所处的位置推断，两段台基为同期一体建筑，是连接一号宫殿主殿北门与二号宫殿主殿南门的廊道残迹（图一一八；图版一九，1）。

一、廊　道

廊道台基夯土构筑而成，直接修建在渤海时期的地面之上，未构筑地下基槽。廊道宽约 6.2 米，略窄于一号宫殿主殿北侧门道的宽度。夯土台基的上部已遭破坏，最高处残高约 0.4 米。

北段廊道台基残长约为 12 米，在其留存的上层层面上清理出 8 处柱础痕迹。8 处柱础分为东西两排，每排 4 块，两排柱础在位置上东西向两两相对。残存的柱础迹象，础石已不复存在，仅留存础石下部铺垫的河卵石圈。柱础东西向的排距约为 3.5 米，南北向的行距约为 3 米。根据上述柱础迹象推测，在南段台基东南角处清理出来的河卵石痕迹也应是柱础残迹。因此，一、二号宫殿之间的廊道当为柱廊式建筑。

在廊道台基的东西两侧，留存有一些与廊道南北向平行且排列有序的石钉迹象，表明台基的外缘存在土衬石或散水设施。此外，在廊道的中部区段位置，台基两侧的石钉分别呈现出东、西向外折的迹象。

二、出土遗物

（一）陶质遗物

折体 Bb 型瓦当　2 件标本。

标本 2002 Ⅱ T13 南扩②：36，瓦当折角约 90°，当面直径 13.4、乳突直径 1.8、乳突高 0.6、同心圆直径 3.4、边轮宽 1.2、边轮高 0.4 厘米（图一一九，1、2；图版三六，2）。

标本 2002 Ⅱ T13 南扩②：3，瓦当折角大于 90°，当面直径约 13.2、乳突直径 1.8、乳突高 0.6、同心圆直径 3.2、边轮宽 1.2、边轮高 0.6 厘米（图一一九，3、4；图版三六，1）。

（二）石质构件

石钉　2 件标本。

标本 2002 Ⅱ T13 南扩②：3，正面（面向散水一侧）、底座加工平整，截面半球体钉头打磨光滑。器体通高 19.6、钉头高 8 厘米（图一一九，6）。

标本 2002 Ⅱ T13 南扩②：4，位于转角处的石钉，加工平整的正面（面向散水一侧）有纵向凹槽，截面半球体钉头打磨光滑。器体通高 20.8、钉头高 8 厘米（图一一九，5；图版三九，6）。

※　※　※　※　※　※

八连城城址内城一至二号宫殿址之间[⑩]、渤海上京宫城三至四号宫殿址之间[③]，廊道迹象相对保存较好，两者的廊道均呈“凸”形轮廓。根据西古城城址内城一、二号宫殿之间残存的廊道迹象推断，该廊道也应为“凸”形结构。此外，在八连城城址一、二号宫殿之间的廊道位置处，也出土了 1 件 Bb 型折体瓦当，据此可以推测，西古城和八连城一、二号宫殿之间的廊道存在形制相近的地面建筑[②]。

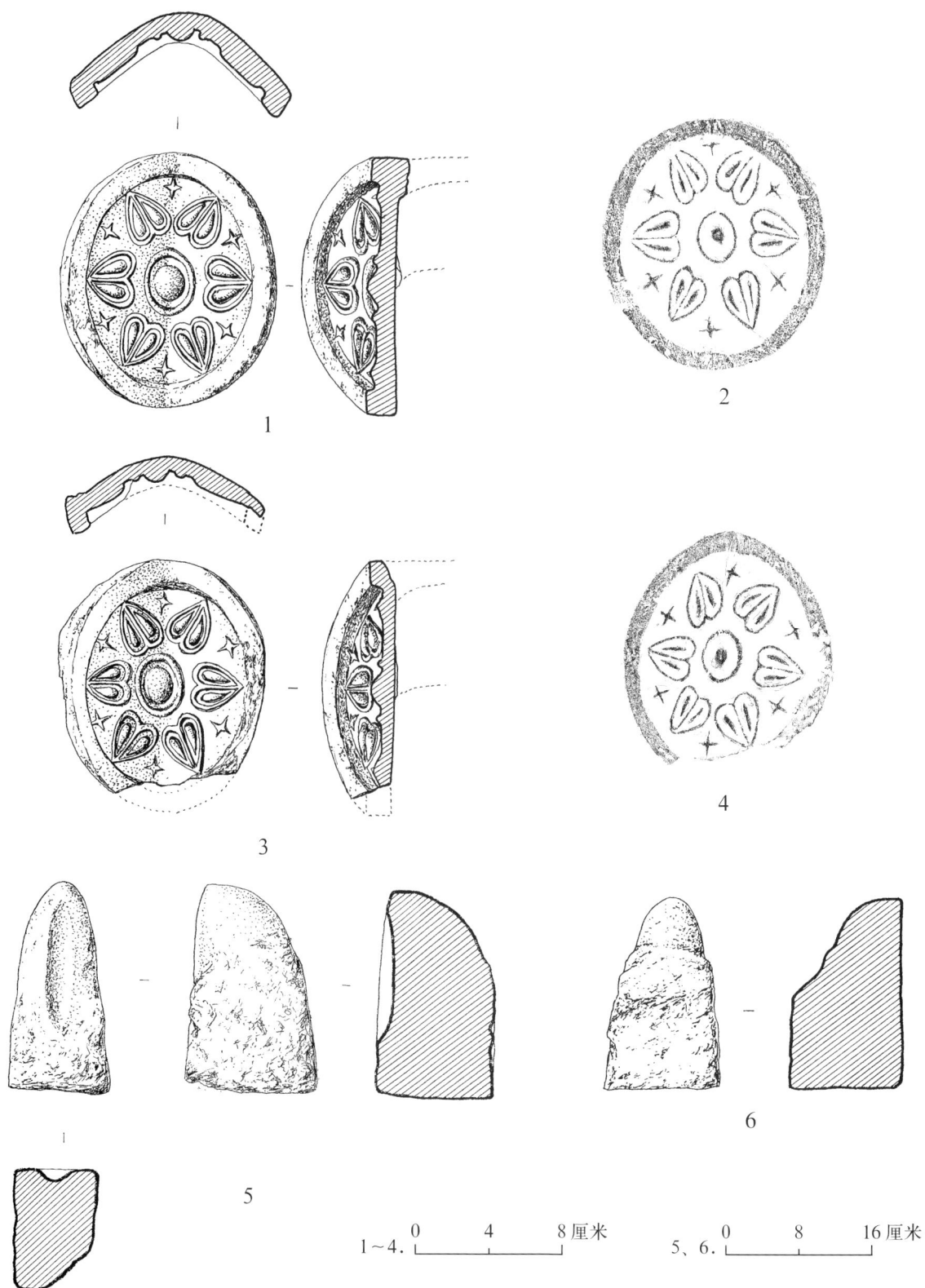

图一一九　一、二号宫殿址之间廊道出土遗物

1、3. 折体 Bb 型瓦当（02ⅡT13 南扩②：36、02ⅡT13 南扩②：3）　2、4. 瓦当拓片（02ⅡT13 南扩②：36、
02ⅡT13 南扩②：3）　5、6. 石钉（02ⅡT13 南扩②：4、02ⅡT13 南扩②：3）

第六节　三号宫殿址

依据现有发掘区域揭露的迹象判断，三号宫殿址为单体建筑。

一、位　置

三号宫殿址位于二号宫殿址区域的东侧，与二号宫殿址区域呈东西向一线排列，一号宫殿址区域的东侧廊庑通过其北侧的独立廊道与三号宫殿、二号宫殿东侧配殿相接。三号宫殿与二号宫殿东侧配殿的间距约为12米，东距内城东墙约为13米。

二、层位关系

在三号宫殿址发掘区域内未能发现原生倒塌堆积，第2层堆积下直接叠压着三号宫殿台基或渤海时期的地面。

三、台基的形状与结构

三号宫殿构筑在地面台基之上，台基呈横向长方形轮廓。由于未对台基进行解剖，不清楚台基是否存在地下基槽。该台基相对保存较好，局部区域的表层夯土层得以保存。通过台基的残损处可以观察到，该台基也是夯土层、河卵石层交替构筑而成。残存台基的表层为红褐色夯土层，个别区域直接裸露出下层河卵石层。在台基的外侧，没有发现土衬石、散水设施迹象（图版二〇）。

台基东西长约27.8、南北宽约18米。台基北部最高处残高约0.52米，东部最低处残高约0.15～0.2米。

在台基北缘外侧靠近其东北端角、西北端角的位置处，分别向北延伸出1个东西向左右对称的"冖"形设施（图一二〇）。

四、础石柱网

在残存台基的上部保存有完整的柱网，为了解主体建筑的格局提供了重要依据。柱网使用不规则石块作为础石，均为暗础，础石坐落在台基残存的上层红褐色夯土层中，多数柱础未在夯土层层面上留存迹象。础石的规格大小不一，小础石的长径约为0.4米，大础石的长径介于0.7～0.8米之间。

大体上，台基上柱网的排列呈"回"字形轮廓，存在内外两周柱础。沿着台基的外缘内侧环绕一周"口"字形柱础，在台基中部柱础略呈"四"字形排列。

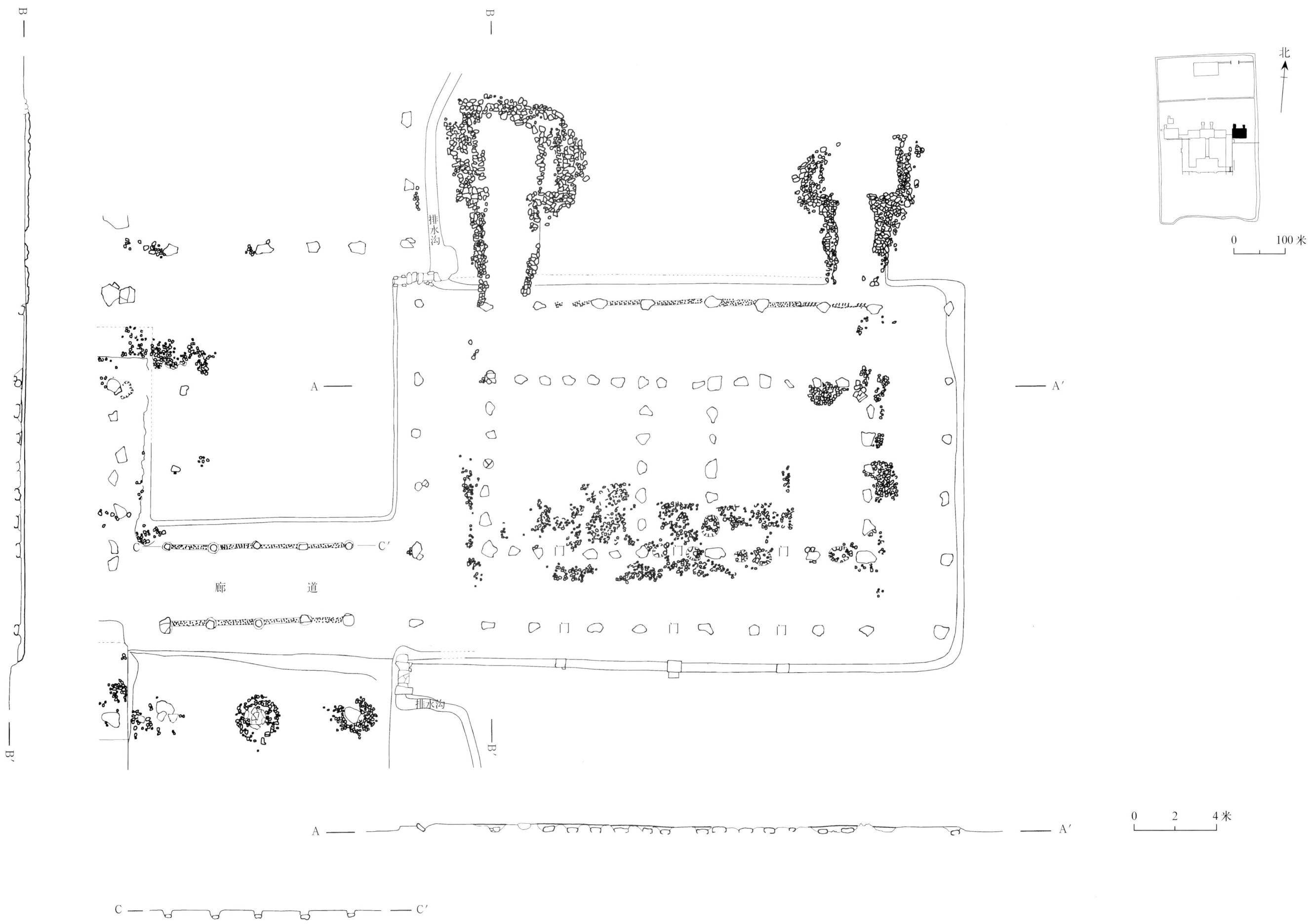

北

0 100 米

排水沟

A

C ———— C'

廊 道

排水沟

0 2 4 米

A ———— A'

C ———— C'

图一二〇 三号宫殿址平、剖面图

（一）外圈柱础

台基外缘内侧环绕的"口"字形础石，总计28块。如果忽略四角4块础石重复计算的话，东西向横向排列的两排础石，每排10块；南北向纵向排列的两排础石，每排6块。在位置上，横向两排础石的位置纵向对应，纵向两排础石的位置横向对应。在间距上，纵向两排础石的南起第1与第2块础石、南起第5与第6块础石之间的间距相同，约为3.5米；南起第2~5块础石之间，相邻两块础石的间距约为3米。

为叙述方便，横向南排的10块础石，由西向东依次编号为S1~S10。

S1与S2的间距约为3.5米，S2与S3的间距约为2.5米，S3与S4的间距约为3米，S4与S5的间距约为2.3米，S5与S6的间距约为3.3米，S6与S7的间距约为2.5米，S7与S8的间距约为3米，S8与S9的间距约为2.3米，S9与S10的间距约为3.5米。

横向北排的10块础石，其相邻两块础石的间距与南排相同。

（二）内圈柱础

位于台基中部的内圈础石，总计50块，整体轮廓略呈"四"字形。如果忽略四角础石重复计算的话，两排东西向横向础石，南排14块，北排16块；四排南北向纵向础石，每排7块。除个别础石遗失外，均为原位埋藏，在遗失础石位置处，见有础坑迹象。

内圈柱础的四角础石，在位置上分别对应与外圈柱础四角础石相邻的础石，内圈础石与外圈础石的间距约为3.5米；内圈柱础中部南北向的两排纵排础石，其端头础石分别对应外圈横排柱础的中间两块础石。

在内圈础石中，纵向4排础石，每排的7块础石基本等距排列，础石的间距均小于1.3米。

横向两排础石，础石的间距存在差异，但这种差异具有一定的规律性可循。

横向南排础石，西起第3块、第4块础石的间距约为2.5米，西起第7块、第8块础石的间距约为1.7米，西起第10块、第11块础石的间距约为2.4米，余者础石的间距均小于1.5米。

横向北排础石，西起第8块、第9块础石的间距约为1.8米，余者础石的间距均小于1.3米。

五、"묘"形设施

在距台基西北端角4米、东北端角3.7米处，从台基北缘分别向北延伸出1个"묘"形设施。该设施是在三号宫殿台基形成之后构筑的，其南端均叠压在三号宫殿台基之上，两者东西向间距约为14米。

（一）西侧"묘"形设施

整体轮廓基本完整，主体部分使用黄褐土、黑褐土混合夯筑而成，其外缘使用河卵石、不规则石块构筑包墙，包墙存在塌落迹象。该设施纵长约为9.5米，北部方形区域边长约6米，南部长方形区域长约3.5米，残宽约3米（图版二一，1）。

清理结果，没有发现任何足以说明其性质的迹象。

（二）东侧"묘"形设施

该设施北端残缺，构筑方式同于西侧"묘"形设施。该设施纵向残长约7米，北部方形区域残宽约5.5米，南部长方形区域长约3.5米，残宽约3米。

清理结果，没有发现任何足以说明其性质的迹象。

六、登殿台阶

在三号宫殿台基的南缘中部，清理出3处东西向等距排列的登殿台阶。台阶仅残存底部基石，贴筑于台基的南缘。其中，中央台阶坐落在台基的南北向中轴线上。

中央台阶，残存由2块方石构成的2级台阶，方石的裸露部分修琢平整。底层方石坐落在当时地面之上，上层方石利用其前端底部的折尺形凹槽扣合在底层方石之上。底层方石规格为：长58、宽34、厚14厘米。上层方石规格为：长63、宽60、厚24厘米（图一二一，1；图版二一，2）。

西侧台阶，位于中央台阶以西5米处，仅残存底层已经断裂的方石。其规格为：长50、宽36、厚20厘米。

东侧台阶，位于中央台阶以东4.7米处，仅残存底层方石。其规格为：长56、宽32、厚20厘米（图一二一，2）。

七、主体建筑格局

登殿台阶位于台基的南侧，表明三号宫殿是一座坐北朝南式建筑。

在台基南起第1排、第2排横向排列的础石中，每排柱础都有3处地点础石的间距超过1.7米，这些地点恰与登殿台阶位置相对，它们应该是三号宫殿南向辟门的位置所在。

在台基北起第1排、第2排横向排列的础石中，与南向中门相对的位置，础石的间距也与之相同，该处可能存在北向的门址。

在台基北起第1排横向排列的础石位置处，发现一段残存的墙体迹象。墙体残长10米，宽0.18~0.3米。墙体的内外墙表抹有厚约1厘米的白灰面，白灰痕迹嵌入了台基夯土之中。除此之外，在台基西起第1排纵向排列的础石中，其南起第3块础石上原位遗有2颗铁钉，表明墙体存在木质设施。

根据上文分析并结合台基上柱网的排列规律推断，三号宫殿是一座四周环绕外廊、内置两间主室、主室之间存在内廊的建筑格局。以三号宫殿外圈柱础的四角础石计算，三号宫殿主体建筑东西长约25.6、南北宽约15.1米，总面积约386.56米。

三号宫殿主体建筑，其外廊的宽度约为3.5米。两间主室规格相同，面阔约7.5、进深约8米，形近方形。门址位于南墙中部，西侧主室门址宽约2.5米，东侧主室门址宽约2.4米。两间主室之间内廊的宽度约为3.3米，内廊南北墙中央辟门，门址宽约1.7米。

八、排水设施

在三号宫殿址区域，清理出两处排水沟设施遗迹。在台基西北角的外侧存在1条东西向的排水沟，在台基西南角的外侧存在1条南北向的排水沟。

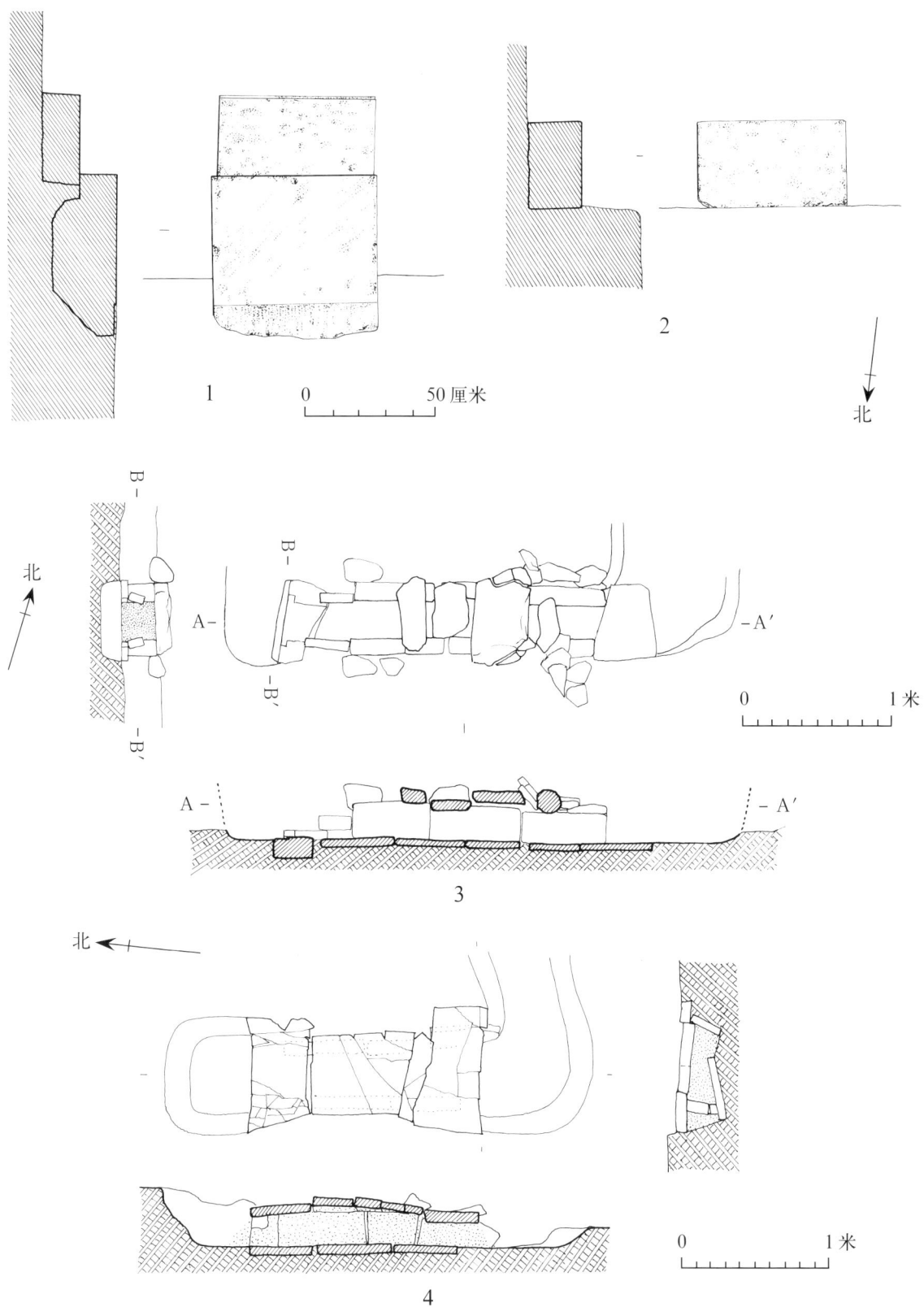

图一二一 三号宫殿址排水沟遗迹及殿前踏步平、剖面图

1．中央台阶 2．东侧台阶 3．西北角排水沟 4．西南角排水沟

（一）西北角排水沟

排水沟位于西侧"□"形设施以西的台基西北端角处，贴邻台基外缘而建。自台基西北端角以东，残存一段长约 2.6 米的石质沟体，沟底打破了当时的地面。使用板石铺垫沟底，条石立砌沟壁，顶部盖以板石。残存 6 块沟底铺石、6 块沟壁立石、4 块顶部盖石。条石经过修整，盖石基本保持石材原状。清理区域未发现明确的沟口迹象，残存沟体西端的沟底铺石经过精心修琢，该石边沿未作加工，前端立面修琢成"凹"字形，顶面端口两侧各打凿出 1 个折尺形凹口。西端沟底铺石上部，使用青砖作为沟壁。

在排水沟的西部残存端口处可以观察到，沟体的外壁、内壁、沟底均抹有 1 层厚约 1 厘米的石灰墙面。

排水沟宽 0.26、高 0.22 米（图一二一，3；图版二一，3）。

在排水沟的东部石质沟体残断处，清理出一段与沟体相接但方向转为南北走向的土沟迹象，应是已遭破坏的排水沟残迹。土沟宽约 0.5 深约 0.1 米，清理区段长 10 米。

（二）西南角排水沟

在三号宫殿址台基西南端角与一号宫殿东侧廊庑交汇处，沿着东侧廊庑的东缘，清理出一段南北走向、长约 1.56 米的石砌排水沟残迹。排水沟北端入水口残缺，仅在三号宫殿台基上残存沟痕。排水沟的沟体使用板石构筑而成，在其南部残断处连接有土沟迹象（图一二一，4）。

土沟宽约 0.3、深约 0.1 米。土沟呈曲线走向，首先，土沟从石筑沟体残断处转为东西走向，该区段长约 3.5 米；然后，土沟转为南北走向并最终汇入东侧廊庑向东延伸的排水沟，在临近汇口处留存有石筑沟体。

种种迹象表明，三号宫殿西北角处的排水设施用于排引三号宫殿西侧的积水或废水，其西南角处的排水设施则用于排引宫殿本体形成的废水。

在两处排水沟中均出土有兽骨残骸，其中，西北角处的沟体中出土了猪肩胛骨，西南角处的沟体中出土了 1 件青瓷罐口沿残片。

九、出土遗物

（一）陶质遗物

1. 文字瓦

在三号宫殿址发掘区域，出土文字瓦标本 129 件。其中，依据施纹瓦体统计，板瓦标本 83 件、筒瓦标本 46 件；依据施纹方式统计，模压文字（或符号）标本 120 件，刻划文字（或符号）标本 4 件，刻划文字（或符号）均发现于板瓦之上。就文字或符号而言，124 件标本包含 46 个文字、11 个不识字或符号。其中，板瓦、筒瓦共同使用的模印文字包括：仁、德、汤、音；板瓦单独使用的模印文字包括：俳、尖、切、李文、左李、可、顺、保、诺、羌（?）、昌、文、土、乌（?）、石、则、珍、计、捺、赤、素、屈、市、十、十二、十三八；筒瓦单独使用的模印文字包括：夫、安、男、自、优、明、寸、须（?）、古、主、贞、开（?）、十三七；板瓦使用的刻划文字包括：吉、川、才；板瓦单独使用的无法释读的模压字体包括："天"、"几"、"二"、"丰"；筒瓦单独使用的无法释读的模压字体包括："牧"、"禾"、"雨"、"天"、"川"；板瓦、筒瓦共同使用的无法释读的模压字体包括："伯"。

（1）板瓦类文字瓦

A．模压文字标本

"俳"，阴刻阳文，楷书，字外有框。2件同印个体，标本2002HXNⅡT8②：24（图一二二，1）。

"尖"，阴刻阳文，楷书，字外有框。两种字体：

a．字体较大，1件，标本2002HXNⅡT7②：1（图一二二，2）。

b．字体较小，1件，标本2002HXNⅡT8②：5（图一二二，4）。

"切"，阴刻阳文，楷书，字外有框。两种字体：

a．字体较细，1件，标本2002HXNⅡT4②：1（图一二二，3）；

b．字体较粗，2件同印个体，标本2002HXNⅡT6北扩②：1（图一二二，8）。

"李文"，纵书，阴刻阳文，正刻反印，楷书，字外有框，1件，标本2002HXNⅡT6北扩②：2（图一二二，5）。

"左李"，纵书，阴刻阳文，楷书，字外有框。5件同印个体，标本2002HXNⅡT7②：3（图一二二，6）。

"可"，阴刻阳文，带有隶意的楷书，字外有框。两种字体：

a．3件同印个体，标本2002HXNⅡT6②：3（图一二二，7）。

b．1件，标本2002HXNⅡT7②：4（图一二二，10）。

"音"，阴刻阳文，楷书，字外有框，1件，标本2002HXNⅡT7②：5（图一二二，9）。

"顺"，阴刻阳文，楷书，字外有框，2件同印个体，标本2002HXNⅡT4②：2（图一二二，12）。

"保"，阴刻阳文，楷书，字外有框，1件，标本2002HXNⅡT6北扩②：3（图一二二，13）。

"诺"，阴刻阳文，楷书，字外有框，2件同印个体，标本2002HXNⅡT7②：7（图一二二，14）。

"羌（?）"，阴刻阳文，楷书。三种字体：

a．字体较小，字外有框，3件同印个体，标本2002HXNⅡT5②：3（图一二二，16）。

b．字体较大，字外有框，2件同印个体，标本2002HXNⅡT2②：1（图一二二，17）。

c．字外无框，1件，标本2002HXNⅡT6北扩②：4（图一二二，18）。

"昌"，阴刻阳文，楷书，字外有框，6件同印个体，标本2002HXNⅡT4北扩②：1（图一二二，19）。

"佇"，不识，阴刻阳文，字外有框。两种字体：

a．字体较粗，1件，标本2002HXNⅡT7②：8（图一二二，11）。

b．字体较细，1件，标本2002HXNⅡT2②：2（图一二二，15）。

"文"，阴刻阳文，楷书，字外有框，2件同印个体，标本2002HXNⅡT6北扩②：5（图一二三，1）。

"土"，阴刻阳文，楷书，字外无框。三种字体：

a．字体较大，1件，标本2002HXNⅡT8②：3（图一二三，22）。

b．字体较小，1件，标本2002HXNⅡT4北扩②：2（图一二三，5）。

c．字体变形，1件，标本2002HXNⅡT7②：9（图一二三，2）。

"仁"，阴刻阳文，楷书。两种字体：

a．字外有框，1件，标本2002HXNⅡT8②：6（图一二三，14）。

b．字外无框，1件，标本2002HXNⅡT2②：2（图一二三，4）。

图一二二　三号宫殿址出土文字瓦拓片（一）

1. 02ⅡT8②：24　2. 02ⅡT7②：1　3. 02ⅡT4②：1　4. 02ⅡT8②：5　5. 02ⅡT6北扩②：2　6. 02ⅡT7②：3　7. 02ⅡT6②：3　8. 02ⅡT6北扩②：1　9. 02ⅡT7②：5　10. 02ⅡT7②：4　11. 02ⅡT7②：8　12. 02ⅡT4②：2　13. 02ⅡT6北扩②：3　14. 02ⅡT7②：7　15. 02ⅡT2②：2　16. 02ⅡT5②：3　17. 02ⅡT2②：1　18. 02ⅡT6北扩②：4　19. 02ⅡT4北扩②：1

图一二三　三号宫殿址出土文字瓦拓片（二）

1. 02ⅡT6北扩②：5　2. 02ⅡT7②：9　3. 02ⅡT6北扩②：6　4. 02ⅡT2②：2　5. 02ⅡT4北扩②：2　6. 02ⅡT8②：8
7. 02ⅡT4②：3　8. 02ⅡT8②：9　9. 02ⅡT8②：11　10. 02ⅡT2②：3　11. 02ⅡT7②：10　12. 002ⅡT8②：12　13. 02
ⅡT8②：15　14. 02ⅡT8②：6　15. 02ⅡT8②：17　16. 02ⅡT7②：11　17. 02ⅡT5②：5　18. 02ⅡT7②：12　19. 02Ⅱ
T2②：4　20. 02ⅡT4②：4　21. 02ⅡT4北扩②：12　22. 02ⅡT8②：3　23. 02ⅡT5②：4　24. 02ⅡT4北扩②：3

"乌（?）"，阴刻阳文，楷书，字外有框。2件同印个体，标本 2002HXN Ⅱ T8 ② ：8（图一二三，6）。

"石"，阴刻阳文，楷书，字外无框，1件，标本 2002HXN Ⅱ T4 ② ：3（图一二三，7）。

"则"，阴刻阳文，楷书，字外无框。两种字体：

a．1件，标本 2002HXN Ⅱ T8 ② ：9（图一二三，8）。

b．1件，标本 2002HXN Ⅱ T8 ② ：11（图一二三，9）。

"德"，阴刻阳文，楷书，字外无框，2件同印个体，标本 2002HXN Ⅱ T2 ② ：3（图一二三，10）、标本 2002HXN Ⅱ T7 ② ：10（图一二三，11）。

"珍"，阴刻阳文，带有隶意的楷书，字外无框，3件同印个体，标本 2002HXN Ⅱ T8 ② ：12（图一二三，12）、标本 2002HXN Ⅱ T8 ② ：15（图一二三，13）。

"汤"，阴刻阳文，楷书，字外无框。两种字体：

a．不规则形印，3件同印个体，标本 2002HXN Ⅱ T8 ② ：17（图一二三，15）、标本 2002HXN Ⅱ T7 ② ：11（图一二三，16）。

b．字体瘦长，1件，标本 2002HXN Ⅱ T4 北扩 ② ：12（图一二三，21）。

"计"，阴刻阳文，楷书，字外无框。两种字体：

a．字体较大，1件，标本 2002HXN Ⅱ T7 ② ：12（图一二三，18）。

b．字体较小，2件同印个体，标本 2002HXN Ⅱ T2 ② ：4（图一二三，19）。

"捺"，阴刻阳文，楷书，字外无框，1件，标本 2002HXN Ⅱ T4 ② ：4（图一二三，20）。

"赤"，阴刻阳文，楷书，字外无框，1件，标本 2002HXN Ⅱ T5 ② ：4（图一二三，23）。

"🔣"，不识，阴刻阳文，字外无框，1件，标本 2002HXN Ⅱ T6 北扩 ② ：6（图一二三，3）。

符号"🔣"，阴刻阳文，字外无框，2件同印个体，标本 2002HXN Ⅱ T5 ② ：5（图一二三，17）。

符号"🔣"，阴刻阳文，字外无框，1件，标本 2002HXN Ⅱ T4 北扩 ② ：3（图一二三，24）。

"素"，阳刻阴文，字外无框，楷书。三种字体：

a．字体较大，2件同印个体，标本 2002HXN Ⅱ T5 ② ：6（图一二四，1）。

b．字体较粗，1件，标本 2002HXN Ⅱ T2 ② ：5（图一二四，2）。

c．1件，标本 2002HXN Ⅱ T4 北扩 ② ：26（图一二四，5）。

"屈"，阳刻阴文，字外无框，楷书，1件，标本 2002HXN Ⅱ T2 北扩 ② ：3（图一二四，11）。

"市"，阳刻阴文，字外无框，楷书，3件同印个体，标本 2002HXN Ⅱ T6 北扩 ② ：7（图一二四，12）。

"十"，阳刻阴文，字外无框，1件，标本 2002HXN Ⅱ T2 北扩 ② ：4（图一二四，10）。

"🔣"，不识，阴刻阳文，楷书，字外有框，1件，标本 2002HXN Ⅱ T5 ② ：7（图一二四，4）。

"十二"，纵书，阳刻阴文，1件，标本 2002HXN Ⅱ T6 北扩 ② ：8（图一二四，8）。

"十三八"，纵书，阳刻阴文，1件，标本 2002HXN Ⅱ T7 ② ：12（图一二四，3）。

B．刻划文字标本

"吉"，2件，标本 2002HXN Ⅱ T7 ② ：13（图一二四，6）。

"川"，1件，字体隶书风格，标本 2002HXN Ⅱ T6 北扩 ② ：9（图一二四，7）。

"才"，1件，标本 2002HXN Ⅱ T4 北扩 ② ：6（图一二四，9）。

（2）筒瓦类标本

图一二四　三号宫殿址出土文字瓦拓片（三）

1. 02ⅡT5②：6　2. 02ⅡT2②：5　3. 02ⅡT7②：12　4. 02ⅡT5②：7　5. 02ⅡT4北扩②：26　6. 02
ⅡT7②：13　7. 02ⅡT6北扩②：9　8. 02ⅡT6北扩②：8　9. 02ⅡT4北扩②：6　10. 02ⅡT2北扩②：4
11. 02ⅡT2北扩②：3　12. 02ⅡT6北扩②：7

A．模压文字标本

"夫"，阴刻阳文，楷书，字外有框，1件，标本2002HXNⅡT4北扩②：8（图一二五，1）。

"安"，阴刻阳文，楷书，字外有框，2件同印个体，标本2002HXNⅡT5②：8（图一二五，4）。

"仁"，阴刻阳文，楷书，字外有框。两种字体：

a．字体较大，2件同印个体，标本2002HXNⅡT7②：14（图一二五，16）、标本2002HXNⅡT6北扩②：10（图一二五，26）。

b．字体较小，1件，标本2002HXNⅡT6北扩②：11（图一二五，7）。

"男"，阴刻阳文，带有隶意的楷书，字外有框。两种字体：

a．字体较小，2件同印个体，标本2002HXNⅡT7②：15（图一二五，8）、标本2002HXNⅡT4北扩②：13（图一二五，9）。

b．字体较大，3件同印个体，标本2002HXNⅡT6北扩②：13（图一二五，24）。

"自"，阴刻阳文，楷书，字外有框。三种字体：

a．字体较小，4件同印个体，标本2002HXNⅡT6北扩②：14（图一二五，10）。

b．字体居中，1件，标本2002HXNⅡT7②：17（图一二五，27）。

c．字体较大，1件，标本2002HXNⅡT4北扩②：14（图一二五，32）。

"德"，阴刻阳文，楷书，字外无框，1件，标本2002HXNⅡT8②：18（图一二五，11）。

"一"，阴刻阳文，字外无框，2件同印个体，标本2002HXNⅡT4②：5（图一二五，14）。

"优"，阴刻阳文，楷书，字外无框，3件同印个体，标本2002HXNⅡT7②：18（图一二五，12）、2002HXNⅡT8②：20（图一二五，20）。

"明"，阴刻阳文，正刻反印，楷书，字外无框，1件，标本2002HXNⅡT8②：21（图一二五，17）。

"汤"，阴刻阳文，楷书，字外无框，1件，标本2002HXNⅡT7②：19（图一二五，18）。

"寸"，阴刻阳文，楷书，字外有框。两种字体：

a．1件，标本2002HXNⅡT4北扩②：15（图一二五，19）。

b．1件，标本2002HXNⅡT7②：24（图一二五，28）。

"须（？）"，阴刻阳文，楷书，字外无框，2件同印个体，标本2002HXNⅡT6北扩②：15（图一二五，21）。

"古"，阴刻阳文，楷书，字外无框，1件，标本2002HXNⅡT6北扩②：16（图一二五，25）。

"主"，阴刻阳文，楷书，字外无框，1件，标本2002HXNⅡT6北扩②：17（图一二五，29）。

"贞"，阴刻阳文，楷书，字外有框，1件，标本2002HXNⅡT6北扩②：18（图一二五，30）。

"开（？）"，阴刻阳文，楷书，字外无框，1件，标本2002HXNⅡT6北扩②：19（图一二五，31）。

"音"，阴刻阳文，楷书，字外有框，1件，标本2002HXNⅡT6北扩②：20（图一二五，33；图版四三，4）。

"十三七"，纵书，阳刻阴文，正刻反印，印在直节形瓦唇筒瓦的瓦唇上，1件，标本2002HXNⅡT4北扩②：16（图一二五，34）。

"牧"，不识，阴刻阳文，字外无框，4件同印个体，标本2002HXNⅡT4北扩②：17（图一二五，22）。

"佗"，不识，阴刻阳文，字外无框，5件同印个体，标本2002HXNⅡT7②：20（图一二五，23）。

图一二五　三号宫殿址出土文字瓦拓片（四）

0　　1　　2厘米

1. 02ⅡT4北扩②：8　2. 02ⅡT4北扩②：18　3. 02ⅡT7②：12　4.02ⅡT5②：8　5. 02ⅡT8②：22　6. 02ⅡT6②：4
7.02ⅡT6北扩②：11　8. 02ⅡT7②：15　9. 02ⅡT4北扩②：13　10.02ⅡT6北扩②：14　11. 02ⅡT8②：18　12. 02ⅡT7②：18
13.02ⅡT8②：23　14. 02ⅡT4②：5　15. 02ⅡT7②：23　16.02ⅡT7②：14　17. 02ⅡT8②：21　18. 02ⅡT7②：19　19. 02Ⅱ
T4北扩②：15　20. 02ⅡT8②：20　21. 02ⅡT6北扩②：15　22. 02ⅡT4北扩②：17　23. 02ⅡT7②：20　24. 02ⅡT6北扩②：13
25. 02ⅡT6北扩②：16　26. 02ⅡT6北扩②：10　27. 02ⅡT7②：17　28. 02ⅡT7②：24　29. 02ⅡT6北扩②：17　30. 02ⅡT6
北扩②：18　31.02ⅡT6北扩②：19　32. 02ⅡT4北扩②：14　33. 02ⅡT6北扩②：20　34. 02ⅡT4北扩②：16

符号"ᠷ"，阴刻阳文，楷书，字外有框，1件，标本2002HXNⅡT4北扩②：18（图一二五，2）。

符号"ᠬᠬ"，阴刻阳文，楷书，字外有框，1件，标本2002HXNⅡT4北扩②：19（图一二五，3）。

符号"ᡝ"，阴刻阳文，楷书，字外有框。两种字体：

a．字体较小，2件同印个体，标本2002HXNⅡT8②：22（图一二五，5）。

b．字体较大，1件，标本2002HXNⅡT6②：4（图一二五，6）。

符号"ᠯᠯ"，阴刻阳文，字外无框。两种字体：

a．字体较斜，1件，标本2002HXNⅡT8②：23（图一二五，13）。

b．字体较直，1件，标本2002HXNⅡT7②：23（图一二五，15）。

2．板瓦

采集15件标本。

（1）普通板瓦　采集4件标本。

标本2002HXNⅡT8②：28，瓦体宽边一角残断，瓦体窄边下部瓦身凸面中线偏左位置施有模压阳文"艮"字。瓦体纵向长34.2、窄边边长23.6、宽边残长16.8厘米（图一二六，1）。

标本2002HXNⅡT8②：13，完整，瓦体窄边下部瓦身凸面中央施有模压阴文"市"字。瓦体纵向长35、窄边边长22.6、宽边边长26.8厘米（图一二六，2）。

标本2002HXNⅡT6②：18，瓦体宽边两角均残断，其残存区段存在6个小凹坑，此外，瓦体凸面有6条横向划弦纹。瓦体纵向长43、窄边边长26、宽边残长15厘米（图一二六，3）。

标本2002HXNⅡT6北扩②：24，瓦体宽边左角略残，瓦体窄边下部瓦身凸面近右角处施有刻划纹"吉"字。瓦体纵向长40.8、窄边边长25.8、宽边残长26厘米（图一二六，4）。

（2）单面指印纹板瓦　采集7件标本。

标本2002HXNⅡT4北扩②：9，完整，瓦身凸面近瓦体宽边处施有近似"√"可划纹符号。瓦体纵向长44、窄边边长26、宽边边长33.4、施纹端面宽2.8厘米（图一二七，4）。

标本2002HXNⅡT4北扩②：4，残，器身弧度较大，瓦体宽边边长34、施纹端面宽2.4~2.8厘米（图一一五，2）。

（3）檐头板瓦　4件标本。

A．A型檐头板瓦　1件标本。

标本2002HXNⅡT8②：24，器残。瓦体宽边边长32.2、檐头端面宽3.3厘米（图一二七，1）。

B．D型檐头板瓦　2件，可复原。

标本2002HXNⅡT6②：19，完整，瓦身凹面侧边存在4个清晰的取瓦指纹，圆圈纹的上、下部施反向的斜线纹。瓦体纵向长42、瓦体窄边边长27.6、宽边边长32.4、檐头端面宽2.4厘米（图一二七，3）。

C．截角檐头板瓦

标本2002HXNⅡT8②：19，残，板瓦截掉右角，端面施A型纹饰。瓦体宽27.4、檐头端面宽2.6厘米（图一三二，2；图版四六，6）。

3．筒瓦　采集64件标本。

（1）直节形瓦唇筒瓦，6件标本。

标本2002HXNⅡT4北扩②：7，瓦身略残。瓦体通长35.4、瓦唇长3.6、瓦唇以下瓦体窄边宽

15.2厘米（图一二八，2）。

标本2002HXNⅡT2北扩②：1，瓦唇略残，直节形瓦唇的外沿施有刻划"吉"字。瓦体通长43.2、瓦体宽13.6、瓦唇长5、瓦唇以下瓦体窄边宽13.8、宽边宽14厘米（图一二八，4；图版四七，4）。

（2）曲节形瓦唇筒瓦　52件标本。

标本2002HXNⅡT6②：12，瓦唇略残，瓦身凸面近端处存在人为刻划痕迹。瓦体通长37.4、瓦唇长4.8、瓦唇以下瓦体宽16.4厘米（图一二八，1）。

标本2002HXNⅡT7②：6，瓦唇、瓦身略残，曲节形瓦唇的外沿施有模压阳文，因瓦唇残损而

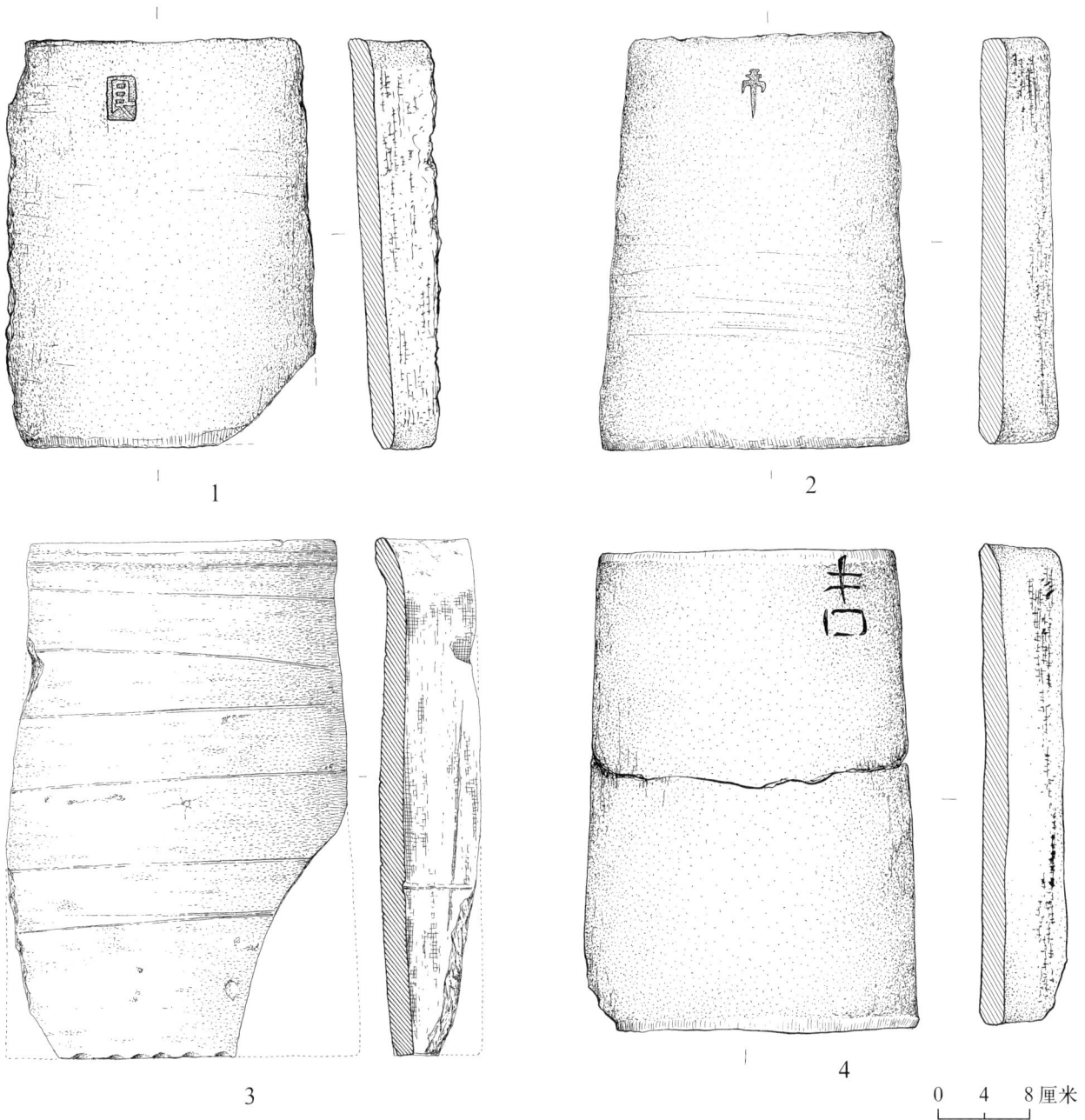

图一二六　三号宫殿址出土板瓦

1. 02ⅡT8②：28　2. 02ⅡT8②：13　3. 02ⅡT6②：18　4. 02ⅡT6北扩②：24

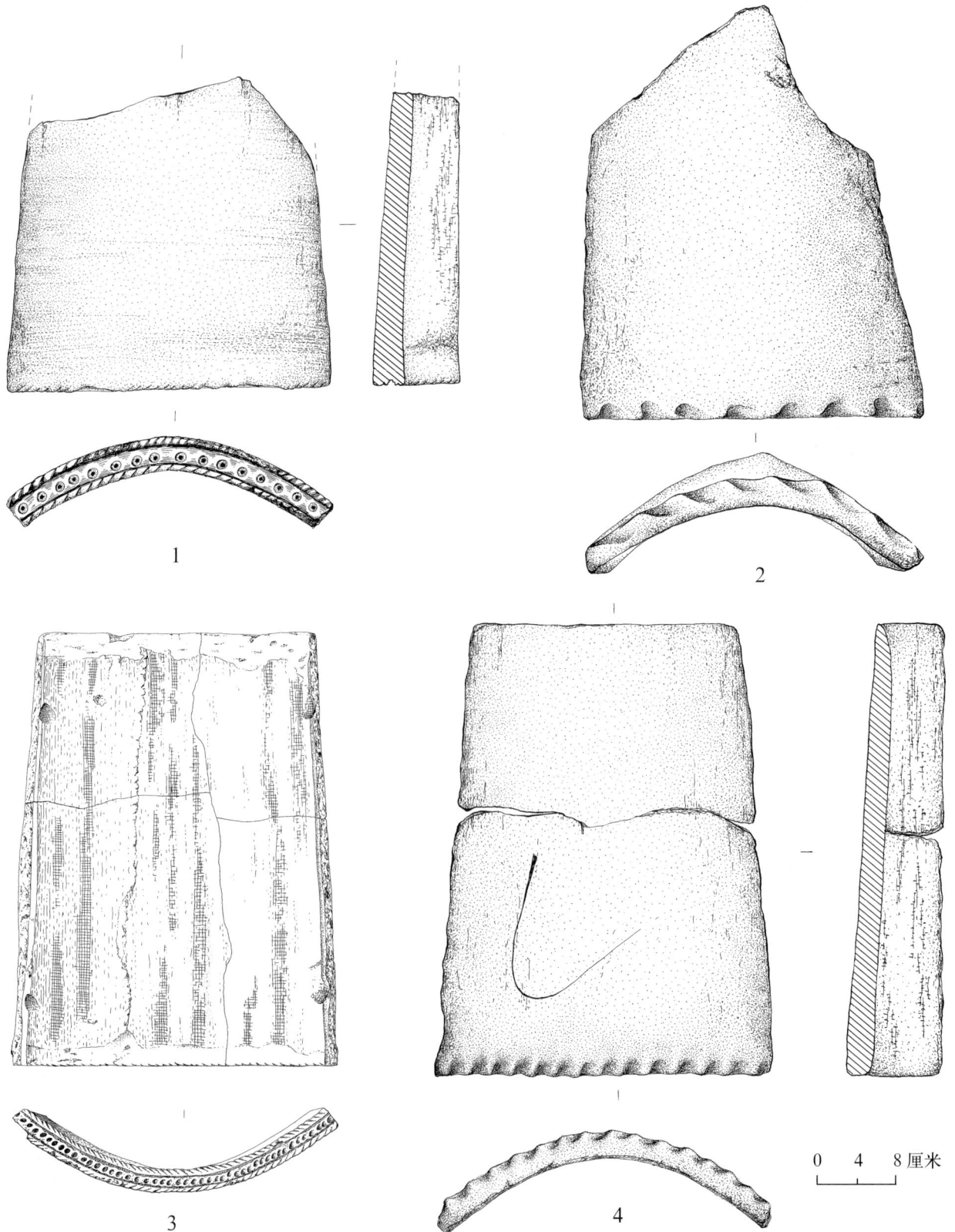

图一二七 三号宫殿址出土板瓦、檐头板瓦

1. A 型檐头板瓦（02ⅡT8②：24） 3. D 型檐头板瓦（02ⅡT6②：19） 2、4. 单面指印纹板瓦（02ⅡT4北扩②：4、02ⅡT4北扩②：9）

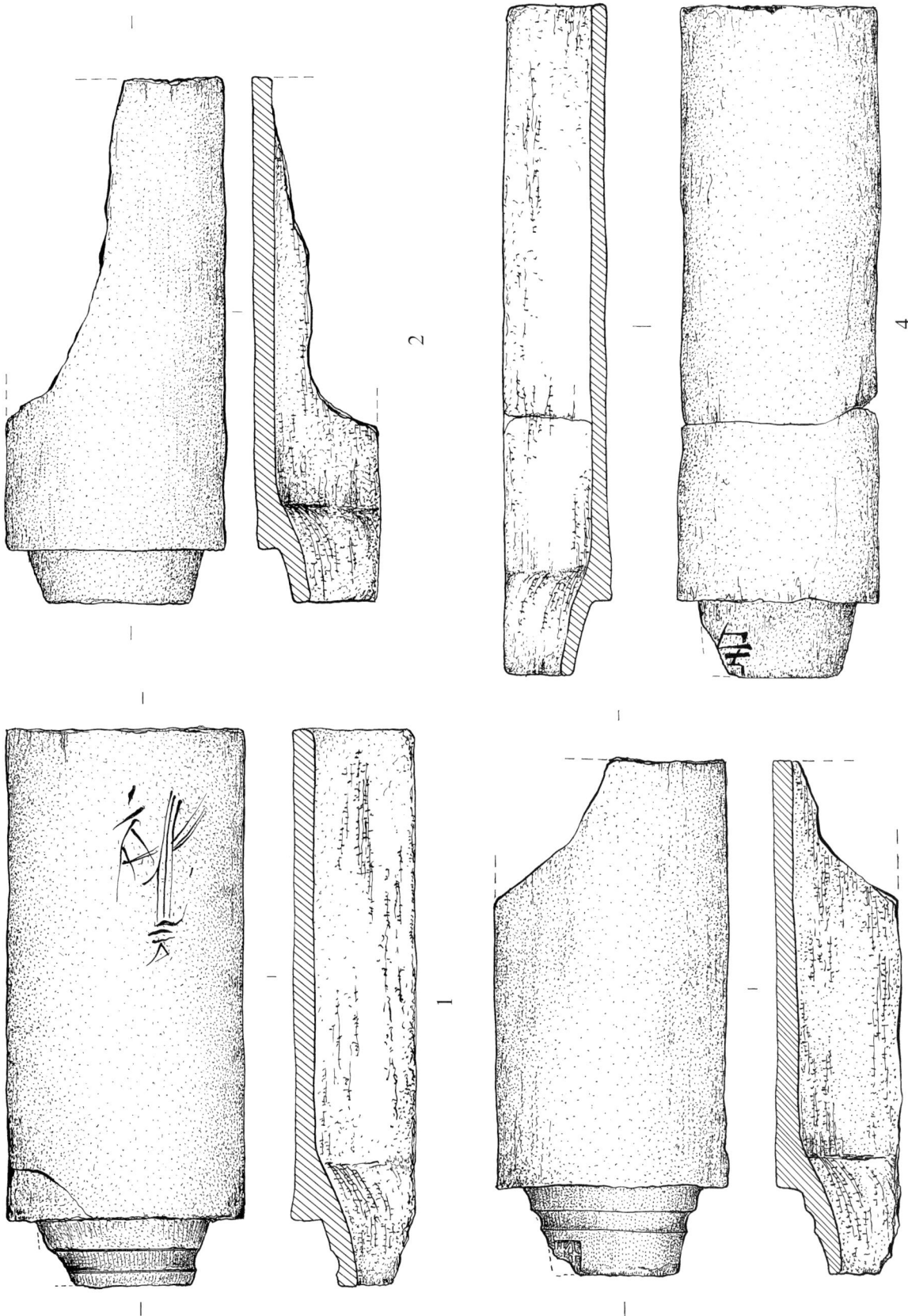

图一三八 三号宫殿址出土筒瓦

1、3. 曲折形瓦唇筒瓦（02ⅡT6②：12、02ⅡT7②：6） 2、4. 直折形瓦唇筒瓦（02ⅡT4北扩②：7、02ⅡT2北扩②：1）

未能辨识。瓦体通长 34.8、瓦唇长
4.8、瓦唇以下瓦体宽边宽 16 厘米
（图一二八，3）。

　　标本 2002HXNⅡT8②：7，瓦
身略残，曲节形瓦唇中央施有模压
阳文"安"字，由于是在模压文字后
压印的曲节，故而文字已经模糊。瓦
体通长 35.6、瓦唇长 6、瓦唇以下瓦
体窄边宽 16 厘米（图一二九，1）。

　　4．檐头筒瓦

　　（1）曲节形瓦唇檐头筒瓦　4
件完整及可复原个体。

　　标本 2002HXNⅡT6②：1，Aa
型瓦当接曲节筒瓦，瓦唇中央有 1 个
圆形透孔。瓦体通长 43.5、瓦唇长
6.8、透孔直径 1.2～0.8 厘米；瓦唇
以下瓦体窄边宽 17、瓦当直径 17.5、
乳突直径 2、乳突高 0.9、同心圆直
径 4、边轮宽 1、边轮高 0.6 厘米（图
一三〇，3、4）。

　　标本 2002HXNⅡT1②：2，Ab
型瓦当接曲节筒瓦，瓦唇残，瓦唇中
央有 1 个圆形透孔。瓦体通长 41、瓦
唇长 5、透孔直径约 1.2 厘米；瓦唇
以下瓦体窄边宽 16.2、瓦当直径
17.5、乳突直径 2.4、乳突高 1.2、
边轮宽 0.8、边轮高 0.6 厘米（图一
三〇，1、2；图版四八，3）。

　　标本 2002HXNⅡT8②：4，C
型瓦当接曲节筒瓦，瓦唇中央存在 1
个圆形透孔。瓦体通长 40、瓦唇长
5.4、透孔直径 1.2 厘米；瓦唇以下
瓦体窄边宽 15.8、瓦当直径 16、乳
突直径 1.6、乳突高 0.7、同心圆直
径 4、边轮宽 1、边轮高 1 厘米（图
一三一，2）。

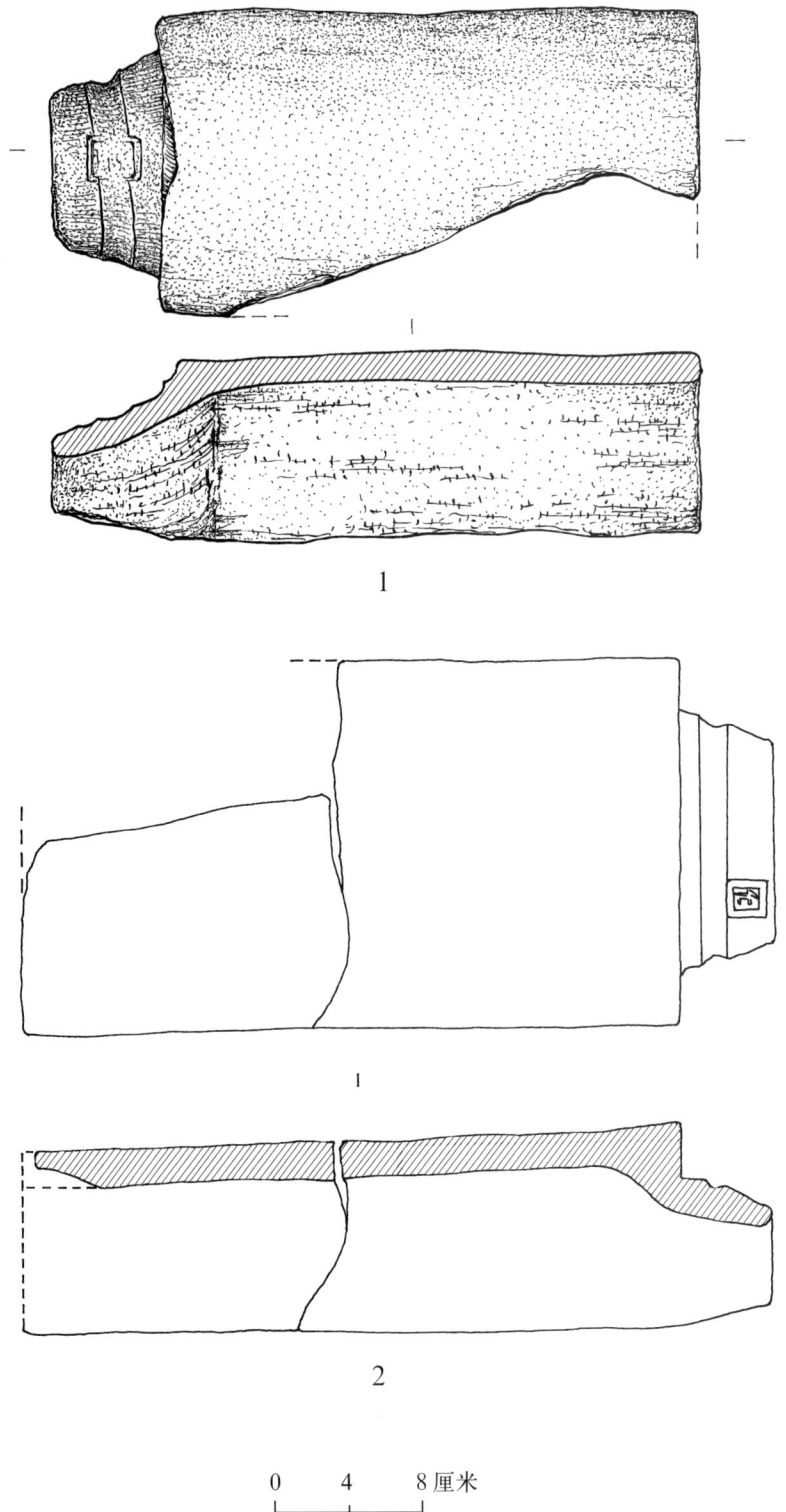

图一二九　三号宫殿址出土筒瓦、绿釉筒瓦

1．曲节形瓦唇筒瓦（02ⅡT8②：7）　2．绿釉曲节形瓦唇筒瓦（02ⅡT7②：16）

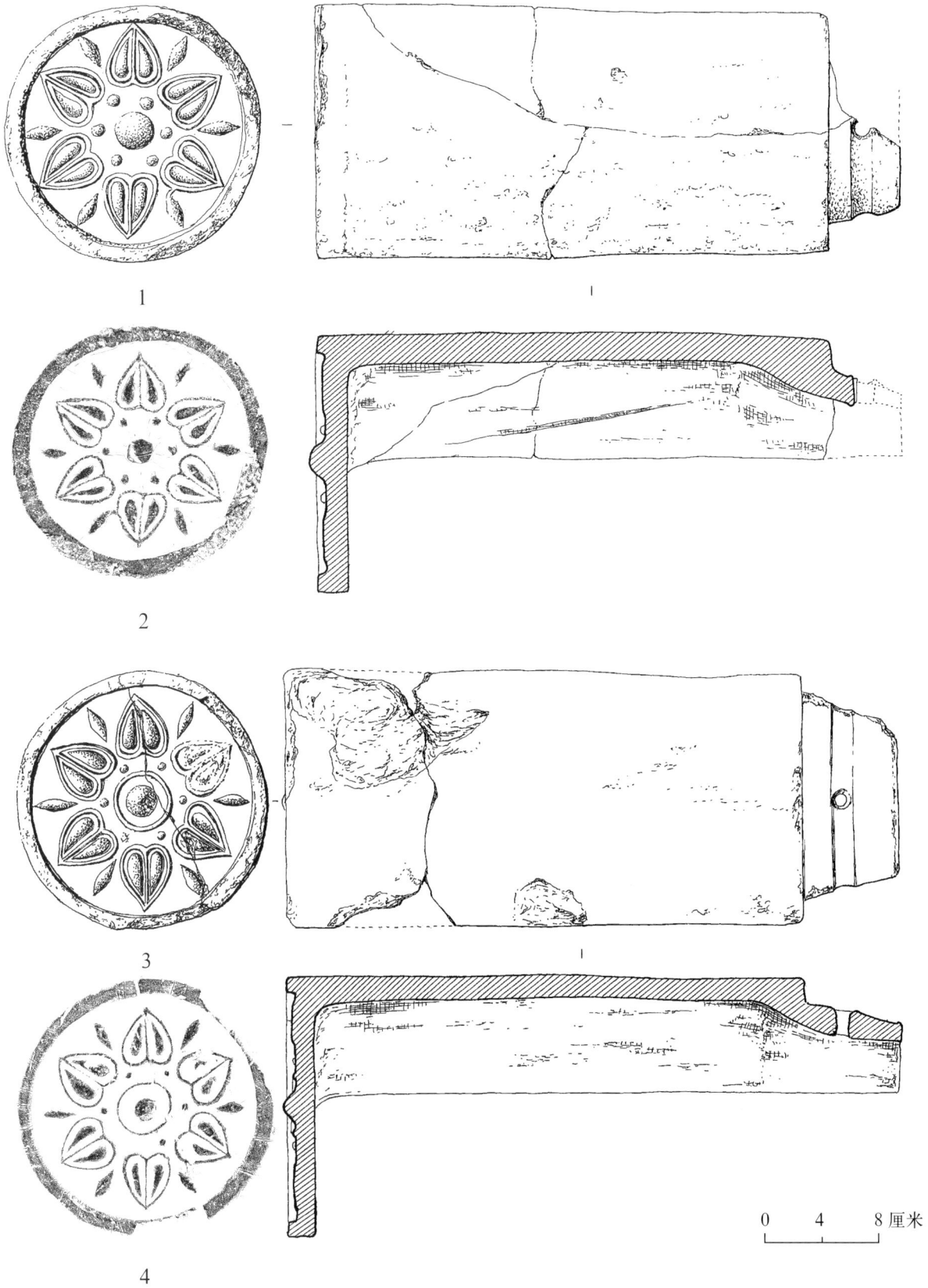

1

2

3

4

0　　4　　8厘米

图一三〇　三号宫殿址出土檐头筒瓦及瓦当拓片

1、3. 曲节形瓦唇檐头筒瓦（02ⅡT1②：2、02ⅡT6②：1）　2、4. 瓦当拓片（02ⅡT1②：2 、02ⅡT6②：1）

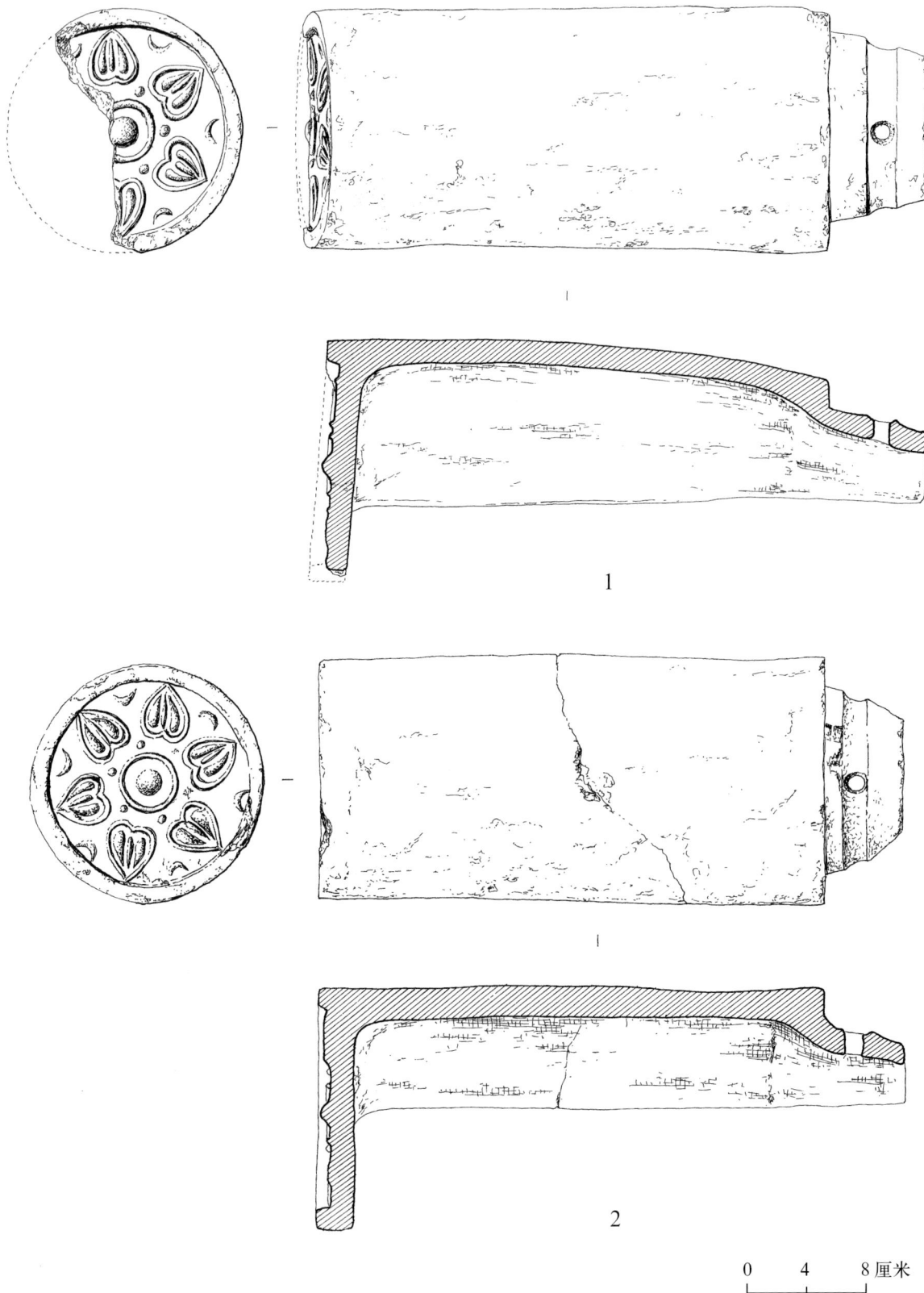

0　　4　　8厘米

图一三一　三号宫殿址出土曲节形瓦唇檐头筒瓦

1. 02ⅡT6②：2　2. 02ⅡT8②：4

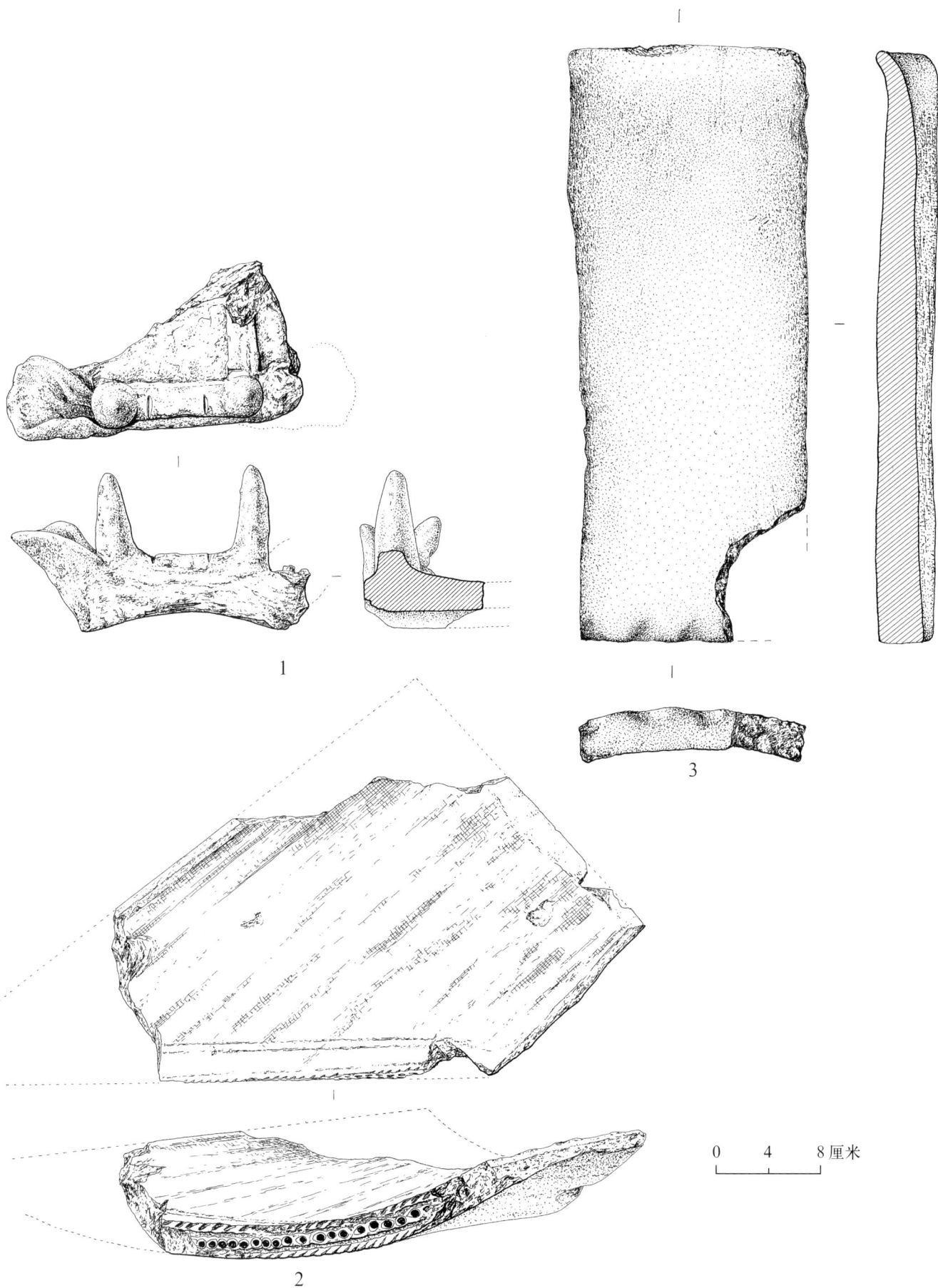

图一三二　三号宫殿址出土截角檐头板瓦、绿釉兽头、压当条

1. 兽头（02ⅡT8②：14）　2. 截角檐头板瓦（02ⅡT8②：19）　3. 压当条（02ⅡT8②：24）

标本2002HXN ⅡT6②：2，C型瓦当与曲节筒瓦钝角相接，瓦当残，瓦唇中央有1个圆形透孔。瓦体通长41.4、瓦唇长6.6、透孔直径1.6～1厘米；瓦唇以下瓦体窄边宽15.8、瓦当直径16、乳突直径2、乳突高0.8、同心圆直径4、边轮宽1.2、边轮高1厘米（图一三一，1）。

5. 瓦当

(1) A型　萼形间饰六瓣莲纹瓦当，6件标本。

A．Aa型　乳突外环绕同心圆凸棱线纹、联珠纹，1件。

标本2002HXN ⅡT 6北扩②：1，瓦当直径17.6、乳突直径2、乳突高0.8、同心圆直径4、边轮宽1、边轮高0.6厘米（图一三三，2；图一三四，2）。

标本2002HXN ⅡT 8②：12，瓦当直径17.2、乳突直径2、乳突高1、同心圆直径3.8、边轮宽1、边轮高0.6厘米（图一三三，1；图一三四，1）。

B．Ab型　乳突外环绕联珠纹，5件。

标本2002HXN ⅡT 3南扩②：1，瓦当直径17.6、乳突直径4、乳突高1.6、边轮宽1～1.2、边轮高0.8厘米（图一三三，3；图一三四，3；图版三五，6）。

标本2002HXN ⅡT 7②：2，瓦当直径18.3、乳突直径3.4、乳突高1.4、边轮宽1～1.2、边轮高0.6厘米（图一三三，4；图一三四，4）。

(2) B型　十字形间饰六瓣莲纹瓦当，3件标本。

A．Ba型　大型十字形间饰六瓣莲纹瓦当，2件。

标本2002HXN ⅡT 8②：10，瓦当直径15.2、乳突直径1.8、乳突高0.6、同心圆直径4、边轮宽0.8～1、边轮高1厘米（图一三五，5；图一三六，5）。

标本2002HXN ⅡT 3南扩②：2，瓦当直径16、乳突直径1.6、乳突高0.7、同心圆直径3.6、边轮宽0.9、边轮高1厘米（图一三五，6；图一三六，6）。

B．Bb型　小型十字形间饰六瓣莲纹瓦当，1件。

标本2002HXN ⅡT 2②：6，残，残存近二分之一当面。瓦当直径12.4、乳突直径1.8、乳突高0.8、同心圆直径2.6、边轮宽1、边轮高0.7厘米（图一三五，1；图一三六，1）。

(3) C型　弯月形间饰六瓣莲纹瓦当，4件标本。

标本2002HXN ⅡT 8②：2，瓦当与筒瓦钝角相接，瓦当直径16.2、乳突直径2、乳突高1、同心圆直径4.2、边轮宽1～1.2、边轮高1厘米（图一三三，5；图一三四，5）。

标本2002HXN ⅡT 8②：1，瓦当直径15.6、乳突直径1、乳突高1、同心圆直径4.2、边轮宽1.2～1.4、边轮高1.2厘米（图一三三，6；图一三四，6）。

(4) D型　八朵单体连枝莲纹瓦当，1件标本。

Da型　乳突利用放射线纹连接联珠纹，1件。

标本2002HXN ⅡT 4北扩②：20，器残，当面仅留存3朵完整的莲纹。乳突直径1.6、乳突高0.5、边轮款1.2、边轮高0.6厘米（图一三五，3；图一三六，3）。

(5) E型　八瓣连体莲纹瓦当，1件标本。

Ea型　瓦当中央为半球体乳突，其外环绕3圈凸棱纹同心圆，在外两圈同心圆之间饰以14颗联珠纹，1件。

图一三三 三号宫殿址出土瓦当

1、2. Aa 型（02 Ⅱ T8 ② : 12、02 Ⅱ T6 ② : 1） 3、4. Ab 型（02 Ⅱ T3 南扩 ② : 1、02 Ⅱ T7 ② : 2）
5、6. C 型（02 Ⅱ T8 ② : 2、02 Ⅱ T8 ② : 1）

図一三四　三号宮殿址出土瓦当拓片

1. 02 Ⅱ T8 ② : 12　2. 02 Ⅱ T6北扩② : 1　3. 02 Ⅱ T3南扩② : 1　4. 02 Ⅱ T7② : 2　5. 02 Ⅱ T8② : 2　6. 02 Ⅱ T8② : 1

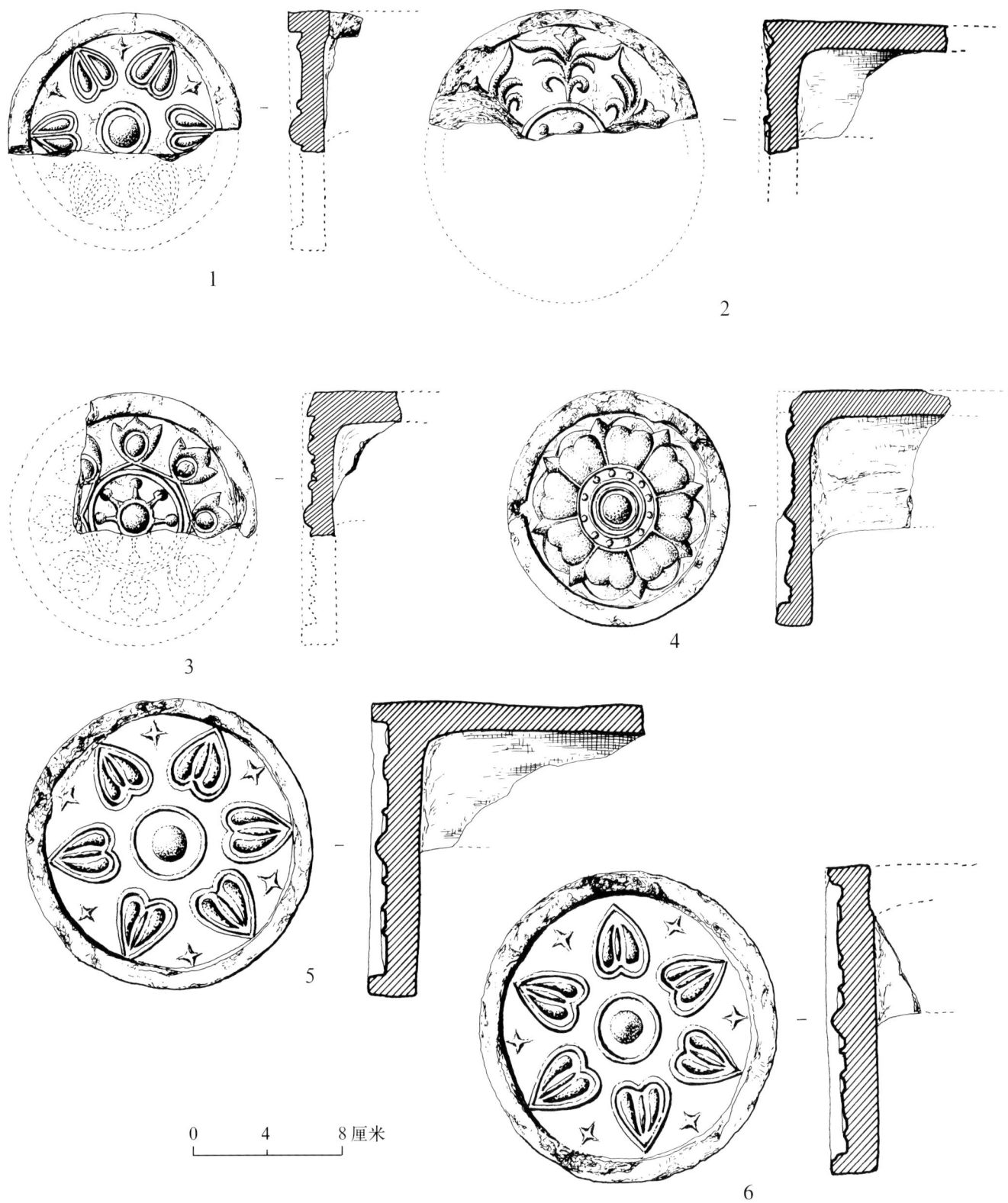

图一三五　三号宫殿址出土瓦当

1. Bb 型（02ⅡT2②：6）　　2. Fa 型（02ⅡT6北扩②：21）　　3. Da 型（02ⅡT4北扩②：20）
4. Ea 型（02ⅡT5②：1）　　5、6. Ba 型（02ⅡT8②：10、02ⅡT3南扩②：2）

标本2002HXNⅡT5②：1，瓦当直径12、乳突直径1.4、乳突高0.6、三周同心圆的直径分别为2.2、3.2、4.6、边轮宽1、边轮高0.8厘米（图一三五，4；图一三六，4；图版三八，6）。

（6）F型　六枝单体花草纹瓦当，1件标本。

Fa型　单纯花草纹瓦当，1件。

标本2002HXNⅡT6北扩②：21，器残，当面仅留存一枝完整的花草纹（图一三五，2；图一三六，2）。

6．板瓦类压当条　1件标本。

标本2002HXNⅡT8②：24，器身平面呈窄长条形，一端边角残断，该端边沿施有指印纹。器身长44.4、窄边宽17.6、宽边宽18.2厘米（图一三二，3）。

（二）釉陶质遗物

1．绿釉曲节形瓦唇筒瓦　1件标本，可复原。

标本2002HXNⅡT7②：16，瓦身略残，曲节形瓦唇的外沿施有模压阳文"仁"字。瓦体通长41、瓦唇长5.2、瓦唇以下瓦体窄边宽19.6厘米（图一二九，2；图版三三，5）。

2．兽头　1件标本。

标本2002HXNⅡT8②：14，残存嘴部下颌牙床及扇形嘴唇局部器身，器表施墨绿釉，器身残断处显现泥质红褐陶胎体。

下颌牙床完整，保存2颗完整的獠牙。两颗獠牙之间，用2条纵向刻划线纹表现下颌牙齿。在右侧獠牙的右侧，保存有1个扇形嘴唇。兽头的底座略显内凹。

两颗獠牙间距13.2、右侧獠牙长6、截面最大直径2.8厘米；左侧獠牙长6.2、截面最大直径2.6

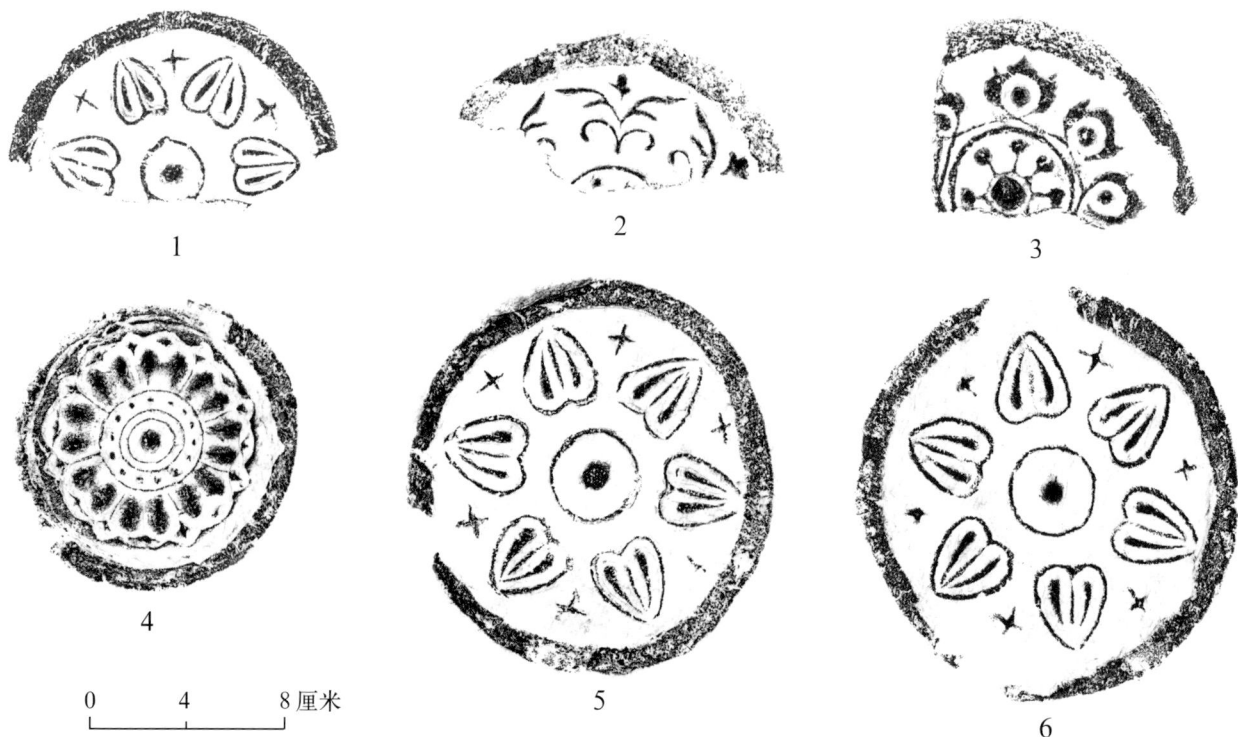

图一三六　三号宫殿址出土瓦当拓片

1. 02Ⅱ T2②：6　2. 02Ⅱ T6北扩②：21　3. 02Ⅱ T4北扩②：20　4. 02Ⅱ T5②：1　5. 02Ⅱ T8②：10　6. 02Ⅱ T3南扩②：2

厘米（图一三二，1；图版三二，3）。

（三）日用器皿

1．双系青瓷罐　三号宫殿址西南角排水沟内出土，1件。

标本2002HXNⅡT5排水沟：1，器残，仅残存局部口沿器身。斜立领、侈口、圆弧唇，沿外有唇线。鼓腹，肩部施竖桥状耳。器耳为单独制作，后贴附于器身，器耳顶部中央有内凹的凹线。器表及口沿内壁通体施釉，釉色白中泛绿。仔细观察可以看出，器表存在类似"开片"的烧制裂纹。器身内壁挂底釉但不充分，存在裸露胎底现象，灰白胎。立领高1.4、器壁厚0.25～0.3厘米，器身残高5.2厘米（图一三七，14；图版五一，4）。

2．陶器

标本2002HXNⅡT5②：2，陶罐口沿，泥质灰陶，素面。侈口、方唇，溜肩，弧腹（图一三七，13）。

（四）铁器

1．铁镞　1件，锻制，锈蚀，器形完整。

标本2002HXNⅡT4北扩②：11，亚腰型刃身，亚腰的上部呈叶状刃身，下部略呈三角形刃身。圆铤。刃身长7.55、挺长3.4、通长10.95厘米，铤身直径约0.4厘米（图一三七，8；图版五二，6）。

2．铁钉

标本2002HXNⅡT6②：25，大型铁钉，直体使用，器身截面呈扁长方形。器体通长25.5、截面边长1.55、截面边宽0.95厘米（图一三七，1）。

标本2002HXNⅡT5②：14，大型铁钉，直体使用，器身截面呈扁长方形。器体通长25.1、截面边长1.4、截面边宽1.05厘米（图一三七，2）。

标本2002HXNⅡT6②：36，直体使用，器身截面近方形。器体通长10.6、截面边长0.8厘米（图一三七，10）。

标本2002HXNⅡT6②：30，直体使用，顶部弯曲，器身截面呈扁长方形。器体通长13、截面边长0.6、截面边宽0.5厘米（图一三七，11；图版五三，6）。

标本2002HXNⅡT5②：15，弯体使用，器身截面呈扁长方形。器体通长13、截面边长0.85、截面边宽0.6厘米（图一三七，3）。

标本2002HXNⅡT4②：2，小型铁钉，直体使用，器身截面近方形。器体通长5.7、截面边长0.3厘米（图一三七，12）。

标本2002HXNⅡT8②：16，小型铁钉，直体使用，器身截面近方形。器体通长10、截面边长0.3厘米（图一三七，9）。

标本2002HXNⅡT7②：22，小型铁钉，曲体使用，器身截面近方形。器体通长8、截面边长0.3～0.35厘米（图一三七，6）。

标本2002HXNⅡT6②：37，小型铁钉，直体使用，器身截面近梯形。器体通长10、截面边长0.6、截面边宽0.5厘米（图一三七，4）。

标本2002HXNⅡT1②：1，小型铁钉，弯体使用，器身截面呈扁长方形。器体通长7.4、截面边长0.5、截面边宽0.4厘米（图一三七，5；图版五四，8）。

标本2002HXNⅡT7②：21，小型铁钉，折体使用且钉尖上翘，器身截面近方形。器体通长9.3、

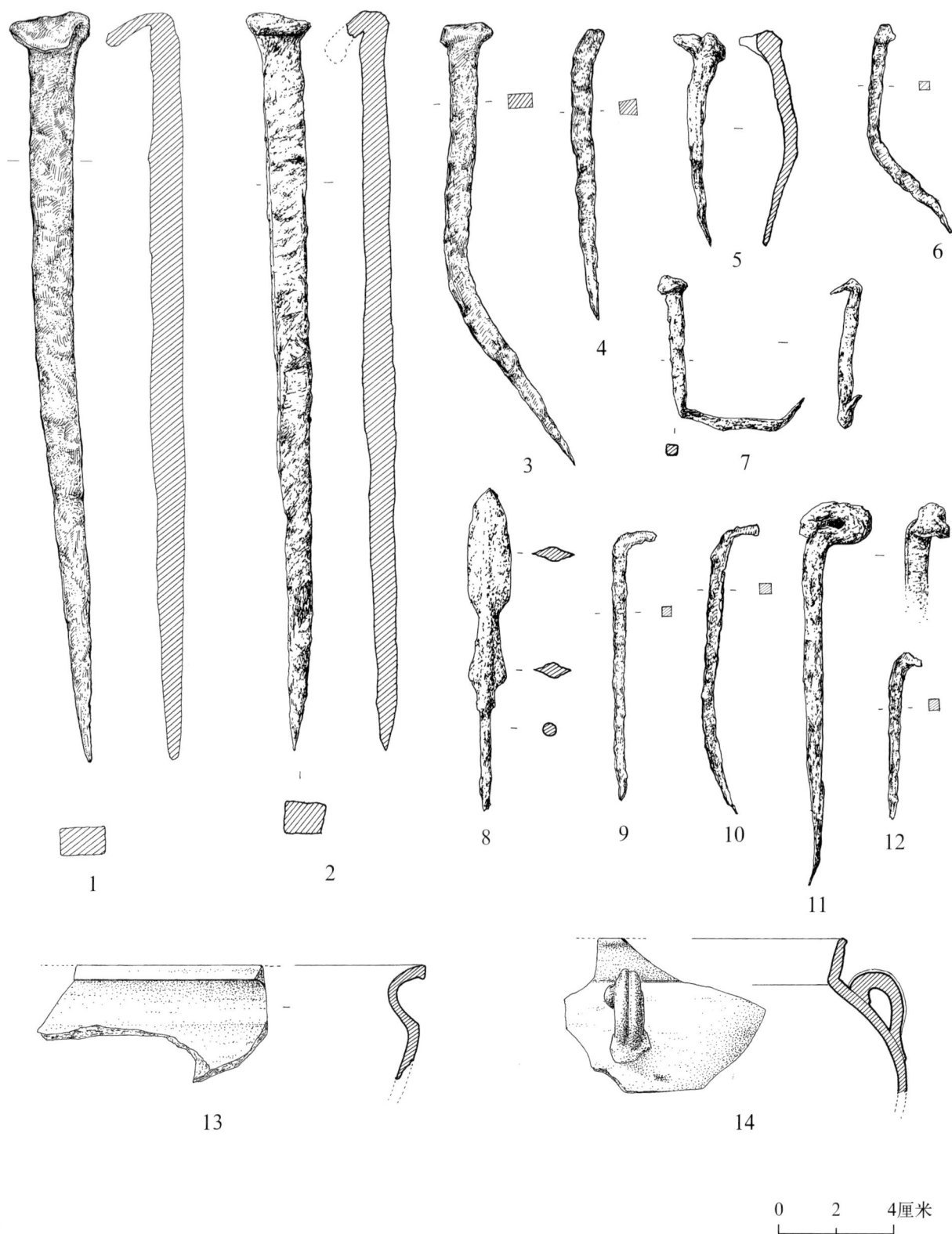

图一三七　三号宫殿址出土青瓷器、陶器、铁器

1、2、4、5、9~12. 直体铁钉（02ⅡT6②：25、02ⅡT5②：14、02ⅡT6②：37、02Ⅱ1②：1、02ⅡT8②：16、02ⅡT6②：36、02
ⅡT6②：30、02ⅡT4②：2）　3. 弯体铁钉（02ⅡT5②：15）　6. 曲体铁钉（02ⅡT7②：22）　7. 折体铁钉（02ⅡT7②：21）　8. 铁
镞（02ⅡT4北扩②：11）　13. 陶器（02ⅡT5②：2）　14. 青瓷罐（02ⅡT5排水沟：1）

截面边长 0.4 厘米（图一三七，7；图版五三，3）。

第七节 一、二、三号宫殿之间的廊道

在一号宫殿东侧廊庑的北端，与其相连清理出一处横向长方形轮廓的夯土台基，该台基的东西两端分别与二号宫殿东侧配殿、三号宫殿的台基相接（图版一九，2）。种种迹象表明，该台基是地处一号宫殿东侧廊庑、二号宫殿东侧配殿、三号宫殿之间的单纯廊道（图一二〇；图版一四，2）。

廊道台基使用红褐土夯筑而成。其残存高度与二号宫殿东侧配殿、三号宫殿台基层面持平，三者之间没有明确界限，但略高于一号宫殿东侧廊庑北部残存的台基层面。由于未作解剖，故而不清楚是否存在地下基槽。台基高约 0.25 米，东西长约 12、南北宽约 6.3 米。

在台基上部清理出 10 个圆形柱洞，它们分为南北两排，每排 5 个。柱洞多已残损，坑口大小不一，直径介于 0.2~0.4 米之间，深约 0.18~0.4 米。

在柱洞的底部埋藏有不规则形础石，础石顶面较平，其规格大于柱洞直径。廊道的营建方式为：先置础石再立柱，然后夯筑台基。

在一些柱洞内清理出立柱痕迹：在横向南排东起第 1 个柱洞础石的上部留存有腐朽的木柱痕迹（图一三八，1）；横向北排东起第 2 个柱洞础石的上部有 2 枚铁钉（图一三八，2）。

两排柱洞，横向等距排列，纵向位置对应。同排相邻柱洞的间距约为 2.25 米，该距离恰好是一号宫殿东侧廊庑础石间距的一半，两排柱洞的行距同三号宫殿外廊与主室之间的跨度相同，约为 3.5 米。

廊道的横向立柱之间，可能存在墙体类设施。在同排柱洞之间，发现了宽约 0.1~0.15 米的墙体基部迹象，其间留存有横向方木朽痕。

在廊道南排柱洞外侧的台基层面上，清理出一层倒塌的墙皮白灰堆积。该层堆积似可说明廊道台基未遭破坏或破坏较轻，三号宫殿台基、二号宫殿东侧配殿台基则均遭受一定程度的破坏，二号宫殿东侧配殿所遭破坏尤重。依据残存迹象，难以判明三者之间是否存在高差。

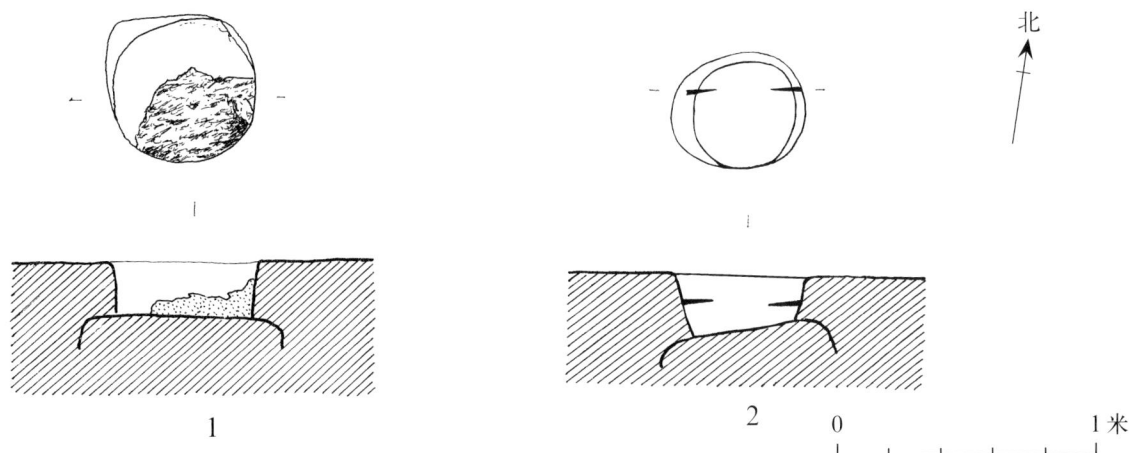

图一三八 一、二、三号宫殿之间廊道部分柱洞遗迹平、剖面图

第八节　四号宫殿址

2004年8~10月，对四号宫殿所在的区域进行了发掘。发掘区域的界定，一是基于该区域的水田稻池的地势明显高于周邻地区的水田稻池，二是由于该地势较高的稻池区域与以往学术界推断的四号宫殿址的方位大体相当。

发掘时，针对高台稻池进行了布方。首先由西向东布10×10米探方6个，依次编号为2004HXNT1~T6。随着迹象的显现，在2004HXNT3、T6的东侧错位布10×10米探方1个，编号为2004HXNT7；在2004HXNT4、T5的正北方布10米×10米探方2个，编号为2004HXNT8~T9。此外，根据揭露的迹象对一些探方相应进行了扩方处理，总计发掘面积1353.5平方米。本年度的发掘不但清理揭露了四号宫殿址，而且在四号殿的北侧发现了一座小型建筑基址（图二九）。

一、位　置

依据现有发掘区域揭露的迹象判断，四号宫殿址为单体建筑。

四号宫殿址位于二号宫殿址区域的西侧，与二号宫殿址区域呈东西向一线排列。根据对西古城城址测绘获取的数据，横向排列的二号宫殿、三号宫殿、四号宫殿正好处于西古城内城的东西向中轴线上，而二号宫殿则正好处于内城的中心点上。一号宫殿址区域的西侧廊庑通过其北侧的独立廊道与四号宫殿、二号宫殿西侧配殿相接，四号宫殿与二号宫殿西侧配殿的间距约为17.5米，西距内城西墙约为9.7米。

二、层位关系

在四号宫殿发掘区，不同区域的②层下分别直接叠压着三种不同的堆积：1. 瓦砾堆积层，即②层→瓦砾堆积层。2. 四号宫殿夯土台基，即②层→四号宫殿夯土台基。3. 渤海时期地面，即②层→渤海时期地面。由于渤海时期地面以下未作清理，通过发掘获取的四号宫殿区域的层位关系为：

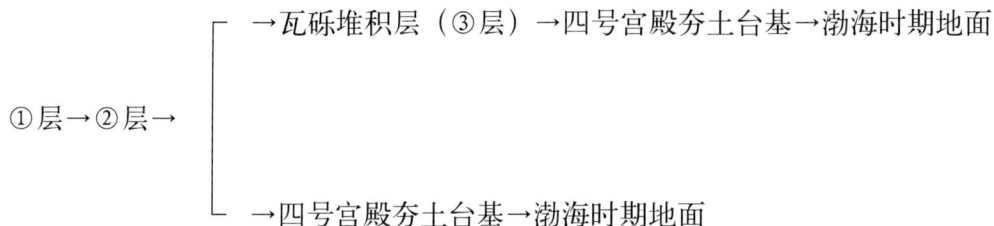

```
                    ┌─ →瓦砾堆积层（③层）→四号宫殿夯土台基→渤海时期地面
                    │
  ①层→②层→        │
                    │
                    └─ →四号宫殿夯土台基→渤海时期地面
```

在弄清了瓦砾堆积的分布范围后，通过清理最终得以确认该层堆积为原位埋藏的四号宫殿址的倒塌堆积。倒塌堆积主要分布于四号宫殿台基的北半部以及台基的外围区域（图一三九；图版二二，1）[22]。

図一三九 四号宮殿址、一号房址倒塌堆積瓦礫及白灰分布図

北

扰沟

扰坑

瓦砾

白灰

0　　　　　　　1 米

北

水井

灶

灶

灶

灶

廊　道

门

门

门

门

A

A'

B

B'

A

A'

B'

0　　　100米

0　　2　　4米

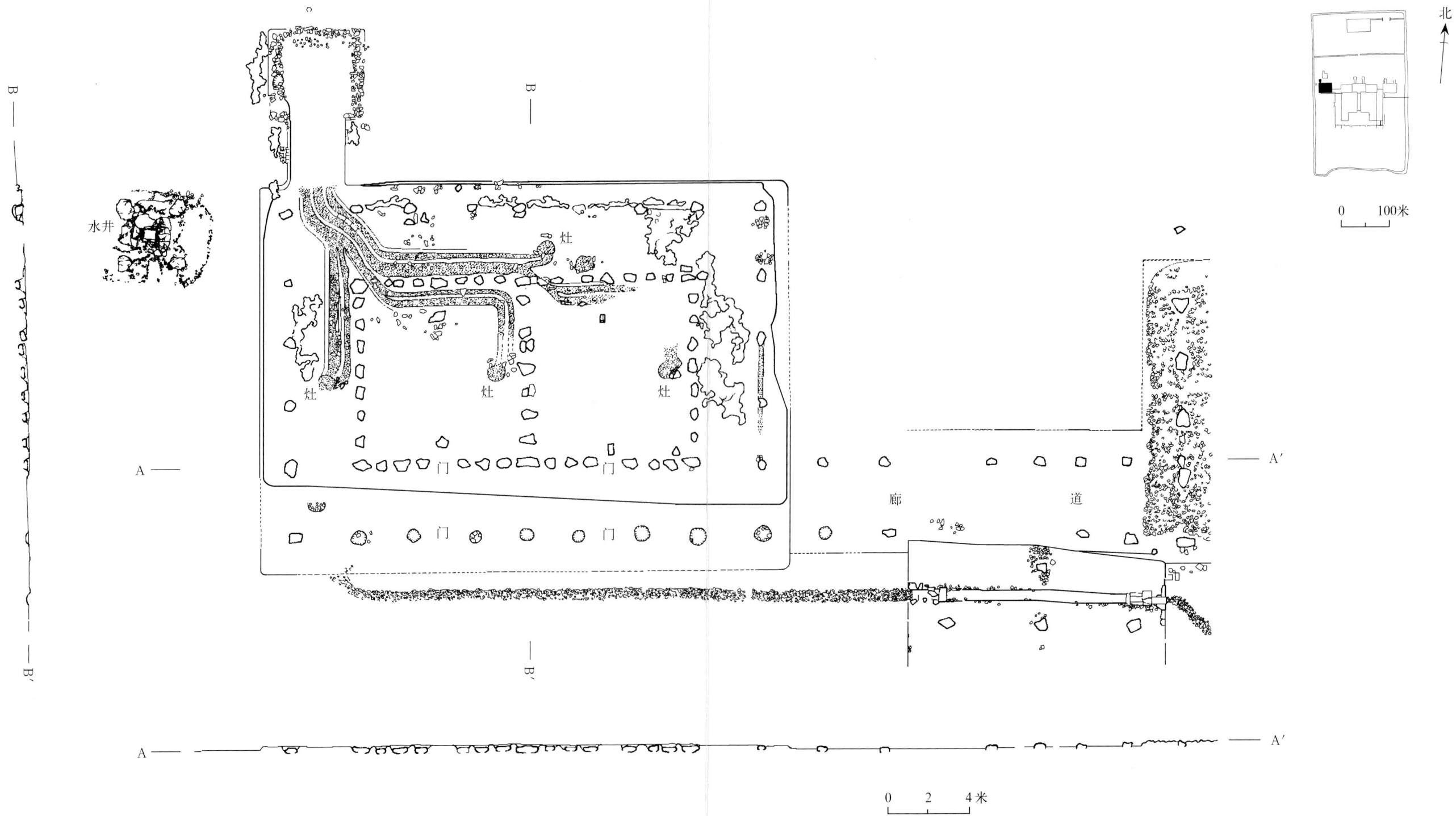

图一四〇　四号宫殿址平、剖面图

　　在四号宫殿夯土台基的北侧，清理出一组从四号宫殿屋顶原状倾塌到地面的筒瓦、板瓦组合。一个值得注意的迹象是，在该组合中，板瓦的使用方式与人们的习惯认识不同，筒瓦的瓦唇朝向板瓦的宽边，这就意味着屋顶铺盖的板瓦，宽边朝向屋顶。相同的迹象，存在于一号宫殿东侧廊庑的瓦砾堆积中。

三、台基的形状与结构

　　四号宫殿构筑在地面台基之上，台基呈横向长方形轮廓（图一四〇）。台基的北部区域由于覆盖有一层宫殿的倒塌堆积，使得该部分台基基本保持了废弃后的原貌，台基的南部区域则因遭受破坏而明显偏低。与其他宫殿址台基不同的是，四号宫殿址的台基为单纯的夯土结构，夯土层之间没有加垫河卵石层。从台基的残损处可以观察到，台基为两层夯土构筑而成。上层黄褐色夯土，土质细腻，厚约20厘米；下层灰褐色夯土，质地坚硬，厚约20厘米。夯土均经过筛选，非常纯净，未见任何包含物。

　　在打破台基的近现代扰坑的底部，发现台基的下部存在河卵石堆积，表明四号宫殿址台基可能存在地下基槽。

　　在台基的外侧，倒塌堆积之下没有发现土衬石、散水设施迹象。

　　现存台基东西长约26.7、南北宽约18.2米。台基西北部最高处残高约0.4米，南部最低处残高约0.1米。

　　台基的北缘西侧，在靠近台基西北端角的位置处，存在1个向北延伸的"卩"形设施（图版二二，2）。

四、础石柱网

　　四号宫殿台基上的绝大多数础石得以原位保存，由于台基南缘已残，位于南缘内侧的横排础石多已遗失，但在埋藏础石的位置处留存有础坑痕迹。因此，通过清理获取了四号宫殿址较为完整的础石柱网排列情况，从而为了解认识主体建筑的格局奠定了基础。柱网使用不规则石块作为础石，均为暗础，多数柱础未在台基的表层夯土层面上留存下迹象。清理时发现，台基两层夯土的分界线与础石顶面几乎持平。据此推测，在构筑底层夯土时即已按照规划放置了础石，夯筑至与础石顶面高度时，更换了夯土。构筑台基时可能考虑到暗础的缘故，并没有严格要求所有础石保持顶面高度的一致。四号宫殿所用础石均未经修整，在形状、规格上有较大差异。小型础石，长径约50厘米，大型础石，长径约70～80厘米。一些转角处础石的规格较大，长径接近1米。础石的质地不尽相同，看样子未对石材进行严格的挑选。

　　在一些础石的上部残存有朽木碎屑，个别础石上见有固定墙基闑木的铁钉。

　　大体上，台基上的柱网呈"回"字形轮廓，存在内外两圈柱础。外圈柱础分布于台基的外缘内侧，呈"口"字形排列；内圈柱础位于台基中部，呈"▭"形排列。

（一）外圈柱础

　　台基外缘内侧环绕的呈"口"字形排列的础石，总计26块。如果忽略四角4块础石重复计算的话，东西向横向排列的两排础石，每排9块；南北向纵向排列的两排础石，每排6块。在位置上，横向两排础石的位置纵向对应，纵向两排础石的位置横向对应。在间距上，纵向两排础石的南起第1与第2块础石、南起第5与第6块础石之间的间距相同，约为3.5米；南起第2～5块础石之间，相邻两块础石的间距约为3米。

南排横向排列的础石，除西起第1块础石原位留存外，余者均已遗失，但在基址相应的原有位置处留存有柱坑痕迹。考虑到两排横向础石的位置南北对称因素，现以北排础石为例，介绍础石间的间距。为叙述方便，北排横向排列的9块础石，由西向东依次编号为BX1～BX9（B代表北排，X代表西起的位置）。

BX1与BX2的间距约为3.5米，BX2与BX3的间距约为2.7米，BX3与BX4的间距约为3.2米，BX4与BX5的间距约为2.5米，BX5与BX6、BX6与BX7、BX7与BX8的间距均约为3米，BX8与BX9的间距约为3.5米。

（二）内圈柱础

位于台基中部的内圈础石排列密集，总计51块，整体轮廓呈"▭"字形。如果忽略四角础石重复计算的话，东西向横向两排础石，每排15块；南北向纵向三排础石，每排7块。此外，在清理过程中发现，个别础石附近存在附加的石块。内圈柱础的四角础石，在位置上分别与外圈柱础四角础石相邻的础石对应，内圈础石与外圈础石的间距约为3.5米。内圈柱础中部的两排南北向纵排础石，其端头础石分别对应外圈横排柱础的中间两块础石。

内圈柱础中，在东北角础石的东西两侧，增补有人工修琢过的长方形石块，表明四号宫殿经历过修缮过程。

五、主体建筑格局

根据台基上柱网的排列规律推断，四号宫殿的主体建筑是一座四周环绕外廊、内置两间主室的建筑格局。四号宫殿主体建筑总面积约为377.8平方米。

四号宫殿主体建筑外廊的宽度约为3.5米。在外廊东墙础石的北起第1块、第2块础石之间，存在2个椭圆形河卵石圈。河卵石圈长径约1、短径约0.6米，其间距约为1.8米，各自与相邻础石的间距约为0.8米。河卵石圈的性质没有确定。

在东、西、北部外廊区域的台基层面上发现了白灰块堆积，少量白灰块直接叠压于台基层面上，但大部分与夯台层面之间存在一层黄土。白灰块的厚度约2厘米，东、西两廊的白灰块为单层堆积，北廊的白灰块为多层堆积，最厚处约10厘米。这些白灰块应该是墙表涂抹的白灰墙面的倒塌堆积，而非四号宫殿的地面涂层。

在四号宫殿台基北部外廊区域倒塌的白灰墙皮堆积的下面发现，该外廊西起第7块、第8块础石之间存在宽约0.2米的墙体基部，其内外墙表均抹有白灰墙面。

两间主室建筑的规格相同，均为面阔约8.5、进深约9米的建筑格局，主室之间以单墙相隔。大体上，主室东墙、北墙、西墙的柱础均为等距排列，础石的间距1米左右。南墙柱础的排列与上述三墙存在差异，通过缩小其他础石间距的方式，增大了西起第4与第5、第11与第12块础石的间距。其间距约为2米。这种情况表明，础石间距明显增大的位置应该是主室的门址所在，门址宽约2米。

两间主室门道的内侧各见有1块石块，东室内侧所见的础石，为1块顶面修琢平整的条石，西室内侧所见的础石，则为1块不规则石块。这两块础石顶面所处的层面高于其他础石约0.05~0.15米，与夯台表层基本持平。在西室门道内侧础石以北约6米处，与该础石南北向位置对应另见1块不规则石块，该石的主体裸露于夯台层面之上，似原位埋藏。

在两间主室北墙的位置处，发现了较为清晰的使用灰褐土构筑的墙基痕迹，墙基宽约0.3~0.4米。从础坑剖面观察，墙基起建于台基下层夯土之上。

在四号宫殿址台基北缘的西半部边沿上，清理出8处东西向等距排列、间距约为0.9~1.2米的单块板石遗迹。多数板石已经断裂且中部凹陷，除1块板石长约0.6米外，余者长约0.3~0.4米。这些板石可能是修缮四号宫殿时补加的，并且还发挥了承重功能。

六、"兄"形设施

在台基北缘靠近西北端角处，从台基向北延伸出1个"兄"形设施。其整体轮廓基本完整，主体部分使用黄褐土混杂灰褐土夯筑而成，外缘砌以河卵石包墙。只有北部区域的河卵石墙体得以保存下来，南部区域直接裸露夯土基部。从夯土剖面处可以观察到，"兄"形设施台基的南部叠压在四号宫殿台基之上。

在该设施台基层面上见有一些炭灰颗粒，台基外侧周边2米宽的范围内散布瓦砾倒塌堆积，瓦砾堆积下部叠压有成片的白灰墙皮堆积，白灰块厚约1厘米。

在台基西侧的当时地面上，见有倒塌的土坯印痕。据此推断，河卵石墙体的上部可能砌有土坯墙体。

"兄"设施纵向长约为7.5米，南部长方形区域长约3米，宽约5.8米，北部方形区域边长约4.5米（图版二三，2）。

七、取暖设施

在四号宫殿的两间主室内部以及西、北侧外廊区域，清理出四号宫殿的取暖设施遗迹，留存有灶址、烟道迹象。其中，位于西廊内的灶址与两间主室内部的灶址在位置上略呈东西向一线排列。

（一）西侧外廊取暖设施

在西侧外廊的中部，清理出1处灶址残迹。灶址南距台基南缘约9米，西距台基西缘约3米。灶址仅留存下灶底烧土面残迹，烧土面略呈圆形，其长径约0.8、短径约0.7米。灶址的南部连接有两条东西向排列、南北向走向的烟道。其中，东侧烟道贴靠于西侧主室的西墙，烟道入烟口与灶址弧接；西侧烟道的入烟口直对灶口。

烟道、烟墙仅残存底部痕迹，烟道打破了台基夯土层，东侧烟道直接借用西侧主室的西墙作为烟墙，另外两道烟墙的基部借用了台基夯土，其上使用土坯垒砌。土坯已经不复存在，但在台基上留存有土坯痕迹。烟道顺其走向由南向北逐渐变浅，南部灶址处烟道深约8厘米，至台基北端已不见烟道痕迹。西排烟道宽约0.4米，东排烟道宽约0.2~0.3米，烟墙宽约0.15~0.2米。由于埋藏较浅，残存烟墙的中部存在由于冻融而形成的断裂现象，从而导致断裂处南北两侧的烟墙错位。

烟道内的堆积以炭灰为主，一些区段夹杂有断裂的板石，它们应是塌落的烟道盖板石。

（二）北侧外廊取暖设施

在北侧外廊中，取暖设施的灶址位于四号宫殿南北向中轴线偏东南处。灶残，平面呈半圆形轮廓，直径约0.8米，斜壁平底，灶壁最深处残深约0.05米。灶内填满炭粒与烧土，堆积中出土了1件铁钉，环绕灶体见有不规则石块，表明该灶址曾存在石砌灶台（图一四一）。

半圆形灶体的直边一侧向西连接有两条南北并排、东西走向的烟道，南侧烟道贴靠于西侧主室的北墙，两条烟道的入烟口均与灶体弧接。

烟道、烟墙仅残存底部痕迹，烟道打破了台基夯土层，南侧烟道直接借用西侧主室的北墙作为烟墙，另外两道烟墙的基部借用了台基夯土，其上使用土坯垒砌。土坯已经不复存在，但在台基

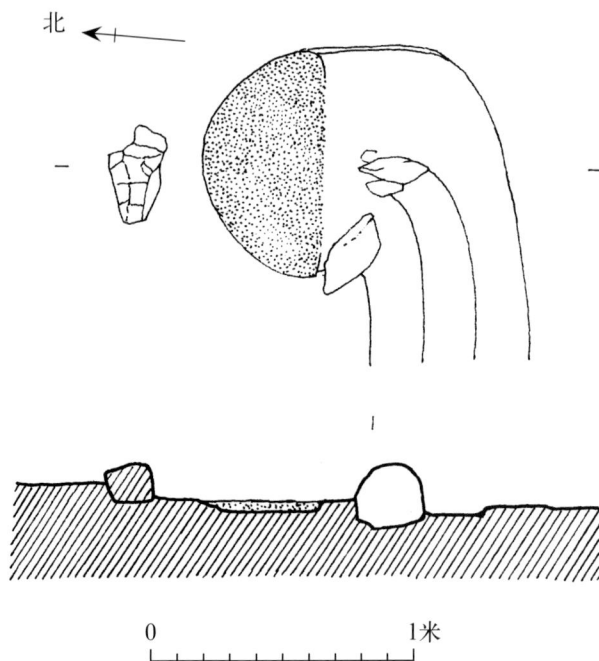

图一四一　四号宫殿址北侧外廊灶址平、剖面图

上留存有土坯痕迹。灶址处，在两条烟道之间的烟墙的前端，立放1块板石作为出烟的分界线。该石长约0.25、厚约0.1米，显露于台基部分约为0.07米。

烟道顺其走向由东向西逐渐变浅，东部灶址处烟道深约8厘米，至台基西端已不见烟道痕迹。

南排烟道在入口处的宽度约为0.4米，弧转后烟道宽度缩减为0.25米，该区段长约0.8米，其后因东侧主室烟道的融入而增宽至0.5～0.6米。

北排烟道宽约0.2～0.35米，两排烟道之间的烟墙宽约0.1～0.25米。

烟道内的堆积以炭灰为主，一些区段夹杂有断裂的板石，它们应是塌落的烟道盖板石。

在上述灶址东南部约1.1米处，贴靠东侧主室北墙存在1个略呈方形的浅坑，其边长约1米。该坑打破了台基，斜坡式坑底，北部较浅，坑深约0.02～0.05米，南部较深，坑深约0.05～0.07米。坑边外缘残存使用河卵石、残砖垒砌的边框痕迹，坑内堆积主要为烧土与木炭碎块。由于周围缺少与之相关遗迹，未能确定其性质。

（三）西侧主室取暖设施

灶址位于主室南北向中轴线偏东位置处，东距主室东墙约1米，与西侧外廊灶址略呈东西向一线排列。该灶址仅留存下其底部迹象，平面略呈圆形轮廓，斜壁平底。灶内除堆积有炭灰和烧土外，夹杂少量瓦片。灶址长径约0.88、短径约0.85米，残深0.1米。

灶址外缘西北部存在2块不规则石块，可能是石构灶体的残存物。

与灶址相接处的烟道、烟墙已经破坏殆尽，灶址北部约有1.8米长的区段，由于破坏严重已经难辨烟道、烟墙的任何迹象。

留存下的并排两条烟道及其烟墙迹象呈折尺形沿主室的东墙、北墙分布。在主室西北角处，两条

烟道合而为一，穿过主室北墙底部与西廊烟道合拢。烟道穿过处的墙体基部，保存有已塌落的烟道顶部铺盖的板石。

位于主室东墙内侧的烟道、烟墙仅见于室内的东北角处。位于北墙内侧东西走向的烟道、烟墙，迹象较为清楚。北侧烟道直接利用主室北墙作为其北侧烟墙，烟道较窄，宽约0.2～0.3米。南侧烟道较宽，宽约0.3～0.4米。土坯垒砌的烟墙，宽约0.2米。

残存的烟道构建于台基夯土之中，随着走向逐渐变浅，北墙内侧烟道最深处深约0.08米，合拢处的烟道深约0.02米。烟道内残存炭灰迹象，并见有断裂的烟道盖石石板。

两条烟墙仅在台基夯土上留存有痕迹，烟墙宽约0.2米（图版二三，1）。

（四）东侧主室取暖设施

同西侧主室取暖设施一样，灶址位于主室南北向中轴线偏东位置处，东距主室东墙约1米，与西侧外廊灶址、西侧主室灶址略呈东西向一线排列。

灶址仅残存底部，平面略呈圆形轮廓，斜壁平底。灶内堆积以烧土为主，出土了1件泥质灰陶陶器的腹身下部残片。灶址直径约0.8米，残深约0.05～0.1米。

在灶址外缘的东北部，清理出3块不规则石块，它们可能是石构灶体的残存物。

由于东侧主室内部的东北部区域已经被扰坑所破坏，除了灶址外，东侧主室的取暖设施仅在室内西北角处留存有局部烟道、烟墙残迹。根据残存迹象判断，与西侧主室取暖设施一样，东侧主室的也应是折尺形结构，扰坑导致灶址以北南北走向的烟道、烟墙迹象以及北墙内侧东西走向的大部分区段的烟道、烟墙迹象荡然无存。

与西侧主室取暖设施不同的是，东侧主室北墙内侧的北排烟道没有直接利用北墙作为烟墙，在北墙内侧垒砌了1道土坯烟墙。在台基上，留存有清晰的土坯痕迹。长方形土坯，其规格为，长25、宽15厘米（图版二四，1）。

残存的两条烟道在室内的西北角处，合而为一后穿过主室北墙基部与北侧外廊取暖设施的南侧烟道合拢。

位于四号宫殿址不同区域的4处取暖设施，其各自的烟墙、烟道在四号宫殿址外廊西北角处合拢以后的情况，由于破损较重，迹象并不十分明显，在北侧外廊西起第1块、第2块础石之间依稀可见烟墙、烟道痕迹。

在四号宫殿址北侧的"凸"设施上，未见任何与烟墙、烟道相关的迹象。

八、排水遗迹

在四号宫殿址台基的西南部残存有排水沟迹象，由于破坏严重，四号宫殿址南缘位置处的夯土台基已经不复存在，因此未能确定排水设施的具体结构，只是在四号宫殿南排西起第2块础石的南侧清理出低于当时地面的纵向流水沟槽。该流水沟槽融入到一号宫殿址西侧廊庑排水沟西延的流水沟槽之中，一号宫殿址西侧廊庑排水沟西延的流水沟槽也在此处残断。

根据一号宫殿址东侧廊庑排水设施的排水方式推断，一号宫殿址西侧廊庑排水沟也应该是由东向西经由内城西墙将废水排除内城之外。

九、出土遗物

（一）陶质遗物

1．文字瓦

在四号宫殿址发掘区域，采集文字瓦标本192件。其中，依据施纹瓦体统计，板瓦标本135件、筒瓦标本57件；依据施纹方式统计，模压文字（或符号）标本182件，刻划文字（或符号）标本8件，刻划文字（或符号）均发现于板瓦之上。就文字或符号而言，190件标本包含50个文字、7个不识字或符号。其中，板瓦、筒瓦共同使用的模印文字包括：仁、赤、德、素、十二、十三六；板瓦单独使用的模印文字包括：文、保、俳、尖、多、信、左李、切、成、昌、可、羌（?）、隆、计、土、诺、述、珍、捺、市、汤、艮、屈、今、光、仁大、十三五、十三七、十三八。筒瓦单独使用的模印文字包括：泰、英（?）、明、主、优、主、须（?）、自、寸、男、安、贞；板瓦单独使用的刻划文字包括：本、吉、述；板瓦单独使用的无法释读的模压字体包括："𝟏𝟎"、"𝄞"、"ﾌ乙"、"素"；筒瓦单独使用的无法释读的模压字体包括："外"、"龟"、"秋"。

（1）板瓦类文字瓦

A．模压文字标本

"文"，阴刻阳文，楷书。两种字体：

a．字外有框，1件，标本2004HXNT4③：1（图一四二，1）。

b．字外无框，1件，标本2004HXNT2②：1（图一四二，7）。

"保"，阴刻阳文，楷书，字体带有魏碑风格，字外有框，1件，标本2004HXNT4③：2（图一四二，2）。

"俳"，阴刻阳文，楷书，字外有框。两种字体：

a．笔画清晰，1件，标本2004HXNT5③：1（图一四二，3）。

b．笔画连笔，3件同印个体，标本2004HXNT4③：3（图一四二，10）。

"尖"，阴刻阳文，楷书，字外有框，1件，标本2004HXNT6③：1（图一四二，4）。

"多"，阴刻阳文，楷书。三种字体：

a．字外有框，3件同印个体，标本2004HXNT4③：4（图一四二，5）。

b．字外无框，字体较瘦，1件，标本2004HXNT2②：1（图一四二，12）。

c．字外无框，字体较宽，1件，标本2004HXNT2②：2（图一四二，13）。

"信"，阴刻阳文，楷书，字外有框，1件，标本2004HXNT4③：5（图一四二，6）。

"左李"，纵书，阳刻阴文，楷书，字外有框，8件同印个体，标本2004HXNT4③：6（图一四二，8）。

"仁"，阴刻阳文，楷书，字外无框，4件同印个体，标本2004HXNT6③：2（图一四二，9）。

"切"，阴刻阳文，楷书，字外有框。两种字体：

a．字体较粗，3件同印个体，标本2004HXNT4③：7（图一四二，11）。

b．字体较细，3件同印个体，标本2004HXNT4③：8（图一四二，21）。

"成"，阴刻阳文，楷书，字外有框。两种字体：

a．2件同印个体，标本2004HXNT4西扩③：2（图一四二，14）。

图一四二　四号宫殿址出土文字瓦拓片（一）

1. 04T4③：1　2. 04T4③：2　3. 04T5③：1　4. 04T6③：1　5. 04T4③：4　6. 04T4③：5　7. 04T2②：1　8. 04T4③：6
9. 04T③：2　10. 04T4③：3　11. 04T4③：7　12. 04T2②：1　13. 04T2②：2　14. 04T4西扩③：2　15. 04T5③：1
16. 04T6③：6　17. 04T4西扩③：1　18. 04T2②：3　19. 04T6③：7　20. 04T5③：2　21. 04T4③：8　22. 04T4③：9
23. 04T5③：4　24. 04T4③：10　25. 04T4③：11　26. 04T2②：4　27. 04T6③：3　28. 04T4③：12　29. 04T6③：4

b．2件同印个体，标本2004HXNT5③：2（图一四二，20）。

"昌"，阴刻阳文，字外有框，楷书，5件同印个体，标本2004HXNT5③：1（图一四二，15）。

"昌（?）"，字外有框，4件同印个体，标本2004HXNT4西扩③：1（图一四二，17）。

"可"，阴刻阳文，带有隶意的楷书，字外有框，4件同印个体，标本2004HXNT2②：3（图一四二，18）。

"羌（?）"，阴刻阳文，楷书，字外有框，2件同印个体，标本2004HXNT4③：9（图一四二，22）。

"隆"，阴刻阳文，带有隶意的楷书，字外无框，2件同印个体，标本2004HXNT5③：4（图一四二，23）。

"计"，阴刻阳文，楷书，字外无框。两种字体：

a．圆印，1件，在一个位置重复压印两次，标本2004HXNT4③：10（图一四二，24）。

b．6件同印个体，标本2004HXNT2②：4（图一四二，26）。

"赤"，阴刻阳文，楷书，字外无框，3件同印个体，标本2004HXNT4③：11（图一四二，25）。

"土"，阴刻阳文，楷书，字外无框。两种字体：

a．字体较小，2件同印个体，标本2004HXNT6③：3（图一四二，27）。

b．字体较大，1件，标本2004HXNT4③：12（图一四二，28）。

"诺"，阴刻阳文，楷书，字外无框，1件，标本2004HXNT6③：4（图一四二，29）。

"⿰幸攵"，不识，阴刻阳文，楷书，字外有框，8件同印个体，标本2004HXNT6③：6（图一四二，16）。

"羮"，不识，阴刻阳文，楷书，字外有框，2件同印个体，标本2004HXNT6③：7（图一四二，19）。

"述"，阴刻阳文，楷书，字外无框，1件，标本2004HXNT5③：5（图一四三，1）。

"珍"，阴刻阳文，带有隶意的楷书，字外无框，2件同印个体，标本2004HXNT5③：6（图一四三，3）。

"德"，阴刻阳文，楷书，字外无框，1件，标本2004HXNT4③：13（图一四三，4）。

"捺"，阴刻阳文，楷书，字外无框，1件，标本2004HXNT4③：14（图一四三，6）。

"市"，阳刻阴文，楷书，字外无框。两种字体：

a．1件，标本2004HXNT5③：7（图一四三，7）。

b．4件同印个体，标本2004HXNT5③：8（图一四三，14）。

"素"，阳刻阴文，楷书，字外无框，三种字体：

a．字体较瘦，2件同印个体，标本2004HXNT5③：9（图一四三，8）。

b．字体居中，3件同印个体，标本2004HXNT6③：8（图一四三，11）。

c．字体较宽，2件同印个体，标本2004HXNT6③：9（图一四三，13）。

"汤"，阴刻阳文，楷书，字外无框。三种字体：

a．字体较瘦，2件同印个体，标本2004HXNT5③：82（图一四三，12）。

b．不规则形印，3件同印个体，标本2004HXNT5③：10（图一四三，16）。

c．字体较宽，1件，标本2004HXNT4③：16（图一四三，20）。

"艮"，阴刻阳文，楷书，字外无框。两种字体：

a．字体较瘦，1件，标本2004HXNT4③：17（图一四三，9）。

图一四三　四号宫殿址出土文字瓦拓片（二）

1. 04T5③：5　2. 04T5③：13　3. 04T5③：6　4. 04T4③：13　5. 04T5③：12　6. 04T4③：14　7. 04T5③：7　8. 04T5③：9
9. 04T4③：17　10. 04T4③：20　11. 04T6③：8　12. 04T5③：82　13. 04T6③：9　14. 04T5③：8　15. 04T4③：18
16. 04T5③：10　17. 04T4③：29　18. 04T4③：26　19. 04T5③：11　20. 04T4③：16　21. 04T6③：10

b．字体较宽，1件，标本 2004HXNT4 ③：18（图一四三，15）。

"屈"，阳刻阴文，楷书，字外无框，1件，标本 2004HXNT4 ③：20（图一四三，10）。

"今"，阴刻阳文，楷书，字外无框，1件，标本 2004HXNT4 ③：29（图一四三，17）。

"光"，阴刻阳文，楷书，字外无框。两种字体：

a．字体较细，2件同印个体，标本 2004HXNT4 ③：26（图一四三，18）。

b．字体较粗，1件，标本 2004HXNT5 ③：11（图一四三，19）。

"仁大"，纵书，阳刻阴文，正刻反印，楷书，字外无框，1件，标本 2004HXNT6 ③：10（图一四三，21）。

符号"𠃌"，阴刻阳文，字外无框，3件同印个体，标本 2004HXNT5 ③：12（图一四三，5）。

"𥬠"，不识，阴刻阳文，字外有框，1件，标本 2004HXNT5 ③：13（图一四三，2）。

"十二"，纵书，阳刻阴文，4件，均略有差异，标本 2004HXNT5 ③：14（图一四四，3）、标本 2004HXNT6 ③：11（图一四四，5）。

"十三五"，纵书，阳刻阴文，2件，略有差异，标本 2004HXNT4 ③：31（图一四四，4）。

"十三六"，纵书，阳刻阴文，3件，均略有差异，标本 2004HXNT4 ③：32（图一四四，1）。

"十三七"，纵书，正刻反印，阳刻阴文，4件，均略有差异，标本 2004HXNT4 ③：34（图一四四，8）。

"十三八"，纵书，阳刻阴文，2件，略有差异，标本 2004HXNT6 ③：12（图一四四，12）、标本 2004HXNT4 ③：45（图一四四，14）。

B．刻划文字标本

"本"，3件，三种字体：标本 2004HXNT4 ③：35（图一四四，7；图版四二，6）、标本 2004HXNT4 ③：47（图一四四，11）、标本 2004HXNT5 ③：15（图一四四，13）。

"吉"，2件，两种字体：标本 2004HXNT4 ③：36（图一四四，6；图版四二，7）、标本 2004HXNT5 ③：84（图一四四，15）。

"述"，3件，三种字体：标本 2004HXNT5 ③：16（图一四四，2）、标本 2004HXNT4 ③：37（图一四四，9；图版四二，8）、标本 2004HXNT5 ③：17（图一四四，10）。

（2）筒瓦类标本

A．模压文字标本

"泰"，阴刻阳文，楷书，字外无框，1件，标本 2004HXNT1 ②：2（图一四五，1）。

"英（?）"，阴刻阳文，楷书，字外无框，1件，标本 2004HXNT4 ③：38（图一四五，2）。

"仁"，阴刻阳文，楷书，字外有框，2件同印个体，标本 2004HXNT2 ②：6（图一四五，3）。

"明"，阴刻阳文，正刻反印，楷书，字外无框，1件，标本 2004HXNT4 ③：39（图一四五，4）。

"德"，阴刻阳文，楷书，字外无框，17件同印个体，标本 2004HXNT3 ②：1（图一四五，6）。

"主"，阴刻阳文，楷书，字外无框，9件同印个体，标本 2004HXNT3 ②：2（图一四五，7）。

"优"，阴刻阳文，楷书，字外无框，1件，标本 2004HXNT1 ②：1（图一四五，8）。

"须（?）"，阴刻阳文，楷书，字外无框，4件同印个体，标本 2004HXNT5 ③：18（图一四五，9）。

"自"，阴刻阳文，楷书，字外有框。两种字体：

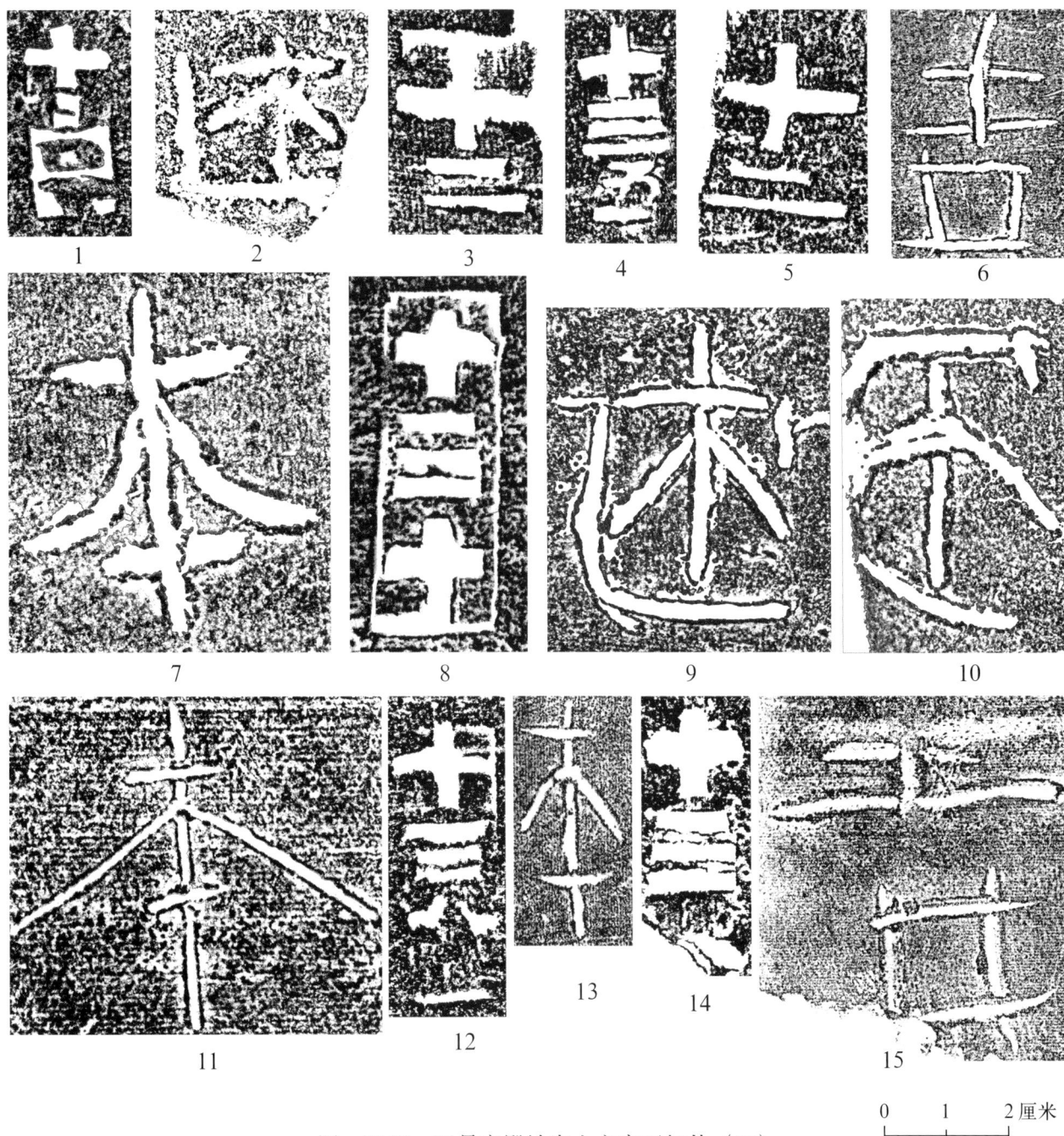

图一四四　四号宫殿址出土文字瓦拓片（三）

1. 04T4③：32　2. 04T5③：16　3. 04T5③：14　4. 04T4③：31　5. 04T6③：11　6. 04T4③：36　7. 04T4③：35　8. 04T4③：34
9. 04T4③：37　10. 04T5③：17　11. 04T4③：47　12. 04T6③：12　13. 04T5③：15　14. 04T4③：45　15. 04T5③：84

　　a. 字体较瘦，2件同印个体，标本 2004HXNT5③：21（图一四五，10）。

　　b. 字体较宽，1件，标本 2004HXNT2②：3（图一四五，16）。

　　"寸"，阴刻阳文，楷书，字外有框。两种字体：

　　a. 1件，标本 2004HXNT5③：20（图一四五，11）。

　　b. 椭圆形印，1件，标本 2004HXNT4③：40（图一四五，18）。

图一四五　四号宫殿址出土文字瓦拓片（四）

1. 04T1②：2　2. 04T4③：38　3. 04T2②：6　4. 04T4③：39　5. 04T2②：16　6. 04T3②：1　7. 04T3②：2　8. 04T1②：1
9. 04T③：18　10. 04T5③：21　11. 04T5③：20　12. 04T5③：22　13. 04T3②：43　14. 04T5③：23　15. 04T4③：41　16. 04T2
②：3　17. 04T5③：24　18. 04T4③：40　19. 04T2②：14　20. 04T4③：42　21. 04T2②：15　22. 04T2②：9　23. 04T1②：11

　　"男"，阴刻阳文，带有隶意的楷书，字外有框，3件同印个体，标本2004HXNT5③：22（图一四五，12）。

　　"安"，阴刻阳文，楷书，字外有框，1件，标本2004HXNT5③：23（图一四五，14）。

　　"赤"，阴刻阳文，楷书，字外无框，1件，标本2004HXNT4③：41（图一四五，15）。

　　"贞"，阴刻阳文，楷书，字外无框，2件同印个体，标本2004HXNT2②：9（图一四五，22）。

　　"素"，阳刻阴文，楷书，字外无框，模压于直节形瓦唇筒瓦的瓦唇，1件，标本2004HXNT1②：11（图一四五，23）。

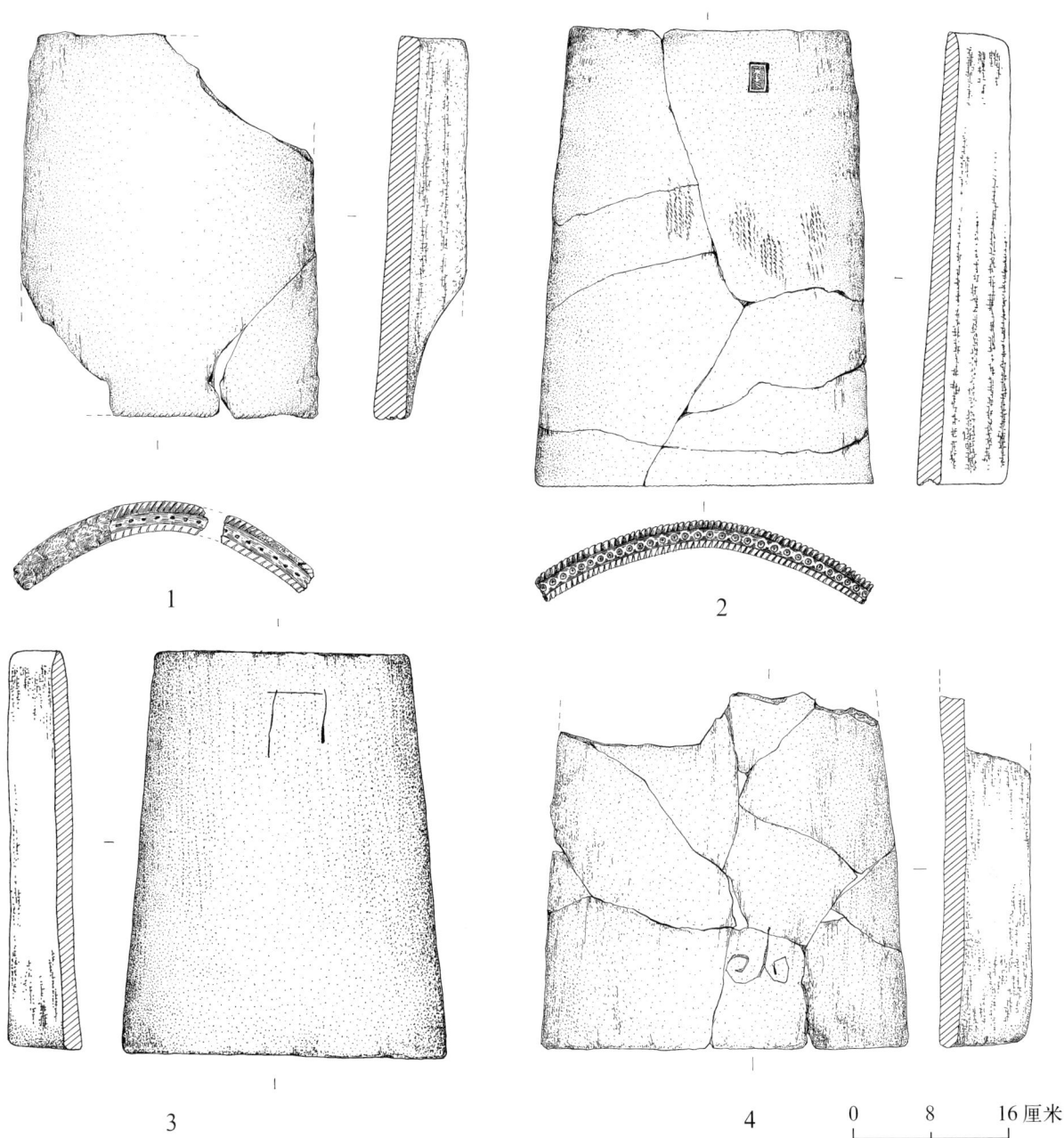

图一四六　四号宫殿址出土板瓦、檐头板瓦

1. D型檐头板瓦（04T6③∶24）　2. A型檐头板瓦（04T5③∶54）　3、4. 板瓦（04T6③∶16、04T5③∶19）

"十二"，纵书，阳刻阴文，字外无框，模印于直节形筒瓦的瓦唇。两种字体：

a. 字体较宽，1件，标本2004HXNT2②∶14，该标本与板瓦同印（图一四五，19）。

b. 字体较窄，2件，标本2004HXNT4③∶42（图一四五，20）。

"十三六"，1件，标本2004HXNT2②∶15（图一四五，21）。

"纵"，不识，阳刻阴文，字外无框，1件，标本2004HXNT2②∶16（图一四五，5）。

"祇"，不识，阳刻阴文，字外有框，1件，标本2004HXNT3②∶43（图一四五，13）。

"牧"，不识，阳刻阴文，字外有框，2件同印个体，标本2004HXNT5③∶24（图一四五，17）。

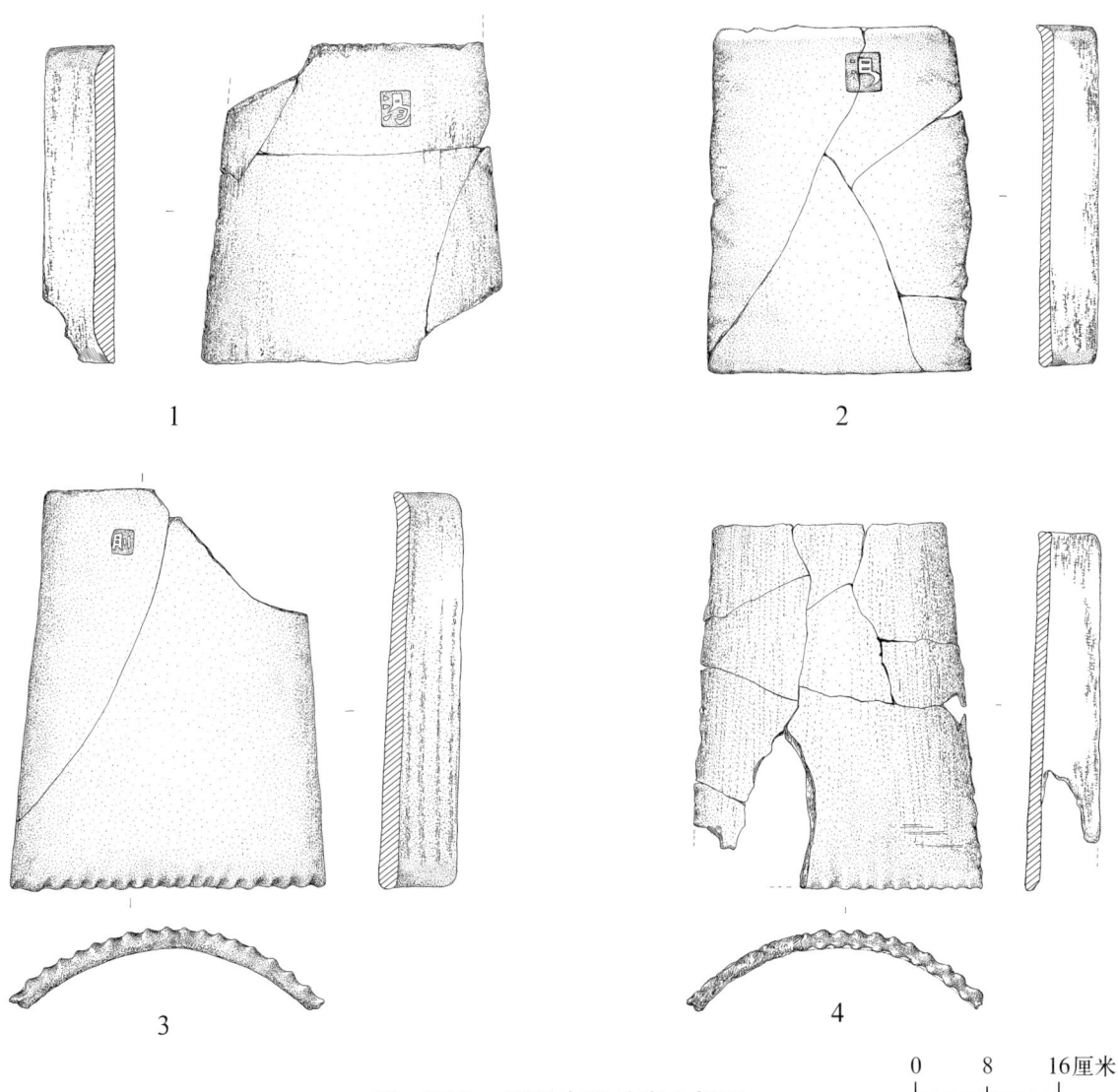

图一四七　四号宫殿址出土板瓦

1、2. 板瓦（04T4③：44、04T4③：9）　3. 单面指印纹（04T5③：3）　4. 双面指印纹（04T6③：22）

2．板瓦　采集85件标本。

（1）普通板瓦　总计采集18件完整或可复原个体，其中瓦体通长在40厘米以上者12件，通长在40厘米以下者5件。

标本2004HXNT6③：16，完整，瓦体窄边边沿作抹斜处理，形成一个薄唇。在瓦体凸面窄边的下部瓦身中央位置，有1个近似"Ⅱ"形的刻划符号。瓦体纵向长40、窄边边长25.8、宽边边长32.8厘米（图一四六，3；图版四五，2）。

标本2004HXNT4③：44，瓦体窄边、宽边各有一角残断，窄边凹面抹斜，凸面略显外翘。在瓦体窄边下部瓦身凸面中线偏右位置，有1个模压阳文"汤"字。瓦体纵向长34.2、窄边残长19、宽边残长24厘米（图一四七，1）。

标本2004HXNT4③：9，略残，在瓦体窄边下部瓦身凸面中线偏右位置有1个模压阳文"汤"字。瓦体纵向长37.6、窄边边长25、宽边边长29厘米（图一四七，2；图版四五，3）。

标本2004HXNT5③：19，残，在瓦体宽边上部瓦身凸面中线偏右位置有1个"￼"形刻划符号。瓦体宽边边长37.4厘米（图一四六，4）。

（2）指印纹板瓦　16件，可复原。

A．单面指印纹板瓦　15件，可复原。

标本2004HXNT5③：3，瓦体窄边右角残断，在瓦体窄边下部瓦身凸面中线偏左位置施有模压阳文"则"字。瓦体纵向长43.2、窄边残长12、宽边边长35、施纹端面宽2.2厘米（图一四七，3）。

B．双面指印纹板瓦　1件，可复原。

标本2004HXNT6③：22，瓦体宽边左角残断，瓦身凸面通体施纵向绳纹。瓦体纵向长39.6、窄边边长25.6、宽边残长20、施纹端面宽2.1厘米（图一四七，4）。

标本2004HXNT4③：33，残。瓦体宽边边长37.4、施纹端面宽2.3厘米（图一四八，4）。

（3）檐头板瓦　采集的80件标本中，有3件可复原。

A．A型檐头板瓦　1件，完整。

标本2004HXNT5③：54，完整，瓦身凸面窄边下部施有模压阳文，字迹已经模糊，似为"左李"两字。瓦体纵向长45、窄边边长28.4、宽边边长34.6、檐头端面宽2.6厘米（图一四六，2；图版四五，5）。

标本2004HXNT5③：75，残，瓦体宽边边长34.8、檐头端面宽3厘米（图一四八，5）。

B．B型檐头板瓦

标本2004HXNT4③：30，残，瓦体宽边残长16、檐头端面宽3.8厘米（图一四八，1）。

C．C型檐头板瓦

标本2004HXNT4北扩③：3，残，瓦体宽边边长29、檐头端面宽3.1厘米（图一四八，3；图版四四，4）。

D．D型檐头板瓦　2件，可复原。

标本2004HXNT6③：24，瓦身宽边、窄边各有1个端角残断，瓦体纵向长38.2、窄边残长13、宽边残长21、檐头端面宽3厘米（图一四六，1）。

标本2004HXNT5③：76，残，瓦体宽边边长33.6、檐头端面宽3.4厘米（图一四八，6）。

E．E型檐头板瓦　1件。

标本2004HXNT4③：15，残，瓦体宽边边长33.4、檐头端面宽4厘米（图一四八，7；图版四四，6）。

F．F型檐头板瓦　1件。

标本2004HXNT6③：21，残，檐头端面为使用尖状工具刻划的纵向直线纹。瓦体宽边残长22.4、檐头端面宽1.4厘米（图一四八，2）。

3．筒瓦　采集完整及可复原标本56件。

（1）直节形瓦唇筒瓦　10件。

标本2004HXNT4③：19，瓦体通长36.6、瓦唇长4.6、瓦唇以下瓦体宽12.4厘米（图一四九，4；图版四七，2）。

标本2004HXNT6③：10，瓦唇中央纵向施模压阴文"十二"两字。瓦体通长35、瓦唇长5.2厘

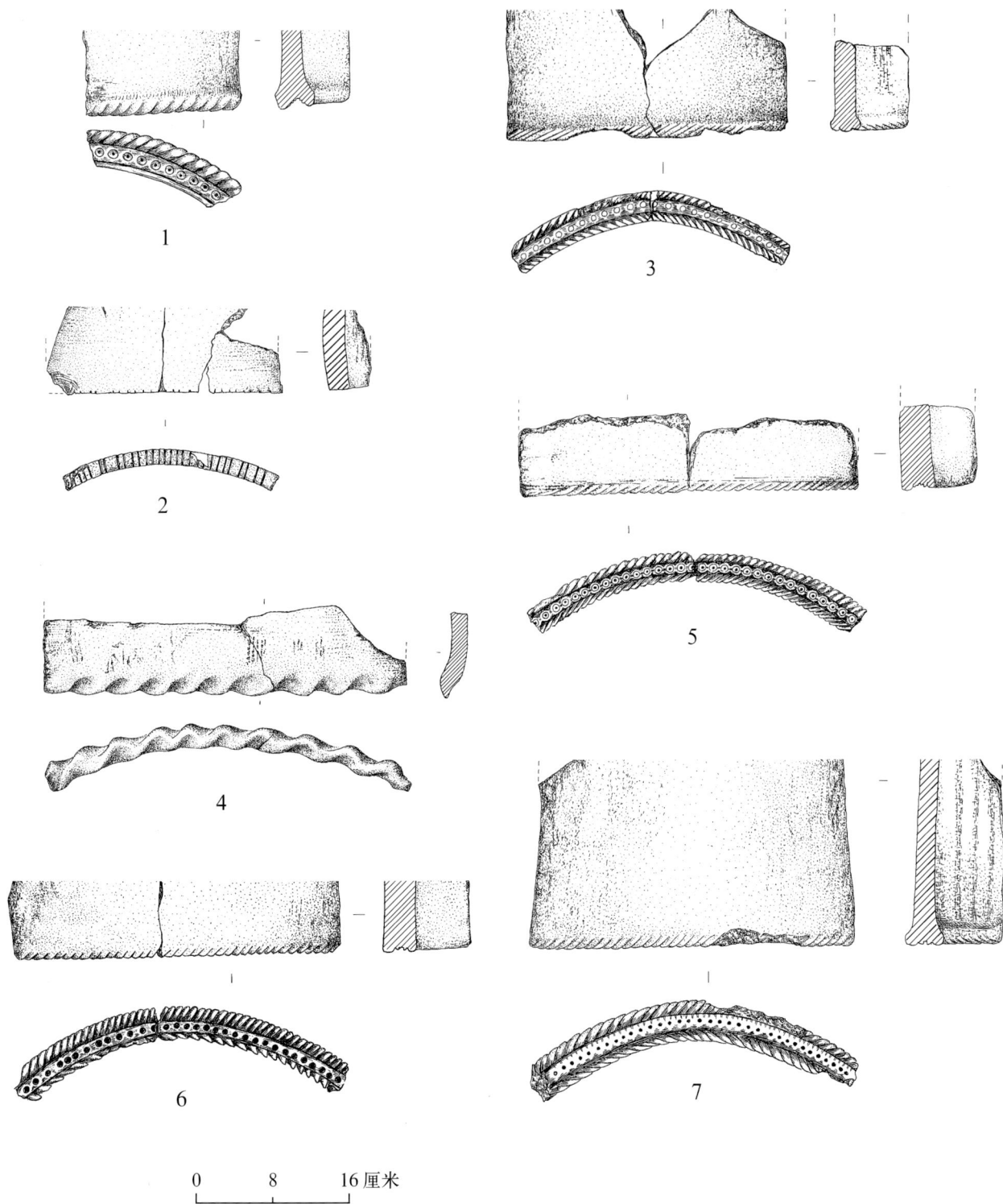

图一四八　四号宫殿址出土板瓦、檐头板瓦

1. B型檐头板瓦（04T4③：30）　2. F型檐头板瓦（04T6③：21）　3. C型檐头板瓦（04T4北扩③：3）
4. 双面指印纹板瓦（04T4③：33）　5. A型檐头板瓦（04T5③：75）　6. D型檐头板瓦（04T5③：76）
7. E型檐头板瓦（04T4③：15）

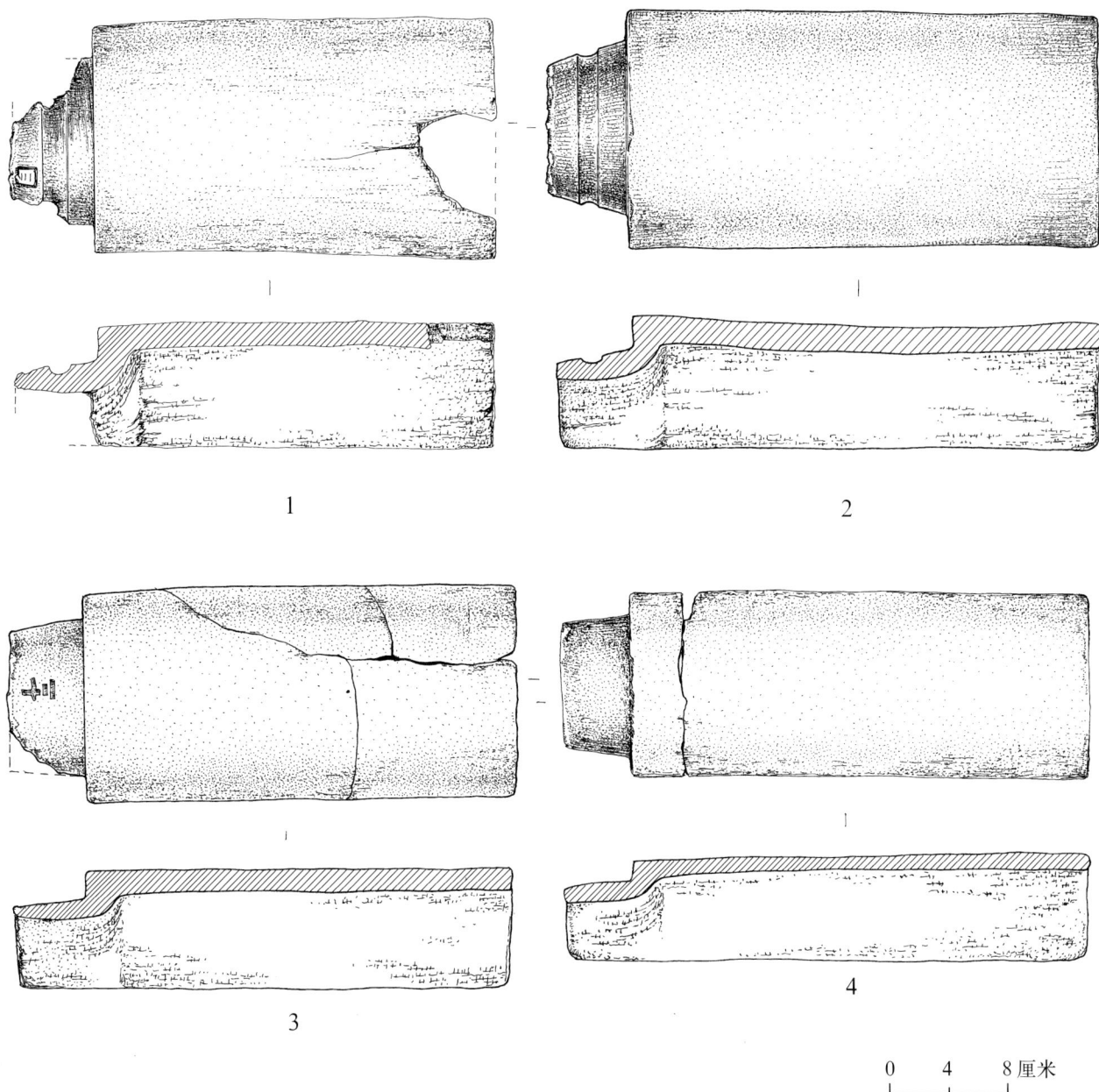

1　　　　　　　　　　　　　　　　　2

3　　　　　　　　　　　　　　　　　4

图一四九　四号宫殿址出土筒瓦

1、2. 曲节型瓦唇筒瓦（04T2②：17、04T5③：26）　　3、4. 直节型瓦唇筒瓦（04T6③：10、04T4③：19）

米，瓦唇以下瓦体窄边宽14、宽边宽14.2厘米（图一四九，3；图版四七，1）。

（2）曲节形瓦唇筒瓦　45件。

标本2004HXNT2②：17，略残，在瓦唇外沿部施模压阳文"自"字。瓦体通长33.2、瓦唇长6厘米，瓦唇以下瓦体窄边宽15.2、宽边宽16.2厘米（图一四九，1）。

标本2004HXNT5③：26，完整。瓦体通长38.2、瓦唇长5.4厘米，瓦唇以下瓦体窄边宽15.4、宽边宽16厘米（图一四九，2）。

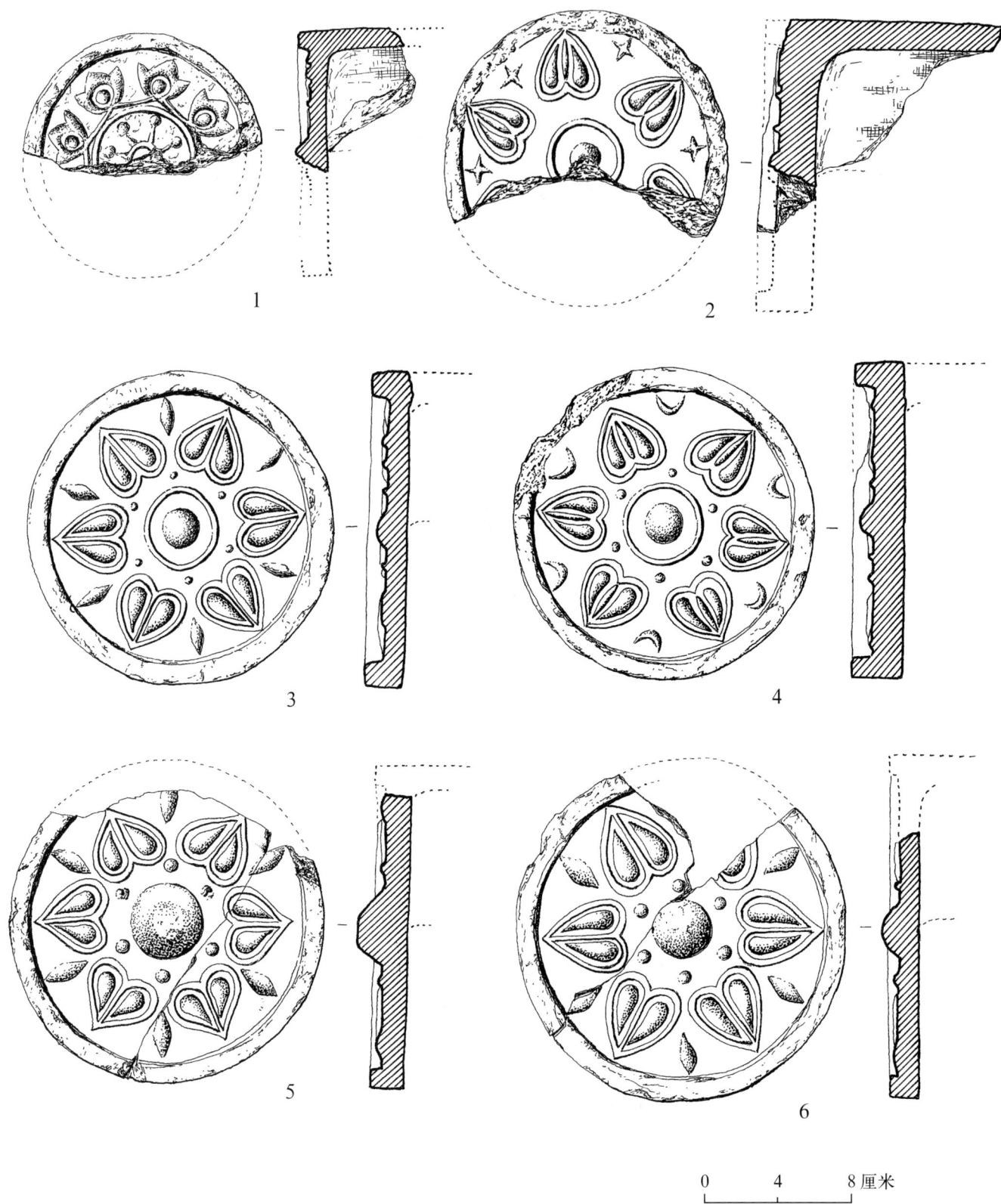

0　　　　4　　　　8厘米

图一五〇　四号宫殿址出土瓦当

1. Da型（04T4③：24）　2. Ba型（04T4③：28）　3. Aa型（04T3南扩②：4）
4. C型（04T4西扩③：21）　5、6. Ab型（04T4③：27、04T1南扩②：9）

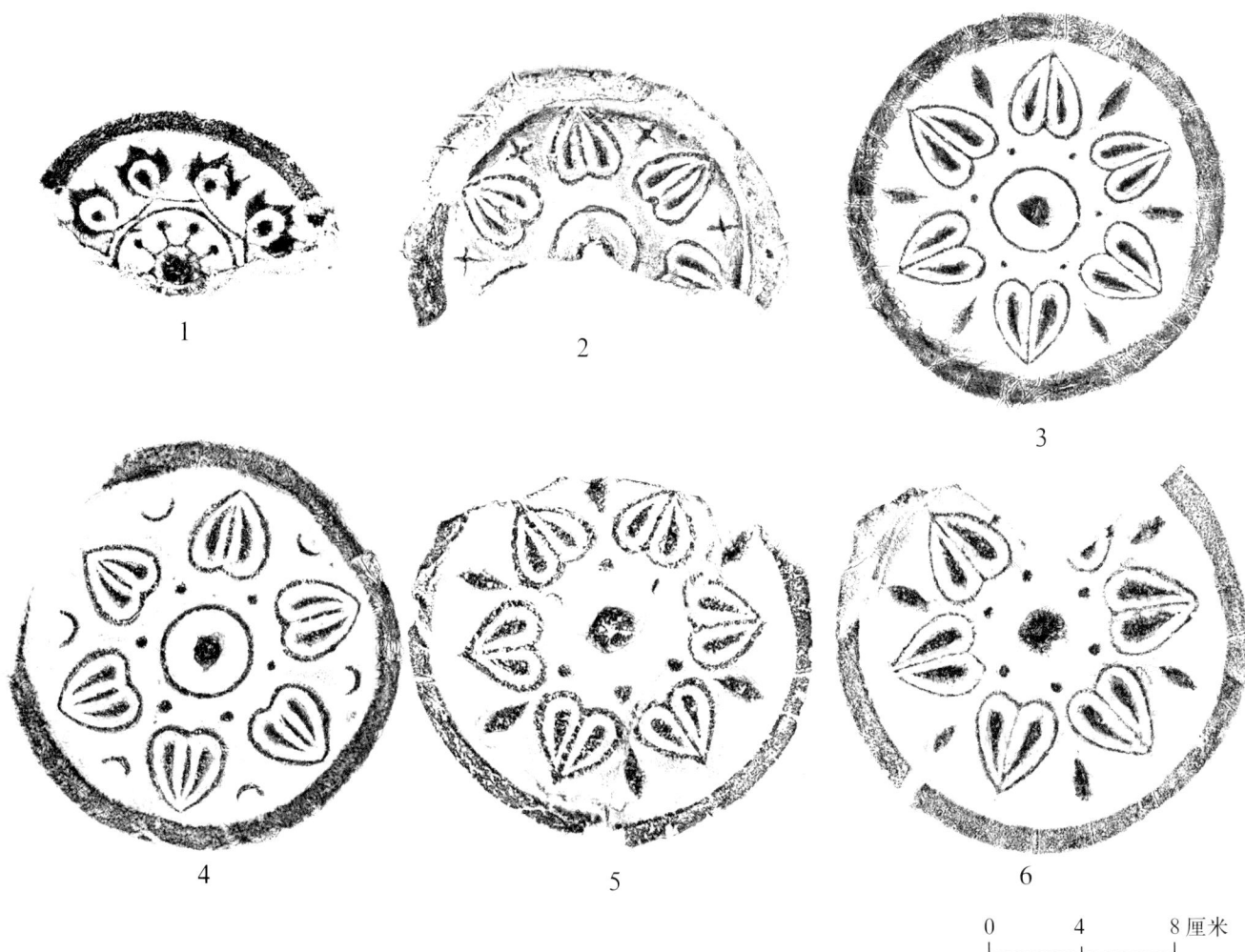

图一五一　四号宫殿址出土瓦当拓片

1. 04T4③：24　2. 04T4③：28　3. 04T3南扩②：4　4. 04T4西扩③：21　5. 04T4③：27　6. 04T1南扩②：9

4. 瓦当

(1) A 型　萼形间饰六瓣莲纹瓦当，27件。

A. Aa 型　乳突外环绕同心圆凸棱线纹、联珠纹，19件。

标本 2004HXNT3南扩②：4，瓦当直径16.6、乳突直径2、乳突高0.5、边轮宽1.1、边轮高1厘米（图一五〇，3；图一五一，3；图版三四，2）。

B. Ab 型　乳突外环绕联珠纹，8件。

2004HXNT4③：27，瓦当直径17、乳突直径4、乳突高1.5、边轮宽1、边轮高0.6厘米（图一五〇，5；图一五一，5；图版三五，1）。

标本 2004HXNT1南扩②：9，瓦当直径18、乳突直径3、乳突高1.1、边轮宽1、边轮高0.6厘米（图一五〇，6；图一五一，6）。

(2) B 型　十字形间饰六瓣莲纹瓦当

Ba 型大型十字形间饰六瓣莲纹瓦当，3件。

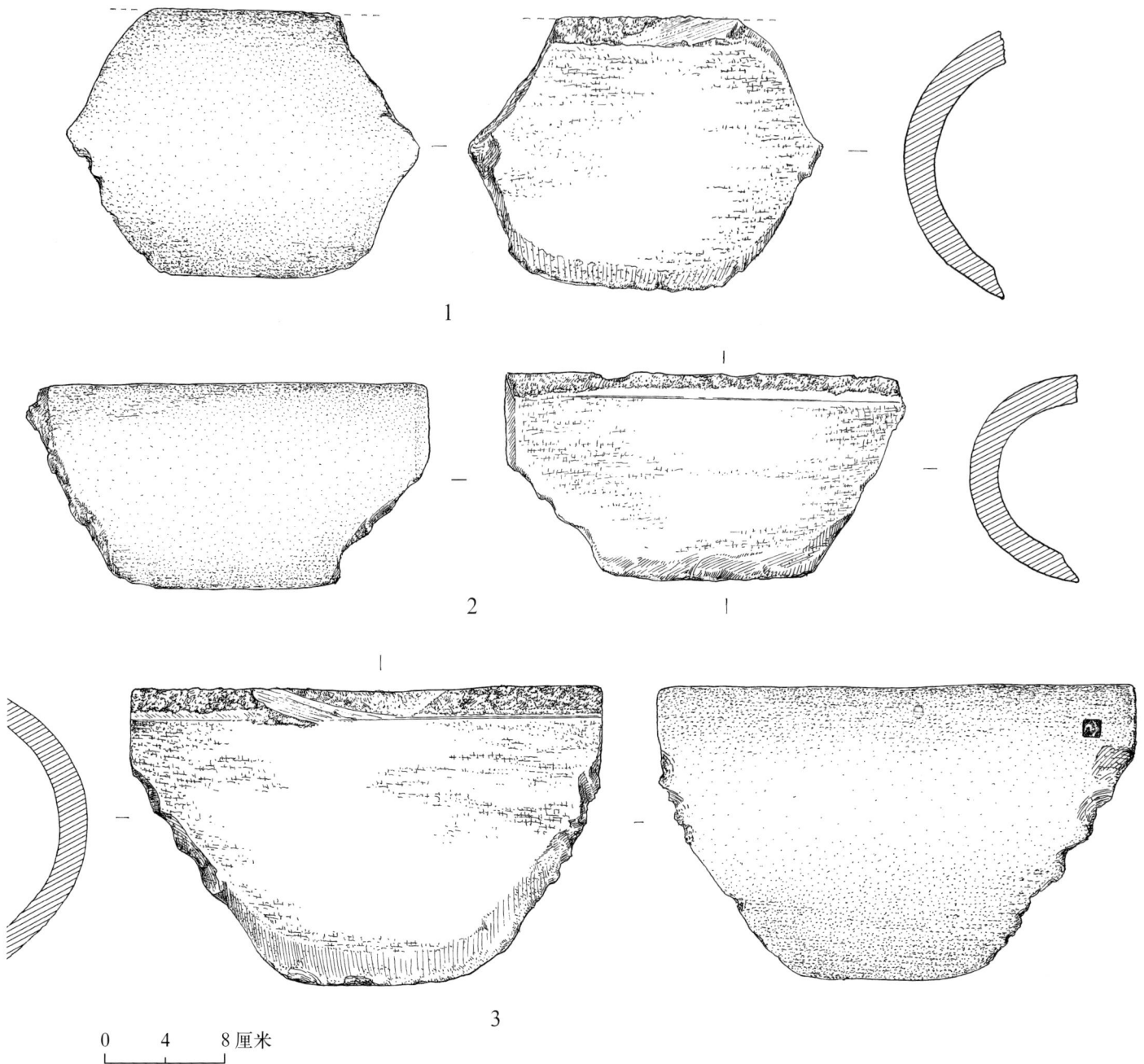

0　　4　　8厘米

图一五二　四号宫殿址出土当沟
1. 04T5③：73　2. 04T5③：74　3. 04T2②：18

标本2004HXNT4③：28，器残，瓦当直径15.6、乳突直径1.5、边轮宽1.1、边轮高约1厘米（图
一五〇，2；图一五一，2）。

（3）C型　弯月形间饰六瓣莲纹瓦当，3件。

标本2004HXNT4西扩③：21，瓦当直径16.4、乳突直径2、乳突高0.8、边轮宽0.8～1.2、边轮
高1.1厘米（图一五〇，4；图一五一，4；图版三七，3）。

（4）D型　八朵单体连枝莲纹瓦当

Da 型　乳突利用放射线纹连接联珠纹，2件。

标本 2004HXNT4 ③：24，器残，瓦当直径约 13、乳突直径 1.2、乳突高 0.8、边轮宽 0.8、边轮高 0.7 厘米（图一五〇，1；图一五一，1）。

5. 当沟　6件。

标本 2004HXNT5 ③：73，器身顶部两端残断。器身正面（凸面）素面；凹面布满布纹。舌形轮廓的底部边沿切割痕迹明显，其左右两侧边沿存在粗糙的加工痕迹。器身顶部边残长 12.2、舌形轮廓底边长 16、器身宽 17.6、器身弦高 6.6、器壁厚 2.2 厘米（图一五二，1）。

标本 2004HXNT5 ③：74，略残，器身顶部边沿完好。器身正面（凸面）素面；凹面布满布纹，舌形轮廓的底部边沿切割痕迹明显，其左右两侧边沿存在粗糙的加工痕迹。器身顶部边长 26.2、舌形轮廓底边残长 15、器身宽 13.4、器身弦高 7.2、器壁厚 1.8 厘米（图一五二，2）。

标本 2004HXNT2 ②：18，完整。器身正面（凸面）素面，在正面器身的左上角处施有模压阳文"今"字；凹面布满布纹，从凹面可以看到，顶部边沿完好。舌形轮廓的底部边沿切割得比较光滑，其左右两侧边沿存在粗糙的加工痕迹。器身顶部边长 31.8、舌形轮廓底边长 14、器身宽 19、器身弦高 7.8、器壁厚 1.6 厘米（图一五二，3）。

6. 压当条

（1）筒瓦类压当条　2件。

标本 2004HXNT6 ③：5，完整，平面轮廓略显梯形，窄边边沿外凸形成凸棱，其与筒瓦的差异在于没有瓦唇。器身纵向长 47.4、窄边宽 11.4、宽边宽 14 厘米（图一五三，1；图版五〇，2）。

（2）板瓦类压当条　6件。

标本 2004HXNT4 ③：23，器身平面略显梯形，窄边边沿略显外凸，宽边一角残断，宽边边沿施指印纹。器身长 42.4、窄边宽 15.6、宽边残宽 10.4 厘米（图一五三，2）。

标本 2004HXNT5 ③：43，器身平面呈长条形，一端边沿施指印纹。器身长 27.8、窄边宽 12.6、宽边宽 3 厘米（图一五三，3；图版五〇，3）。

标本 2004HXNT2 ②：7，完整，器身平面呈窄长条形。器身长 28.6、窄边宽 10.4、宽边宽 11 厘米（图一五三，4；图版五〇，5）。

标本 2004HXNT2 ②：5，完整，器身平面呈窄长条形。器身长 34.6、窄边宽 11.8、宽边宽 12 厘米（图一五三，5；图版五〇，4）。

（二）釉陶质遗物

1. 绿釉陶曲节形瓦唇筒瓦　1件。

标本 2004HXNT5 ③：25，略残，曲节形瓦唇没有施釉，瓦身凸面通体施绿釉，胎体呈红褐色。瓦体通长 40.2、瓦唇长 7.1 厘米，瓦唇以下瓦体窄边宽 22.8、宽边宽 23 厘米。

2. 鸱尾

标本 2004HXNT2 ②：13，灰白胎、墨绿釉。器残，残存鸱尾鳍身转角区域的正面器身。凸棱线纹鳍身内部残存 1 个半球体装饰图案。其中，半球体已经脱落，其外缘环绕有联珠纹，残存 10 颗，余者脱落。

鳍身凸棱线纹高 1.7、联珠纹直径 1.6、联珠纹高 0.8 厘米（图一五四，5）。

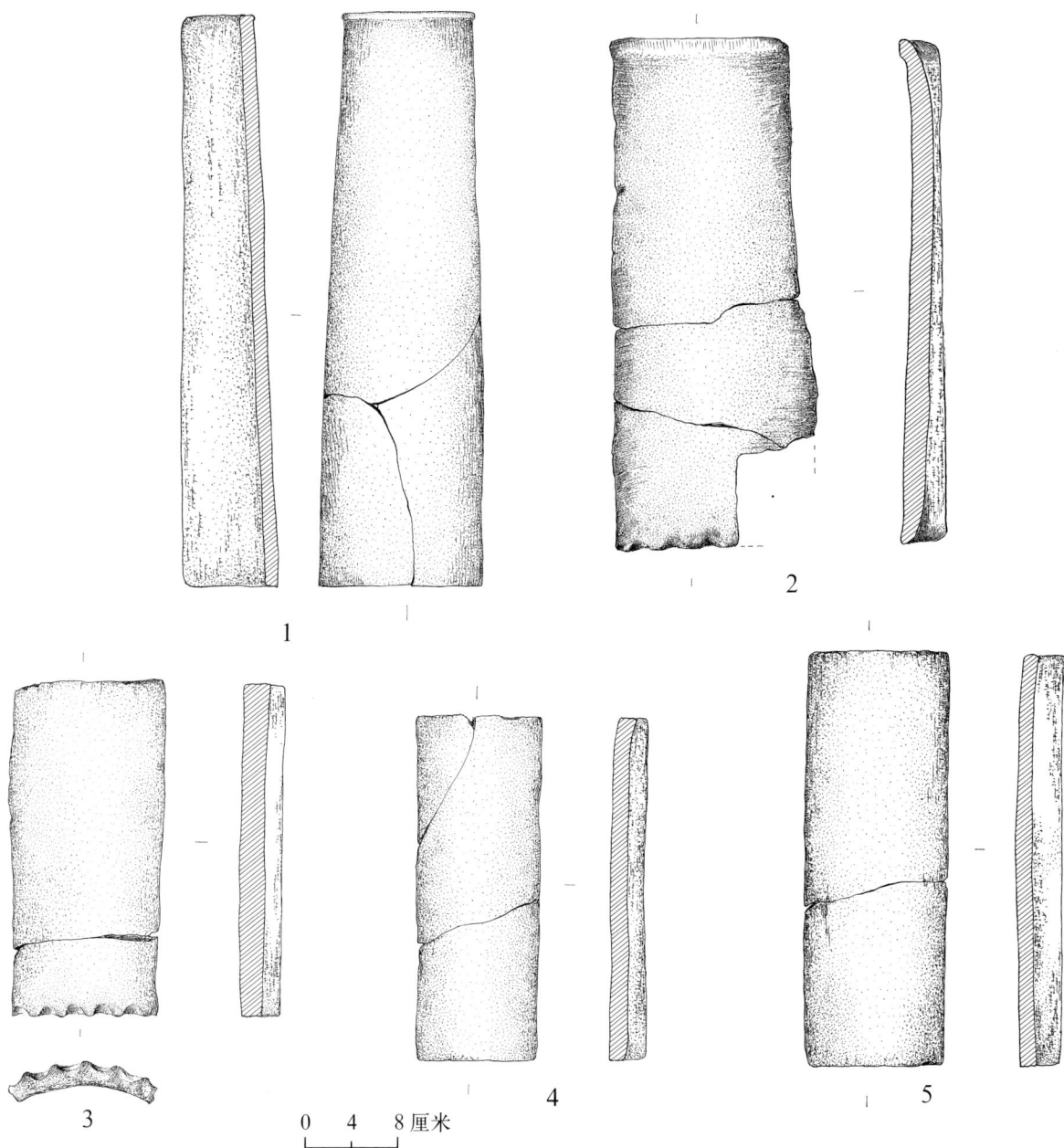

图一五三　四号宫殿址出土压当条

1. 筒瓦类（04T6 ③：5）　　2~5. 板瓦类（04T4 ③：23、04T5 ③：43、04T2 ②：7、04T2 ②：5）

标本 2004HXNT2 ②：12，灰白胎、墨绿釉。器残，残存鸱尾鳍刺区域 2 条鳍刺的局部正面器身。鳍刺纵向间距 6.5、鳍刺高 1.4 厘米（图一五四，7）。

3．兽头

在四号宫殿区域，仅出土了兽头小块的耳部、竖鬃、獠牙的局部部件，灰白胎、墨绿釉。

标本 2004HXNT1 ②：10，兽头竖鬃残块，圆锥体，截面呈圆形。残长 12.1、截面直径 2.8 厘米（图一五四，1）。

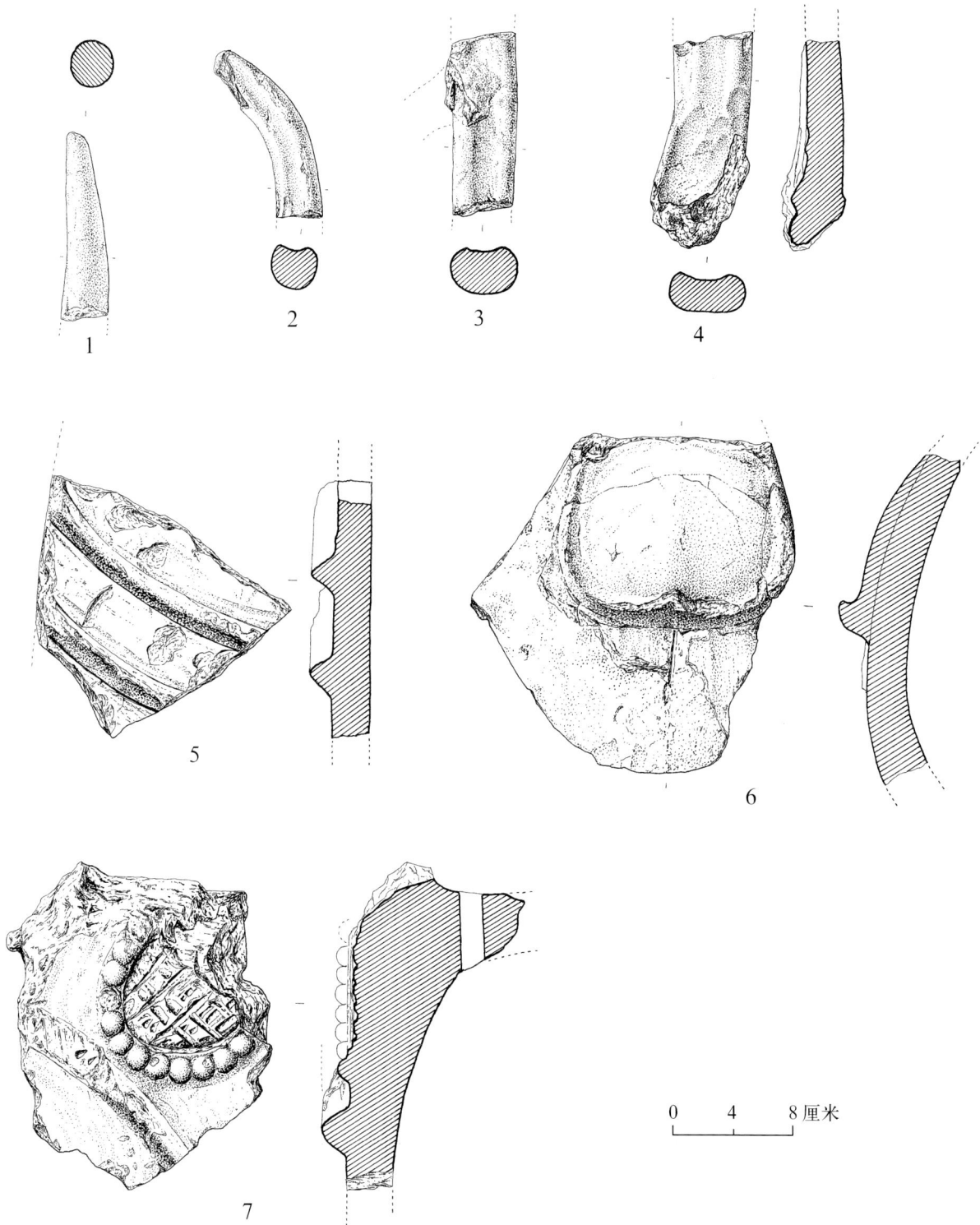

图一五四　四号宫殿址出土绿釉鸱尾、绿釉兽头、绿釉饰件

1. 兽头竖髻（04T1②：10）　　2~4. 兽头耳部（04T1②：4、04T6③：30、04T5③：81）
5. 鸱尾鳍刺（04T2②：13）　6. 绿釉饰件（04T1②：5）　7. 鳍身（04T2②：12）

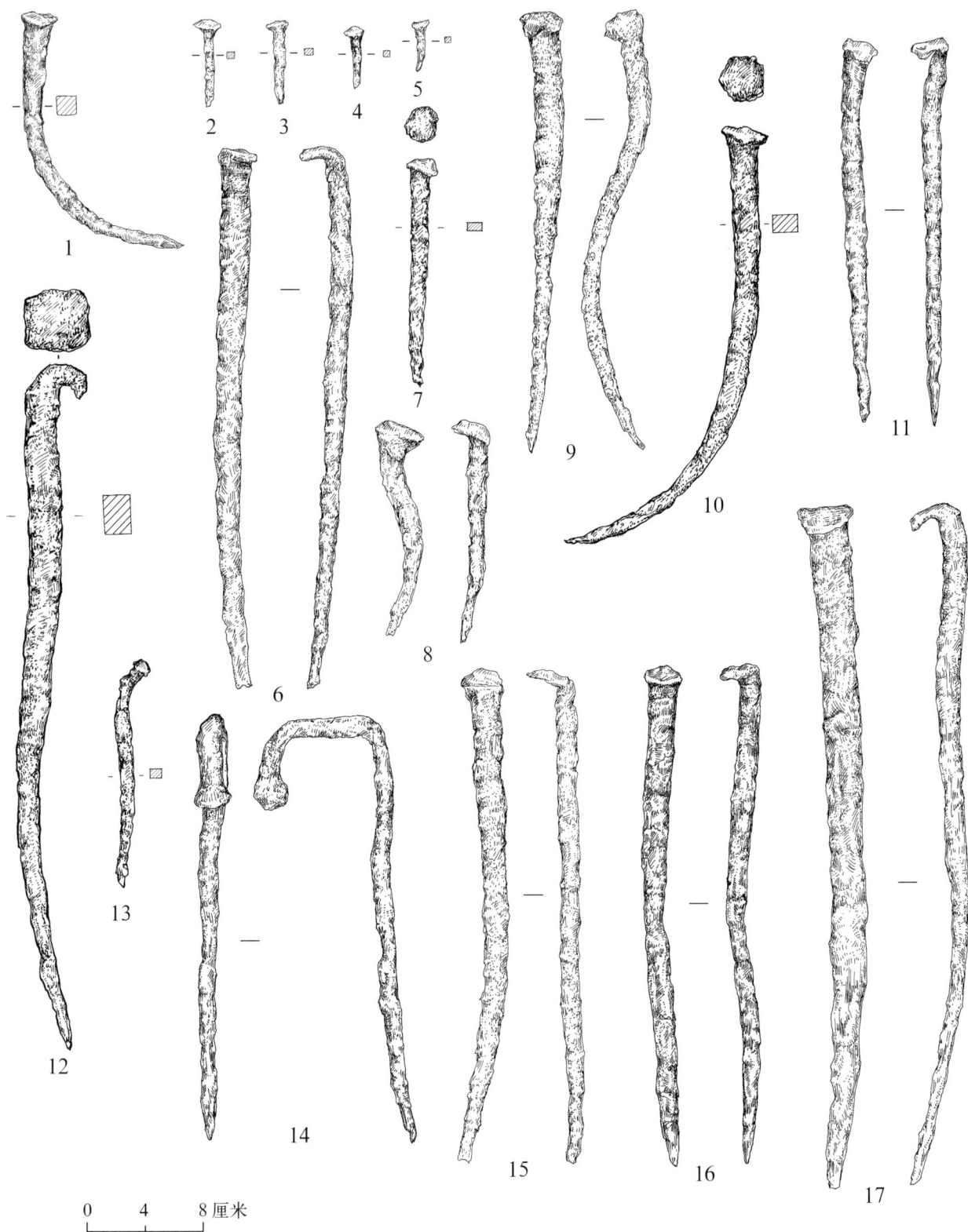

图一五五　四号宫殿址出土铁钉

1、8~10. 曲体铁钉（04T5 ③：71、04T5 ③：64、04T5 ③：63、04T2 ②：10）　14. 折体铁钉（04T6 ③：28）
2~7、11~13、15~17. 直体铁钉（04T2 ②：19、04T2 ②：20 、04T2 ②：21、04T2 ②：22、04T1 ②：8、04T5
③：61、04T2 ②：8、04T1 ②：78、04T5 ③：67、04T5 ③：68、04T4 ③：22、04T1 ②：7）

兽头耳部残块，3件：标本2004HXNT1 ②：4（图一五四，2）、标本2004HXNT6 ③：30（图一五四，3）、标本2004HXNT5 ③：81（图一五四，4）。

4．绿釉柱围

在四号宫殿区域，出土了1片柱围残片，外壁施绿釉，红褐色胎体。

5．未名建筑饰件

标本2004HXNT1 ②：5，外壁施绿釉，红褐色胎体。器表残存附加凸棱造型。器壁厚3～3.8厘米（图一五四，6；图版三二，2）。

（三）铁器

1．铁钉 41件，大型2件，中型34件，小型5件。

标本2004HXNT1 ②：78，大型铁钉，直体使用，器身截面呈长方形。器体通长23.1、截面边长1.3、截面边宽1厘米（图一五五，12）。

标本2004HXNT1 ②：7，大型铁钉，直体使用，器身截面呈长方形。器体通长23.1、截面边长1.2、截面边宽0.6厘米（图一五五，17）。

标本2004HXNT1 ②：8，中型铁钉，直体使用，器身截面呈长方形。器体通长18.3、截面边长0.8、截面边宽0.6厘米（图一五五，6）。

标本2004HXNT4 ③：22，中型铁钉，直体使用，器身截面呈长方形。器体通长16.8、截面边长0.9、截面边宽0.7厘米（图一五五，16）。

标本2004HXNT5 ③：68，中型铁钉，直体使用，器身截面呈长方形。器体通长16.7、截面边长0.8、截面边宽0.6厘米（图一五五，15）。

标本2004HXNT2 ②：8，中型铁钉，直体使用，器身截面呈长方形。器体通长13、截面边长0.7、截面边宽0.5厘米（图一五五，11）。

标本2004HXNT2 ②：10，中型铁钉，曲体使用，器身截面呈长方形。器体通长17、截面边长0.9、截面边宽0.6厘米（图一五五，10）。

标本2004HXNT5 ③：63，中型铁钉，曲体使用，器身截面呈长方形。器体通长14.9、截面边长1、截面边宽0.7厘米（图一五五，9）。

标本2004HXNT5 ③：71，中型铁钉，曲体使用，器身截面近方形。器体通长11.2、截面边长0.7厘米（图一五五，1）。

标本2004HXNT6 ③：28，中型铁钉，折体使用，器身截面呈长方形。器体通长19.3、截面边长0.7、截面边宽0.6厘米（图一五五，14；图版五三，5）。

标本2004HXNT2 ②：19，小型铁钉，直体使用，器身截面近方形。器体通长2.9、截面边长0.25厘米（图一五五，2）。

标本2004HXNT2 ②：20，小型铁钉，直体使用，器身截面近方形。器体通长2.8、截面边长0.2厘米（图一五五，3）。

标本2004HXNT2 ②：21，小型铁钉，直体使用，器身截面近方形。器体通长2.1、截面边长0.2厘米（图一五五，4）。

标本2004HXNT2 ②：22，小型铁钉，直体使用，器身截面近方形。器体通长1.7、截面边长0.2

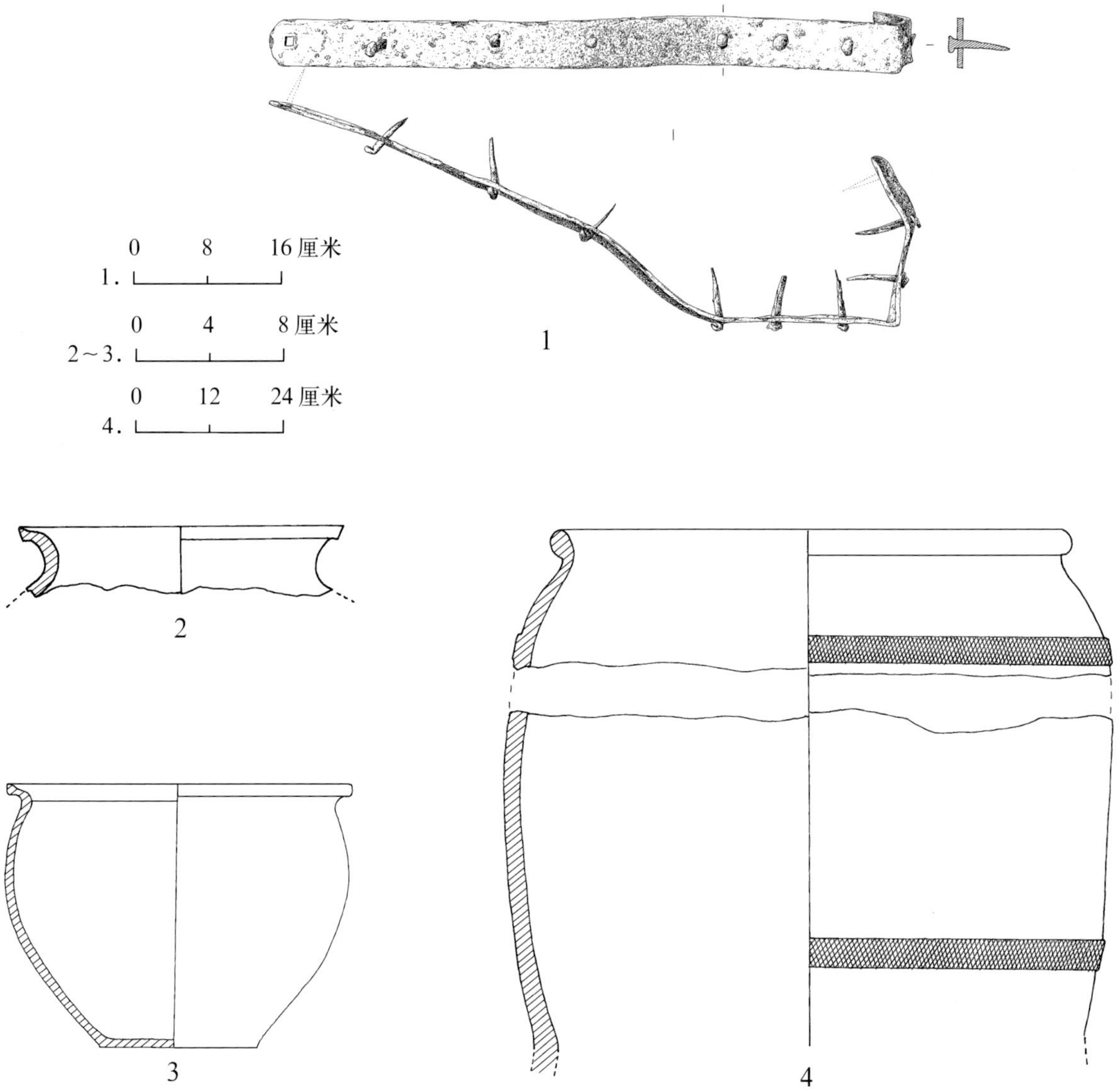

图一五六　四号宫殿址出土陶器、铁器

1. 条形铁（04T4③：44）　2. 口沿（04T5③：80）　3. 陶罐（04T4③：25）　4. 陶缸（04T6③：29）

厘米（图一五五，5）。

标本2004HXNT5③：61，小型铁钉，直体使用，器身截面呈长方形。器体通长7.7、截面边长0.5、截面边宽0.3厘米（图一五五，7；图版五四，7）。

标本2004HXNT5③：67，小型铁钉，直体使用，器身截面呈长方形。器体通长7.9、截面边长0.5、截面边宽0.3厘米（图一五五，13）。

标本2004HXNT5③：64，小型铁钉，曲体使用，器身截面呈长方形。器体通长7.5、截面边长0.7、截面边宽0.5厘米（图一五五，8）。

2. 条形铁

标本2004HXNT4③：44，锻制，锈蚀，器身已经扭曲变形。在形状规整的条形铁上，留存有间距不等的打凿透孔，多数透孔内保存有平头铁钉。条形铁残长约47、宽约2.5、厚约0.3厘米；透孔间距2.5~6.5厘米；铁钉长约3.4厘米（图一五六，1）。

（四）日用器皿

标本2004HXNT4③：25，陶罐，轮制，泥质灰陶，素面。侈口、圆唇，弧腹，平底。口径18.8、最大腹径18.8、高14.1、底径8.6厘米（图一五六，3；图版五一，5）。

标本2004HXNT5③：80，残，陶罐口沿，轮制，泥质灰陶，素面。侈口、圆唇。口径17.6厘米（图一五六，2）。

标本2004HXNT6③：29，陶缸，残，轮制，泥质灰陶，在腹身的上腹部、下腹部分别施有一周刻划网格纹附加堆纹。侈口、圆唇，弧腹，近底部腹身略显外撇，底残。口径82.8、最大腹径约99.6厘米（图一五六，4）。

※　　　　　※　　　　　※

根据小嶋芳孝在其《斋藤优的渤海遗迹发掘照片》一文披露的信息③，1942年斋藤优曾对四号宫殿址进行过盗掘。小嶋芳孝利用藤田亮策绘制的西古城平面图标注了斋藤优盗掘的位置，但未对具体情况予以说明，透过小嶋芳孝公布的斋藤优当年拍摄的现场照片也难辨其详。根据2004年发掘四号宫殿址时揭取的遗迹现象，我们推测，1942年斋藤优仅仅对四号宫殿址的南半部区域进行了盗掘。

第九节　一、二、四号宫殿之间的廊道

在一号宫殿址西侧廊庑北端的渤海时期地面之上，存在两排东西向排列的不规则石块，其东西两端分别与二号宫殿西侧配殿、四号宫殿相接。种种迹象表明，两排础石的性质与一、二、三号宫殿之间廊道的性质相同，是连接一号宫殿西侧廊庑、二号宫殿西侧配殿、四号宫殿的单纯廊道（图一四○）。

两排东西走向的础石，总计14块，每排7块。其中，北排东起第5块、南排东起第3~5块、第7块础石遗失。

两排础石，东起第1~5块础石的间距较窄，约为2.3~2.5米，东起第5~7块础石的间距较宽，约为3米。在位置上，两排东西走向的础石南北向位置对应，排距约为3.5米。

廊道东端纵向的2块础石，与二号宫殿西侧配殿纵向西排南起第1块、第2块础石位置对应；廊道西端纵向的2块础石，与四号宫殿东侧外廊南起第1块、第2块础石位置对应。

廊道的础石，其顶面略低于四号宫殿址的同排础石，与一号宫殿西侧廊庑、二号宫殿西侧配殿础石的高度基本持平。

四号宫殿址与二号宫殿西侧配殿的间距约为17.5米，该间距也应是一、二、四号宫殿之间廊道的东西向长度，该廊道的南北向宽度则未能确定。

第十节　五号宫殿址

2005年5月20～9月23日，对五号宫殿址所在区域进行了发掘。发掘区域的界定，同四号宫殿址相同。五号宫殿址所在区域虽然早年即已辟为水田，但从地表上仍可看到一个明显高于周边地表的高台稻池（图版二五，1）。本次发掘即以此高台为中心，布正南北向10×10米探方24个，呈6横、4纵排列。以西南角探方为基点，依次编号为2005HXNT1～T24。通过清理确认，五号宫殿址台基的规模略小于高台稻池的范围，基于此，2005HXNT3～T6探方的南半部区域未予发掘。此外，另据五号宫殿址东部遗迹现象的走向，以探沟的形式在T24东侧进行了扩方处理，五号宫殿址区域的发掘面积总计2349平方米。经过清理不但揭露了五号宫殿址基址，并且在五号宫殿的东、西两侧发现了其他迹象（图一五七）。

一、五号宫殿址

清理结果表明，由于内城隔墙的存在，五号宫殿址是其所在区域单体独立的宫殿建筑。

（一）位置

五号宫殿址地处内城北部的居中位置，与一号宫殿址和二号宫殿址一样，五号宫殿址坐落在西古城的南北向中轴线上。其南距二号宫殿址约99.77米，北距西古城内城北墙约11.26米。

（二）层位关系

在五号宫殿发掘区，不同区域的②层下分别直接叠压着三种不同的堆积：1. 瓦砾堆积层，即②层→瓦砾堆积层。2. 五号宫殿夯土台基，即②层→五号宫殿夯土台基。3. 渤海时期地面，即②层→渤海时期地面。

此外，五号宫殿址台基的四周均被开口于表土层下的近现代绕沟所打破。扰沟的成因，应该与当地居民挖取台基四缘"土衬石"、散水设施有关。

由于渤海时期地面以下未作清理，通过发掘获取的五号宫殿区域的层位关系为：

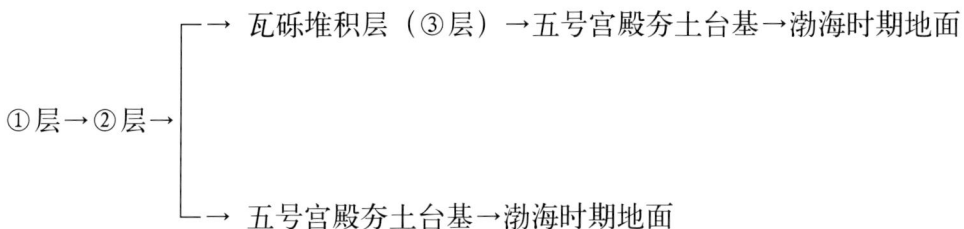

$$①层→②层→\begin{cases} → 瓦砾堆积层（③层）→五号宫殿夯土台基→渤海时期地面 \\ \\ → 五号宫殿夯土台基→渤海时期地面 \end{cases}$$

（三）倒塌堆积

在五号宫殿址台基的东、西两侧，分别清理出呈南北向与台基东、西缘平行的漫坡状分布的瓦砾堆积。种种迹象表明，瓦砾堆积为原位埋藏的五号宫殿址的倒塌堆积。其中，五号宫殿台基东侧区域

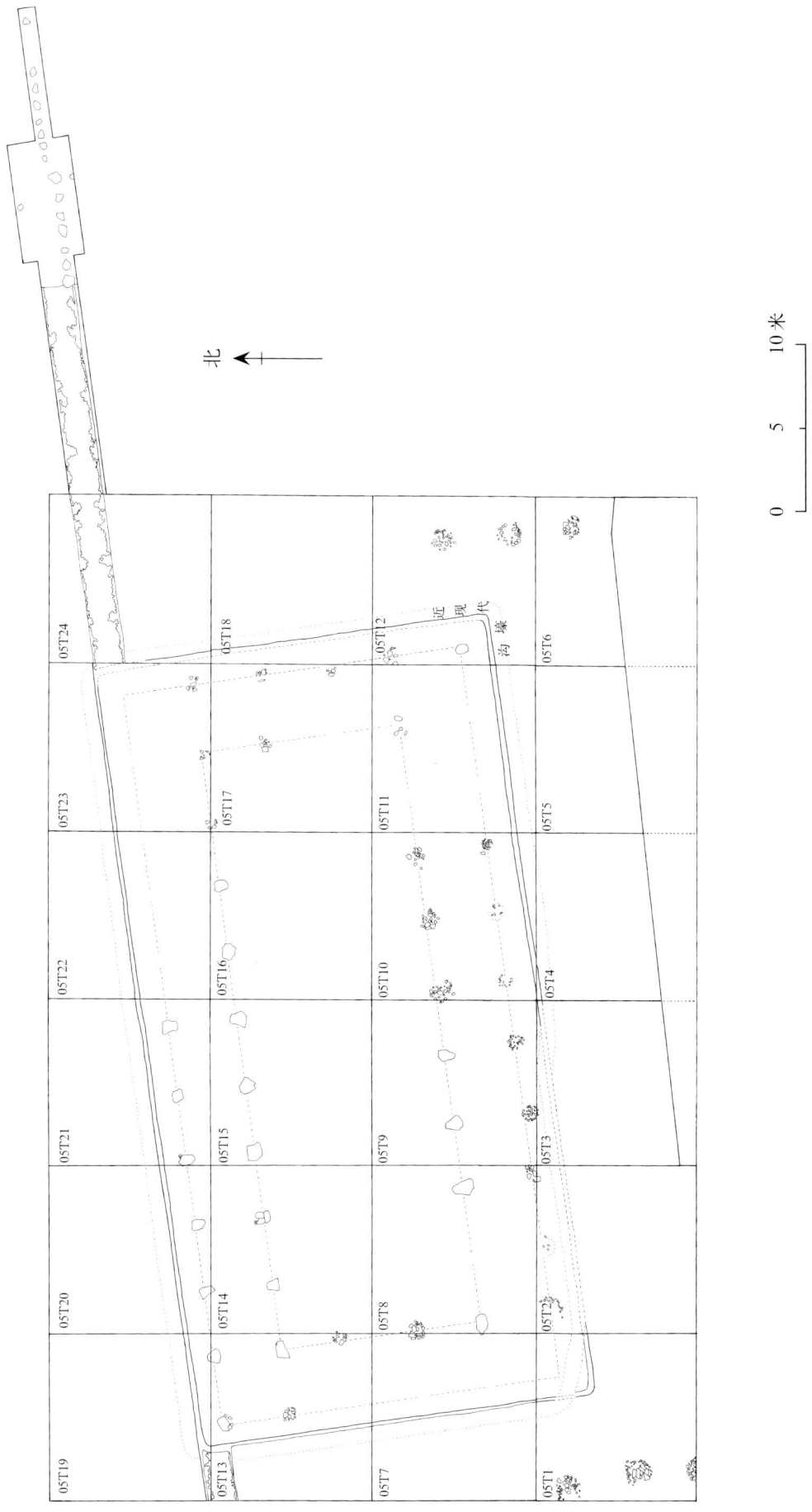

图一五七　五号宫殿址发掘区域探方平面图

北

0　　　5　　　10 米

05T19　05T20　05T21　05T22　05T23　05T24

05T13　05T14　05T15　05T16　05T17　05T18

05T7　05T8　05T9　05T10　05T11　05T12

05T1　05T2　05T3　05T4　05T5　05T6

近现代沟壕

留存的瓦砾倒塌堆积更为丰富。

五号宫殿址台基东、西两侧倒塌堆积的分布范围略大于台基的东、西两缘，倒塌堆积里高外低，呈坡状分布。

东侧瓦砾堆积保存较好，瓦砾堆积与台基东缘之间被1条开口于表土层下，宽约1.5米的南北走向扰沟打破。瓦砾堆积的分布范围，南北向长约18米，东西向最宽处约1.75米，最厚处厚达0.35米。大体上，自上而下瓦砾堆积可以分为3层，层与层之间间隔以一层厚薄不一的褐土层。第1层瓦砾堆积中混杂有黑褐土，土质细腻松软。该层倒塌堆积中的瓦片非常碎小，并且瓦砾没有形成连贯的片状堆积，分为中部间断的南北两片堆积。第2层、第3层瓦砾呈片状分布的连贯堆积，瓦砾间混杂有黄褐土，土质疏松。第2、第3层倒塌堆积中不乏完整的板瓦、筒瓦及瓦当，另见绿釉鸱尾、兽头残片。此外，在第2层倒塌堆积中出土了1件陶质鸱尾残片；在第3层倒塌堆积中出土1件泥质灰陶罐腹身上部残片。

在第3层倒塌堆积中，清理出一组从五号宫殿屋顶原状倾塌到地面的筒瓦、板瓦组合。虽然筒瓦仅存3块，但几组板瓦排列整齐，一律窄端朝外。与一号宫殿东侧廊庑、四号宫殿址的瓦砾堆积中所见的瓦砾堆积方式相同，可见板瓦在屋顶的摆放方式为宽端朝向屋顶，窄端朝向屋檐。

五号宫殿址东侧留存的3层瓦砾倒塌堆积迹象表明，该宫殿址废弃后因自然力作用而倒塌，并且经历了几次间歇性的倒塌过程。

五号宫殿址台基周缘区域渤海地面的土质与其外围区域渤海地面的土质略有差异，台基周缘地面呈现的是黄褐土，其外围区域地面为灰褐土。黄褐土区域可能是台基周缘的铺垫土。

（四）台基的形状与结构

五号宫殿构筑在地面台基之上，台基呈横向长方形轮廓。台基的四边外缘均被近现代扰沟所破坏。清理出来的残存台基，东西向长约46.7米、南北向宽约24.5米，残存台基表面的整体高度相近，残高约0.35~0.45米（图一五八；图版二五，2）。

由于近现代扰沟的存在，在台基的四边外缘均得以清楚地观察到台基的构筑方式。五号宫殿的台基也是采用夯土层与河卵石层交替叠压的方式夯筑而成，每一层河卵石层临近台基的边缘处时，代之以夯土，以防止河卵石滑落。

从台基残损处可知，台基现存3层夯土、两层河卵石。自上而下依次为：

第1层：台基表层夯土，该层夯土仅在台基西部的局部区域得以留存。

第2层：河卵石层，由于大部分区域的台基表层夯土已遭破坏，现存台基的表面主要是直接裸露的该层河卵石层。该层河卵石大小不一，多数长径约为10~15厘米，个别规格较大者长径超过20厘米，散见长径约5~8厘米的个体。

第3层：黄褐色夯土，厚约10~20厘米。

第4层：河卵石层。

第5层：褐色夯土层，土色较杂，厚约20~25厘米。

夯土均经筛选，土质较纯净。

台基表面保存很差，个别区域直接显露第3层黄褐色夯土。

由于台基的四边外缘均已遭到破坏，故而未能辨明台基外缘明确的土衬石、散水设施迹象。

北

0   100米

北

C

A — — A'

B — — B'

C — — C'

A — — A'

B — — B'

0   10米

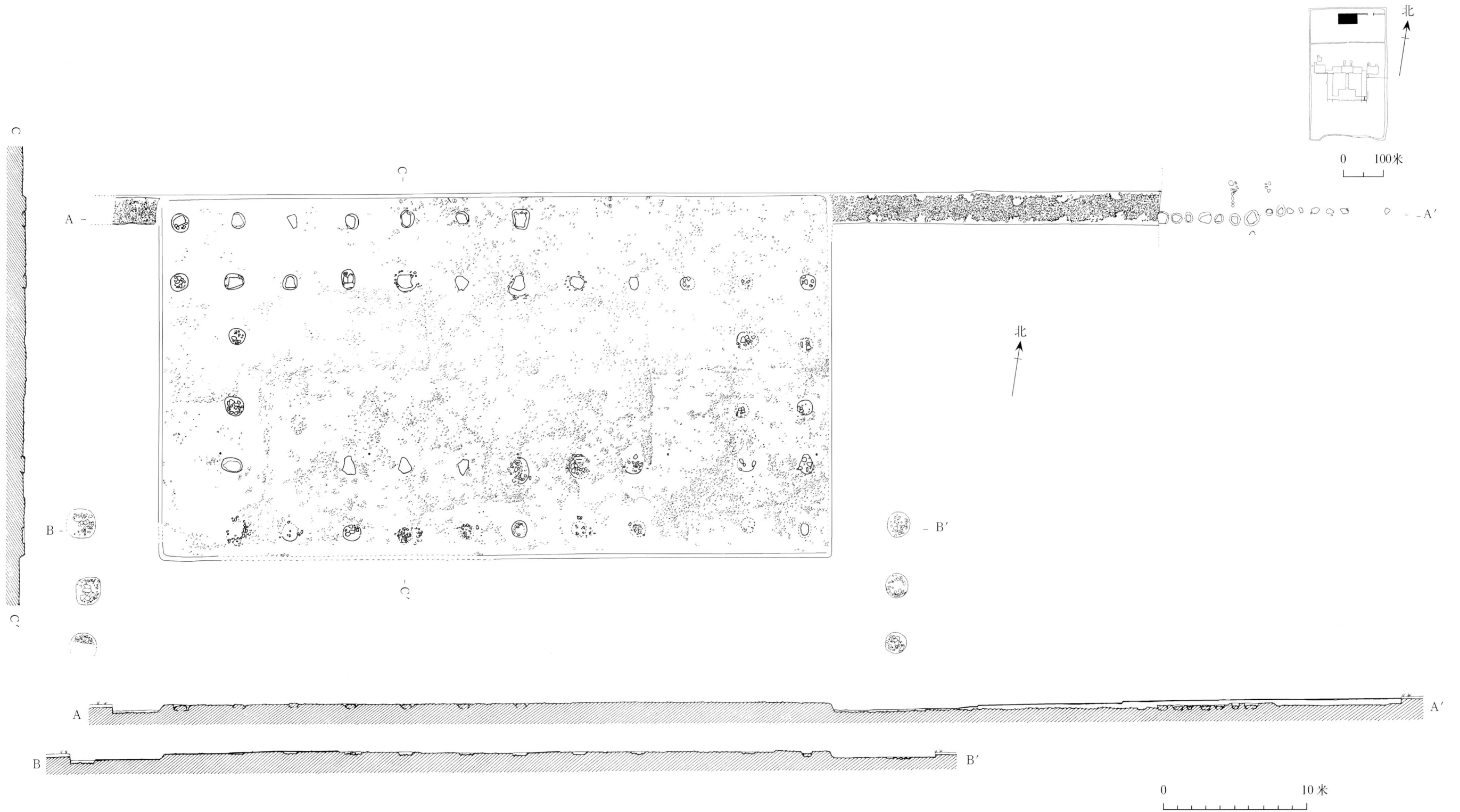

图一五八　五号宫殿址平、剖面图

在台基的东北端角、西北端角处，分别清理出一道沿台基北端向东、西两侧延伸的河卵石构筑的基础，该基础坐落在打破渤海地面的基槽之中。

在距五号宫殿台基23米处的东侧河卵石基础上，发现了一处存在柱础的夯土台基迹象。

（五）础石柱网

由于破损严重，五号宫殿台基仅有部分础石得以留存。础石均为顶面较为平整的不规则石块，未经修整，在形状、规格上存在较大的差异。小型础石，长径约0.8~0.9米；中型础石，长径约1~1.1米；大型础石，长径约1.2米。础石的质地不尽相同，看样子未对石材进行严格的挑选。根据础石不规则的形制特点并结合在留存有表层夯土区域清理出来的础石层位情况推断，同西古城的其他宫殿一样，五号宫殿的所有础石均为暗础。在保存有表层夯土的区域，础石的顶面低于台基平面。在没有留存表层夯土的区域，多数础石的顶面与现存台基的平面持平或略高。此外，在五号宫殿址的台基上，清理出一些础坑迹象。

根据础石、础坑所处的位置，基本确定了五号宫殿址的柱网格局：东西向设础石12列，南北向设础石6排。为方便描述，依据现存础石、础坑的排列规律，暂将五号宫殿址台基理论上应该存在的础石依次编号为N1X1~N1X12、N2X1~N2X12、N3X1~N3X12、N4X1~N4X12、N5X1~N5X12、N6X1~N6X12（以台基西南角础石为基点建立坐标系，N代表南，其后的数字代表础石的纵向位置；X代表西，其后的数字代表础石的横向位置。如N1X1表示由南向北纵向第1排的横向西起第1块础石，以此类推）。

下面按照N1~N2的排序，逐排介绍础石的留存情况。

N1X1，缺失；N1X2，缺失；N1X3，留存础坑；N1X4，留存础坑，坑内见部分已成碎块的础石；N1X5，留存础坑，坑内础石已成碎块；N1X6，留存础坑，坑内础石已成碎块；N1X7，留存础坑，坑内见部分已成碎块的础石；N1X8，留存础坑，坑内见部分已成碎块的础石；N1X9，留存础坑，坑内见已成碎块的础石；N1X10，缺失；N1X11，留存础坑；N1X12，留存础坑。

N2X1，缺失；N2X2，留存础坑；N2X3，缺失；N2X4~N2X6础石完好；N2X7~N2X8，础石已成碎块；N2X9，留存部分础石碎块；N2X10，缺失；N2X11留存另行础石碎块；N2X12，留存础坑及础石碎块迹象。

N3X1，缺失；N3X2，留存础坑，坑内见础石碎块，N3X3~N3X10，缺失；N3X11~N3X12，留存础坑，坑内见础石碎块。

N4X1，缺失；N4X2，留存础坑；N4X3~N4X10，缺失；N4X11~N4X12，留存础坑，坑内见础石碎块。

N5X1，留存础坑，坑内见础石碎块；N5X2~N5X3，础石完好并保存暗础迹象；N5X4，留存础坑，坑内见部分础石碎块；N5X5~N5X9，础石完好；N5X10~N5X12，留存础坑迹象并见础石碎块。

N6X1，础石断裂；N6X2~N6X7，础石完好；N6X8~N6X12，缺失。

根据上文的叙述，五号宫殿址台基上留存的础石、础坑构成的柱网大体呈“回”字形排列。以础石中心点测距，横、纵排础石的间距均为4.5米。

（六）建筑格局

依据五号宫殿址台基上留存的外圈础石推算，该宫殿址应该是一座面阔11间、进深5间式的结构格局。然而依据现有迹象难以明确的是：五号宫殿址台基中部N3X3～N3X10、N4X3～N4X10所处的位置是础石已经缺失还是渤海人的一种减柱做法？

由于五号宫殿址台基四缘均已遭受扰沟的破坏，未能发现踏步类迹象，并且台基之外也没有发现路土痕迹，故而，依据现存迹象无法辨明该建筑辟门的位置。

二、五号宫殿址出土遗物

（一）陶质遗物

1．文字瓦

在五号宫殿址发掘区域，出土文字瓦标本338件。其中，依据施纹瓦体统计，板瓦标本244件、筒瓦标本94件；依据施纹方式统计，模压文字（或符号）标本336件，刻划文字（或符号）标本11件，刻划文字（或符号）均发现于板瓦之上。就文字或符号而言，348件标本包含56个文字、17个不识字或符号。其中，板瓦、筒瓦共同使用的文字包括：信、仁、主、土、赤、安、十二、十三六；板瓦单独使用的文字包括：素、李文、石、手、尖、可、顺、保、俳、左李、成、羌（?）、音、则、切、文、珍、乌（?）、诺、昌、昌（?）、典、捺、宣、汤、德、多、计、艮、市、隆、屈、十三七、十三八；筒瓦单独使用的文字包括：男、夫、明（?）、自、须（?）、古、仇、优、开（?）、寸、贞；板瓦单独使用的刻划文字包括：川、吉、韦（?）；板瓦单独使用的无法释读的模压字体包括："偆"、"利"、"罗"、"耉"、"羙"、"旨"、"乚"、"几"、"亡"；板瓦单独使用的刻划符号："灻"；筒瓦单独使用的无法释读的模压字体包括："够"、"灭"、"秋"、"大"、"亣"、"夫"；板瓦、筒瓦共同使用的无法释读的模压字体："伯"。

（1）板瓦类文字瓦

A．模压文字标本

"素"，阴刻阳文，楷书，字外有框，7件同印个体，标本2005HXNT12③：63（图一五九，1）。

"李文"，纵书反字，阴刻阳文，楷书，字外有框，17件同印个体，标本2005HXNT12③：2（图一五九，2）。

"石"，阴刻阳文，楷书，字外有框，1件，标本2005HXNT12③：3（图一五九，3）。

"信"，阴刻阳文，楷书，字外有框，4件同印个体，标本2005HXNT18③：1（图一五九，4）。

"手"，阴刻阳文，楷书，字外有框，1件，标本2005HXNT3②：1（图一五九，5）。

"尖"，阴刻阳文，楷书，字外有框，1件，标本2005HXNT7②：1（图一五九，6）。

"可"，阴刻阳文，带有隶意的楷书，字外有框，6件同印个体，标本2005HXNT18③：2（图一五九，8）。

"顺"，阴刻阳文，楷书，字外有框，4件同印个体，标本2005HXNT18③：72（图一五九，9）。

"保"，阴刻阳文，楷书，字外有框。两种字体：

a．字体带有魏碑风格，1件，标本2005HXNT12③：4（图一五九，11）。

b．1件，标本2005HXNT12③：5（图一五九，12）。

"俳"，阴刻阳文，楷书，字外有框。两种字体：

a．笔画连笔，2件同印个体，标本2005HXNT18③：4（图一五九，13）。

图一五九　五号宫殿址出土文字瓦拓片（一）

1. 05T12③：63　2. 05T12③：2　3. 05T12③：3　4. 05T18③：1　5.05T3②：1　6. 05T7②：1　7. 05T18③：71　8. 05T18③：2
9. 05T18③：72　10. 05T12③：62　11. 05T12③：4　12. 05T12③：5　13. 05T18③：4　14. 05T12③：6　15. 05T12③：7
16. 05T18③：5　17. 05T12③：16　18. 05T18③：6　19. 05T12③：9

b．笔画清晰，12件，标本2005HXNT12③：6（图一五九，14）。

"左李"，纵书，阴刻阳文，楷书，字外有框，12件同印个体，标本2005HXNT12③：7（图一五九，15）。

"成"，阴刻阳文，楷书，字外有框，6件同印个体，标本2005HXNT18③：5（图一五九，16）。

"羌（?）"，阴刻阳文，楷书，字外有框，两种字体：

a．字体较大，4件同印个体，标本2005HXNT12③：16（图一五九，17）。

b．字体较小，2件同印个体，标本2005HXNT18③：6（图一五九，18）。

"音"，阴刻阳文，楷书，字外有框，1件，标本2005HXNT12③：9（图一五九，19）。

"伫"，不识，阴刻阳文，楷书，字外有框，1件，标本2005HXNT18③：71（图一五九，7）。

"皆"，不识，阴刻阳文，楷书，字外有框，3件同印个体，标本2005HXNT12③：62（图一五九，10）。

"则"，阴刻阳文，楷书。两种字体：

a．字外无框，1件，标本2005HXNT18③：70（图一六〇，1）。

b．字外有框，5件同印个体，标本2005HXNT12③：11（图一六〇，16）。

"切"，阴刻阳文，楷书，字外有框。两种字体：

a．字体较细，1件，标本2005HXNT18③：69（图一六〇，2）。

b．字体较粗，9件，标本2005HXNT12③：61（图一六〇，11）。

"文"，阴刻阳文，楷书。两种字体：

a．字外有框，5件同印个体，标本2005HXNT18③：68（图一六〇，3）。

b．字外无框，1件，标本2005HXNT12③：13（图一六〇，8）。

"珍"，阴刻阳文，带有隶意的楷书，字外无框，1件，标本2005HXNT18③：10（图一六〇，5）。

"乌（?）"，阴刻阳文，楷书，字外无框，3件同印个体，标本2005HXNT18③：66（图一六〇，6）。

"诺"，阴刻阳文，楷书，字外有框，3件同印个体，标本2005HXNT12③：60（图一六〇，7）。

"昌"，阴刻阳文，楷书。三种字体：

a．字外有框，13件同印个体，标本2005HXNT18③：67（图一六〇，9）。

b．字外无框，1件，标本2005HXNT12③：16（图一六〇，12）。

c．字外无框，6件同印个体，标本2005HXNT7②：2（图一六〇，13）。

"昌（?）"，阴刻阳文，楷书。字外有框，1件，标本2005HXNT12③：15（图一六〇，14）。

"典"，阴刻阳文，楷书，字外无框，2件同印个体，标本2005HXNT12③：17（图一六〇，15）。

"捺"，阴刻阳文，楷书，字外无框，1件，标本2005HXNT12③：18（图一六〇，18）。

"利"，阴刻阳文，不识，字外无框，2件同印个体，标本2005HXNT12③：19（图一六〇，4）。

"昭"，阴刻阳文，不识，字外有框，2件同印个体，标本2005HXNT12③：59（图一六〇，10）。

"青"，阴刻阳文，不识，字外有框，1件，标本2005HXNT18③：13（图一六〇，17）。

"黄"，阴刻阳文，不识，字外有框，1件，标本2005HXNT18③：14（图一六〇，19）。

"宣"，阴刻阳文，楷书，字外无框，2件同印个体，标本2005HXNT12③：21（图一六一，1）。

"仁"，阴刻阳文，楷书。四种字体：

a．字外有框，3件同印个体，标本2005HXNT18③：15（图一六一，2）。

图一六〇　五号宫殿址出土文字瓦拓片（二）

1. 05T12③：63　2. 05T12③：2　3. 05T12③：3　4. 05T18③：1　5.05T3②：1　6. 05T7②：1　7. 05T18③：71　8. 05T18③：2
9. 05T18③：72　10. 05T12③：62　11. 05T12③：4　12. 05T12③：5　13. 05T18③：4　14. 05T12③：6　15. 05T12③：7
16. 05T18③：5　17. 05T12③：67　18. 05T12③：6　19. 05T18③：14

b．字体较大、笔画较细，字外无框，1件，标本2005HXNT6②：1（图一六一，3）。

c．字体较大、笔画较粗，字外无框，4件同印个体，标本2005HXNT12③：22（图一六一，6）。

d．字体较小，字外无框，2件同印个体，标本2005HXNT12③：58（图一六一，16）。

"汤"，阴刻阳文，楷书，字外无框。四种字体：

a．字体瘦小，1件，标本2005HXNT24②：1（图一六一，4）。

b．不规则形印，2件同印个体，标本2005HXNT12③：57（图一六一，8）。

c．字体较宽，1件，标本2005HXNT13②：1（图一六一，17）。

d．字体瘦长，1件，标本2005HXNT12③：25（图一六一，19）。

"德"，阴刻阳文，楷书，字外无框，4件同印个体，标本2005HXNT13②：2（图一六一，5）。

"多"，阴刻阳文，楷书，字外无框，1件，标本2005HXNT18③：16（图一六一，7）。

"计"，阴刻阳文，楷书，字外无框，8件同印个体，标本2005HXNT12③：27（图一六一，10）、标本2005HXNT12③：28（图一六一，11）。

"艮"，阴刻阳文，楷书，字外无框。两种字体：

a．字体较长，1件，标本2005HXNT7②：3（图一六一，12）。

b．字体较短，1件，标本2005HXNT12③：26（图一六一，13）。

"主"，阴刻阳文，楷书，字外无框，1件，标本2005HXNT18③：17（图一六一，14）。

"土"，阴刻阳文，楷书，字外无框。两种字体：

a．印体较小，1件，标本2005HXNT18③：18（图一六一，15）。

b．印体较大，1件，标本2005HXNT18③：19（图一六一，18）。

"赤"，阴刻阳文，楷书，字外无框。三种字体：

a．2件同印个体，标本2005HXNT18③：65（图一六一，20）。

b．1件，标本2005HXNT18③：64（图一六一，21）。

c．4件同印个体，标本2005HXNT12③：29（图一六一，22）。

"𩙿"，阴刻阳文，楷书，字外无框，1件，标本2005HXNT12③：55（图一六一，9）。

"市"，阳刻阴文，楷书，字外无框。四种字体。

a．3件同印个体，标本2005HXNT18③：22（图一六二，3）。

b．1件，标本2005HXNT12③：56（图一六二，4）。

c．1件，标本2005HXNT12③：32（图一六二，11）。

d．3件同印个体，标本2005HXNT12③：33（图一六二，12）。

"隆"，阴刻阳文，带有隶意的楷书，字外无框。三种字体：

a．字体较小，1件，标本2005HXNT18③：23（图一六二，5）。

b．字体较大，2件同印个体，标本2005HXNT18③：24（图一六二，8）。

c．椭圆形印，3件同印个体，标本2005HXNT18③：25（图一六二，7）。

"屈"，阳刻阴文，楷书，字外无框，1件，标本2005HXNT12③：34（图一六二，9）。

"安"，阴刻阳文，楷书，字外有框，1件，标本2005HXNT18③：63（图一六二，10）。

符号"🐛"，阴刻阳文，字外无框，2件同印个体，标本2005HXNT12③：35（图一六二，1）。

图一六一　五号宫殿址出土文字瓦拓片（三）

1. 05T12③：21　2. 05T18③：15　3. 05T6②：1　4. 05T24②：1 5.05T13②：2　6. 05T12③：22　7. 05T18③：16　8. 05T12③：57
9. 05T12③：55　10. 05T12③：27　11. 05T12③：58　12. 05T7②：3　13. 05T12③：26　14. 05T18③：17　15. 05T18③：18
16. 05T12③：58　17. 05T13②：1　18. 05T12③：19　19. 05T12③：25　20. 05T18③：65　21. 05T18③：64　22. 05T12③：29

符号"🔣"，阴刻阳文，字外无框，6件同印个体，标本2005HXNT18③：62（图一六二，2）。

符号"🔣"，阴刻阳文，字外无框，2件同印个体，标本2005HXNT18③：61（图一六二，6）。

"十二"，阳刻阴文，字外无框，12件，均略有差异，标本2005HXNT12③：36（图一六二，16）、标本2005HXNT18③：29（图一六二，17）、标本2005HXNT12③：37（图一六二，18）。

"十三六"，阳刻阴文，字外无框，5件，均略有差异，其中包括4件"六"字笔画完整：标本2005HXNT18③：60（图一六二，14）、标本2005HXNT12③：38（图一六二，20）；1件"六"字笔画不完整：标本2005HXNT6②：2（图一六二，15）。

"十三七"，阳刻阴文，正刻反印，字外无框，8件，均略有差异，标本2005HXNT7②：11（图一六二，21）、标本2005HXNT12③：39（图一六二，22）。

"十三八"，阳刻阴文，字外无框，4件，均略有差异，标本2005HXNT5②：1（图一六二，13）、标本2005HXNT12③：40（图一六一，19）。

B．刻划文字标本

"述"，3件不同：标本2005HXNT18③：59（图一六三，1）、标本2005HXNT12③：41（图一六三，2）、标本2005HXNT18③：58（图一六三，4）。

"土"，1件，标本2005HXNT18③：33（图一六三，3）。

"汤（?）"，1件，标本2005HXNT7②：10（图一六三，5）。

"市"，1件，标本2005HXNT12③：42（图一六三，6）。

"川"，隶书风格，1件，标本2005HXNT18③：34（图一六三，7）。

"成"，1件，标本2005HXNT18③：64（图一六三，8）。

"吉"，1件，标本2005HXNT18③：57（图一六三，9）。

"韦（?）"，1件，标本2005HXNT18③：37（图一六三，10）。

符号"🔣"，1件，标本2005HXNT12③：43（图一六三，11）。

（2）筒瓦类文字瓦

A．模压文字标本

"男"，阴刻阳文，带有隶意的楷书，字外有框。两种字体：

a．字体较小，5件同印个体，标本2005HXNT12③：44（图一六四，3）。

b．字体较大，5件同印个体，标本2005HXNT12③：45（图一六四，31）。

"信"，阴刻阳文，楷书，字外无框，4件同印个体，标本2005HXNT18③：56（图一六四，4）。

"夫"，阴刻阳文，楷书，字外有框，1件，标本2005HXNT12③：65（图一六四，5）。

"明（?）"，阴刻阳文，楷书，字外有框，1件，标本2005HXNT12③：66（图一六四，6）。

"土"，阴刻阳文，楷书，字外有框，2件同印个体，标本2005HXNT12③：46（图一六四，7）。

"赤"，阴刻阳文，楷书，字外无框，1件，标本2005HXNT6②：4（图一六四，8）。

"仁"，阴刻阳文，楷书，字外有框。三种字体：

a．1件，标本2005HXNT7②：4（图一六四，11；图版四三，1）。

b．6件同印个体，标本2005HXNT7②：5，该标本为绿釉（图一六四，16）。

c．1件，标本2005HXNT12③：47（图一六四，18）。

图一六二　五号宫殿址出土文字瓦拓片（四）

1. 05T12③：35　2. 05T18③：62　3. 05T18③：22　4. 05T12③：56　5.05T18③：23　6. 05T18③：61　7. 05T18③：25　8. 05T18
③：24　9. 05T12③：34　10. 05T18③：63　11. 05T12③：32　12. 05T12③：33　13. 05T5②：1　14. 05T18③：60　15. 05T6②：2
16. 05T12③：36　17. 05T18③：29　18. 05T12③：37　19. 05T12③：40　20. 05T12③：38

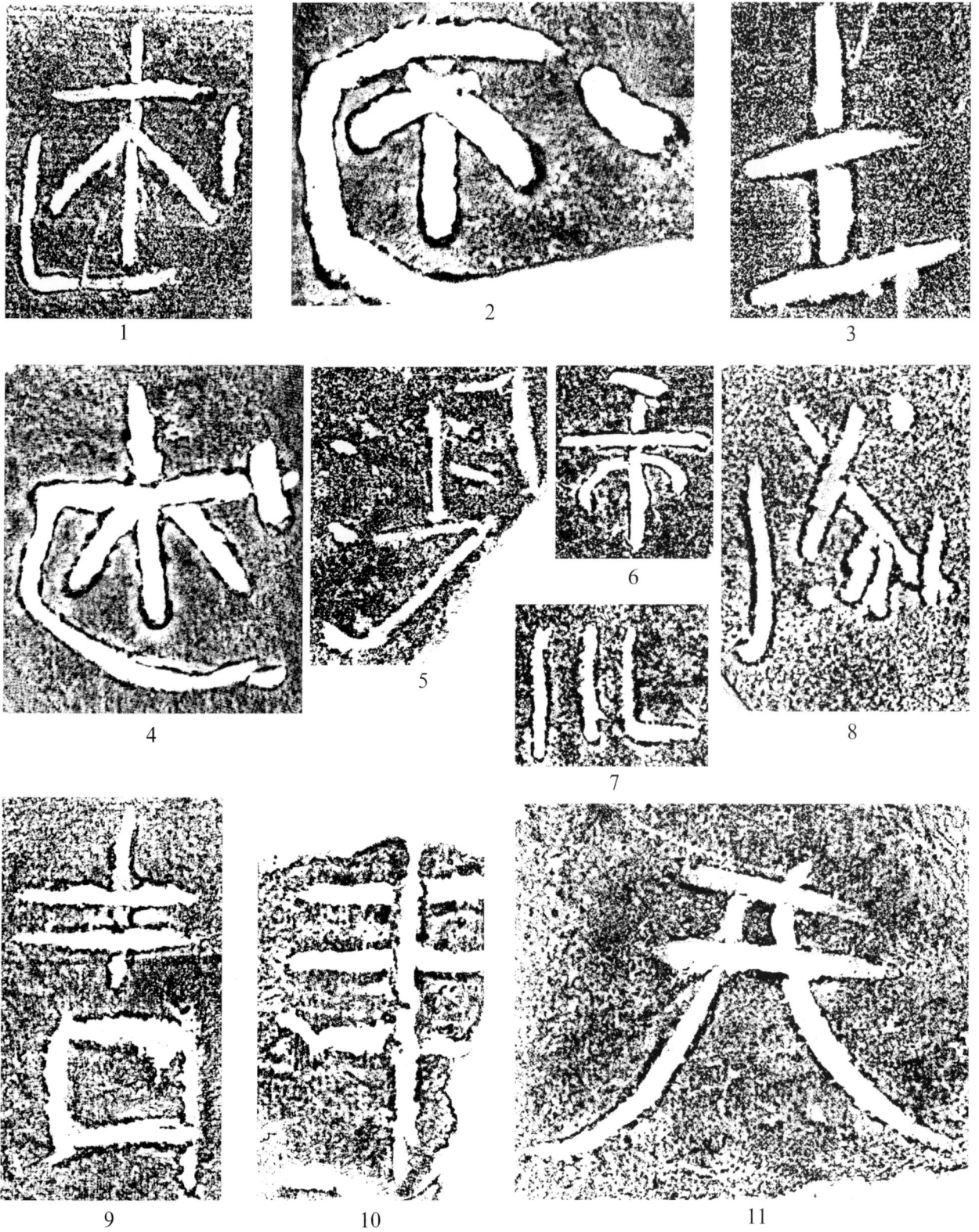

图一六三　五号宫殿址出土文字瓦拓片（五）

1. 05T18③：59　2. 05T12③：41　3. 05T18③：33　4. 05T18③：58　5.05T7②：10　6. 05T12③：42
7. 05T18③：34　8. 05T18③：64　9. 05T18③：37　10. 05T18③：37　11. 05T12③：43

"主"，阴刻阳文，楷书，字外无框，4件同印个体，标本2005HXNT12③：10（图一六四，13；图版四三，3）。

"自"，阴刻阳文，楷书，字外有框。两种字体：

a. 字体较小，5件同印个体，标本2005HXNT18③：39（图一六三，14）。

b. 字体较大，1件，标本2005HXNT18③：55（图一六四，22）。

"须（?）"，阴刻阳文，楷书，字外无框，3件同印个体，标本2005HXNT12③：49（图一六四，15）。

"古"，阴刻阳文，楷书，字外无框，2件同印个体，标本2005HXNT12③：50（图一六四，17）。

"仇"，阴刻阳文，楷书，字外有框，3件同印个体，标本2005HXNT18③：41（图一六四，19）。

"优"，阴刻阳文，楷书，字外无框，6件同印个体，标本2005HXNT6②：6（图一六四，20）。

"开（?）"，阴刻阳文，楷书，字外无框，1件，标本2005HXNT12③：51（图一六四，21）。

"寸"，阴刻阳文，楷书，字外有框，2件同印个体，标本2005HXNT18③：54（图一六四，26）。

"安"，阴刻阳文，楷书。字外有框，两种字体：

a. 1件，标本2005HXNT12③：52（图一六四，28）。

b. 3件同印个体，标本2005HXNT7②：9（图一六四，32）。

"贞"，阴刻阳文，楷书，字外无框，2件同印个体，标本2005HXNT7②：6（图一六四，30）。

"𢆯"，阴刻阳文，不识，字外无框，1件，标本2005HXNT18③：53（图一六四，1）。

"𫟅"，阴刻阳文，不识，字外无框，1件，标本2005HXNT12③：53（图一六四，2）。

"佗"，不识，阴刻阳文，楷书，字外无框，10件同印个体，标本2005HXNT18③：44（图一六四，9）。

"秋"，阴刻阳文，楷书，字外无框，12件同印个体，标本2005HXNT18③：45（图一六四，27；图版四三，2）。

符号"𠂆"，阴刻阳文，字外有框，1件，标本2005HXNT18③：52（图一六四，10）。

符号"𥘉"，阴刻阳文，字外有框，3件同印个体，标本2005HXNT18③：47（图一六四，12）。

符号"𢆶"，阴刻阳文，字外有框，1件，标本2005HXNT12③：54（图一六四，29）。

"十二"，纵书，阳刻阴文，字外无框，1件，标本2005HXNT24②：3（图一六四，25）。

"十三六"，纵书，阳刻阴文，字外无框，4件，字体略有差异，标本2005HXNT18③：48（图一六四，23）、标本2005HXNT7②：7（图一六四，24）。

2. 板瓦　采集到10件完整及可复原个体。

（1）单面指印纹板瓦

标本2005HXNT18③：16，瓦体窄边右角残断，瓦体窄边下部瓦身凸面中央施有模压阳文"羌（?）"字。瓦体纵向长39.8、窄边残长16.4、宽边边长32.6、施纹端面宽2.2厘米（图一六五，5；图版四五，1）。

标本2005HXNT10②：17，略残，瓦体纵向长45.4、窄边残长23.4、宽边边长33、施纹端面宽2.4厘米（图一六五，6）。

（2）刀削纹板瓦　瓦体宽边端面上沿使用刀或片状工具削有凹坑。

标本2005HXNT12③：30，瓦体残断。瓦体宽边边长32、施纹端面宽2.2厘米（图一六五，4）。

（3）檐头板瓦

图一六四　五号宫殿址出土文字瓦拓片（六）

1. 05T18③:53　2. 05T12③:53　3. 05T12③:44　4. 05T18③:56　5. 05T12③:65　6. 05T12③:66　7. 05T12③:46
8. 05T6②:4　9. 05T18③:44　10. 05T18③:52　11. 05T7②:4　12. 05T18③:47　13. 05T12③:10　14. 05T18③:39
15. 05T12③:49　16. 05T7②:5　17. 05T12③:50　18. 05T12③:47　19. 05T18③:41　20. 05T6②:6　21. 05T12③:51
22. 05T18③:55　23. 05T18③:48　24. 05T7②:7　25. 05T24②:3　26. 05T18③:54　27. 05T18③:45　28. 05T12③:52
29. 05T12③:54　30. 05T7②:6　31. 05T12③:45　32. 05T7②:9

五号宫殿址区域出土的檐头板瓦均无法复原，未见完整个体。

A．A 型檐头板瓦

标本 2005HXNT18 ③：65，檐面宽 2.6 厘米（图一六六，6）。

标本 2005HXNT1 ③：3，檐面宽 2.4 厘米（图一六六，3）。

B．D 型檐头板瓦

标本 2005HXNT7 ③：11，檐面宽 1.9 厘米（图一六六，1）。

标本 2005HXNT13 ③：22，檐面宽 2.4 厘米（图一六六，2）。

C．E 型檐头板瓦

标本 2005HXNT12 ③：68，檐面宽 3 厘米（图一六六，4）。

标本 2005HXNT12 ③：69，檐面宽 2.8 厘米（图一六六，5）。

（4）截角檐头板瓦

标本 2005HXNT13 ②：3，瓦体仅残存一角，该瓦是在瓦坯状态时，截去了瓦体宽边的左角，然后施 A 型纹饰。檐面残长 15、檐面宽 2.2 厘米（图一六五，1）。

标本 2005HXNT24 ②：9，瓦体仅残存一角，该瓦是在瓦坯状态时，截去了瓦体宽边的左角，然后施 A 型纹饰。檐头残长 24.2、檐头端面宽 2.4 厘米（图一六五，3；图版四六，2）。

标本 2005HXNT18 ③：27，瓦体仅残存一角，该瓦是在瓦坯状态时，截去了瓦体宽边的右角，然后施 A 型纹饰。檐头残长 16.6、檐头端面宽 2.2 厘米（图一六五，2）。

3．筒瓦　采集到 46 件标本，其中 39 件为完整及可复原的曲节形瓦唇筒瓦，2 件为直节瓦唇筒瓦，5 件为曲背筒瓦。

（1）直节形瓦唇筒瓦

标本 2005HXNT18 ③：36，器残，器体较宽。瓦体残长 30.6、瓦体残宽 15、瓦唇长 4.9 厘米（图一六七，1）。

（2）曲节形瓦唇筒瓦

标本 2005HXNT12 ③：10，完整，在曲节形瓦唇的近中央位置施有倒印的模压阳文"主"字。瓦体通长 36.8、瓦唇长 6.8 厘米，瓦唇以下瓦体窄边宽 15.6、宽边宽 16 厘米（图一六八，1；图版四七，6）。

标本 2005HXNT12 ③：1，完整，在曲节形瓦唇外沿施有模压阳文"秋"字。瓦体通长 34.8、瓦唇长 7 厘米，瓦唇以下瓦体窄边宽 17.2、宽边宽 17.6 厘米（图一六八，2；图版四七，5）。

标本 2005HXNT1 ②：3，完整，在曲节形瓦唇的近中央位置施有模压阳文"优"字。瓦体通长 39、瓦唇长 6.6 厘米，瓦唇以下瓦体宽 16 厘米（图一六八，3）。

标本 2005HXNT24 ②：13，完整，在曲节形瓦唇外沿施有模压文字，现已无法辨识。瓦体通长 39.5、瓦唇长 6.6 厘米，瓦唇以下瓦体窄边宽 17.4、宽边宽 17.6 厘米（图一六八，4）。

（3）檐头筒瓦

曲节形瓦唇檐头筒瓦，1 件，可复原。

标本 2005HXNT18 ③：8，A 型瓦当接曲节形筒瓦，瓦当残，残存的当面仅能辨识出 A 型特征，瓦唇中央有 1 个圆形透孔。瓦体通长 42.6、瓦唇长 5.2、透孔直径约 0.9 厘米；瓦唇以下瓦体窄边宽 16、瓦当直径约 16、边轮宽约 1.2、边轮高约 0.8 厘米（图一六九，3）。

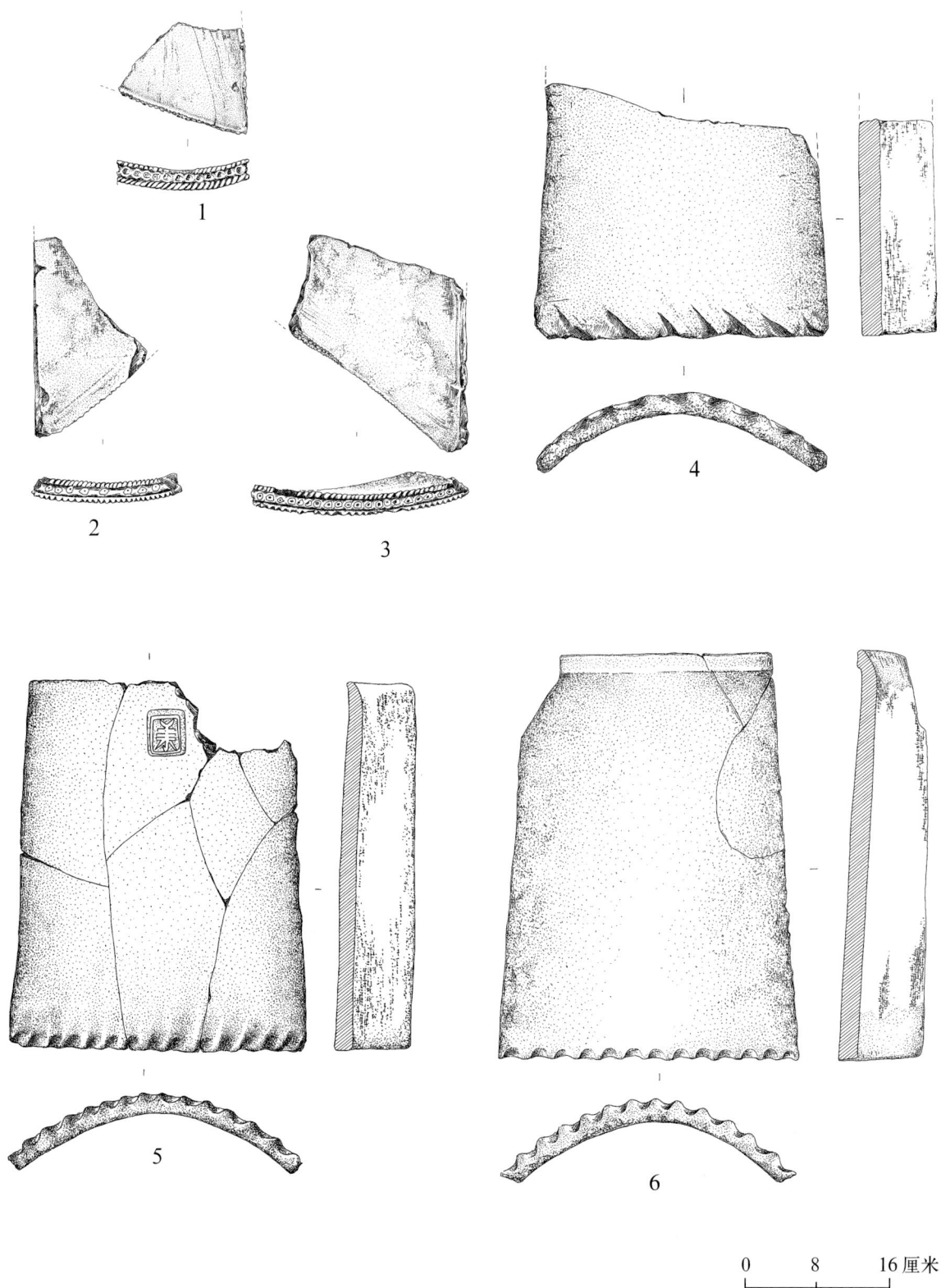

图一六五　五号宫殿址出土板瓦、截角檐头板瓦

1～3. 截角檐头板瓦（05T13②：3、05T18③：27、05T24②：9）　4. 刀削纹板瓦（05T12③：30）
5、6. 单面指印纹板瓦（05T18③：16、05T12②：17）

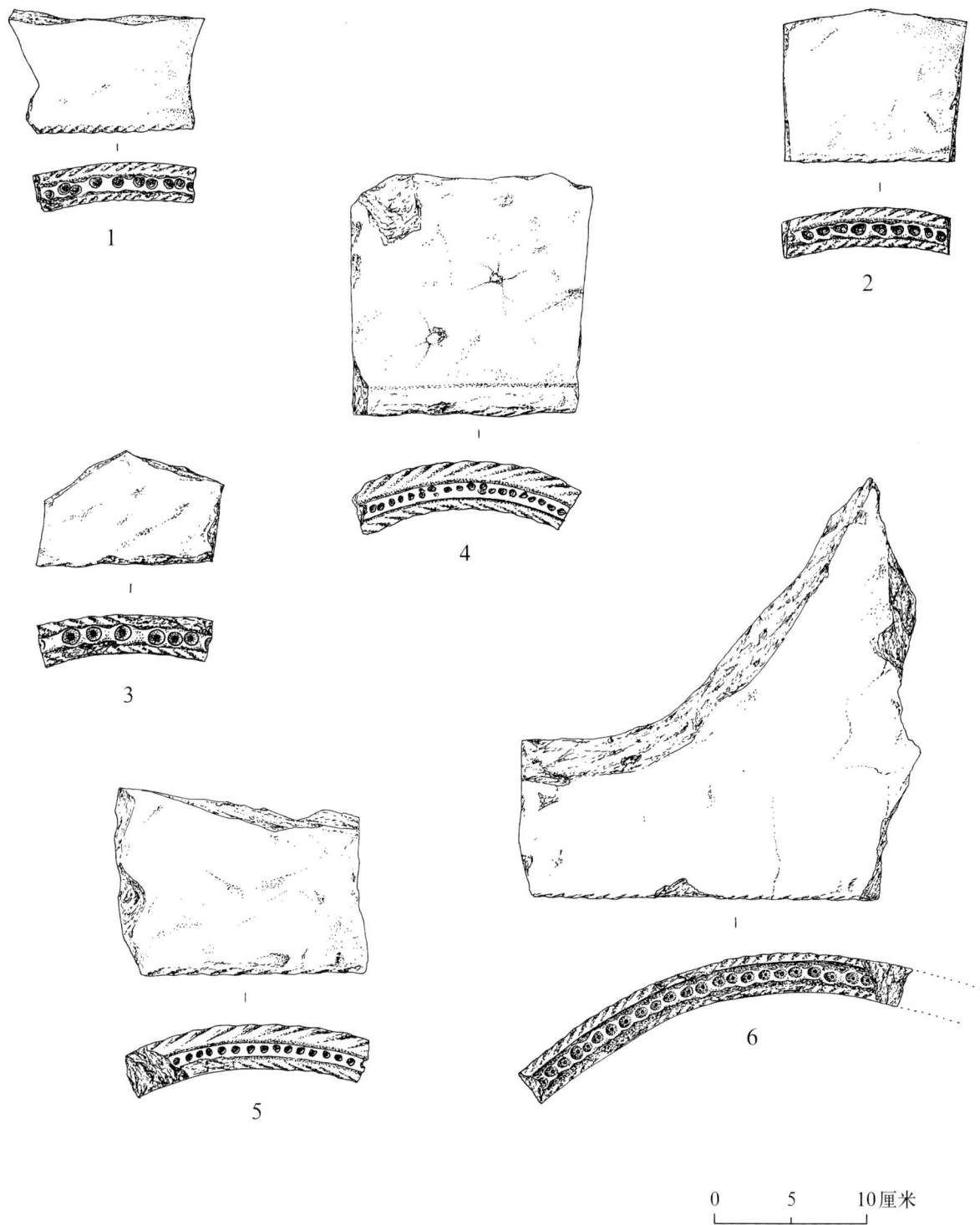

图一六六　五号宫殿址出土檐头板瓦

1、2. D型（05T7③：11、05T13③：22）　3、6. A型（05T1③：3、05T18③：65）　4、5. E型（05T12③：68、05T12③：69）

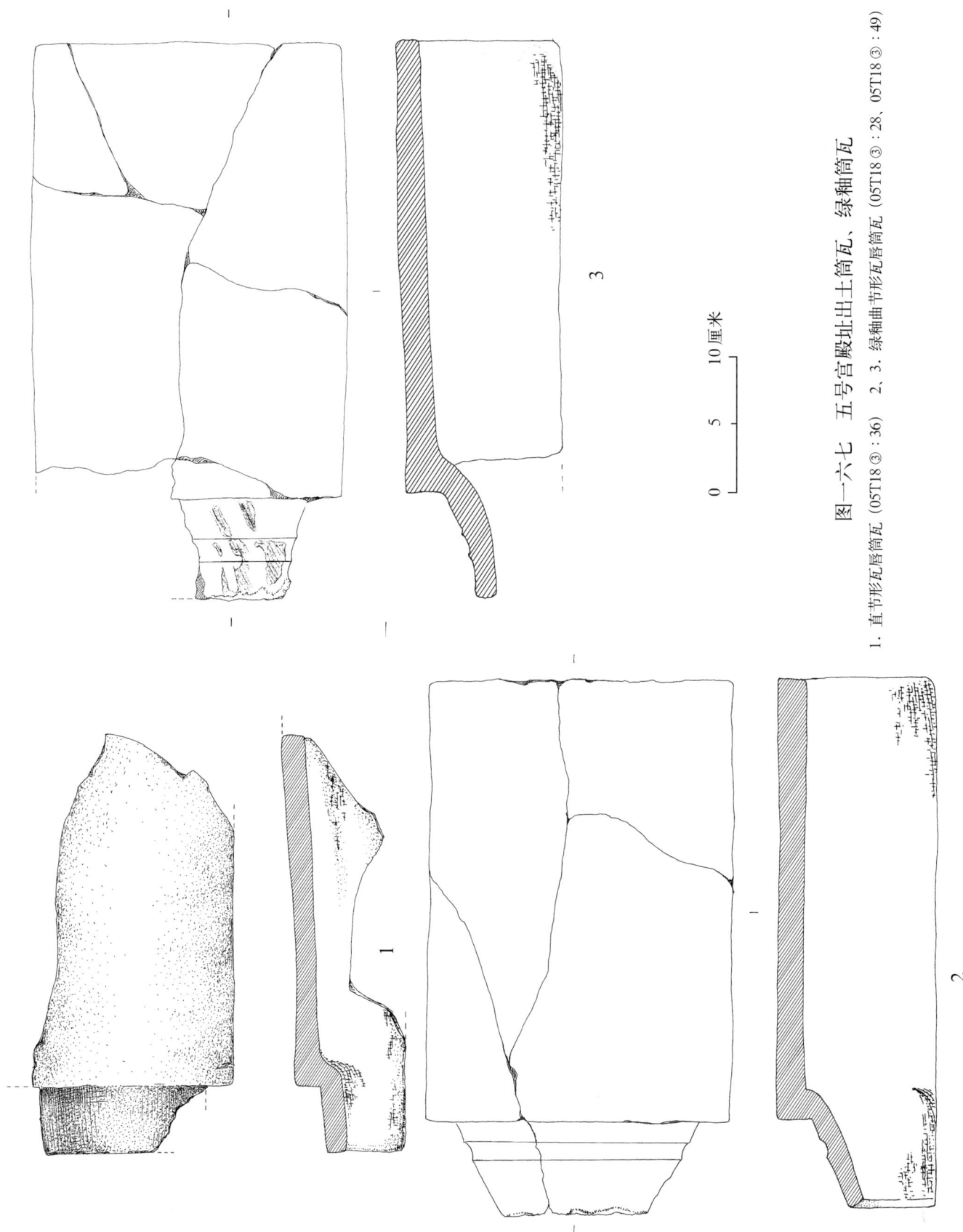

图一六七　五号宫殿址出土筒瓦、绿釉筒瓦

1. 直节形瓦唇筒瓦（05T18③：36）　2、3. 绿釉曲节形瓦唇筒瓦（05T18③：28、05T18③：49）

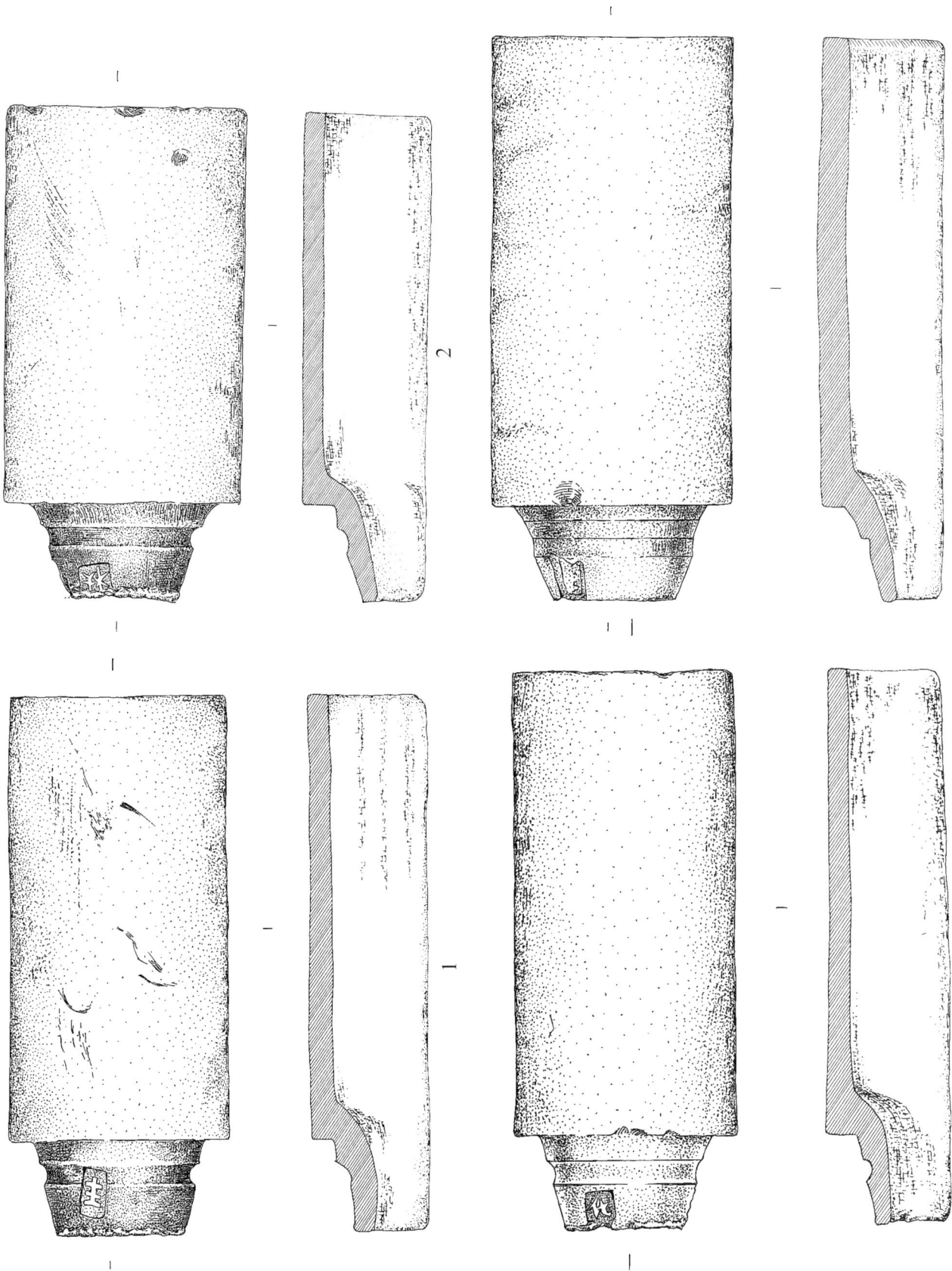

图一六八　五号宫殿址出土曲节形瓦唇筒瓦
1. 05T12 ③：10　2. 05T12 ③：1　3. 05T1 ②：3　4. 05T24 ②：13

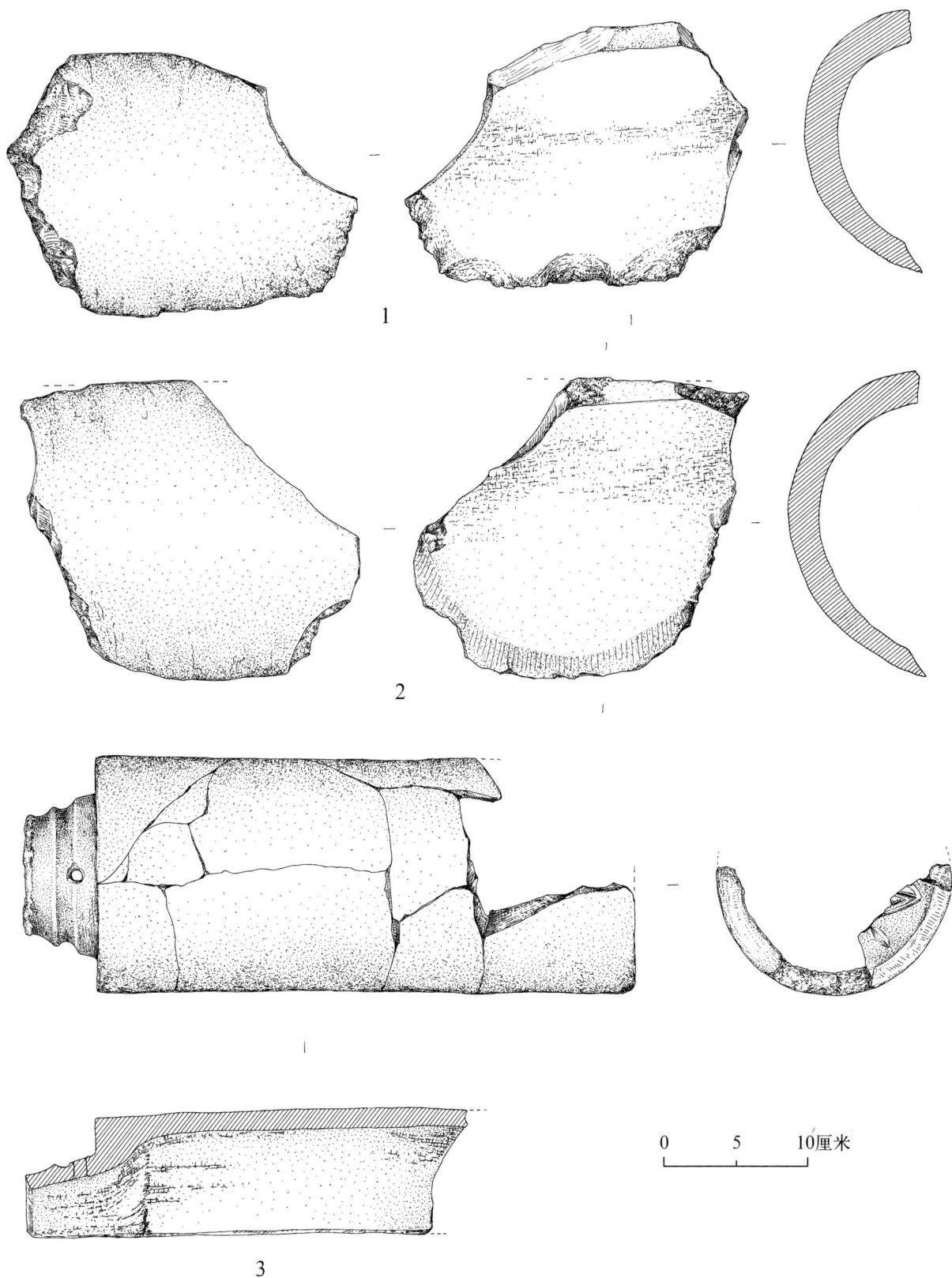

图一六九　五号宫殿址出土檐头筒瓦、当沟
1、2. 当沟（05T12 ③：12、05T18 ③：11）　3. 檐头筒瓦（05T18 ③：8）

（4）曲背檐头筒瓦　均残，5件瓦身标本，均无法复原。

标本2005HXNT18③：9，残存部分曲背筒瓦器身，曲节形瓦唇略残，瓦唇中央有1个圆形透孔，瓦身侧边近端处留存近圆形透孔痕迹。瓦体残长23.2、瓦唇长6.2、透孔直径1厘米（图一七〇，2；图版四九，2）。

标本2005HXNT12③：14，残存部分曲背筒瓦器身，曲节形瓦唇略残，瓦唇中央有1个圆形透孔。瓦体残长18.6、瓦唇长5.6、透孔直径0.6厘米（图一七〇，3）。

此外，另有3件瓦当标本接曲背筒瓦

4．瓦当

（1）A型　萼形间饰六瓣莲纹瓦当

A．Aa型　乳突外环绕同心圆凸棱线纹、联珠纹。

采集的标本中，10件可复原，另见9片残片。

标本2005HXNT7②：8，器残，瓦当直径17、乳突直径2、乳突高1、同心圆直径4.2、边轮宽1~1.2、边轮高0.8厘米（图一七一，1；图一七二，1）。

标本2005HXNT3②：2，瓦当直径16.4、乳突直径1.2、乳突高1.2、同心圆直径4、边轮宽1.2、边轮高0.6~1厘米（图一七一，2；图一七二，2；图版三四，3）。

B．Ab型　乳突外环绕联珠纹。采集的标本中，7件可复原，另见2片残片。

标本2005HXNT18③：12，瓦当直径17.8、乳突直径2.8、乳突高1.2、边轮宽1.2、边轮高0.8厘米（图一七一，6；图一七二，6；图版三五，3）。

标本2005HXNT12③：20，器残，瓦当直径166、乳突直径4、乳突高1.6、边轮宽1、边轮高0.8厘米（图一七一，7；图一七二，7；图版三五，4）。

（2）B型　十字形间饰六瓣莲纹瓦当

Ba型　大型十字形间饰六瓣莲纹瓦当，出土了2件，瓦当所连接的筒瓦均为曲背筒瓦。

标本2005HXNT18③：20，器残。瓦当直径约16.2、乳突直径1.8、乳突高0.8、同心圆直径4~4.2、边轮宽1.2、边轮高1厘米（图一七〇，1）。

（3）C型　弯月形间饰六瓣莲纹瓦当

出土了10件，其中2件标本瓦当接曲背筒瓦。

标本2005HXNT18③：21，器残，瓦当直径约15.8、乳突直径2、乳突高0.6、同心圆直径4.2~4.4、边轮宽1、边轮高1厘米（图一七一，3；图一七二，3）。

（4）D型　八朵单体连枝莲纹瓦当，1件。

标本2005HXNT18③：35，器残，当面仅残存2朵侧视莲纹。边轮宽1.2、边轮高0.8厘米（图一七一，4；图一七二，4）。

（5）E型　八瓣连体莲纹瓦当

Eb型　瓦当中央为半球体乳突，其外环绕3圈凸棱纹同心圆，在外两圈同心圆之间饰以14颗联珠纹，出土了2件标本，其中1件为局部残片。

标本2005HXNT18③：26，瓦当直径12、乳突直径1.6、乳突高0.8、三周同心圆直径分别为2、3.6、4.6、边轮宽1、边轮高1厘米（图一七一，5；图一七二，5；图版三八，2）。

5．当沟 五号宫殿址区域出土了4件标本。

标本2005HXNT12③：12，残，器身顶部残断。器身正面（凸面）素面；凹面布满布纹。舌形轮廓的底部边沿残损严重，其左右两侧边沿存在粗糙的加工痕迹。器身顶部边沿残长12.4、舌形轮廓底边残长14.4、器身宽17.4、器身弦高7.6、器壁厚2厘米（图一六九，1）。

标本2005HXNT18③：11，残，器身顶部残断。器身正面（凸面）素面；凹面布满布纹。舌形轮廓的底部边沿切割得比较光滑，其左右两侧边沿存在粗糙的加工痕迹。器身舌形轮廓底边残长16.4、器身宽20.2、器身弦高9.2、器壁厚2厘米（图一六九，2）。

6．压当条 采集到2件板瓦类压当条残片。

7．陶质鸱尾 在五号宫殿址区域出土了一些陶质的鸱尾残片，它们可能属于同1件鸱尾（图版三〇，1）。

标本2005HXNT18③：3，夹砂灰陶质地，残存正面鳍刺、后部隔板的局部器身。在正面，残存鳍身凸棱线纹及2条斜向凸棱线纹鳍刺的残段。在后部隔板，残存横向4排长方形透孔，透孔的位置略显隔排对称。

鳍身、鳍刺凸棱线纹宽2.6、高1.4厘米；透孔边长1.2、边宽0.8、横向间距5～5.6厘米（图一

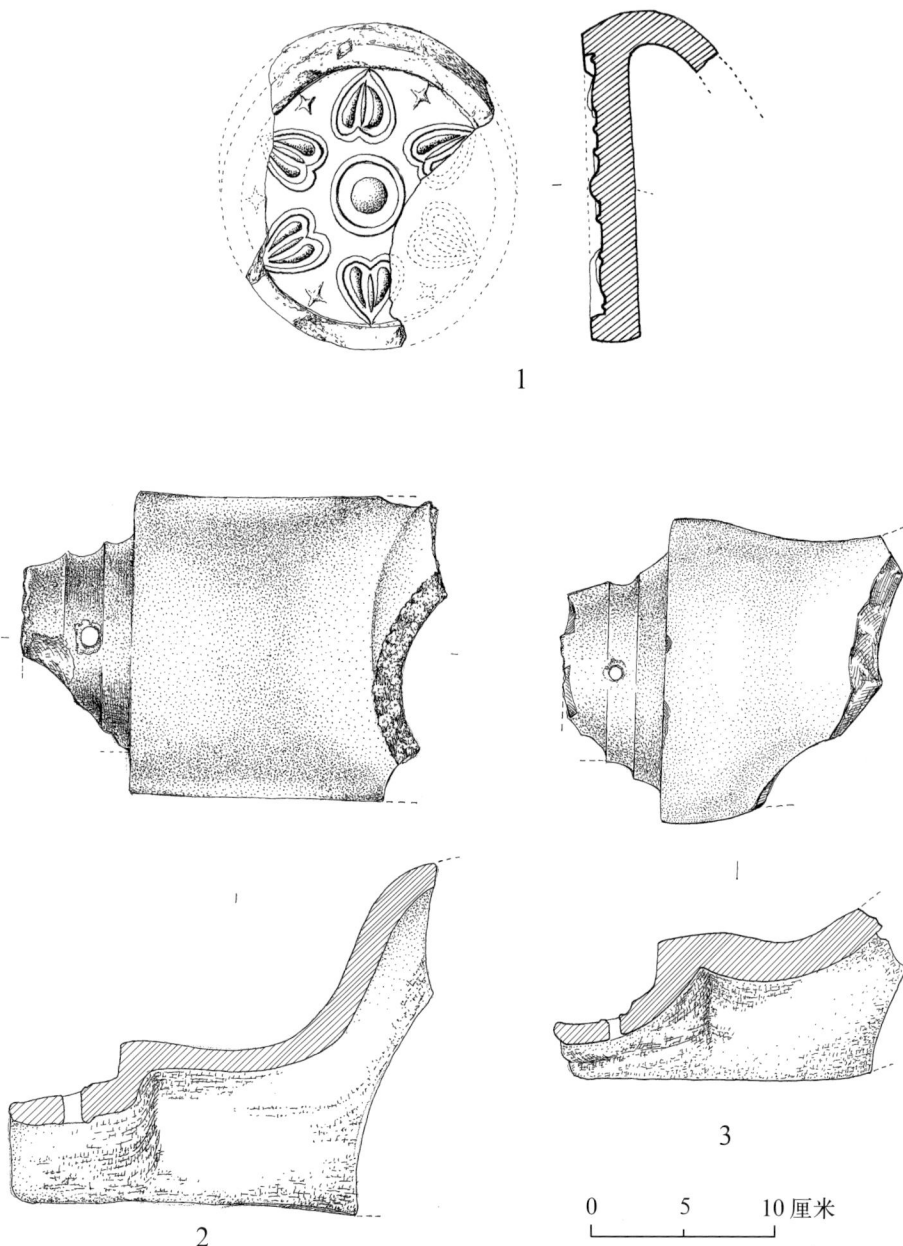

图一七〇 五号宫殿址出土曲背檐头筒瓦

1. 05T18③：20 2. 05T18③：9 3. 05T12③：14

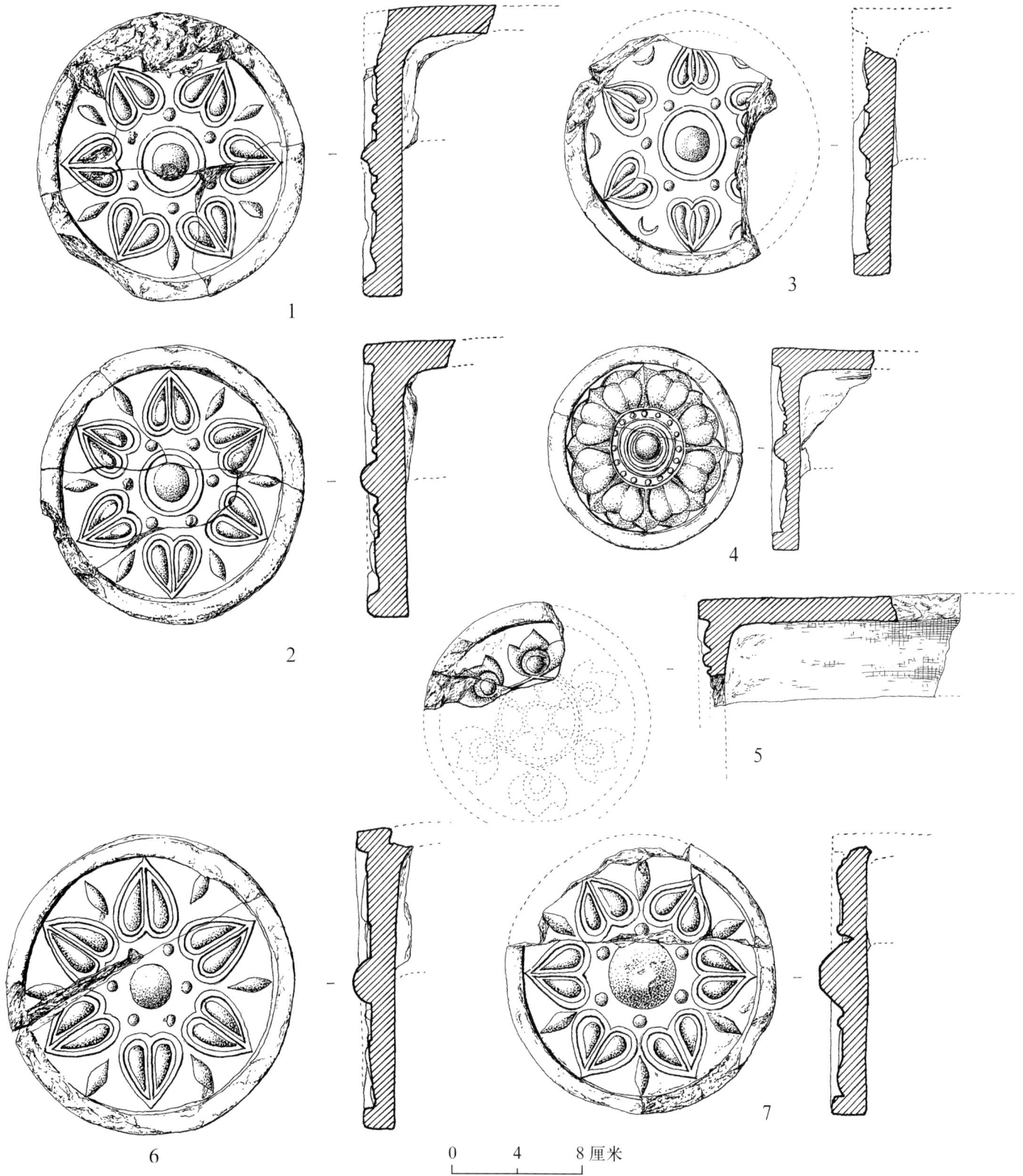

图一七一 五号宫殿址出土瓦当

1、2. Aa 型（05T7②：8、05T3②：2） 3. C 型（05T18③：21） 4. Eb 型（05T18③：26）
5. D 型（05T18③：35） 6、7. Ab 型（05T18③：12、05T12③：20）

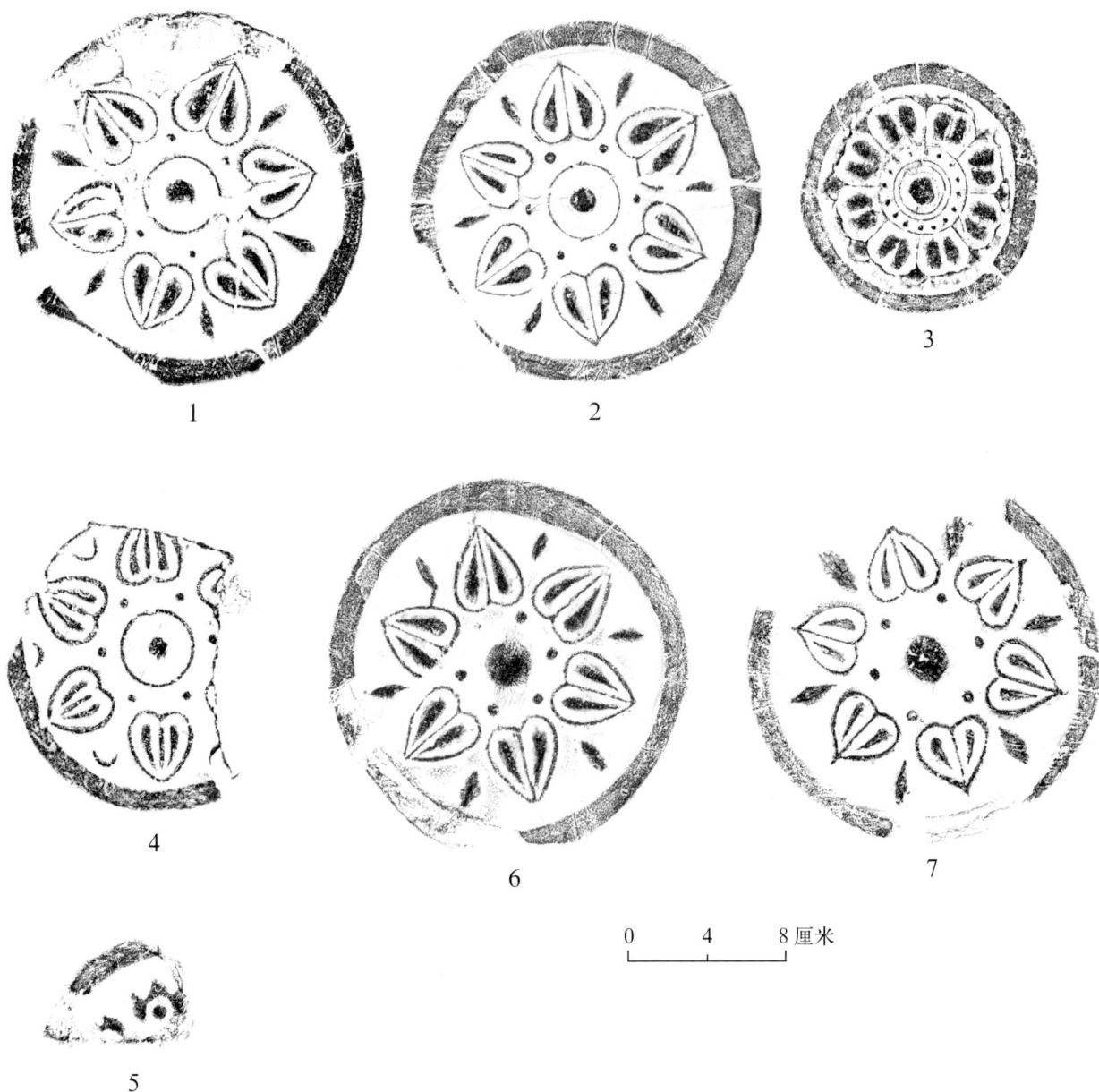

图一七二 五号宫殿址出土瓦当拓片

1.05T7②：8 2.05T3②：2 3.05T18③：21 4.05T18③：26 5.05T18③：35 6.05T18③：12 7.05T12③：20

七三，3）。

标本2005HXNT18③：7，夹砂灰陶质地，残存鸱尾正面2条斜向弧线凸棱线纹鳍刺的局部器身。鳍刺间距3、凸棱线纹宽2.2、高1.4厘米（图一七三，5）。

（二）釉陶质遗物

1. 绿釉曲节形瓦唇筒瓦

标本2005HXNT18③：28，完整。曲节形瓦唇没有施釉，瓦身凸面通体施釉，红褐色胎体。瓦体通长39、瓦唇长7、瓦唇以下瓦体窄边宽22.6、宽边宽22.8厘米（图一六七，2；图版三三，2）。

标本2005HXNT18③：49，瓦唇略残。曲节形瓦唇没有施釉，瓦身凸面通体施釉，红褐色胎体。瓦体通长40.6、瓦唇长7.4、瓦唇以下瓦体宽边宽23厘米（图一六七，3；图版三三，3）。

2．釉陶鸱尾

标本2005HXNT18③：38，墨绿釉，器残，残存鸱尾底座部位鳍身、鳍刺的正面器身。

在凸棱线鳍身区域内，残存2个纵向排列的半球体装饰图案，每个半球体的外缘环绕有22颗联珠纹。半球体及其联珠纹装饰系单独制作，后贴附于器身。每1个半球体装饰的下面存在1个方形透空，鳍身在弧转处残断。

在鳍身后部，残存8条呈纵向横排排列的凸棱线纹斜向弧线鳍刺，鳍刺的间距由下而上递次变小。

鳍身宽15.6、半球体直径7.6、半球体高3、半球体间距8、联珠纹直径1.2、联珠纹高0.6、透孔边长约1.6厘米（图一七三，9；图版三〇，3）。

标本2005HXNT18③：40，器残，残存鸱尾鳍身顶角部位的正面器身。鳍身凸棱线纹在其顶角处弧转，凸棱线纹内部残存1个半球体装饰图案。其中，半球体已经脱落，其外缘环绕的联珠纹残存11颗。

鳍身凸棱线纹高1.6、联珠纹直径1.2、联珠纹高0.6厘米（图一七三，1）。

标本2005HXNT18③：38、标本2005HXNT18②：40可能属于同一件鸱尾的残片。

3．兽头

标本2005HXNT18③：43，器体残存右侧竖耳及上颌牙床部位的局部器身。器表施墨绿釉，器体残断处裸露红褐色胎体。

长条形弧端竖耳，弧端顶部略显后扬。嘴部残存纵向2排下颌牙床，利用刻划横、纵线纹表现下颌牙齿。器身后部中央有穿钉透孔。兽头底座略显内凹。

竖耳长30、最大宽度5.6厘米（图一七三，2）。

标本2005HXNT12③：31，残存鼻部区域器身，器表施墨绿釉，器体残断处裸露红褐色胎体。

鼻子造型，鼻梁斜向朝上，鼻梁中部有脊，鼻孔呈横向通孔造型。鼻子后部器身中央有穿钉透孔。

鼻子纵向高约11.6、横向最大宽度10.2、通孔直径2.2厘米（图一七三，8）。

标本2005HXNT18③：42，器体残存上、下颌牙床部位的局部器身。器表施墨绿釉，器体残断处裸露红褐色胎体。

下颌牙床呈折尺形，下颌牙床残存2颗"十"字形刻划线纹牙齿。其前端的獠牙，左侧獠牙完整，右侧獠牙残存牙根。两颗獠牙之间用5条纵向刻划线表现下颌牙齿。

两颗獠牙间距10.2、左侧獠牙长5.4、最大截面直径2.4厘米（图一七三，10）。

标本2005HXNT18③：32，残存器体的右眼局部，器表施墨绿釉，器体残断处裸露红褐色胎体。眼部器身残高约15厘米（图一七三，7）。

标本2005HXNT18③：46，墨绿釉，残存兽头的舌部，舌根残断。舌头单独制作坯体，是烧制前插入器体的。

舌体弯曲状造型，舌身后部平直，前部下垂且舌尖上翘。舌体横向平面长度10.4、最大宽度5厘米（图一七三，6）。

标本2005HXNT18③：51，墨绿釉，残存器身后部2根竖鬃的残段。2根竖鬃弧线锥体造型，上、下并排黏合在一起。上部竖鬃残长6.4、下部竖鬃残长10.8、其截面最大直径均为3厘米（图一七三，4）。

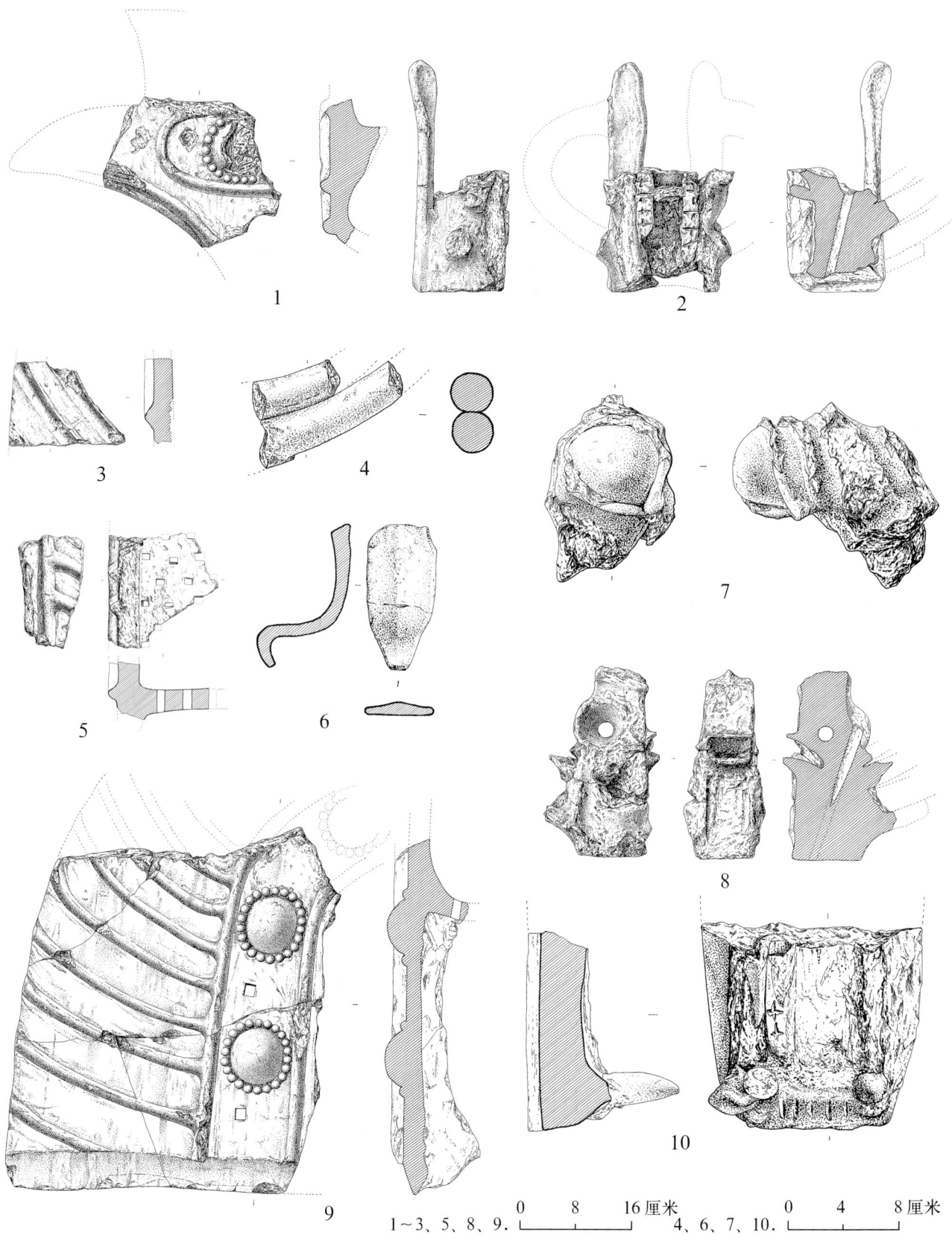

图一七三　五号宫殿址出土绿釉兽头、陶质鸱尾、绿釉鸱尾

1、9. 釉陶鸱尾（05T18③:40、05T18③:38）　2. 兽头竖耳（05T18③:43）　3、5. 灰陶鸱尾（05T18③:3、05T18③:7）
4. 兽头竖鬓（05T18③:51）　6. 兽头舌体（05T18③:46）　7. 兽头眼部（05T18③:32）　8. 兽头鼻子（05T12③:31）
10. 兽头下颌牙床（05T18③:42）

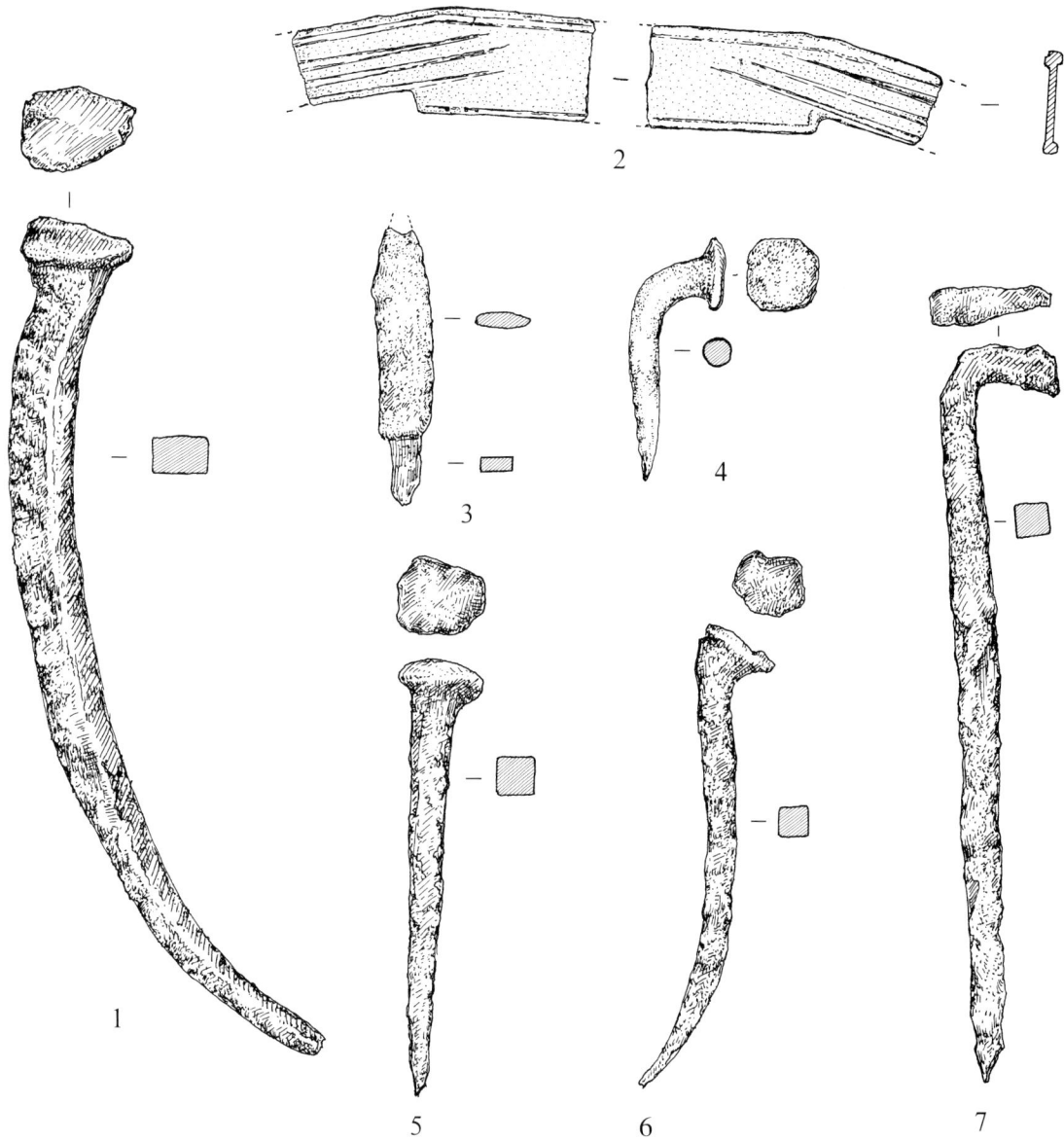

图一七四　五号宫殿址出土铁器、青铜器

1、4. 曲体铁钉（05T18 ③：30、05T4 ②：2）　2. 青铜器（05T18 ③：50）　3. 铁镞（05T13 ②：21）

5～7. 直体铁钉（05T12 ③：23、05T12 ③：24、05T18 ③：31）

（三）铁器

1. 铁镞

标本 2005HXNT13②：21，锻制，残，叶形镞身，铤部截面呈长方形。残长4.4、镞身宽0.9、铤部截面边长0.5、截面宽0.2厘米（图一七四，3）。

2. 铁钉

标本 2005HXNT18③：30，中型铁钉，曲体使用，器身截面呈长方形。器体通长14.5、器身截面边长0.9、截面边宽0.6厘米（图一七四，1）。

标本 2005HXNT18③：31，中型铁钉，直体使用，器身截面近方形。器体通长11.5、器身截面边长0.5厘米（图一七四，7；图版五四，4）。

标本 2005HXNT4②：2，小型铁钉，圆形顶帽，曲体使用，器身截面呈圆形。器体通长4.2、器身截面直径0.4厘米（图一七四，4）。

标本 2005HXNT12③：23，小型铁钉，直体使用，器身截面近方形。器体通长6.8、器身截面边长0.6厘米（图一七四，5）。

标本 2005HXNT12③：24，小型铁钉，直体使用，器身截面近方形。器体通长7.4、器身截面边长0.5厘米（图一七四，6）。

（四）日用器皿

标本 2005HXNT24②：17，陶罐，轮制，泥质灰陶，素面，底残。侈口，圆唇，鼓腹，肩部施一周凸棱线纹。口径12.8、最大腹径21、高25.8厘米（图一七五；图版五一，3）。

（五）青铜器

标本 2005HXNT18③：50，器残，形似刀币。残长4.6、宽1.5、厚0.1厘米（图一七四，2；图版五一，1、2）。

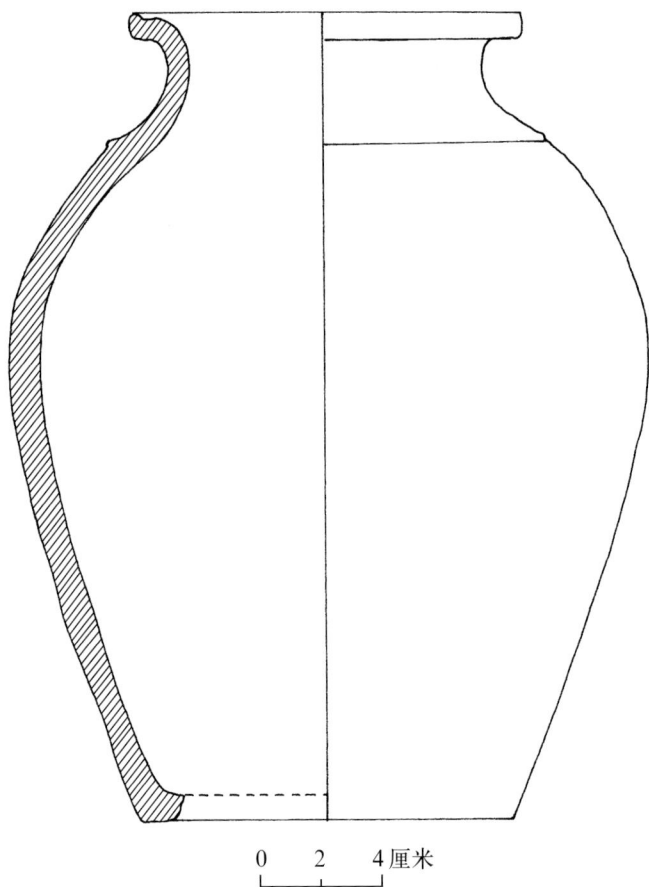

图一七五　五号宫殿址出土陶器（05T24②：17）

三、五号宫殿址东西两侧墙基

在五号宫殿址台基的东北角、西北角处，分别清理出一道向台基东西两侧横向延伸的墙基迹象。

宫殿台基两侧的墙基，层位相同、位置对称、规格形制相近。墙基的营建方式为，首先在当时的地面上挖出基槽，地表之上可见两道较为清晰的基槽边线，然后在基槽内构筑一层河卵石基础。东、西两侧墙基的北缘较五号宫殿址夯土台基的北缘位置略显偏南，但两者的方向基本一致。在五号宫殿址台基与墙基连接处可以清晰地观察到，宫殿台基叠压在墙基基槽之上。在墙基的河卵石基础之上，未能确认地面墙体迹象。

（一）东侧墙基

为了解东侧墙基的结构，沿着墙基的走向，采用探沟的形式对五号宫殿址台基以东长约29米的区域进行了清理。通过清理得以确认，墙基宽约2米（图版二六，1）。在距五号宫殿址现存台基东缘约23米处，清理出1个坐落在河卵石基础之上的夯土台基，夯土台基东西向宽约17米（图版二七，2）。经钻探，夯土台基以东，河卵石墙基延伸至内城东墙。并且，在墙基与内城东墙交接处的河卵石基础上覆盖有东西向长约2米的瓦砾堆积。

清理、钻探结果表明，东侧墙基西接五号宫殿址台基，东至内城东墙。在墙基的中部存在夯土设施迹象。

墙基所使用的河卵石，大致可以分为三种规格：大者，长径在15厘米以上；中型者，长径约10～15厘米；小型者，长径约5～10厘米。其中，以中等规格的河卵石居多，规格较大或较小者数量很少。

大体上，河卵石构筑的基础，石块排列得非常密实、紧凑。在清理区段，沿着河卵石基础的南北两侧存在纵向6排、总计12处具有规律性的河卵石空白区域迹象。在长约23米的墙基区段内，每间隔2.8米存在南北对称的略呈半圆形轮廓的河卵石空白处（图版二六，2）。这种具有规律性的迹象，应该是从商周一直延续到近代的墙体版筑技术的体现（参考杨鸿勋：《宫殿考古通论》图八四[③]）。墙体基础河卵石的空白处，是版筑墙体时立柱留存下的迹象。版筑工艺的施工程序为："先于墙基内立柱，然后版筑，则柱被打入墙内。"[⑤]

（二）西侧墙基

此次工作，只是对在探方2005HXNT19内显露的五号宫殿址台基西侧墙基区段进行了清理。西侧墙基的构筑形式同于东侧墙基，清理区段东西长3.3米，墙基宽2.8米。由于清理区段较短，未能发现墙体的版筑工艺迹象。

（三）夯土台基迹象

在距五号宫殿址台基以东约24.02米处，东侧墙基的河卵石基础之上坐落着一座夯土台基基址。受探沟发掘面积所限，本次清理仅仅明确了该夯土台基基址的东西向宽度。台基的纵向长度大于河卵石基础，但未能明确其南北端缘（图版二七，2）。

清理出来的台基，其西端距当时地面的高度约为0.15～0.2米，台基的东端破损较重。在单层黄褐土夯筑的台基上，清理出以"暗础"方式构筑的础石。础石呈东西向排列，横贯台基排列14块础石。其中，西起第1块至第7块础石略呈一线；西起第8块至第14块础石略呈一线，并较其西侧础石位置偏北。础石间的距离宽窄不一，以础石的中心点计算，相邻础石的间距约为1～1.3米。

在清理部分的台基平面上，存在少量的板瓦、筒瓦堆积。

四、五号宫殿址南侧碎石及河卵石圈遗迹

在五号宫殿址台基的东南、西南侧，分别在2005HXNT1、2005HXNT6探方内清理出3处略呈南

北向一线排列且间距相近的圆坑迹象。

圆坑所在的区域，耕土层下直接叠压着渤海时期地面。圆坑的层位关系是，开口于表土层下，打破渤海时期地面：

耕土层→圆坑→渤海地面

圆坑坑体上部填充包含渤海瓦片的黑褐土，坑内堆积以河卵石为主，另见少量碎石。河卵石均未经筛选，大小不一。

两排南北向一线排列的圆坑，其各自的北起第1个圆坑，与五号宫殿址台基的N1X1～N1X12础石在位置上略呈一线。此外，其各自的另外两个圆坑也基本上处于东西向横向对称位置。

五号宫殿址台基西南侧的3个圆坑，由南及北依次编号为XN1～XN3。

XN1，坑体南部延入2005HXNT1南壁之中。坑口直径1.6米，坑体上部填充扰土。距坑口深20～25厘米处，清理出一层平整的河卵石层。经解剖，此层河卵石层下部深约20厘米处还构筑有一层河卵石层。

XN2，坑体相对保存较好。坑体上部填充扰土。距坑口深约8厘米处，在坑体的中部留存6块不规则石块，每块的长径介于30～45厘米之间。石块的质地、颜色相同，它们很可能是由一块整石断裂而成。不规则石块周边散布一层河卵石，该层河卵石堆积所处的层面明显高于XN1、XN3所见的上层河卵石层。经解剖，在该层碎石、河卵石层下深约15～20厘米处构筑有一层河卵石层，其层面基本与XN1、XN3留存的上层河卵石层面持平。

XN3，坑体上部填充扰土。该坑清理出上下两层河卵石层，上层河卵石距坑口约20厘米，其所处的层面基本与XN1的上层河卵石层面持平。下层河卵石距坑口深约40厘米，两层河卵石层之间铺垫了1层厚约15厘米的黑褐土，土质呈颗粒结构，较为坚硬。两层河卵石所用石块均未经筛选，石块的长径介于5～20厘米之间，但多数石块的长径在10厘米左右。下层河卵石层中，夹杂一块长径约30厘米的不规则石块。

根据清理出来的残存迹象判断，五号宫殿址台基西南侧的3个圆坑可能均存在3层河卵石堆积。其中，只有XN2保存有最上层的河卵石层，并探明其下部存在河卵石层。清理、解剖结果表明，XN1、XN3的最上层河卵石层遗失，留存有下部两层河卵石层。

五号宫殿址台基东南侧的3个圆坑，由南及北依次编号为DN1～DN3。3个坑体的上部填充扰土，在距坑口深约5～8厘米处清理出河卵石层，并且每一坑体内均存在多块长径25厘米左右的河卵石块，如此规格的河卵石为西侧圆坑内所未见。经解剖，在该层河卵石下深约20厘米处还存在一层平整的河卵石层，用石同于西侧圆坑，未经筛选（图版二七，1）。

6处圆坑位于五号宫殿址台基西南、东南两侧，位置东西对称，且与五号宫殿址台基方向基本一致，它们应是五号宫殿的同期遗存。

综合6处圆坑坑体堆积的迹象推断，每一坑体均存在三层河卵石层堆积，河卵石层之间铺垫一层黑褐土。根据XN2迹象情况判断，在该坑体上层河卵石层的中部坐落着础石。据此似可确认，圆坑应是磉墩遗迹。由于2005HXNT1的西、南侧、2005HXNT6的东、南侧未予发掘，故而暂且无法明确磉墩所在遗迹的整体轮廓。

第十一节　西古城内城一号房址

　　2004年，在四号宫殿址北侧约9.3米处，清理出1座单室结构的小型建筑基址。为便于叙述，将其编号为西古城内城一号房址：2004HXNF1（图一七六）。

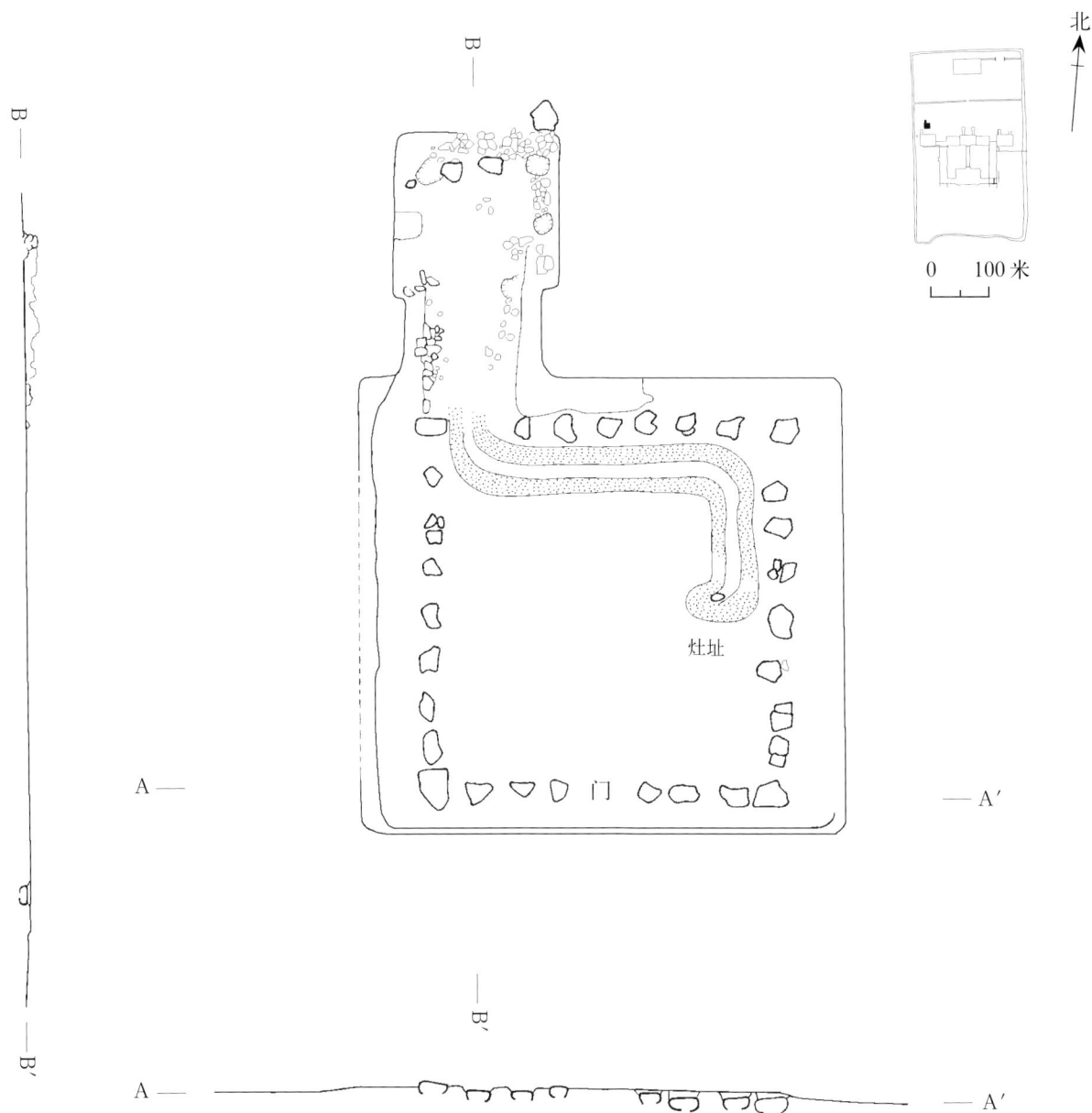

图一七六　西古城内城一号房址平、剖面图

一、层位关系

2004HXNF1的层位关系为，开口于②层下，坐落于渤海时期的地面之上，台基外缘的东、西、北侧留存有瓦砾堆积。

①→②→倒塌堆积（③层）→ 2004HXNF1 →渤海时期地面

二、台基的形状与结构

2004HXNF1的主体建筑构筑在黄褐色夯土台基之上，台基平面略呈方形轮廓，东西向长约9.9米，南北向宽约9.6米。虽然台基的上部已遭破坏，但根据柱础层面的高度可以看出，该建筑的台基明显低于四号宫殿址台基。根据扰坑剖面确定，台基为单层夯土构筑，其台基北缘残高约为0.05～0.1米，台基南缘残高约为0.1～0.15米。

在台基的西北端角处，向北延伸出1个"卪"形设施（图版二四，2）。

三、主体建筑格局

（一）柱网

环绕台基边缘的内侧清理出一周呈"口"形排列的础石柱网，础石所用的石材均为不规则石块，总计30块，暗础。如果忽略房屋四角础石重复计算的话，南墙、北墙各8块，东墙、西墙各9块。

在西排、北排础石之间，存在较为清晰的墙基迹象，墙基宽约0.24～0.34米。

柱网础石间的距离，除了南、北墙各有1处地点础石的间距达到2米外，余者础石的间距均介于0.8～1米之间。

在南墙中部，即西起第4块、第5块础石的间距约为2米，该处应是2004XNF1门址的位置。

根据四角础石推断，2004XNF1主体建筑的规格为，东墙长约7.7、南墙长约7.3、西墙长约7.6、北墙长约7.5米，主体建筑总面积56.6平方米。

（二）取暖设施

在2004XNF1室内，清理出灶址、烟道等取暖设施迹象。

灶址位于房屋南北向中轴线偏东位置处，东距东墙约1.8米。由于扰坑的破坏，灶址仅残存坑底的半圆形烧土面。

灶址的北部连接有两条烟道，烟道呈折尺形沿房屋的东、北墙内侧分布，后世扰坑破坏了灶址以北约有1米长区段的南北向烟道、烟墙，其他区段的烟道、烟墙尚残存底部痕迹。在房屋东墙内侧留存的南北向烟道，西侧烟道残长约1米，东侧烟道残长约2米。房屋北墙内侧的东西向烟道均约残长6米。

大部分烟道宽约0.35～0.4米，局部最宽处宽约0.5、最窄处宽约0.2米。在两条东西走向的烟道之间，存在土坯垒砌的烟墙痕迹，烟墙宽约0.2～0.35米。

两条烟道在室内西北角处向北弧折，但在北墙西起第1块、第2块础石之间消失。

（三）"亞"形设施

在北墙的西北端角处，柱网北排西起第1块、第2块础石的间距约为2米，在两者之间，台基向北延伸出一个"亞"形设施。

2004XNF1西北端角处北延的"亞"形设施，其主体部分与房屋台基为一体夯土构筑，其外缘存在两行河卵石垒砌的包墙，河卵石墙体多已塌落。包墙宽约0.5～0.6米，其下部存在深约0.1米的基槽。

"亞"形设施的夯土层面上，夹杂有一些炭灰痕迹。该设施纵长约5.1米，北部方形区域边长约2.4米，南部区域横宽3.5米，纵长约2.7米。

四、出土遗物

（一）陶质遗物

一号房址区域出土的遗物均为陶质，未见釉陶器。

1．文字瓦

在内城一号房址发掘区域，采集文字瓦标本14件。其中，依据施纹瓦体统计，板瓦标本11件、筒瓦标本3件；依据施纹方式统计，模压文字（或符号）标本13件，刻划文字（或符号）标本为1件板瓦。就文字或符号而言，14件标本包含12个文字、2个不识字。板瓦单独使用的模压文字包括：石、顺、市、述、素、乌（?）、十二、十三七；板瓦单独使用的刻划文字包括：川；筒瓦单独使用的模压文字包括：男、自、十三六；板瓦单独使用的无法释读的模压字体包括："𥆬"、"𡎚"。

（1）板瓦类文字瓦

A．模印文字标本

"石"，阴刻阳文，楷书，字外有框，1件，标本2004HXNT8②：1（图一七七，2）。

"顺"，阴刻阳文，楷书，字外有框，1件，标本2004 HXNT8②：2（图一七七，5）。

"市"，阴刻阳文，楷书，字外无框，1件，标本2004 HXNT8②：3（图一七七，7）。

"述"，阴刻阳文，楷书，字外无框，圭形印，1件，标本2004 HXNT8②：6（图一七七，9）。

"素"，阳刻阴文，楷书，字外无框，1件，标本2004 HXNT8②：8（图一七七，10）。

"乌（?）"，阴刻阳文，楷书，字外无框，1件，标本2004 HXNT8②：9（图一七七，12）。

"𥆬"，不识，阴刻阳文，楷书，字外无框，1件，标本2004 HXNT8②：10（图一七七，8）。

"𡎚"，不识，阴刻阳文，楷书，字外有框，1件，标本2004 HXNT8②：12（图一七七，11）。

"十二"，纵书，阳刻阴文，1件，标本2004 HXNT9②：3（图一七七，3）。

"十三七"，纵书，阳刻阴文，正刻反印，1件，标本2004 HXNT8②：14（图一七七，4）。

B．刻划文字标本

"川"，字体隶书风格，1件，标本2004 HXNT8②：15（图一七七，1）。

（2）筒瓦类标本

A．模印文字标本

"男"，阴刻阳文，带有隶意的楷书，字外无框，1件，标本2004 HXNT8②：16（图一七七，6）。

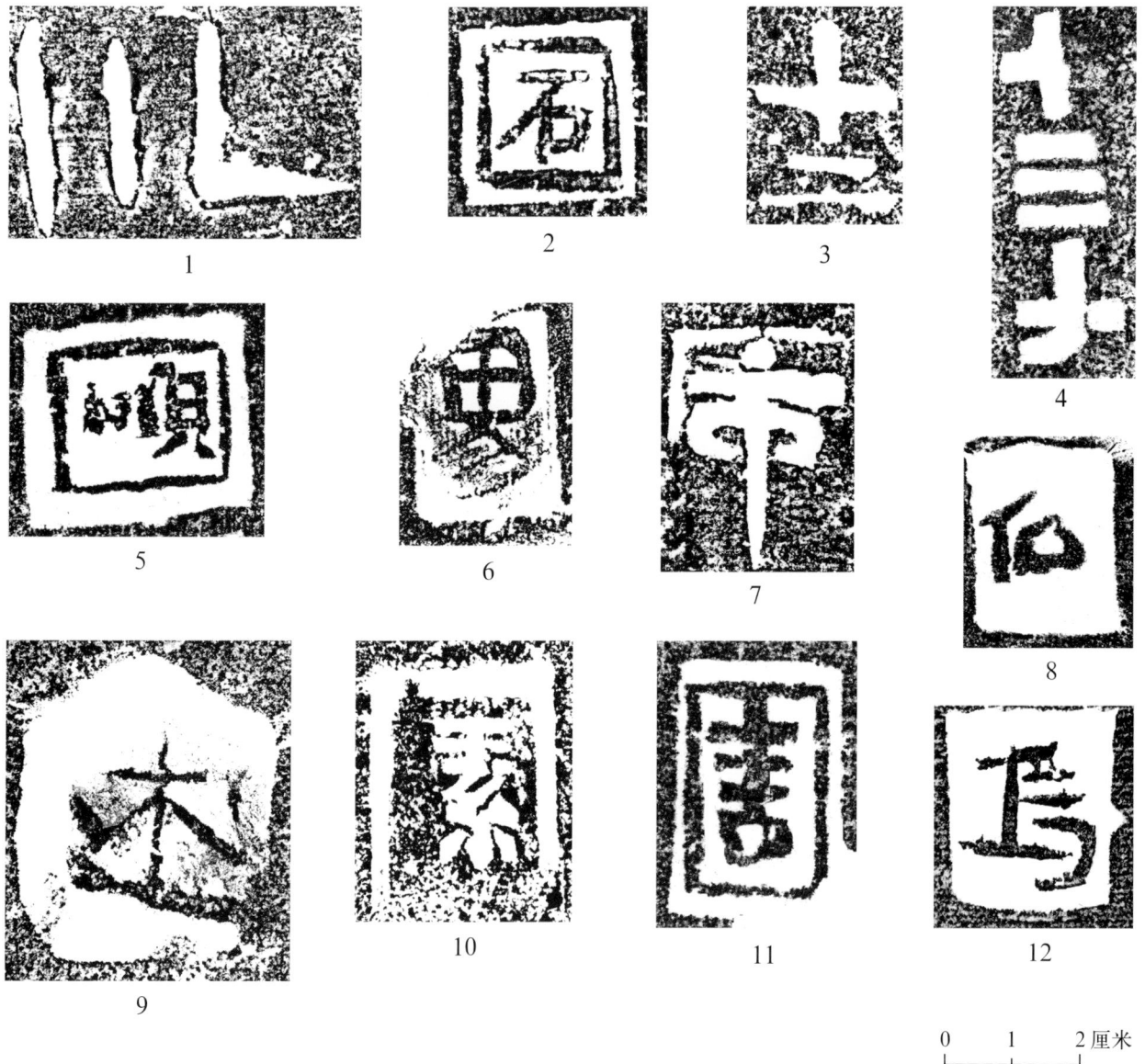

図一七七　一号房址出土文字瓦拓片

1. 04T8②：15　2. 04T8②：1　3. 04T9②：3　4. 04T8②：14　5. 04T8②：2　6. 04T8②：16
7. 04T8②：3　8. 04T8②：10　9. 04T8②：6　10. 04T8②：8　11. 04T8②：12　12. 04T8②：9

"自"，阴刻阳文，楷书，1件，标本 2004HXNT8②：5（图一七九，1）。

"十三六"，阴刻阳文，楷书，字外无框，1件，标本 2004 HXNT8②：18（图一七九，2）。

2. 板瓦

（1）普通板瓦　2件完整及可复原个体。

标本 2004HXNT8②：17，完整。瓦体纵向长40.2、窄边边长29.4、宽边边长31.2厘米（图一七八，3）。

（2）单面指印纹板瓦

标本 2004HXNT9北扩②：2，瓦体窄边右角残断。瓦体纵向长40.6、窄边残长18.3、宽边边长

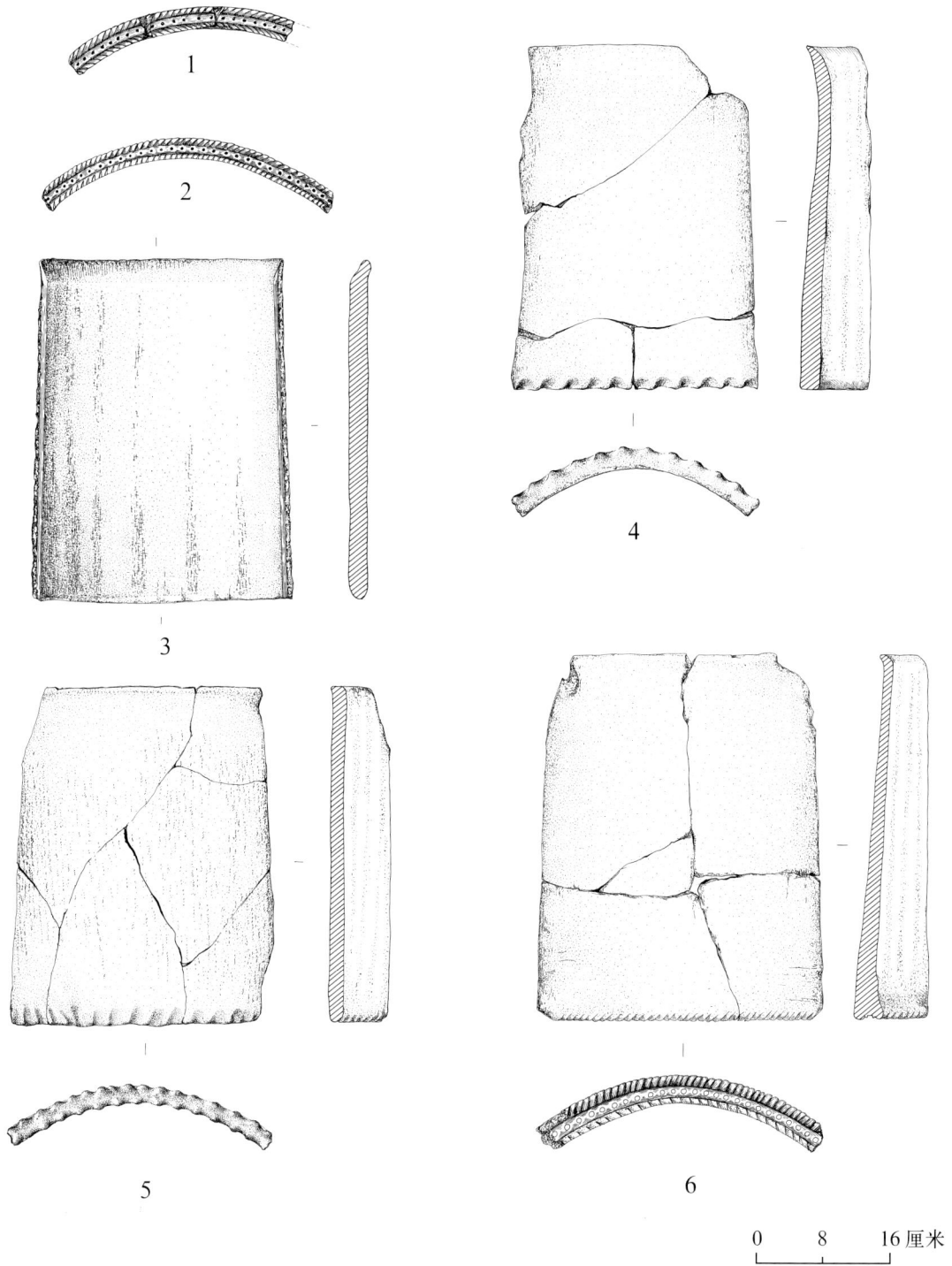

图一七八　一号房址出土板瓦、檐头板瓦

1、2. E型檐头板瓦（04T8②：34、04T9②：31）　3. 板瓦（04T8②：17）　4. 单面指纹板瓦（04T9
北扩②：2）　5. 双面指纹板瓦（04T8②：20）　6. C型檐头板瓦（04T8北扩②：3）

29.6、施纹端面宽 2.6 厘米（图一七八，4）。

（3）双面指印纹板瓦

标本 2004HXNT8②：20，略残。瓦体纵向长 40、窄边残长 26、宽边残长 29.4、施纹端面宽 2.2 厘米（图一七八，5）。

（4）檐头板瓦

A．C 型檐头板瓦

标本 2004HXNT8 北扩②：3，略残。瓦体纵向长 43、窄边残长 25、宽边边长 34.6、檐头端面宽 3.6 厘米（图一七八，6）。

B．E 型檐头板瓦

标本 2004HXNT9②：31，残，瓦体宽边边长 35、檐头端面宽 2.4 厘米（图一七八，2）。

标本 2004HXNT8②：34，残，瓦体宽边残长 28.6、檐头端面宽 2.6 厘米（图一七八，1）。

3．筒瓦　13 件完整及可复原个体，曲节瓦唇筒瓦 8 件，直节型瓦唇筒瓦 5 件。

（1）直节形瓦唇筒瓦

标本 2004HXNT8②：4，在瓦唇近中央位置纵向施模压阴文"十三六"三字。瓦体通长 35、瓦唇长 4.4 厘米，瓦唇以下瓦体窄边宽 15.2、宽边宽 15.4 厘米（图一七九，2）。

（2）曲节形瓦唇筒瓦

标本 2004HXNT8②：5，略残，在瓦唇外沿部施模压阳文"自"字。瓦体残长 39.6、瓦唇残长 5.4 厘米，瓦唇以下瓦体窄边宽 15.6、宽边宽 16.2 厘米（图一七九，1）。

4．瓦当　采集到 2 件 Aa 型瓦当残块。

5．筒瓦类压当条

标本 2004HXNT8②：13，残，形制同于标本 2004HXNT6②：5。器身纵向长 45、窄边宽 12.4、宽边残宽 5 厘米（图一七九，4；图版五〇，1）。

标本 2004HXNT8②：11，残，形制同于标本 2004HXNT6②：5。器身纵向残长 40.6、宽边宽 18.6 厘米（图一七九，3）。

（二）铁器

1．铁钉　6 件。

标本 2004HXNT8②：29，中型铁钉，直体使用，器身截面呈长方形。器体通长 17.5、器身截面长 0.7、截面宽 0.5 厘米（图一八〇，1）。

标本 2004HXNT8②：28，中型铁钉，直体使用，器身截面呈长方形。器体通长 17.4、器身截面长 0.7、截面宽 0.5 厘米（图一八〇，2）。

标本 2004HXNT8②：26，中型铁钉，曲体使用，器身截面呈长方形。器体通长 14.5、器身截面长 0.8、截面宽 0.7 厘米（图一八〇，4）。

标本 2004HXNT9②：1，小型铁钉，直体使用，器身截面呈长方形。器体通长 7.8、器身截面长 0.5、截面宽 0.5 厘米（图一八〇，6）。

标本 2004HXNT9②：2，小型铁钉，直体使用，器身截面近方形。器体通长 9.2、器身截面边长 0.4 厘米（图一八〇，3）。

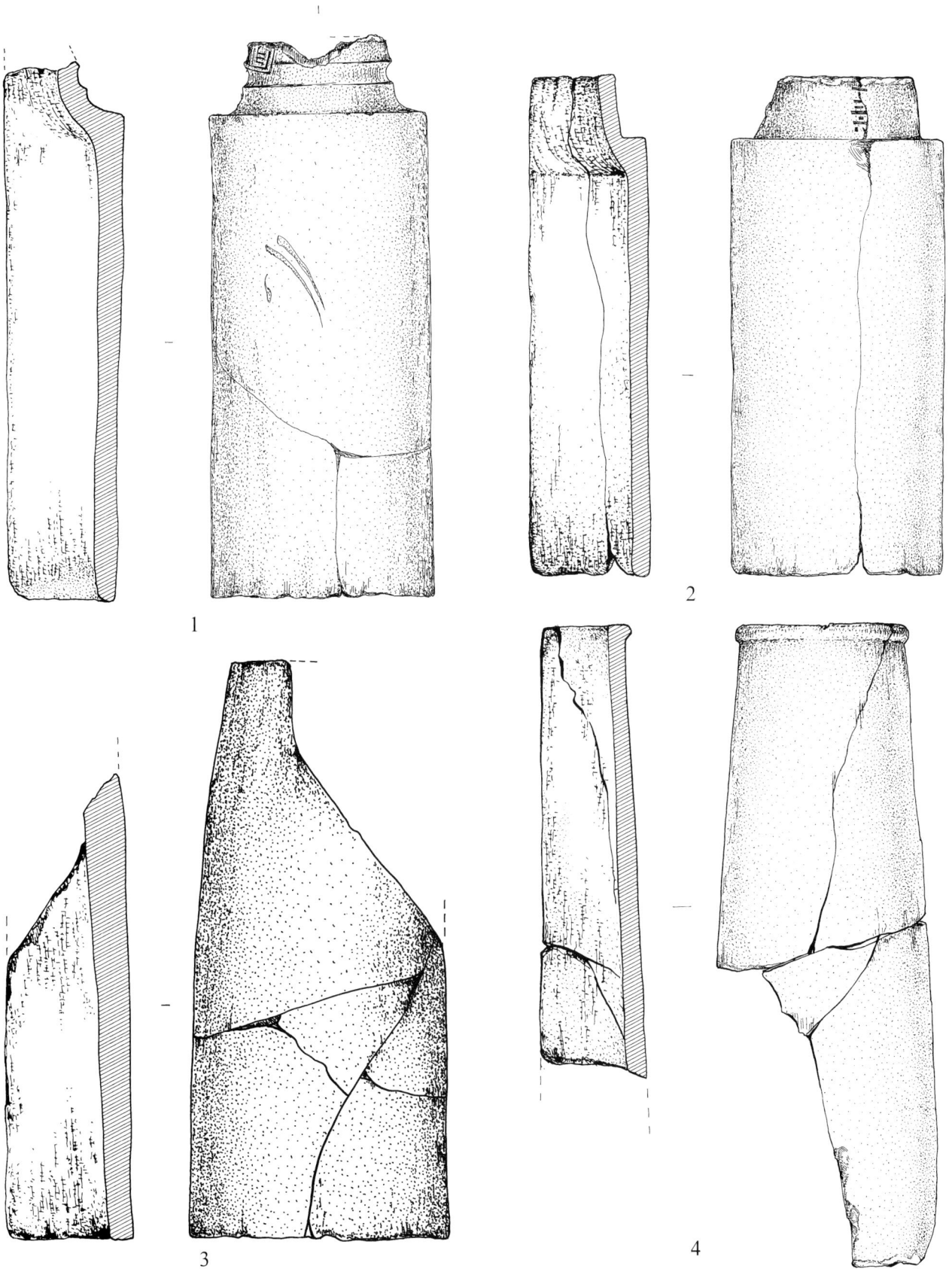

图一七九　一号房址出土筒瓦、压当条

1. 曲节形瓦唇筒瓦（04T8②：5）　2. 直节形瓦唇筒瓦（04T8②：18）　3、4. 筒瓦类压当条（04T8②：11、04T8②：13）

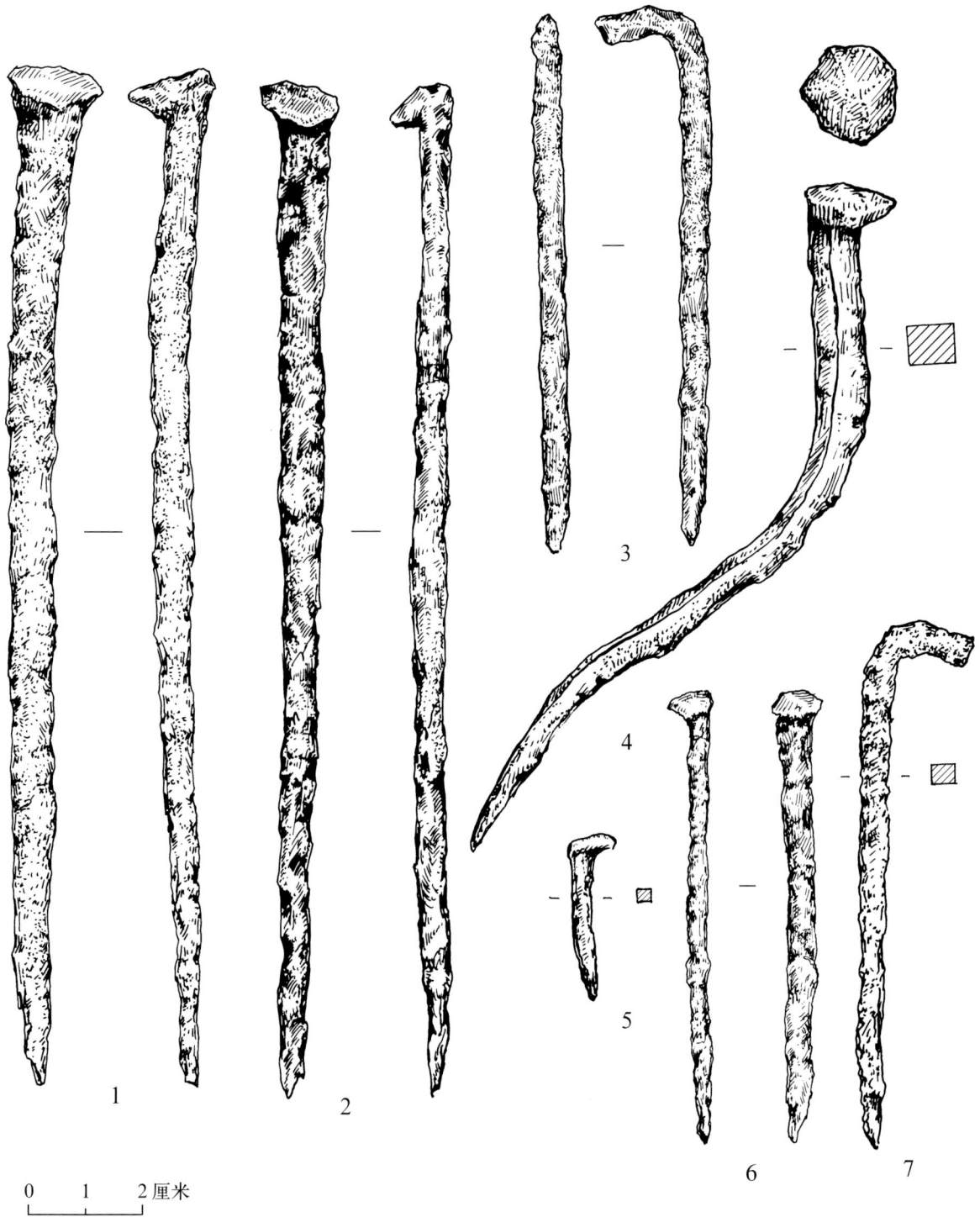

图一八〇　一号房址出土铁钉

1~3、5~7. 直体铁钉（04T8 ② : 29、04T8 ② : 28、04T9 ② : 2、04T8 北扩 ② : 1、04T9 ② : 1、04T9 ② : 5）

4. 曲体铁钉（04T8 ② : 26）

标本 2004HXNT9 ② : 5，小型铁钉，直体使用，器身截面呈长方形。器体通长 7.7、器身截面长
0.4、截面宽 0.25 厘米（图一八〇，7）。

标本 2004HXNT8 北扩② : 1，小型铁钉，直体使用，器身截面近方形。器体通长 2.8、器身截面
边长 0.2 厘米（图一八〇，5）。

第十二节　水　井

2004 年度发掘四号宫殿址时，在四号宫殿址的西侧发现了水井的局部迹象，同年 10 月，在结束四
号宫殿址的清理工作之后，受气候条件的限制未能对水井进行发掘⑤。2005 年 6 月～10 月，在 2004HX
Ⅱ T1、T4 西侧扩方与内城西垣之间，布 1 个南北长 11、东西宽 4 米的探方，对水井遗迹进行了发掘，
探沟编号为 2005HXNT26。清理过程中，根据井体上部堆积物的分布情况，对探沟的西北部进行了西
扩 1 米处理，总计发掘面积为 49 平方米。

在清理 2005HXNT26 及其西部扩方时，对现已作为村路存在的内城西垣区域进行了局部清理，但
发掘区没有触及渤海时期的城垣墙体。

一、位　置

水井遗址位于四号宫殿址与内城西垣之间，地处内城东西向中轴线北侧，即位于四号宫殿址的西
北部。水井东距四号宫殿址殿台基西缘约 6 米。

二、水井的层位关系

第 1 层：黑褐色耕土层，厚 0.15 米。土质细腻，由于多年作为水田耕作，堆积中饱含褐色水锈。

第 2 层：扰土层，厚 0.1～0.15 米。黑褐土中混杂有瓦砾碎块。

第 3 层：井亭倒塌堆积层，厚 0.2～0.4 米。该层堆积呈椭圆形集中分布在井口部，土质疏松的黄
褐土中混杂大量的瓦砾堆积，瓦砾残块较大，其中不乏完整瓦件。

第 4 层：渤海地面，灰褐土，颗粒结构，土质纯净、坚硬。

开口③层下，打破④层渤海地面，清理出井体遗迹，井体以外的渤海地面区域未予下挖清理。

水井的层位关系为：

①→②→③→井体→④渤海地面

三、瓦砾倒塌堆积

探沟 2005HXNT26 内的第 3 层瓦砾堆积，基本上与四号宫殿址西侧的瓦砾倒塌堆积连成一体，因

此不排除2005HXNT26的部分瓦砾堆积源于四号宫殿址，但根据倒塌堆积的分布区域基本上与井体的轮廓相吻合的情况判断，倒塌堆积主要出自水井自身，即水井的上部存在瓦顶建筑——井亭。

四、井体结构

水井的营建方式：首先，在当时的地面上，下挖出1个深至地下水线的椭圆形井坑；接着，在井坑中利用板石构筑井壁；再次，在井坑与井壁的空隙间填充河卵石砂土；最后，在当时地面之上构筑井体上部的井亭设施。

（一）井坑

去除井亭瓦砾倒塌堆积后，在当时的地面上清楚地显现出井坑迹象。坑口平面略呈椭圆形，东西向长径约6.1米，南北向短径约4.2米。坑口东距四号宫殿台基约为3米，西距内城西墙约为2米（图版二八，1）。

坑体表层显现的是河卵石砂土，在该层层面上，散见个别板石残块。表层以下的坑体部分未予清理（图一八一）。

（二）井口板石

井口略呈方形，边长约为0.8米，现已存在一定程度的塌陷，距当时地表约下沉了0.25米。井口四边分别使用4块板石铺砌而成，石板厚约0.08～0.2米。4块板石的外缘没有闭合，呈"凵"形排列。其中，东壁、北壁井口板石相对保存较好，基本处于原位，但两者之间因相互挤压而出现隆起现象；西壁井口板石向内倾斜明显，南壁井口板石已经遗失。

井口东壁板石多处破裂，但整体基本处于原位。其规格，长约1.7、最宽处0.7米。石板距当时地面埋深约0.25米。

井口西壁石板残裂，因塌陷而向外倾斜。其规格，南北长约1.2米，东西宽约0.6米。

井口南壁石板仅存小碎块，多数残块落于井内。

井口北壁石板残断，因塌陷而向井内倾斜，其规格，东西长1.2米，南北宽0.78米。

（三）井壁

使用条石构筑而成。构筑井壁时，大体上，单边井壁的条石呈错缝垒砌；相邻两边井壁的交界处，条石之间存在相互叠压迹象。各层砌石厚薄不一，厚度介于0.1～0.18米之间。

同井口形状相同，井体内壁也呈方形结构，井壁较直。清理部分的井体四壁，均存在一定程度的内倾。东壁相对保存较好，北壁向西倾斜，西、南壁至井口1.2米深度以上部分的井壁砌石已经塌落（图一八二；图版二八，2）。

（四）井亭遗迹

在井口外侧井坑填充堆积的砂石之上，清理出4块础石，础石坐落在砂石层之中。础石均为花岗岩不规则石块，其规格介于0.85×0.6米～1×0.8米之间。础石的顶面较平，略高于当时的地面或与之等高。

4块础石略呈方形排列，以4块础石的中心点计算，础石的彼此间距约为2.7米。

在4块础石中，除东南角础石保持顶面平整外，其余3块础石的顶面均呈现向井口内部倾斜的迹

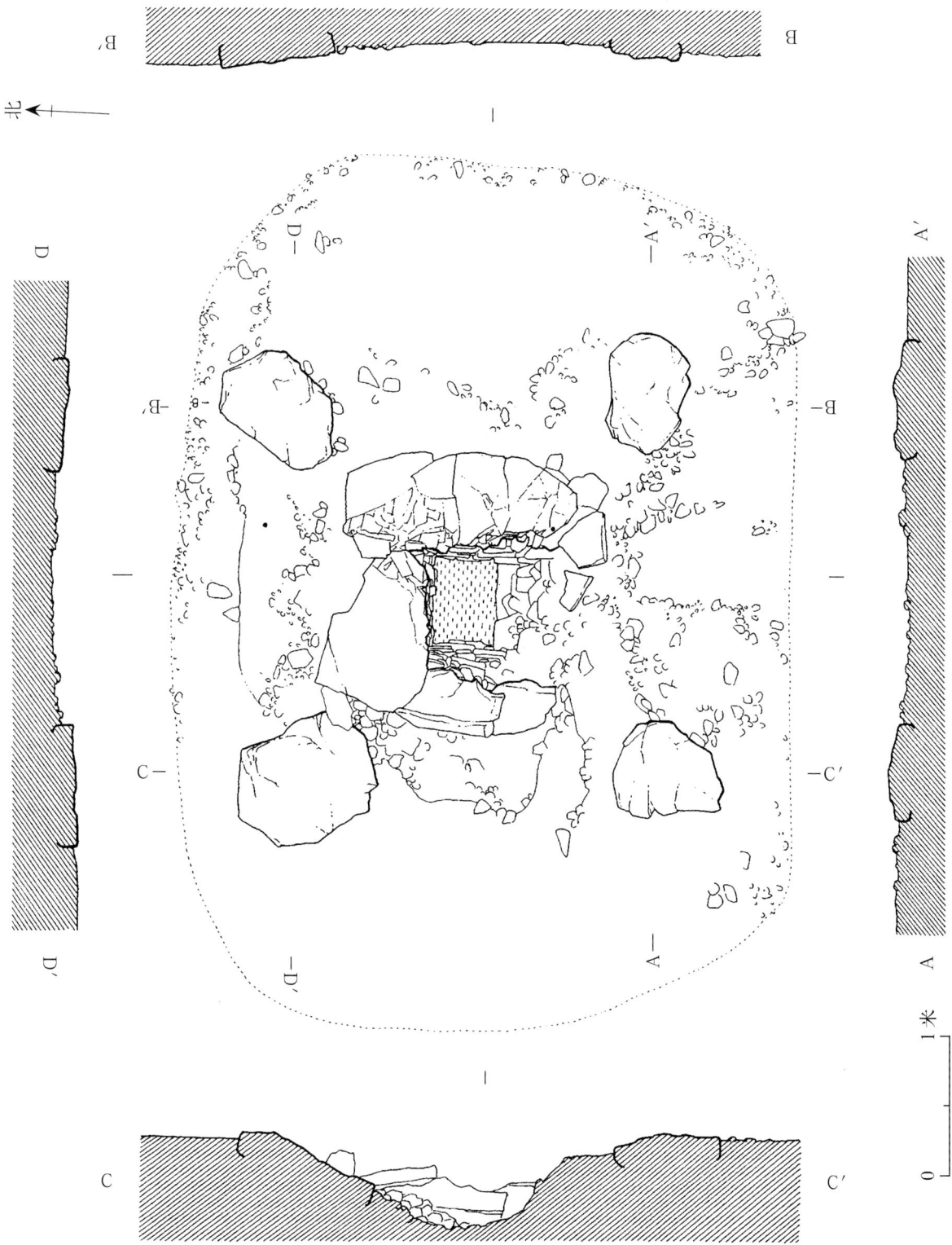

图一八一　西古城内城水井井口平、剖面图

北

现代路土
扰土（黑褐色）
倒塌堆积（黄褐土、
含渤海瓦砾）
生土（黄黏土）

坑　　　体

0　　　1米

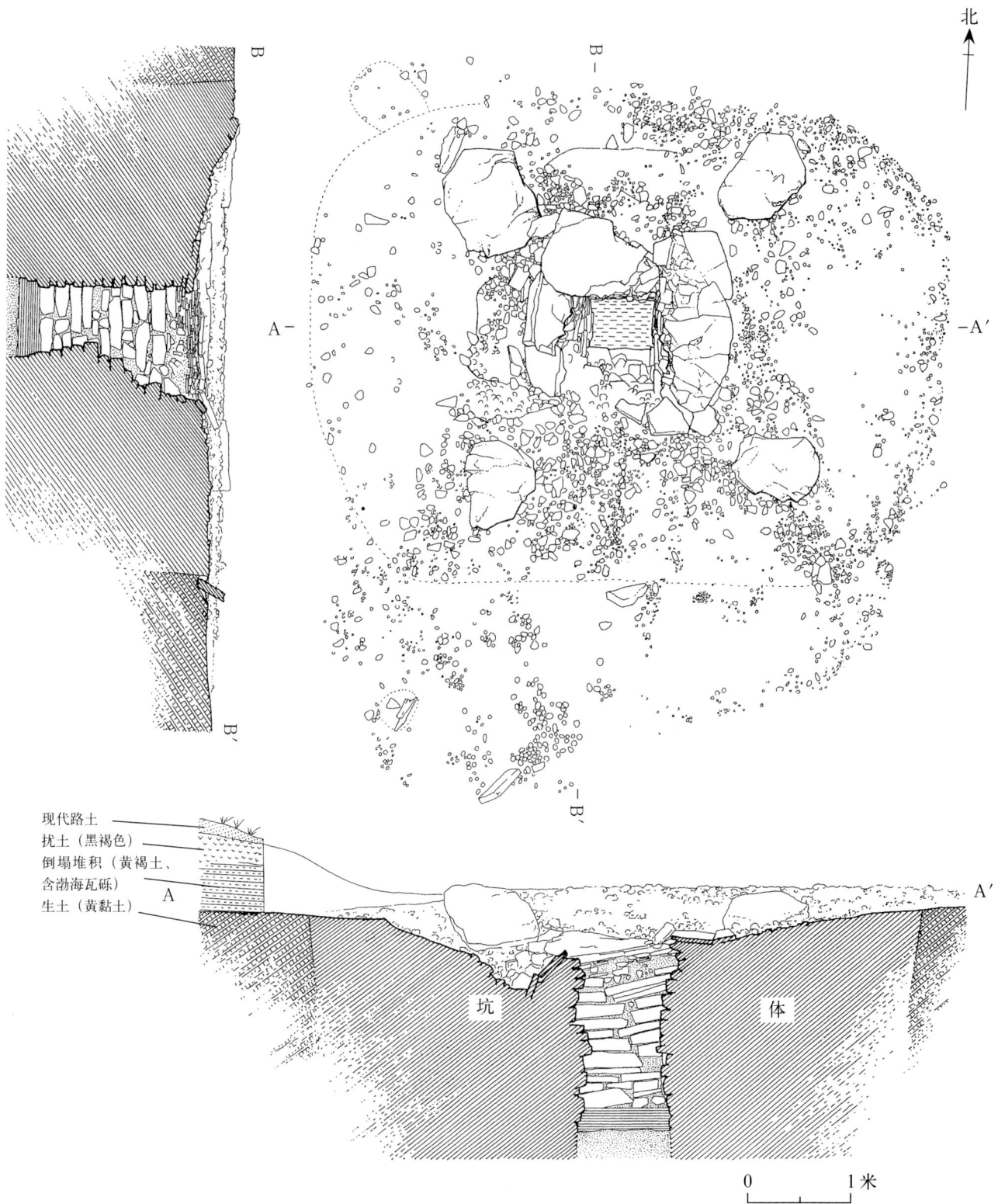

图一八二　西古城内城水井井体平、剖面图

象。其中，西北角础石倾斜度较大，并且其位置向南偏移了0.2米。

结合井体上部覆盖的大量的瓦砾倒塌堆积迹象判断，井口外侧的4块础石应是井上建筑的柱础。由此表明，井上存在井亭建筑。4块础石的外露端面均未作刻意的人工修琢，形状不规整。据此推测础石上可能存在覆盆类装饰，但未发现实物遗存。根据井亭础石与井口的位置关系判断，水井位于井亭的中央。

在井体的西南部，清理出一层零星分布的、人为铺垫的河卵石层，其所用石料均为经过挑选的薄片形河卵石。其规格，长径约为0.08、厚不足0.01米。该铺垫层覆盖在坑体填充层之上，并且其铺垫范围大于井坑。

该层河卵石铺垫层，可能是井台或井台散水的残存迹象。由于没有认定明确的井台迹象，依据现存遗迹难以推测水井使用时的汲水方式。

（五）井内堆积

对井内堆积实施清理时，内城西垣西侧的水田尚未断水，故而地下水位较高，清理至0.5米深时即已见水，清理至1.8米时因水量加大而中止工作。井内填充淤泥、瓦砾堆积。井内距井口1.3米以上部分的淤泥呈黑色，伴出瓦砾、板石碎块；1.3～1.8米深度为黄黏土淤泥，同样伴出瓦砾、板石。

井深至1.8米处，井壁边长加宽至0.9米，略宽于井口。

五、水井的年代与井亭建筑结构

水井的开口层位与内城其他建筑址相同，同时井亭倒塌堆积出土的瓦件与内城其他建筑使用的瓦件别无二样。因此，可以确认水井与西古城城址属于同期建筑，是当时内城的主要饮用水源之一。清理结果表明，水井基本保持原初的结构，清理过程中没有发现修缮迹象。水井的功能，可能随着城池的废弃而终止。结合井址的迹象特点及出土的瓦件，该水井井亭的结构，可以参考陕西麟游隋仁寿宫遗址井亭复原透视图[②]。

六、出土遗物

水井区域出土的遗物均为陶质遗物，未见釉陶器。由于水井的占地区域相对较小，发掘时对出土的所有板瓦、筒瓦进行了收集。除了挑选的标本，经统计，出土的板瓦的体量约为1.24立方米，筒瓦的体量约为0.72立方米，总计1.96立方米。根据筒瓦的形制特点，获取的统计数据为，水井区域总计出土筒瓦238件。其中，144件曲节形瓦唇筒瓦，94件直唇形瓦唇筒瓦。

（一）文字瓦

在水井发掘区域，出土文字瓦标本125件。其中，依据施纹瓦体统计，板瓦标本76件、筒瓦标本49件；依据施纹方式统计，模压文字（或符号）标本116件，刻划文字（或符号）标本5件，刻划文字（或符号）包括3件板瓦标本、2件筒瓦标本。就文字或符号而言，121件标本包含43个文字、7个不识字或符号。其中，板瓦、筒瓦共同使用的文字包括：市、文、仁、汤、十二、十三五、十三七、十三八；板瓦单独使用的文字包括：昌、切、俳、可、计、左李、石、艮、成、典、则、诺、多、土、隆、宣、光；筒瓦单独使用的文字包括：大、开（?）、音、自、古、寸、须（?）、男、夫、明、安、优、德、信；板瓦单独使用的刻划文字包括：川；板瓦、筒瓦共同使用的刻划文字包括：本；板瓦单独使用的无法释读的模压字体包括："利"、"⊐"、"⊌"；板瓦单独使用的刻划符号："⌒"；筒瓦单独使用的无法释读的模压字体包括："大"、"㚁"、"厶"。

1．板瓦类文字瓦

（1）模压文字标本

"昌"，阴刻阳文。三种字体：

a．字外有框，4件同印个体，标本2005HX NT26 ③：147（图一八三，1）。

b．字外无框，3件同印个体，标本2005HX NT26 ③：148（图一八三，26）。

c．字外无框，1件，标本2005HX NT26 ③：149（图一八三，27）。

"切"，阴刻阳文，楷书，字外有框，3件同印个体，标本2005HXNT26 ③：142（图一八三，2）。

"市"，阳刻阴文，楷书，字外无框。四种字体：

a．1件，标本2005HXNT26 ③：171（图一八三，3）。

b．1件，标本2005HXNT26 ③：172（图一八三，20）。

c．1件，标本2005HXNT26 ③：173（图一八三，21）。

d．2件同印个体，标本2005HXNT26 ③：174（图一八三，22）。

"俳"，笔画连笔，阴刻阳文，楷书，字外有框，2件同印个体，标本2005HXNT26 ③：143（图一八三，4）。

"可"，阴刻阳文，带有隶意的楷书，字外有框，1件，标本2005HX NT26③：141，（图一八三，5）。

"计"，阴刻阳文，楷书，字外无框，1件，标本2005HXNT26 ③：150（图一八三，6）。

"文"，阴刻阳文，楷书，字外无框。四种字体：

a．1件，标本2005HXNT26 ③：154（图一八三，7）。

b．2件同印个体，标本2005HXNT26 ③：155（图一八三，8）。

c．1件，标本2005HXNT26 ③：156（图一八三，9）。

d．1件，标本2005HXNT26 ③：157（图一八三，11）。

"左李"，纵书，阴刻阳文，楷书，2件同印个体，标本2005HXNT26 ③：170（图一八三，10）。

"仁"，阴刻阳文，楷书，字外无框。两种字体：

a．字体较窄，1件，标本2005HXNT26 ③：159（图一八三，13）。

b．字体较宽，1件，标本2005HXNT26 ③：158（图一八三，17）。

"石"，阴刻阳文，楷书，字外有框，3件同印个体，标本2005HX NT26③：140（图一八三，14）。

"艮"，阴刻阳文，楷书，字外无框。两种字体：

a．字体较短，1件，标本2005HXNT26 ③：160（图一八三，15）。

b．字体较长，1件，标本2005HXNT26 ③：161（图一八三，19）。

"成"，阴刻阳文，楷书，字外有框。两种字体：

a．字体较小，1件，标本2005HXNT26 ③：145（图一八三，16）。

b．字体较大，1件，标本2005HXNT26 ③：146（图一八三，25）。

图一八三　水井出土文字瓦拓片（一）

1. 05T26③：147　2. 05T26③：142　3. 05T26③：171　4. 05T26③：143　5. 05T26③：141　6. 05T26③：150　7. 05T26③：154　8. 05T26③：155　9. 05T26③：156　10. 05T26③：170　11. 05T26③：157　12. 05T26③：162　13. 05T26③：159　14. 05T26③：140　15. 05T26③：160　16. 05T26③：145　17. 05T26③：158　18. 05T26③：166　19. 05T26③：161　20. 05T26③：172　21. 05T26③：173　22. 05T26③：174　23. 05T26③：144　24. 05T26③：151　25. 05T26③：146　26. 05T26③：148　27. 05T26③：149

"典"，阴刻阳文，楷书，字外无框，2件同印个体，标本2005HXNT26 ③：166（图一八三，18）。

"则"，阴刻阳文，楷书，字外有框，1件，标本2005HX NT26 ③：144（图一八三，23）。

"汤"，阴刻阳文，楷书，字外无框。两种字体：

a．字体较大，3件同印个体，标本2005HXNT26 ③：151（图一八三，24）。

b．字体较小，2件同印个体，标本2005HXNT26 ③：152（图一八四，17）。

"𥝲"，阴刻阳文，楷书，字外无框，4件同印个体，标本2005HXNT26 ③：162（图一八三，12）。

"素"，阳刻阴文，楷书，字外无框。三种字体：

a．1件，标本2005HXNT26 ③：175（图一八四，2）。

b．2件同印个体，标本2005HXNT26 ③：176（图一八四，7）。

c．1件，标本2005HXNT26 ③：177（图一八四，9）。

"诺"，阴刻阳文，楷书，字外无框，2件同印个体，标本2005HXNT26 ③：168（图一八四，3）。

"多"，阴刻阳文，楷书，字外无框，1件，标本2005HXNT26 ③：169（图一八四，4）。

"土"，阴刻阳文，楷书，字外无框，2件同印个体，标本2005HXNT26 ③：167（图一八四，5）。

"隆"，阴刻阳文，带有隶意的楷书，字外无框。两种字体：

a．椭圆形印，字体较宽，3件同印个体，标本2005HXNT26 ③：164（图一八四，6）。

b．长方印，字体较窄，2件同印个体，标本2005HXNT26 ③：165（图一八四，10）。

"宣"，阴刻阳文，楷书，字外无框，1件，标本2005HXNT26 ③：163（图一八四，13）。

"光"，阴刻阳文，楷书，字外无框，1件，标本2005HXNT26 ③：153（图一八四，14）。

符号"ᴐ"，阴刻阳文，2件同印个体，标本2005HXNT26 ③：178（图一八四，1）。

符号"ᴌ"，阴刻阳文，1件，标本2005HXNT26 ③：179（图一八四，15）。

"十二"，阴刻阳文，字外无框，2件同印个体，标本2005HXNT26 ③：180（图一八四，12）。

"十三五"，阴刻阳文，字外无框，1件，标本2005HXNT26 ③：27，（图一八五，27）。

"十三八"，阴刻阳文，字外无框，2件，标本2005HXNT26③：183（图一八四，8）、标本2005HXNT26 ③：181（图一八四，18）。

"十三七"，阴刻阳文，正刻反印，字外无框，1件，标本2005HXNT26 ③：182（图一八四，20）。

（2）刻划文字标本

"川"，字体隶书风格，1件，标本2005HXNT26 ③：60（图一八四，16）。

"本"，1件，标本2005HXNT26 ③：185（图一八四，19）。

符号"⌒"，1件，标本2005HXNT26 ③：186（图一八四，11）。

2．筒瓦类文字瓦

（1）模压文字标本

"大"，阴刻阳文，楷书，字外有框，3件同印个体，标本2005HXNT26 ③：187（图一八五，1）。

"开（?）"，阴刻阳文，楷书，字外无框，1件，标本2005HXNT26 ③：37（图一八五，2）。

"音"，阴刻阳文，楷书，字外有框，3件同印个体，标本2005HXNT26 ③：3（图一八五，3）。

"自"，阴刻阳文，楷书，字外有框。两种字体：

a．字体较小，3件同印个体，标本2005HXNT26 ③：188（图一八五，5）。

图一八四 水井出土文字瓦拓片（二）

1. 05T26③:178　2. 05T26③:175　3. 05T26③:168　4. 05T26③:169　5. 05T26③:167　6. 05T26③:164　7. 05T26③:176
8. 05T26③:183　9. 05T26③:177　10. 05T26③:165　11. 05T26③:186　12. 05T26③:180　13. 05T26③:163　14. 05T26③:153
15. 05T26③:179　16. 05T26③:60　17. 05T26③:152　18. 05T26③:181　19. 05T26③:185　20. 05T26③:182

图一八五　水井出土文字瓦拓片（三）

1. 05T26③：187　2. 05T26③：37　3. 05T26③：3　4. 05T26③：39　5. 05T26③：188　6. 05T26③：200　7. 05T26③：190　8. 05T26③：201　9. 05T26③：192　10. 05T26③：202　11. 05T26③：193　12. 05T26③：194　13. 05T26③：195　14. 05T26③：196　15. 05T26③：191　16. 05T26③：203　17. 05T26③：204　18. 05T26③：189　19. 05T26③：198　20. 05T26③：197　21. 05T26③：205　22. 05T26③：206　23. 05T26③：199　24. 05T26③：207　25. 05T26③：212　26. 05T26③：211　27. 05T26③：209　28. 05T26③：95　29. 05T26③：210　30. 05T26③：213

b．字体较大，1件，标本 2005HXNT26 ③：189（图一八五，18）。

"古"，阴刻阳文，楷书，字外无框，2件同印个体，标本 2005HXNT26 ③：200（图一八五，6）。

"寸"，阴刻阳文，楷书，字外有框，1件，标本 2005HXNT26 ③：190（图一八五，7）。

"须（?）"，阴刻阳文，楷书，字外无框，3件同印个体，标本 2005HXNT26 ③：201（图一八五，8）。

"男"，阴刻阳文，带有隶意的楷书。两种字体：

a．字外有框，3件同印个体，标本 2005HXNT26 ③：192（图一八五，9）。

b．字外无框，1件，标本 2005HXNT26 ③：193（图一八五，11）。

"文"，阴刻阳文，楷书，字外有框，1件，标本 2005HXNT26 ③：194（图一八五，12）。

"夫"，阴刻阳文，楷书，字外有框，1件，标本 2005HXNT26 ③：195（图一八五，13）。

"仁"，阴刻阳文，楷书，字外有框。两种字体：

a．字体较大，3件同印个体，标本 2005HXNT26 ③：196（图一八五，14）。

b．字体较小，2件同印个体，标本 2005HXNT26 ③：197（图一八五，20）。

"明"，阴刻阳文，正刻反印，楷书，字外有框，1件，标本 2005HX NT26 ③：191（图一八五，15）。

"市"，阴刻阳文，楷书，字外无框，2件同印个体，标本 2005HXNT26 ③：203（图一八五，16）。

"汤"，阴刻阳文，楷书，字外无框，1件，标本 2005HX NT26 ③：204（图一八五，17）。

"安"，阴刻阳文，楷书，字外有框，1件，标本 2005HXNT26 ③：198（图一八五，19）。

"优"，阴刻阳文，楷书，字外无框，3件同印个体，标本 2005HXNT26 ③：205（图一八五，21）。

"德"，阴刻阳文，楷书，字外无框，1件，标本 2005HX NT26 ③：206（图一八五，22）。

"信"，阴刻阳文，楷书，字外无框，1件，标本 2005HX NT26 ③：207（图一八五，24）。

符号"🏹"，阴刻阳文，楷书，字外有框，2件同印个体，标本 2005HXNT26 ③：199（图一八五，23）。

"🐙"，阴刻阳文，不识，字外无框，1件，标本 2005HX NT26 ③：39（图一八五，4）。

"🏠"，不识，阴刻阳文，不识，字外无框，1件，标本 2005HX NT26 ③：202（图一八五，10）。

"十二"，纵书，阳刻阴文，字外无框，1件，标本 2005HX NT26 ③：95（图一八五，28）。

"十三五"，纵书，阳刻阴文，字外无框。两种字体：

a．1件，标本 2005HXNT26 ③：209（图一八五，27）。

b．1件，标本 2005HXNT26 ③：210（图一八五，29）。

"十三七"，纵书，阳刻阴文，正刻反印，字外无框，1件，标本 2005HXNT26 ③：211（图一八五，26）。

"十三八"，纵书，阳刻阴文，字外无框，1件，标本 2005HXNT26 ③：94（图一八八，4）。

（2）刻划文字标本

"本"，2件，笔画书写顺序存在差异，标本2005HXNT26③：212（图一八五，25）、标本2005HXNT26 ③：213（图一八五，30）。

（二）板瓦

1. 普通板瓦

标本2005HXNT26③：31，略残，瓦身凸面存在多道横向细划纹，此外，瓦体窄边下部凸面瓦身中线偏左位置施有模压阴文"素"字。瓦体纵向长35.6、窄边边长24.4、宽边残长24厘米（图一八六，1）。

标本2005HXNT26③：63，略残，瓦身凸面近宽边处有多道斜向划纹，此外，瓦体窄边下部凸面瓦身中线偏右位置施有模压阴文"市"字。瓦体纵向长33.4、窄边边长22.8、宽边残长23厘米（图一八六，2）。

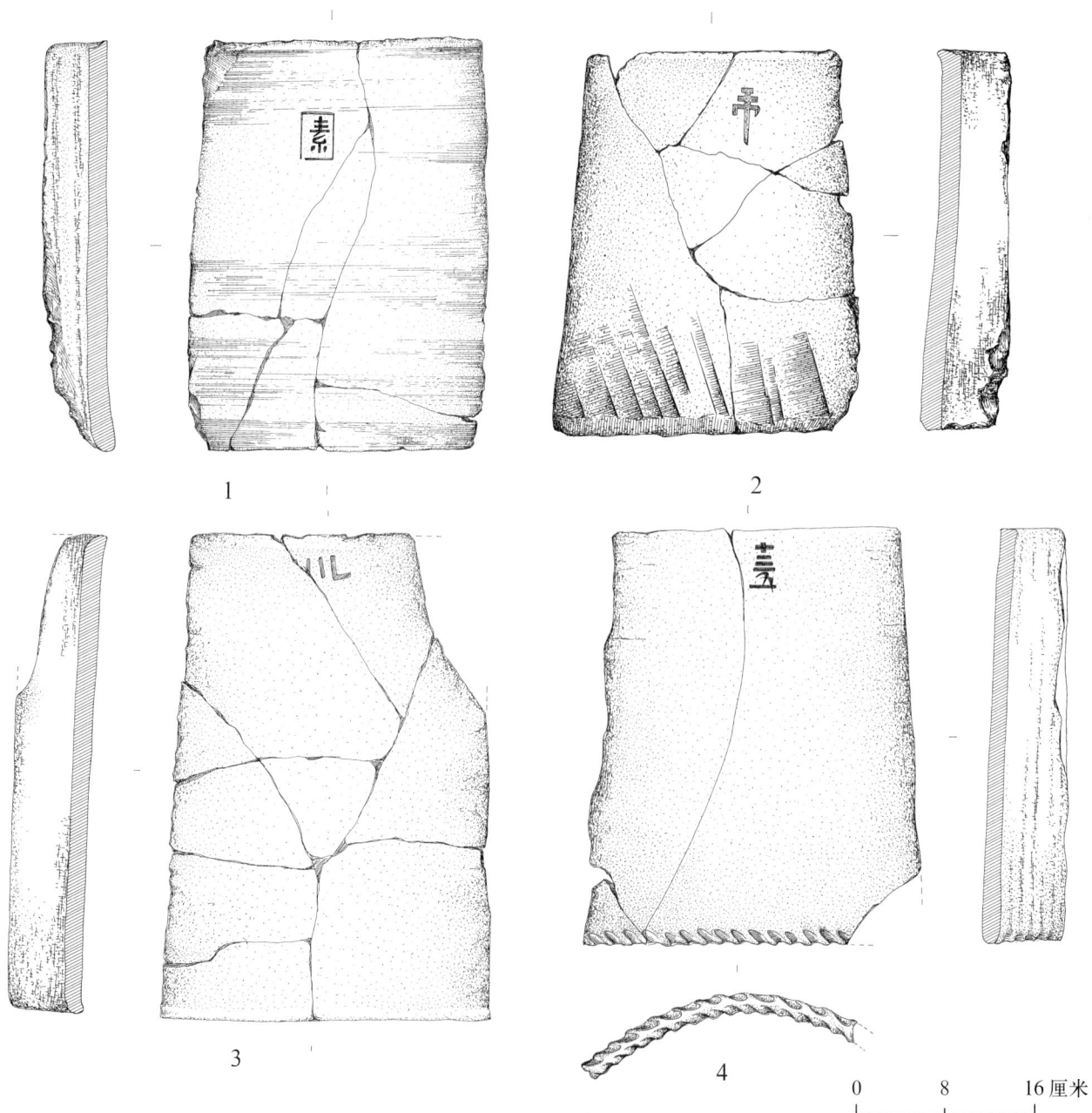

图一八六　水井出土板瓦

1~3. 板瓦（05T26③：31、05T26③：63、05T26③：60）　4. 双面指印纹板瓦（05T26③：27）

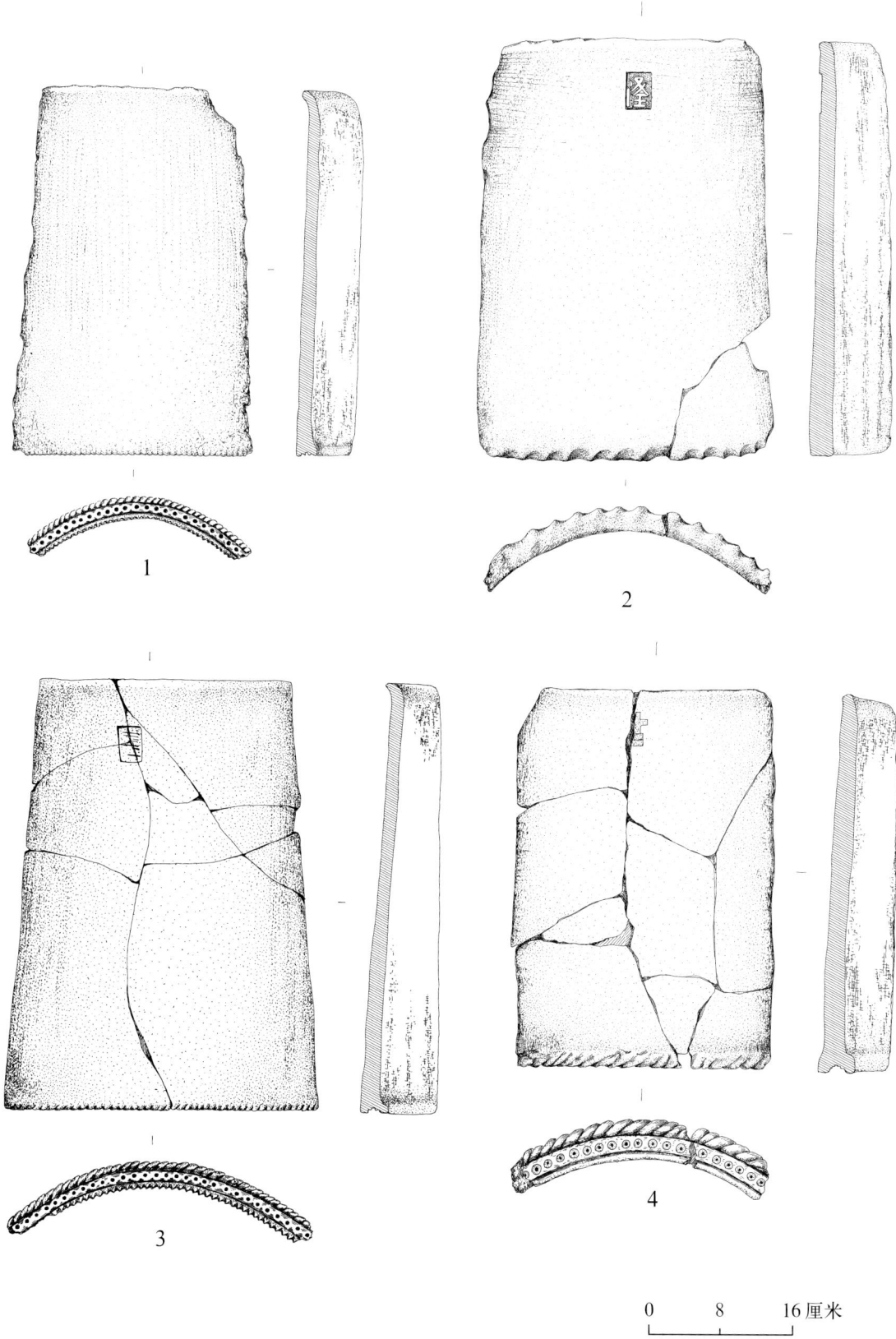

图一八七　水井出土板瓦、檐头板瓦

1、3. D型檐头板瓦（05T26③：66、05T26③：70）　2. 指印纹板瓦（05T26③：132）　4. B型檐头板瓦（05T26③：24）

标本2005HXNT26③：60，瓦体窄边一角残断，瓦体窄边下部凸面瓦身中央施有刻划纹"川"字。瓦体纵向长42.6、窄边残长20、宽边边长30.2厘米（图一八六，3）。

2．单面指印纹板瓦

标本2005HXNT26③：132，瓦体窄边下部凸面瓦身中央施有模印阳文"隆"字。瓦体纵向长45.2、窄边边长27、宽边边长32厘米（图一八七，2）。

3．双面指印纹板瓦

标本2005HXNT26③：27，瓦体宽边右角残断，瓦体窄边下部凸面瓦身中央纵向施有模压阴文"十三五"三字。瓦体纵向长36.2、窄边残长25.8、宽边边长23.6、施纹端面宽1.8厘米（图一八六，4）。

4．檐头板瓦

（1）B型檐头板瓦

标本2005HXNT26③：24，略残，瓦体凹面窄边下部中央位置纵向施模压阴文"十二"两字。瓦体纵向长40.4、窄边残长23、宽边边长28、檐头端面宽4厘米（图一八七，4）。

（2）D型檐头板瓦

标本2005HXNT26③：66，略残。瓦体纵向长39.4、窄边残长18.2、宽边边长26.4、檐头端面宽2.4厘米（图一八七，1）。

标本2005HXG1③：70，略残，瓦体凸面窄边下部近中央位置施有模压文字，因字迹模糊已无法辨识。瓦体纵向长46.2、窄边残长27.8、宽边边长34.6、檐头端面宽2.8厘米（图一八七，3）。

（三）筒瓦

1．直节形瓦唇筒瓦

标本2005HXNT26③：8，完整，器体修长。瓦体通长46.2、瓦唇长56、瓦唇以下瓦体窄边宽13.6、宽边宽14厘米（图一八八，1）。

标本2005HXNT26③：38，完整，瓦唇中央曾施有文字，现已无法辨识。瓦体通长41.1、瓦唇长4.2、瓦唇以下瓦体窄边宽13、宽边宽13.8厘米（图一八八，3）。

标本2005HXNT26③：95，完整，瓦唇中央施有纵向模压阴文"十二"两字。瓦体通长33.2、瓦唇长4、瓦唇以下瓦体窄边宽14.6、宽边宽14.8厘米（图一八八，2）。

标本2005HXNT26③：94，完整，瓦唇中央施有纵向模压阴文"十三八"三字。瓦体通长36.2、瓦唇长5、瓦唇以下瓦体窄边宽14.4、宽边宽14.6厘米（图一八八，4）。

标本2005HXNT26③：13，完整，瓦体通长38.2、瓦唇长4.6、瓦唇以下瓦体窄边宽13、宽边宽13、4厘米（图一八九，2）。

2．曲节形瓦唇筒瓦

标本2005HXNT26③：81，完整，瓦体通长35.6、瓦唇长6、瓦唇以下瓦体窄边宽15.8、宽边宽16.4厘米（图一八九，1）。

3．曲节形瓦唇檐头筒瓦

标本2005HXNT26③：46，完整，Ab型瓦当接曲节筒瓦，曲节瓦唇中央存在1个圆形透孔。檐头筒瓦通长42.2、瓦唇长5.4；瓦当直径17、乳突直径4、乳突高1.4、边轮宽1.2~1.4、边轮高0.8厘米（图一八九，3；图一九〇，1）。

图一八八　水井出土直节形瓦唇形筒瓦

1. 05T26③：8　2. 05T26③：95　3. 05T26③：38　4. 05T26③：94

0　4　8厘米

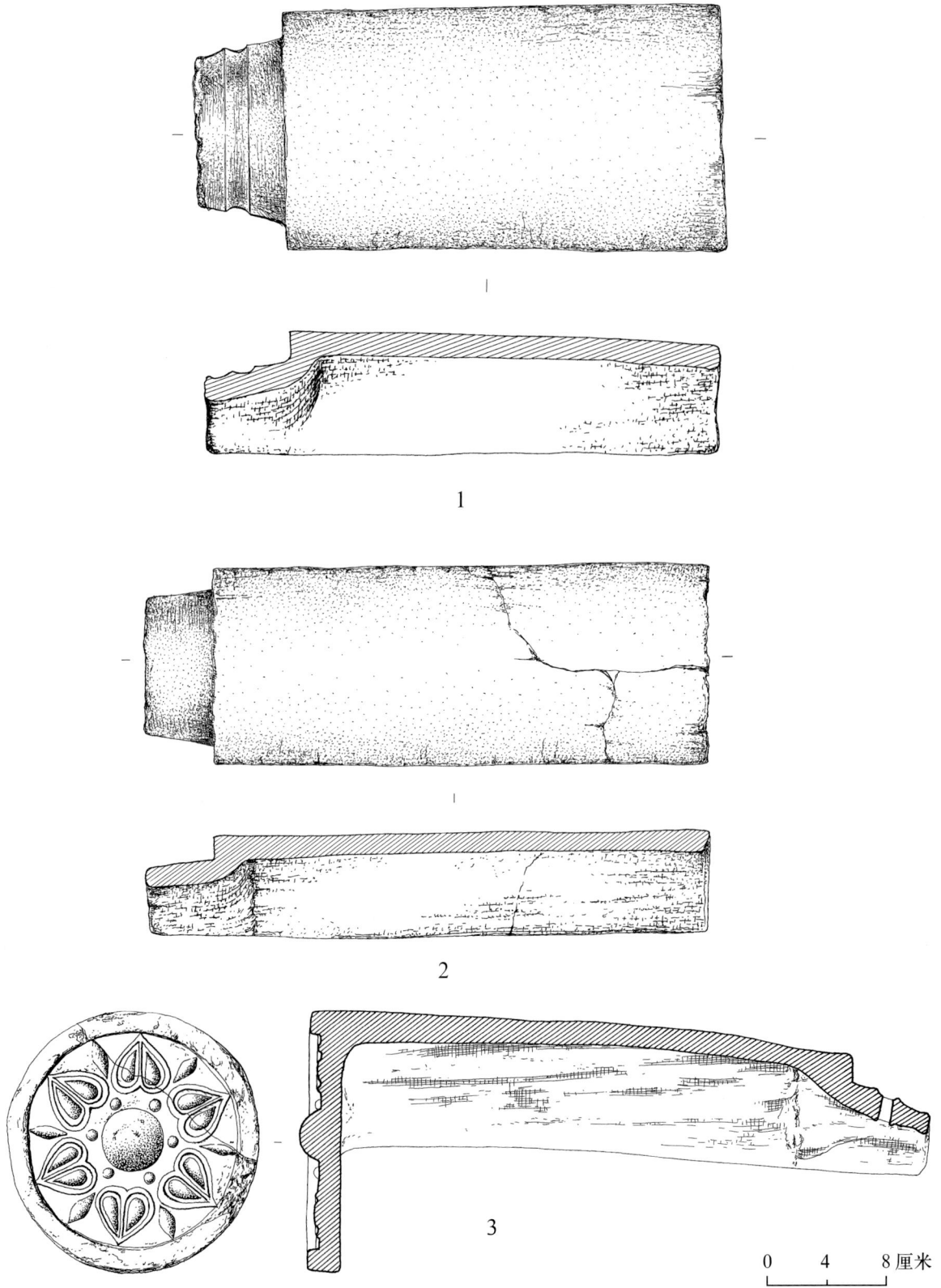

图一八九　水井出土筒瓦、檐头筒瓦

1. 曲节形瓦唇筒瓦（05T26③：81）　2. 直节形瓦唇筒瓦（05T26③：13）　3. 曲节形瓦唇檐头筒瓦（05T26③：46）

（四）瓦当

1．A型　萼形间饰六瓣莲纹瓦当。

（1）Aa型　乳突外环绕同心圆凸棱线纹、联珠纹。4件，另见一些残块。

标本2005HXNT26③：135，瓦当直径16.8、乳突直径2、乳突高1、同心圆直径3.6、边轮宽1.4、边轮高1厘米（图一九〇，2、3）。

标本2005HXNT26③：131，瓦当与筒瓦钝角相接。瓦当直径17、乳突直径1.8、乳突高0.8、同心圆直径4、边轮宽1.2~1.4、边轮高0.8厘米（图一九〇，4、5）。

（2）Ab型　乳突外环绕联珠纹。2件，另见一些残块。

标本2005HXNT26③：46，连接完整筒瓦（图一九〇，1）。

（五）当沟　31件。

标本2005HXNT26③：108，略残。器身正面（凸面）素面，凹面布满布纹，器身顶部边沿两端略残。从凹面可以看到，舌形轮廓的底部边沿略残，器身左右两侧边沿存在粗糙的加工痕迹。器身长28.8、舌形轮廓底边残长10.4、器身宽18.4、器身弦高6.4、器壁厚1.2厘米（图一九一，1；图版四九，4）。

标本2005HXNT26③：109，完整。器身正面（凸面）素面，凹面布满布纹，顶部两端边沿存在破损痕迹。从凹面可以看到，顶部边沿中部存在人工削抹凹痕，舌形轮廓的底部边沿切割得比较光滑。器身顶边长33.4、舌形轮廓底边长18、器身宽18、器身弦高7.6、器壁厚1.8厘米（图一九一，2；图版四九，3）。

标本2005HXNT26③：107，完整。器身正面（凸面）素面，凹面布满布纹，顶部两端边沿存在破损痕迹。从凹面可以看到，舌形轮廓的底部边沿切割得比较光滑，左右两侧边沿存在粗糙的加工痕迹。器身长34、舌形轮廓底边长15.6、器身宽19.2、器身弦高7.4、器壁厚1.6厘米（图一九一，3；图版四九，5）。

标本2005HXNT26③：130，完整。器身正面（凸面）素面，凹面布满布纹，顶部边沿完好，器身下部舌形轮廓位置略显偏左。从凹面可以看到，舌形轮廓的底部边沿切割得比较光滑，其左右两侧边沿存在粗糙的加工痕迹。器身长33.8、舌形轮廓底边长20、器身宽17、器身弦高7.2、器壁厚2.2厘米（图一九一，4）。

（六）压当条　21件。

1．板瓦类压当条，使用板瓦瓦坯加工而成，6件。

标本2005HXNT26③：116，窄长条形，完整。器体通长44.8、窄边宽8、宽边宽9.4厘米（图一九二，1）。

标本2005HXNT26③：113，窄长条形，完整。器体通长34.2、窄边宽11.9、宽边宽12.2厘米（图一九二，3）。

标本2005HXNT26③：115，窄长条形，宽边一侧端角残断。器体通长42、窄边宽14.8厘米（图一九二，4）。

2．筒瓦类压当条　使用筒瓦瓦坯加工而成，15件。

标本2005HXNT26③：133，器残，平面略呈梯形。器体残长41.4、宽边残宽10厘米（图一九

图一九〇　水井出土瓦当及拓片

1. Ab 型（05T26 ③ : 46）　　2、4. Aa 型（05T26 ③ : 135、05T26 ③ : 131）　　3、5. 瓦当拓片（05T26 ③ : 135、05T26 ③ : 131）

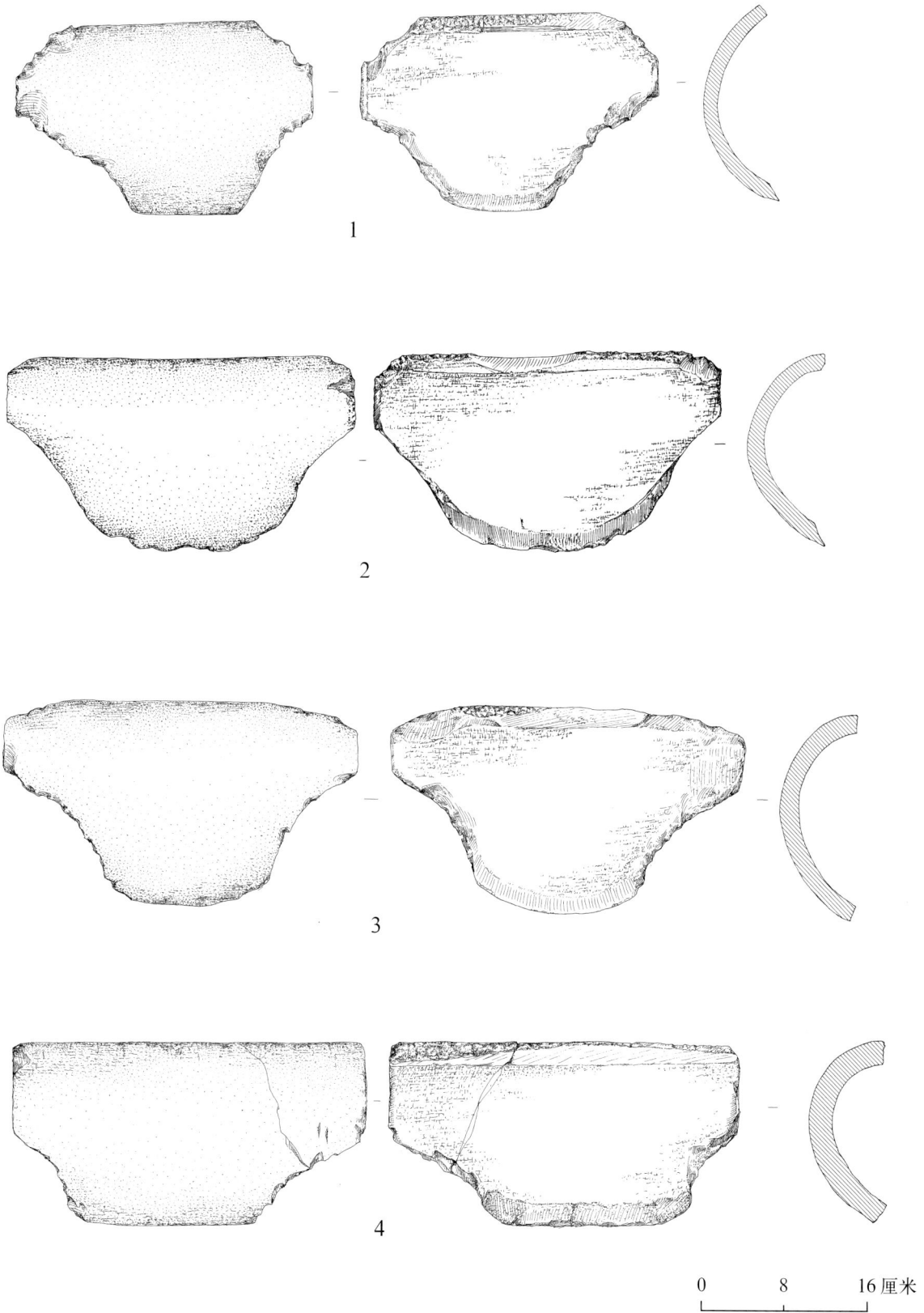

0　　　8　　　16厘米

图一九一　水井出土当沟

1. 05T26 ③：108　　2. 05T26 ③：109　　3. 05T26 ③：107　　4. 05T26 ③：130

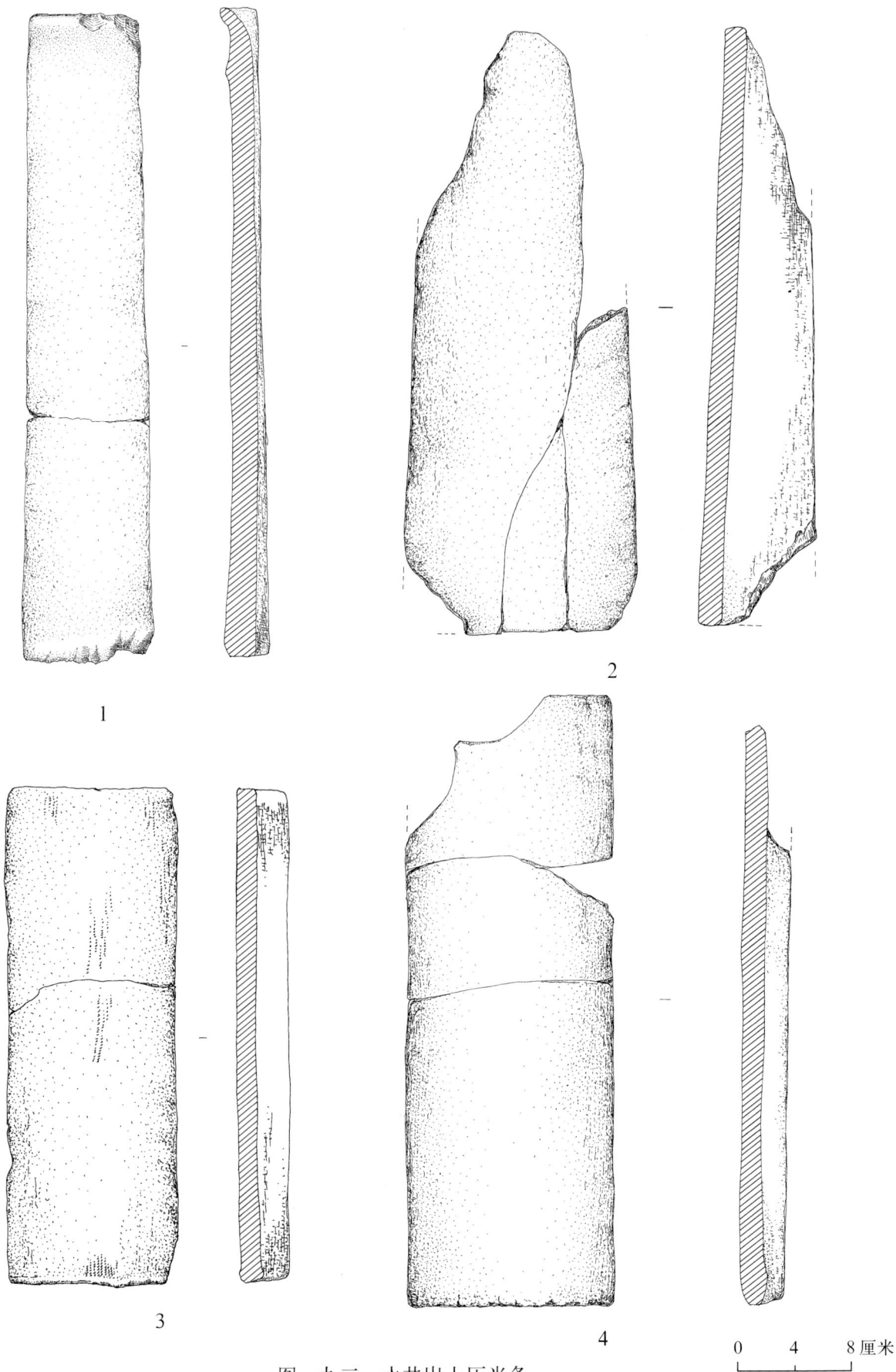

图一九二　水井出土压当条

1、3、4. 板瓦类（05T26③：116、05T26③：113、05T26③：115）　2. 筒瓦类（05T26③：133）

二，2）。

（七）器皿

标本2005HXNT26③：100，陶罐，轮制，泥质灰陶，素面，残。侈口、方唇、弧腹、平底。口径10、最大腹径23.2、高约31.4、底径13.8厘米（图一九三）。

此外，在井址区域出土了泥质灰陶桥状器耳、腹片、器底。

注 释

① 各章节出土遗物所标注的层位，③层遗物为倒塌堆积中出土。

② 瓦当的类型划分标准参见第五章《西古城城址出土建筑构件的类型学考察》。

③ （日）鸟山喜一、藤田亮策：《间岛省古迹调查报告》，1942年，延边朝鲜族自治州博物馆馆藏本。

④ 由于门址受损较重，该数据是门址中间础石中心点至二、五号宫殿址台基的距离

⑤ 据渤海上京发掘资料，上京宫城隔墙门址与西古城内城隔墙门址的形制相同，上京门址台基留存有基本完好的散水设施。

⑥ 需要说明的是，由于未对门址台基进行解剖，不清楚台基是否存在地下基础。

⑦ 北京市文物研究所编：《中国古代建筑辞典》，中国书店，1992年。

⑧《中国古建筑术语辞典》，山西人民出版社，1991年。

⑨ （日）鸟山喜一、藤田亮策：《间岛省古迹调查报告》，1942年，延边朝鲜族自治州博物馆馆藏本。

⑩ 据2006年八连城城址发掘资料。

⑪ 需要说明的是，2001~2002年度对一号宫殿、二号宫殿、三号宫殿区域的发掘，在采集出土遗物标本时，由于未能注意到当沟类遗物的形态特征，因此有些当沟残片可能被视为残碎的筒瓦而没有收集，对于这种工作中的失误特此致歉。

⑫ 套兽：在建筑物正面和侧面屋顶斜坡相交处，也就是垂脊处，最下一架斜置的并伸出柱子以外的木梁，叫角梁。角梁有两层，上层角梁的前端有榫，套兽安置于其上。引自北京市文物研究所编：《中国古代建筑辞典》，中国书店，1992年。

⑬ 八连城城址2004~2005年发掘出土的柱围存在横向端面，表明柱围不是闭合的圆圈体，是由2片或2片以上的接合在一起而使用的。

⑭ 器物的定名根据渤海上京城址复原的同类器物。

⑮ 据八连城城址2005年发掘资料。

⑯ 黑龙江省文物考古研究所：《黑龙江宁安市渤海上京龙泉府宫城第三宫殿址的发掘》，《考古》2003年第3期。

⑰ 据八连城城址2004年发掘资料。

⑱ 黑龙江省文物考古研究所：《黑龙江宁安市渤海国上京龙泉府宫城4号宫殿遗址的发掘》，《考古》2005年第9期。

⑲ 据八连城城址2005年发掘资料。

⑳ 黑龙江省文物考古研究所：《黑龙江宁安市渤海上京龙泉府宫城第三宫殿址的发掘》，《考古》2003年第3期。

㉑ 据八连城城址2005年发掘资料。

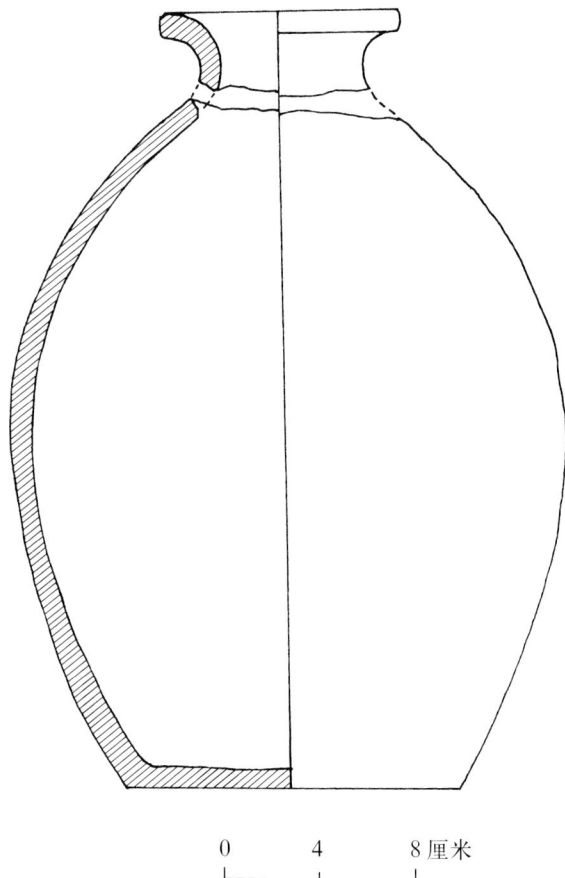

图一九三 水井出土陶器（05T26③：100）

㉒㉓ 根据小嶋芳孝披露的信息，斎藤优曾对四号宫殿址南部区域进行过盗掘，现有迹象难以确定四号宫殿的南部区域是否存在倒塌堆积。参见（日）小嶋芳孝：《斎藤优の渤海遗砵發掘写真》，藤井一二编：《北東アジアの交流と経済・文化》，金沢星稜大学共同研究报告，桂书房，2006年。

㉔㉕ 杨鸿勋：《宫殿考古通论》，紫禁城出版社，2001年。

㉖ 2004年度在四号宫殿台基西侧的渤海地面上，清理出2块南北向排列的础石，在础石之间，存在板石构筑的壁体，据此确定了水井迹象。

㉗ 杨鸿勋：《宫殿考古通论》图三六九，紫禁城出版社，2001年。

第四章　西古城内城建筑布局考察

一

纵观中国古代都城的发展历程，古代文献中有"筑城以卫君、造郭以守民"的说法①。当代考古学研究得出的结论是，"城"出现的时间要早于"郭"。即："从史前时期进入文明时代，从聚落发展到'城'，最早的'城'实际是'宫城'。以后又从'宫城'发展出'郭城'。"②因此，虽然历代都城的规模、格局在不断的发展，完善，但自始至终"城"的意义远远大于"郭"的重要，"城"是核心、主体。

据《唐两京城坊考》记载：隋大兴—唐长安城的营建次序是，"隋时规建，先筑宫城，次筑皇城，次筑外郭城"③。唐长安城的都城模式对渤海人都城理念的形成起到了深远的影响。

渤海人在经历了大钦茂时期的几次徙都以后，自大华玙始、直至渤海灭亡，长期定都于上京龙泉府，上京由此成为渤海人都城理念的完整体现。此前，渤海人曾以西古城、八连城为都，其时都城的规模仅相当于渤海上京龙泉府的皇城、宫城。

对照比较西古城城址内城、渤海上京龙泉府宫城的建筑格局，如果排除城墙轮廓因素，西古城城址内城宫殿区域与渤海上京龙泉府宫城三至五号宫殿区域的建筑布局如出一辙④。

长期以来，学术界（其中主要是日本学术界）一直存在一种观点，认为现在得以留存下来的西古城、八连城的城址轮廓，只是当年渤海政权以其为都时完成的都城规划中的皇城、宫城部分，普通民众居所、宗教和手工业设施多散布于皇城之外。由于西古城、八连城为都的时间均不过十年左右，因此在渤海人尚没有来得及修建外城（郭城）时便已经迁都它处（上京）⑤。

需要说明的是，上述观点作为学术推测，目前尚没有得到确切的考古学资料的印证。

二

中国古代都城的宫城布局，具有外朝居南、内庭位北，正殿居南、后宫位北的特点⑥。"宪象"中原汉文化都城模式而建的西古城城址，其城市规划严格遵循了中原汉文化都城所倡导的确立中轴线、大型建筑左右对称布局的营建理念。

依据考古发掘获取的实物资料，对西古城城址内城建筑布局的学术认识是：

（一） 目前已经明确西古城城址存在两条中轴线，内城的5座宫殿建筑呈"十"字形布局。其中，一、二、五号宫殿由南向北依次坐落在城址的南北向中轴线上；四、二、三号宫殿由西向东依次坐落在内城的东西向中轴线上。内城南门所处的位置是整个城址的中心点，二号宫殿所处的位置是内城的中心点（图一九四）。

（二） 一号、二号宫殿是复合式建筑，一号宫殿的左、右两侧配置有东、西廊庑，二号宫殿的左、右两侧配置有东、西配殿；三、四、五号宫殿属于单体建筑。相对于一号宫殿，其东西廊庑左右对称；相对于二号宫殿，其东西配殿左右对称；相对于二号宫殿区域，三、四号宫殿左右对称。

虽然5座宫殿址的台基均已遭受不同程度的破坏，但根据其各自的残存迹象仍可看出，一号宫殿址的台基最高，二号宫殿址次之（二号宫殿东西两侧配殿的台基低于二号宫殿），三、四、五号宫殿台基的高度相当。

按照古代的等级制度，宫殿台基的高度应该与其功能、等级相关。因此，5座宫殿中，一、二号宫殿的位置、地位最为重要。其中，一号宫殿应该是大朝正殿，二号宫殿可能与寝宫有关。

三

由于内城隔墙的存在，可以把内城的5座宫殿址分为两个相对独立的建筑组群。其中，一至四号宫殿作为一个建筑组群分布于内城的南部，五号宫殿则作为独立建筑位于内城的北部。清理结果表明，5座宫殿址的台基均遭到一定程度的破坏（图一九五）。

内城隔墙的中部辟有门址，门址所处的位置恰好坐落在西古城的南北向中轴线上。同时，该门址成为连接两个建筑组群的通道。

内城隔墙南侧的四座宫殿，彼此之间通过廊道相接。一号宫殿与二号宫殿之间以南北向廊道相接，此外，一号宫殿通过东侧廊庑北端的廊道与三号宫殿、二号宫殿东侧配殿相接，通过西侧廊庑北端的廊道与四号宫殿、二号宫殿西侧配殿相接（图一九六）。

内城隔墙北侧的五号宫殿，虽然位置相对独立，但其可以通过内城隔墙中门建立起与另外4座宫殿的联系。

由于一、二、三号宫殿之间，一、二、四号宫殿之间分别确认了功能单一的廊道，因此可以排除一号宫殿东西廊庑仅仅作为廊道使用的可能。在东、西廊庑的柱础之间（主要是其各自的中排柱础）存在墙体迹象，表明东、西廊庑可能是厢房结合明廊式的建筑格局。相对于一、二号宫殿位置而言，东西廊庑的建筑格局为：厢房居于外侧，明廊面向内侧。

在一号宫殿址东、西廊庑的北部近端点处，均清理出东西走向的排水设施，并在建筑址之外清理出外延部分的流水槽。西侧廊庑两侧的流水槽铺垫的是经过挑选的河卵石，东侧廊庑两侧的流水槽铺垫的是碎瓦片，虽然两者使用的材料不同，但不足以作为营建时间存在差异的依据。两条排水设施具有一个相同的营建特点，相对整个建筑组群而言，内侧（面向一、二号宫殿之间廊道一侧）排水沟沟口所用石材经过修琢、垒砌精细，外侧沟口所用石料只是略经加工、构筑粗糙。东侧廊庑的流水槽

北

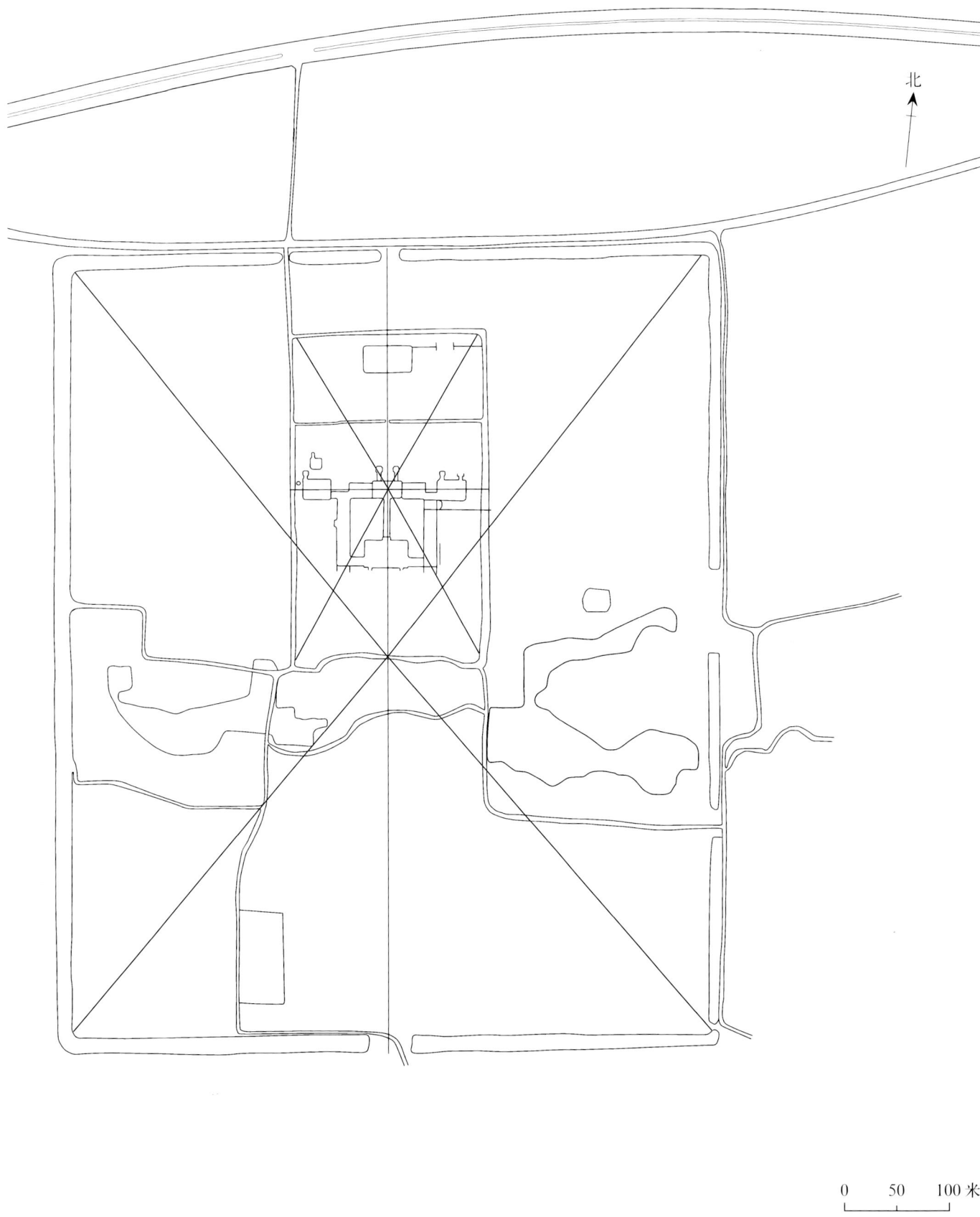

0　　50　　100 米

图一九四　西古城城址城市布局示意图

向东延伸至内城东墙，并在内城东墙下部修建有排水涵洞。由此可见，当年渤海人在营建西古城时考虑到了内城的排水问题。

如果上文有关廊庑性质的推断成立，则可以明确廊庑排水设施一侧端口构筑粗糙的原由，即粗糙端口位于厢房房山后侧。

通过以上分析足以说明，渤海人营建西古城时已经形成了成熟的都城营建理念。

四

四号宫殿的个性化特点比较鲜明。其一，在营建方式方面，虽然5座宫殿建筑均修建在夯土台基之上，但四号宫殿台基为单纯的夯土台基，其余4座宫殿台基则均为河卵石、夯土相间叠筑而成。其二，四号宫殿与二、三号宫殿规模相当，但在建筑格局、建筑设施等方面存在诸多自身的特点。例如，四号宫殿两间主室之间单墙相隔；台基北部有单体"吕"形设施等等。其三，由一号宫殿西侧廊庑通往四号宫殿的廊道与由一号宫殿东侧廊庑通往三号宫殿的廊道也存在差异。清理结果表明，通往三号宫殿廊道的础石坐落在夯土台基之上，通往四号宫殿廊道的础石则直接坐落在当时的地面之上。

由于二、三、四号宫殿址均缺少日常生活类遗物出土，加之三者在建筑构件类遗物方面所表现出来的同一性，客观上限制了有关四号宫殿独特性原因的讨论。

单独坐落在内城北部区域的五号宫殿，依据现存迹象无法具体明确其柱网格局。西古城宫殿建筑础石柱网较为清楚的二号（结合日本人资料）、三号、四号宫殿址，均为外围环廊、中部设双间主室的建筑格局。由于建筑面积较小，其各自两间主室房间的横纵向跨度均不超过9米。五号宫殿规模较大，如果中央殿堂减柱两排，则其南北跨度将达12～12.5米（以础石中心点间距计算）。依据现有考古发掘资料，在同时期的中原地区尚难以找到如此跨度的宫殿建筑个例。

西古城城址五号宫殿址在内城布局中的位置相当于渤海上京的五号宫殿址，上京五号宫殿保存有完整的柱网，呈面阔11间、进深5间的建筑格局。上京五号宫殿址或可作为复原西古城五号宫殿址建筑格局的依据。我国学者张铁宁认为，渤海上京的五号宫殿是用于宴饮性质的宫殿建筑[7]。此种说法，在我国学术界尚未引起讨论。最近，日本学者田村晃一在其著述中，根据渤海上京五号宫殿满堂柱的结构特点对张铁宁的观点提出了质疑，他认为："这座建筑物就是《辽史》所说的'府库'"[8]。

五

在四号宫殿址的北侧，清理出一座具有室内取暖设施的小型房址（一号房址）。该房址不但规模较小，而且出土的建筑遗物均为陶质构件，未见釉陶制品。据此推测，房屋使用者的身份地位较低。

由于仅对四号宫殿址北部区域进行了局部清理，四、二、三号宫殿址的北部至内城隔墙之间的大

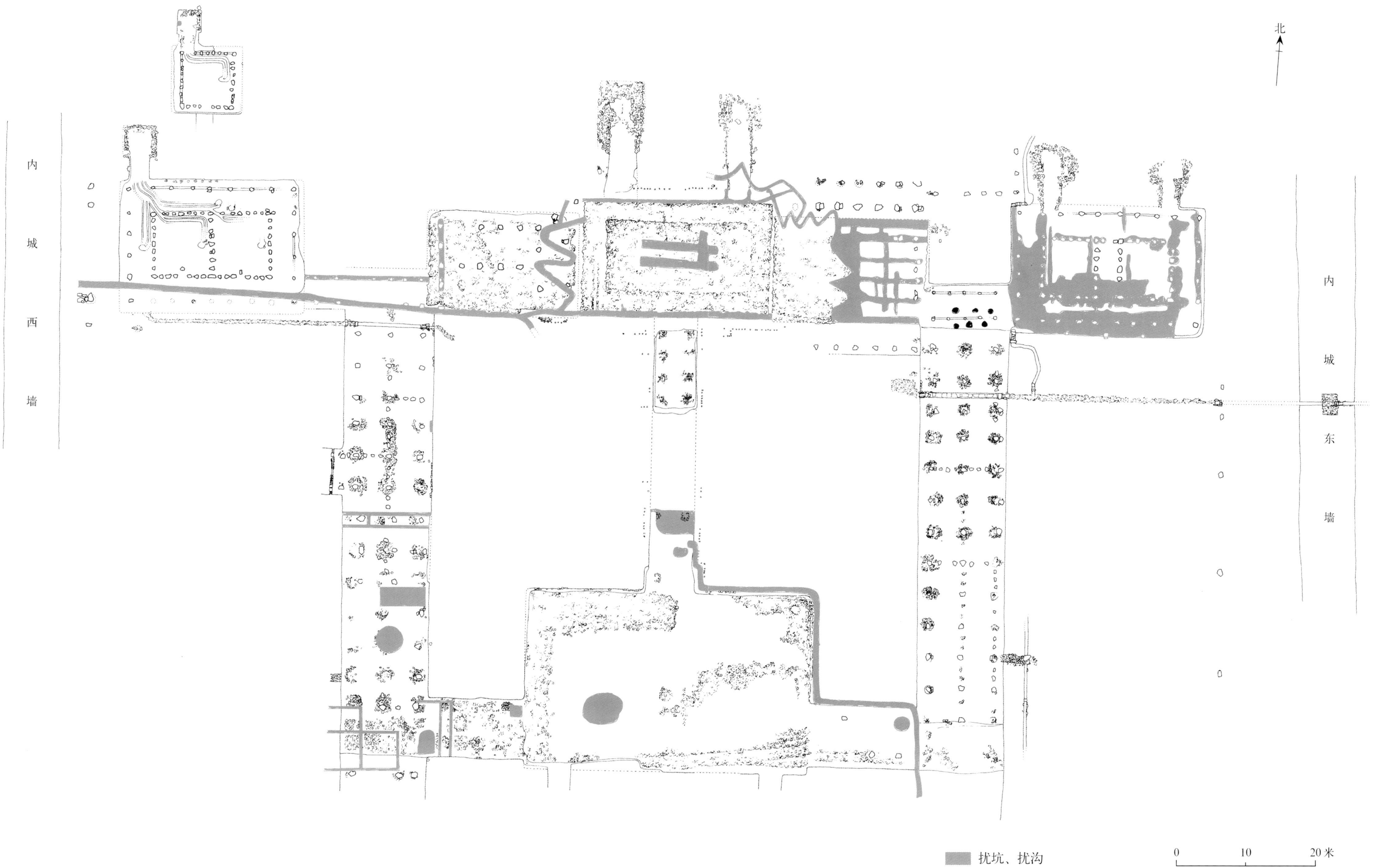

北

内城西墙

内城东墙

东墙

扰坑、扰沟

0   10   20 米

图一九五　西古城城址内城南区遗迹扰沟、扰坑位置分布图

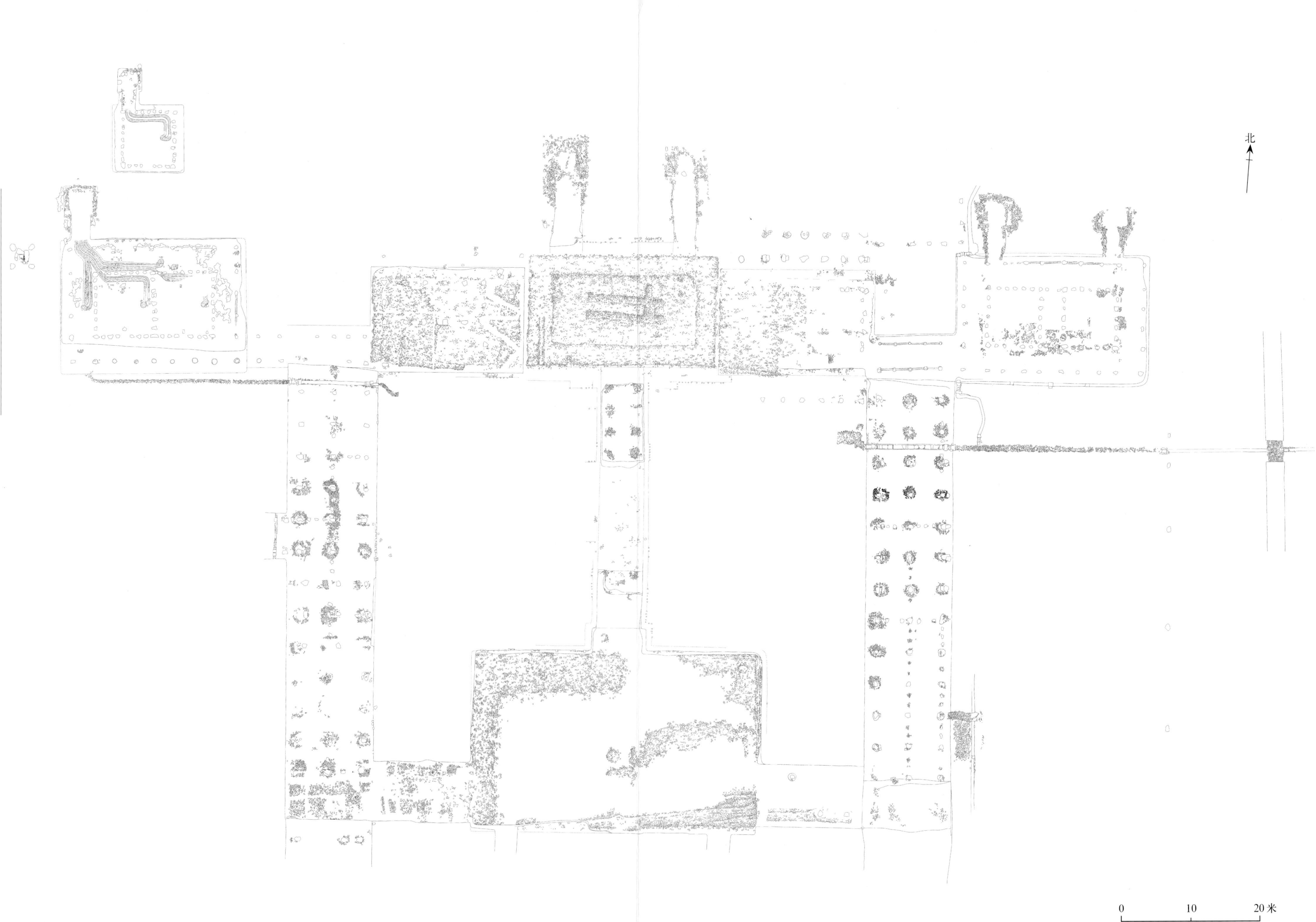

图一九六　西古城城址内城南区建筑遗迹平面图

北

部分区域没有进行发掘，因此不清楚二、三号宫殿的北部是否存在类似的小型房屋建筑。

此外，西古城城址二、三、四号宫殿址，一号房址台基的北部均连接有"⊟"形设施。相同的设施，在渤海上京遗址被认定为烟囱迹象。然而，在西古城建筑址中所清理出来的烟道迹象均没有与"⊟"形设施发生直接的关联。在这里作为一个问题提出，仅供参考。

六

在西古城城址内城，透过考古发掘揭露的遗迹现象可以看出，各个建筑遗迹均未发现明显的因火灾而形成的倒塌痕迹，在一些宫殿址区域（如五号宫殿址）存在间歇性倒塌堆积迹象。此外，在各个建筑基址区域均鲜见日用生活用器。种种迹象表明，西古城内城的建筑遗迹可能终止于自然废弃。

注　释

① 唐·徐坚等编著：《初学记》卷二十四引《吴越春秋》，中华书局，1962年。
② 刘庆柱、李毓芳：《中国古代都城建筑的思想理念探索》，《西安文物考古研究》，陕西人民出版社，2004年。
③ 徐松撰、张穆校补、方严点校：《唐两京城坊考》，中华书局，1985年。
⑤ a．根据文献所载，渤海政权在唐王朝纪年"天宝中"至"天宝末"期间以显州为都。唐的天宝纪年（公元742～756年）一共才14年，考虑到"天保中"的因素，显州为都的时间应是10年左右；大钦茂在唐王朝纪年"贞元时（公元785～804年），东南徙东京"，至大华屿"复还上京（公元794年）"，则八连城的为都时间不足10年。
　　b．（日）小嶋芳孝：《中国吉林省和龙县西古城周边の航空写真》，《古代学研究》第138号，古代学研究会，1997年。
　　c．（日）斋藤优：《半拉城と他の史迹》，半拉城史刊行会，1978年。
⑥ 刘庆柱：《中国古代宫城考古学研究的几个问题》，《古代都城与帝陵考古学研究》，科学出版社，2000年。
⑦ 张铁宁：《渤海上京龙泉府宫殿建筑复原》，《文物》1994年第6期。
⑧ （日）田村晃一：《渤海上京龙泉府址の考古学的检讨》，《东アジア都城と渤海》，财团法人东洋文库，平成17年（2005年）。

第五章　西古城城址出土瓦件的类型学考察

通过考古清理得以确认，西古城城址宫殿、房屋建筑的屋顶覆盖有板瓦、筒瓦、当沟、压当条等四种类别的瓦件，屋脊的一些特殊部位装饰有鸱尾、兽头、套兽。其中，板瓦可以进一步细分为普通板瓦、指印纹板瓦、檐头板瓦三种亚型；筒瓦可以进一步细分为普通筒瓦、檐头筒瓦两种亚型。在板瓦中，将指印纹板瓦作为一种亚型单列出来的原因在于，难以确认该类瓦是否用于屋脊檐头或仅仅用于屋脊檐头使用。需要指出的是，檐头板瓦中包括一些用于特殊部位的截角檐头板瓦。用于特殊部位的檐头筒瓦的种类更多，包括曲背檐头筒瓦、截角檐头筒瓦、折体瓦当檐头筒瓦。

此外，板瓦、筒瓦中均包括一定比例的文字瓦。针对文字瓦资料，本章将单辟一节利用考古类型学的研究方法，对板瓦、筒瓦所施"文字"、"符号"进行系统分类考察。

第一节　瓦件形制的类型学考察

一、瓦　当

有关古代瓦件的考古学研究，瓦当是学术界最为关注的课题。因此，本文首先对瓦当进行类型学考察。檐头筒瓦的制作，是将单独制作的瓦当、筒瓦坯体粘接后烧制而成的。由于瓦当与筒瓦的接合面较小，瓦当的大部分器身处于悬空状态，这种情况致使两者易于断裂。在已经废弃的建筑基址堆积中，借助考古发掘获取的完整及可以复原的檐头筒瓦标本较少，因此对檐头筒瓦的研究更多地依据于瓦当。

西古城城址出土瓦当的当面纹饰均为浅浮雕造型，根据其形制的不同可以分为A、B、C、D、E、F六种类型。

（一）A型萼形间饰六瓣莲纹瓦当

当面的主体图案为6瓣心形花瓣，花瓣呈凸棱线外轮廓，心尖朝外，心窝朝内，心尖与心窝之间以凸棱线界格将花瓣分为两个部分，其内各填1瓣水滴形花肉。相邻两朵花瓣之间饰以萼形花纹，其数量与花瓣相同。根据当面中央纹饰造型的不同，可以将A型瓦当进一步细分为四种亚型。

1.Aa型

瓦当中央为半球体乳突，乳突低于边轮，其外依次环绕凸棱纹同心圆、6颗等距联珠纹。

标本2001HXNT8③：21（图一九七，1）。

该型瓦当见于内城隔墙门址、一号宫殿、一号宫殿西侧廊庑、一号宫殿东侧廊庑、二号宫殿西侧

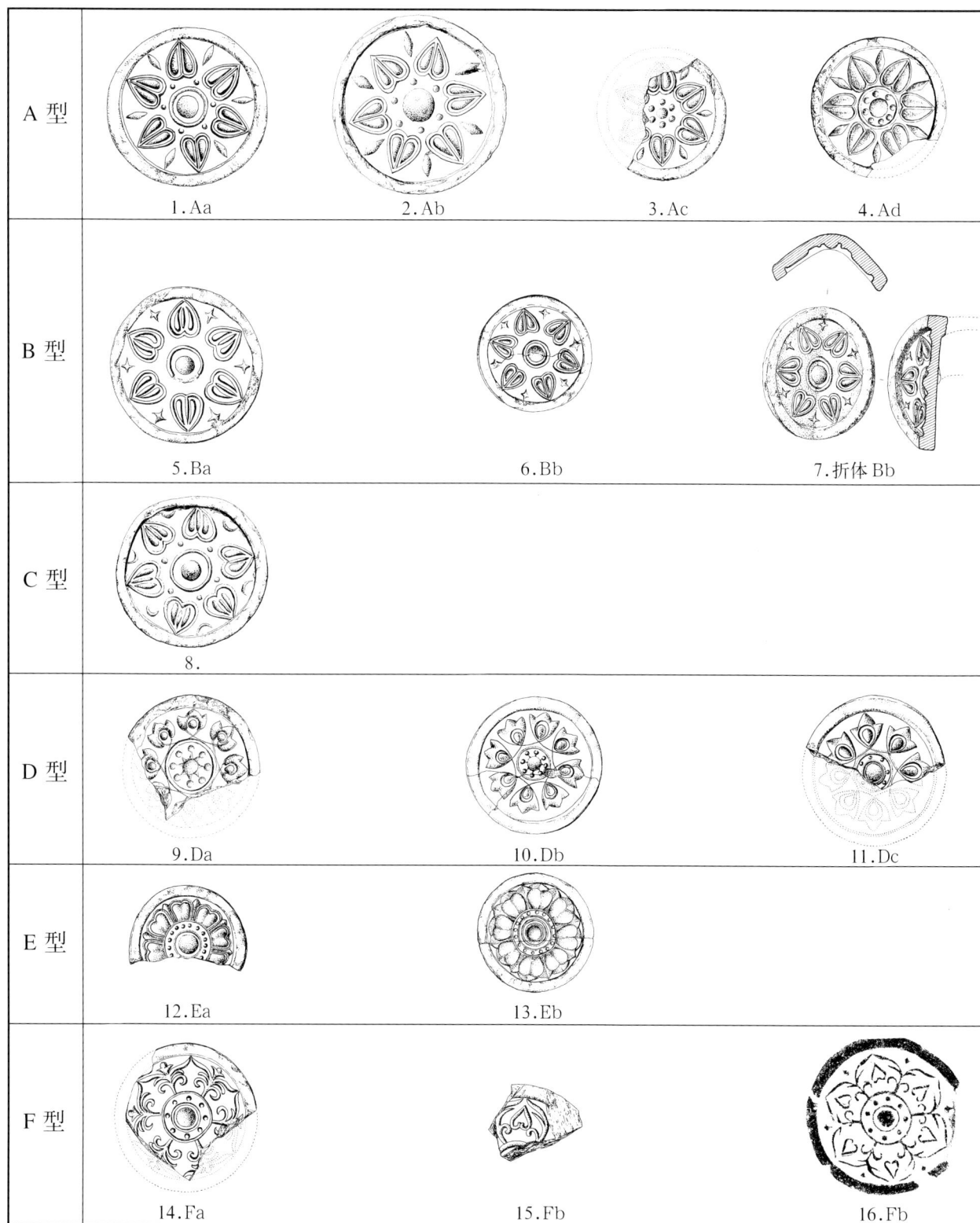

图一九七　西古城城址出土瓦当类型学图标

1. 2001HXNT8 ③：21　　　2. 2002HXNⅡT7 ②：2　　　3. 2001HXNT12 ③：18　　　4. 2002HXNⅡT10 ②：9

5. 2001HXNT12 ③：17　　6. 2001HXNT16 ③：32　　7. 2002HXNⅡT13 南扩 ②：36　　8. 2002HXNⅡT8 ②：1

9. 2002HXNⅡT17 ②：13　　10. 2001HXNT16 ③：5　　11. 2001HXNT21 ③：34　　12. 2001HXNT12 ③：15

13. 2005HXNT18 ③：26　　14. 2001HXNT12 ③：3　　15. 2001HXNT12 ③：13　　16. 八连城出土

配殿、二号宫殿东侧配殿、三号宫殿、四号宫殿、五号宫殿、内城水井、内城一号房址。

2．Ab型

瓦当中央为半球体乳突，乳突高出边轮，其外环绕6颗等距联珠纹，该型瓦当花瓣造型比较丰满。

标本2002HXNⅡT7②：2（图一九七，2）。

该型瓦当见于内城隔墙门址、一号宫殿、一号宫殿西侧廊庑、一号宫殿东侧廊庑、二号宫殿、二号宫殿东侧配殿、三号宫殿、四号宫殿、五号宫殿、内城水井。

3．Ac型

与Ab型瓦当相比，两者纹饰相近，差异在于：该型瓦当一是尺寸变小，二是瓦当中央半球体乳突明显变小。

标本2001HXNT12③：8（图一九七，3）。

该型瓦当见于一号宫殿、一号宫殿东侧廊庑、二号宫殿、二号宫殿西侧配殿、二号宫殿东侧配殿。

4．Ad型

心形花瓣的外轮廓线线条纤细，水滴形花肉丰满。瓦当中央为半球体乳突，其外依次环绕8颗等距联珠纹、凸棱纹同心圆。

标本2002HXNⅡT10②：9（图一九七，4）。

该型瓦当见于一号宫殿、二号宫殿东侧配殿。

（二）B型十字形间饰六瓣莲纹瓦当

瓦当的主体图案是6瓣心形花瓣，相邻两朵花瓣之间饰以十字纹，其数量与花瓣相同。瓦当中央为半球体乳突，其外环绕凸棱纹同心圆。根据瓦当纹饰造型特点以及规格尺寸的大小，可以将B型瓦当细分为两个亚型。

1．Ba型

花瓣造型有别于A型瓦当，心形花瓣中央未见界格，花瓣内变成3瓣水滴形花肉，花肉较为纤细。该型瓦当的直径介于15.5～16厘米之间，瓦当中央乳突与同心圆的间隔较大。

标本2001HXNT12③：17（图一九七，5）。

该型瓦当见于内城隔墙门址、一号宫殿、一号宫殿西侧廊庑、二号宫殿东侧配殿、三号宫殿、四号宫殿、五号宫殿。

2．Bb型

该型瓦当与Ba型的差异在于：一是形体变小，二是花瓣造型同于A型瓦当。该型瓦当的直径介于13～13.2厘米之间，瓦当中央乳突与同心圆的间隔较小。

标本2001HXNT16③：32（图一九七，6）。

该型瓦当见于一号宫殿、一号宫殿东侧廊庑、二号宫殿东侧配殿。

3．折体Bb型瓦当

该类瓦当的当面纹饰同于Bb型，按照Bb型瓦当造型制成瓦坯后，在入窑烧制前用条状物沿瓦当中线将瓦当向内推压，使当面明显内凹，在当面上留有明显的条状物压痕。然后再按瓦当的宽度制作相应的筒瓦与之粘接。

标本2002HXNⅡT13南扩②：36（图一九七，7）。

该类瓦当仅见于一、二号宫殿之间的廊道。

（三）C型弯月形间饰六瓣莲纹瓦当

瓦当的主体图案是6瓣心形花瓣，花瓣造型同于Ba型瓦当，心形花瓣中央未见界格，花瓣内变成3瓣水滴形花肉，花肉较为纤细。相邻两朵花瓣之间饰以弯月纹，其数量与花瓣相同。6轮弯月纹中，5轮月钩朝外，1轮月钩朝内。瓦当中央纹饰造型同于Aa型。

标本2002HXNⅡT8②：1（图一九七，8）。

该型瓦当见于内城隔墙门址、一号宫殿、一号宫殿西侧廊庑、一号宫殿东侧廊庑、二号宫殿东侧配殿、三号宫殿、四号宫殿、五号宫殿。

（四）D型八朵单体连枝莲纹瓦当

瓦当的主体图案是8朵侧视莲纹，每朵莲纹与其左右两侧的莲纹相互交枝相连。根据当面中央纹饰造型的不同，可以将D型瓦当进一步细分为三种亚型。

1．Da型

该型瓦当8朵侧视莲纹图案，花瓣肥厚，瓦当中央区域相对较大。瓦当中央为半球体乳突，乳突利用放射线纹向外连接8颗等距联珠纹，其外环绕凸棱线纹同心圆。

标本2002HXNⅡT17②：13（图一九七，9）。

该型瓦当见于一号宫殿、二号宫殿西侧配殿、四号宫殿。

2．Db型

该型瓦当8朵侧视莲纹图案，花瓣纤长，瓦当中央区域相对较小。瓦当中央为半球体乳突，乳突利用直线向外连接8颗等距联珠纹，其外环绕凸棱线纹同心圆。

标本2001HXNT16③：5（图一九七，10）。

该型瓦当仅见于一号宫殿。

3．Dc型

该型瓦当8朵侧视莲纹图案，花瓣纤长，造型同于Db型。瓦当中央为半球体乳突，其外环绕两圈凸棱纹同心圆，在同心圆之间饰有8颗等距联珠纹。

标本2001HXNT21③：34（图一九七，11）。

该型瓦当见于一号宫殿、一号宫殿西侧廊庑、一号宫殿东侧廊庑、二号宫殿东侧配殿。

（五）E型八瓣连体莲纹瓦当

瓦当的主体图案是8瓣截体心形莲纹，花瓣心窝朝外，心尖没有显现。根据花瓣细部造型的不同，可以将该型瓦当进一步细分为两个亚型。

1．Ea型

该型瓦当的花瓣在心形凸棱轮廓线内饰以同形花肉，花瓣之间存在萼形花纹。瓦当中央为半球体乳突，其外环绕两圈凸棱纹同心圆，同心圆之间饰以联珠纹。

标本2001HXNT12③：15（图一九七，12）。

该型瓦当见于一号宫殿、三号宫殿。

2．Eb型

该型瓦当的花瓣没有凸棱纹外轮廓线，花瓣外围饰以弧线、折角线形花萼。瓦当中央为半球体乳突，其外环绕 3 圈凸棱纹同心圆，在外两圈同心圆之间饰以 14 颗联珠纹。

标本 2005HXNT18 ③：26（图一九七，13）。

该型瓦当见于一号宫殿、一号宫殿东侧廊庑、二号宫殿东侧配殿、五号宫殿。

（六）F型六枝单体花草纹瓦当

1．Fa 型

瓦当的主体图案是 6 朵侧视花草纹，花草纹造型，由花茎向左右两侧各漫展出 3 片花叶，上层花叶中间烘托出 1 朵 3 瓣花蕾。瓦当中央为半球体乳突，其外环绕两圈凸棱纹同心圆，在同心圆之间饰有 8 颗等距联珠纹。

标本 2001HXNT12 ③：3（图一九七，14）。

该型瓦当见于一号宫殿、二号宫殿西侧配殿、二号宫殿东侧配殿、三号宫殿。

2．Fb 型

该型瓦当仅见 1 块局部残块，6 朵侧视花草纹之间饰 1 朵倒心形凸棱线纹花蕾。

标本 2001HXNT12 ③：13（图一九七，15）。

该型瓦当仅见于一号宫殿。

通过上文所述，依据类型学标准将西古城城址出土瓦当划分为六种类型，根据细部的差异多数类型又进一步区分出亚型。Aa 型、Ab 型、Ba 型、C 型瓦当所占比例最多，它们几乎见于各个建筑基址，其中，尤以 Aa 型瓦当数量最多。所有瓦当均以型的划分标准加以命名的意义在于，在西古城城址历时 5 年的发掘中，缺少明确的可以界定各型瓦当相对早晚关系的层位依据。

抛开纹饰因素，依据瓦当当面直径的不同，可以将所有瓦当分为大、小两种规格：当面直径 15 厘米以上者为大型瓦当，包括 Aa、Ab、Ba、C、F 型瓦当；当面直径小于 15 厘米者为小型瓦当，包括 Ac、Ab、Bb、D、E 型瓦当。瓦当尺寸方面的大、小差异，表明由其构成的檐头筒瓦之间存在差异，因此可以将瓦当规格方面的差异视其为用于建筑物屋脊不同部位的标准。依据现有资料，无法说明规格相近、纹饰图案不同的瓦当是否用于屋脊的不同部位。

在 A、B、C 型瓦当中，Aa、Ab、Ac、Ad、Bb、型瓦当的莲纹相同，Ba、C 型瓦当的莲纹相同，两者之间差异明显，可能分属于不同的制瓦作坊的产品。

西古城城址出土的一些种类的瓦当另见于其他遗址：Aa 型、Ad 型、Ba 型瓦当见于渤海上京城址[①]；Ba 型瓦当见于图们东六洞遗址[②]、汪清骆驼山遗址[③]、汪清红云寺庙址[④]；折体 Bb 型瓦当见于八连城城址[⑤]；D 型瓦当见于八连城城址[⑥]、和龙市龙头山墓群[⑦]、延吉市台岩遗址、龙河南山遗址[⑧]；Fa 型瓦当见于渤海上京城址[⑨]、八连城城址[⑩]、和龙市龙头山墓群[⑪]、延吉市龙河南山遗址[⑫]；Fb 型瓦当见于八连城城址（图一九七，16）[⑬]；E 型瓦当见于八连城城址[⑭]。除此之外，汪清县新田古建筑遗址、骆驼山遗址[⑮]出土有变体花草纹瓦当。

二、筒　瓦

（一）普通筒瓦

该类筒瓦包括直节形瓦唇筒瓦、曲节形瓦唇筒瓦两种形制。经统计，西古城内城出土的完整筒瓦个体，器体通长27～35厘米者180件，35～40厘米者134件，40～45厘米者25件，45～48厘米者9件。

1．直节形瓦唇筒瓦

文献中称之为盖脊瓦，也称"脊帽子"。是安装在正脊筒之上，封护正脊、垂脊、戗脊等脊筒，防止雨水渗入的构件。横断面呈半圆形，后尾伸出一舌状榫头，作为两块盖脊瓦衔接用⑥。

2．曲节形瓦唇筒瓦

西古城出土的曲节形瓦唇筒瓦采用的是各个时代筒瓦的常见形制，单纯的个体标本往往难以成为断代依据的例证。带有文字或符号的曲节形瓦唇筒瓦是渤海文化的标志性特征。

在规格方面，西古城城址出土的直节形瓦唇筒瓦的器体相对而言略显修长，曲节形瓦唇筒瓦的器体则较短粗。

（二）檐头筒瓦

西古城城址出土的建筑构件中，完整及可复原的檐头筒瓦的数量较少。在形制上，檐头筒瓦可以分为直节形瓦唇檐头筒瓦、曲节形瓦唇檐头筒瓦、斜面檐头筒瓦、曲背檐头筒瓦、折体瓦当檐头筒瓦等五种形制。其中，曲节形檐头筒瓦所占的比例最大，该类瓦是屋脊檐头常用建筑构件。其他四种形制的檐头筒瓦数量较少，截角檐头筒瓦、曲背檐头筒瓦、折体瓦当檐头筒瓦则属于屋脊特殊部位檐头的建筑构件。

1．直节形瓦唇檐头筒瓦

该类檐头筒瓦瓦当的直径均不超过14厘米，直节形瓦唇的中部有1个圆形穿钉透孔，西古城城址出土的完整及可复原的直节形檐头筒瓦仅有3件。

2．曲节形瓦唇檐头筒瓦

西古城城址内城出土的瓦当，主要用于曲节形瓦唇檐头筒瓦。

3．截角檐头筒瓦

在文献中，该类瓦被称之为"扭脖子勾头"。该类瓦用于转角房的阴角部位。文献中称：该类瓦是"施用于不规则的斜形屋顶檐头部位的一种斜形勾头。因这个部位瓦垄与正脊成直角，由上排下来是正的，而檐头却是斜抹角的，为使檐头的勾头与抹角墙或檐头呈一条直线，必须将勾头的圆形瓦头与后部瓦背依照实际角度作成斜形，故称扭脖子勾头"⑦。

西古城城址仅出土了1件完整的斜面檐头筒瓦，另见一些残损标本。该类瓦的制作，在将处于瓦坯状态的瓦当与筒瓦粘接前，对筒瓦的瓦头进行了截角处理，瓦当与截角筒瓦相接后，瓦当的瓦面朝向一侧抹斜。

斜面檐头筒瓦见于一号宫殿、一号宫殿东侧廊庑、二号宫殿东侧配殿、三号宫殿。

4．曲背檐头筒瓦

西古城城址出土的标本或见瓦当或见曲背筒瓦，均无法复原。

该类檐头筒瓦所用筒瓦与普通筒瓦的区别在于，瓦唇后部的瓦身先平直、后隆起，其所接瓦当的底边与瓦身的侧面边缘基本持平。

一号宫殿、二号宫殿、二号宫殿西侧配殿、五号宫殿出土了曲背檐头筒瓦的瓦当标本，其中包括Aa型、Ab型、Ba型、C型瓦当。此外，在渤海上京城址、杏山寺庙址、鲍里索夫斯克寺庙址、科尔萨科夫斯克寺庙址出土了曲背檐头筒瓦[18]。

依据现有资料，曲背檐头筒瓦是比较鲜见的建筑构件。丸都山城出土了连接兽面瓦当的曲背檐头筒瓦[19]，属于较渤海更早的高句丽时期遗物。

5. 折体瓦当檐头筒瓦

折体瓦当连接筒瓦而构成的檐头筒瓦，后世称之为"半正半斜勾头"："防水瓦件名称，安装在窝角沟与屋面瓦垄转角部位的交叉处，筒瓦垄的下端。其作用是封护筒瓦垄头，以防止渗水。因为它位于转角处，所以前端的瓦头不是平面，而是按一定角度向两个方向倾斜的两面体。"[20]

折体瓦当檐头筒瓦仅见于一号宫殿与二号宫殿之间的廊道，相同的瓦当见于八连成城址。

通过类型学分析可以看出，西古城城址出土的檐头筒瓦中，曲节类檐头筒瓦所接的瓦当，其瓦当直径均在15厘米以上；斜面檐头筒瓦所接的瓦当，其瓦当直径既有15厘米以上的，也有15厘米以下的；直节类檐头筒瓦所接的瓦当，其瓦当直径均在15厘米以下。初步学术认识是，西古城城址出土的Ac型、Ad型、Bb型、D型、E型瓦当连接直节形檐头筒瓦或斜面檐头筒瓦。

三、板　瓦

（一）普通板瓦

1. 素面板瓦

经统计，西古城内城出土的普通板瓦的完整个体，器体通长35厘米以下者4件，35～40厘米者57件，40～45厘米者133件，45～48厘米者7件。

2. 指印纹板瓦

该类瓦在处于瓦坯状态时，利用手指在瓦体的宽边顶端按压出指纹凹槽，凹槽中多留存有清晰的指纹。该类板瓦包括单面指印纹、双面指印纹两种形制。

3. 刀削纹板瓦

该类瓦的纹饰造型类同于指按纹，区别在于其纹饰不是指按的结果，而是在瓦体处于瓦坯状态时使用刀类或片状工具削抹而成。

在西古城内城的各个建筑基址中，均不乏素面板瓦、指印纹板瓦个体残片，刀削纹板瓦则较为少见。

（二）檐头板瓦

本文将西古城城址出土的瓦体宽边顶端使用施纹工具施有纹饰的板瓦称为檐头板瓦。根据檐头板瓦瓦体形制的不同，可以将其分为普通檐头板瓦、截角檐头板瓦两种类型。

1. 普通檐头板瓦

当板瓦处于瓦坯状态时，使用施纹工具在其宽边顶端戳压出装饰性纹饰。戳压纹由上、中、下三组条带形纹饰构成，中间一组纹饰为戳印的圆圈纹，上下两组纹饰为压印的斜线纹，三组纹饰之间存在使用圆钝工具压印而成的凹槽界格。

经统计，西古城内城出土的普通檐头板瓦，器体通长一般介于42～47.5厘米，仅有5件个体通长介于38～41厘米。

依据施纹断面纹饰图案的不同，可以将檐头板瓦分为六种类型。

（1）A型

纹饰造型粗犷大方，由于施纹工具形体较大，故而形成的纹饰造型也非常鲜明美观。纹饰中央呈条带状分布的圆圈纹使用"宀"状尖头工具戳印而成，因此圆圈纹带有浅槽外廓。另外两组纹饰为压印的同向斜线纹。

标本2001HXNT8③：86（图一九八，1）。

该型板瓦见于一号宫殿、一号宫殿西侧廊庑、三号宫殿、四号宫殿、五号宫殿、内城水井。

（2）B型

该型纹饰与A型的区别在于，圆圈纹纹饰带的一侧缺少斜向纹。

标本2001HXNT16③：34（图一九八，2）。

该型板瓦见于一号宫殿、四号宫殿、内城水井。

（3）C型

整体风格同于A型、B型，与其不同点在于，纹饰中央呈条带状分布的圆圈纹使用空心管状施纹工具戳印而成，另外两组纹饰为压印的反向斜线纹。

标本2004HXNT4北扩③：3（图一九八，3）。

该型板瓦见于一号宫殿、一号宫殿东侧廊庑、四号宫殿、内城一号房址。

（4）D型

施纹工具较上述三型略小，纹饰布局匀称。纹饰中央呈条带状分布的圆圈纹使用尖头施纹工具戳印而成，圆圈纹的直径小于上述三型圆圈纹的直径。另外两组纹饰为压印的同向斜线纹。

标本2005HXNT26③：70（图一九八，4）。

该型板瓦见于一号宫殿、一号宫殿西侧廊庑、一号宫殿东侧廊庑、二号宫殿东侧配殿、三号宫殿、四号宫殿、五号宫殿、内城水井。

（5）E型

该型纹饰使用的施纹工具比较纤细，故而形成的纹饰组合也显得纹理密集，构图中圆圈纹、斜线纹的数量约为其他类型的2倍。纹饰中央呈条带状分布的圆圈纹使用圆头施纹工具戳印而成，另外两组纹饰为压印的反向斜线纹。

标本2001HXNT16③：22（图一九八，5）。

该型板瓦见于一号宫殿、一号宫殿西侧廊庑、二号宫殿西侧配殿、四号宫殿、五号宫殿、内城一号房址。

（6）F型

檐头端面为使用尖状工具刻划的纵向直线纹。

标本2004HXNT6③：21（图一九八，6）。

该型板瓦仅见于四号宫殿址。

（二）截角檐头板瓦

文献中称之为"斜房檐（斜方砚、斜盆沿）"[21]，安装在窝角沟与板瓦垄斜向的交接点、板瓦垄的下端起封护板瓦垄头的作用。为了保证在斜向相交时瓦头（即斜盆沿）与窝角沟平行，必须将瓦头与瓦身作出一个与之相应的角度[22]。

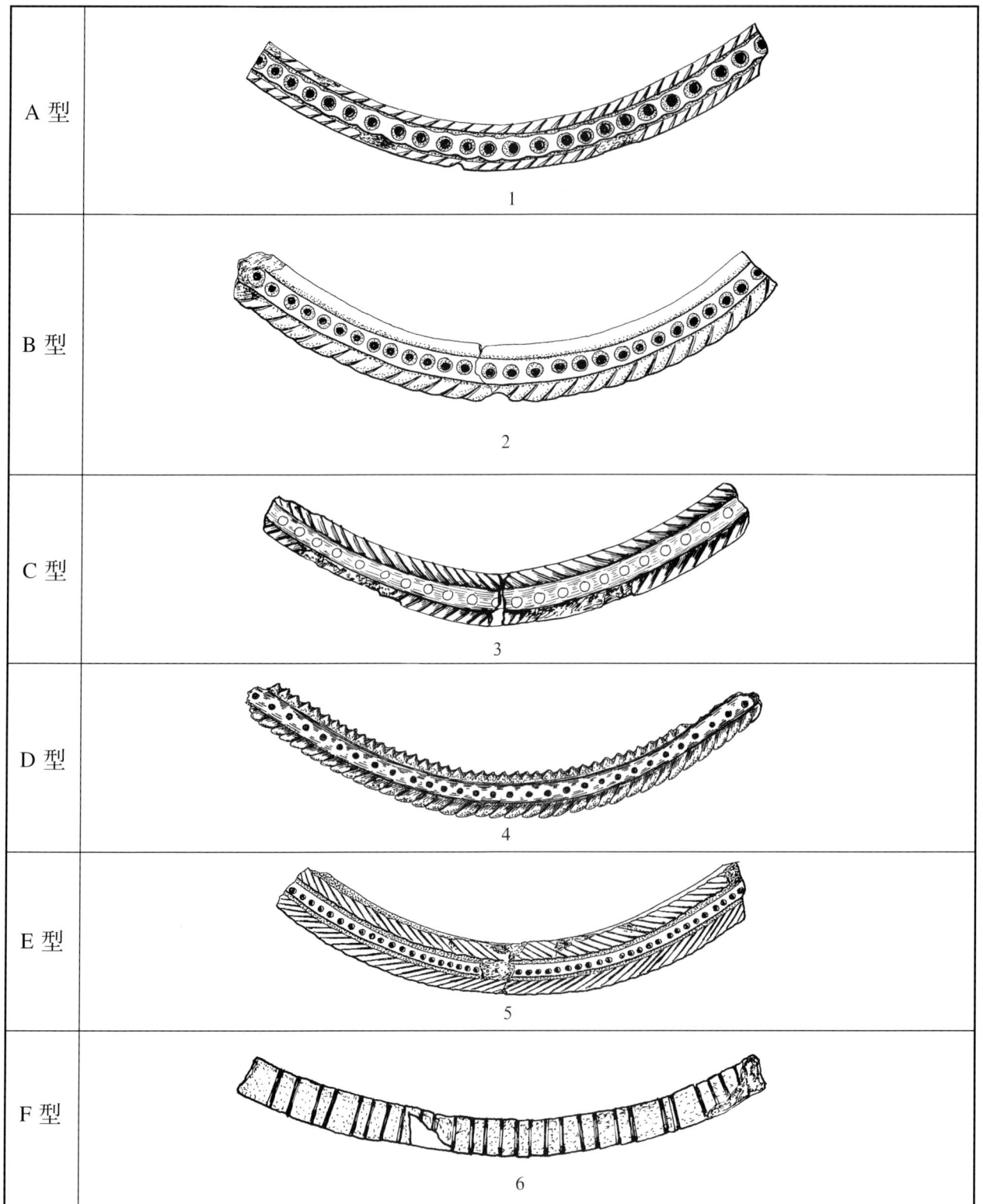

图一九八 西古城城址出土檐头板瓦类型学图标

1. 2001HXNT8③:86　　2. 2001HXNT16③:34　　3. 2004HXNT4北扩③:3
4. 2005HXNT26③:70　　5. 2001HXNT16③:22　　6. 2004HXNT6③:21

西古城城址出土的5件标本均已残损，未见完整个体。其中3件标本截去了板瓦宽边的左下角，另外2件标本截去了板瓦宽边的右下角。5件标本的截面顶端均施A型纹饰。

截角檐头板瓦见于一号宫殿东侧廊庑、二号宫殿东侧配殿、五号宫殿。

四、当　沟

当沟见于内城隔墙门址、一号宫殿、四号宫殿、五号宫殿、内城水井。

五、压当条

又称压代条。安装在正脊、垂脊、戗脊、角脊等的正当或斜当沟之上，是增加各种脊线条的构件[23]。压当条见于内城隔墙门址、一号宫殿、三号宫殿、四号宫殿、五号宫殿、内城水井。

六、屋脊饰件

（一）鸱尾

鸱尾见于一号宫殿、二号宫殿、二号宫殿西侧配殿、三号宫殿、四号宫殿、五号宫殿。其中，一号宫殿出土的鸱尾与其他地点出土的鸱尾在形制上存在差异：一号宫殿址出土鸱尾鳍身部位的半球体装饰图案的外缘没有环绕联珠纹。此外，五号宫殿址出土的陶质鸱尾与该殿及其他地点出土的同类器物相比，除了质地上的差异外，形制基本相同。根据陶质鸱尾的出土层位判断，它与其他鸱尾应是同期使用的建筑构件，五号宫殿使用陶质鸱尾的原因不明。

在已知的渤海遗存中，渤海上京遗址、八连城城址出土有釉陶质鸱尾；吉林省抚松县新安城址[24]、俄罗斯滨海边疆区克拉斯基诺城址、马蹄山寺庙址、杏山寺庙址出土过陶质鸱尾[25]。

（二）兽头

兽头见于一号宫殿、一号宫殿西侧廊庑、三号宫殿、四号宫殿、五号宫殿。虽然均未见复原个体，但根据各个地点出土的残件分析，它们具有相同的形制，规格存在差异。

（三）套兽

套兽见于一号宫殿、一号宫殿西侧廊庑。

第二节　文字瓦的类型学考察

在本文开展的考古发掘之前，有关以往西古城城址出土的文字瓦情况，已经见诸一些公开发表的材料之中[26]。

本报告对西古城城址文字瓦的界定，不仅仅局限于带有文字的瓦，而且容纳了所有具备模印、刻划符号的瓦。在历时5年的西古城城址考古发掘工作中，对发掘区域内出土的文字瓦标本进行了全面的收集、整理。并且，利用考古类型学的研究方法对文字瓦标本进行了系统梳理，按照出土单位予以全面发表，以便于学术界开展更深层次的探索研究。

由于地层堆积及建筑址的废弃倒塌堆积中出土了大量的残瓦碎片，采集标本及室内整理时未能对所有碎片进行全面的拼对、复原，因此，缺少各个单体建筑出土的板瓦、筒瓦的个体的具体统计数量，故而未能具体明确文字瓦在板瓦、筒瓦中所占据的比例。

西古城城址出土的板瓦、筒瓦中，均见有大量的文字瓦标本。在叙述中，将板瓦、筒瓦作为两个类别进行了分类；在介绍具体的板瓦、筒瓦标本时，则根据施"文"方式进一步细分为模印文字标本、刻划文字标本。

在西古城城址的内城发掘区域，获取2261件文字瓦标本。其中，板瓦标本1485件、筒瓦标本770件。在上述标本中，69个文字可以释读，板瓦、筒瓦共同使用的模印文字24个：仁、德、土、素、赤、汤、市、信、主、安、文、成、艮、盖、手、音、光、多、今、十二、十三五、十三六、十三七、十三八；板瓦单独使用的模印文字23个：切、石、俳、保、可、顺、尖、则、昌、诺、计、典、捺、隆、珍、河、屈、宣、毛、二、李文、左李、仁大；筒瓦单独使用用的模印文字13个：自、男、明、仇、寸、钵、优、贞、古、夫、泰、英、一；板瓦、筒瓦共同使用的刻划文字2个：吉、本；板瓦单独使用的刻划文字4个：川、韦、才、天天；3个文字，大、述、十既用于板瓦的模印文字，也用于板瓦的刻划文字。

存在疑问的文字9个，板瓦单独模印使用的4个：乌（？）、羌（？）、昌（？）、中（？）；筒瓦单独模印使用的4个：须（？）、开（？）、安（？）、明（？）；板瓦单独刻划使用的1个：汤（？）。

文字瓦标本中，另有35个无法释读的模印或刻划的文字符号，以及三角形、圆圈形等几何图形；板瓦、筒瓦共同使用的无法释读的模压字体包括："𠂤"、"𠂤"；板瓦单独使用的无法释读的模压字体包括："𠂤"、"𠂤"、"𠂤"、"𠂤"、"利"、"𠂤"、"𠂤"、"𠂤"、"𠂤"、"華"、"𠂤"、"𠂤"、"𠂤"；筒瓦单独使用的无法释读的模压字体包括："𠂤"、"𠂤"、"𠂤"、"𠂤"、"用"、"𠂤"、"𠂤"、"𠂤"、"𠂤"、"𠂤"、"𠂤"、"𠂤"、"𠂤"、"𠂤"；板瓦单独使用的无法释读的刻划字体包括：三角纹、圆圈纹、"𠂤"、"𠂤"、"𠂤"、"𠂤"、"𠂤"、"𠂤"。

通过开展类型学研究，形成以下学术认识：

（一）板瓦上文字的施"文"部位多为于瓦的窄边近端处；筒瓦上文字的施"文"部位多位于瓦唇之上，少量筒瓦的文字位于瓦唇下部的瓦身之上。

（二）模压文字的印面形近方形或长方形，个别印面呈不规则形。"印"上文字多数阴刻阳文、反刻正印，少数标本阳刻阴文。此外在一些阴刻阳文标本中，存在个别正刻反印个例。

（三）在模印文字标本中，存在字外有框、字外无框之别②。就"印面"的规格而言，排除极个别个例，板瓦上的文字明显大于筒瓦上的文字。

（四）绝大多数"印"为单字印，少数印上存在2个、3个文字。其中，印面包含3个字的标本均为数字"印"。模印文字的字体，楷书占绝对优势，个别文字带有隶意的楷书。同一文字的同"印"标本，不但用于同一建筑之上，而且也发现于其他建筑的标本之中。

（五）一些同字标本在不同瓦体上所显现的细微差异，可能是由于"印"面磨损的缘故：一是"印"

具磨损，二是瓦体磨损。此外，同一文字存在一字多"印"现象。这种情况在板瓦、筒瓦标本中均有发现，同一文字在不同的个体标本上使用了不同字体的"印"，并且字体差异较大。

（六）　一些文字不但施用于板瓦之上，而且也被筒瓦标本所采用，但在"印面"规格大小、字体书写风格方面，同一文字在板瓦、筒瓦上存在差异，即同字不同"印"，鲜见同"印"文字同时出现在板瓦、筒瓦上的个例。

（七）　模压、刻划的文字分别施于不同的个体上，极个别的标本上同时存在模压、刻划两种施纹方式。此外，个别标本同时存在两个"印"。

（八）　多数模印文字属于易于释读的正规汉字，一些文字的释读，参考了《碑别字新编》所收入的字体㉘。在以往的学术研究中，学术界将渤海文字瓦上无法释读的字体称之为殊异字㉙。由于这些殊异字是通过"印"模印到瓦体之上的，不存在刻划文字随意性的问题，因此它们应该具有确指。

（九）　在可释读的刻划类汉字标本上可以清晰地观察到，在不同的标本上，同一汉字笔画的刻划顺序存在明显的不同。

关于渤海的文字瓦，《东京城》㉚、《六顶山与渤海镇》㉛发表了渤海上京城址出土的文字瓦资料；金毓黼㉜、三上次男㉝、李强㉞、田村晃一㉟等人曾对渤海的文字瓦进行过学术研究。

关于渤海人在板瓦或筒瓦上模印或刻划文字、符号的用意，目前，学术界还没有形成趋同性意见。模印、刻划的文字或符号作为板瓦、筒瓦入窑前所实施的最后一道工序，它们应该是由制瓦工匠完成的。据此判断，模印文字的"印"应该掌握在制瓦工匠手中。因此，文字与符号应该跟制瓦工匠具有直接的关系。

依据考古类型学研究方法得以确认，在同一建筑基址中，同时存在大量的不同文字或相同文字不同字体的板瓦、筒瓦标本，这种情况似可说明，各种文字瓦所显现的差异体现的应该是制瓦者的个人标识，因为客观上不可能每一种文字瓦所依托的载体——板瓦或筒瓦都意味着是一个制瓦作坊的专有生产标识。

在文字瓦使用的文字中，"乌"、"文"、"安"、"多"、"古"见于文献中出现的渤海人的姓；"德"是文献中使用概率最高的渤海人名的尾字，该字被用于文字瓦㊱。

回顾以往的研究，就渤海的文字瓦而言，研究者研究的视角更多地集中于对文字的释读，对于模印文字的字体则往往缺乏足够的关注与重视。本报告采用类型学研究方法对模印文字的字体进行了分析，尝试进行了同印文字的辨识。从书法或篆刻的角度看，模印文字"印"的制作主要运用了楷书字体，一些"印"在楷书基础上具有隶书风格，众多标本中不乏精美的佳品。目前，虽然缺少确认制瓦工匠种族归属的直接证据，但有一点是可以肯定的，制瓦工匠（即使是汉人工匠）作为渤海社会的基层民众，受文化素养的限制，他们当中应该很少有人知晓文字或书法，因此"印"应该是请人代做的㊲，并且介入制"印"的人较多。

据文献记载，渤海政权进入"文王"大钦茂时代，"渤海遣使求写唐礼及三国志、三十六国春秋"㊳，渤海人吸纳中原汉文化的力度显见一斑。另一方面，通过对考古发掘获取的文字瓦标本开展类型学研究获得的启示是，中原汉文化的影响已经渗透到渤海的基层民众。

注　释

①　中国社会科学院考古研究所：《六顶山与渤海镇》，中国大百科全书出版社，北京，1997年。需要说明的是，西古城

城址出土的 Ad 型、Ba 型瓦当与上京城址同类器物存在细微差异。

② 吉林省文物志编委会：《图们市文物志》，1986 年。

③ 吉林省文物志编委会：《汪清县文物志》，1986 年。

④ 吉林省文物考古研究所：《吉林汪清县红云渤海建筑遗址的发掘》，《考古》1999 年第 6 期。

⑤ （日）斋藤优：《半拉城と他の史跡》，半拉城史刊行会，昭和 53 年（1978 年）。

⑥ 据 2005 年八连城城址发掘资料。

⑦ 据 2005 年龙头山墓群发掘资料。

⑧ 吉林省文物志编委会：《延吉市文物志》，1986 年。

⑨ （日）田村晃一：《上京龙泉府出土瓦当の莲花文に関する考察》，《东アジア都城と渤海》，财团法人东洋文库，平成 17 年 3 月（2005 年）。

⑩ 据 2005 年八连城城址发掘资料。

⑪ 据 2005 年龙头山墓群发掘资料。

⑫ 吉林省文物志编委会：《延吉市文物志》，1986 年。

⑬ 据 2005 年八连城城址发掘资料。

⑭ 据 2005 年八连城城址发掘资料。

⑮ 吉林省文物志编委会：《汪清县文物志》，1983 年。

⑯ 《中国古建筑术语词典》，山西人民出版社，1991 年。

⑰ 《中国古建筑术语词典》，山西人民出版社，1991 年。

⑱ a．（日）东亚考古学会：《东京城——渤海国上京龙泉府址の发掘报告》，《东方考古学丛刊》甲種第五册，1939 年。

　　b．中国社会科学院考古研究所：《六顶山与渤海镇》，中国大百科全书出版社，1997 年。

　　c．Э.В.Шавкунов Государство Бохай и памятники его культуры в Приморье　Л. 1968.

　　d．大韩民国 高句丽研究会：《Бохайская кумирня в Приморье》1999.

　　e．大陆研究所：《Раскопка памятников Бохайской культуры Приморья россии》1994.

⑲ 吉林省文物考古研究所：《丸都山城》，文物出版社，2003 年。

⑳ 《中国古建筑术语词典》，山西人民出版社，1991 年。

㉑ 刘大可：《中国古建筑瓦石营法》，中国建筑工业出版社，1993 年。

㉒ 《中国古建筑术语词典》，山西人民出版社，1991 年。

㉓ 《中国古建筑术语词典》，山西人民出版社，1991 年。

㉔ 张殿甲：《浑江地区渤海遗迹与遗物》，《博物馆研究》1988 年第 1 期。

㉕ a.V.I.ボルデイン：《クラスキンスコイエ土城をめぐる发掘调查史》，《[日本道]関连渤海遗跡考古学的调查》，青山学院大学文学部 史学科 田村研究室 株式会社アセント，平成 13 年。

　　b.Э.В.Шавкунов Государство Бохай и памятники его культуры в Приморье　Л. 1968.

㉖ a.（日）鸟山喜一、藤田亮策：《间岛省古迹调查报告》，1942 年，延边朝鲜族自治州博物馆馆藏本。

　　b.严长录：《和龙县西古城及其附近渤海以及调查》，《博物馆研究》1984 年第 1 期。

㉗ 在一些标本上，无法确认是印面的边框还是字体的组成部分。

㉘ 秦公辑《碑别字新编》，文物出版社，1985 年。

㉙ 李强：《论渤海文字》，《学习与探索》1982 年第 5 期。

㉚ （日）东亚考古学会：《东京城——渤海国上京龙泉府址の发掘报告》，《东方考古学丛刊》甲種第五册，1939 年。

㉛ 中国社会科学院考古研究所：《六顶山与渤海镇》，中国大百科全书出版社，1997 年。

㉜ 金毓黻：《渤海国志长编》。

㉝ （日）三上次男：《高句丽と渤海》，吉川弘文馆，1990 年。

㉞ 李强：《论渤海文字》，《学习与探索》1982 年第 5 期。

㉟ （日）田村晃一：《上京龙泉府址出土の押印瓦に関すゐ若干の考察》，《东アジア都城と渤海》，财团法人东洋文库，平成 17 年（2005 年）。

㊱ 金毓黻：《渤海国志长编》。

㊲ 通过观察瓦体上的印面，田村晃一认为渤海人"可能使用木材作为印的材料"。田村晃一：《上京龙泉府址出土の押印瓦に関すゐ若干の考察》，《东アジア都城と渤海》，财团法人东洋文库，平成 17 年（2005 年）。

㊳ 《唐会要·蕃夷请经史》，商务版，国学基本丛书，1935 年。

结　语

伪满时期日本人曾对西古城城址进行过数次盗掘，在当时充满文化侵略色彩的历史背景下，参与发掘的日本人不仅仅受制于当时考古学知识的局限，而且他们忽略了最起码的文物保护意识。盗掘活动的最终结果，一方面对西古城城址造成了无法补救的破坏，另一方面由于他们未能将其获取的资料予以全面公布，从而为现今日益发展的西古城城址学术研究埋藏积淀了诸多的缺憾。因此，这段历史已经成为西古城城址的屈辱经历。

2000～2002、2004～2005年对西古城城址历时5年的发掘，其一，是"十五"期间"吉林省境内渤海都城址研究"学术课题的组成部分（2000～2002年）；其二，是落实、实施西古城城址大遗址保护规划的组成部分（2004～2005年）。此项工作，不但是新中国成立以后我国考古工作者首次针对西古城城址开展的考古发掘，同时也是考古工作者针对吉林省境内渤海遗存实施的最大规模的考古发掘。本报告全面发表了5年发掘所获取的学术成果，以便于学术界客观了解、认识西古城城址的文化性质与文化内涵。

一

在西古城城址开展的考古工作，清理层位全部终止于渤海时期的地面层面。通过清理得以确认，发掘区域的表层耕土层、近现代扰土层下直接叠压着渤海时期的文化堆积，并且没有发现渤海时期层位打破更早时期遗迹的迹象。这一结果表明，西古城城址始建于渤海时期。同时，基于上文第四章所述西古城城址的城市功能终结于自然废弃的学术认识，不排除在渤海政权灭亡后西古城城址得以继续使用的可能性。但是需要强调的是，即使存在取代渤海的契丹统治——东丹政权沿用西古城的可能性，其文化主体仍是渤海文化的延续。

二

5年的发掘不但弄清了西古城内城的主体建筑格局，澄清了以往学术界针对内城城市规划而进行的种种推测，而且依据科学发掘所获取的学术资料将带领学术界走进真实的西古城历史空间。

在以往的学术研究中，学术界根据历史地理学考证、考古学研究已经形成了趋同性学术观点——西古城城址是渤海国中京显德府故址。由于伪满时期的盗掘资料未能予以全面发表，西古城中京学说虽已在学术界得到共识，但一直因缺少实物佐证资料而停滞于学术推想阶段，此次工作所获取的资料为问题的最终解决搭建了新的学术研究平台。

在曾经的渤海疆域内已经确认的渤海城址中，就城址规模而言，除了渤海上京遗址外，只有西古城城址、八连城城址具备都城条件；在地理位置方面，西古城、八连城也与文献记载的渤海五京方位大致相符。作为"十五"期间"吉林省境内渤海都城址研究"学术课题组成部分而实施的西古城、八连城考古发掘，在遗迹、遗物方面，两者均符合渤海都城所应具备的条件：大型宫殿建筑、釉陶建筑饰件。上述条件是诸如作为渤海长岭府的苏密城城址①、作为渤海盐州的克拉斯基诺城址②等五京之外的渤海府、州级城址所欠缺的。结合以往的学术研究成果，依据此次发掘所获取的系统资料足以将渤海国中京显德府故址界定在西古城城址。作为一种学术推想，笔者认为渤海政权在其第三代王大钦茂时已经建立起五京制度，西古城作为中京显德府故址的同时，也是"天宝中王所都"的显州。寄希望于随着八连城城址发掘资料的全面公布，通过考古学比较研究能够得以最终确认西古城、八连城的营建时序，那么"显州，天宝中王所都"与中京显德府的关系也将豁然③。

三

由于目前尚未能确定大祚荣建国时期渤海都城址具体的位置所在④，因此无法了解渤海初期都城的形制与建筑布局情况。西古城城址作为渤海中京显德府故址，其内城建筑经过周密的规划，宫殿布局合理、附属设施（如排水设施等等）完善，表明此时的渤海人已经形成了自己成熟的都城营建理念。透过西古城城址可以发现，该城址的都城营建理念，大量吸纳、汲取了中原汉文化都城营建理念的先进经验与营养成分。

在城市建筑规划方面，西古城内城区域与渤海上京龙泉府宫城三至五号宫殿址区域的建筑布局、建筑形制基本相同⑤。由于在营建时间方面两者之间存在早晚时差，因此某种程度上，甚至可以说渤海上京宫城的规划是对西古城内城格局的翻版，或者说上京宫城是依照西古城内城建筑模式而进行的拓展、扩建。

四

在西古城城址历时5年的发掘中，鲜见日常生活用具出土。同时，内城区域揭露的5座宫殿建筑均未发现因人为灾害而造成的倒塌迹象。因此，西古城城址的城市功能可能终止于自然废弃。

在西古城城址出土的建筑构件中，六瓣纹饰是瓦当造型的主题纹饰。其中，尤以六瓣莲纹占据主导地位。同“靺鞨罐”一样，“倒心形”轮廓内填两瓣水滴形花肉的莲纹瓦当图案现已成为确认渤海文化的标识性特征之一。

六顶山古墓群作为渤海早期王室贵族墓地，其墓上建筑所使用的瓦当的纹饰造型与现已确认的其他渤海遗存中出土的瓦当存在明显的差异[⑥]，这种差异是探索渤海文化分期的重要依据。在更深的文化层次方面，大体上渤海文明进入西古城阶段以后，伴随着渤海政权的封建化进程，“倒心形”莲瓣瓦当已经成为渤海文化新的标识性文化特征之一。“倒心形”莲瓣作为渤海瓦当纹饰的主题造型，一直持续发展、使用到渤海政权灭亡。

学术界一般认为，莲纹瓦当是佛教思想在建筑审美意识中的一种体现。在渤海政权疆域内，发现、确认了大量的佛教寺庙遗存，这种文化现象表明，佛教已经成为渤海人信奉的主流宗教。西古城城址、八连城城址、渤海上京城址发现的居于建筑饰件主导地位的莲纹瓦当，则客观反映了佛教的主宰意识在渤海统治者的建筑审美观念中得到了充分体现。

如果说西古城六瓣莲纹、花草纹图案瓦当具有浓郁的渤海人自身的文化特征，E 型八瓣莲纹图案瓦当则凸现出渤海人对外来文化因素的借鉴。与同时期的日本平城宫的莲纹瓦当一样，它们或多或少的直接借用了中原地区六朝莲纹瓦当的母题图案。

西古城城址出土的鸱尾与渤海上京出土的鸱尾造型相近，两者均具体显现了中原地区六朝、隋唐时期鸱尾的形制特点。

对照西古城城址、八连城城址、渤海上京出土的“文字瓦”，西古城、八连城各类“文字”的形制相同，甚至它们可能出自相同的制瓦作坊[⑦]。渤海上京出土的“文字瓦”标本与前两者虽有差异，但风格相近[⑧]。

渤海“文字瓦”上的文字与符号所代表的表象，应该是制瓦工匠的个人标识，其性质相当于现今社会标明产品质量信誉的商标。“文字瓦”中不乏字体精美的个体，它们不但蕴含着丰富的历史文化信息，而且堪称体现渤海文化发展成就的艺术珍品。

五

根据西古城城址的层位关系，能够确认各个宫殿址属于同期建筑。对各个宫殿址出土的文字瓦开展的类型学研究，可以作为上述认识的佐证依据。

通过对西古城城址、八连城城址出土的遗物进行类型学比照分析，两者的文字瓦、瓦当呈现出明显的同一性，它们应该出自相同的制瓦作坊。综合各种因素，西古城、八连城的营建时间应该间隔不长。

六

通过对西古城城址出土的部分铁器进行检测，得出的初步的学术认识是，当时渤海人已经具备冶炼生铁的能力。所测试的铁钉是用熟铁、低碳钢热锻加工而成，并且比较熟练地应用了夹钢工艺。铁钉普遍采用了热加工、渗碳、淬火工艺，铁钉所用材质的含炭量多处于熟铁和含炭量较低的低碳钢范围，有比较好的锻压性能，说明工匠已对所采用的材料和工艺有比较成熟的经验⑨。

注　释

① a.吉林省文物志编委会：《桦甸县文物志》。

　b.吉林省文物考古研究所待刊的2004年度苏密城考古清理资料。

② Болдин В.И.、Гельман Е.И.、Ивлиев А.Л.、Никитин Ю.Г. 《Интеграция》на Краскинс-ком городище：4 года исследований ‖ Вестен.ДВО РАН.№3.(俄)В.И.博尔金、Е.И.盖丽曼、А.Л.伊夫里耶夫、Ю.Г.尼基京：《克拉斯基诺城址四年"一体化"考察》，《俄罗斯科学院远东分院通讯》2001年第3期。中译文刊于《历史与考古信息·东北亚》2003年第2期。

③ (日)《续日本纪》卷三十四记载，大钦茂时史都蒙自南海府吐号浦出使日本，此记载可以作为大钦茂时渤海已经设置五京的文献线索。如果能够借助考古学资料确认，西古城城址的营建时间早于八连城城址，则可以明确渤海政权以显州为都与中京显德府同治。

④ 位于吉林省敦化市市区内的敖东城城址，依据调查资料将其作为渤海国的早期都城而公布为吉林省重点文物保护单位。通过考古发掘，在敖东城的城墙下面发现了金代遗物。参见吉林省文物考古研究所、吉林大学边疆考古研究中心：《吉林省敦化敖东城及永胜遗址考古发掘的主要收获》，《边疆考古研究》第2辑，科学出版社，2003年。

⑤ 吉林省文物考古研究所待刊的《六顶山》报告。

⑥ 张铁宁：《渤海上京龙泉府宫殿建筑复原》，《文物》1994年第6期。该文作者在其所绘制的"唐渤海国上京龙泉府宫城平面图"中，对宫城三至五号宫殿区域的推测，在西古城内城得到了基本确认。

⑦ a.吉林省文物考古研究所、吉林大学边疆考古研究中心待刊的《八连城》报告。

　b.(日)斋藤优：《半拉城と他の史跡》，半拉城史刊行会，昭和53年（1978年）。

⑧ a.中国社会科学院考古研究所：《六顶山与渤海镇》，中国大百科全书出版社，1997年。

　b.(日)田村晃一：《上京龙泉府出土の押印瓦に関する若干の考察》，《东アジア都城と渤海》，财团法人东洋文库，平成17年（2005年）。

⑨ 贾莹：《西古城城址出土铁器的金属学研究》，本报告附录。

附表一

西古城城址出土文字瓦统计表

序号	文字	一号宫殿				一号宫殿西庑				一号宫殿东庑				二号宫殿西配殿				二号宫殿东配殿				三号宫殿				四号宫殿				五号宫殿				一号房址				水井				内城隔墙			
		板瓦		筒瓦		板瓦		筒瓦		板瓦		筒瓦		板瓦		筒瓦		板瓦		筒瓦		板瓦		筒瓦		板瓦		筒瓦		板瓦		筒瓦		板瓦		筒瓦		板瓦		筒瓦		板瓦		筒瓦	
		模印	刻划	模印	刻划	模印	刻划	模印	刻划	模印	刻划	模印	刻划	模印	刻划	模印	刻划	模印	刻划	模印	刻划	模印	刻划	模印	刻划	模印	刻划	模印	刻划	模印	刻划	模印	刻划	模印	刻划	模印	刻划	模印	刻划	模印	刻划	模印	刻划	模印	刻划
1	左李	√				√				√												√				√				√												√			
2	保	2								2												√				√				2														√	
3	计	2								2				2												2				√								√						√	
4	吉			√	√					√	√													√				√				√												√	
5	男			3								2						√						2			√					2							√					2	√
6	一																							√																		√			√
7	切	2				√				√												2				2				2												√		√	3
8	石	4								√																√								√								√			
9	信	√				√						3										√				√		√														√			
10	俳	2				√				2												√				2				2	√											√			
11	可	√								√												2				√				√												√			
12	成	2		√																		2				√	√															2			
13	盖	√								√																																			
14	二	√																																											
15	顺	√								√												√								√															
16	尖	3								√												2				√				√								√							
17	多	3												√								3				√																			
18	手	2								√																√																			
19	则	3								√												2				2												√							
20	市	5		√		√				√												√				2				4	√			√								4		√	
21	述	4	√																			√	√											√				√							
22	素	3		√						3		√										3				3		√										√				3			
23	川		√															√						√		√												√		√		√	√		
24	自			5								3				√							3			2				2				√										2	
25	本		√		√	√	√		√															√																		√	√	√	√
26	昌	4				√				2								√				√				2																3			
27	文	3								√										√	√	2				2																4	√		
28	仁	4		2						6		3										2		2		4		3														2		2	
29	良	2		1																		2				2																2			
30	典	3								√																√																√			
31	汤	5		√																		2	√	3		4																2		√	
32	诺	3								√												√																				√			
33	上	2	√	√						√		√										3				2	√	√														√			
34	隆	3								√												√				3																2			
35	宣																									√																√			
36	大		√	2																																								√	
37	音	√								√												√		√						√															
38	古			√												√						√								√															
39	寸			3												2						2						2		√															
40	夫			√																		√								√															
41	明			2												2						√								√															
42	优			2																		√								√															
43	德		√	2								√				√						√		√		√		√		√															
44	安			2																				√				√		√		2													
45	毛													√																															
46	光	√				√		√		√																2												√				√			
47	仁大																																												
48	贞			3												√						√		√						√						√									
49	李文	√																				√								√															
50	赤	6		2																		√				√		√		3		√													
51	捺	3								2																																			
52	珍	√								√												√								√															
53	河	√																																											
54	屈	4																				√				√				√															
55	韦			√																														?											
56	十			√																																									
57	仇			√								√																								√									

注：表格中"√"表明存在此类文字或符号，数字则表明存在几种字体。

续附表一

序号	文字	一号宫殿				一号宫殿西庑				一号宫殿东庑				二号宫殿西配殿				二号宫殿东配殿				三号宫殿				四号宫殿				五号宫殿				一号房址				水井				内城隔墙			
		板瓦		筒瓦		板瓦		筒瓦		板瓦		筒瓦		板瓦		筒瓦		板瓦		筒瓦		板瓦		筒瓦		板瓦		筒瓦		板瓦		筒瓦		板瓦		筒瓦		板瓦		筒瓦		板瓦		筒瓦	
		模印	刻划	模印	刻划	模印	刻划	模印	刻划	模印	刻划	模印	刻划	模印	刻划	模印	刻划	模印	刻划	模印	刻划	模印	刻划	模印	刻划	模印	刻划	模印	刻划	模印	刻划	模印	刻划	模印	刻划	模印	刻划	模印	刻划	模印	刻划	模印	刻划	模印	刻划
58	钵			√								√																																	
59	主			3								√										√								√				√				√							
60	英			√																						√																			
61	今			√																				√																					
62	泰			√																						√																			
63	才																						√																					
64	天天									√																																			
65	十二	√		√						2														√		√		2		√		√		√								√	√		
66	十三五	√																						√																		√	2		
67	十三六	2		√						2		√						√				√		√		√				√		√		√								√			
68	十三七																							√						√												√			
69	十三八	√		√																		√								√						√				√					
70	须?			3				√				√												√				√		√														√	
71	乌?	4																				√								√						√							
72	明?																															√												
73	开?			√								√																																	
74	羌?	3				√				2												√				√				2															
75	汤?																															√												
76	昌?					√				√																√	√			√	√													
77	中?									√																																			
78	安?											√																																	
79	（符号）	√								√																				√															
80	（符号）	√																				√								√						√							
81	（符号）	2		√						2		√						2				√				√				√		√		√								√		
82	（符号）	2								√												√								√										√			
83	（符号）			√																										√										√			
84	（符号）																	√																										
85	（符号）	√								√																				√													
86	（符号）	√																																										
87	（符号）											√																																
88	（符号）		√																																									
89	（符号）			√								√																√																
90	（符号）			√								√												√				√				√												
91	（符号）			√														√																										
92	（符号）			√																																								
93	（符号）			√																																								
94	（符号）			√																																								
95	（符号）									√																				√														
96	（符号）																									√				√														
97	（符号）																									√																		
98	（符号）																													√														
99	（符号）																													√														
100	（符号）			3								3														2											√							
101	（符号）			√																						√						√												
102	（符号）	√								√												√										√					√							
103	（符号）	3								√																						√					√							
104	（符号）	√				√				√												√				√				√														
105	（符号）																													√														
106	（符号）																			√																								
107	（符号）	√																																										
108	（符号）			√																				√																				
109	三角纹		√																																										
110	圆圈纹		2																																										
111	（符号）									√																																		
112	（符号）									√																																		
113	（符号）									√																																		
114	（符号）																																			√								
115	（符号）		√																																										
116	（符号）																					2																							

注：表格中"√"表明存在此类文字或符号，数字则表明存在几种字体。

附表二

西古城城址出土瓦当类型学统计表

单位 / 类型	一号宫殿			一号与二号宫殿间廊道	二号宫殿			三号宫殿	四号宫殿	五号宫殿	一号房址	水井	内城隔墙
	一号宫殿	西庑	东庑		二号宫殿	西配殿	东配殿						
Aa 型	✓	✓	✓			✓	✓	✓	✓	✓	✓	✓	✓
Ab 型	✓	✓	✓	✓		✓	✓	✓	✓	✓		✓	✓
Ac 型	✓		✓	✓	✓	✓	✓						
Ad 型	✓						✓						
Ba 型	✓	✓				✓	✓	✓	✓		✓		✓
Bb 型	✓		✓			✓	✓						
折体 Bb 型				✓									
C 型	✓	✓	✓							✓			✓
Da 型	✓					✓		✓	✓	?			
Db 型	✓									?			
Dc 型	✓	✓	✓				✓			?			
Ea 型	✓							✓					
Eb 型	✓		✓				✓			✓			
Fa 型	✓					✓	✓	✓					
Fb 型	✓												

附表三

西古城城址出土普通板瓦类型学统计表

类型＼单位	一号宫殿			一号与二号宫殿间廊道	二号宫殿			三号宫殿	四号宫殿	五号宫殿	一号房址	水井	内城隔墙
	一号宫殿	西庑	东庑		二号宫殿	西配殿	东配殿						
普通型	✓	✓	✓	✓	✓	✓	✓	✓	✓	✓	✓	✓	✓
单面指压型	✓	✓	✓	✓	✓	✓	✓	✓	✓	✓	✓	✓	✓
双面指压型	✓						✓		✓		✓	✓	
刀削纹型										✓			

附表四

西古城城址出土檐头板瓦类型学统计表

类型＼单位	一号宫殿			一号与二号宫殿间廊道	二号宫殿			三号宫殿	四号宫殿	五号宫殿	一号房址	水井	内城隔墙
	一号宫殿	西庑	东庑		二号宫殿	西配殿	东配殿						
A 型	✓	✓						✓	✓	✓			✓
B 型	✓								✓			✓	
C 型	✓		✓						✓		✓		
D 型	✓	✓	✓				✓	✓	✓	✓		✓	
E 型	✓	✓				✓			✓	✓	✓		
F 型									✓				
截角型			✓				✓	✓	✓	✓			

附表五

西古城城址出土筒瓦类型学统计表

类型＼单位	一号宫殿			一号与二号宫殿间廊道	二号宫殿			三号宫殿	四号宫殿	五号宫殿	一号房址	水井	内城隔墙
	一号宫殿	西庑	东庑		二号宫殿	西配殿	东配殿						
直节形	✓					✓	✓	✓	✓	✓	✓	✓	
曲节形	✓	✓	✓	✓	✓	✓	✓	✓	✓	✓	✓	✓	✓
直节形檐头	✓						✓						
曲节形檐头	✓	✓	✓				✓	✓		✓		✓	
曲背形檐头	✓					✓	✓			✓			
截角形	✓		✓				✓						

附录

西古城城址出土铁器的金属学研究

贾 莹

[摘要] 本文以吉林省和龙县西古城渤海遗址出土铁器的金相检测以及扫描电镜-X射线能谱仪分析结果为基础，对这些铁器的生产工艺进行探讨。研究表明，当时的渤海国已经有比较成型的热加工、渗碳、淬火的工艺，已与现代20钢的热加工和热处理工艺规范十分接近。生产铁器所用的原材料包括熟铁、低碳钢，比较熟练地应用夹钢工艺或将两种不同含碳量的材料叠加锻打，个别器物的材质表现出冶炼温度较低的迹象，与块炼铁的组织类似。原材料所含硅酸盐夹杂物与中原地区汉魏时期铁器有很大差异，表现较为原始的工艺特征，其他渤海遗址发现了液态生铁冷却之后形成的小块的白口铁，推测渤海国很可能已有冶炼生铁的能力。

西古城出土铁器以铁钉为主，此次共检测15件铁钉，其中有1件只作了扫描电镜分析。有4件作了扫描电镜和金相分析，其余的样品作了金相分析。观察面包括铁钉顶端的侧面纵断面、横断面，铁钉钉身的纵断面和横断面，铁钉尖部的纵断面、横断面。由于铁钉断面存在组织的变化，有成分偏析方面的原因也有材料叠加的原因，所以尽可能观察完整断面，从而分析金相组织的整体变化。

一、样品的金相检测结果

本文采用日本尤尼恩光学株式会社（Union Optical Co., LTD）生产的Versamet-2型金相显微镜完成金相检测。检测结果见表一。

表一 样品的金相检测结果

样品号	观察部位	铁钉外观及金相组织观察结果	图版
2002HXN I T4东扩②：101	顶端齐头横断面	顶端齐头，没有弯折减薄。抛光态可见由于优先腐蚀已显示出一些相结构，有氧化亚锰、硫化物及硅酸盐夹杂，但比较细小。富含锰的铁素体晶粒略呈淡黄色，呈方形块状。边缘层基本已经腐蚀，次边缘层为铁素体+极细珠光体，有孪晶存在，表明该器物经过热加工。该样品与高锰钢组织形态类似。	五五，1、2

续表一

样品号	观察部位	铁钉外观及金相组织观察结果	图版
2002HXN ⅡT6②：35	顶部弯折端面	断面可见中间有通长的氧化铁薄片，两侧组织含碳量及组织结构具有明显的差别，氧化铁薄片为折叠锻打的交界。断面边缘腐蚀比较严重，有些部位已剥落。由边缘向内部，有低碳马氏体、铁素体＋极细珠光体。该器物由熟铁和低碳钢叠加锻打，硅酸盐夹杂物有维氏体（FeO）－玻璃质夹杂，也有铁橄榄石（$2FeOSiO_2$）－玻璃质的夹杂物存在。工艺：热加工＋淬火。	五五，3 五六，1、2
2002HXN ⅠT2②：22	顶部折弯端面	断面可见氧化铁薄片由边缘至中心延伸，表明有过折叠锻打过程。断面的含碳量不均匀，晶粒度不均，有维氏体－玻璃质夹杂物，也有不规则形状的铁橄榄石－玻璃质夹杂物或三相夹杂物，维氏体位于铁橄榄石－玻璃质细晶基体之上。边缘区组织，可观察到细小针状马氏体相。工艺：热加工＋淬火。	五六，3 五七，1、2
2002HXN ⅠT4②：32	钉尖残断面	晶粒相当细小，可能由于是尖端，变形程度较大。边缘局部为晶粒细小铁素体，向内部依次为较大晶粒的铁素体、铁素体＋珠光体。低碳钢含碳量变化范围大约为0.1%～0.2%。夹杂物为维氏体－玻璃质夹杂，铁素体区维氏体比重较大，铁素体＋珠光体区玻璃质比重较大。工艺：热加工＋正火。	五七，3 五八，1、2
2002HXN ⅡT6②：28	A－A 顶部弯折端面 B－B 上部钉体横断面	A－A面为顶端弯折的端部横断面，第一次制样，断面腐蚀有很多空洞，将该层抛去，下面一层空洞的数量大大减少。断面可见折叠锻打交界处的条状氧化铁痕迹，中心熟铁区夹杂物沿长度方向变形，尺寸较大而且分布集中。B－B面为铁钉上部横断面组织，含有一定取向的硅酸盐夹杂物，颜色较深区域为铁素体＋珠光体组织，与铁素体区的分界不明显，也可能是成分偏析所至。维氏体－玻璃质夹杂居多，铁素体区维氏体比重大，铁素体＋珠光体区玻璃质比重大。工艺：热加工＋淬火。	五八，3、4 五九，1～4
2002HXN ⅠT3②：9	A－A 纵断面 B－B 横断面	中心区晶粒细小，含碳量较高，边缘为铁素体，晶粒粗大，晶界平直，有孪晶形态。铁素体区夹杂维氏体为主，边缘为玻璃质，铁素体＋珠光体区夹杂维氏体较少，玻璃质为主。两个断面均可看到熟铁与低碳钢相接痕迹，由熟铁与低碳钢叠加锻打熔合。观察到马氏体，铁素体＋极细珠光体组织。工艺：热加工＋淬火。	六〇，1～3

续表一

样品号	观察部位	铁钉外观及金相组织观察结果	图版
2002HXN I T4②:14	A-A 顶端纵截面 B-B 钉身纵截面	断面表现出自然腐蚀造成的变化,有许多黑色的空洞。A-A面可见不同材料叠加锻打熔合在一起的迹象。顶端有折叠的痕迹,中间夹有通长的氧化铁层。中心锻接得比较好,高倍下可以看到接缝的痕迹。由边缘向中心依次为珠光体+铁素体、铁素体+珠光体、铁素体。维氏体(比重较大)-玻璃质夹杂物多出现在铁素体区,维氏体(比重较小)-玻璃质夹杂多出现在铁素体+珠光体区。工艺:热加工+渗碳。	六一,1~3 六二,1、2
2002HXN I T2②:6	顶端未弯折端面	表层已腐蚀。通长的氧化铁片构成不同含碳量组织的明显界线,因此,是由熟铁与低碳钢叠加锻打熔合而成。组织有马氏体、铁素体+极细珠光体、铁素体几种形式,低碳钢的含碳量为0.15%~0.2%。有维氏体-玻璃质夹杂。工艺:热加工+淬火。	六二,3、4
2002HXN I T4②:31	A-A 顶端弯折侧面 B-B 钉尖横断面	A-A面晶粒非常精细,不同熟铁和低碳钢区呈现出不同的色彩,低碳钢含碳量大约0.2%。这种组织形态与断面显示的折叠痕迹无关,是成分偏析所至。B-B面腐蚀后也显示出带状形态。断面组织有马氏体、铁素体+珠光体、珠光体。铁素体+珠光体区有大块的不规则形状维氏体-玻璃质夹杂,周围呈现白亮色,珠光体区则多有小球状或块状玻璃体比重较大,维氏体较少的夹杂。工艺:热加工+渗碳+淬火。	六三,1~4 六四,1~4
2002HXN I T2东扩②:5	顶端未弯折,纵向截面	有明显的叠加锻打痕迹。照片上方为魏氏体形态铁素体+珠光体组织,下方边缘为铁素体组织,两区之间有长条的氧化铁构成明显的交界。熟铁区有变形的铁素体晶粒,局部锻打温度可能达到冷加工范围。有维氏体-玻璃质夹杂。工艺:热加工。	六五,1~3
2002HXN I T4②:30	纵向截面	整个钉体由含碳量不同的两种材料折叠锻打熔合在一起,钉帽部分为冷锻组织,变形量很大。铁素体区具有较大的不规则夹杂物,铁素体区有维氏体-玻璃质夹杂,也有不规则形状的铁橄榄石-玻璃质夹杂。钉身边缘层显示出渗碳迹象。有成分偏析造成的带状组织。一侧边缘为马氏体,另一侧为铁素体。钉尖部有明显的相叠锻打迹象,中间为低碳钢,两侧为熟铁。工艺:热加工+渗碳+淬火。	六六,1~3 六七,1、2

续表一

样品号	观察部位	铁钉外观及金相组织观察结果	图版
2002HXN I T4②:33	中上部横断面	铁钉顶端未弯折，厚度减薄。铁素体区复相夹杂较多，呈不规则形状。有长条状氧化铁，为折叠锻打的痕迹。铁素体区有较大的不规则形状维氏体－玻璃质夹杂，铁素体＋珠光体区夹杂物较少且细小，玻璃质比重较大。整个断面边缘有高碳层，含碳量高于1%，但高碳组织至铁素体之间的过渡层非常之薄，与通常的渗碳组织不同，因此，只是单纯的渗碳还是表面经过熔融生铁处理，还很难确定。工艺：热加工＋渗碳？	六七，3 六八，1~4

备注：2002HXN I T3②:9为铁丝，2002HXN I T4②:31、2002HXN I T4②:30为铁泡钉，其余均为铁钉。

二、扫描电镜－X射线能谱分析结果

根据金相检测结果，选取基建有代表性的样品作成分分析，由于样品都是铁钉，外表腐蚀严重，体积又小，所以采用扫描电镜－X射线能谱仪测定样品的化学成分，所用仪器为JXA-840扫描电镜和Oxford IS-300能谱仪。检测的样品包括：2002HXN I T2东扩②:33，2002HXN I T6②:27，2002HXN I T2②:32，2002HXN I T4②:101，2002HX II T6②:28，2002HXN I T4②:14，2002HXN I T4②:31。为了避免局部成分不均衡导致结果有失偏颇，在检测过程中尽量选取较大而且能够代表整体成分的区域测定成分，杂质区特别注明。

表二　　　　　　　　　　**扫描电镜－X射线能谱分析结果**

样品号	成分%				
	Si	P	S	Mn	其他
2002HXN I T2东扩②:21	3.60	0.94	0.45	0.11	Ca:2.08；A1:0.64 K:036图一区
	2.30	0.60	0.29	0.08*	Ca:1.40；A1:0.40 K:0.24
	0.46		0.06*	0.07*	A1:0.19
2002HXN I T6②:27	0.11*			0.07*	
2002HXN I T2②:32		0.10*		0.07*	A1:0.06
2002HXN I T4②:101	0.36		0.03*	0.20*	

续表二

样品号	成分%				
	Si	P	S	Mn	其他
	1.15	0.37	0.19	0.14*	
	0.77	0.38	0.15*	0.28*	
	0.29	0.16*	0.06*	0.12*	
	0.68		0.06*	0.55	图二区
	0.10*	0.09*	0.02*	0.06*	A 1：0.03*
2002HX Ⅱ T6 ② ：28	0.11*	0.10*	0.14*		含杂质区
	0.51	0.14*	0.42	0.23*	含杂质区　图三1、2区
2002HXN Ⅰ T4 ② ：14	0.05		0.09	0.02	Al：0.05*；含杂质区　图四1区
	0.19	0.05*			Al：0.13*；含杂质区　图四2区
2002HXN Ⅰ T4 ② ：31	0.42	0.16*	0.10*		O：36.17；Na：0.98；Mg：0.14*；Al：18.38*；Cl：0.56；Ca：0.17；Ti：0.11*条状组织
	0.13	0.11	0.02*		O：30.14；Na：0.33；Al：0.05；Cl：0.17；Ca：0.09
	0.22	0.04*		0.01*	O：29.2；Na：0.30；Mg：0.06*；Al：0.11* Cl：0.17；K：0.11；Ca：0.09*
	0.32	0.02*	0.16		O：34.51；Na：0.12*；Al：0.13* Cl：0.18；K：0.08*；Ca：0.16
	0.04		0.11*		O：31.05；Na：0.22；Al：0.06* Cl：0.05；K：0.14
		0.11*	0.44	0.18*	O：34.98；Na：0.24；Mg：0.16；Al：0.02* Cl：0.19；K：0.16；Ca：0.44 碳钢区
	0.15*	0.15*	0.15*		O：1.2；Na：0.20；Al：0.01* Cl：0.24；Ca：0.02*
	0.36	0.13	0.14*	0.12*	O：16.00；Na：1.14；Mg：0.07*；Al：0.09*；Cl：0.63；K：0.29；Ca：0.37；Ti：0.07*
	0.65	0.56	0.13*	0.45	O：6.08；Na：0.26；Mg：0.01*；Al：0.21* Cl：0.18；K：0.09；Ca：0.47*

注：2002HXN Ⅰ T6 ② ：27、2002HXN Ⅰ T4 ② ：32 为颗粒样品

　　2002HXN Ⅰ T6 ② ：27，2002HXN Ⅰ T4 ② ：32，2002HX Ⅱ T6 ② ：28，2002HXN Ⅰ T4 ② ：14，含杂质量都非常低。从金相组织也可以看到，夹杂物多比较细小。

　　为了避免制样的影响，选取2002HXN Ⅰ T6 ② ：27铁钉颗粒样品测量成分，当然如果本体是由两种不同的材料制成，颗粒样品可能会因所选颗粒不能代表整体的情况。

2002HXNⅠT2东扩②：21（图一），首先检测成分，然后进行金相检测。样品成分表明，除了含杂质区域硅含量很高外，另一选区硅含量也比较高。磷和硫含量较高，锰的含量不高。金相组织表现为部分区域含有较多的硅酸盐夹杂物，铁素体＋珠光体区则相对纯净。

2002HXNⅠT4②：101（图二），硅、磷、锰含量都较高。线扫描成分的变化显示出微区组织及相的成分变化。

铁钉2002HXⅡT6②：28（图三），最初观察的截面靠近表面层，有许多由于腐蚀产生的孔洞，很难加以解释，就以此观察面进行扫描电镜检测，结果证明即使包括杂质相，杂质元素含量并不高，再抛光一层，露出没有腐蚀的本体金属，显示出两种不同的材料叠加，以含碳量大约为0.2%的低碳钢为主体，夹有含杂质较多的熟铁材料。扫描电镜－X射线能谱仪检测结果反映了样品比较纯净的一面。

线扫描表明黑灰色区域含氧量较高，含硫量较高，含碳量有些变化，但变化不是很大，为已经氧化的珠光体区域，白色区含有硅元素，含氧量也较高，几乎不含铁，为硅酸盐夹杂物，靠近右侧边缘，含碳量较高，应为珠光体区。

由扫描电镜－X射线能谱检测结果得知，检测结果结合金相观察结果分析，才是比较科学的方法。古代的样品局部成分变化很大，西古城铁钉样品中有些采用两种不同含碳量的材料叠加锻打，不同区域含有的杂质元素含量有很大差异。

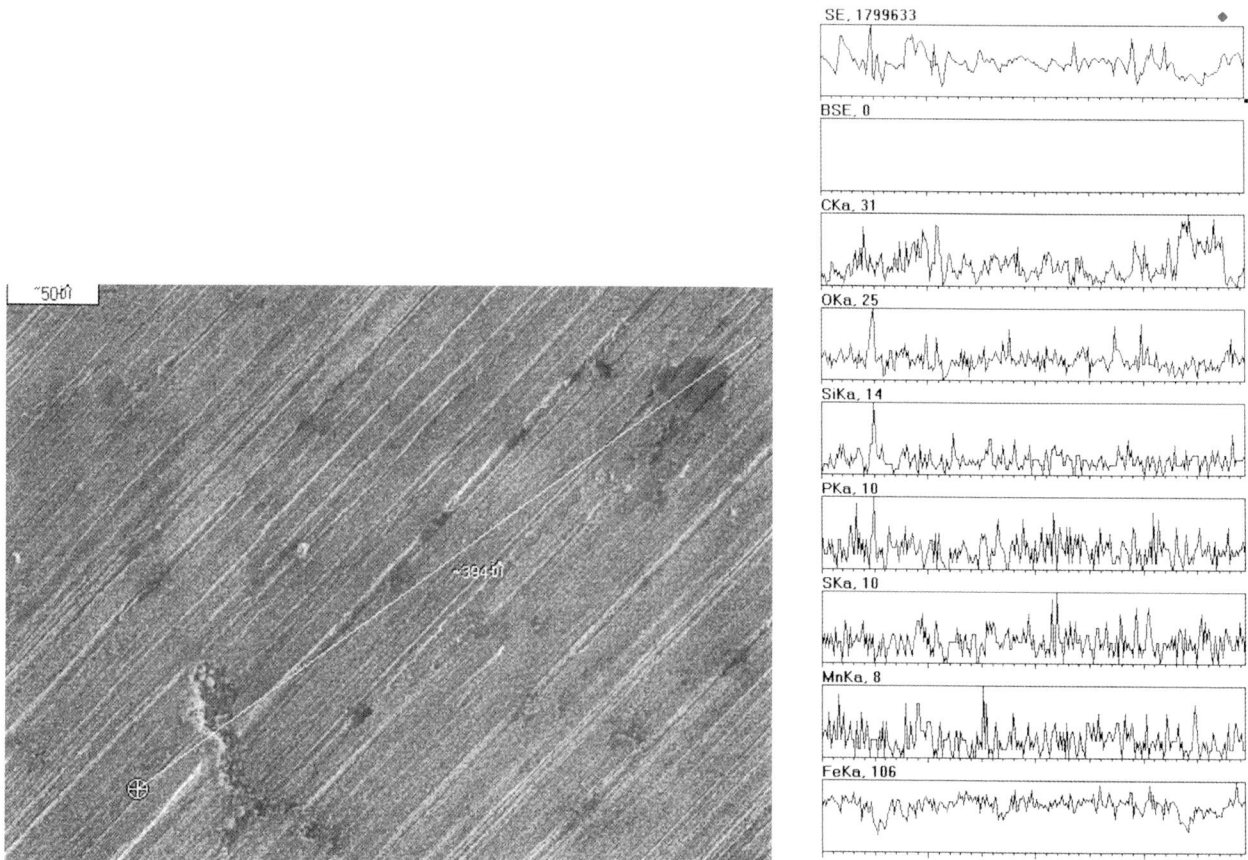

图一　铁钉2002HXNⅠT2东扩②：21面扫描区域及线扫描谱线

356

西古城

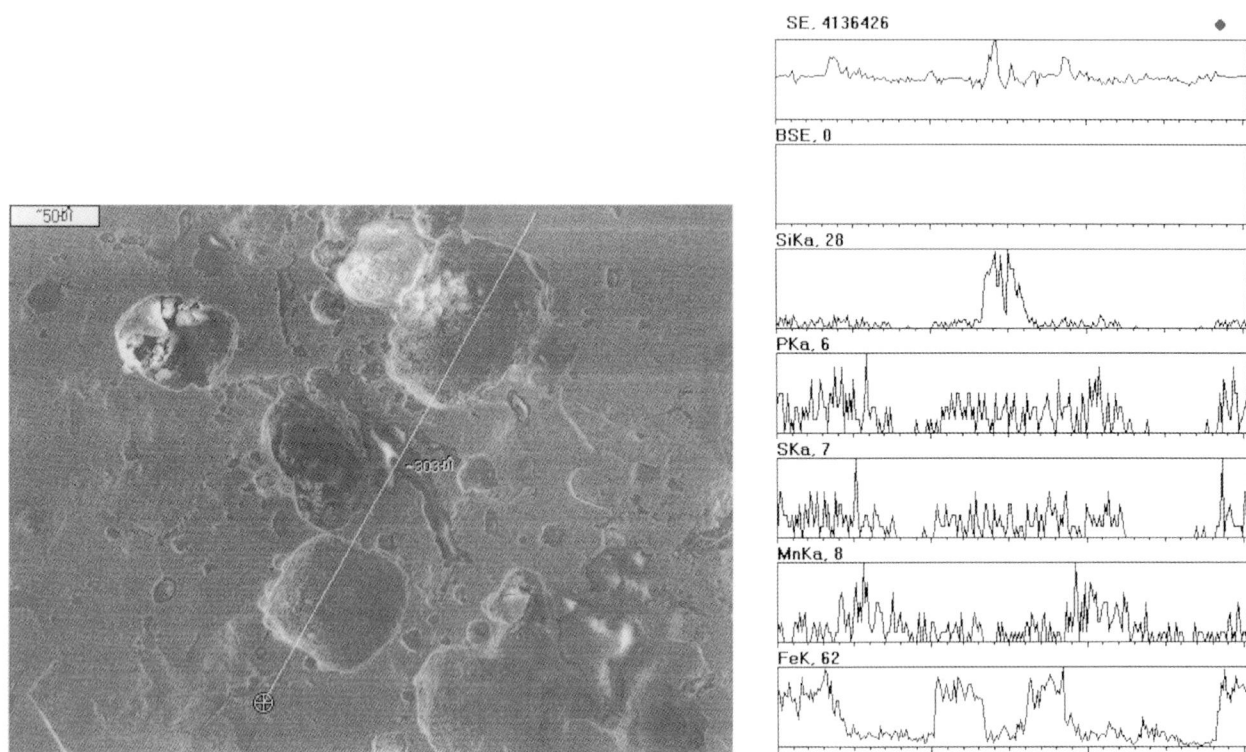

图二　铁钉2002HXNⅠT4②：101面扫描区域及线扫描谱线

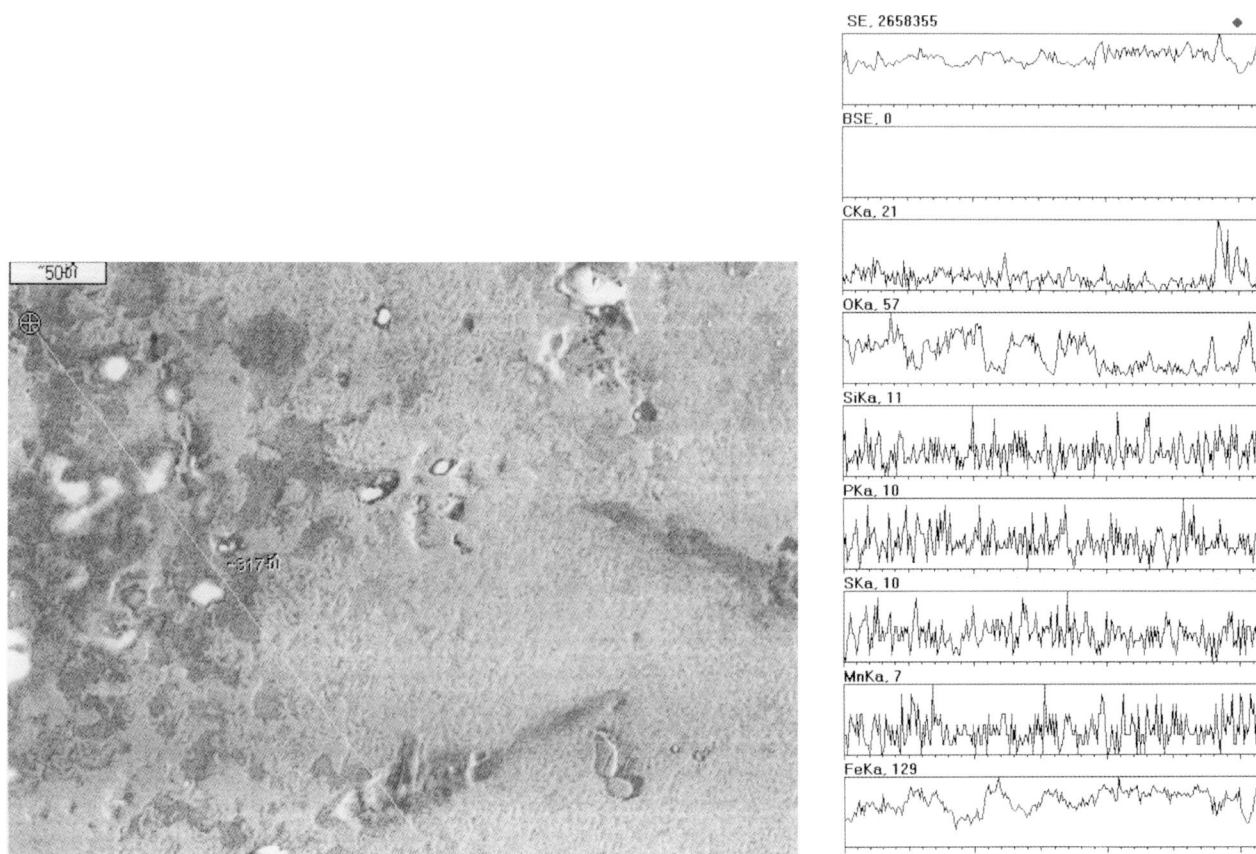

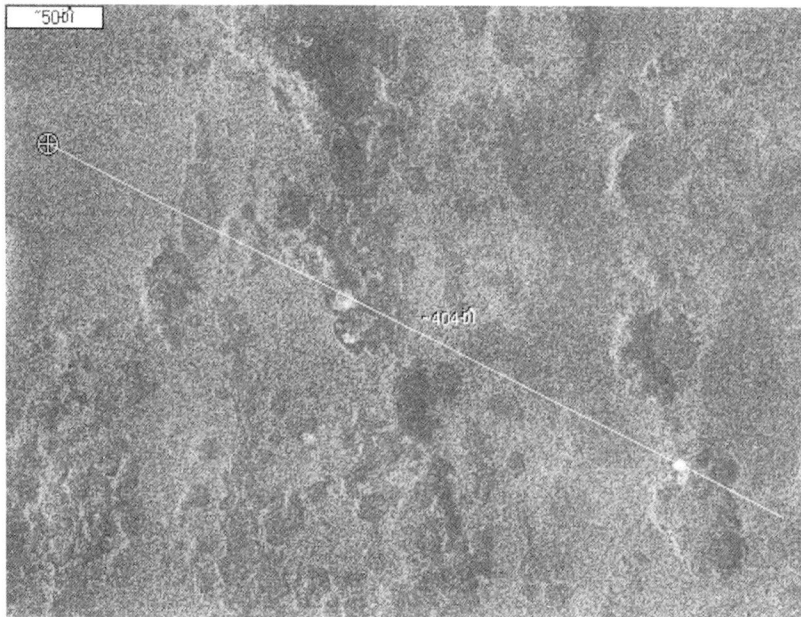

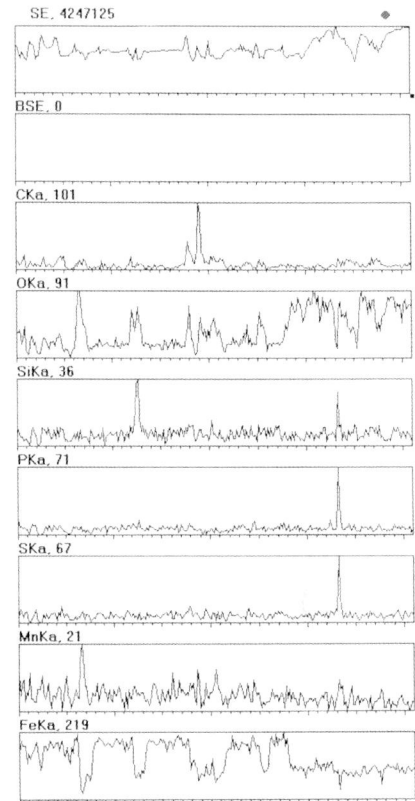

1

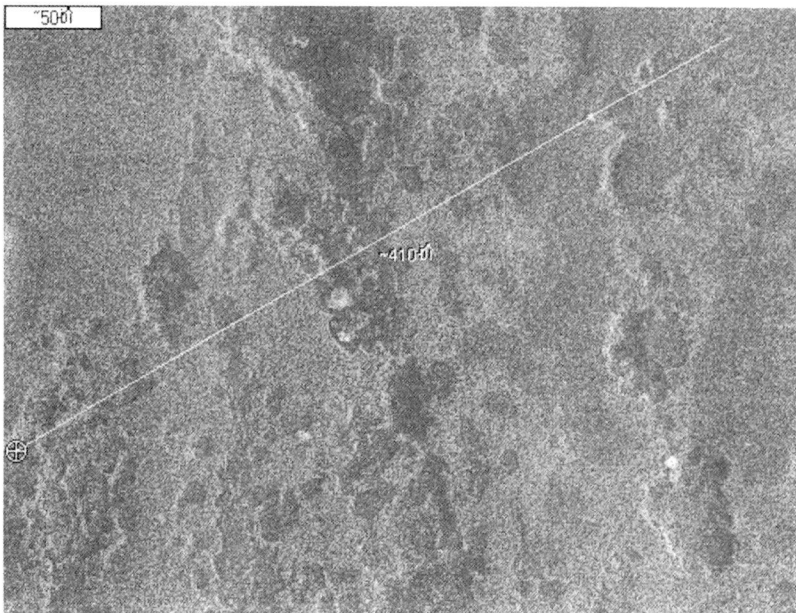

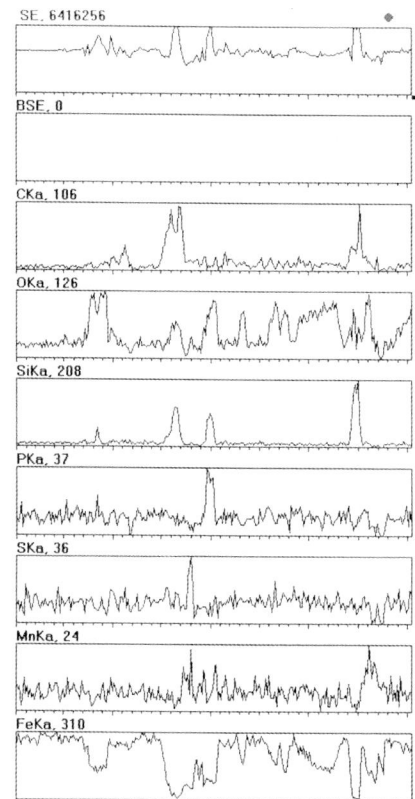

2

图三　铁钉2002HXⅡT6②：28面扫描区域及线扫描谱线

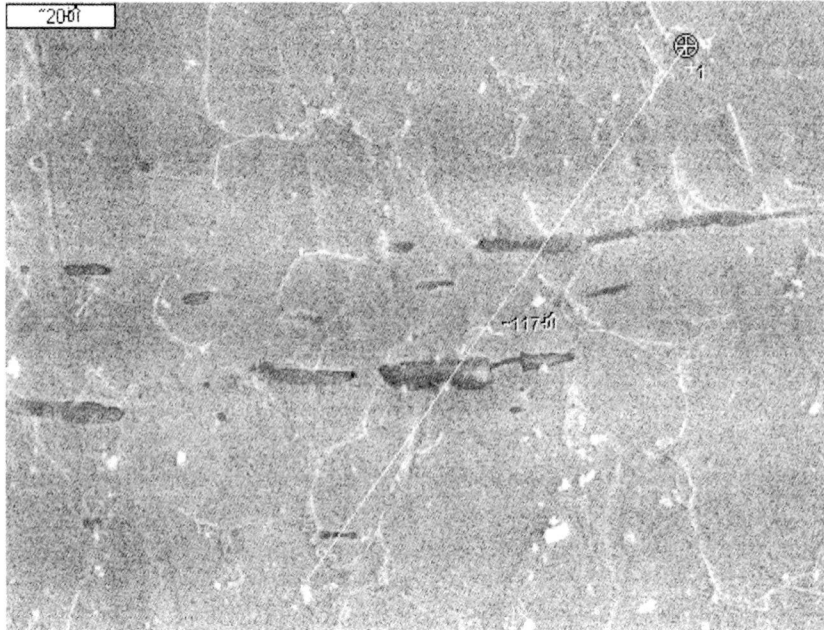

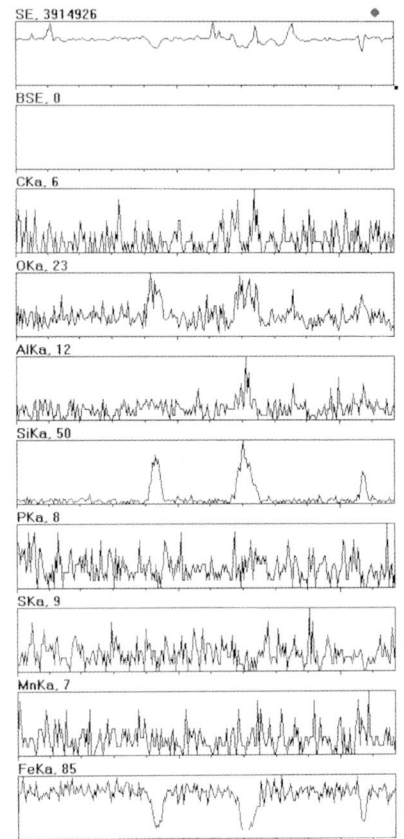

1

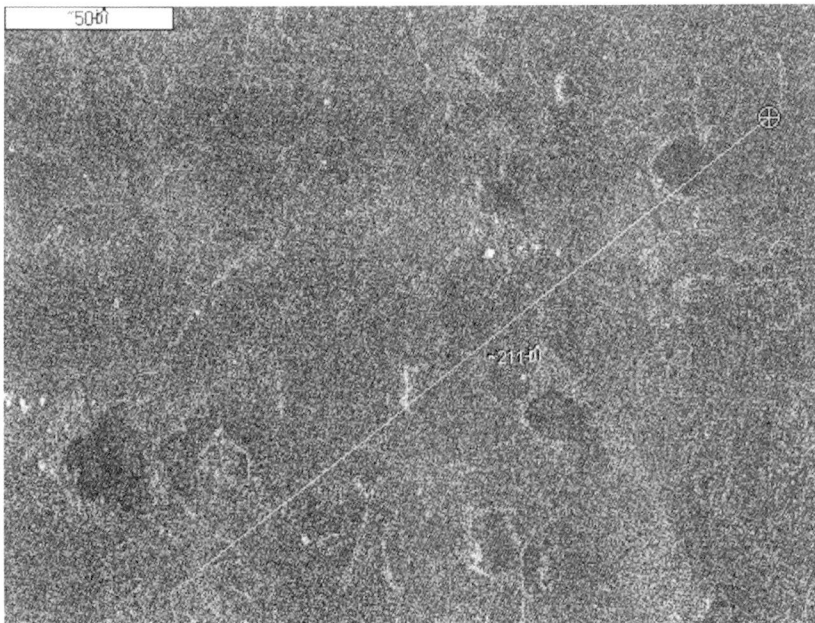

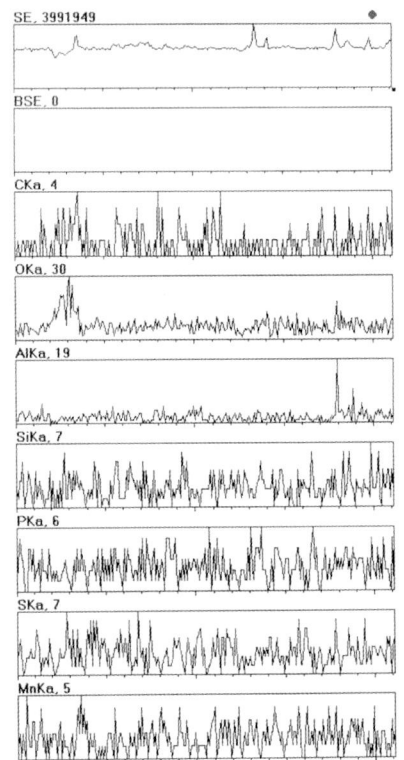

2

图四　铁钉2002HXNⅠT4②：14面扫描区域及线扫描谱线

三、西古城铁器蕴含的工艺信息

分析西古城出土渤海铁钉的金相检测和扫描电镜－X射线能谱仪检测结果，可以获得如下信息：

1. 冶炼温度不均衡

铁器的金相组织变化很大，显示出冶炼温度的不均衡变化。既有经过液态冶炼的材质，表现为均质的成分和晶粒，也有炉温较低的冶炼产物，同一器物具有成分梯度和组织的变化，不同器物具有不同形式的单相或复相夹杂物，或者同一器物不同含碳量区域具有不同形式的复相夹杂物，其特征分别与精炼铁或块炼铁相似。

2. 冶炼所用燃料为木炭

尽管目前发现魏晋南北朝时期已经使用煤作为冶铁的燃料[1]，但是所测样品的含硫量均很低，说明这批铁器样品是采用木炭冶炼的。

3. 铁钉含硅量普遍较高

硅含量高与冶炼所用铁矿石中二氧化硅含量、冶炼炉温等条件有直接关系。

4. 具有比较成熟的"夹钢"工艺

尽管有些器物的变化组织是由于局部成分偏析的结果，但是在多件铁钉中，观察到两种不同含碳量组织的交界处具有通长的氧化铁薄片，证明是利用不同含碳量的材料进行叠加锻打的。包括铁钉2002HXN I T2②：6，2002HXN II T6②：35，2002HXN I T2东扩②：5，2002HXN I T4②：14，铁丝2002HXN I T3东扩②：9等，将含碳量高的材料夹在含碳量低的材料之中或合并折叠锻打，由于温度较低，很少发生碳的扩散，在断面中可以看到明显的分界及含碳量不同的组织条带。

由于熟铁和低碳或中碳钢合在一起锻打的样品并非孤例，所以这种情况看来不是偶然所得，可能是由于当时冶炼的条件还很简陋，不能保证冶炼总是非常顺利地得到优质产品，出于有效地利用低质量材料的目的，将强度高的低碳钢和强度低并含有较多杂质的熟铁叠加锻打，以保证器物最基本的性能需求，这也反映出当时的工匠对于所采用的材料性能有足够的认识并积累了丰富的经验。

5. 具有比较规范的工艺

所检测的铁钉中，除有1件表面因腐蚀难以确认金相组织之外，大多采用了淬火工艺，有些可以辨别表面有渗碳的痕迹，并在渗碳之后淬火。以铁泡钉2002HXN I T4②：30为例，尖端有明显的锻接痕迹，边缘有渗碳层，钉身有马氏体组织层，表明铁钉经历过渗碳淬火过程。

西古城出土的铁钉所采用的钢材多为含碳量0.2%的低碳钢。有些不同含碳量的材料进行热加工后仍保持原样，碳很少扩散，可以推测锻打温度应该低于900℃，因为在900℃以上，就可以使不均匀的组织完全扩散得到均匀的含碳量[2]。铁钉的组织大多是重结晶组织，所以终锻温度也应在800℃以上。一些器物呈现出正火（1100℃空冷）组织形态。现代20钢的热加工和热处理工艺规范的始锻温度为1200℃～1250℃，终锻温度高于780℃，900℃～920℃空冷，780℃～800℃水冷[3]。由此可见，对于相同质地钢材来说，渤海时期的加工工艺已经与现代工艺规范十分接近。

细化晶粒度是提高器物机械性能的一个重要方面，尽管有些铁钉在锻造过程中由于终断温度较高而产生晶粒粗大现象，但是多数铁钉的晶粒比较细小。因此，总体来说，工匠对于锻造温度与性能的关系以及对变形程度和变形温度（主要指终锻温度）都掌握得比较适度。

6. 所选材料具有较好的锻压比

铁钉多为熟铁和含碳量在0.1%～0.2%的低碳钢的锻件，含碳量在这一范围的材料都具有比较好的锻压性能，随着含碳量的增加，锻压性能将变差。

7. 高强度锰钢

铁钉2002HXNⅠT4②：101中含锰量较高，个别区域有硬质相存在，主体为铁素体＋珠光体。锰的含量增加，在精炼制钢的过程中，客观上既起到脱氧剂的作用，又对钢本体起强化作用④。由于检测样品有限，目前只发现了一例锰钢材质，如果是由于特殊矿产的原因，以后还会发现同样的材质，否则只是冶炼原材料不均匀现象，这有待于进一步的检测分析来证实。

四、与其他地区钢铁技术水平的比较

此次检测的多数样品中存在维氏体－玻璃纸夹杂物，尺寸一般比较小，硫化物和氧化锰夹杂数量较少，所用材质包括熟铁、低碳钢和中碳钢，少数样品具有不规则形状复相夹杂物，表明冶炼温度较低或局部温度不均而没有达到液态，出现与块炼铁类似的组织形态。

表三列举了中原地区不同时代生铁的化学成分。与中原地区汉代铁器成分相比，西古城出土铁钉化学成分变化很大，这与金相组织不均衡相吻合。硅含量显然高于中原地区生铁铸造产品和铸铁脱碳

表三　中原地区不同时代铸铁及钢铁原料的化学成分

出土地点	主要成分 %				
	C	Si	P	S	Mn
古荥镇生铁⑥	4.0	0.22	0.21	0.06	0.17
刘胜墓⑦	4.05	0.18	0.217	0.063	0.03
渑池窖藏⑧	4.15	0.04	0.34	0.031	0.02
安阳县唐坡铁锭⑨	2.5	0.86		1.075	0.001
元大都遗址车轴⑩	1.71	0.42	0.31	1.06	<0.01
元大都遗址钟⑪	3.3	<0.03	0.56	0.66	0.015
元大都遗址炉⑫	2.69	1.02	未测	0.71	
巩县铁生沟高碳钢⑬	1.288	0.231	0.024	0.022	0.017
巩县铁生沟熟铁⑭	0.048	2.35	0.154	0.012	微量

钢产品。铁钉2002HXNIT2东扩②：21上部顶端呈扁平状，留出准备弯折的部分，但尚未弯折。这件样品是在进行抛光之前作扫描电镜－X射线能谱分析的，以避免制样的影响。有的区域内含硅量较高，达到3.6%，与巩县铁生沟出土的熟铁大致相当，这一区域内，含有较高量的钙和铝。杂质少的区域含硅量则相对较低，为0.42%。其他杂质元素含量都比较低。

河南安阳县唐坡宋代冶铁遗址出土的九根大铁锭，化学分析成分中含碳2.5%,硅0.86%,锰0.001%,硫1.075%。可知时代越晚，生铁中硅的含量越高，一方面可能采用了含二氧化硅较高的矿石，如安阳华炉村和唐坡遗址废弃的矿粉，经化学分析含铁40.55%，二氧化硅26.58%，氧化钙7.84%，三氧化二铝14.04%，铁矿石的成分会直接影响成品的成分⑤，此外，冶炼炉温也是非常重要的直接影响因素。

从全省渤海时期出土铁器的统计⑯来看，这一时期的铁器包括各种类型。铁铧、铁铲、铁斧、铁镰、锯条、铁钁、铁锛、鱼钩、鱼叉等生产工具；铁锅、铁锁、铁锥、铁钉、官环、车辖、门枢、门鼻等生活用具；带扣、带銙等带饰，圆泡饰、铁簪、心形饰等饰品；铁鼎、佛像等佛教用具；兵器有铁刀、矛、镞、匕首、甲片；马具有镖、镫、衔、镳等。迄今为止，尚未发现渤海时期的冶炼遗址。据文物普查记述，和龙市勇化乡惠章村渤海建筑遗址附近、抚松县松郊乡新安村渤海古城、汪清县仲坪乡高城村渤海古城城外以及和龙市东城乡圣教屯的渤海古城内，发现过渤海国时期的为数不少的炼渣，但这些信息有待于考古发掘证实⑯。《新唐书》《北狄传·渤海靺鞨传》记载，渤海国的铁州和广州曾产铁，而且有"位城之铁"的盛名⑰，广州"地亦多铁"⑱。此外，从河北滦平辽代渤海后裔冶铁遗迹⑲，以及"渤海人长于铁"⑳的评价虽可推测一二，然而，河北滦平渤海人后裔所拥有的工艺显然较之渤海国又增添了许多复杂因素，所以这些资料只能作为间接推理的依据，并非渤海时期工匠冶铁方法的直接证明。黑龙江省宁安县渤海上京龙泉府遗址出土了千余件铁器。除此之外，还有大量的铁块（片）和少量的铁条，由于辨认不出器形，文中未发表相应的照片㉑。据描述情况看，这很可能是进一步加工的原材料，具体是白口铁、块炼铁还是熟铁或碳钢，需要进一步进行材质检测才能确定，而寻找渤海时期的冶炼遗址尤为重要。

抛开器物中局部元素分布不均衡导致金相组织不均衡情况，有些器物显然是由低碳钢和熟铁两种材料叠加锻打而成。获得熟铁和低碳钢材料可有多种方式：块炼铁是西方早期冶铁技术发展的主要产品，但中国目前尚无考古学证据。块炼铁是一种低温冶炼产品，是固态铁、渣和未烧完的木炭屑的混合物，有时要把这种坯铁破碎，靠敲击使小铁块相互分开。有时需选出其中的铁粒锻合在一起，或利用锻打过程将其中的杂质分离出去㉒。英文文献中提到的将铸铁精炼转变为熟铁的精炼法，通常是将高炉铁铸成沟铁、铸锭和小的块铁，在开放式的炉中熔化并通过鼓风使其氧化，如果铸铁含有硅，也要脱硅㉓。中文称之为炒钢（铁）的方法，实际上是精炼过程，在空气中搅拌半熔融状态的生铁，有控制地氧化脱碳成钢或熟铁，然后反复加热锻打成型㉔。传统的日本"塔塔拉"法则是采用单一的炼炉，只要一次操作就能同时炼出铸铁、钢和熟铁来㉕。冶炼炉仅使用一次，放出铸铁后，就把炉砸碎，然后把混有钢和熟铁的炉底取出来，一炉可炼多达4吨的金属㉖。

西古城出土铁器中虽有器物具有液态熔炼的迹象，但也有器物具有类似低温产品中的硅酸盐夹杂产物，其夹杂物性质与中原地区汉魏时期铁器有很大差异，尽管如此，能够液态冶炼的水平偶尔出现失败的操作与整体都未能达到液态冶炼的水平，采用块炼铁方法，性质是完全不同的。因此，熟铁和低碳钢的具体生产方法，尚需要得到考古学遗迹、遗物的证据。

　　根据以往的研究，铁器的锻打工艺伴随着铁器的起始和发展过程。目前经过检测的最早的人工冶铁锻造制品为山西天马曲村出土的春秋中期铁条，由块炼铁锻制而成[27]。江苏六合程桥2号东周墓出土的铁条经检验，是用"块炼法"炼出的熟铁块锻制的[28]。湖南长沙杨家山65号墓出土的春秋晚期的钢剑，含碳0.5%左右，据鉴定是使用熟铁渗碳制成钢材反复锻打制成的[29]。但对此亦存在异议，认为这件器物从金相结果看，未见晶粒变形，也许是由铸造成形后再经脱碳处理而成为钢质的[30]。西安半坡战国墓出土的铁锄，是由薄铁板多次锻打并折叠锻接，然后再锻造成形[31]。在青铜器中也多次发现整体或局部锻打的迹象，只是由于从青铜到铁器技术的发展，中国空前发达的青铜冶铸技术使中国有条件走上一条与西方不同的以铸造为主体的发展道路。至少从春秋早期到汉代，中原地区铁器制品一直以多样化发展，阳城铸铁作坊遗址巩县铁生沟[32]、南阳瓦房庄[33]、郑州古荥镇[34]、满城汉墓[35]等汉代作坊遗址，河南渑池魏晋南北朝窖藏[36]出土的并经过科学检测的铁器中，有铸造以及铸造后退火的器物，也有经过锻打及淬火处理器物。汉代之后直到魏晋南北朝，不同种类的器物采用不同的工艺已有固定的模式，除了铸铁和韧性铸铁之外，铸铁脱碳钢逐渐成为主流产品[37]。大批量生产的脱碳退火的铸铁脱碳钢的板材、条型材料为锻造技术的发展提供了便利的条件，战争对于兵器强度、韧性等机械性能及数量的大量需求，铸铁工具、农具损毁的重新加工等等因素，都对锻造工艺的发展产生了巨大的促进作用，导致锻造工艺不断发展和成熟，制钢的方法也因地制宜不断发展变化。唐代以后，各种制钢技术逐渐发展完善，锻打加工已作为铁器主要加工工艺之一。

　　经过金相检测的燕下都战国晚期兵器中，锻造制品已占主体，已发现淬火工艺的实例。徐州狮子山楚王陵出土的矛的金相组织表明，折叠锻打和渗碳在汉代已经被成熟使用。辽阳三道壕西汉末期的铁剑采用了锻打和淬火处理工艺[38]。榆树老河深出土的工具和兵器都是锻制而成，有的采用了淬火技术。M96：1矛和M115：10直背环手铁刀采用了贴钢工艺，刃口为高碳钢，本体为低碳钢或熟铁，锻制而成，是这种工艺年代较早的产品[39]。辽宁省北票喇嘛洞出土并经过检测的铁器也表明锻打加工工艺已经比较普及[40]，吉林省集安丸都山城高句丽遗址出土的铁器中也有利用叠加锻打不同钢材制作器物的习惯[41]。高句丽太王陵出土的铁甲片采用铸铁脱碳获得的低碳钢或中碳钢钢材锻打成型。

　　与中原地区相比，东北地区汉代以后冶铁业的发展虽然可能起步稍晚，规模要小，但是在东亚地区冶铁技术的发展交流过程中却起着不可忽视的作用，东北地区是将冶铁技术传播到朝鲜半岛的重要通道之一[42]。东北地区铁器种类和材质种类也比较丰富，工艺上也有地方的特色和先进的应用[43]。渤海冶铁技术虽有比较原始的迹象，但在铁器锻造加工方面已有比较成熟的经验。熟铁和低碳钢的锻接，表明工匠已能对不同含碳量材料进行甄别，并对于所用材料的性能有比较清楚的认识而分别加以利用，锻造已作为一种满足器物性能需求的主要的生产手段。

四、结　语

　　通过对西古城出土铁钉进行金相检测和扫描电镜－X射线能谱分析，可以得到如下结论：

　　1. 西古城铁器金相组织不均衡现象，既有熟铁、低碳钢相叠锻打的结果，也有局部成分偏析导致组织不均衡之例。有的器物经过渗碳，表面层保存较好的样品可观察到淬火组织，少数样品夹杂物可能与低温冶炼过程有关。渤海国很可能已有冶铁的能力。

2．铁钉的成型以热锻加工为主，能够将不同含碳量的材料叠加锻打，比较熟练地应用了夹钢工艺。

3．铁钉采用的热加工、渗碳、淬火的工艺，与现代20钢的热加工和热处理工艺规范已比较接近。

4．铁钉含硅量较高与当时冶炼生铁的矿石以及冶炼温度有关。

5．铁钉组织表明晶粒多比较细小，说明终锻温度掌握得比较好，而个别器物晶粒粗大或过热的现象也表现出工艺的不均衡状况。

6．铁钉所用材质的含碳量多处于熟铁和低碳钢范围，有比较好的锻压性能，说明此时的工匠已对所采用的材料和工艺有比较成熟的经验。

致　谢

承蒙中国科学院长春应用化学研究所葛辽海工程师协助完成本文样品的成分分析，吉林省文物考古研究所张玉春馆员、于丽群助理馆员参加铁器金相检测实验工作，谨致谢忱。

注　释

① 杨宽：《中国古代冶铁技术发展史》，第154页，上海人民出版社，1982年。
② 华觉明等编译：《冶金发展史》，第172页，学技术文献出版社，1985年
③ 机械工业部上海材料研究所编著：《结构钢金相图谱》，第16页，机械工业出版社，1985年。
④ 程饴萱等编：《钢的相变显微组织》，第8页，浙江大学出版社，1989年。
⑤ 同①，第171～172页。
⑥ 郑州市博物馆：《郑州古荥镇汉代冶铁遗址发掘简报》，《文物》1978年2期，第28～43页。中国冶金史编写组：《从古荥遗址看汉代冶炼生铁技术》，《文物》1978年2期，第44～47，转27页。化学法数据平均值。
⑦ 北京钢铁学院金相实验室：《满城汉墓部分金属器的金相分析报告》，载中国社会科学院考古研究所、河北省文物管理处编：《满城汉墓发掘报告》，第369～376页，文物出版社，1980年。化学法。
⑧ 北京钢铁学院金属材料系中心化验室：《河南渑池窖藏铁器检验报告》，《文物》1976年8期，第52～58页。化学法。
⑨ 杨宽：同①，第171页。
⑩⑪⑫ 王可、韩汝玢、杜弗运：《元大都遗址出土铁器分析》，《中国冶金史论文集》（二），第102～110页，北京科技大学，1994年。化学法。
⑬⑭ 河南省文化局文物工作队：《巩县铁生沟》，第20页，文物出版社，1962年。化学法。
⑮ 杨雨舒：《渤海国时期吉林的铁器述论》，《北方文物》2005年3期，第21～28页。
⑯ 吉林省文物志编委会主编：《和龙县文物志》，第65页；《抚松县文物志》（内部资料），第54、123、139页；《汪清县文物志》（内部资料），第40～41页。郑永振、严长录：《延边古代简史》，第85页，延边大学出版社，2000年。
⑰ 《新唐书》，卷219，"北狄传·渤海靺鞨传"。
⑱ 《辽史》，卷60，"食货志"（下）。
⑲ 承德地区文物管理所等：《河北滦平辽代渤海冶铁遗址调查》，《北方文物》1989年4期，第36～40页。
⑳ 《渤海国志长编》，卷17，"食货志"。
㉑ 中国社会科学院考古研究所编著：《六顶山与渤海镇——唐代渤海国的贵族墓地与都城遗址》，第72页，中国大百科全书出版社，1997年。
㉒ 华觉明等编译：《世界冶金发展史》，第105～106页，科学技术文献出版社，1985年。

㉓ 同㉒，第 222～223 页。

㉔ 李众：《中国封建社会前期钢铁冶炼技术发展的探讨》，《考古学报》1975 年 2 期，第 1～22 页。李京华：《河南冶金考古四十年》，中国科技史学会第四次代表大会论文，1990 年。赵青云、韩汝玢等：《巩县铁生沟汉代冶铸遗址再探讨》，《考古学报》1985 年 2 期，第 157～183 页。陈建立、韩汝玢：《汉诸侯王陵墓出土铁器的比较》，《文物保护与考古科学》2000 年 1 期，第 1～8 页。

㉕ 转引自：华觉明等编译：《世界冶金发展史》，第 105～106 页，科学技术文献出版社，1985；K.KUBOTA, Japan's original steelmaking and its devepopment under the influence of foreign technique, pp.6,1970,Pont？Mousson, Int. Co-op. Hist. Tech. Committee.

㉖ 转引自：华觉明等编译：《世界冶金发展史》，第 105～106 页，科学技术文献出版社，1985 年；K.KUBOTA, Japan's original steelmaking and its devepopment under the influence of foreign technique, pp.6,1970,Pont？Mousson, Int. Co-op. Hist. Tech. Committee；W.GOWLAND,Archaeologia(Miscellaneous Tracts relating to Antiquity), Society of Antiquaries, London., 1899,56,267.

㉗ 孙淑云：《近年来冶金与材料史研究的新进展》，《文物》1994 年 10 期，第 76～94 页。

㉘ 北京钢铁学院金属材料系中心化验室：《中国古代冶金》，第 10 页，文物出版社，1994 年。

㉙ 长沙铁路车站建设工程文物发掘队：《长沙新发现春秋晚期钢剑和铁器》，《文物》1978 年 10 期，第 44～47 页。

㉚ 苏荣誉：《中国上古金属技术》，第 366 页，山东科学出版社，1995 年。

㉛ 华觉明、杨根、刘恩珠：《战国两汉铁器的金相学考察初步报告》，《考古学报》1960 年 1 期，第 73～88 页。

㉜ 河南文化局文物工作队：《巩县铁生沟》，文物出版社，1962 年；赵青云、韩汝玢等：《巩县铁生沟汉代冶铸遗址再探讨》，《考古学报》1985 年 2 期，第 157～183 页。

㉝ 河南省文物考古研究所：《南阳北关瓦房庄汉代冶铁遗志发掘报告》，《华夏考古》1991 年 1 期，第 11～13 页。

㉞ 郑州市博物馆：《郑州古荥镇汉代冶铁遗址发掘简报》，《文物》1978 年 2 期，第 38 页。

㉟ 同⑦，第 369～376 页。

㊱ 同⑧，第 52～58 页。

㊲ 苗长形、吴坤仪、李京华：《从铁器鉴定论河南古代钢铁技术的发展》，《中原文物》1993 年 4 期，第 89～98 页。

㊳ 华觉明、杨根、刘恩珠：《战国两汉铁器的金相学考察初步报告》，《考古学报》1960 年 1 期，第 73～88 页。

㊴ 韩汝玢：1987，《吉林榆树老河深鲜卑墓葬出土金属文物的研究》，吉林省文物考古研究所：《榆树老河深》附录，第 146～156 页，文物出版社。

㊵ 北京科技大学冶金与材料史研究所、辽宁省文物考古研究所：《北票喇嘛东三燕文化墓地出土铁器的金相试验研究》，《文物》2001 年 12 期，第 71～79 页。

㊶ 贾莹、金旭东、张玉春、李光日：《丸都山城宫殿址出土部分铁器的金相学研究》，《丸都山城》，第 385 页，文物出版社，2004 年。

㊷ 王巍：《东亚地区古代铁器及冶铁术的传播与交流》，中国社会科学出版社，1999 年。

㊸ 陈建立、韩汝玢、斋藤怒、今村峰雄：《从铁器的金属学研究看中国古代东北地区铁器和冶铁业的发展》，《北方文物》2005 年 1 期，第 17～28 页。

后　记

在西古城城址历时五年的发掘工作中，参与工作的同志分别来自吉林省文物考古研究所、延边朝鲜族自治州文化局文物处、延边朝鲜族自治州博物馆、和龙市博物馆、汪清县文物管理所。宋玉彬除作为领队具体主持了发掘工作之外，同时还作为课题立项人完成了2003度全国哲学社会科学基金项目——"中国唐代渤海国中京显德府故址研究"的课题工作。发掘西古城城址是吉林省几代考古工作者的心愿与梦想，因此，所有参与其中的同志肩负着强烈的使命感、责任感。五年来，他们不仅克服了工作中出现的诸多困难，而且尤为可贵的是，五年的田野工作使他们牺牲了大量的家庭利益、家庭责任。

五年的考古发掘取得了丰硕的学术成果，同时，依据发掘所提供的各种基础数据而实施的西古城城址大遗址保护规划，不但使西古城城址的文物保护工作发生了质的变化，而且使世代居住在城内的居民随着村落的整体迁移而改善了居住环境，提高了生活质量。

本报告的编写，各章节虽各有具体分工，但最终成稿是在集体讨论的基础上完成的。其中，宋玉彬完成了前言、第一章、第二章、第三章（内城城墙迹象，一号宫殿址及其东、西两侧廊庑）、第四章、第五章、结语的编写工作；全仁学完成了第三章（二号宫殿址及其东西两侧配殿、三号宫殿址、水井）的编写工作；王志刚完成了第三章（四号宫殿址、一号房址、五号宫殿址）的编写工作；宋玉彬、王志刚、全仁学、朴钟镐共同完成了出土遗物的编写工作。朴润武参与了文稿编写的讨论，并提出诸多有益见解。最后，宋玉彬对全文进行了通纂、定稿。

宋玉彬、王志刚、全仁学、朴润武、王新胜、张玉春、朴钟镐、任蕾、李丹、谷德平、赵昕、赵玉峰完成了出土资料的室内整理工作。

北京特种工程设计研究院杨林春等同志完成了对西古城城址及其周边地区进行的全站仪测绘工作。

朴润武完成了遗迹及大部分出土器物的底图与清绘工作，朴钟镐参与完成了部分器物档案卡片资料的绘制工作，王新胜完成了出土遗物中板瓦、筒瓦的清绘工作。

张玉春完成了瓦当、文字瓦、檐头板瓦的拓片工作。

刘载学、赵昕、谷德平完成了2000～2002年度遗迹的现场拍摄工作，谷德平完成了2004～2005年度遗迹的现场拍摄工作，谷德平、赵昕完成了2001～2005年全部遗物标本的拍摄工作。

杨林春、任蕾在朴润武清绘图基础上完成了一至五号宫殿址遗迹图纸的 Auto CAD 的制作工作。

任蕾在张玉春拓片的基础上完成了文字瓦拓片的 Adobe Photoshop 的制作工作。

贾莹完成了西古城城址出土的部分铁器的金属学研究。

在文字瓦的释读方面，得到吉林省文物考古研究所马洪先生、吉林大学古籍研究所硕士研究生江雪女士的帮助。

日本金泽学院大学小嶋芳孝教授完成了本报告的日文提要，俄罗斯科学院远东分院远东民族历史·

考古·民族研究所 А.Л.伊夫里耶夫研究员完成了本报告的俄文提要，吉林省延边朝鲜族自治州博物馆朴润武研究员完成了本报告的朝文提要，美国洛杉矶MILKEN研究所高级研究员李同博士完成了本报告的英文提要。

在本报告的编写过程中，所参考的日文资料的收集得到了吉林大学边疆考古研究中心魏存成教授和王培新教授、吉林省文物考古研究所李殿福研究员、日本金泽学院大学小嶋芳孝教授、日本青山学院大学田村晃一教授，以及延边朝鲜族自治州博物馆、日本奈良国立文化财研究所等单位的无私提供。日文材料的阅读得到了吉林大学边疆考古研究中心王培新教授、吉林省文物考古研究所李光日先生、吉林大学考古学系硕士研究生吴立丹女士的友情帮助。

考古队在西古城城址实施考古工作以来，自始至终得到了和龙市委、市政府以及市文体局的倾力支持。考古工作得以顺利完成，有赖于所有合作单位为其参与考古工作的同志提供了充分的时间保障。考古队长期借用和龙市博物馆作为出土遗物的临时库房，随着出土遗物的增加，博物馆将所有展室无偿提供给考古队使用，并为此中止了正常的展览工作。报告中呈献给学术界的西古城城址平面图，有赖于北京特种工程设计研究院高质量的测绘工作。谨此，在本报告出版之际，考古队对上述单位一并致谢。

Abstract

In the five years from 2000 to 2002 and from 2004 to 2005, Jilin Cultural Relics and Archeology Research Institute (JCRARI) excavated the Xigucheng City site located in Helong City, Jilin Province, thanks to the assistance from Yanbian Korean National Minority Autono-mous Prefecture Bureau of Culture, Yanbian Korean National Minority Autonomous Prefecture Museum and Helong City Museum. This is the largest archeological excavation project done to the Bohai Country site in the territory of Jilin Province up to date. During the five years, the excavated areas include the walls and south gate of outer Xigucheng city, the walls, partition walls and gates of inner Xigucheng city, as well as the No. 1 to 5 palace sites located in the inner Xigucheng city.

1

The walls of Xigucheng City were re-measured using total station during the excavation. The north, south, east and west walls of the outer city are 632 meters, 628.2 meters, 734.2 meters and 725.7 meters long, respectively. The total length of the outer city walls is 2,720.1 meters. The north, south, east and west walls of the inner city are 187 meters, 187.9 meters, 311.1 meters and 306.8 meters long, respectively. The total length of the inner city walls is 992.8 meters.

The excavation confirmed the following facts: the south and north gates of outer Xigucheng city sit on the north-south middle axis line of the city site; the No. 1, No. 2 and No. 5 palaces sit in order from south to north on the north-south middle axis line of the city site; the No. 4, No. 2 and No. 3 palaces sit in order from west to east on the east-west middle axis line of the city site; the south gate of inner city sits on the central point of the whole city site; the No.2 palace sits on the central point of inner city.

A comparison between the architectural arrangements of inner Xigucheng City and Longquan Fu Palace City in Shangjing (Central Capital), Bohai shows that except for the outline of city walls, the architectural arrangements of the palace area in inner Xingucheng City is identical with that of the No. 3 to 5 palaces in Longquan Fu Palace City in Shangjing, Bohai.

One long-held academic viewpoint (mainly by Japanese scholars) is that the remaining outlines of Xigucheng City and Baliancheng City sites were only used as capital city and palaces in Bohai regime's city planning. The residences, as well as religious and crafting facilities, are usually located outside the capital city. However, Xigucheng City and Baliancheng City both only served as Capital of Bohai regime for approximately ten years. Hence before the Bohai people were able to build the outer city (Guo Cheng), the Bohai regime already moved the capital city to Shangjing.

It should be noted that the hypothesis above has yet to receive support from detailed archeological evidence at this moment.

2

The partition wall divides the inner city into two relatively independent areas: south area and north area. The No. 1 to 4 Palaces are located in the south area of the inner city. The No. 5 Palace sits alone in the north area of the inner city. The two areas are connected by the gate of the inner city partition wall. The gate of inner city partition wall sits on the south-north middle axis of the city.

The No. 1 and 2 Palaces are complexes. The No. 1 Palace has east and west hallways on the left and right. The No. 2 Palace has east and west halls on the left and right. The No. 3, 4, and 5 Palaces are single buildings. The east and west hallways of the No. 1 Palace are symmetric to the No. 1 palace. The east and west halls of the No. 2 Palace are symmetric to the No. 2 Palace. The No. 3 and No. 4 Palaces are symmetric with each other.

The four palaces located in the south area of the inner city are connected to each other by corridors. The No. 1 and No. 2 Palaces are connected by a south-north direction corridor. The No. 1 Palace is connected to the No. 2 Palace and the east hall of No. 3 Palace by the corridor at the north end of the east hallway, and to the No. 4 Palace and the west hall of No. 2 Palace by the corridor at the north end of the west hallway.

Since there are mono-functioned corridors between No. 1, No. 2, and No. 3 Palaces, and between No. 1, No. 2 and No. 4 Palaces, respectively, we can conclude that the east and west hallways of No. 1 Palace do not merely function as corridors. Remains of walls are found between the column bases of east and west hallways, indicating that the east and west hallways may be combinations of rooms and open corridors. Relative to the positions of No. 1 and No. 2 Palaces, rooms of the east and west hallways are located outside, while the open corridors face inside.

Although the five palaces' platforms have all been more or less damaged, it is still easy to tell from their remains that the No. 1 palace has the highest platform, followed by the No. 2 Palace (the east and west halls of No. 2 Palace have platforms lower than that of the main body of the No. 2 Palace). No. 3, No. 4 and No. 5 Palaces' platforms are of the same heights.

According to the ancient hierarchy system, the height of the palace platform should correspond to the palace's function and hierarchy. Hence among the five palaces, No. 1 and No. 2 Palaces have the most important locations and functions. The No. 1 Palace should be the main palace. The No. 2 Palace may be related to the resting palace.

The inner city architectures in Xigucheng City are carefully planned, with reasonable layout and complete facilities (e.g., plumbing facilities). The Bohai people at that time already formed their mature city planning ideas.

The excavation in the inner Xigucheng City showed no significant sign of collapse caused by fire. Some palace sites (e.g., No. 5 Palace) have the signs of intermittent collapses and accumulations. Besides, vessels for daily use are rarely found in all architectural sites. All evidences lead to the conclusion that the architectural sites in inner Xigucheng City might be naturally abandoned by its residents.

3

According to the level relationship of the Xigucheng City site, the palace sites belong to the same period. The typological studies focusing on the tiles excavated in each palace sites provide further support to that conclusion.

Typological study on the scripted tiles excavated from all sites provides enough evidence that the Han culture from Zhongyuan, China has profound influence on the ordinary people in Bohai.

Part of the iron vessels excavated from the Xigucheng site are examined. The result leads to the preliminary finding that Bohai people already mastered the steel making technique. The iron nails tested are made from heat-forged wrought iron and low carbon steel. Inserted steel technique was sophisticatedly applied to the production process. Heat treatment, carburization and temper techniques are widely used to make nails. The materials used are between wrought iron and low carbon steel, with satisfactory performance in forge pressing. Those facts show that the craftsmen already possess expertise in the materials and techniques that they use.

The typological study on the vessels excavated from Xigucheng and Baliancheng sites clearly shows similarity in their scripted tiles and tile ends. Those tiles and tile ends should be made in the same craft shops. All facts show that Xigucheng and Baliancheng should be built within a short time period.

4

The systematic materials obtained from the five-year long excavation provide sufficient evidence that the Xigucheng City was the original site of Xiande Fu in Zhongjing, Bohai. An academia viewpoint of the author is that the "Five-Capital" system of the Bohai regime was already established in the reign of King Daqinmao, the third king of the regime. Xigucheng City is not only the original site of Xiande Fu in Zhongjing, but also Xianzhou, the Capital of Bohai in Mid-Tianbao period. We hope that with the release of comprehensive Baliancheng City site excavation documents, the archeological typological study would finally be able to confirm the building order of Xigucheng City and Baliancheng City, and thus clarify the relationship between "Xianzhou, the Capital in Mid-Tianbao Period," and Xiande Fu in Zhongjing city.

Краткое изложение

В 2000-2002, 2004-2005 гг. Институт археологии провинции Цзилинь при содействии Управления культуры Яньбяньского корейского национального автономного округа, Музея Яньбяньского корейского национального автономного округа и Музея города Хэлун провел пятилетние археологические раскопки городища Сигучэн в Хэлуне провинции Цзилинь. За пять лет работ зона раскопок включила вал внешнего города Сигучэна и остатки южных ворот внешнего города, стену внутреннего города, внутренние разделительные стены внутреннего города и остатки его ворот, дворцы №№ 1-5 во внутреннем городе.

1

Во время раскопок сделана повторная инструментальная съемка валов городища. Из них северная стена внешнего города имеет длину 632.0 м, южная – 628.2 м, восточная – 734.2 м, западная – 725.7 м, периметр внешнего города составляет 2720.1 м. У внутреннего города длина северной стены составляет 187.0 м, южной – 187.9 м, восточной – 311.1 м, западной – 306.8 м, периметр – 992.8 м.

Раскопками установлено, что южные и северные ворота внешнего города Сигучэна лежат на меридиональной оси симметрии городища, а во внутреннем городе дворцы №1, №2 и №5 расположены по порядку друг за другом с юга на север на меридиональной оси симметрии городища. Дворцы №4, №2 и №3 расположены друг за другом начиная с востока по широтной оси симметрии внутреннего города. Место нахождения южных ворот внутреннего города является центральной точкой всего городища, а место нахождения дворца №2 является центральной точкой внутреннего города.

Сравнивая архитектурную планировку внутреннего города городища Сигучэн и Дворцового города бохайской Верхней столицы Лунцюаньфу, видим, что, если исключить контуры городских стен, то планировки зоны дворцов внутреннего города Сигучэна и зоны дворцов №№ 3-5 Дворцового города бохайской Верхней столицы Лунцюаньфу совершенно одинаковы.

Долгое время в научных кругах (главным образом, среди японских учёных) существовало мнение, согласно которому сохранившиеся до настоящего времени стены Сигучэна и Баляньчэна являются только частями от полностью спланированных тогдашними бохайскими властями столичных городов - Царским и Дворцовым городами, жильё же простого народа, религиозные учреждения и ремесленные мастерские в большинстве своём были разбросаны за пределами Царского города. Вследствие того, что Сигучэн и Баляньчэн были столичными городами всего лишь около десяти лет каждый, бохайцы не успевали построить Внешний город (его стены), до того как столица уже переносилась в другое место (в Верхнюю столицу).

Следует пояснить, что изложенное выше мнение является научной гипотезой, которая до сих пор не получила точного подтверждения археологическими материалами.

2

Внутренняя стена во Внутреннем городе делит пять его дворцов на два отдельных района – северный и южный. Из них дворцы №№ 1-4 расположены в южном районе внутреннего города, а дворец №5 один стоит в северном районе. Эти два района связаны между собой воротами во внутренней стене внутреннего города. Ворота расположены на меридиональной оси симметрии городища.

Дворцы №1 и №2 являются сложными, образующими комплексы строений сооружениями. Справа и слева у дворца №1 имеются восточная и западная галереи, у дворца №2 справа и слева пристроены восточный и западный боковые залы; дворцы №№ 3, 4 и 5 относятся к одиночным сооружениям. Восточная и западная галереи дворца №1 расположены симметрично слева и справа от него, восточный и западный боковые залы дворца №2 расположены симметрично слева и справа от него. Дворцы №3 и №4 расположены симметрично справа и слева от зоны нахождения дворца №2.

Четыре дворца, расположенные к югу от разделяющей внутренний город стены, соединены между собой коридорами. Дворец №1 и дворец №2 соединены между собой коридором, идущим с юга на север. Кроме этого, дворец №1 соединен с дворцом №3 и с восточным боковым залом дворца №2 коридором, идущим от северной оконечности восточной галереи, а также с дворцом №4 и с западным боковым залом дворца №2 коридором, идущим от северной оконечности западной галереи.

Так как уже было установлено, что между дворцами №1, №2 и №3 и между дворцами №1, №2 и №4 были коридоры с единственной функцией переходов, можно исключить вероятность того, что восточная и западная галереи дворца №1 использовались только как переходы. Между базами колонн восточной и западной галерей (главным образом, между базами среднего ряда каждой из них были следы стен, свидетельствующие о том, что восточная и западная галереи, возможно, были сооружениями, сочетающими в себе флигель и открытый коридор. Если говорить об их положении относительно дворцов №1 и №2, планировка восточной и западной галерей была такова: флигели были снаружи, а светлые коридоры были открыты на внутреннюю сторону.

Хотя платформы всех пяти дворцов в разной степени подверглись разрушению, однако по руинам каждой из них всё ещё можно видеть, что платформа дворца №1 была самой высокой, второй по высоте после неё была платформа дворца №2 (платформы восточного и западного боковых залов этого дворца были ниже самого дворца №2). Высоты платформ дворцов №3, №4 и №5 были одинаковы.

Согласно древней иерархии, высота платформы дворца должна соответствовать его назначению и рангу. Поэтому из пяти дворцов положение и позиция дворцов №1 и № 2 были самыми важными. Из них дворец №1 должен был быть главным дворцом для официальных приёмов, а дворец №2, возможно, имел отношение к царским покоям.

Архитектура внутреннего города Сигучэна была тщательно спланирована, расположение дворцов рационально, вспомогательные сооружения (такие как дренажные устройства и т.п.) совершенны, это свидетельствует о том, что у бохайцев уже сложились собственные зрелые представления о строительстве столичного города.

Во внутреннем городе Сигучэна по облику вскрытых археологическими раскопками остатков можно видеть, что ни на одном из сооружений не обнаружено следов разрушения в результате пожара, в районе некоторых дворцов (например, дворца №5) имеются перемежающиеся наслоения следов обрушения. Кроме того, в районе фундаментов сооружений изредка встречаются предметы бытовой утвари. Все эти явления свидетельствуют о том, что строения внутреннего города Сигучэна, возможно, прекратили своё существования в результате естественного разрушения, будучи заброшенными.

3

На основании стратиграфии городища Сигучэн можно установить, что все дворцы были построены одновременно. Развернутое типологическое исследование найденной на каждом из дворцов черепицы может служить косвенным подтверждением этого вывода.

Развернутое типологическое исследование черепицы с надписями, найденной на всех объектах, убедительно свидетельствует о том, что влияние ханьской культуры Среднекитайской равнины уже просочилось до низов народных масс Бохая.

Исследование части найденных в ходе раскопок Сигучэна железных предметов дало следующие предварительные результаты. В то время бохайцы уже умели выплавлять чугун. Проанализированные гвозди сделаны из железа и низкоуглеродистой стали путем ковки, к тому же довольно умело применяли

искусство добавки стали к железу. При изготовлении железных гвоздей повсеместно применяли горячую обработку, цементацию, закалку. По содержанию углерода материал, использовавшийся для изготовления железных гвоздей, в основном относится к простому железу и низкоуглеродистой стали со сравнительно низким содержанием углерода. Он обладает довольно хорошими характеристиками для ковки и штамповки. Это свидетельствует о том, что ремесленники уже обладали сравнительно большим опытом выбора материала и его обработки.

Сравнительный типологический анализ предметов, найденных в ходе раскопок на городищах Сигучэн и Баляньчэн, показал, что черпица с надписями и концевые диски черепицы обоих памятников демонстрируют очевидное тождество, они должны были выйти из одинаковых черепичных мастерских. Обобщая все факторы, можно заключить, что промежуток времени между строительством Сигучэна и Баляньчэна не мог быть длинным.

4

Полученные в ходе пятилетних раскопок Сигучэна систематизированные материалы достаточны для того, чтобы определить это городище как остатки бохайской Средней столицы Сяньдэфу. В качестве научной гипотезы автор полагает, что Бохай при третьем правителе Да Циньмао уже учредил систему пяти столиц. Став Средней столицей Сяньдэфу, Сигучэн одновременно был и Сяньчжоу, в котором «в годы Тянь-бао [742-756 гг. – *перев.*] была столица *вана*». Надеюсь, что вслед за полной публикацией материалов раскопок городища Баляньчэн, сравнительное археологическое исследование этих двух памятников, в конце концов, сможет установить последовательность строительства Сигучэна и Баляньчэна, и тогда прояснится связь между фразой «Сяньчжоу, в годы Тянь-бао здесь была столица *вана*» и Средней столицей Сяньдэфу.

提　要

　2000 年から 2002 年と 2004 年から 2005 年にかけて、吉林省文物考古研究所は延辺朝鮮族自治州文化局、延辺朝鮮族自治州博物館、和竜市博物館など各機関の協力の下に、吉林省和竜市西古城で五年間に及ぶ考古学的な発掘調査を実施した。この調査は、吉林省内でこれまでおこなってきた渤海国に関係する遺跡の発掘調査としては最大の規模となった。五年の調査期間中に発掘した場所は、西古城の外城城壁と外城南門跡、内城の城壁、内城の隔壁とその門跡、内城の一～五号宮殿跡である。

一

　発掘期間中に、光波測距儀を利用して西古城の城壁を再測量した。その結果、外城城壁の長さは、北壁 632.0m・南壁 628.2m・東壁 734.2m・西壁 725.7m で全周の長さが 2720.1m であることが判明した。内城城壁の長さは、北壁 187.0m・南壁 187.9m・東壁 311.1m・西壁 306.8m で全周の長さが 992.8m である。

　発掘調査により、以下のことを確認した。外城南門と北門は西古城の南北中軸線上にある。内城の一号宮殿・二号宮殿・五号宮殿は南から北に並んで南北中軸線上にあり、四号宮殿・二号宮殿・三号宮殿は西から東に並んで東西の中軸線上にある。内城の南門跡は西古城の中心点に位置し、二号宮殿の位置は内城の中心点にある。

　城壁の輪郭を省いて西古城の内城と渤海上京竜泉府の建物配置を比較すると、西古城の内城宮殿区域と渤海上京竜泉府の宮城三～五号宮殿区域の建物配置は同一である。

　長い間、学界（中でも主に日本の学界）では、次のような学説が存在してきた。現在まで伝わっている西古城と八連城の遺構は、渤海政権が宮都とした時に完成した都城計画中の皇城と宮城部分にすぎず、一般民衆の居住域や宗教・手工業施設は、皇城の外に広がっていた。西古城と八連城が宮都だった期間は十年たらずであり、このため、上京へ遷都するまでの間に渤海人による外城の建設が間に合わなかった。

　但し、上で述べた学説は推測であり、今のところ考古学的資料による確証を得るには到っていない。

二

　内城の隔壁は、内城にある五棟の宮殿を南北二つの独立的な区域に区画している。その中で、一～四号宮殿は内城の南部区域にあり、五号宮殿は内城北部の独立した区域に置かれている。南北二つの区域は、内城の隔壁に設けられた門によって連絡されている。この門は、西古城の南北中軸線上に設置されている。

　一号と二号宮殿跡は、複合式建築である。一号宮殿の左右には東と西の長殿があり、二号宮殿の左右両側には東と西の脇殿がある。三・四・五号宮殿は、単体の建築である。一号宮殿に伴う東西の長殿は一号宮殿を中心として左右対称で、二号宮殿の東西にある脇殿も二号宮殿を中心として左右対称である。三・四号殿も、二号宮殿の区域を中心として左右対称である。

　内城の隔壁南側にある四棟の宮殿は、それぞれ歩廊でつながっている。一号宮殿と二号宮殿の間は、南北方向の歩廊でつながっている。このほか、一号宮殿では、東側長殿の北端にある歩廊が三号宮殿や二号宮殿の東脇殿とつながり、西側長殿の北端にある歩廊が四号宮殿や二号宮殿西側の脇殿とつながっている。

　一号宮殿から二号宮殿と三号宮殿の間と、一号宮殿から二号宮殿と四号宮殿の間の歩廊は、その機能が単なる通路だったことが確認されている。したがって、一号宮殿の東西にある長殿が通路だけに使用された可能性は排除できる。東西の長殿で検出した柱礎石（各長殿の主要柱列）の間に壁体の痕跡が存在していることから、東と西の長殿は脇屋が結合した明廊式建築の構造であることを示している。一号宮殿と二号宮殿の位置を中心にすると、東と西の長殿の建築構造は、外側から見ると脇屋で、内側に面した所は明廊である。

　五基の宮殿基壇はそれぞれ相当な破壊を蒙っているが、各基壇に残された痕跡を観察することにより、一号宮殿跡の基壇が最も高く、二号宮殿跡がこれに次ぐ高さを持ち（二号宮殿の東西両側にある配殿の基壇は二号宮殿より低い）、三号・四号・五号の宮殿基壇は大差がない。

　古代の等級制度では、宮殿基壇の高さはその機能や等級と関係している。したがって、五基の宮殿の中で一、二号宮殿の位置や地位が最も重要である。なかでも一号宮殿は朝廷の正殿で、二号宮殿は寝殿と関係した施設の可能性がある。

　西古城の内城における建築が綿密な計画を経ており、宮殿の配置は合理的で、付属施設（排水施設など）が整っていることは、渤海人自身が既に完成した都城造営理念を形成していたことを示している。

　西古城の内城での考古学的な発掘調査の成果から見るかぎり、個別の建築遺構では火災による倒壊の痕跡をまったく確認しておらず、一部の宮殿区域（例えば五号宮殿跡）で断片的な倒壊堆積の跡を確認しているに過ぎない。このほか、各建築跡の区域では日常生活用具が多く出土している。これらの形跡は、西古城の内城の建築遺構が自然廃棄された可能性を示している。

三

　西古城城内の層位関係によると、各宮殿跡が同時の建築物と確認できる。各宮殿跡から出土した瓦の類型学的な研究は、上述の認識を証明する根拠とすることができる。

　各遺跡から出土した文字瓦の類型学的研究の進展により、中国の中原漢文化の影響がすでに渤海の基層民衆に浸透していたことが十分に確認されている。

　西古城から出土した一部の鉄製品を分析したところ、当時の渤海人が既に鉄の製錬能力を持っていたことを示す初歩的な学術成果を得ることができた。分析に使用した鉄釘は錬鉄で、低炭素鋼を加熱鍛造して製作しており、その上、鋼を挟み込む技術を比較的うまくこなしている。鉄釘はすべて熱加工、浸炭、焼き入れの工程を用い、鉄釘に用いられた鉄に含まれる炭素量が錬鉄や炭素量の比較的低い低炭素鋼よりも多いこと、比較的よく鍛圧されていることなどは、工人が比較的成熟した経験をもとに原料や技術を用いていたことを示している。

　西古城と八連城から出土した遺物を比較検討した結果、両者から出土した文字瓦や瓦当には明らかな共通性があり、それらが同じ瓦工房で製作された可能性がある。各種の要素を総合すると、西古城と八連城の造営時期の間隔はそれほど長くなかったと思われる。

四

　西古城城跡における5年間の発掘調査で得ることのできた系統的な資料は、この遺跡を学術的に渤海国の中京顕徳府の故址と認定するのに十分な内容である。学術的な仮説として、第三代王の大欽茂の頃、渤海政権は既に五京制度を施行しており、西古城は中京顕徳府の故址であると共に、「天宝中に王が都する所」の顕州でもあったと筆者は推測している。八連城城址の発掘資料が全面的に公開されることにより、考古学的な比較研究が進んで、西古城と八連城の造営順序について最終的な確認ができることを期待している。その時こそ「顕州、天宝中に王が都する所」と中京顕徳府の関係もまた明確になるであろう。

개　요

2000-2002년, 2004-2005년 사이에 길림성문물고고연구소는 연변조선족자치주문화국, 연변조선족자치주박물관 및 화룡시박물관 등 단위의 협조하에 길림성 화룡시 서고성 성터에 대하여 5년동안의 고고학적 발굴을 진행하였다. 이는 지금까지 길림성 경내에서 발해국 유적에 대해 진행한 한차례의 최대규모 고고학적 발굴이다. 5년동안의 발굴사업은 주로 서고성 외성의 성벽과 남문자리、내성의 성벽、사이벽과 문자리 및 1-5호 궁전자리에 국한하여 진행되었다.

1

발굴기간에 전전의(全站儀)로 서고성 성벽에 대해 다시 측량하였다. 그 수치를 보면 외성의 북쪽벽은 632.0메터, 남쪽벽은 628.2메터, 동쪽벽은 734.2메터, 서쪽벽은 725.7메터로서 옹군 둘레길이는 2720.1메터이고 내성의 북쪽벽은 187.0메터, 남쪽벽은 187.9메터, 동쪽벽은 311.1메터, 서쪽벽은 306.8메터이고 그 둘레길이는 992.8메터이다.

발굴을 통하여 알려진데 의하면 서고성 외성의 남문과 북문은 성의 남북 중축선에 마련하였고 내성의 1호궁전、2호궁전、5호궁전은 남쪽에서 북쪽으로 차례로 성의 남북향 중축선에 놓여있었으며 4호궁전、2호궁전、3호궁전은 서쪽에서 동쪽으로 차례로 내성의 동、서향 중축선에 놓여 있었다. 내성 남문자리가 위치한 곳은 옹근성의 중심점이고 2호궁전 자리가 위치한 곳은 바로 내성의 중심점이다.

서고성 성자리의 내성과 발해상경룡천부 궁성의 건축배치를 비교하여 보면 성벽의 륜곽요소를 제외한 나머지 서고성 성자리의 내성궁전구역과 발해상경룡천부 궁성의 3-5호궁전구역의 건축배치와 마찬가지다.

장기간 학술계(그중 주요하게는 일본학술계)에 존재한 한가지 학술관점을 보면 지금에 남아있는 서고성과 팔련성 성자리의 륜곽형태는 단지 당시 발해정권이 수도를 정한다음 완성된 도성규획중의 황성과 궁성부분일뿐이고 보통백성들의 거처와 종교, 수공업시설들은 대부분이 황성밖에 산재되었다고 보면서 서고성과 팔련성은 수도로 정한 시간이 불과 10년이 넘지않은 실정에서 발해인들은 미처 외성 (곽성)을 쌓을 여유시간이 없이 딴곳으로 천도하였다(상경)고 여기고있다.

지적하고 싶은것은 이상의 관점은 단지 학술적 추상으로서 아직 적실한 고고학적 자료의 증실을 받지못하고있다.

2

내성의 사이벽은 다섯채의 궁전을 상대적으로 남북 두개의 독립구역으로 갈라놓았다. 그 중 1-4 호 궁전은 내성의 남부 구역에 마련되였고 5호궁전은 단독으로 내성의 북부구역에 마련되였다. 두 구역은 내성 사이벽 중간에 뺀문을 통하여 서로 련계를 이루고있다.

1、2 호 궁전은 복합식 건축형태로서 1 호 궁전의 좌우량측에 동、서 랑무(廊庑)를 두고 2 호 궁전의 좌우 량측에는 동、서곁채(配殿)를 두었다. 3、4、5 호 궁전은 단일체 건축에 속한다. 상대적으로 1호궁전 량켠의 랑무는 좌우로 서로 대칭되고 2호궁전 량켠의 곁채는 좌우로 서로 대칭되며 2 호궁전을 상대하여 3 호와 4 호 궁전은 역시 좌우로 대칭을 이룬다.

내성 사이벽 남쪽에 위치한 1、2、3、4 호 궁전은 서로 지간에 랑도(廊道)를 통하여 련접되여있다. 1호궁전과 2 호궁전 사이는 남북향 랑도에 의해 이어져있다. 그 외에 1 호 궁전은 동쪽켠의 랑무와 북쪽의 랑도를 통하여 3호궁전과 2호궁전 동쪽 곁채와 련접되였고 또 서쪽 랑무북단의 랑도를 통하여 4 호 궁전 및 2 호 궁전 서쪽의 곁채와 련접되였다.

1、2、3 호 궁전 사이와 1、2、4 호 궁전 사이에 단일한 공능을 가진 랑도가 확인됨으로서 1호궁전 동、서켠의 랑무를 근근히 랑도로만 사용되였을 가능성을 배제할수가있었다. 동、서랑무의 주추돌 사이 (주요하게는 각 개 중간 줄의 주추돌)에는 벽체흔적이 남아있는데 이점을 미루어보면 동、서랑무는 가능하게 옆채(厢房)와 명랑(明廊)식을 결합한 건축형태이다. 1호궁전과 2호궁전의 상대적 위치를 감안해 동、서 랑무의 건축포치를 보면 옆채는 바깥쪽에 위치하고 명랑은 그면이 안쪽으로 향하였다.

다섯곳 궁전자리 기단은 비록 부동정도의 파손을 입었으나 지금에 잔존한 흔적을 보면 1 호 궁전자리 기단이 제일높고 2 호 기단이 그 버금으로 가며 (2호궁전 동、서곁채의 기단은 2 호 궁전보다 낮다) 3、4、5 호 궁전기단의 높이는 서로 비슷하다.

고대의 등급제도에 따르면 궁전기단의 높이는 응당 그의 공능 및 등급과 관련있다고 본다. 이럴진대 다섯 자리의 궁전중에서 1、2 호 궁전은 아주 중요한 위치와 지위에 놓이게된다 그중 1 호 궁전은 나라 왕이 정사(大朝正殿)보던곳이고 2호궁전은 침궁(寝宮)과 관련있다고본다.

서고성 내성건축은 주밀하게 규획되고 궁전도 합리하게 배치되였을뿐만아니라 부속시설도 (례하면 배수시설 등) 잘 갖추어져있다. 이는 이 시기의 발해사람들에게 이미 자기의 성숙한 도성건축 리념이 형성되였다는것을 잘 설명하여준다.

고고발굴에서 드러난 유적현상이 보여주다싶이 서고성 내성안의 각개 건축자리에서 모두 화재원인으로 인해 허물어진 흔적을 발견하지 못하였다. 단지 일부 궁전자리

구역 (례하면 5 호 궁전자리)에 이따금 허물어진 퇴적흔적이 남아있을뿐이다. 이외에 각개 건축기단 구역에서 일상 생활용 유물이 나오지않았다. 일련의 현상이 보여주다싶이 서고성 내성의 건축유적은 가능하게 자연적으로 페쇄되었다고 볼수있다.

3

서고성 성자리의 층위관계에 의하면 각개 궁전자리는 모두 동일한 시기에 건축하였다는것을 확인할수 있다.

각 궁전자리에서 출토된 기와에 대해 진행한 류형학 (비교학)연구는 바로 상술한 인식을 립증할수있는 증거로 된다.

각개 유적에서 출토한 문자기와에 대한 류형학 연구는 중국 중원 한문화가 이미 발해기층 민중속에 침투되여 영향을 주었다는점을 확인하였다.

서고성 성자리에서 출토한 부분적 철기를 검측하여 얻은 초보적 학술인식에 따르면 당시 발해인들은 이미 선철야금능력을 갖고있었다. 측정을 거친 쇠못은 숙철과 저탄강 (底碳钢)을 달군후 두드려 만들었으며 비교적 숙련한 협강(夹钢)공예기술을 도입하였다. 쇠못은 일반적으로 열가공, 삼탄(渗碳), 쉬화(淬火)공예를 채용하였는데 쇠못재료에 함유된 탄소량 (炭量)은 숙철과 함탄량(含炭量)이 비교적 낮은 저탄강(低炭钢) 범주에 처해있어 비교적 좋은 단압(锻压) 성능을 갖고 있다. 이느 수공업기술로동자들이 재료 선택과 공예에 있어서 능숙한 경험을 가지고 있었다는것을 말해준다.

서고성과 팔련성 성자리에서 출토한 유물을 류형학에 립각하여 비교 분석한 결과 두 곳의 문자기와와 기와막새는 뚜렷한 일치성을 나타내고있는데 이 점을 미루어 보면 이들은 응당 같은 기와제조소(作坊)에서 만들어진 것이라고 볼수있다. 각종 요소를 모두어 보면 서고성과 팔련성 건축시간은 대체로 거리가 멀지않다.

4

5 년이란 발굴시간을 걸쳐 얻은 서고성 성자리에 대한 계통적인 자료를 통하여 서고성이 바로 발해중경현덕부 옛자리라는 결론을 충분히 내릴수 있다. 한가지 학술추상으로서 필자는 발해정권은 제3대왕 대흠모시기에 이미 5경제도를 건립하였으며 서고성은 중경현덕부 옛자리인 동시에 《천보년간 왕 수도》인 ("天宝中王所都") 현주(显州)로 비정하고 있다. 바라건데 앞으로 팔련성 성자리 발굴자료가 전면 공개됨에 따라 고고학 비교연구를 통하여 서고성과 팔련성의 축조 시간이 밝혀지게될것을 기대한다. 그렇다면 《현주, 천보년간의 왕수도》 ("显州, 天宝中王所都")와 중경현덕부의 관계도 멀지않아 밝혀지게될것이다.

图版

西古城全景（东北—西南）

图版二

西古城全景（西南－东北）

外城南门门址全景（南－北）

1. 南门址（西北－东南）

2. 南门址东侧门墩遗址（南－北）

外城南门址遗迹

1. 外城南门址东侧城墙剖面局部

2. 外城南门址东侧城墙剖面

外城南门址城墙剖面

1. 内城东墙排水涵洞（东－西）

2. 排水涵洞铁质护栏（西－东）

内城东墙排水涵洞遗迹

1. 内城东墙城墙剖面（南－北）

2. 内城隔墙门址（北－南）

内城东墙城墙剖面及内城隔墙门址

1. 一、二号宫殿址区域全景（北－南）

2. 一殿（西北－东南）

一、二号宫殿址区域全景及一号宫殿址遗迹

1. 一号宫殿台基东南部区域夯土、河卵石相间叠筑迹象（西南－东北）

2. 一号宫殿北门东部残留的石钉遗迹（北－南）

一号宫殿址遗迹

1．一号宫殿西侧廊庑（东南－西北）

2．一号宫殿西侧廊庑残留的"土衬石"遗迹（东－西）

一号宫殿址西侧廊庑遗迹

1．一号宫殿西侧廊庑西部（门址？廊道？）遗迹（北－南）

2．一号宫殿西侧廊庑排水沟（东－西）

一号宫殿址西侧廊庑遗迹

1. 一号宫殿西侧廊庑排水沟东部端口（东－西）

2. 一号宫殿西侧廊庑排水沟西部端口（北－南）

一号宫殿址西侧廊庑排水沟遗迹

2. 西侧廊庑西排 XX12 础石（西一东）

4. 西侧廊庑东排 XD10 础石（北一南）

1. 西侧廊庑西排 XX9 础石（北一南）

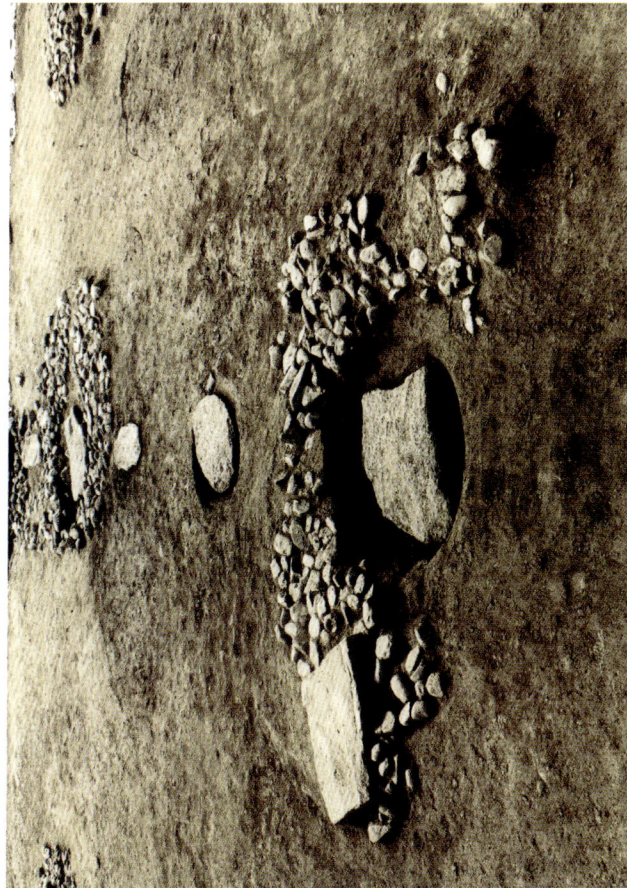

3. 西侧廊庑中排 XZ12 础石（北一南）

一号宫殿址西侧廊庑部分础石遗迹

1. 一号宫殿东侧廊庑（西南－东北）

2. 一号宫殿东侧廊庑及其北端的廊道（北－南）

一号宫殿址东侧廊庑遗迹

1．一号宫殿东侧廊庑排水沟（西－东）

2．一号宫殿东侧廊庑排水沟西部端口（西－东）

3．一号宫殿东侧廊庑排水沟东部端口（北－南）

一号宫殿址东侧廊庑排水沟遗迹

图版一六

2. 东侧廊庑中排 DZ12 础石（东—西）

4. 东侧廊庑东排 DD11 础石（东—西）

1. 东侧廊庑西排 DX8 础石（北—南）

3. 东侧廊庑中排 DZ13 础石（北—南）

一号宫殿址东侧廊庑部分础石遗迹

1. 二号宫殿址（北－南）

2. 二号宫殿南缘东部残留的石钉遗迹（东－西）

3. 二号宫殿西侧配殿南缘留存的散水、石钉遗迹（东南－西北）

二号宫殿址遗迹

1. 二号宫殿西侧配殿（东北－西南）

2. 二号宫殿东侧配殿（西北－东南）

二号宫殿址东、西配殿遗迹

1. 一、二号宫殿之间的廊道（北－南）

2. 一号宫殿东侧廊庑、二号宫殿东侧配殿、三号宫殿区域全景（西北－东南）

廊道遗迹

1. 三号宫殿址（西北－东南）

2. 三号宫殿址（南－北）

三号宫殿址遗迹

1. 三号宫殿西北角的"吊"形设施（北－南）

2. 三号宫殿南部中央的台阶

3. 三号宫殿西北角的排水沟（南－北）

三号宫殿址遗迹

1. 四号宫殿的倒塌堆积（北－南）

2. 四号宫殿址（南－北）

四号宫殿址遗迹

1. 四号宫殿西侧主室留存的取暖设施遗迹（东－西）

2. 四号宫殿西北角的"卪"形设施遗迹（南－北）

四号宫殿址遗迹

1. 四号宫殿留存的土坯痕迹

2. 一号房址（南－北）

四号宫殿址、一号房址遗迹

1. 稻田中凸显的五号宫殿区域

2. 五号宫殿址（南－北）

五号宫殿址遗迹

1. 五号宫殿东侧东延的河卵石墙体基础（南—北）

2. 河卵石墙体基础的版筑技术迹象（南—北）

五号宫殿址东侧河卵石墙体基础遗迹

1. 五号宫殿东南侧的河卵石圈（南－北）

2. 在五号宫殿东侧解剖清理的带有础石的夯土台基（东－西）

五号宫殿址东侧河卵石圈、夯土台基遗迹

1. 水井全景（西－东）

2. 水井井体

水井遗迹

1. 02ⅠT5东扩②：1

2. 01T11③：3

3. 01T30③：40

内城出土的绿釉兽头

1. 五号宫殿址出土的陶质鸱尾残块

2. 02ⅡT17②：10

3. 05T18③：38

4. 01T16③：30

内城出土的绿釉鸱尾、陶质鸱尾

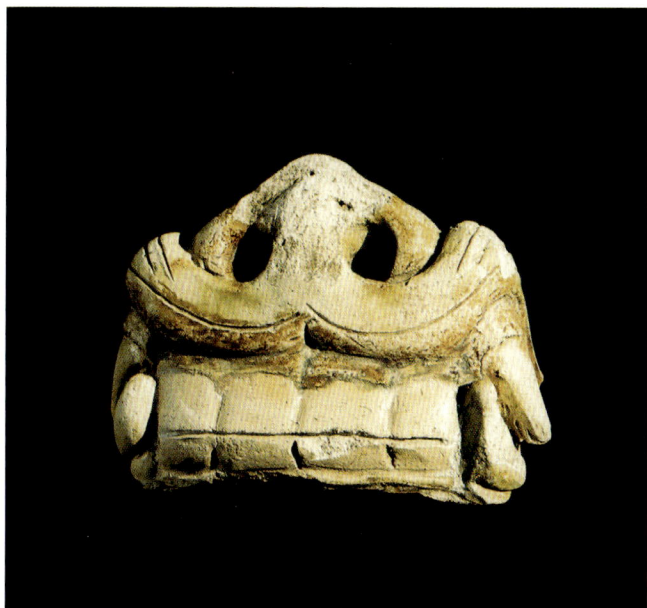

1. 01T13 南扩③：12

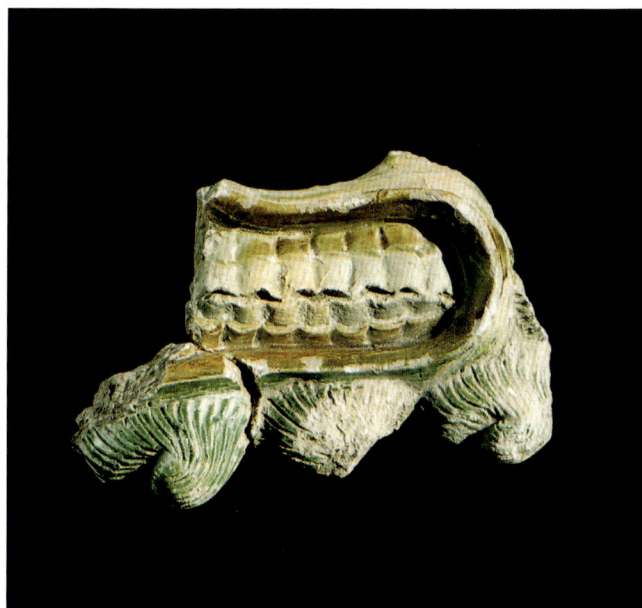

2. 01T25 西扩③：5

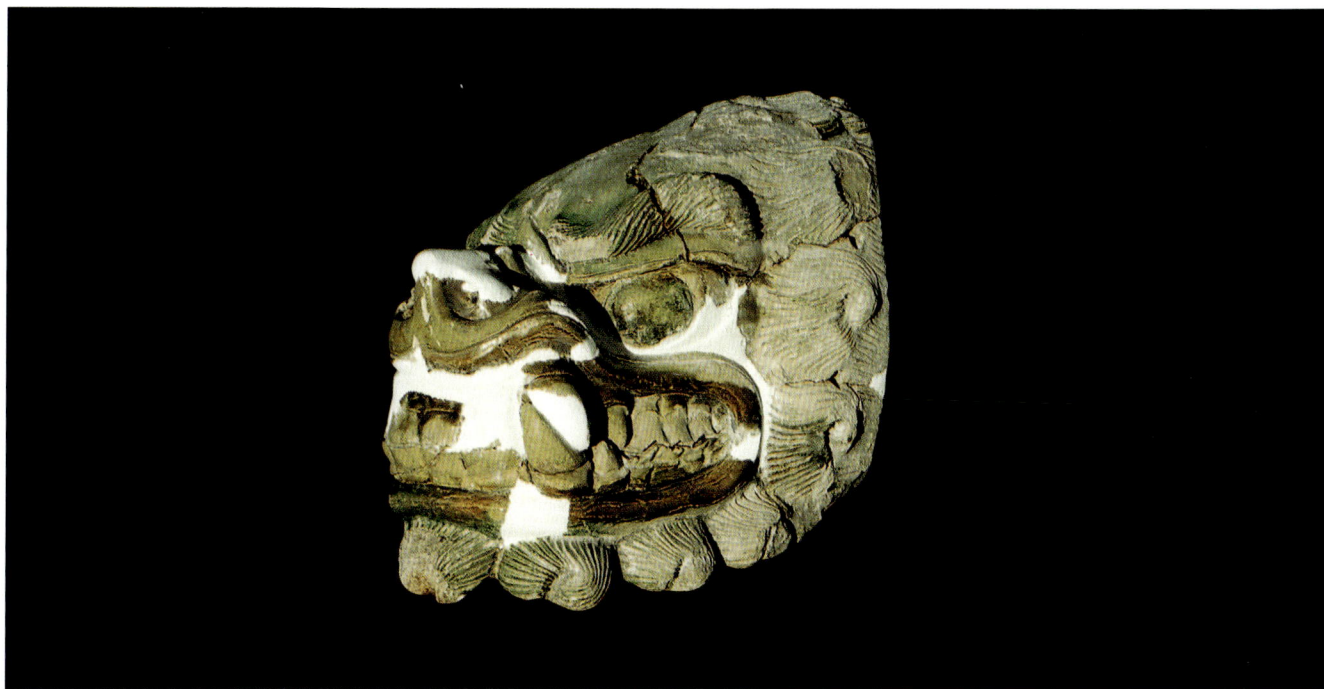

3. 01T21 ③：6

内城出土的釉陶套兽

1. 釉陶罐残片 01T12 ③：12

2. 饰件 04T1 ②：5

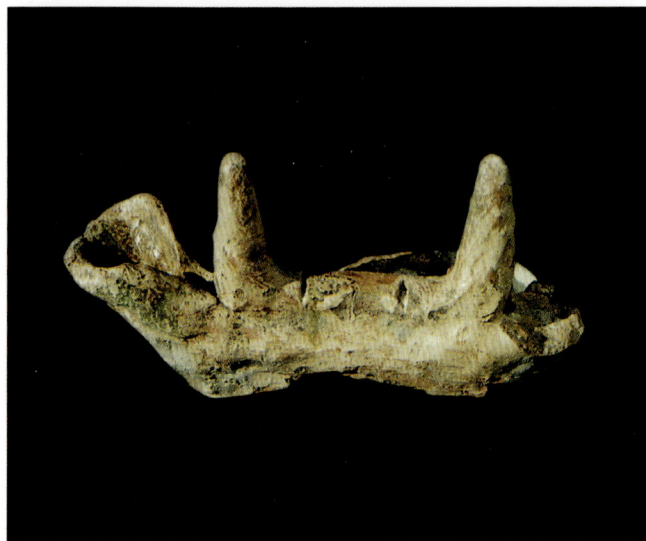

3. 兽头牙齿 02 Ⅱ T8 ②：14

4. 柱围残片 01T12 ③：11

5. 釉陶缸残片 01T11 ③：2

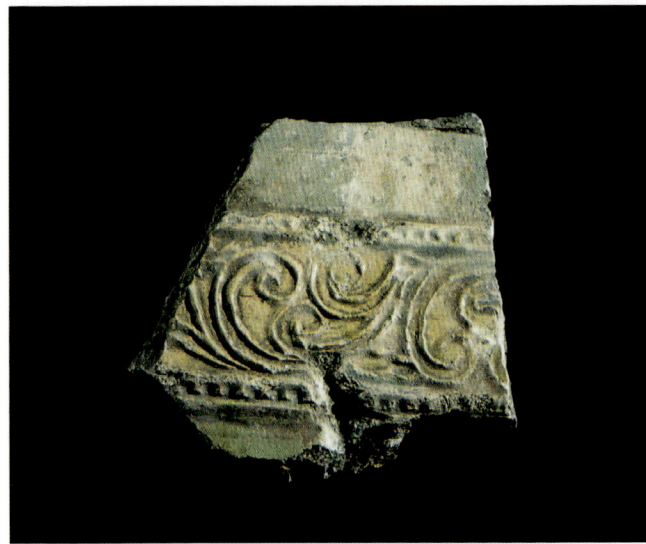

6. 釉陶缸残片 01T15 ③：3

内城出土的绿釉遗物

1. 瓦当 01T15 ③：6

2. 曲节形瓦唇筒瓦 05T18 ③：28

3. 曲节形瓦唇筒瓦 05T18 ③：49

4. 檐头筒瓦 02ⅠT5 ②：7

5. 曲节形瓦唇筒瓦 02ⅡT7 ②：16

内城出土的绿釉瓦当、绿釉筒瓦、绿釉檐头筒瓦

1. 01T21 ③：37

2. 04T3 南扩 ②：4

3. 05T3 ②：2

4. 01T8 ③：3

5. 05T25 ③：7

6. 02Ⅱ T17 ②：1

内城出土的 Aa 型瓦当

1. 04T4 ③：27

2. 02ⅠT5 ②：19

3. 05T18 ③：12

4. 05T12 ③：20

5. 01T16 ③：33

6. 02ⅡT3南扩②：1

内城出土的 Ab 型瓦当

1. 折体Bb型02ⅡT13南扩②：3

2. 折体Bb型02ⅡT13南扩②：36

3. Bb型02ⅡT18②：17

4. Bb型01T16③：32

5. Ba型01T12③：17

6. Ba型01T21③：27

内城出土的B型瓦当

1．Ac 型 02 Ⅱ T12 北扩②：9

2．Ac 型 02 Ⅰ T1 西扩②：1

3．Ad 型 02 Ⅱ T10 ②：9

4．C 型 01T12 ③：16

5．C 型 04T4 西扩③：21

6．C 型 05T25 ③：3

内城出土的 Ac 型、Ad 型、C 型瓦当

1. Db 型 01T16 ③：5

2. Eb 型 05T18 ③：26

3. Dc 型 02 Ⅰ T5 ②：3

4. Ea 型 01T12 ③：15

5. Da 型 02 Ⅱ T17 ②：13

6. Eb 型 02 Ⅱ T5 ②：1

内城出土的 D 型、E 型瓦当

1．Fa 型 02ⅡT17②：4

2．Fa 型 01T12③：3

3．红褐陶 A 型 01T2②：5

4．Fb 型 01T12③：13

5．砖钉 05T25③：38

6．石钉 02ⅡT13 南扩②：4

内城出土的瓦当、砖钉、石钉

1. 01T3 ③：83

2. 02 Ⅱ T17 ②：3

3. 02 Ⅰ T5 东扩②：5

4. 02 Ⅰ T1 东扩②：9

5. 02 Ⅰ T1 东扩②：14

6. 02 Ⅰ T5 东扩②：4

7. 01T12 ③：34

8. 02 Ⅰ T2 东扩②：1

9. 02 Ⅰ T1 东扩②：15

内城出土的板瓦类模压文字瓦

1. 01T2 ① : 3

2. 01T8 ③ : 43

3. 01T12 ③ : 39

4. 01T15 ③ : 37

5. 01T3 ③ : 76

6. 01T4 ③ : 8

7. 01T16 ③ : 57

8. 01T11 ③ : 39

9. 01T12 ③ : 8

内城出土的板瓦类模压文字瓦

1. 02ⅠT1②:4

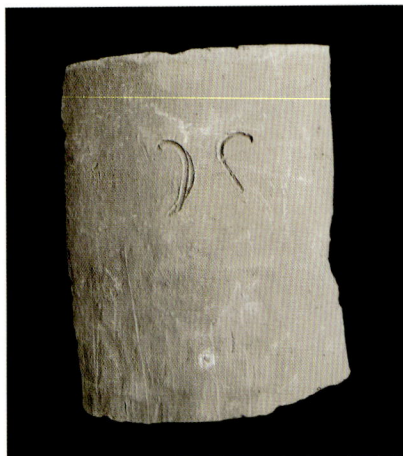

2. 01T3③:43

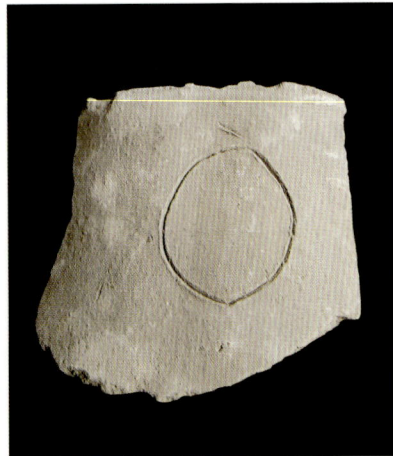

3. 01T3③:80

4. 01T15③:35

5. 01T11③:39

6. 04T4③:35

7. 04T4③:36

8. 04T4③:37

内城出土的板瓦类刻划文字瓦、刻划符号瓦

1. 05T7 ② : 4

2. 05T18 ③ : 45

3. 05T12 ③ : 10

4. 02ⅡT6 北扩 ② : 20

5. 01T18 ② : 1

6. 01T12 ③ : 110

7. 01T18 ② : 4

8. 01T16 ③ : 61

9. 01T18 ② : 2

内城出土的筒瓦类模压文字瓦

1．A 型 01T28 西扩③：17

2．A 型 01T28 西扩③：16

3．B 型 01T16③：34

4．C 型 04T4 北扩③：3

5．D 型 01T3③：36

6．E 型 04T4③：15

内城出土的檐头板瓦

1. 05T18 ③: 16

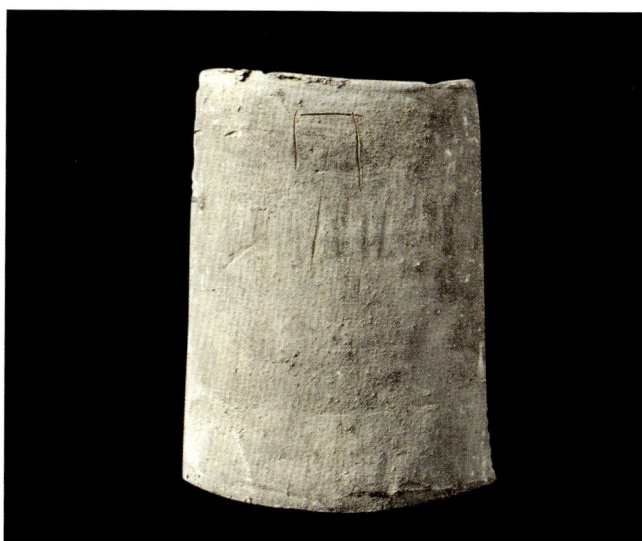
2. 04T6 ③: 16

3. 04T4 ③: 9

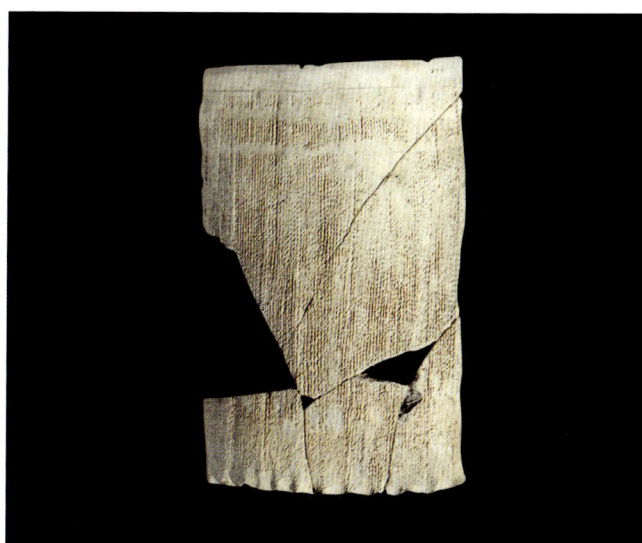
4. 绳纹板瓦 02 ‖ T10 ②: 7

5. A 型檐头板瓦 04T5 ③: 54

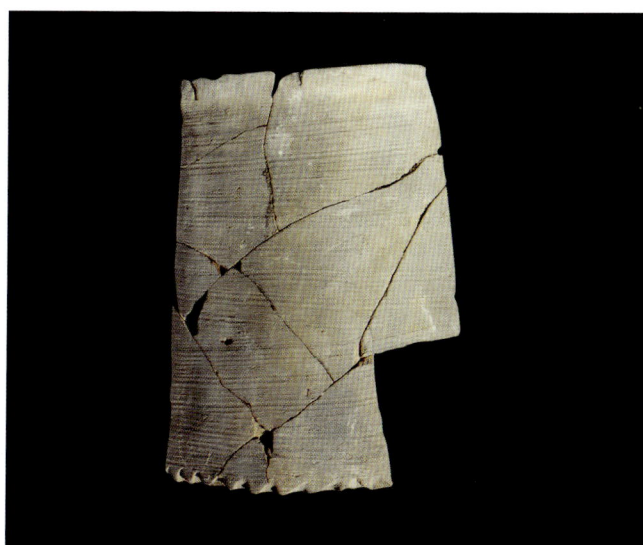
6. 弦纹板瓦 02 Ⅰ T1 东扩 ②: 28

内城出土的板瓦、檐头板瓦

1. 02ⅡT18②：21

2. 05T24②：9

3. 02ⅡT18②：20

4. 02ⅠT1东扩②：51

5. 02ⅡT18②：22

6. 02ⅡT8②：19

内城出土的截角檐头板瓦

1. 直节形瓦唇筒瓦 04T6 ③：10

2. 直节形瓦唇筒瓦 04T4 ③：19

3. 直节形瓦唇筒瓦 01T16 ③：38

4. 直节形瓦唇筒瓦 02 Ⅱ T2 北扩 ②：1

5. 曲节形瓦唇筒瓦 05T12 ③：1

6. 曲节形瓦唇筒瓦 05T12 ②：10

内城出土的直节形瓦唇筒瓦及曲节形瓦唇筒瓦

1. 曲节形瓦唇檐头筒瓦 01T21 ③：31

2. 曲节形瓦唇檐头筒瓦 01T21 ③：32

3. 曲节形瓦唇檐头筒瓦 02 Ⅱ T1 ②：2

4. 曲节形瓦唇檐头筒瓦 01T4 ③：1

5. 截角檐头筒瓦 02 Ⅱ T18 ②：1

6. 直节形瓦唇檐头筒瓦 01T16 ③：6

内城出土的檐头筒瓦及截角檐头筒瓦

1. 曲背檐头筒瓦 01T12 ③：20

2. 曲背檐头筒瓦 05T18 ③：9

3. 当沟 05T26 ③：109

4. 当沟 05T26 ③：108

5. 当沟 05T26 ③：107

6. 当沟 01T16 ③：32

内城出土的当沟及曲背檐头筒瓦

1. 筒瓦类压当条 04T8 ② : 13

2. 筒瓦类压当条 04T6 ③ : 5

3. 板瓦类压当条 04T5 ③ : 43

4. 板瓦类压当条 04T2 ② : 5

5. 筒瓦类压当条 04T2 ② : 7

6. 板瓦类压当条 01T19 ③ : 20

内城出土的压当条

1．青铜器 05T18 ③：50（正面）

2．青铜器 05T18 ③：50（背面）

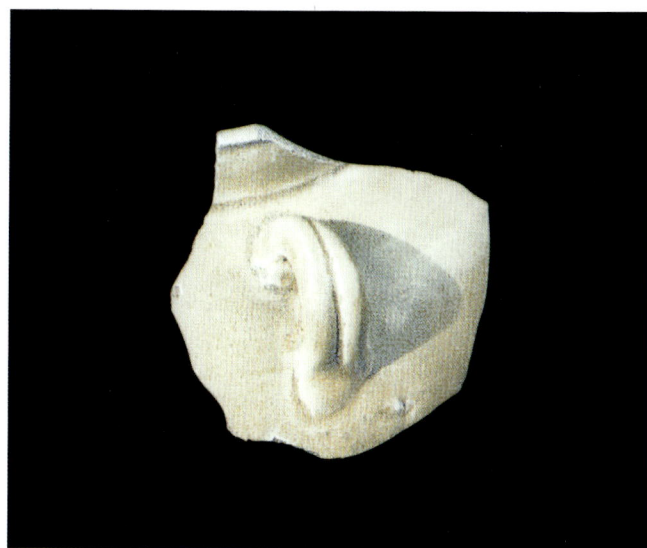

4．青瓷罐 02 Ⅱ T5 排水沟：1

3．陶罐 05T24 ②：17

5．陶罐 04T4 ③：25

内城出土的陶器、青瓷器、青铜器

1. 护栏网 02 Ⅱ T19 ② : 1

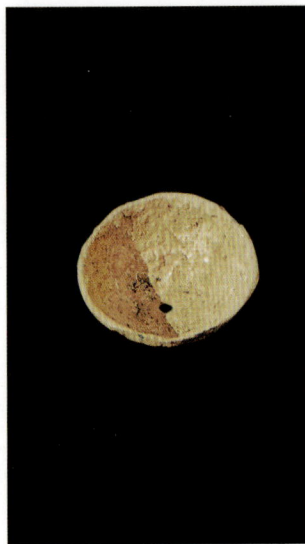

4. 环首刀 01T15 ③ : 1

2. 风铃 02 Ⅱ T17 ② : 11

3. 风铃 02 Ⅱ T17 ② : 12

5. 刀 02 Ⅱ T14 北扩 ② : 4

6. 镞 02 Ⅱ T4 北扩 ② : 11

7. 环 02 Ⅱ T9 ② : 1

8. 钉 02 Ⅰ T5 ② : 24

内城出土的铁器

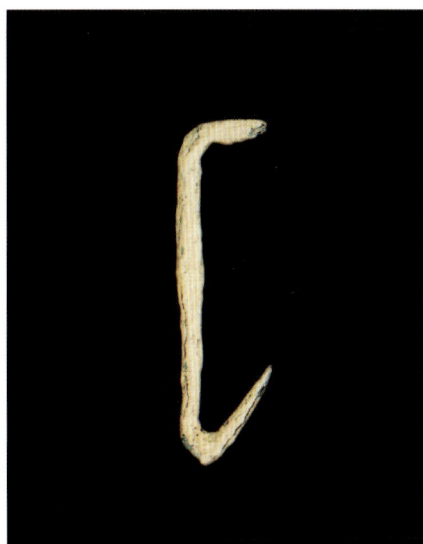

1. 02ⅠT4东扩②：32

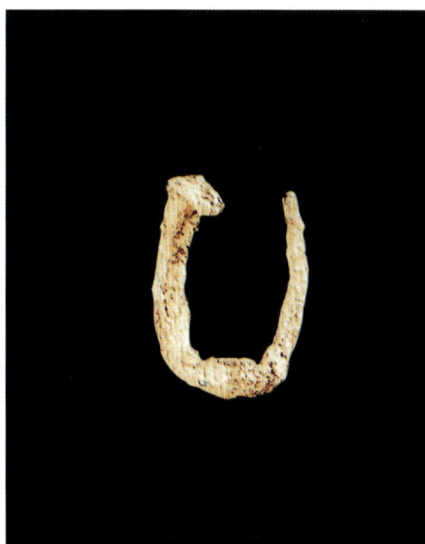

2. 01T21③：13

3. 02ⅡT7②：21

4. 01T30③：1

5. 04T6③：28

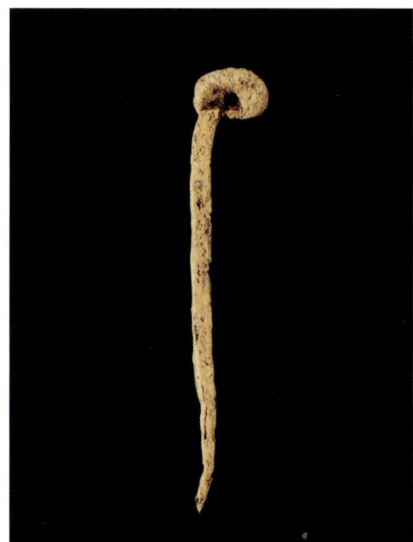

6. 02ⅡT6②：30

7. 02ⅠT2②：7

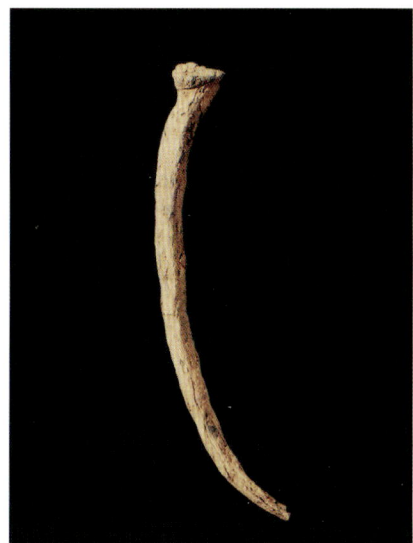

8. 01T3③：119

内城出土的铁钉

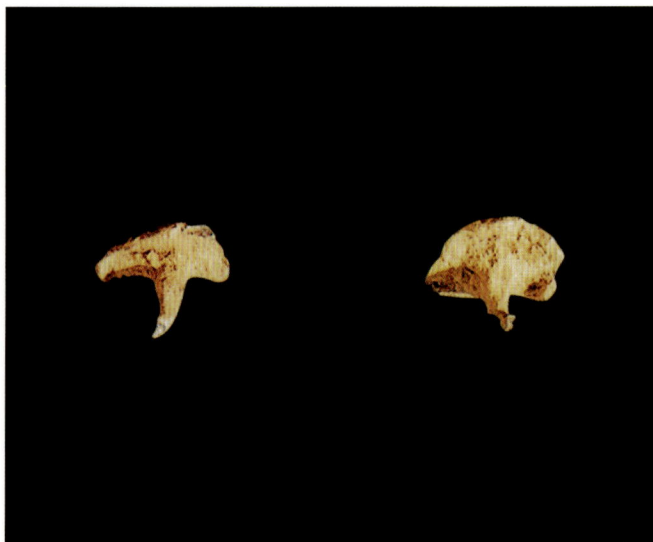

1. 泡钉 02ⅠT4②：1、02ⅠT4②：2

2. 01T3③：118

3. 01T3③：114

4. 05T18③：31

5. 01T21③：16

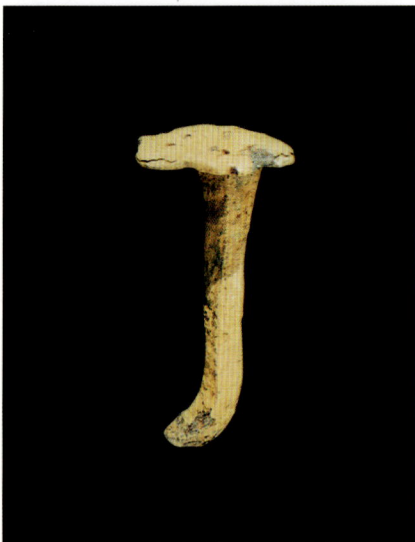

6. 02ⅠT3东扩②：3

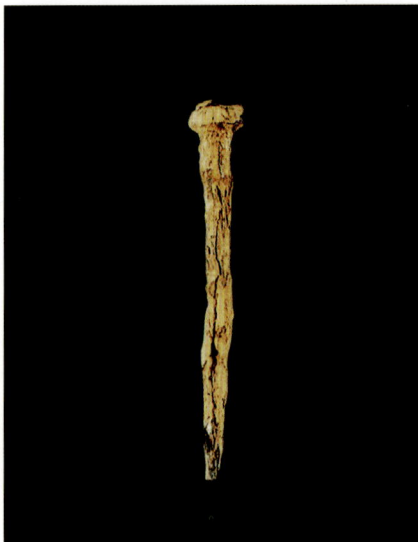

7. 04T5③：61

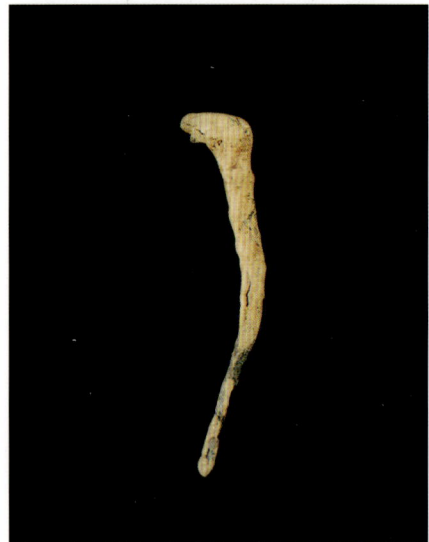

8. 02ⅡT1②：1

内城出土的铁钉

3. 铁钉 2002HXN II T6 ② : 35 纵向截面金相组织
中间通长的氧化铁薄片显示出不同含碳量材料叠加锻打交界，
上部为铁素体＋珠光体组织，下部为铁素体组织。

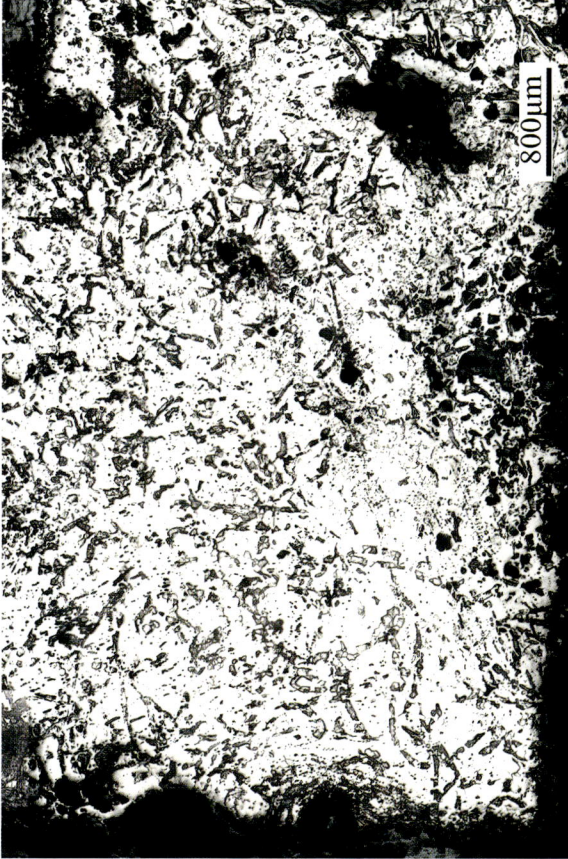

1. 铁钉 2002HXN I T4 东扩 ② : 101 钉身横断面抛光态
有氧化亚锰、硫化物及硅酸盐夹杂，但比较细小。

2. 铁钉 2002HXN I T4 东扩 ② : 101 金相组织
含锰量较高，类似现代的锰钢组织。

铁钉 2002HXN I T4 东扩 ② : 101 及铁钉 2002HXN II T6 ② : 35 金相组织

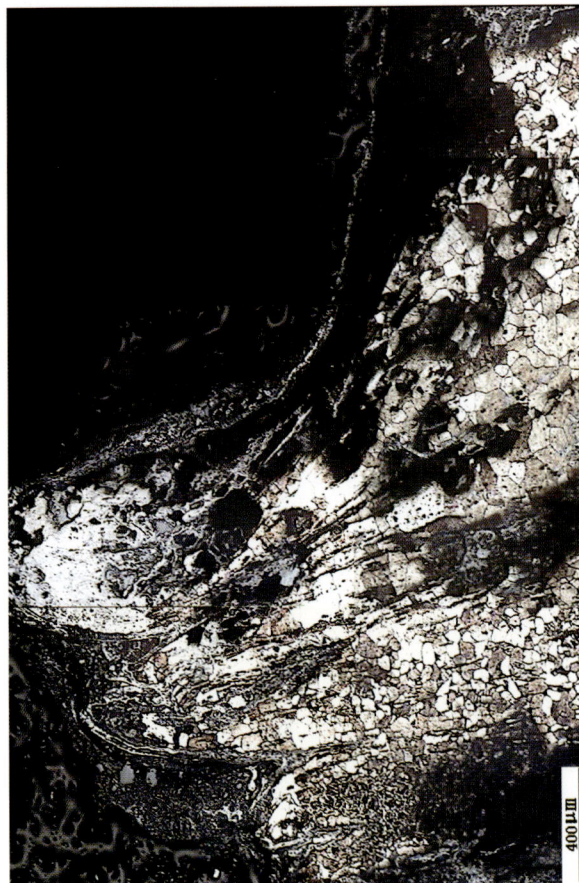

2. 铁钉 2002HXN II T6 ② : 35 靠近尖端纵截面马氏体组织

1. 铁钉 2002HXN II T6 ② : 35 顶部端面金相组织

顶端折叠锻打迹象。接合处氧化铁呈灰色薄片，左侧为铁素体＋珠光体组织，支接两侧有脱碳现象，右侧为铁素体组织。

3. 铁钉 2002HXN I T2 ② : 22 组织（上：边缘－中心；下：接上图，中心－边缘）

铁素体区和铁素体＋珠光体区交错分布，局部有含碳量不均匀情况。

铁钉 2002HXN II T6 ② : 35 及铁钉 2002HXN I T2 ② : 22 金相组织

3. 铁钉 2002HXN Ⅰ T4 ② : 32 尖端横断面组织 90x
边缘晶粒细小，局部有铁素体区，铁素体＋珠光体区。

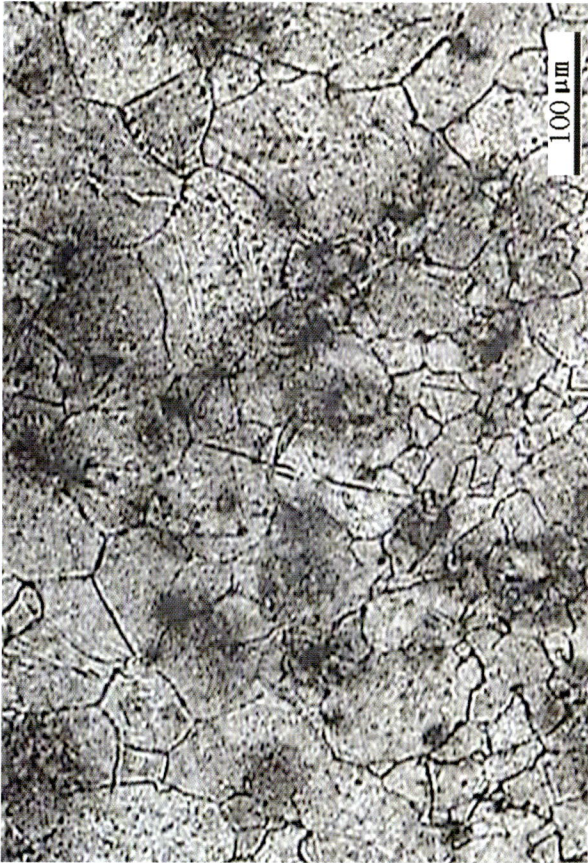

1. 铁钉 2002HXN Ⅰ T2 ② : 22 局部铁素体组织

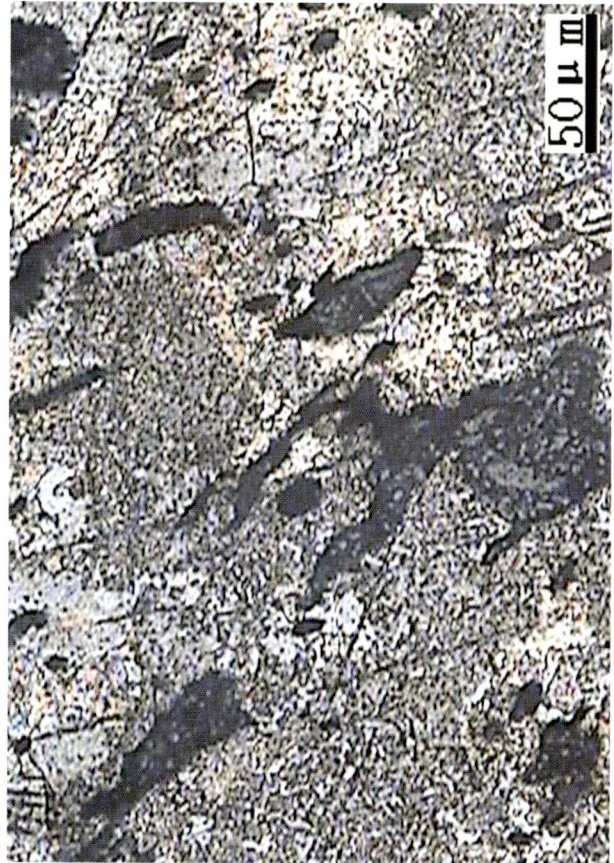

2. 铁钉 2002HXN Ⅰ T2 ② : 22 局部组织和硅酸盐夹杂物
边缘细针状马氏体、孪晶、维氏体－玻璃质夹杂及不规则形状铁橄榄石－玻璃质夹杂

铁钉 2002HXN Ⅰ T2 ② : 22 及铁钉 2002HXN Ⅰ T4 ② : 32 金相组织

1. 铁钉 2002HXN Ⅰ T4 ② : 32 铁素体＋极细珠光体组织

2. 铁钉 2002HXN Ⅰ T4 ② : 32 铁素体＋珠光体和铁素体过渡区组织

3. 铁钉 2002HXN Ⅱ T6 ② : 28 A－A 面第二次抛光组织
亮区为铁素体组织，暗区为铁素体和珠光体组织。

4. 铁钉 2002HXN Ⅱ T6 ② : 28 B－B 面金相组织
亮区为铁素体组织，含有较多杂质，暗区为铁素体＋珠光体区。

铁钉 2002HXN Ⅰ T4 ② : 32 尖端横断面及铁钉 2002HXN Ⅱ T6 ② : 28 A－A 面组织

2. 铁钉 2002HXN Ⅱ T6 ② : 28 A—A面第二次抛光面组织 表面已不见空洞，相邻区具有不同的含碳量。

4. 铁钉 2002HXN Ⅱ T6 ② : 28 B—B面与 3 邻区铁素体＋珠光体组织

铁钉 2002HXN Ⅱ T6 ② : 28 局部组织

1. 铁钉 2002HXN Ⅱ T6 ② : 28 A—A面第一次抛光面组织 断面布满由于腐蚀产生的空洞，右侧近边缘，为马氏体组织，向内为铁素体＋极细珠光体组织。

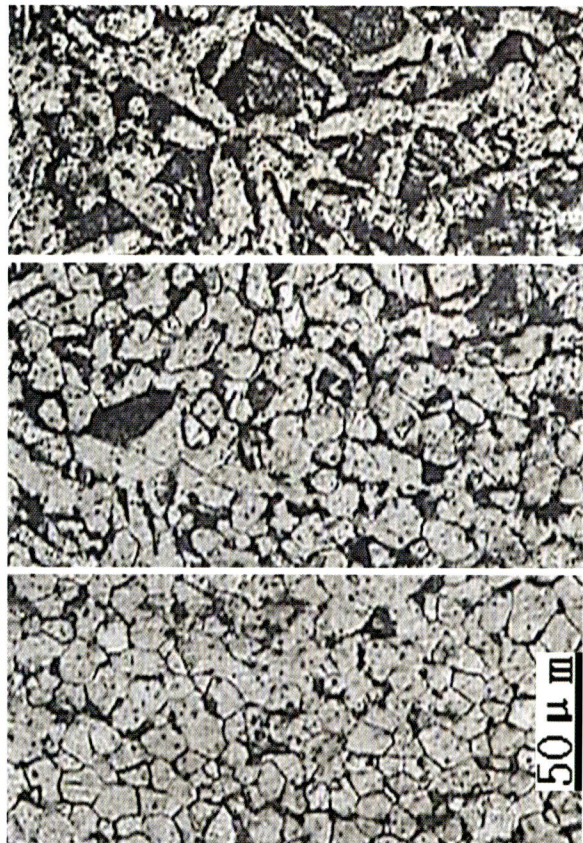

3. 铁钉 2002HXN Ⅱ T6 ② : 28 B—B面铁素体组织 有维氏体－玻璃质夹杂物

铁钉 2002HXN Ⅱ T6 ② : 28

图版六〇

50 μm

2. 铁丝 2002HXN Ⅰ T3 ② : 9 中心与边缘交界处组织　360x
中心为铁素体+极细珠光体组织，边缘为铁素体组织。

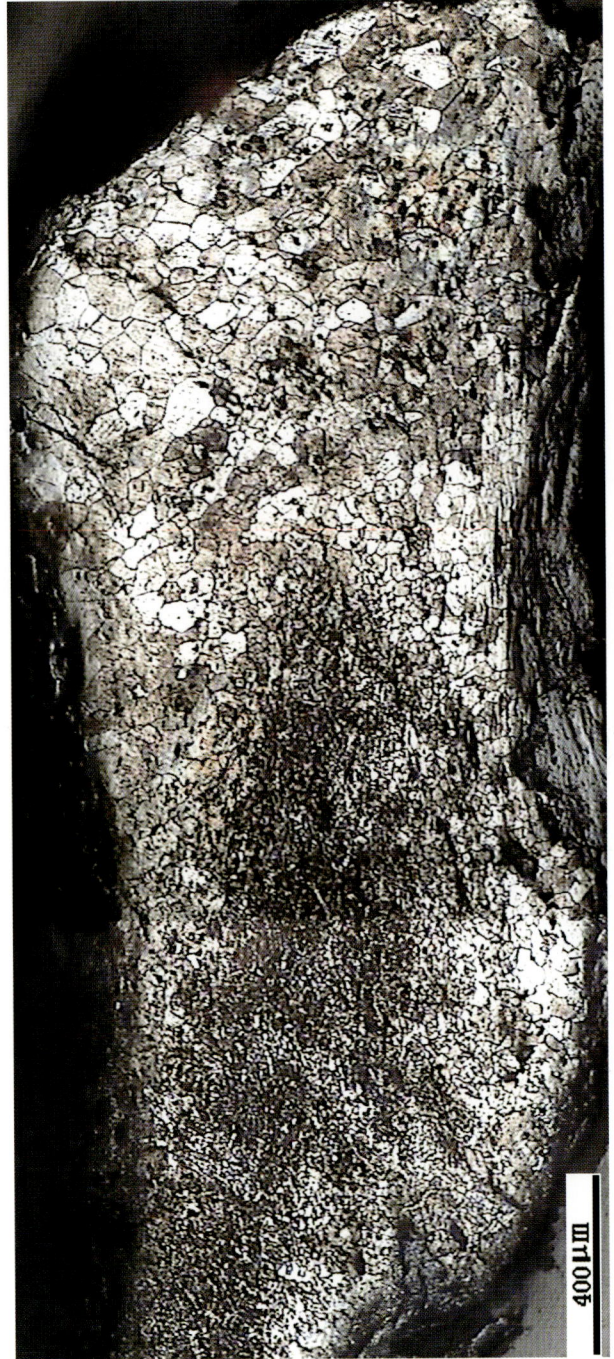

100 μm

1. 铁丝 2002HXN Ⅰ T3 ② : 9 纵向剖面
断面可见不同含碳量组织及折叠交界

400 μm

3. 铁丝 2002HXN Ⅰ T3 ② : 9 横断面 B-B 面金相组织
芯部为铁素体+极细珠光体组织，边缘为铁素体组织，边缘为熟铁，有折叠痕迹。

铁丝 2002HXN Ⅰ T3 ② : 9 金相组织

1. 铁钉 2002HXN Ⅰ T4 ② ：14 A—A 面抛光态

中部氧化铁显示出折叠锻打交界，夹杂物沿长度方向变形。

2. 铁钉 2002HXN Ⅰ T4 ② ：14 B—B 面组织

边缘为渗碳层珠光体＋铁素体组织，内部为铁素体组织。

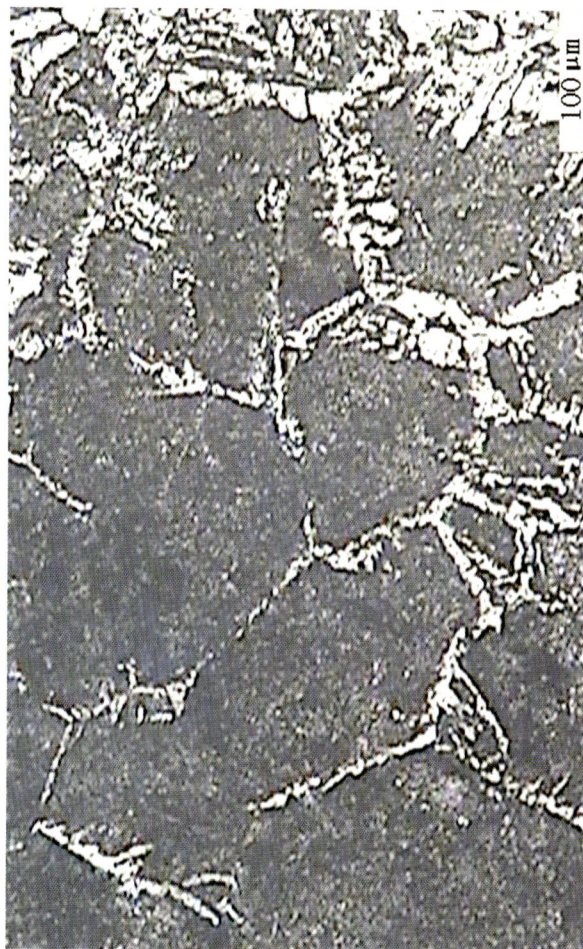

3. 铁钉 2002HXN Ⅰ T4 ② ：14 B—B 面边缘珠光体＋铁素体组织

铁钉 2002HXN Ⅰ T4 ② ：14 金相组织

2. 铁钉 2002HXN Ⅰ T4 ② ：14 B—B 面局部组织
中心区铁素体和硅酸盐夹杂物

4. 铁钉 2002HXN Ⅰ T2 ② ：6 顶端端面 3 局部马氏体组织
铁钉 2002HXN Ⅰ T2 ② ：6 金相组织

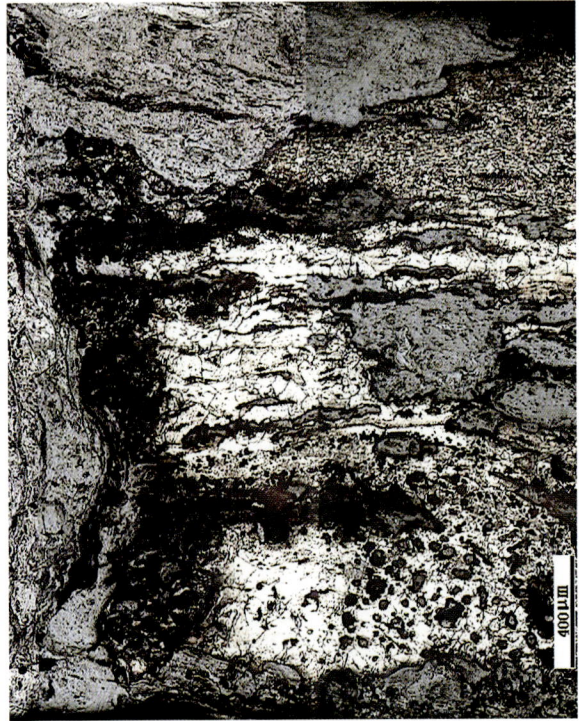

1. 铁钉 2002HXN Ⅰ T4 ② ：14 B—B 面局部组织
与表面渗碳层相邻区珠光体＋铁素体与铁素体＋珠光体组织交界

3. 铁钉 2002HXN Ⅰ T2 ② ：6 顶端端面
铁素体与铁素体＋珠光体组织交替分布，有明显的交界。
铁钉 2002HXN Ⅰ T4 ② ：14 B—B 面及铁钉 2002HXN Ⅰ T2 ② ：6 顶端端面

1．铁钉 2002HXN Ⅰ T4 ② ：31 A-A 顶端弯折侧面　第一次抛光面马氏体组织

2．铁钉 2002HXN Ⅰ T4 ② ：31 A-A 顶端弯折侧面　第二次抛光面组织，成分偏板条带更为清楚地显示出来。

3．铁钉 2002HXN Ⅰ T4 ② ：31 尖端横断而 B-B 面抛光态

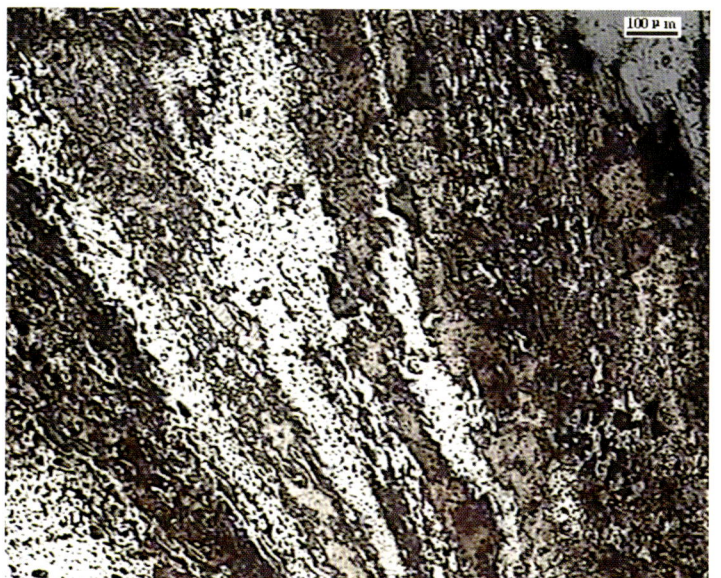

4．铁钉 2002HXN Ⅰ T4 ② ：31 B-B 面局部组织
　　边缘为马氏体组织，断面可见成分偏析组织条带。

铁钉 2002HXN Ⅰ T4 ② ：31 金相组织

1. 铁钉 2002HXN Ⅰ T4②：31 A—A 面表面马氏体组织

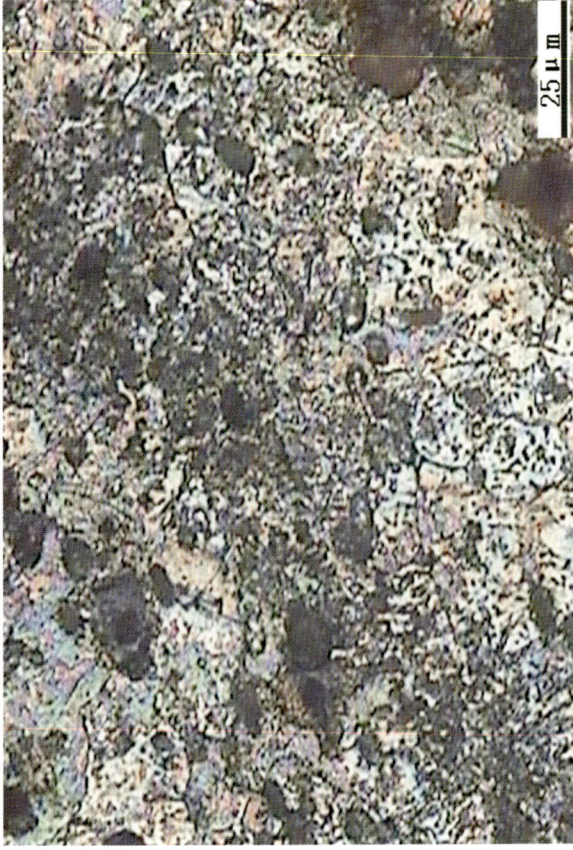

2. 铁钉 2002HXN Ⅰ T4②：31 A—A 面局部组织
黑色区为含碳量较高的珠光体＋铁素体组织

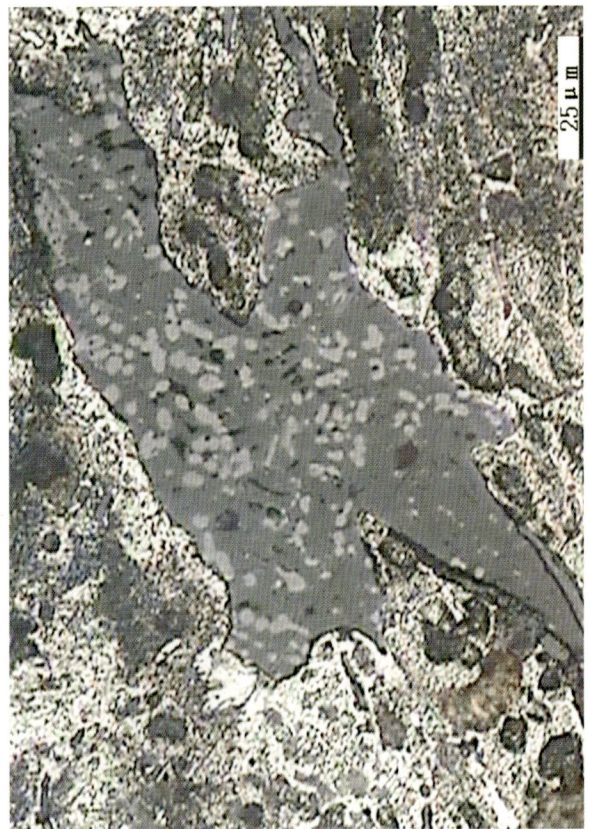

3. 铁钉 2002HXN Ⅰ T4②：31 A—A 面维氏体－玻璃质夹杂

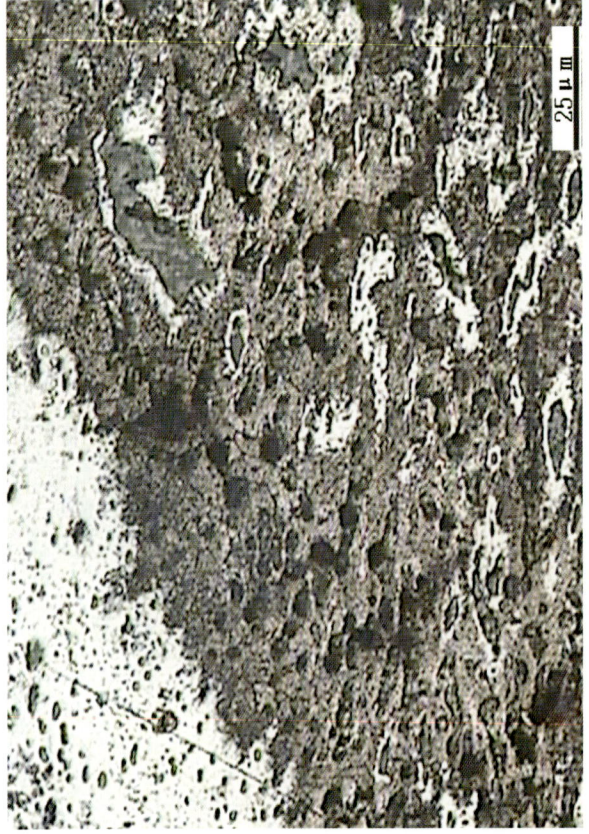

4. 铁钉 2002HXN Ⅰ T4②：31 A—A 面成分偏析带状组织

铁钉 2002HXN Ⅰ T4②：31 金相组织

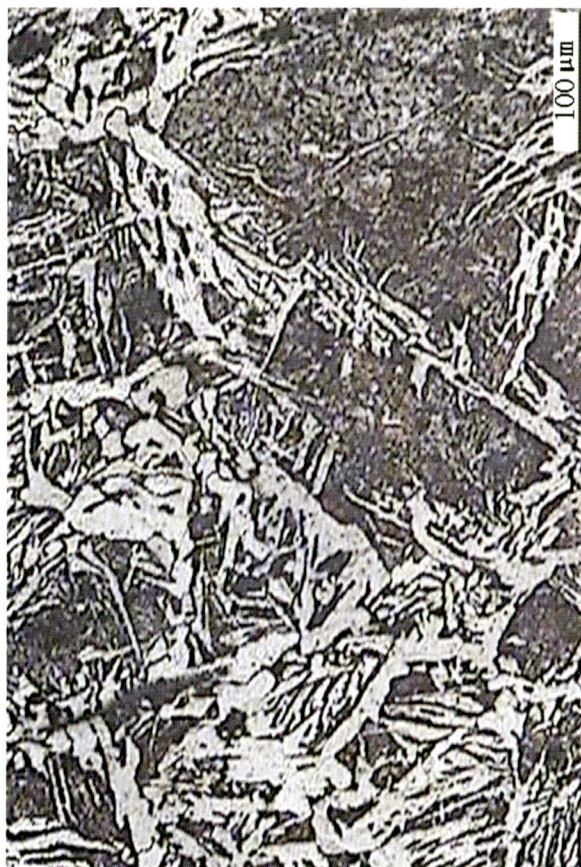

2. 铁钉 2002HXN Ⅰ T2 东扩 ② : 5 未弯折顶部端面
珠光体和魏氏体形态的铁素体组织

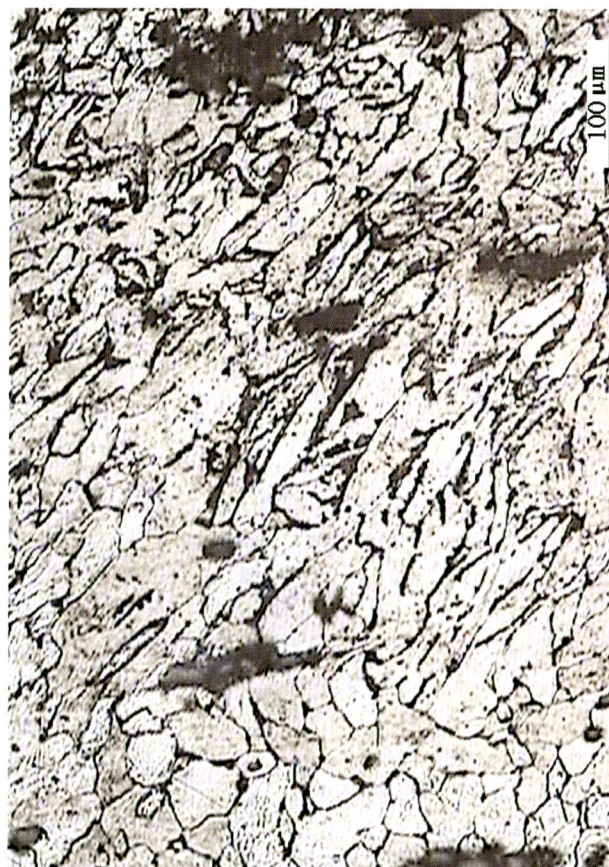

3. 铁钉 2002HXN Ⅰ T2 东扩 ② : 5 未弯折顶部端面铁素体组织

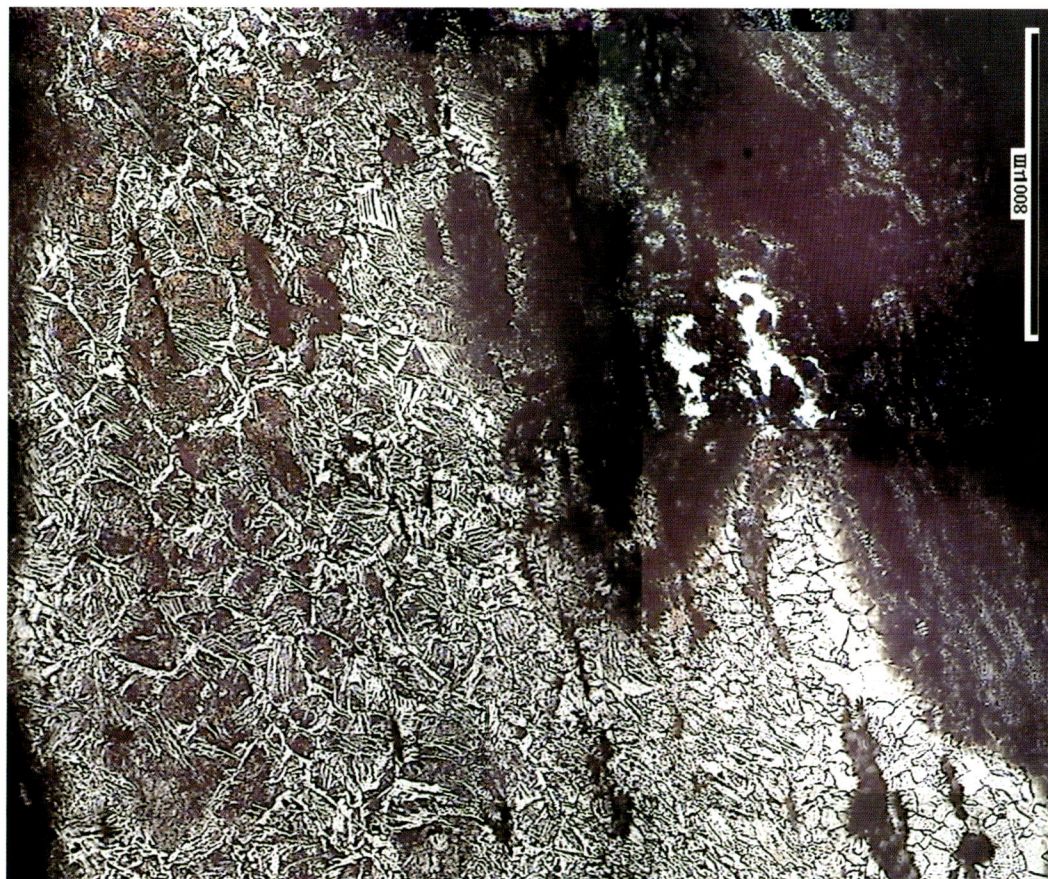

1. 铁钉 2002HXN Ⅰ T2 东扩 ② : 5 未弯折顶部端面

上部：珠光体＋铁素体铁及铁素体＋珠光体组织，铁素体呈魏氏体形态。
下部：铁素体组织，上下两部分中间有明显的分界。

铁钉 2002HXN Ⅰ T2 东扩 ② : 5 顶部端面金相组织

图版六六

3. 铁钉 2002HXN I T4 ② : 30 钉尖纵截面
组织两侧与中心部位之间有明显的分界

1. 铁钉 2002HXN I T4 ② : 30 钉帽纵截面组织
左侧为变形的铁素体组织，有大块不规则形状硅酸盐夹杂物，右侧为铁素体＋珠光体组织。

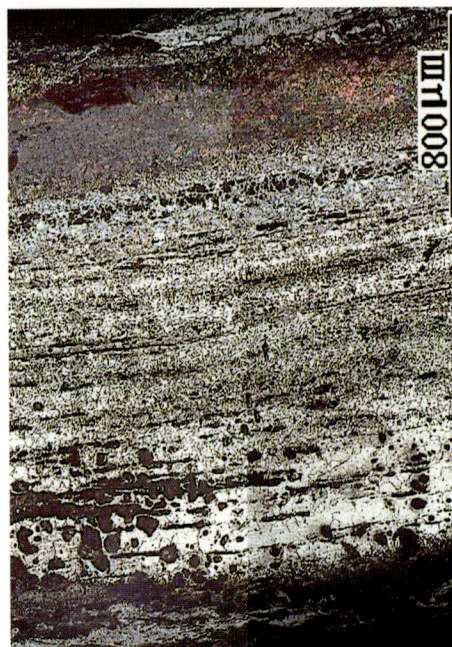

2. 铁钉 2002HXN I T4 ② : 30 钉身纵截面组织
含碳量不同的区域交替分布，表层为马氏体。

铁钉 2002HXN I T4 ② : 30 钉帽纵截面组织

3. 铁钉 2002HXN I T4 ② : 33 中上部横断面金相组织
夹杂物集中区域为铁素体组织，沿加工方向伸长边缘有渗碳层，
右侧暗区为铁素体＋珠光体组织。

1. 铁钉 2002HXN I T4 ② : 30 钉帽纵截面局部组织
铁素体和铁素体＋珠光体组织带交替分布

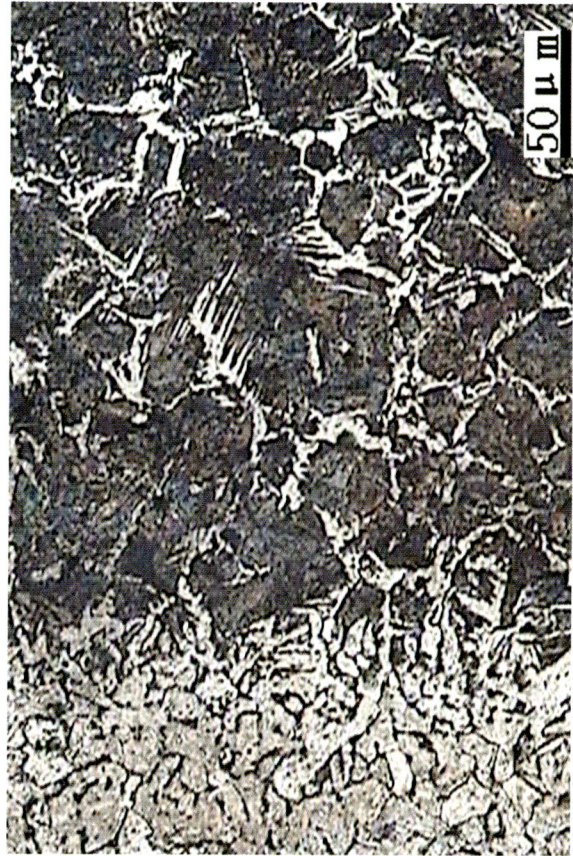

2. 铁钉 2002HXN I T4 ② : 30 钉身边缘第二次抛光表面
边缘渗碳层珠光体＋铁素体组织

铁钉 2002HXN I T4 ② : 30 及铁钉 2002HXN I T4 ② : 33 金相组织

图版六八

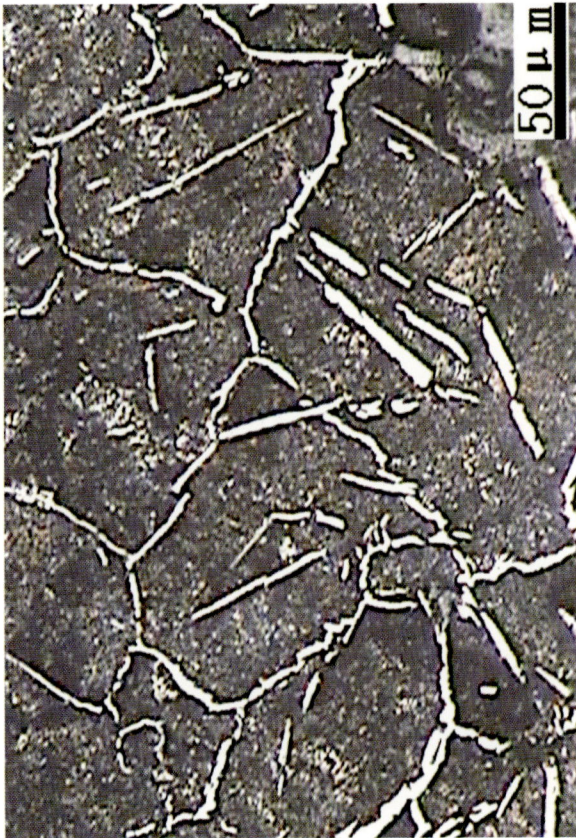

2. 铁钉 2002HXN I T4②：33 边缘过渡层
与1图相接向内依次为珠光体、铁素体+珠光体、铁素体。

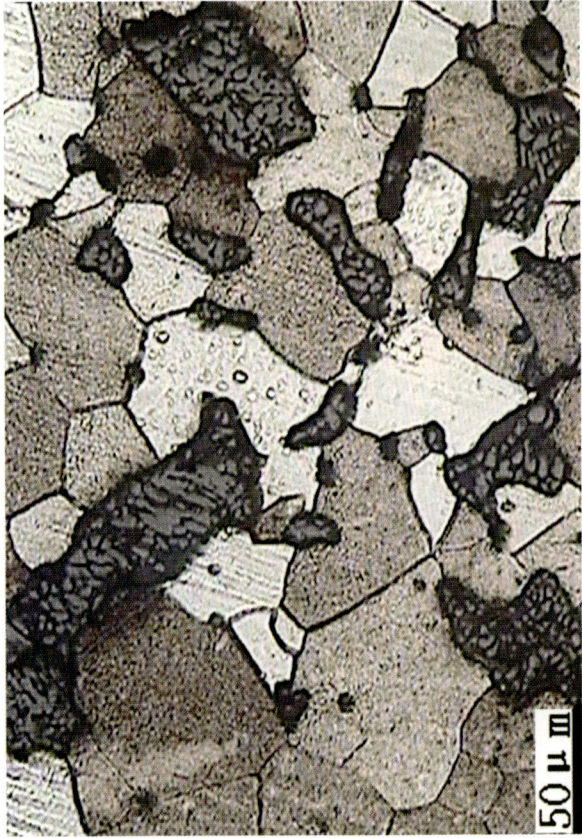

4. 铁钉 2002HXN I T4②：33 铁素体+珠光体组织

1. 铁钉 2002HXN I T4②：33 边缘渗碳和珠光体组织

3. 铁钉 2002HXN I T4②：33 铁素体区不规则形状硅酸盐夹杂物
维氏体-玻璃质和铁橄榄石-玻璃质夹杂

铁钉 2002HXN I T4②：33 金相组织